V&R

SIMON-DUBNOW-INSTITUT
FÜR JÜDISCHE GESCHICHTE UND KULTUR

Schriften des Simon-Dubnow-Instituts
Herausgegeben von Dan Diner

Band 12

Dirk Sadowski

Haskala und Lebenswelt

Herz Homberg und die jüdischen deutschen Schulen
in Galizien 1782–1806

Vandenhoeck & Ruprecht

Meinen Eltern

Lektorat: Christina Knüllig, Hamburg

Mit einer Abbildung, zwei Karten, fünf Tabellen und einem Diagramm

Bibliografische Information der Deutschen Nationalbibliothek

Die Deutsche Nationalbibliothek verzeichnet diese Publikation in der
Deutschen Nationalbibliografie; detaillierte bibliografische Daten sind
im Internet über http://dnb.d-nb.de abrufbar.

ISBN 978-3-525-36990-6

Gedruckt mit Unterstützung des Freistaates Sachsen.

Umschlagabbildung:
Auszug aus den Verhaltungspunkten für jüdische Schullehrer in Galizien und Lodomerien
(AVA, Unterricht, Studienhofkommission, Ktn. 106, Sign. 23 Galizien, ZI. 5 ex 1791, fol. 55r–56v)
© Mit freundlicher Genehmigung des Österreichischen Staatsarchivs (ÖStA), Wien.

© 2010 Vandenhoeck & Ruprecht GmbH & Co. KG, Göttingen / www.v-r.de

Alle Rechte vorbehalten. Das Werk und seine Teile sind urheberrechtlich geschützt.
Jede Verwertung in anderen als den gesetzlich zugelassenen Fällen bedarf der vorherigen
schriftlichen Einwilligung des Verlages. Hinweis zu § 52a UrhG: Weder das Werk noch seine
Teile dürfen ohne vorherige schriftliche Einwilligung des Verlages öffentlich zugänglich gemacht
werden. Dies gilt auch bei einer entsprechenden Nutzung für Lehr- und Unterrichtszwecke.
Printed in Germany.

Druck und Bindung: ⊕ Hubert & Co, Göttingen

Gedruckt auf alterungsbeständigem Papier.

Inhalt

Vorwort 7

Einleitung 11

1. Herz Homberg und die Entwicklung des jüdischen deutschen Schulwesens in Galizien 37
   1.1 Taufen und andere Konversionen: Annäherungen an Homberg 37
   1.2 Polizierte Haskala: Die josephinische Erziehungsoffensive und das pädagogische Programm Hombergs 63
   1.3 Die jüdischen deutschen Schulen in Galizien 1782–1787 99
   1.4 Der Schulausbau unter Homberg und der Konflikt um die Eigenständigkeit der jüdischen deutschen Schulen 121

2. Haskala und Disziplin: Aufklärerische Impulse, staatliche Vorgaben, jüdische Reaktionen 167
   2.1 Bildung zur Nützlichkeit, Erziehung zur Disziplin: Der Unterricht in den jüdischen deutschen Schulen 167
   2.2 Kampf um den *Cheder*: Das Bemühen um die Reform der traditionellen Erziehung 204
   2.3 Konturen eines Konflikts: Die Petition der galizischen Juden an Leopold II. 235

3. Disziplin und Lebenswelt: Schulwirklichkeit im galizisch-jüdischen Kontext 273
   3.1 »Stehen noch die Schulen ganz leer«: Zum Schulbesuch und den Ursachen der Schulverweigerung 273
   3.2 Nicht durchgesetzte Gesetze: Schulzwang, Sanktionsdiskurs und lebensweltlich-korporativer Widerstand 312
   3.3 Grammatik und privates Glück: Der Normalschulzwang für jüdische Brautpaare 344
   3.4 Die Auflösung der jüdischen deutschen Schulen und ihre Ursachen 374

Zusammenfassung 393

Zur Schreib- und Zitierweise 403

Quellen und Literatur 405

Bildnachweis 431

Register 433

Vorwort

Bei dem vorliegenden Text handelt es sich um die überarbeitete und gekürzte Fassung meiner Dissertation, die im August 2007 an der Fakultät für Geschichte, Kunst- und Orientwissenschaften der Universität Leipzig eingereicht und dort im Juni 2008 verteidigt wurde. Die Idee, die Geschichte des jüdischen Aufklärers Herz Homberg und der von ihm beaufsichtigten jüdischen deutschen Schulen zu schreiben, geht zurück auf ein Gespräch mit Shmuel Feiner, das im Frühsommer 2000 an der Bar-Ilan-Universität stattfand. Shmuel Feiner hat die Entstehung dieser Arbeit von Anfang an begleitet und immer wieder wertvolle Anregungen gegeben. Dafür und für die vielen maskilischen Gespräche, die wir seither führten, sei ihm herzlich gedankt.

Ihre Ausformung fand die Idee zu dieser Arbeit im Gespräch mit Dan Diner, zunächst noch in Tel Aviv, später an dem von ihm geleiteten Simon-Dubnow-Institut für jüdische Geschichte und Kultur in Leipzig. Viele seiner Ideen und Konzepte sind – sichtbar und unsichtbar – in dieses Buch eingeflossen; sein Verständnis von jüdischer als allgemeiner Geschichte hat mich maßgeblich beeinflusst. Ihm, meinem Doktorvater, gilt mein besonderer Dank; neben aller ideellen Anregung und Unterstützung vor allem auch für die Möglichkeit, meine Forschungen bis zum Abschluss der Dissertation und darüber hinaus im fruchtbaren Arbeitskontext des Leipziger Instituts durchführen zu können.

Manfred Rudersdorf sei herzlich dafür gedankt, dass er die Arbeit mit klugem Rat begleitete, als Gutachter auftrat und beherzt das gesamte Promotionsverfahren leitete. Seine Expertise als Frühneuzeithistoriker und seine Hinweise insbesondere zur historischen Bildungsforschung waren sehr wertvoll für die breitere Kontextualisierung der hier vorgestellten Thesen. Von Anfang an war auch Israel Bartal in das Entstehen dieser Arbeit involviert. Von seinem immensen Wissen und freundschaftlichen Rat habe ich enorm profitiert; hierfür und auch dafür, dass er sich trotz enormer Arbeitsbelastung in Jerusalem die Zeit nahm, die Arbeit zu lesen und zu begutachten, sei ihm sehr herzlich gedankt.

Louise Hecht und Michael Silber teilten mit mir bereitwillig ihr umfangreiches Wissen über die jüdischen Normalschulen im Habsburgerreich und deren weiteren historischen Kontext. Anregende Diskussionen über Homberg und »seine« Schulen, über Aufklärung, Sozialdisziplinierung und Josephinismus, über das Habsburgerreich, die Haskala oder die Juden Polen-Litauens durfte ich auch mit Yaakov Ariel, Lois Dubin, Andreas Kennecke, Tehila van Luit, Rachel Manekin, Michael Miller, Moshe Pelli, Winfried Schulze, Nancy Sinkoff, Gerald Stourzh, Adam Teller, Rainer Wenzel und Marcin Wodziński führen. Viele von ihnen gaben mir wertvolle Hinweise auf Quellen und Literatur oder stellten mir schwer zugängliche Dokumente aus ihrem Besitz zur Verfügung. Ihnen allen gilt mein herzlicher Dank.

Entstanden ist diese Arbeit am Simon-Dubnow-Institut in Leipzig. Meine Kollegen Nicolas Berg, Lutz Fiedler, Hans-Joachim Hahn, Frank Nesemann, Kai Struve, Mirjam Thulin, Stephan Wendehorst und Susanne Zepp lasen und kommentierten Teile der Dissertation. Ihnen und auch den vielen anderen Kolleginnen und Kollegen, die das Entstehen dieser Arbeit in ihren unterschiedlichen Phasen in Kolloquien, auf Klausurtagungen oder im persönlichen Gespräch mit fachlichem Rat und konstruktiver Kritik begleitet haben, möchte ich dafür herzlich danken. Großer Dank gilt Petra Klara Gamke-Breitschopf. Mit ihr hat das Buch im Simon-Dubnow-Institut eine kompetente Redakteurin gefunden, die die Vermittlung zwischen Autor und Verlag übernahm und die mit ihrem Humor dem Verfasser auch die ihm abgenötigten Kürzungen nicht sauer werden ließ. Besonders gedankt sei außerdem Christina Knüllig (Hamburg) für ihr engagiertes Lektorat sowie Lina Bosbach (Leipzig) für ihre sorgfältige Arbeit bei der formalen Vereinheitlichung des Manuskripts.

Viele Stunden habe ich zur Erstellung dieser Arbeit in Archiven zugebracht. Der Leitung und den Mitarbeitern des Allgemeinen Verwaltungsarchivs und des Haus-, Hof- und Staatsarchivs in Wien gilt mein Dank für die stets gewährte Unterstützung bei der Quellenrecherche. Gedankt sei ebenso den Mitarbeitern der Central Archives for the History of the Jewish People in Jerusalem, hier vor allem Rachel Manekin, die mir bereitwillig auch die seinerzeit noch nicht katalogisierten Mikrofilme zur Verfügung stellte, die sie von ihren Reisen nach Lviv mitgebracht hatte.

Meinem Mentor zu Studienzeiten, Wolfgang Hardtwig, danke ich für die Möglichkeit, das Dissertationsprojekt im Rahmen seines Forschungskolloquiums an der Humboldt-Universität vorstellen zu können, darüber hinaus für ein immer offenes Ohr und guten Rat auch in jüngerer Vergangenheit. Yvonne Kleinmann, der langjährigen Kollegin und Freundin, sei nicht nur für häufigen Austausch über den gemeinsamen Gegenstand frühneuzeitlicher jüdischer Lebenswelten gedankt, sondern vor allem auch für die vielen aufbauenden Gespräche der letzten Jahre. Ein ganz besonderer Dank gilt Mirjam Thulin, die im August 2007 mit selbstlosem Einsatz half, die Dissertation im buchstäblichen Sinn ans Licht der Welt zu bringen.

Ohne den Rückhalt meiner Familie wäre dieses Unterfangen undenkbar gewesen. Meine Frau Dana stand mir mit ihrer Liebe in den guten wie in den schwierigen Momenten zur Seite und hat mir mit geduldigem, klugem Rat geholfen, auch die Untiefen der vergangenen Jahre zu durchschiffen. Ihr, wie auch unserer Tochter Talia, deren erstes Lebensjahr in die Schlussphase des Dissertationsprojekts fiel und die ihrem Vater die wenige Zeit, die er für sie hatte, eines Tages hoffentlich nicht übelnehmen wird, gelten meine ganze Liebe und Dankbarkeit. Herzlich danken möchte ich auch meiner Schwester, Uta Sadowski-Lehmann, und meinem Schwager, Jürgen Lehmann, für ihre mir immer wieder gewährte moralische Unterstützung. Meinen Eltern, Hartmut und Helga Sadowski, schulde ich Dank für ihre fortwährende Geduld, Liebe und Unterstützung. Ihnen, meinem Vater und meiner Mutter, die wie der Aufklärer aus Böhmen stammt, ist dieses Buch gewidmet.

Dirk Sadowski   Leipzig/Braunschweig, im März 2010

Einleitung

Zum Gegenstand

Was ist eine Schule? – Ein Ort, an dem Kinder auf ihr späteres Leben in der Welt der Erwachsenen vorbereitet werden, an dem sie sich Bildung aneignen, die für ihr Fortkommen wichtig ist? Ein Ort, an dem Lehrer, geleitet von pädagogisch-humanistischen Idealen, die Kinder mit liebender Strenge zum Lernen anhalten, ihnen durch die Kunst der Didaktik den Stoff zu vermitteln suchen, den das Curriculum vorgibt? Oder ist eine Schule nicht vielmehr ein Ort, an dem Kinder zuallererst lernen, sich »wohlgefällig« zu verhalten, »gehorsam« und »diszipliniert« zu sein, an dem Kinder »abgerichtet« werden, mittels Zwang oder durch das System von Belohnung und Strafe? Ist eine Schule also weniger ein offener Ort als ein geschlossener, verschlossener Raum, eine »Verwahranstalt«, in der Kinder ihrer Freiheit beraubt werden und ihr Wille gebrochen wird, in der sie, statt Persönlichkeit zu entwickeln, zu Personen werden, die dem Staat dienstbar sind? Manifestiert sich in der Schule nicht gar ein Herrschaftswille, der Machtanspruch des Staates gegenüber seinen Bürgern, des Souveräns gegenüber seinen Untertanen? Beherrscht nicht der Staat, indem er sich durch die Schulpflicht der Kinder bemächtigt, auch deren Eltern? Überwacht er nicht die Erwachsenen, indem er ihre schulpflichtigen Kinder erfasst? Greift er nicht durch die Erzwingung des Schulbesuchs in die alltäglichen Lebenszusammenhänge der Familien ein? Läuft nicht das Bildungsmonopol des Staates dem Hergebrachten, Eigenen zuwider, werden die Kinder nicht durch das in der Schule vermittelte Wissen verdorben, werden sie sich nicht schließlich gegen die Eltern und deren Lebensweise, deren Tradition auflehnen?

Mit diesen scheinbar modern anmutenden Fragen sind zwei unterschiedliche Sichtweisen auf die Institution Schule benannt. Beide sind für den hier behandelten historischen Gegenstand von Bedeutung. Die erste Sichtweise stellt das emanzipative Potenzial der Schule heraus und verbindet sich – auf das 18. und 19. Jahrhundert bezogen – mit den Diskursen der Pädagogik, der Aufklärung und der Verbürgerlichung. Aus der zweiten Perspektive erscheint die Schule als ein »von außen« der Lebenswelt aufgezwungenes Disziplinierungssystem, das Unterschiede einebnet und Traditionen vernichtet – als ein Agent der Modernisierung im schlechten Sinn.

Die Einebnung von Unterschieden und die Vernichtung von Traditionen gehören zu den gesellschaftlichen Erscheinungen des Modernisierungsprozesses im 18. und 19. Jahrhundert ebenso wie Aufklärung, Emanzipation und Verbürgerlichung. Mit der Hinwendung der Geschichtswissenschaften von einer vorrangig strukturgeschichtlichen zu einer stärker historisch-anthropologisch orientierten Betrachtungsweise seit den siebziger und achtziger Jahren des vorigen Jahrhunderts sind neben den Gewinnen immer mehr auch die zuvor oft ausgeblendeten Kosten und Verluste des Modernisierungsgeschehens sowie die von den Verwerfungen der Moderne Betroffenen selbst in den Blick der Historiker geraten. Die dabei zutage getretene Ambivalenz der Aufklärung – dem Zugewinn an individueller Autonomie stehen Repression und erzwungene Preisgabe von Hergebrachtem gegenüber – gilt zumal für gesellschaftliche Minderheiten. Gerade im Bereich der Geschichte der Juden ist das Neben- und Gegeneinander von Modernisierungsgewinnen und -verlusten handgreiflich.

Vor dem Hintergrund der transterritorialen Verfasstheit der europäischen Juden erscheint diese Gleichzeitigkeit von Kosten und Nutzen der anhebenden Moderne in noch hellerem Licht. So griffen, um ein Beispiel zu geben, die akkulturierten Juden Berlins gegen Ende des 18. Jahrhunderts die Ideen der Aufklärung und der natürlichen Religion begeistert auf, da sie ihnen eine Legitimation für ihren Anspruch auf die Teilnahme am bürgerlichen Leben zu bieten schienen. Hingegen waren die gleichen Ideen für die Juden in Brody oder Buczacz gleichbedeutend mit einer nicht zu duldenden Bedrohung ihres Glaubens wie ihres gesamten Weltverständnisses. Trugen die juristisch-politischen Maßnahmen des reform- bzw. spätabsolutistischen Staates dazu bei, den Juden in Deutschland und im Habsburgerreich die Wege ins Bürgertum zu ebnen, so führten die gleichen Maßnahmen, die im Gewand der »Verbesserung«, der Toleranz oder der Emanzipation daherkamen, zu erheblichen Einschnitten in die Autonomie der Gemeinden und zu Beschränkungen der herkömmlichen Lebensweise, die die traditionell verfasste jüdische Gemeinschaft gerade in den östlichen Provinzen dieser Staaten in besonderer Weise trafen.

Natürlich betraf der im letzten Drittel des 18. Jahrhunderts einsetzende, staatlich forcierte Modernisierungsprozess mit seinen Elementen der Disziplinierung, Kontrolle und Nivellierung partikularer Eigenschaften auch die anderen Bevölkerungen jener Staaten in vergleichbarer Weise. Doch reagierten die Juden aufgrund ihres, wie Dan Diner es formuliert hat, »übernational markierten sozialen und mentalen Gewebes« sowie ihrer besonderen, religiöse und lebensweltliche Elemente eng miteinander verwebenden Verfasstheit in spezifischer Weise auf jenes Geschehen – eine Besonderheit, die ihnen eine »seismografische Bedeutung« im Hinblick auf die Zumutungen der Moderne verleiht.[1]

Der Gegenstand dieser Arbeit – die jüdischen deutschen Schulen in Galizien unter der Aufsicht des jüdischen Aufklärers Herz Homberg – ist im Zwischenbereich jener Kosten-Nutzen-Bilanz des Modernisierungsprozesses angesiedelt. Dies hat auch damit zu tun, dass hier versucht werden soll,

---

1 Diner, Geschichte der Juden, 248.

mehrere Perspektiven zur Geltung zu bringen: die der Herrschaft, die der obrigkeitlich Beauftragten sowie die der alltäglich Betroffenen. Die Schulen, die zwischen 1782 und 1806 in Galizien und der Bukowina existierten, bieten sich auf besondere Weise an, das Verhältnis zwischen reformabsolutistischem Staat, Vertretern der Aufklärung und traditionellen Juden sowie deren jeweilige Perspektive zu untersuchen: Eingerichtet und kontrolliert wurden die Schulen durch den österreichischen Staat josephinischer Prägung, geleitet von einem *Maskil* – einem Anhänger der jüdischen Aufklärung (Haskala) – und besucht von den Kindern der ganz nach dem Religionsgesetz und der Tradition lebenden Juden in den zahlreichen Gemeinden zwischen Tarnów und Brody, Zamość und Czernowitz.

Im Vordergrund der Arbeit steht die Frage nach den Voraussetzungen, Mechanismen und Ergebnissen staatlich intendierter und forcierter Modernisierung sowie allgemein nach der Dynamik des Aufeinandertreffens reformerischer Bestrebungen und einer traditionell verfassten Lebenswelt. Mit den galizischen Schulen erhielten zwei auf die Juden bezogene Modernisierungsdiskurse Gelegenheit, in der Breite und auf ganz praktischer Ebene zu wirken: der einer zeitgenössisch so bezeichneten »bürgerlichen Verbesserung der Juden« in seiner spezifischen österreichischen Ausprägung der Toleranzpolitik Josephs II. sowie der einer jüdischen Aufklärung in einer modifizierten, schon von staatlich-externen Vorgaben überformten Gestalt. Der äußere und der innerjüdische Diskurs, »Verbesserung« und Haskala, wirkten durch die Schulen in eine Lebenswelt hinein, die sich durch ihre traditionelle Verfasstheit und ihr Beharrungsvermögen auszeichnete. Somit standen die Schulen inmitten eines äußerst dynamischen Geschehens, welches in dieser Arbeit auf zwei Ebenen betrachtet werden soll, und zwar zum einen – auf der Makroebene – unter dem Gesichtspunkt der »praktizierten Aufklärung«, dem Ineinandergreifen von staatlichem und maskilischem Diskurs und ihrem Zusammentreffen im konkreten galizisch-jüdischen Kontext, und zum anderen – auf der Mikroebene – unter dem Gesichtspunkt der hieraus resultierenden Schulwirklichkeit und der Reaktion der jüdisch-galizischen Lebenswelt auf die Ordnungs- und Disziplinierungsversuche vonseiten des Staates.

Josephinische Toleranz und jüdische Aufklärung

Entscheidend für den umfassenden Zugriff des reformabsolutistischen Staates auf seine jüdische Bevölkerung, wie er sich unter anderem in den jüdischen deutschen Schulen in Galizien und anderswo im Habsburgerreich abbildete, war ein Paradigmenwechsel in der herrscherlichen Politik gegenüber einer Minderheit, genauer: in der Betrachtungsweise des Nutzens, der aus jener Bevölkerung gezogen werden konnte, und der im Gegenzug zu gewährenden Rechte. Jener Nutzen wurde unter Joseph II. nicht mehr nur als ein fiskalischer gesehen, der durch das Instrument der je individuell und ad hoc ausgehandelten »gnädigen« Duldung von Angehörigen einer religiösen Minderheit vermittelt wurde, wie der Begriff der Toleranz in vorjosephinischen Zeiten verstanden wurde. »Toleranz« bedeutete nun vielmehr den Tausch umfassenderer, auch gewisser bürgerlicher Rechte gegen eine spezifische Anpassungsleistung der jüdischen Gesamtbevölkerung, in deren Zentrum das Konzept der Nützlichkeit für das gemeine Wohl – wie der Nutzen für den Staat nun definiert wurde – stand.[2]

Dabei umfasste die josephinische Toleranz neben ihren emanzipativen Momenten – so die Aufhebung von Berufsbeschränkungen, die Öffnung der Institutionen höherer Bildung für Juden und die Abschaffung von diskriminierenden Kennzeichen und Praktiken – auch eine Reihe restriktiver Aspekte. In vielen der für die Länder des Reiches zwischen 1781 und 1789 erlassenen Toleranzpatente überwogen gar die Tendenzen der Normierung, Reglementierung und Kontrolle des jüdischen Lebens in allen wichtigen Bereichen vor den Bestimmungen, die ein Mehr an bürgerlicher Freiheit verhießen. Zudem erschöpfte sich die josephinische Politik gegenüber den Juden nicht in diesen Patenten; eine Fülle von Hofdekreten verstärkte den restriktiven Zugriff auf die jüdische Bevölkerung. Sind viele der staatlichen Maßnahmen zumindest teilweise aus dem allgemeinen reformabsolutistischen Impuls der Einschränkung partikularer Gewalten und der Schaffung eines einheitlichen Untertanenverbandes zu erklären, so hatten sie gegenüber den Juden doch immer ein spezifisches Gepräge, das nicht zuletzt aus einer Gemengelage von aufklärerischem Geist, utilitaristischen Motiven, tradierten antijüdischen Vorurteilen und einer halb-säkularisierten Konversionserwartung gegenüber den Juden resultierte. Entsprechend wurden im Diskurs der »bürgerlichen Verbesserung« und der josephinischen Toleranz immer wieder Forderungen nach der Aufhebung des »Corpsgeistes«, des »Nationalzusammenhalts« oder »Religionsbandes« der Juden laut, worunter die durch die *Halacha*, das Religionsgesetz, bestimmte soziale und religiöse Distinktivität der Juden verstanden wurde. Die Mitte der 1780er Jahre erfolgte Abschaffung der Gemeindeautonomie und der Rabbinatsgerichtsbarkeit sowie die staatlichen Eingriffe in das religionsgesetzlich regulierte jüdische Ehe- und Personenstandsrecht spiegelten den Versuch der Entflechtung der bei der jüdischen

---

2 Vgl. Dubin, Between Toleration and Equalities, 226–232, bes. 227 f. Lois Dubin bezeichnet hier diesen Politikwechsel als eine Art »Gesellschaftsvertrag« zwischen dem reformabsolutistischen Staat und den Juden und verdeutlicht dies am Beispiel der jüdischen Gemeinde Triests. Hier ist jedoch darauf hinzuweisen, dass jener »Gesellschaftsvertrag« gegenüber einer dem Ideal der »Nützlichkeit« entsprechenden Gemeinde wie der Triests eine andere Form annahm und weniger repressiv ausfiel als gegenüber einer überwiegend als »schädlich« betrachteten jüdischen Bevölkerung wie der Galiziens. Zudem war das Konzept gesellschaftlicher Nützlichkeit auch weiterhin durch den fiskalischen Nutzen, der aus den Juden zu ziehen war, flankiert, wie dies am Beispiel der galizischen Juden besonders augenfällig wird: So übersteigt in den Hofkanzleiprotokollen für Galizien (AVA, Wien) die Zahl der Einträge zu den jüdischen Steuern die der Vermerke zu verschiedenen Produktivierungsmaßnahmen und zu den jüdischen deutschen Schulen um ein Vielfaches.

Bevölkerung besonders eng verwobenen lebensweltlichen und religiösen Strukturen. Durch die Neutralisierung der Gesetzeskomponente der tolerierten Religion und deren Begrenzung auf den gottesdienstlichen Bereich strebte der Staat einen erleichterten Zugriff auf die jüdische Lebenswelt an. Diese Eingriffe in Bereiche, die eigentlich durch das Gebot der Toleranz und Religionsfreiheit hätten geschützt werden sollen, wurden begünstigt durch das ungewollte oder gewollte Missverstehen des rituellen Bereichs im Judentum und seiner lebensweltlichen Implikationen. So war die Toleranz der Aufklärung auf einem Auge blind, oder, wie dies Christoph Schulte treffend formuliert hat, »eine Toleranz der meist unwissenden Wohlmeinenden«.[3]

Wie tief die genannten Maßnahmen in den autonomen Bereich jüdischen Lebens tatsächlich eingriffen, hing von verschiedenen Faktoren ab, so von der Durchdringung eines bestimmten Territoriums mit Dependancen zentralstaatlicher Machtausübung, letztlich also von der Durchsetzungsstärke oder -schwäche des Staates vor Ort, sowie von dem Beharrungsvermögen und Widerstandspotenzial der *de jure* aufgelösten autonomen Strukturen. Ein Bereich, in dem der Staat vorsichtiger zu Werke ging, als er dies gegenüber den rabbinischen Gerichten oder den Verwaltungskörperschaften der jüdischen Gemeinden tat, war das traditionelle Erziehungswesen der Juden. Es galt weitgehend unbestritten als Teil der rituellen Sphäre und damit als unter dem Schutz des Toleranzprinzips stehend. Mit den *außerhalb* des traditionellen jüdischen Erziehungswesens errichteten deutschen Schulen verband der Staat offiziell nicht den Anspruch auf Usurpation der religiösen Unterweisung. Doch schuf er mit ihnen ein System, das in Konkurrenz zu den beibehaltenen Einrichtungen der traditionellen Erziehung, insbesondere den Lehrstuben (*Chadarim*), treten musste. Als letzte Bastionen jüdischer Autonomie und als Garanten der Tradierung jüdischer Lebensweise und Zugehörigkeit waren sie neuralgische Punkte des rituell-lebensweltlichen Gewebes, die es gegenüber den staatlichen Zumutungen zu verteidigen galt.

Verfügte der Staat mit den deutschen Schulen über ein scheinbar probates Mittel, um das neue Konzept der »Nützlichkeit« gegenüber den Juden zu operationalisieren, so kannte die Haskala, deren Programm der Erziehung den ersten Rang einräumte, diese Möglichkeiten bis dahin nicht. Als ein innerjüdischer Modernisierungsdiskurs beschränkte sie sich auf das Argument und die Kraft der Überzeugung, um ihre Ideen innerhalb der jüdischen Gemeinschaft zu verbreiten und ihre vereinzelten pädagogischen Projekte – wie etwa die 1778 gegründete jüdische Freischule in Berlin – zu befördern. Die sich als neue intellektuelle Elite unter den Juden verstehenden *Maskilim* waren weitgehend machtlos, was die Möglichkeiten einer Umsetzung ihrer Pläne in der Breite betraf. Anfang der 1780er Jahre änderte sich diese Situation in zweierlei Hinsicht: Unter dem Eindruck des mit der Losung der »bürgerlichen Verbesserung« beginnenden Emanzipationsdiskurses öffnete sich die jüdische

---

3 Schulte, Die jüdische Aufklärung, 36.

Aufklärung, nahm die Konzepte und Ideologeme der Emanzipationsbefürworter auf und passte sie den eigenen diskursiven Strategien und Mechanismen an. Dabei konnte es nicht ausbleiben, dass der Diskurs der Haskala selbst eine Veränderung erfuhr. Er gab bestimmte traditionsbewahrende Momente preis, verlor dadurch an Glaubwürdigkeit in der jüdischen Gemeinschaft, gewann dafür jedoch an Plausibilität gegenüber einem nichtjüdischen, aufgeklärten Publikum und damit auch an Wirksamkeit in der allgemeinen öffentlichen Sphäre.

Zur gleichen Zeit schien die Toleranzpolitik Josephs II. den *Maskilim* ein Instrument für die praktische Umsetzung ihrer pädagogischen Pläne zu geben, von dem sie zuvor kaum zu träumen gewagt hätten. Die Lehrerposten an den jüdischen deutschen Schulen, die seit 1782 in Böhmen, Mähren, Ungarn, Galizien und den italienischen Territorien der Habsburger entstanden, konnten zwar kaum alle mit jüdischen Aufklärern besetzt werden, doch waren es hier und da *Maskilim*, die die Leitung einer Schule übernahmen und versuchten, ihre eigene Agenda in die ansonsten staatlich genormten Lehrpläne einzuspeisen. Den zuvor machtlosen jüdischen Intellektuellen schien sich ein Weg zu öffnen, ihre vom Staat übertragene Macht – wie bescheiden sie auch immer ausfallen mochte – für den Zweck der inneren Reform einzusetzen. Der erste Jude, dem mit dem Posten des Aufsehers über die jüdischen deutschen Schulen in Galizien ein Amt übertragen wurde, das wirkliche Macht versprach, war Herz Homberg (1749–1841). Er wurde zum Protagonisten innerjüdischer Modernisierung im Dienste eines Staates, der die »Verbesserung der Juden« im Geist der Nützlichkeit erstrebte und seinem »Agenten« mit dem Schulunterricht ein probates Mittel an die Hand gab. Auf diese Weise waren Synergieeffekte vorgezeichnet.

So handelt diese Arbeit auch von dem »unverdrossenen Pädagogen und Aufklärer«[4] Herz Homberg. Seine Lebensgeschichte steht ganz im Zeichen des ambivalenten Verhältnisses zwischen dem staatlichen »Verbesserungs«-Diskurs, dessen Adept er schließlich wurde, und der Haskala. Seine Jahre als Privatlehrer im Hause Moses Mendelssohns in Berlin (1778/79–1782) und seine Mitwirkung am *Bi'ur*, dem ersten kollektiven literarischen Projekt jüdischer Intellektueller,[5] zeigen ihn als einen *Maskil* der ersten Stunde; sein Religions- und Morallehrbuch *Bne Zion* (Söhne Zions, 1812) markiert dagegen den Höhepunkt einer Entwicklung hin zu einer aufgeklärt-staatsnahen Einstellung, die ihn eher als einen »radikalen« *Maskil* und Vertreter staatlicher Verbesserungsabsichten gegenüber den Juden erscheinen lässt, denn als einen moderaten Befürworter einer kulturellen Erneuerung des Judentums aus sich selbst heraus. Neben der Zeit Hombergs als (Ober-)Aufseher über die jüdischen deutschen Schulen in Galizien (1787–1799/1806) werden in dieser

---

4 In Anlehnung an den Titel von Wenzel, Den Samen der Tugend streut aus. Der unverdrossene Pädagoge und Aufklärer Herz Homberg.
5 Vgl. Feiner, The Jewish Enlightenment, 128.

Arbeit auch die Jahre zwischen 1779 und 1787 behandelt, die prägend für die Entwicklung von Hombergs genuinem, Haskala und Emanzipationsdiskurs vereinigendem Erziehungskonzept waren.

Die in der Person Hombergs verkörperte und im Rahmen der jüdischen deutschen Schulen in Galizien praktisch wirksame, »polizierte« Haskala[6] bildet die erste, überwiegend im Makrobereich historischen Geschehens angesiedelte Betrachtungsebene dieser Arbeit. Sie soll durch eine Analyse der Interaktion zwischen den drei Hauptakteuren – dem österreichischen Staat in Gestalt seiner zentralen Behörden, dem *Maskil* Homberg sowie den traditionellen Gemeindeeliten, den Rabbinern und Vorstehern der galizischen jüdischen Gemeinden – beleuchtet werden. Dabei stehen die folgenden Aspekte im Vordergrund: Im ersten Kapitel sollen nach einer biografischen Annäherung an die Person Herz Hombergs und der kritischen Auseinandersetzung mit den Bebilderungen des Aufklärers durch die (jüdische) Historiografie der ersten Hälfte des 20. Jahrhunderts die normative Seite staatlicher Gesetze, Intentionen und Maßnahmen gegenüber den Juden, wie sie sich in den Schulvorschriften abbildeten, beleuchtet und der Prozess der kreativen Adaption jener Vorgaben durch Homberg sowie die damit verbundene Überformung (»Polizierung«) von dessen eigener maskilischer Agenda betrachtet werden. An eine Beschreibung der Entwicklung des jüdischen deutschen Schulwesens in Galizien vor dem Amtsantritt des Aufklärers schließt sich die Darstellung des Ausbaus des Schulnetzes unter Homberg an, wobei bestimmte strukturelle Aspekte, wie die unter den Akteuren umstrittene Frage des gemeinsamen Schulbesuchs jüdischer und christlicher Kinder, eine eingehendere Betrachtung erfahren.

Das zweite Kapitel analysiert die konkrete Umsetzung des aus der erwähnten Adaptionsleistung hervorgegangenen poliziert-maskilischen Erziehungsprogramms sowohl im Unterricht in den jüdischen deutschen Schulen als auch in Form der von Homberg gegenüber den Institutionen der traditionellen Erziehung getroffenen Maßnahmen. Dabei werden die Synergiewirkungen, aber auch die Grenzen deutlich, die sich bei der Begegnung zwischen den aufgeklärten Ambitionen Hombergs mit den staatlicherseits verfolgten Prinzipien der Religionsfreiheit und der institutionellen und inhaltlichen Gleichförmigkeit des Erziehungswesens ergaben. Einen weiteren Schwerpunkt dieses zweiten Kapitels stellt der Konflikt zwischen den staatlichen Behörden und dem *Maskil* einerseits und jenen traditionellen Eliten andererseits dar, denen an einer Traditionsbewahrung gelegen war. Dabei geht es auch um das Aufspüren der in der offiziellen Begegnung zwischen Staat und Juden kaum je offen kommunizierten tatsächlichen Konfliktlinien im Zusammenhang mit den Schulen.

---

6 Unter »polizierter« Haskala verstehe ich in Anlehnung an David Sorkins Konzept einer *politicization of Haskalah* die durch den kameralistisch-polizeywissenschaftlichen Diskurs überformte Variante der jüdischen Aufklärung. Siehe unten.

Doch handelt diese Arbeit nicht allein von der Begegnung zweier Diskurse der Modernisierung, den Strukturen ihrer praktischen Umsetzung und den Reaktionen vonseiten der traditionellen jüdischen Eliten. Sie will darüber hinaus auch versuchen, die materiell-alltägliche Seite des Geschehens aufzuzeigen. Mit anderen Worten: Diese Arbeit handelt auch von den Schulen selbst und vor allem von den Menschen, die in ihnen und um sie herum agierten: von den Lehrern, Schülern, Eltern und den josephinischen Beamten auf lokaler Ebene. An dieser Stelle wird die Makroperspektive weitestgehend aufgegeben. Nicht die oben benannten »großen« Kontrahenten stehen im Mittelpunkt der Aufmerksamkeit, sondern der Blick wird vielmehr umgelenkt auf die oft »winzige Geschichte« (Foucault) jener Existenzen, auf ihre Bedrängnis, aber auch auf ihre Handlungspotenziale und Aktionen. Nicht immer ist es möglich, das Raster des erfassenden und normierenden Blickes der Behörden bzw. Hombergs abzustreifen, da oft nur sie uns in den überlieferten Dokumenten über das Handeln von Lehrern, Schülern und Eltern berichten.

In diesem Kontext steht die Darstellung verschiedener Facetten der galizisch-jüdischen »Schulwirklichkeit«.[7] Im dritten Kapitel, das diesem Gegenstand gewidmet ist, werden zunächst Aussagen über das Schulbesuchsverhalten der jüdischen Kinder getroffen sowie die für deren Fernbleiben vom Unterricht von den Eltern und Vorstehern angeführten Gründe bzw. die verborgenen Ursachen des Schulausbleibens analysiert. Vor allem aber gilt es, dem lebensweltlichen Widerstandspotenzial der jüdischen Bevölkerung gegen die Schulen und die mit ihnen verbundenen Zwangsmaßnahmen nachzuspüren, wie es sich primär in Strategien des Sich-Entziehens vor dem Zugriff der Behörden und der Vereitelung von Strafmaßnahmen äußerte. Dabei wird es in der Darstellung zu Überschneidungen zwischen Makro- und Mikroperspektive kommen, da bestimmte Formen der Widerständigkeit nicht hätten realisiert werden können, ohne Stärkung vonseiten eingewurzelter Strukturen zu erfahren: Die Persistenz der offiziell beseitigten autonomkorporativen Verfasstheit der galizischen Juden gestattete, zumindest in den größeren Gemeinden, eine effektive und kaum sanktionierbare Opposition der Bevölkerung gegen die Erziehungseinrichtungen. Über die Schulen wurden Elemente staatlicher Disziplinierung und Kontrolle wirksam, die über den unmittelbaren edukativen Zweck des Unterrichts hinausreichten. Hierzu zählte vor allem die auch bevölkerungspolitisch motivierte Vorschrift, nach der einem jüdischen Brautpaar ohne Nachweis des erhaltenen Normalschulunterrichts der staatliche Heiratskonsens verweigert wurde. Derartige Maßnahmen machten den galizischen Juden die Schulen und ihren Oberaufseher verhasst und ließen sie ein besonders reichhaltiges Repertoire an lebensweltlichen Vereitelungsstrategien entwickeln. Es war jener lebensweltliche Widerstand der Juden, der das Ende der jüdischen deutschen Schulen in Galizien im Jahr 1806 mit herbeiführte. Eine Analyse der Ursachen dieses

---

7 Zum Begriff der »Schulwirklichkeit« siehe unten.

»Scheiterns« aus der Perspektive Hombergs bzw. des »Erfolgs« aus der Sicht der traditionellen Juden Galiziens beschließt das dritte Kapitel.

Bemerkungen zur Forschung

Während der vergangenen 15 Jahre hat die Forschung zur Haskala[8] erhebliche Veränderungen erfahren, in deren Folge sich das Spektrum der Themen und Methoden stark erweitert und ausdifferenziert hat.[9] Zunächst ist eine Hinwendung von einer vorrangig literaturgeschichtlichen Perspektive zu einer stärker historischen Beschäftigung mit der jüdischen Aufklärung bzw. Aufklärungs*bewegung* festzustellen, die sich vor allem mit den Namen Shmuel Feiners und David Sorkins verbindet. So darf Feiners Studie über die *Revolution der Aufklärung* (so der hebräische Titel) als die erste moderne Gesamtdarstellung zur jüdischen Aufklärung in ihren ersten Jahrzehnten gelten.[10] In vergleichender Perspektive hat David Sorkin die Haskala als eine der religiösen Aufklärungsströmungen im Europa des 18. Jahrhunderts dargestellt.[11] Eine deutschsprachige Synthese der Geschichte der Berliner Haskala unter ideengeschichtlicher Perspektive bietet die Monografie von Christoph Schulte.[12]

Eine Perspektivenverschiebung hat es auch hinsichtlich der Stellung Moses Mendelssohns (1729–1786) in der jüdischen Aufklärung gegeben. Mit der Korrektur des bis in die 1990er Jahre hinein herrschenden Bildes von Mendelssohn als der führenden Gestalt der Haskala und Initiator und Leiter maßgeblicher maskilischer Unternehmungen,[13] sind weitere Persönlichkeiten der jüdischen Aufklärung in das Licht der Haskala-Forschung gerückt, wie Peter Beer (1758–1838),[14] Isaak Euchel (1756–1804),[15] David Friedländer

---

8 Gemeint ist in dem hier behandelten Kontext vor allem die erste Phase der jüdischen Aufklärungsbewegung, die sogenannte Berliner Haskala, deren Beginn gemeinhin in den siebziger Jahren des 18. Jahrhunderts angesetzt wird und deren späteste Ausläufer kaum über das Jahr 1810 hinausreichen. Zur Frage der Definition und Periodisierung der Haskala vgl. Feiner, Towards a Historical Definition of the Haskalah.
9 Im Rahmen dieser Einleitung kann nur ein Kurzüberblick über die wesentlichen Trends der Haskala-Forschung gegeben werden. Vgl. ausführlich Feiner, »Wohl euch, die ihr eurer Gedanken wegen verfolgt seid!«.
10 Feiner, Haskala – Jüdische Aufklärung. Das hebräische Original erschien unter dem Titel *Mahapechat ha-ne'orut* im Jahr 2002. Bereits 1995 hatte Feiner eine wichtige Studie zur Entstehung eines jüdischen historischen Bewusstseins in der Haskala veröffentlicht: *Haskala we-historija*, engl. Ausgabe 2001 unter dem Titel *Haskalah and History. The Emergence of a Modern Jewish Historical Consciousness*.
11 Sorkin, Moses Mendelssohn and the Religious Enlightenment; ders., The Berlin Haskalah and German Religious Thought.
12 Schulte, Die jüdische Aufklärung.
13 Vgl. Feiner, Mendelssohn and »Mendelssohn's Disciples«.
14 Hecht, Ein jüdischer Aufklärer in Böhmen.
15 Kennecke, Isaac Euchel; Feiner, Jizchak Eichel. Ha-jasam schel tnu'at ha-haskala be-Germanija.

(1750–1834) und Naftali Herz Wessely (1725–1805).[16] Fragen der Periodisierung und der Bedeutung einer »frühen Haskala« bzw. der Hinwendung von Juden zu den Wissenschaften in der Frühen Neuzeit noch vor dem Beginn der Berliner Haskala wurden von David Sorkin, Shmuel Feiner, David Ruderman und anderen behandelt.[17] Zum Bedeutungswandel der hebräischen Sprache in der Haskala hat Andrea Schatz eine ausführliche Studie vorgelegt;[18] die Sprachkonzepte Moses Mendelssohns hat Grit Schorch jüngst in ihrer Dissertation untersucht.[19]

Die für die vorliegende Arbeit zentrale Frage des Verhältnisses zwischen dem reformabsolutistischen Staat – insbesondere in seiner josephinischen Ausprägung – und der jüdischen Aufklärung bzw. den *Maskilim* hat in der Forschung bisher wenig Aufmerksamkeit erfahren. Eine Ausnahme stellt die wegweisende Arbeit von Lois Dubin über die jüdische Gemeinde des habsburgischen Freihafens Triest dar. Hier wurden die Bedingungen aufgezeigt, die die Toleranzpolitik Josephs II. für die Verwirklichung maskilischer Ideen in einem merkantilistisch geprägten und der Aufklärung zuneigenden jüdischen Millieu bot, unter anderem am Beispiel der Scuola Pia Normale sive Talmud Torà.[20]

Wichtige Einsichten in das komplexe Ineinandergreifen der Diskurse von jüdischer Aufklärung und »bürgerlicher Verbesserung« der Juden verdankt diese Arbeit der bereits genannten vergleichenden Studie von David Sorkin über die Berliner Haskala und die christlichen Varianten religiöser Aufklärung. Im letzten Kapitel des Werkes beschreibt Sorkin eine fortschreitende »Politisierung« der Haskala seit den achtziger Jahren des 18. Jahrhunderts – einen Prozess, der sie von der Prämisse einer kulturellen Erneuerung des Judentums weg- und zu der Übernahme externer, staatlich-»merkantilistischer« Normen, wie Sorkin dies nennt, hinführte. Vor dem Hintergrund des Toleranz- und Verbesserungsdiskurses gewannen in den Debatten der *Maskilim* Ideen der Produktivierung und gesellschaftlichen Nützlichkeit immer breiteren Raum. An die Stelle des »hebräischen Curriculums« der frühen Haskala (vertieftes Studium des Hebräischen, der Landessprache und der Wissenschaften zum Zwecke des tieferen Verständnisses der heiligen Texte) trat schließlich ein Bildungsprogramm, das dem Studium säkularer Fächer

---

16 Eine Dissertation über David Friedländer wird von Uta Lohmann (Berlin) verfasst. Über Wessely arbeitet Michal Kümper (Berlin).
17 Ruderman, Jewish Thought and Scientific Discovery in Early Modern Europe; Feiner, Ha-haskala ha-mukdemet; Sorkin, The Early Haskalah. Das *Jahrbuch des Simon-Dubnow-Instituts/ Simon Dubnow Institute Yearbook* 6 (2007) versammelt die Beiträge einer diesen Fragen gewidmeten Konferenz, die unter dem Titel »Early Modern Culture and Haskalah – Reconsidering the Borderlines of Modern Jewish History« im Juli 2006 am Simon-Dubnow-Institut in Leipzig stattfand.
18 Schatz, Sprache in der Zerstreuung.
19 Schorch, »Irdische« und »himmlische« Sprachpolitik bei Moses Mendelssohn.
20 Dubin, The Port Jews of Habsburg Trieste.

und dem Erwerb praktisch-nützlicher Fähigkeiten den Vorrang einräumte. Universalismen wie die der sozialen Interdependenz aller Untertanen und des Strebens nach dem gemeinen Wohl verdrängten partikulare Heilserwartungen. Aus der Perspektive des moralischen, naturwissenschaftlichen oder medizinischen Fortschritts begannen *Maskilim*, bestimmte rituelle Praktiken und traditionelle Bräuche, die als Hindernisse auf dem Weg zur rechtlichen Verbesserung verstanden wurden, als »abergläubisch« oder »nutzlos« zu kritisieren und ihre Abschaffung zu fordern. Die Protagonisten der Politisierung – die *Maskilim* – standen dabei in einem indirekten, vermittelten Verhältnis zum reformabsolutistischen Staat und seinen Verbesserungsansprüchen. Als Vermittler fungierte laut Sorkin eine wohlhabende, »merkantile« Elite von Hofjuden, die das Patronat über die *Maskilim* übernahmen, sie beschäftigten und ihre Projekte förderten. In hohem Maße daran interessiert, nach ihrem wirtschaftlichen Erfolg die rechtlichen Einschränkungen zu beseitigen, die ihren gesellschaftlichen Aufstieg behinderten, trug diese Elite als »Surrogat« des Staates die Idee des *quid pro quo* an die *Maskilim* heran, die diese wiederum in den jüdischen aufklärerischen Diskurs einspeisten.[21] In Anlehnung an Sorkins Begriff der *politicization of Haskalah* soll in der vorliegenden Studie die Überformung der maskilischen Ideale, insbesondere des Bildungsprogramms der jüdischen Aufklärung, durch kameralistische und polizeywissenschaftliche Konzepte sozialer Disziplinierung als »Polizierung« der Haskala verstanden werden.

Die Rolle, die Bildung und Erziehung im Modernisierungsprozess des mitteleuropäischen Judentums im Zeitalter von Aufklärung und Emanzipation spielten, hat in den letzten zehn Jahren verstärkte Beachtung erfahren. Dabei wurde den Bildungsprogrammen und -projekten der *Maskilim* vor allem unter sozial-, kultur- und pädagogikgeschichtlichen Aspekten große Aufmerksamkeit zuteil. Unter dem Gesichtspunkt der Vermittlung von »kulturellem Kapital« (Pierre Bourdieu) und damit des emanzipatorischen Charakters aufgeklärter Bildung widmete Simone Lässig einen Teil ihrer umfassenden Studie über die jüdischen Wege ins Bürgertum den »jüdischen Reformschulen«, unter die sie nicht nur die Haskala-Schulen in Deutschland, sondern zum Teil auch die jüdischen deutschen Schulen im Habsburgerreich fasste.[22] Mit seinen Quelleneditionen, Monografien und Sammelbänden erbrachte auch der Hamburger Forschungscluster zur »Jüdischen Bildungsgeschichte in Deutschland« unter Leitung von Ingrid Lohmann eine außerordentlich wertvolle Erschließungs- und Forschungsleistung.[23] Die ideologi-

---

21 Sorkin, The Berlin Haskalah and German Religious Thought, 103–124.
22 Lässig, Jüdische Wege ins Bürgertum, 115–183.
23 I. Lohmann (Hg.), Chevrat Chinuch Nearim; Eliav, Jüdische Erziehung in Deutschland im Zeitalter der Aufklärung und der Emanzipation (hebr. Originalausgabe Jerusalem 1960); Behm, Moses Mendelssohn und die Transformation der jüdischen Erziehung in Berlin; Behm/U. Lohmann/I. Lohmann (Hgg.), Jüdische Erziehung und aufklärerische Schulreform; U. Lohmann/I. Lohmann (Hgg.), »Lerne Vernunft!«.

schen und politischen Komponenten, die sich mit dem maskilischen Erziehungsprogramm und dem Streben nach seiner Umsetzung verbanden, wurden in diesem Kontext jedoch nur am Rande beleuchtet. Dies mag damit zusammenhängen, dass der Blick im Wesentlichen auf den deutschen Kontext, insbesondere auf Preußen, gerichtet blieb. Hier schöpften die Schulprojekte der Haskala weitgehend aus sich selbst und waren an die Initiative der *Maskilim* und die Großzügigkeit der jüdischen Gemeinden oder vermögender Einzelpersonen gebunden. Der Staat verhielt sich bestenfalls neutral; und wenn er der durch die jüdischen Aufklärer quasi »von innen« betriebenen »Verbesserung« der Juden auch nicht ablehnend gegenüberstand, so hielt er sich bei der Unterstützung ihrer pädagogischen Projekte doch weitgehend zurück. Vermutlich ist gerade in ihrer Staatsgebundenheit der Grund dafür zu sehen, dass die jüdischen deutschen Schulen im Habsburgerreich im Rahmen der »Jüdischen Bildungsgeschichte in Deutschland« eher stiefmütterlich behandelt wurden: Offensichtlich wurde die Beteiligung einzelner *Maskilim* an der josephinischen Erziehungsoffensive gegenüber den Juden des Habsburgerreiches und das starke Ineinanderwirken von maskilischen und staatlichen Erziehungskonzepten kaum wahrgenommen.[24]

Die jüdischen deutschen Schulen in Galizien unter der Aufsicht Herz Hombergs haben bisher keine ausführliche Behandlung in der Forschung erfahren. Die beiden einzigen, diesem Thema ausschließlich gewidmeten Aufsätze stammen vom Anfang des 20. Jahrhunderts. Der polnisch-jüdische Historiker Majer Bałaban (1877–1942) veröffentlichte 1906 einen längeren polnischsprachigen Aufsatz hierzu, dem 1916 eine kürzere, deutsche Fassung folgte.[25] Die Pionierarbeit Bałabans stützte sich zum Teil auf Quellenmaterial aus den Lemberger Archiven, darunter auch auf Dokumente, die inzwischen offenbar verschollen sind. Darüber hinaus bezog der Historiker seine Informationen jedoch vorrangig aus verschiedenen Aufsätzen und Miszellen des Pädagogen und Historikers Gerson Wolf (1823–1892)[26] und übernahm damit viele der tendenziösen Urteile und schlicht falschen Behauptungen Wolfs, in dem Rahel Manekin den Hauptverantwortlichen für die verzerrte Darstellung des Bildes von Homberg in der Forschung erblickte.[27] Über Wolf und Bałaban fand das Narrativ vom »Schnauzenfresser« Homberg und damit auch die durch und durch negative Bewertung der jüdischen deutschen Schulen seinen Weg in die »osteuropäische Schule« der jüdischen Geschichtsschreibung und

---

24 Eine Ausnahme stellen die Beiträge von Hecht und Wenzel in Bd. 5 der Reihe, Behm/U. Lohmann/I. Lohmann (Hgg.), Jüdische Erziehung und aufklärerische Schulreform, dar.
25 Bałaban, Herz Homberg i Szkoły Józefińskie dla Żydów w Galicyi [Herz Homberg und die josephinischen Schulen für Juden in Galizien]; ders., Herz Homberg in Galizien.
26 Wolf, Historische Notizen; ders., Studien zur Jubelfeier der Wiener Universität im Jahre 1865, 110–121; ders., Zur Geschichte des jüdischen Schulwesens in Galizien; ders., Die Versuche zur Errichtung einer Rabbinerschule in Oesterreich, 30–39; ders., Lehrerseminare in Galizien.; ders., Kleine historische Schriften, 197 f.
27 Vgl. Manekin, Naftali Herz Homberg, 179–202.

wurde von so berühmten Historikern wie Simon Dubnow oder Raphael Mahler reproduziert.[28]

Die bisher einzige Monografie über Herz Homberg verfasste der israelische Historiker und Pädagoge Joseph Walk. In seiner unveröffentlichten Magisterarbeit von 1964 versuchte er bereits an manchen Stellen, sich vom voreingenommenen Blick der »osteuropäischen Schule« zu lösen und bot vor allem zu Hombergs Wiener und Prager Zeit reiches Material. Das »galizische Kapitel« dieser Arbeit umfasst jedoch nur 14 Seiten, da Walk hierfür kein Archivmaterial nutzte und sich ausschließlich auf ältere Literatur stützte.[29] Eine weitere Bearbeitung des Stoffes stammt aus dem Jahre 1993. In ihrer Dissertation zur Geschichte der Bildungs- und Kultureinrichtungen Lembergs unter österreichischer Herrschaft bis zum Jahre 1848 behandelte Elisabeth Röskau-Rydel auch die jüdischen deutschen Schulen. Es handelt sich hierbei um einen auch Quellenmaterial einbeziehenden instruktiven Überblick, der jedoch – dem Thema der Studie geschuldet – auf die galizische Landeshauptstadt beschränkt bleibt.[30]

Die Schwierigkeit des Zuganges vor allem zu den in Lemberg (Lviv) befindlichen Archivmaterialien vor dem Fall des »eisernen Vorhangs« erschwerte über lange Jahre die Beschäftigung mit dem Gegenstand. Seit auch westliche Historiker das Zentrale Staatliche Historische Archiv der Ukraine in Lviv benutzen können und seit Ende der 1990er Jahre viele der relevanten Dokumente als Mikrofilmkopie in die Jerusalemer Central Archives for the History of the Jewish People gelangten, scheint das Interesse an den Vorgängen um die jüdischen deutschen Schulen in Galizien zugenommen zu haben. In diesem Zusammenhang sei vor allem auf zwei jüngere Aufsätze von Rachel Manekin verwiesen, die sich das Verdienst zuschreiben darf, das durch Wolf, Bałaban und die »osteuropäische Schule« tradierte Narrativ von Herz Homberg dekonstruiert zu haben. Ihr umfassender Aufsatz über die historische »Gestalt und das Bild« Hombergs behandelt die jüdischen deutschen Schulen in Galizien im Zusammenhang dieser Dekonstruktion, die durch eine Reihe von Belegen aus unveröffentlichten Archivdokumenten gestützt wird.[31] Ein zweiter Beitrag Manekins, ebenfalls aus dem Jahre 2006, bringt die hebräische Übersetzung der von Homberg 1787 verfassten *Verhaltungspunkte für jüdische Schullehrer in Galizien und Lodomerien* samt einer Einführung.[32] Vorstudien zu der vorliegenden Arbeit stellen zwei Aufsätze des Verfassers dar, in

---

28 Siehe ausführlich in Kap. 1.1; dort auch weitere Literaturangaben.
29 Walk, Herz Homberg, 17–30. Die Archive in der Ukraine waren Walk zu dieser Zeit nicht zugänglich.
30 Röskau-Rydel, Kultur an der Peripherie des Habsburger Reiches, 107–119.
31 Manekin, Naftali Herz Homberg.
32 Manekin, Klalei hitnahagut la-morim ha-jehudim be-watei ha-sefer be-galitzija u-ve-lodomerija.

denen vor allem die Wechselwirkung zwischen den staatlichen edukativen Vorgaben und Hombergs maskilischen Intentionen untersucht wird.[33]

Weitere Aspekte des Wirkens von Herz Homberg sind in den vergangenen Jahren Gegenstand von Aufsätzen gewesen, wobei am Rande auch die jüdischen deutschen Schulen in Galizien Erwähnung fanden. Zu nennen wären in diesem Zusammenhang vor allem die Arbeiten von Joseph Walk, Helmut Teufel und Rainer Wenzel zu den religions- und moralpädagogischen Werken Hombergs.[34] In ihrer 2008 erschienenen Monografie über den böhmischen *Maskil* Peter Beer (1758–1838) bietet Louise Hecht die bisher ausführlichste Analyse des pädagogischen Programms eines maßgeblichen jüdischen Aufklärers. Sie behandelt dabei auch das Konkurrenzverhältnis zwischen den beiden in den 1820er und 1830er Jahren an der Prager jüdischen Schulanstalt wirkenden *Maskilim* Homberg und Beer.[35]

Einen Überblick über das jüdische Normalschulwesen für alle Länder der Habsburgermonarchie gibt ein jüngerer Aufsatz von Louise Hecht, der sowohl auf das Bildungskonzept der Haskala eingeht als auch die jüdischen deutschen Schulen im Rahmen der theresianisch-josephinischen Reformen des Erziehungswesens betrachtet und somit den Gegenstand breit auffächert.[36] Der Jerusalemer Historiker Michael Silber hat sich in zwei Aufsätzen den jüdischen deutschen Schulen im Allgemeinen gewidmet und dabei die These aufgestellt, dass die Normalschulen aufgrund der Neutralität der in ihnen primär vermittelten Fähigkeiten – Lesen, Schreiben, Rechnen – und der Abwesenheit von maskilischen »Reizthemen« wie Mendelssohns Pentateuch-Übersetzung für die traditionellen rabbinischen Eliten des Habsburgerreiches keinen Affront darstellten, sondern von ihnen zunächst begrüßt wurden.[37]

Das einzige Werk, welches sich auf ausführliche Weise den jüdischen Normalschulen eines ganzen Territoriums widmet, ist bereits über hundert Jahre alt. Es handelt sich um eine Studie von Bernhard Mandl, die das kurzlebigste aller in den habsburgischen Ländern eingerichteten jüdischen Normalschulsysteme – die josephinischen Schulen in Ungarn – zum Thema hat.[38] Mit der besonders exponierten jüdischen deutschen Schulanstalt in Prag sowie den böhmischen Schulen beschäftigten sich Ruth Kestenberg-Gladstein

---

33 Sadowski, Maskilisches Bildungsideal und josephinische Erziehungspolitik; ders., »Aus der Schule gehet schon der künftige Heuchler hervor«.
34 Walk, Bnei Zion le-Herz Homberg; Teufel, Ein Schüler Mendelssohns; Wenzel, Judentum und »bürgerliche Religion«.
35 Hecht, Ein jüdischer Aufklärer in Böhmen, 88–104, 151–163, 192–202; vgl. auch dies., The Clash of Maskilim in Prague in the Early 19th Century.
36 Hecht, »Gib dem Knaben Unterricht nach seiner Weise«.
37 Silber, The Historical Experience of German Jewry and Its Impact on Haskalah and Reform in Hungary, 110–112; ders., The Enlightened Absolutist State and the Transformation of Jewish Society, 3–10.
38 Mandl, Das jüdische Schulwesen in Ungarn unter Kaiser Josef II.

und Hillel Kieval.³⁹ Die beiden ausführlichsten Darstellungen zu einzelnen jüdischen Normalschulen stammen von Lois Dubin und wiederum von Louise Hecht. Erstere behandelt in ihrem schon oben erwähnten Werk über die »Port Jews« des Habsburger Freihafens Triest die dortige Scuola Pia Normale sive Talmud Torà, ein im österreichischen Kontext einzigartiges Beispiel der Kooperation zwischen Staat, *Maskilim* (Homberg wirkte hier zwischen 1785 und 1787 als Lehrer) und jüdischer Gemeinde.⁴⁰ Dem nicht immer unproblematischen Zusammenwirken von Gemeinde und Behörden bei der Errichtung und dem Betrieb der Prager jüdischen deutschen Schulanstalt ist der instruktive Aufsatz von Louise Hecht gewidmet.⁴¹

Zu den methodischen Begriffen »Disziplinierung«, »Schulwirklichkeit«, »Lebenswelt«

Der in dieser Studie behandelte Gegenstand ist gesättigt mit Elementen, die jenseits der komplex verwobenen Diskurse von Haskala, Toleranz und »bürgerlicher Verbesserung« liegen, mit Elementen, die aus dem konzeptuellen Rahmenzusammenhang »Schule–Bildung–Verbürgerlichung« herausfallen. Insbesondere das über die Schulanstalten zum Ausdruck kommende Verhältnis zwischen dem Staat und seinem Erziehungsanspruch auf der einen Seite und der jüdischen Bevölkerung und ihrer mehr und mehr zutage tretenden Gegnerschaft gegen die Schulen auf der anderen Seite verlangt nach einem Instrumentarium jenseits ideen- und pädagogikgeschichtlicher Zugriffe. Der Betrachter findet den Diskurs, der sich mit der Frage der Bildungsinhalte und ihrer Vermittlung im Unterricht verknüpft, umgeben, überwölbt und durchwirkt von einem Diskurs des Erziehens und Strafens, der Normierung, Kontrolle und Sanktionierung – aber auch des Widerstandes dagegen. Die normativen Quellen, von den Patenten und Hofdekreten über die Gubernialerlasse bis hin zu den Kreisamtsbefehlen, aber auch die Berichte Hombergs, die Beschwerden der Lehrer und die Reaktionen der Gemeindevorsteher zeigen die jüdisch-deutschen Schulen als eine Disziplinarinstitution, die, zugespitzt formuliert, der Abrichtung nicht nur der Kinder, sondern der Bevölkerung insgesamt dient.

Zur Beschreibung dieser über die Schulen wirksamen Mechanismen von Normsetzung, Kontrolle und Bestrafung bietet sich der Begriff der »Disziplinierung« an. Dabei ist zunächst an das von Gerhard Oestreich 1968 eingeführte Konzept der »Sozialdisziplinierung« zu denken.⁴² Oestreich begriff

---

39 Kestenberg-Gladstein, Neuere Geschichte der Juden in den böhmischen Ländern, 41–65; Kieval, Caution's Progress, 89–99; ders., Languages of Community, 137–151.
40 Dubin, The Port Jews of Habsburg Trieste, 95–117.
41 Hecht, Die Prager deutsch-jüdische Schulanstalt.
42 Vgl. Oestreich, Strukturprobleme des europäischen Absolutismus, 337–346. Vgl. auch Schulze, Gerhard Oestreichs Begriff »Sozialdisziplinierung in der frühen Neuzeit«. Winfried Schulze

Sozialdisziplinierung als einen fundamentalen Vorgang der Normierung und Internalisierung sozialen Verhaltens im Zeitalter des Absolutismus. Nicht nur Staat und Eliten, sondern die gesamte Gesellschaft seien von dieser »geistig-moralischen und psychologischen Strukturveränderung des politischen, militärischen, wirtschaftlichen Menschen durch die Sozialdisziplinierung« betroffen gewesen.[43] In Richtung der Untertanen wirkte die Sozialdisziplinierung durch die Zuchtordnungen der Kirchen, durch die Stadt-, Landes- und Reichspolizeyordnungen, durch die Schulordnungen, durch Zucht- und Arbeitshäuser und natürlich durch die militärische Disziplin des Heeres, um nur die wesentlichen Instrumente der Sozialdisziplinierung nach Oestreich zu nennen.[44] Die Bevölkerung wurde zur Befolgung und Verinnerlichung eines Tugendkanons (Fleiß, Nützlichkeit, Gehorsam, Zucht und Ordnung) erzogen, abweichendes Verhalten wurde mit Sanktionen belegt. Zur vollen Wirksamkeit gelangte der Prozess der Disziplinierung nach Oestreich als »Fundamentaldisziplinierung« seit dem späten 17. und vor allem im 18. Jahrhundert; das »zuerst greifbare und allen sichtbare administrative und institutionelle Ergebnis war die Gewalt und Autorität des frühmodernen absolutistischen Staates selbst«.[45] Als »Schluss- und Höhepunkt und gleichzeitig [...] massive Überspitzung der Tendenzen zur Fundamentaldisziplinierung im europäischen Absolutismus« erkannte Oestreich die Reformen Josephs II.[46]

Auf die Verknüpfung der Aufklärung mit den Diskursen und Mechanismen der Macht hat zudem Michel Foucault verwiesen. »Die ›Aufklärung‹, welche die Freiheiten entdeckt hat, hat auch die Disziplinen erfunden«, heißt es in seiner klassischen Studie zur Entstehung der Disziplinargesellschaft *Überwachen und Strafen*.[47] Von Bedeutung für die vorliegende Untersuchung ist vor allem Foucaults Phänomenologie der Disziplinierungsmechanismen und -techniken, die er im dritten Teil seines Werkes beschreibt.[48] Während Fou-

---

unternahm in seinem Beitrag anhand der von Gerhard Oestreich hinterlassenen Notizen und Entwürfe eine Präzisierung des bei Oestreich z. T. recht vage gebliebenen Sozialdisziplinierungsbegriffes, wobei er gleichzeitig auf die Schwachstellen des Konzepts und die »vorläufige und notwendigerweise unvollkommene« Natur dieses »Typenbegriff[s] hoher Abstraktion« verwies (ebd., 294). Zu den unterschiedlichen Konzepten von »Disziplinierung« bei Max Weber, Oestreich und Michel Foucault vgl. S. Breuer, Sozialdisziplinierung.

43 Oestreich, Strukturprobleme des europäischen Absolutismus, 338.
44 Vgl. ebd., 343 f.
45 Ebd., 346.
46 Ebd., 345.
47 Foucault, Überwachen und Strafen, 285.
48 Vgl. ebd., 171–292. Zu den grundlegenden Mechanismen, die eine erfolgreiche Disziplinierung ermöglichen, gehören nach Foucault die *Kleinlichkeit* bei der Erfassung und Regulierung noch der winzigsten Details als eine »neue ›Mikrophysik‹ der Macht«, die das Prinzip der *Klausur* nachahmende Abschließung des Disziplinarraumes in Form von Kaserne, Schule, Spital und Manufaktur sowie die *Parzellierung* dieses Raumes, welche die *Lokalisierung* des Individuums gestattet (178, 183 f.). Zu den »Mitteln der guten Abrichtung«, den eigentlichen Techniken der Disziplinierung, zählt Foucault die *hierarchische Überwachung* durch Anlagen, »in der die Techniken des Sehens Machteffekte herbeiführen und in der umgekehrt die Zwangsmittel die

caults Phänomenologie der Disziplin vor allem Eingang in die Sozial- und Politikwissenschaften gefunden hat, wurde Gerhard Oestreichs Begriff der »Sozialdisziplinierung« seit den späten 1970er Jahren in der deutschsprachigen Geschichtsforschung – und hier insbesondere im Bereich der Frühneuzeithistoriografie – breit rezipiert und, wie Winfried Schulze bemerkte, als eine Art sozialgeschichtlicher »Ersatz« für den herkömmlichen, als Interpretationsschema offensichtlich zu eng gewordenen Absolutismusbegriff verwendet.[49] Er fand vor allem in Untersuchungen zur frühneuzeitlichen Armenfürsorge und Wohlfahrtspflege, zu Polizeygesetzgebung und -wesen sowie vor allem in der Kirchenzucht- und Konfessionalisierungsforschung Anwendung.[50] Als modernisierungstheoretischer Ansatz geriet das Konzept jedoch seit Anfang der 1990er Jahre immer mehr in die Kritik. Mit dem Aufkommen und der verstärkten Rezeption einer kulturwissenschaftlich und sozialanthropologisch orientierten Geschichtsschreibung, alltags- bzw. erfahrungsgeschichtlichen Ansätzen und mikrohistorischen Zugängen wurden dem Sozialdisziplinierungsbegriff neben seiner Unschärfe vor allem seine fortschrittsteleologische Grundierung, sein makrohistorischer Zuschnitt und seine etatistische Sichtweise vorgeworfen. Es wurde vor allem kritisiert, dass das Konzept zu schematisch auf die normative Seite des Disziplinierungsprozesses ausgerichtet sei, die Frage der tatsächlichen Durchsetzung der Normen, die Potenziale der Selbstregulierung bzw. -disziplinierung und die Widerständigkeit der zu disziplinierenden Volksschichten jedoch ausblende.[51] In der historischen Kriminalitätsforschung und in Studien zur Randgrup-

---

Gezwungenen deutlich sichtbar machen« (220 f.). Hierzu zählt er neben Militärlagern, Spitälern und Fabriken auch die Schulen. Die *normierende Sanktion* durch Disziplinarstrafen hat die Aufgabe, »Abweichungen [von der Norm] zu reduzieren«, wobei die Bestrafung »nur ein Element innerhalb eines Systems von Vergütung und Sanktion, von Dressur und Besserung« darstellt (232). Komplettiert wird das System der Disziplinarmechanismen durch die Technik der *Prüfung* – die *Überprüfung* im Sinne des kontrollierenden Blickes von der Visite des Arztes bis zur Abnahme einer Parade durch den König, aber auch der *Prüfung* im Sinne der Kontrolle und Vergewisserung des erreichten Lernstandes eines Schülers durch den Lehrer (238).

49 Schulze, Gerhard Oestreichs Begriff »Sozialdisziplinierung in der frühen Neuzeit«, ebd., 294. Vgl. auch Lottes, Disziplin und Emanzipation. Zur Rezeption des Sozialdisziplinierungsbegriffes in der historiografischen Forschung bis Mitte der 1990er Jahre vgl. Bogner/Müller, Arbeiten zur Sozialdisziplinierung in der frühen Neuzeit.

50 Vgl. Jütte, Obrigkeitliche Armenfürsorge in deutschen Reichsstädten der frühen Neuzeit; ders., Disziplinierungsmechanismen in der städtischen Armenfürsorge der Frühneuzeit; Reinhard, Zwang zur Konfessionalisierung?; Schilling, Sündenzucht und frühneuzeitliche Sozialdisziplinierung; ders. (Hg.), Kirchenzucht und Sozialdisziplinierung im frühneuzeitlichen Europa; Prinz, Sozialdisziplinierung und Konfessionalisierung.

51 Vgl. Dinges, Frühneuzeitliche Armenfürsorge als Sozialdisziplinierung?, hiergegen Jütte, »Disziplin zu predigen ist eine Sache, sich ihr zu unterwerfen eine andere«; Schmidt, Sozialdisziplinierung?; Schlumbohm, Gesetze, die nicht durchgesetzt werden. Vgl. zur Auseinandersetzung mit Schlumbohms Thesen u. a. Härter, Soziale Disziplinierung durch Strafe? Einen Überblick über die kritische Rezeption des Sozialdisziplinierungsansatzes in der Geschichtsforschung zur Frühen Neuzeit und über alternative Forschungsansätze bietet Behrens, »Sozialdisziplinierung« als Konzeption der Frühneuzeitforschung.

penproblematik in der Frühen Neuzeit bzw. im Spätabsolutismus wurde auf die Widerständigkeit insbesondere von randständigen Gruppen und auf die Wirksamkeit lebensweltlicher Gegenstrategien gegen den obrigkeitlichen Disziplinierungsanspruch verwiesen.[52]

Auch wenn das Konzept der Sozialdisziplinierung mittlerweile, wie es heißt, »in die Jahre gekommen«[53] ist und die insbesondere in den 1990er Jahren aus kulturgeschichtlich-sozialanthropologischer Sicht geübte Kritik ihm etliche Blessuren zugefügt hat, so ist doch seine grundsätzliche Bedeutung als erkenntnisleitendes Konzept der modernen Frühneuzeitforschung damit nicht aufgehoben. In Kombination mit anderen, vor allem mikrohistorischen und alltagsweltlichen Ansätzen spielt es in der gegenwärtigen Geschichtsforschung nach wie vor eine bedeutende Rolle. Die Breite der inzwischen vom Sozialdisziplinierungsparadigma und verwandten Konzepten wie dem Konfessionalisierungsschema aus unternommenen und zu erwartenden Forschungen zur frühneuzeitlichen Geschichte lässt Heinz Schilling gar von einer »vergleichenden und interdisziplinären Disziplinierungsforschung« sprechen.[54] Schilling verweist auf einen »Synkretismus der Methoden und Theorien« und plädiert für die Anwendung einer Doppelperspektive von Makro- und Mikrogeschichte.[55]

Vor diesem Hintergrund scheint eine Einschränkung im Hinblick auf die Verwendung des (Sozial-)Disziplinierungsparadigmas in der vorliegenden Studie angebracht. Während die aus den Quellen rekonstruierbare unablässige Anstrengung des österreichischen Verwaltungsapparates zur Normierung, Kontrolle und Normdurchsetzung im Bereich der jüdischen deutschen Schulen den Disziplinierungswillen des Staates klar hervortreten lässt, deutet der gleichzeitig zu beobachtende Mangel an Wirksamkeit dieses Bemühens auf die Grenzen staatlicher Sozialdisziplinierung. Wenn man »Sozialdisziplinierung« im Sinne einer Verinnerlichung von Normen verstehen und teleologisch aus den Disziplinierungsmaßnahmen des Staates auf eine am Ende durch und durch disziplinierte Bevölkerung schließen oder umgekehrt aufgrund des fehlenden Erfolges von Disziplinierung die Absicht oder das Vermögen des Staates hierzu grundsätzlich in Zweifel ziehen wollte, würde eine Anwendung des Konzepts auf ein historisches Geschehen wie das hier beschriebene ins Leere laufen. Im Sinne Karl Härters soll daher im Folgenden Disziplinierung »als Intention und Prozess charakterisiert und nicht mit einer

---

52 Ein jüngstes Beispiel bietet Ammerer, *Heimat Straße*. Zu Fragen der Widerständigkeit und lebensweltlicher Gegenstrategien vgl. ebd., 26 f. mit weiterführender Literatur.
53 Andrea Bendlage, Rezension von: Anja Johann, Kontrolle mit Konsens. Sozialdisziplinierung in der Reichsstadt Frankfurt am Main im 16. Jahrhundert, Frankfurt a. M. 2001, in: sehepunkte 2 (2002), Nr. 5 vom 15. Mai 2002, <http://www.sehepunkte.historicum.net/2002/05/3782905210.html> (15. Februar 2010).
54 Schilling, Profil und Perspektiven einer interdisziplinären und komparatistischen Disziplinierungsforschung jenseits einer Dichotomie von Gesellschafts- und Kulturgeschichte, 15.
55 Ebd., 23.

kontrollierten und disziplinierten Gesellschaft – schon gar nicht im Sinne eines positiven Ergebnisses« – gleichgesetzt werden.⁵⁶ (Sozial-)Disziplinierung beschreibt in diesem Sinne ein intentionales, obrigkeitliches, normsetzendes Handeln und die zur Durchsetzung der Normen angewendeten Mittel und Techniken. Die Intensität der Maßnahmen zur Normierung und Sanktionierung normabweichenden Verhaltens, die Vehemenz und Systematik, mit denen der josephinische Staat die Abrichtung der Untertanen in Angriff nahm – eben auch und gerade im Bereich der jüdischen deutschen Schulen –, sprechen für einen ausgeprägten Disziplinierungswillen des Staates. Diese Beobachtungen rechtfertigen meines Erachtens – mit der genannten Einschränkung – die Anwendung des Disziplinierungskonzepts in dieser Studie.

Wenn Gerhard Oestreich in den Schulen wichtige Zentren der Sozialdisziplinierung erblickte – für den Historiker unterwarf die schulische Erziehung in der Frühen Neuzeit die Kinder einem »unerbittliche[n] Denkdrill«, in den protestantischen Schulordnungen des 17. Jahrhunderts sah Oestreich die »Zuchtidee in der Schule« verkörpert –,⁵⁷ so hat die moderne Bildungsgeschichtsforschung auf die Fehlstellen obrigkeitlicher Sozialkontrolle und Normdurchsetzung im Bereich des frühneuzeitlichen Schulwesens verwiesen. Mit der »realistischen Wende« in der vor allem deutschsprachigen bildungshistorischen Forschung, die Anfang der 1970er Jahre einsetzte und ihren Höhepunkt in den achtziger und neunziger Jahren fand, wurde die zuvor fast ausschließlich geistesgeschichtlich orientierte Erforschung pädagogischer Ideen und Modellprojekte durch einen sozial- und mikrohistorischen Zugang abgelöst, der die alltägliche Realität schulischen Geschehens in einem bestimmten Territorium als »Schulwirklichkeit« zum Ausgangspunkt nahm.⁵⁸ Gleichzeitig wurde – vor allem durch die Arbeiten Wolfgang Neugebauers – der bildungsgeschichtliche »Mythos« eines modellhaften preußischen Schulwesens im 18. und frühen 19. Jahrhundert weitgehend dekonstruiert, traten die Grenzen absolutistischer Erziehungspolitik vor allem im niederen Schulwesen deutlich zu Tage.⁵⁹ In diesem Kontext wurden »aus der *Perspektive der Alltagsgeschichte* gerade die Grenzen und die Unvollkommenheit des

---

56 Härter, Soziale Disziplinierung durch Strafe?, 371.
57 Oestreich, Strukturprobleme des europäischen Absolutismus, 343.
58 So steht der Titel der Studie von Jens Bruning zum Schulwandel in den preußischen Westprovinzen Minden und Ravensberg in der Zeit von 1648 bis 1816 – *Das pädagogische Jahrhundert in der Praxis* – geradezu emblematisch für diesen Wechsel von der pädagogischen Ideengeschichte hin zur sozialgeschichtlichen Forschung. Vgl. die hier in der Einleitung, 17–38, gegebene umfangreiche Literaturübersicht zum Stand der bildungshistorischen Forschung nach der »realistischen Wende«.
59 Vgl. Neugebauer, Absolutistischer Staat und Schulwirklichkeit in Brandenburg-Preußen; ders., Bildung, Erziehung und Schule im alten Preußen; ders., Staatswirksamkeit in Österreich und Preußen im 18. Jahrhundert; allgemein zu den deutschen Territorien ders., Niedere Schulen und Realschulen, 213–237. Hervorzuheben sind in diesem Kontext auch die Arbeiten von Bruning: Das pädagogische Jahrhundert in der Praxis; ders., Das niedere Schulwesen in den brandenburg-preußischen Ländern im 17. und 18. Jahrhundert.

Disziplinierungsprozesses deutlich« und die »Reichweite und [die] regionalen Ausprägungen dieses ›Fundamentalprozesses‹ als Teil des Gesamtkomplexes ›Modernisierung‹« hinterfragt.[60]

Grenzen, die die Schulwirklichkeit des niederen Bildungssektors dem staatlichen Disziplinierungsbemühen setzte, lassen sich unter anderem in solchen strukturellen Faktoren wie mangelnder Schulraumkapazität, schlechtem Zustand der Schulräumlichkeiten, mangelhafter Besoldung der Lehrer, aber vor allem auch in einer niedrigen Schulmoral der Bevölkerung erkennen. Insbesondere in ländlichen Gebieten wirkten sich Erwerbszwänge und Armut negativ auf das Schulbesuchsverhalten der Kinder aus.[61] Die bildungshistorische Forschung hat zudem auf konkurrierende Bildungsangebote und alternative, von der Bevölkerung ausgehende Bildungsstrategien verwiesen, die den Zugriff des frühmodernen Staates auf seine Untertanen durch die Institution Schule vereitelten oder zumindest erschwerten.[62]

Selbst wenn in dieser Studie das (Sozial-)Disziplinierungskonzept mit der oben erwähnten Einschränkung – der Vermeidung einer Gleichsetzung von staatlichem Disziplinierungswillen mit dem tatsächlich erreichten Disziplinierungsergebnis – Verwendung finden soll, lässt sich damit doch noch nicht die »andere Seite« des Disziplinierungsgeschehens, wie sie sich in der galizisch-jüdischen Schulwirklichkeit sowie generell in der Alltagswelt der Betroffenen manifestierte, erklären: die Wirkungslosigkeit von Vorschriften, die Vollzugsschwäche der Behörden, der Widerstand der zu Disziplinierenden. Zur Interpretation dieser Phänomene wird es notwendig sein, das strukturgeschichtlich ausgerichtete Sozialdisziplinierungsschema durch einen alltagsgeschichtlichen bzw. historisch-anthropologischen Zugriff zu ergänzen. Gleichzeitig sollen sowohl die Disziplinierungsintentionen und -maßnahmen des Staates, seiner zentralen und lokalen Behörden, als auch die alltagsweltlichen Verhaltensweisen und Gegenstrategien der jüdischen Bevölkerung betrachtet werden. Diese »Doppelperspektive« von Makro- und Mikrohistorie, wie Heinz Schilling sie beobachtet und gefordert hat,[63] ist nicht willkürlich gewählt, sondern – wie oben dargestellt – quellengeleitet und daher im besten Sinn pragmatisch.

Um den in dieser Studie an verschiedenen Stellen notwendigen Perspektivenwechsel auf die »andere Seite« des Disziplinierungsgeschehens konzeptuell zu bewerkstelligen, bietet sich der Begriff der »Lebenswelt« an. Ursprünglich der phänomenologischen Philosophie Edmund Husserls entstammend, bezeichnet der Begriff zunächst das Universum des Alltäglichen,

---

60 Bruning, Das pädagogische Jahrhundert in der Praxis, 22 (Hervorhebung im Original).
61 Vgl. Neugebauer, Absolutistischer Staat und Schulwirklichkeit in Brandenburg-Preußen, 468–482; ders., Niedere Schulen und Realschulen, 225 f.; Bruning, Das pädagogische Jahrhundert in der Praxis, 287–289.
62 Vgl. Ehrenpreis, Sozialdisziplinierung durch Schulzucht?
63 Schilling, Profil und Perspektiven einer interdisziplinären und komparatistischen Disziplinierungsforschung jenseits einer Dichotomie von Gesellschafts- und Kulturgeschichte, 23.

Selbstverständlichen, innerhalb dessen sich der subjektive Erkenntnisprozess eines Individuums vollzieht. Als erkenntnisleitendes Konzept wurde der »Lebenswelt«-Begriff durch Alfred Schütz für die Soziologie fruchtbar gemacht und fand schließlich seine theoretische Ausformung in Jürgen Habermas' Theorie des kommunikativen Handelns. Nach Habermas existiert ein dialektischer Gegensatz zwischen der Lebenswelt und den von außen auf sie einwirkenden Systemen, zu denen der Philosoph für den Geltungsrahmen der kapitalistischen Gesellschaft bzw. des modernen Staates unter anderem Marktmechanismen, Bürokratie und Rechtssystem zählte. Im Zuge dieses Antagonismus zwischen »System« und »Lebenswelten« komme es zu einer Vereinnahmung (»Kolonialisierung«) von Lebenswelten durch die immer stärker werdenden Systeme.[64]

Der Begriff der »Lebenswelt« beschreibt somit kein statisches und hermetisches Konstrukt. Die »Lebenswelt« nimmt Elemente »von außen«, aus dem »System«, auf, integriert sie – bzw. wird von ihnen dominiert – und verändert sich dadurch. Dennoch bleibt sie immer »Lebenswelt« für den in ihr stehenden Betrachter, der dabei keineswegs passiv ist, sondern als Akteur bis zu einem gewissen Maße selbst Einfluss auf die Gestalt seiner Lebenswelt hat. Der Geschichtsschreibung bietet sich das »Lebenswelt«-Konzept im Zusammenhang mit alltags- und mikrohistorischen Zugriffen sowie in Verbindung mit den Methoden der historischen Anthropologie an; darüber hinaus finden »Individuum und Akteur/Akteurin [...] ihre räumliche Entsprechung in der Region und ihrer Topografie, die als Bezugsrahmen für die Analyse von Lebenswelten unabdingbar werden«.[65] Als besonders fruchtbar für die vorliegende Untersuchung erweist sich Rudolf Vierhaus' Definition von »Lebenswelt«:

»Mit dem Begriff ›Lebenswelt‹ ist die – mehr oder weniger deutlich – wahrgenommene Wirklichkeit gemeint, in der soziale Gruppen und Individuen sich verhalten und durch ihr Denken und Handeln wiederum Wirklichkeit produzieren. Dazu gehört alles, was Sinnzusammenhänge herstellt und Kontinuität stiftet: die Objektivationen des Geistes in Sprache und Symbolen, in Werken und Institutionen, aber auch die Weisen und Formen des Schaffens, die Verhaltensweisen und Lebensstile, die Weltdeutungen und Leitvorstellungen. Anders formuliert: Lebenswelt ist raum- und zeitbedingte soziale Wirklichkeit, in der tradierte und sich weiter entwickelnde Normen gelten und Institutionen bestehen und neue geschaffen werden. *Der Mensch steht ihr nicht gegenüber, sondern in ihr als einer immer schon symbolisch gedeuteten Welt.*«[66]

---

64 Vgl. Habermas, Theorie des kommunikativen Handelns, Bd. 2, 255–293, 489–547. Vgl. auch zusammenfassend Haumann, Lebensweltlich orientierte Geschichtsschreibung in den Jüdischen Studien, 110–115.
65 Augustynowicz, Lebenswelten, Topographien und Funktionen an der galizischen Grenze, 84.
66 Vierhaus, Die Rekonstruktion historischer Lebenswelten, 12 f. (Hervorhebung durch den Verfasser).

Soziale Kontrolle und Disziplinierung durch die staatliche Institution Schule greifen tief in die Lebenswelt ein, stellen überkommene Sichtweisen infrage und fordern tradierte Strukturen heraus. Facetten der Lebenswelt, die sie unweigerlich in Konflikt mit dem Disziplinarsystem Schule bringen, sind zunächst reproduktive Notwendigkeiten, im galizisch-jüdischen Kontext vor allem die armutsbedingte Rolle der Kinder als zusätzliche Ernährer oder Helfer im Haushalt. Hinzu kommen traditionelle Normen und Werte, die in alternativen Erziehungs- und Bildungskontexten vermittelt werden, sowie hergebrachte Vorstellungen vom Verhältnis der Geschlechter und ein daraus resultierendes Verhalten, das mit der verfügten Koedukation in den Normalschulen kollidiert. Auf der anderen Seite finden die mit der Schulpflicht verbundenen Mechanismen von Normierung, Kontrolle und Bestrafung ihr Korrektiv in der Lebenswelt der Individuen und Gruppen – im hochspezialisierten Repertoire ihrer Vereitelungsstrategien. Die Zwänge und Werte, aber auch die Annehmlichkeiten der Lebenswelt verlangen grundsätzlich nach Opposition gegen den Zugriff des staatlich-disziplinierenden Systems; der lebensweltliche Imperativ lautet, sich der Erfassung, Kontrolle und normierenden Sanktion zu entziehen. Lebensweltliche Gegenstrategien der Disziplinarobjekte können den Zugriff des Staates über die Institution Schule auf die Bevölkerung erheblich erschweren. Dabei muss klar sein, dass auch die Lebenswelt Elemente sozialer Kontrolle kennt – aber diese gehören zur Lebenswelt, zum Kosmos der alltäglich erfahrbaren Werte, zur »immer schon symbolisch gedeuteten Welt« (Vierhaus) – und nicht zur Sphäre staatlicher Disziplinierung, mit deren Ansprüchen und Maßnahmen sie oft heftig kollidieren.

Strukturmerkmale der jüdischen Lebenswelt

Zu den prägenden Strukturelementen der *jüdischen Lebenswelt* in der Frühen Neuzeit gehörten die *Kehilla* (Pl. *Kehillot*), die jüdische Gemeinde,[67] der *Kahal*, der Gemeindevorstand, und der *Cheder* (Pl. *Chadarim*), die traditionelle Lehrstube. Die *Kehilla keduscha* – »heilige Gemeinde«, wie sie von den Juden selbst genannt wurde – bildete einen autonomen, von den allgemeinen Ortsgemeinden unabhängigen Verband mit eigenen Statuten (*Takkanot*), eigenem Recht – dem jüdischen Religionsgesetz samt seiner Auslegungen (*Halacha*) – und eigenem Gericht (*Bet din*, Pl. *Bate din*), dem als oberster Richter zumeist

---

67 In dieser Arbeit wird der Begriff »jüdische Gemeinde« ausschließlich in seiner vor-emanzipatorischen, nicht-konfessionalisierten Bedeutung verwendet. Gemeint ist immer die *Kehilla* als auf religiös-ethnischen Grundlagen basierende, rechtsautonome und von der Herrschaft gesetzlich anerkannte Korporation und *nicht* die Jüdische Gemeinde im Sinne des modernen, zumeist auf freiwilligem Zusammenschluss beruhenden Verbandes von Juden als Privatrechtssubjekten vor allem zu religiösen und Wohlfahrtszwecken (»Kultusgemeinde«). Im zeitgenössischen Sprachgebrauch der Behörden werden für die *Kehilla* zumeist die Begriffe »Judengemeinde« bzw. »Judengemeine« verwendet.

der Gemeinderabbiner als *Av bet din* (Leiter des Gerichts) vorstand und dem weitere rabbinische Autoritäten als Richter (*Dajanim*, Sing. *Dajan*) angehörten.[68] Die Autonomie der Gemeinde war in Polen durch königliches Privileg garantiert, das den Schutz des Landesherrn versprach und im Gegenzug die fiskalischen Pflichten der Juden gegenüber der Krone festlegte.

Die *Kehilla* war nach oligarchischem Prinzip organisiert. Die in der Gemeinde zu vergebenden Schlüsselpositionen wurden von Männern eingenommen, die sich durch Besitz, religiöse Gelehrsamkeit oder herausgehobene familiäre Herkunft auszeichneten.[69] Das zentrale Selbstverwaltungsorgan der jüdischen Gemeinde war der *Kahal*. Es handelte sich um einen Zusammenschluss von wenigen Männern, an dessen Spitze die »Häupter« (*Raschim*) der Gemeinde standen. Unter ihnen agierten die »Guten« (*Towim*) und »Herausragenden« (*Alufim*), die mit der Wahrnehmung verschiedener administrativer Funktionen innerhalb der Gemeinde beauftragt waren.[70] Am unteren Ende der *Kahal*-Hierarchie standen die »Bediensteten« (*Schamaschim*), die unter anderem auch als Boten und Wächter eingesetzt wurden.[71] Die *Raschim* – es handelte sich zumeist um drei bis sechs, in größeren Gemeinden auch um mehr Personen – bildeten den Gemeindevorstand und wurden in dieser Funktion auch als *Parnasim* (Vorsteher) bezeichnet. Das Amt des verantwortlichen Gemeindevorstehers (*Parnas ha-chodesch*, »Vorsteher des Monats«, im zeitgenössischen Sprachgebrauch »Monatshalter«), wechselte im monatlichen Rhythmus unter den *Parnasim*. Der *Parnas ha-chodesch* stellte die höchste Autorität des *Kahal* und damit der gesamten Gemeinde dar.[72] Die Funktion und die Aufgaben des *Kahal* beschreibt Israel Bartal folgendermaßen:

»Die Mitglieder des *Kahal* übten die Kontroll- und Führungsfunktionen in der Gemeinde aus und lösten einander durch Rotation oder anhand eines komplizierten Systems geheimer Wahlen ab. Der *Kahal* sammelte die Steuern ein, führte Gemeindeaufgaben aus und hatte die Aufsicht über das religiöse, gesellschaftliche und wirtschaftliche Leben. Die kommunale Führung setzte Regeln für alle Lebensbereiche

---

68 Zur Struktur der frühneuzeitlichen *Kehilla*, ihren Organen und Funktionen vgl. allgemein Katz, Tradition und Krise, 83–115. Zur *Kehilla* in Polen-Litauen während der Frühen Neuzeit vgl. Hundert, Jews in Poland-Lithuania in the Eighteenth Century, 79–95, sowie Rosman, Tiw ha-autonomia schel jahadut polin.
69 Vgl. Bartal, Geschichte der Juden im östlichen Europa 1772–1881, 27.
70 Vgl. Hundert, Jews in Poland-Lithuania in the Eighteenth Century, 81–83. Die Zusammensetzung eines *Kahal* konnte sich von Gemeinde zu Gemeinde unterscheiden. Von den Ämterbezeichnungen her sind für die *Towim* und *Alufim* in Quellen und Literatur auch die Begriffe *Gabba'im* (Sing. *Gabbai*, »Schatzmeister«) und *Memunim* (Sing. *Memune*, »Kontrolleur«) anzutreffen. Vgl. Katz, Tradition und Krise, 87. Vor allem die Bezeichnung *Gabbai* galt im frühneuzeitlichen Judentum auch als Ehrentitel.
71 Vgl. Hundert, Jews in Poland-Lithuania in the Eighteenth Century, 83.
72 Vgl. ebd., 81 f. Katz, Tradition und Krise, 87 f.

fest und sorgte für ihre Durchsetzung. Das Gemeindegericht tagte und urteilte nach jüdischem Recht, und der *Kahal* hatte die Mittel zur Vollstreckung und Bestrafung.«[73]

Zu den effektivsten Mitteln der Sozialkontrolle in der *Kehilla* gehörte das Bannrecht. Da das gesamte Gemeindeleben auf religionsgesetzlichen Bestimmungen basierte, stellte die Übertretung einer gemeindlichen Vorschrift gleichzeitig eine zivilrechtliche *und* religiöse Übertretung dar.[74] Der *Kahal* konnte seine ebenfalls auf die *Halacha* gegründete Disziplinarmacht sowohl durch eigene »Polizeikräfte« als auch durch das gemeindliche Rabbinatsgericht ausüben. Sprach der Rabbiner gegen ein Mitglied der Gemeinde den religiösen Bann (*Cherem*) aus, so war dies gleichbedeutend mit dem Ausschluss der betreffenden Person aus der Gemeinde und damit seinem sozialen und spirituellen Ruin: »Der Exkommunizierte hatte das Gefühl, seinen Platz sowohl in dieser als auch in der kommenden Welt zu verlieren«.[75]

Der *Kahal* beaufsichtigte bis zu einem bestimmten Umfang auch die gemeindlichen Bildungsinstitutionen. Das »niedere Schulwesen« der *Kehilla* bestand aus den *Chadarim* ([Lehr-]Stuben, Sing. *Cheder*).[76] Auf privater Basis engagierten jüdische Eltern für ihren Sohn einen Lehrer (*Melamed*, Pl. *Melamdim*), der den Jungen gemeinsam mit anderen Kindern in seiner eigenen Wohnung unterrichtete und hierfür vom Vater des Knaben je nach Unterrichtsstufe, Kenntnissen und Leistung bezahlt wurde. In der Regel wurden Jungen ab dem fünften Lebensjahr, bisweilen auch schon ab einem Alter von vier oder gar drei Jahren in den *Cheder* aufgenommen.[77] Ein jüdischer Vater war gehalten, seinen Sohn bis zum 13. Lebensjahr unterrichten zu lassen. Das System der *Chadarim* war je nach Landesbrauch zwei- oder dreistufig gegliedert. In Galizien erlernten die kleinen Kinder von vier bis sieben Jahren in der »Kleinkind-Schule« (*Chadar dardake*) das hebräische Lesen und Schreiben sowie die täglichen Gebete und beschäftigten sich in geringem Maße bereits mit der Bibel. Auf der zweiten Stufe, in der »Pentateuch-Schule« (*Chadar chummasch*), wurde die Tora zusammen mit dem autoritativen Kommentar des mittelalterlichen Gelehrten Rabbi Schlomo ben Jitzchak aus Troyes (1040–1105, Akronym: RaSCHI) gelehrt. Dieser *Cheder* wurde von zumeist sieben- bis zehnjährigen Knaben besucht. Der Talmud und seine Kommentare wurden jüdischen Jungen zwischen zehn und dreizehn Jahren im *Chadar gemara* (Gemara-Schule) vermittelt. Zeichnete sich der Knabe in diesen Gegenständen aus, standen ihm im Anschluss an den *Cheder* die Tore einer Talmud-Hochschule (*Jeschiwa*) offen. Trat er in eine solche ein, befand er sich auf dem besten Wege, ein *Talmid chacham* (Schüler eines Weisen), ein über große rabbinische Gelehrsamkeit verfügender Mann zu werden und

---

73 Bartal, Geschichte der Juden im östlichen Europa 1772–1881, 27.
74 Vgl. Hundert, Jews in Poland-Lithuania in the Eighteenth Century, 80.
75 Vgl. Katz, Tradition und Krise, 106.
76 Vgl. ebd., 187–192.
77 Vgl. Fishman, The History of Jewish Education in Central Europe, 77.

dadurch auch das soziale Kapital zu erwerben, welches ihm den Aufstieg in der Hierarchie der *Kehilla* ermöglichte. Verfügte ein Knabe über keine besonderen Fähigkeiten zum Studium des Talmud, so schied er spätestens mit 13 Jahren aus der Schule aus und war somit nur ein *Am ha-arets* (Mann des Landes), ein rabbinisch ungebildeter Laie, der zwar einen ehrenvollen Beruf ergreifen konnte, dem jedoch jegliche Aufstiegschancen in der Gemeinde genommen waren. Auf diese Weise stellte bereits das jüdische »Primarschulwesen« einen entscheidenden Faktor sozialer Schichtung und Aufwärtsmobilität innerhalb der jüdischen Gemeinschaft dar.[78]

Für jüdische Knaben war der Besuch des *Cheder* – der jüdischen »Grundschule« – Teil ihrer Lebenswelt, was nicht heißt, dass sie nicht wie alle anderen Kinder auch unter der Beschneidung ihrer Zeit und Freiheit sowie unter der Strenge des Lehrers – hier des *Melamed* – litten. In einem gewissen Sinne war auch der *Cheder* eine »Verwahranstalt«. Doch dürfte anhand der Nennung der Lehrgegenstände bereits ein fundamentaler Unterschied zwischen den Schulen der christlichen Bevölkerung und den *Chadarim* deutlich geworden sein: In der jüdischen Lehrstube lernten die Kinder nicht im herkömmlichen Sinne »etwas« Lesen, Schreiben und Rechnen, wenngleich auch hier zunächst die Herausbildung literaler Fähigkeiten eine Rolle spielte. Alles Lernen im *Cheder* bezog sich vielmehr auf die Tora im erweiterten Sinne, auf das religiöse Gesetz, welches das Leben eines erwachsenen Mannes bis in alle Einzelheiten seines Tagesablaufes, vom Aufstehen über die Mahlzeiten und das Tagwerk bis hin zum Sexualverhalten und der Körperpflege bestimmte, von den liturgischen Pflichten ganz zu schweigen. Der Religionsunterricht der Christen, das Lernen des Katechismus, kann mit diesem Studium, welches auf das Beherrschen eines ganzheitlichen, alle Lebensbereiche durchdringenden Normenkanons hinauslief, nicht verglichen werden.[79]

Für die österreichischen Behörden stellte sich nach Inbesitznahme großer Teile Polens im Jahr 1772 die Frage, wie eine Bevölkerung, die über derart ausgeprägte korporative Strukturen verfügte, in einen modernen, zentralistischen Staat integriert werden konnte.[80] In einer Mischung aus Aufklärung und Vorurteil neigten die zuständigen Beamten dazu, in der »politischen Verfassung« der Juden, das heißt in den autonomen Strukturen des *Kahal* und

---

78 Instruktiv hierzu: Stampfer, Heder Study, Knowledge of Torah, and the Maintenance of Social Stratification in Traditional East European Jewish Society.
79 Die jüdische traditionelle Erziehung kann daher nur in bedingtem Maße als »Religionsunterricht« apostrophiert werden, da eine solche Bezeichnung suggeriert, dass es neben einem Fach sakralen Charakters eine Reihe weiterer Unterrichtsgegenstände gegeben hätte, die von den Kindern gleichermaßen zu erlernen gewesen wären. Wenn die österreichischen Behörden die traditionelle jüdische Erziehung als »Religionsunterricht« bezeichneten, so taten sie dies in Verkennung der tatsächlichen Bedeutung des Unterrichts in den *Chadarim*. Das »Religiöse« war hier allumfassend, das gesamte Lernen fiel mit dem Sakralen in eins.
80 Vgl. Bartal, Geschichte der Juden im östlichen Europa 1772–1881, 27. Hierzu auch grundlegend ders., From Corporation to Nation, und ders., Ha-autonomia ha-jehudit ba-et ha-chadascha.

der Rabbinatsgerichte, die Ursache dafür zu sehen, dass die Juden gegenüber den Christen nicht »geselliger« wurden und sich nicht der christlichen Gesellschaft »amalgamierten«.[81] Mit dem »Judensystem« vom 27. Mai 1785 wurde dekretiert, dass »die sogenannten Kahale- oder Gemeindvorsteher sammt ihren Schreibern, und die Rabbinalgerichte ganz aufgehoben werden«.[82] Die *Kehillot* wurden den allgemeinen Ortsgemeinden zugeordnet; in öffentlichen Angelegenheiten hatten sich Juden nun an das Kreisamt bzw. die galizische Landesregierung, das Gubernium, zu wenden. Beim jüdischen Gemeindevorstand, der im alltäglichen Sprachgebrauch weiterhin als *Kahal* bezeichnet wurde, verblieben dagegen die Befugnis zur Wahrung der öffentlichen Ordnung in der Gemeinde, die Sozialfürsorge und die Zuständigkeit in religiösen Angelegenheiten im engeren Sinne. In allen Rechtssachen waren nunmehr allein die staatlichen Gerichte zuständig.[83]

Es hat den Anschein, dass es dem österreichischen Staat mit dieser Verordnung und mit allen nachfolgenden, auf die Beseitigung jüdischer Autonomie zielenden Gesetzen und Maßnahmen nicht gelang, die korporativen Strukturen sofort und vollends zu beseitigen. Die zahlenmäßige Größe der jüdischen Bevölkerung und ihre demografische Verteilung sowie ihre wirtschaftliche Verflechtung mit dem polnischen grundbesitzenden Adel (*Szlachta*) – scheinen den Prozess der Dekorporation zumindest verzögert zu haben.[84] Die Persistenz und Widerständigkeit der offiziell beseitigten autonomen Strukturen, insbesondere des *Kahal* und seiner Disziplinarmacht,[85] spielten in der Auseinandersetzung um die jüdischen deutschen Schulen in Galizien eine entscheidende Rolle.

---

81 Vgl. Karniel, Die Toleranzpolitik Kaiser Josephs II., 285 f.
82 Kropatschek, Handbuch aller unter der Regierung des Kaisers Joseph des II. für die K. K. Erbländer ergangener Verordnungen und Gesetze, Bd. 9, 317.
83 Vgl. Karniel, Die Toleranzpolitik Kaiser Josephs II., 440–442.
84 Vgl. Bartal, From Corporation« to Nation, 23 f.
85 In dieser Studie wird bisweilen auch für die Zeit nach 1785 die Bezeichnung *Kahal* für den Vorstand der jüdischen Gemeinde (in diesem Fall Lembergs) gebraucht, wenngleich, wie gezeigt, der *Kahal* im Sinne des gemeindlichen Organs jüdischer Selbstverwaltung mit dem »Judensystem« von 1785 aufgehoben worden war und die von der Gemeinde gewählten Vorsteher nun der Bestätigung durch das jeweilige Kreisamt bedurften. Die Verwendung des Begriffes stützt sich auf den zeitgenössischen Sprachgebrauch im amtlichen Schriftverkehr, in dem der Vorstand der Gemeinde weiterhin als *Kahal* adressiert wurde.

1. Herz Homberg und die Entwicklung des jüdischen deutschen Schulwesens in Galizien

1.1 Taufen und andere Konversionen: Annäherungen an Homberg

»Verderber Israels« – Herz Homberg im Zerrspiegel
der »osteuropäischen Schule«

Herz Homberg ist ein umstrittener Aufklärer. Der Schüler Mendelssohns, vermutlich der einzige der *Maskilim*, der diese Bezeichnung durch seine Nähe zu dem Philosophen tatsächlich verdient, gilt als eine schwierige Figur. So sind auch die von ihm überlieferten Bilder bestenfalls zwiespältig. Der polnisch-jüdische Historiker Majer Bałaban präsentierte in einem Aufsatz von 1916 den Aufklärer in seinem galizischen Wirkungskreis so:

»Herz Homberg, ›der Schnauzenfresser‹, lebt noch bis heute in der Phantasie des Lemberger Ghettojuden, und diese Phantasie kennt ihn als den größten Feind des traditionellen Judentums. ›Von Landsdragonern bewacht, saß er vor der Synagoge im Zentrum der Judenstadt und aß Schweinswürste, er wollte die jüdischen Kinder der Taufe zuführen und Moische Fressers Tora ihnen einimpfen‹.«

Dieses einprägsame Bild erscheint als Zitat, angeblich aus einer Erzählung von Karl Emil Franzos, der sich bei dieser Darstellung wiederum an eine chassidische Überlieferung gehalten haben soll.[1] Beide Topoi – die *trefe* Wurst, ostentativ und unter Polizeischutz vor dem Eingang zur Synagoge verspeist, und damit korrespondierend das Gräuel der Taufe unschuldiger Kinder – stehen für das Unsägliche: *chilul ha-schem* – die Entheiligung, die Apostasie, den ultimativen Affront.[2] Dass in dieser Aufzählung als dritter Bestandteil Moses Mendelssohns Pentateuch-Übersetzung erscheint – hier *pars pro toto* für die Berliner Haskala gesetzt und als »Moische Fressers Tora« verun-

---

1 Bałaban, Herz Homberg in Galizien, 198. Bałaban gibt als Quelle Franzos' Erzählband *Die Juden von Barnow* an, allerdings ohne Seitenangabe. Ich konnte die von ihm zitierte Stelle bisher weder in diesem Band noch in einem anderen, sich dem galizisch-jüdischen Thema zuwendenden Werk von Franzos lokalisieren.
2 In der Moderne wird das Verspeisen rituell verbotener Nahrung im Angesicht des Heiligen zum Zeichen ostentativer Selbst-Entheiligung. So verzehrte der 14-jährige Isaak Deutscher am Jom Kippur Schinkenbrote auf dem Grab eines Rabbiners, um seinen Atheismus zu beweisen. Vgl. Tamara Deutscher, Die Erziehung eines jüdischen Kindes, in: Deutscher, Der nichtjüdische Jude, 159–179, hier 176 f.

glimpft –,³ ist nur folgerichtig, denn die Aufklärung verkörpert die Entfremdung von der Tradition und wird als Abfall vom Glauben verstanden. Ihr eignet der gleiche antinomistische Gehalt wie *trefem* Fleisch und erzwungener Taufe.

Bałaban, der noch an die Aufklärung glaubende jüdische Historiker des frühen 20. Jahrhunderts projiziert dieses Bild ins kollektive Gedächtnis der galizischen Juden. Doch auch sein eigenes Urteil über Homberg fällt nicht minder negativ aus, wenngleich er sich mit dem anti-maskilischen Gehalt des von ihm evozierten Bildes eher nicht identifizierte: Die von Homberg beaufsichtigten jüdischen deutschen Schulen hätten vielleicht bestehen bleiben können, wäre der *Maskil* »ein klarer und reiner Charakter gewesen«, doch sei er nun einmal leider »ein Pionier der Kultur von ganz niedriger Sorte« gewesen und habe damit »sich und dem Kulturwerk des großen Kaisers [gemeint ist Joseph II.] am meisten geschadet.«⁴ Der Widerstand der galizischen Juden gegen die Schulen habe Homberg derart erzürnt, »dass er die ganze Eigenart dieses Judentums mit Stumpf und Stiel ausrotten wollte.«⁵ Schließlich kann es Bałaban nicht lassen, den verabscheuten Glaubenswechsel ins Spiel zu bringen, wenn er ihn auch schwerlich Homberg selbst unterstellen kann: Fast alle von dessen Söhnen hätten sich später taufen lassen, und Homberg, der Opportunist, sei hierüber »vielleicht ganz zufrieden« gewesen.⁶ Das soll heißen: Wenn er auch nicht offen zum Christentum übertrat, so war Homberg doch zumindest dem Geiste nach ein Täufling.

Bałaban war keinesfalls der einzige Tradent derartiger Bilder von Homberg. Viele jüdische Historiker vom Ende des 19. bis in die sechziger Jahre des 20. Jahrhunderts erblickten in Homberg das Urbild des modernen Apostaten. Er war der prototypische *Meschummad*⁷ der Aufklärung, ein moralisch verdorbener Protagonist des an den Juden vollzogenen staatlich-bürokratischen Verbesserungswerkes. An seinem Beispiel ließ sich der Weg besonders gut verfolgen, der nach Ansicht jener Historiker von der Berliner Haskala geradewegs in die Assimilation führte. Entscheidend für diese Ausgestaltung Hombergs war ein Narrativ, das den ideologischen Faktor als das primäre *movens* historischen Wandels ausmachte und die Haskala »als einen, wenn nicht gar den ersten Akt in dem spezifisch jüdischen Drama von Emanzipation und Assimilation« betrachtete.⁸ Dieses Narrativ war eng mit der sogenannten »osteuropäischen Schule« jüdischer Historiographie verbunden, die mit Simon Dubnow einsetzte und zu deren späteren Vertretern so maßgebliche Inter-

---

3 Von *Mosche mi-Dessau* (Moses aus Dessau = Moses Mendelssohn), kurz *Mosche Dessau*, verballhornt *Moische Desser* und spottend *Moische Fresser*.
4 Bałaban, Herz Homberg in Galizien, 198 f.
5 Ebd., 206.
6 Ebd., 219.
7 Hebr., »der Getaufte«, mit pejorativer Konnotation, von hebr. *schamad* – »vernichten«, »vertilgen«.
8 Sorkin, Ha-haskala be-Berlin, 6.

preten wie Raphael Mahler, Ben-Zion Dinur und Shmuel Ettinger gehörten.[9] Von einem nationalen Standpunkt aus – er konnte autonomistisch, bundistisch oder zionistisch geprägt sein – pflegte die »osteuropäische Schule« eine dichotomische Geschichtsbetrachtung, insbesondere bei der Interpretation der letzten 200 Jahre jüdischer Geschichte: Auf der einen Seite stand das jüdische Volk, das sich durch zwei Jahrtausende hindurch in der Diaspora als Nation erhalten hatte, auf der anderen Seite bedrohten die Kräfte des Wandels eben diesen Zusammenhalt. Nationaler Erhalt oder Zerfall – an diesem Gegensatzpaar richtete sich die Interpretation jüdischer Geschichte aus; die zentripetalen Kräfte wie innerjüdische Solidarität, Tradition, Religiosität wurden affirmiert; die zentrifugalen Kräfte, allen voran Assimilation und Emanzipation, abgelehnt oder doch zumindest kritisch betrachtet. Die Dichotomie zwischen Gemeinschaft und Assimilation fand eine geografische Entsprechung: Auf der einen Seite die Juden Osteuropas, denen ein vitales Beharrungsvermögen gegenüber den selbstzerstörerischen Kräften des Wandels zugesprochen wurde und die aus diesem Grunde der nationalen Wiedergeburt den Weg ebnen konnten, auf der anderen Seite die sich konfessionalisierenden und assimilierenden Juden des Westens.[10]

Wie Jonathan Frankel betont hat, führte diese dichotomische und bipolare Geschichtsinterpretation paradoxerweise dazu, dass sich säkulare, liberal, sozialistisch oder gar marxistisch denkende Historiker, die sich eigentlich dem ökonomischen, sozialen und kulturellen Fortschritt verpflichtet fühlen mussten, auf die Seite der Tradition stellten, wenn sie den Gruppenzusammenhalt in der Geschichte bedroht sahen, selbst dann, wenn diese Tradition in »reaktionärem« Gewand daherkam und religiös begründet war: »If change spelled the end of community, or group survival, then even continued immobility was, in the last resort, to be preferred.«[11] Diese Sichtweise betraf auch und gerade die jüdische Aufklärung. Sofern deren traditionserneuernde Aspekte in den Vordergrund gestellt wurden – so vor allem die frühen Versuche der Wiederbelebung und Stärkung der für den nationalen Zusammenhalt in der Diaspora als unerlässlich erachteten hebräischen Sprache – wurde die Haskala begrüßt. Gerade die Sprachenfrage bestimmte jedoch auch das überwiegend negative Bild der jüdischen Aufklärung, als deren Ursünde die Preisgabe des Hebräischen zugunsten der deutschen Sprache betrachtet wurde. Mendelssohns Pentateuchübersetzung ins Deutsche mit hebräischen Buchstaben wurde von Simon Dubnow als Initialzündung der sprachlich-kulturellen Assimilation der Juden in Deutschland betrachtet. Für ihn leitete dieser Schritt die Entfremdung der späteren Generationen vom Judentum ein.[12] In der Propagierung der Werte der natürlichen Religion durch Men-

---

9 Vgl. Frankel, Assimilation and the Jews in Nineteenth-century Europe, 1–15.
10 Vgl. ebd., 4–7, 12–15.
11 Ebd., 7.
12 Vgl. Dubnow, Weltgeschichte des jüdischen Volkes, Bd. 8, 76.

delssohn und die Berliner jüdischen Aufklärer sahen Dubnow und andere Vertreter der »osteuropäischen Schule« einen fortschreitenden Deismus am Werk, der geradewegs zum Taufbecken zu führen schien. Der Übertritt der meisten Kinder Mendelssohns zum Christentum, die Taufwelle, welche die Berliner Gemeinde Ende des 18. Jahrhunderts erfasste, bestätigten sie in dieser Ansicht und besiegelten ihr Urteil über die Berliner Haskala als den ersten Schritt hin zur vollständigen Assimilation.[13] Auch die 1799 in dem Schreiben David Friedländers an Probst Wilhelm Abraham Teller in Aussicht gestellte Möglichkeit einer kollektiven Konversion bei Verzicht auf bestimmte christliche Dogmen tat ein Übriges dazu. Die Nebeneinanderstellung von Haskala – verkörpert durch Mendelssohns Übersetzung – und Taufe in einem sprachlich-literarischen Bild wie bei Bałaban war somit nur folgerichtig.

Dem nationaljüdischen Narrativ zufolge erstreckte sich der verderbliche Einfluss »Berlins« auch auf die osteuropäischen Juden, die sich mit ihrem ganzen Traditionsbewusstsein und in ihrer kulturellen Vitalität dagegen zur Wehr setzten. Der Kampf zwischen östlich-jüdischem »nationalem« Beharrungsvermögen und westlichen Auflösungstendenzen wurde dort besonders erbittert ausgetragen, wo sich die Aufklärer auf die Seite absolutistischer Herrscher stellten und augenscheinlich ihre eigenen Ziele mit denen des Staates verbanden – wie in Galizien unter josephinischer Herrschaft oder später in Russland zur Zeit Nikolaus I. Da die von zentralistischen und utilitaristischen Motiven bestimmten Maßnahmen der jeweiligen Regierungen von den Historikern der »osteuropäischen Schule« als eine akute Gefährdung des nationalen Überlebens der jüdischen Gemeinschaft interpretiert wurden, musste das Kooperieren der *Maskilim* mit dem Staat als Kollaboration mit dem »Feind« empfunden werden.[14] Folgenreich hinsichtlich der Tradierung dieser Bilder war insbesondere der historiografische Kurzschluss zwischen den »Verbesserungs«-Projekten des Staates und der Haskala-Bewegung. Nach dieser Lesart waren die Ziele und Inhalte der reformabsolutistischen Herrscher und der *Maskilim* identisch: Sie wollten die Aufklärung durch Zwang

---

13 Vgl. Frankel, Assimilation and the Jews in Nineteenth-century Europe, 7 f. Diese Auffassung blendete andere Faktoren historischen Wandels jenseits der vor allem unter ideologischem Gesichtspunkt verstandenen Haskala weitestgehend aus. Erst in den 1960er Jahren traten – verbunden vor allem mit dem Werk von Jacob Katz – andere kulturelle sowie soziale und ökonomische Faktoren der Modernisierung stärker in den Vordergrund. Vgl. ebd., 18 f.
14 Vgl. ebd., 9. Zur Charakterisierung der Politik Josephs II. gegenüber den Juden des Habsburgerreiches vgl. Dubnow, Weltgeschichte des jüdischen Volkes, Bd. 8, 27 – 34 und 278 – 314, sowie Mahler, Diwre jemei jisra'el – dorot acharonim, Bd. I.2, 183 – 192 und 225 – 232, sowie bes. für Galizien Bd. I.3, 22 – 38. Vgl. auch Majer Bałabans dichotomische, fast manichäistisch anmutende Interpretation des Gegensatzes von Tradition und Moderne im Kontext der Politik Josephs II. gegenüber den galizischen Juden: »Es lag in dem Kampfe etwas Urwüchsiges, es war ein Kampf auf Leben und Tod, der Kampf des historischen Judentums des alten polnischen Reiches gegen die neuen westlichen Strömungen, die von der Höhe des Thrones mit aller Gewalt verbreitet wurden.« Bałaban, Herz Homberg in Galizien, 206.

unter den osteuropäischen Juden verbreiten und diese dadurch dem Staat nützlich machen.

Der erste, den diese Engführung betraf, war Herz Homberg. Als Schüler Mendelssohns war er hierfür geradezu prädestiniert; seine aufgeklärte, rational-disziplinierte Denk- und Argumentationsweise wurde pejorativ als »rationalistisch« und lebensfeindlich interpretiert. Als Motive für seinen Einsatz im Dienst Habsburgs wurden Homberg Opportunismus, Karrierismus oder gar das Streben nach finanziellen Vorteilen unterstellt. Der mit ihm in Verbindung gebrachte »Export« der Berliner Haskala nach Galizien und ihre scheinbare Instrumentalisierung durch den österreichischen Staat in Gestalt der jüdischen deutschen Schulen konnte nur als Kolonisierung erscheinen, als die gewaltsame Aufprägung einer dem traditionellen osteuropäischen Judentum fremden Kultur. So kennzeichnete denn auch Simon Dubnow Homberg als einen »Apostel der polizeilichen Aufklärung«,[15] einen Missionar der staatlichen Verbesserungspolitik gegenüber den Juden. Statt in Galizien auf die Kraft der Überzeugung zu setzen,

»beschloss die österreichische Regierung, die Aufklärung zwangsmäßig zu verbreiten, wobei sie auch ihr Endziel durchblicken ließ: die Schaffung eines neuen Judentums mit einem Minimum an nationaler Kultur. Mit dieser Mission wurde nun ein Jude, Herz Homberg, betraut, der aus dem Berliner Aufklärerkreise hervorgegangen war und in Österreich eine überaus verhängnisvolle Rolle spielen sollte. [...] Ein eingefleischter Rationalist, dem jeglicher Sinn für geschichtliche Evolution abging, hegte Homberg nicht den geringsten Zweifel an der Möglichkeit einer Erneuerung des Judentums auf dem Wege zwangsmäßiger Aufklärung, und der ihm innewohnende Strebergeist sagte ihm, daß es viel vorteilhafter sei, der Regierung zu dienen als dem eigenen Volke.«[16]

Als ein Kolonisator im Dienste österreichisch-deutscher Sprachen- und Kulturpolitik erschien Homberg dem marxistisch orientierten Historiker Raphael Mahler, der ihn »the brutal Germanizer of Galician Jewry« nannte[17] und Hombergs Ziele und Motive wie folgt charakterisierte: »Homberg's official function consisted of supplying plans to destroy the very foundation of Jewish culture; his ›ideology‹, whose leitmotif was repugnant careerism, was that of a semiapostate.«[18] Mit dem Begriff des Semiapostaten scheint hier wieder die Verbindung von assimilatorischer Haskala und Taufe auf. Dass Homberg persönlich das Judentum *als Religion* nicht preisgegeben hatte, war dabei unerheblich; viel schwerer wog die Tatsache, dass er sich gegen den *nationalen Zusammenhalt* der Juden in der Diaspora gestellt hatte, dass er offensichtlich missverstand und – im staatlichen Auftrag ebenso wie aus eigener Überzeu-

---

15 Dubnow, Weltgeschichte des jüdischen Volkes, Bd. 8, 299.
16 Ebd., 295 f.
17 Mahler, Hasidism and the Jewish Enlightenment, 15.
18 Ebd., 124.

gung heraus – bekämpfte, was Historiker wie Mahler oder Dubnow von einem nationalen Standpunkt aus als das Wesen des Judentums ausmachten. In seinem hebräischen *opus magnum* ging Mahler bei der Charakterisierung Hombergs noch einen Schritt weiter:

»Herz Homberg [...] war ein Vertreter jenes radikalen Flügels der Haskala, der in seinem Streben, mit dem Herrschaftsvolk zu verschmelzen und die Gunst des Throns zu erlangen, nicht davor zurückschreckte, all dessen Gewalttaten gegenüber den Juden zu unterstützen. Aus einem oberflächlich-rationalistischen Bewusstsein nach Art der After-Voltairianer erblickte Homberg im traditionellen Judentum nichts anderes als einen Schorf aus Vorurteilen und Aberglauben, der sich auf der Haut des reinen biblischen Glaubens ausbreitete, dem Glauben, der nach seiner Auffassung mit dem Deismus identisch war und der sich dem geläuterten Christentum der aufgeklärten Herrscher annäherte. Doch stärker noch als alle weltanschaulichen Motive wogen bei Hombergs Taten dessen Ehrsucht und Vorteilsstreben, die seinem Charakter eingeprägt waren. Als ein Konvertit [*mumar*] aus bösem Willen und in seiner Verachtung gegenüber seinem Volk noch schlimmer als ein Getaufter [*meschummad*] erschien Homberg in den Augen seiner Zeitgenossen in Böhmen und Galizien als ein ergebener Knecht des Herrscherhauses und als Verderber Israels.«[19]

Unter der Überschrift »Allerlei Haskalaapostel« bezeichnete 1927 Max Weißberg in seinem klassischen Text zur Haskala in Galizien Herz Homberg als den »fremden, mit äußerer Autorität prahlenden« Typus des Aufklärers[20] und prägte für ihn den in seiner Kürze und Prägnanz kaum zu übertreffenden Begriff vom »k. k. Maskil«.[21] Zum Bild, das sich die Historiker im Umfeld der »osteuropäischen Schule« von Homberg machten, gehörte auch die ikonografische Stilisierung des böhmischen Aufklärers zum archetypisch Fremden inmitten der autochthonen, unassimilierten osteuropäisch-jüdischen Lebenswelt. So heißt es etwa bei Bałaban:

»Homberg trug europäische Kleidung, eine Perücke mit Zopf, er sprach ein reines Deutsch und hatte andere Manieren als die damaligen galizischen Juden. Die ersten Lehrer, die er aus Böhmen bezog, glichen ihrem Meister in Kleidung und Sprache, und diese ganze Gesellschaft war in dem galizischen Ghetto etwas völlig Fremdartiges, noch nie Gesehenes. Kein Wunder, daß man diesen ›Datschen‹ die Jugend nicht anvertrauen wollte, und alle Hebel in Bewegung setzte, um die Gründung der Schulen zu vereiteln.«[22]

Wir wissen nicht, ob Homberg in Galizien tatsächlich eine »Perücke mit Zopf« trug – seinem Selbstbild und seiner Stellung als staatlicher Funktionsträger

---

19 Mahler, Diwre jemei jisra'el – dorot acharonim, Bd. I.2, 235.
20 Weißberg, Die neuhebräische Aufklärungsliteratur in Galizien. II. Teil, 54 f.
21 Weißberg, Die neuhebräische Aufklärungsliteratur in Galizien (Fortsetzung), 100.
22 Bałaban, Herz Homberg in Galizien, 200 f. Vgl. auch Meisl, Haskala, 28: »Ohne einen Schimmer von Kenntnis der Verhältnisse machte sich Homberg, der alle Manieren Westeuropas besaß, kurze Kleidung, Perrücke mit Zopf trug, tadelloses Deutsch sprach, an's Werk.«

hätte es sicherlich entsprochen. Tatsächlich trugen einige der Berliner *Maskilim* Perücke und Zopf, wie es die zeitgenössischen Darstellungen Naftali Herz Wesselys und Salomon Maimons zeigen. Das überlieferte Porträt Hombergs von etwa 1818 lässt jedoch keine Perücke erkennen; es zeigt ihn im Frack, mit einer Kopfbedeckung über seinem – offensichtlich – eigenen Haar, ohne Zopf, und mit rasiertem Kinn (Abb. 1).[23] Die von Bałaban und anderen Historikern vorgenommene *betonte* Attribuierung Hombergs und der von ihm »aus Böhmen bezogenen« Lehrer mit den sicht- bzw. hörbaren Elementen des äußerlich assimilierten »deutschen« Juden: hochdeutsche Aussprache statt jiddischer Rede, Gehrock statt Kaftan, Perücke und Zopf statt Bart und Schläfenlocken, sollte das Fremde, Argwohn erzeugende und Abstoßende unterstreichen. Zusammen mit dem Homberg und den Lehrern unterstellten Herrschaftsgestus manifestierte sich in diesen Zuschreibungen der Habitus des westlichen Kolonisators, des Missionars im Dienst einer zweifelhaften Kultur.[24]

Das mit der »osteuropäischen Schule« verbundene historiografische Narrativ von Homberg als »Apostel der Zwangsaufklärung« wirkte noch weit in die zweite Hälfte des 20. Jahrhunderts hinein.[25] Auch gegenwärtige Historiker der jüdischen Geschichte greifen häufig auf tradierte Bilder von Homberg zurück, wobei sie sich des ideologischen Charakters jener Zuschreibungen bewusst sind.[26] Dabei hat die ideologisch bedingte Emphase bei der Attribuierung der Persönlichkeit und des Wirkens von Homberg nachgelassen; antinomistische Begriffe und Elemente wie »Semiapostat« oder »Taufe« sucht man vergebens. Die lange Tradition der negativen Bebilderung Hombergs

---

23 Das Porträtkupfer ist als Frontispiz der Wiener Ausgabe des Buches Hiob von 1818 (Übersetzung und *Bi'ur* von Aaron Wolfssohn-Halle) vorangestellt. Homberg hatte hierzu seinen Kommentar *Ha-korem* (Der Winzer) beigesteuert. Kitve kodesch nidpasim me-chadasch u-mehudarim be-tosafot rabot. Sefer ijov im targum aschkenasi u-ve'ur [...] nilwe min ha-korem [Heilige Schriften, neu aufgelegt und mit vielen Zusätzen versehen. Buch Hiob mit deutscher Übersetzung und mit Kommentar [...] begleitet von (dem Kommentar Hombergs) *Der Winzer*], Wien 1818. Die Darstellung Hombergs mit Kopfbedeckung kann jedoch auch eine Konzession an den sakralen Charakter des Darstellungskontextes sein.

24 Über den offensichtlichen Fehlgriff Josephs II. bei der Wahl seiner »Sendboten« wunderte sich 1909 Gershom Bader: »Er hat nebbich nischt ferstanen, as a judischer Lehrer fun Behmen oder Mehren mit a Perik un a Zop (Loit wi di Daitschen haben damals getragen) mit a gegalt Panim un ohn Pe'ot, is bei galizische Juden a Sach erger wi a pschuter Goi.« (Er hat einfach nicht verstanden, dass ein jüdischer Lehrer aus Böhmen oder Mähren mit einer Perücke und einem Zopf [so wie es die Deutschen damals getragen haben], mit einem rasierten Gesicht und ohne Schläfenlocken, für die galizischen Juden eine schlimmere Sache ist als ein einfacher Nichtjude.) Gershom Bader, Di erste judische Schulen in Galizien, in: Judischer Folkskalender, Lemberg 1909, 113–121, hier 116, zit. nach: Manekin, Klalei hitnahagut la-morim ha-jehudim be-vatei ha-sefer be-galitzija u-ve-lodomerija, 117, Anm. 20.

25 Vgl. die Charakterisierung Hombergs durch Shmuel Ettinger in Ben-Sasson (Hg.), Geschichte des jüdischen Volkes, 963.

26 Vgl. Bartal, Geschichte der Juden im östlichen Europa 1772–1881, 84 f.

findet zumeist ihren Nachhall in dem Begriff vom »radikalen *Maskil*«,[27] wobei jedoch die Frage oft unbeantwortet bleibt, auf welche Weise sich »maskilische Radikalität« äußert und wie sie definiert werden soll. Nur die Analyse des Wechselverhältnisses von externen (staatlichen) Forderungen und internen (jüdisch-maskilischen) Anpassungsleistungen kann diese Frage beantworten, wie sie etwa David Sorkin in seinem Werk über die Berliner Haskala unternommen hat. In seinem Modell einer fortschreitenden Politisierung der jüdischen Aufklärung seit den achtziger Jahren des 18. Jahrhunderts (»continuation« – »partial politicization« – »full politicization« – »radical repudiation« der Ideale der frühen Haskala) weist er Homberg einen Platz unter den Vertretern der »vollständigen Politisierung« der Haskala zu, ohne sich dabei tradierter Bilder des Aufklärers bedienen zu müssen. Als hilfreich erweist sich hierbei die Auflösung der von den Historikern der »osteuropäischen Schule« konstruierten Einheit von staatlichen und maskilischen Zielen und eine ausgewogene und kontextualisierende Betrachtung der Ideen und Maßnahmen Hombergs. So stellt Sorkin dessen *Sendschreiben an die Hirten* (1788) zur Reform der traditionellen Erziehung in den Kontext der josephinischen Toleranz- und Verbesserungspolitik: »Homberg's entire outlook was shaped by his sense of the Jew's obligation to respond to Joseph II's benign legislation. Social utility was predominant; man is ›by nature political‹.«[28] Aus dieser Haltung heraus forderte Homberg von den galizischen Juden die Verbesserung ihrer Sitten, ihrer Sprache, ihrer Bildung – kurz: ihre Brauchbarkeit für den Staat. Doch trotz dieser Übernahme und Internalisierung externer Normen verließ Homberg nicht völlig den Rahmen der Tradition, da er seine Forderung nach einem verbesserten, nach rationalen und pädagogischen Kriterien gestalteten Religionsunterricht auf Maximen stützte, die so bereits zuvor im innerjüdischen Erziehungsdiskurs geäußert worden waren: »Homberg's politicization of education nevertheless rested firmly on the legacy of the early Haskalah«.[29]

In ihrer Analyse der Diskrepanz zwischen der historischen »Gestalt« und der tradierten historiografischen »Vorstellung« von Homberg versucht auch Rachel Manekin das Wirken des Aufklärers in seinem spezifischen historischen Kontext zu betrachten – und ihm dadurch Gerechtigkeit widerfahren zu lassen. Eines der Hauptanliegen Manekins besteht darin, den Urheber der offensichtlich verzerrten Wahrnehmung von Homberg dingfest zu machen, den Autor zu benennen, der den nachfolgenden Interpreten sozusagen bereits die fertigen Versatzstücke für ihre ideologisch eingefärbten Bilder von Homberg lieferte. Sie findet ihn in dem Wiener jüdischen Pädagogen und

---

27 So z. B. Dubin, The Port Jews of Habsburg Trieste, 214. Eine treffende Formulierung fand auch Christoph Schulte, als er von Homberg als der »verkörperte[n] Dialektik der Aufklärung« sprach. Schulte, Die jüdische Aufklärung, 27.
28 Sorkin, The Berlin Haskalah and German Religious Thought, 114.
29 Ebd., 115.

Abb. 1: Kupferstich mit dem Porträt von Herz Homberg. Vorsatzblatt aus dem Buch Hiob, übersetzt und kommentiert von Aaron Wolfssohn-Halle: Kitve kodesch nidpasim me-chadasch u-mehudarim be-tosafot rabot. Sefer ijov im targum aschkenasi u-ve'ur [...] nilwe min ha-korem [Heilige Schriften, neu aufgelegt und mit vielen Zusätzen versehen. Buch Hiob mit deutscher Übersetzung und mit Kommentar (...) begleitet von (dem Kommentar Hombergs) *Der Winzer*], Wien 1818.
© Mit freundlicher Genehmigung des Haskala-Bildarchivs im Steinheim-Institut, Duisburg.

Historiker Gerson Wolf (1823–1892). Seit den frühen 1860er Jahren wandte sich Wolf in Büchern und Aufsätzen immer wieder der Person und dem Werk Herz Hombergs zu.[30] Manekin weist nach, dass es Wolf beim Umgang mit den Quellen häufig an der notwendigen historiografischen Sorgfalt mangelte, dass er Zusammenhänge außer Acht ließ und Inhalte durch allzu freie Wiedergabe entstellte. Was er an Genauigkeit und Objektivität fehlen ließ, ergänzte Wolf durch eigene Wertungen, die im Fall Hombergs zumeist zu dessen Ungunsten ausschlugen. Die drei in Folge der Wolf'schen Interpretationen entstandenen Hauptversatzstücke des Bildes von Homberg – »der Opportunist«, »der radikale *Maskil*« und »der Bestechliche«[31] – prägten die späteren Imaginationen des Aufklärers. Insbesondere den Historikern der osteuropäischen Schule mussten die von Wolf hervorgehobenen negativen Züge des Homberg-Bildes willkommen sein, passten sie sich doch nahtlos in das aufklärungskritische Narrativ ein.[32] Zu den der Berliner Haskala eignenden assimilatorischen Gefahren und der den nationalen Zusammenhalt der Juden bedrohenden zwangsweisen Verbesserung im Geiste des Josephinismus – die beide durch den »k. k. *Maskil*« Homberg verkörpert wurden – kam als drittes Element die von Wolf unterstrichene persönliche Niedertracht Hombergs. In der Kombination ergab sich daraus das Bild des Erzschurken, eine moderne Version des *rascha*, des archetypischen Bösewichts der Pessach-Haggada.[33]

Maskilische Mythen und sekundäre Konversionen: Der junge Herz Homberg 1749–1779

Im Jahr 1810 veröffentlichte der zu dieser Zeit in Neubidschow in Böhmen als Trivialschullehrer tätige *Maskil* Peter Beer (1758–1838) in der Zeitschrift *Sulamith* eine Reihe von »biographische[n] Skizzen einiger gelehrten [!] Israeliten in den österr. Staaten«, darunter auch eine sechsseitige Vita Herz

30 Vgl. ebd., 179–202; Wachstein, Bibliographie der Schriften Gerson Wolfs.
31 So die Überschriften Rachel Manekins in dem Teil ihres Aufsatzes *Naftali Herz Homberg*, der die Darstellung Hombergs durch Gerson Wolf behandelt, vgl. Manekin, ebd., 180, 182, 193.
32 Vgl. ebd., 201.
33 Zu Beginn seiner Nachforschungen in Sachen Homberg erhielt der Verfasser während eines Aufenthalts an der Hebräischen Universität den Ratschlag, in der von Artur Schick illustrierten Pessach-Haggada von 1957 die Zeichnung der *arba'a banim* – der in der rituellen Lesung die vier »jüdischen« Tugenden bzw. Untugenden verkörpernden »vier Söhne« – zu betrachten. Dort sei der gottleugnende »Bösewicht« – *ha-rascha* – mit den Gesichtszügen Hombergs dargestellt. Da der Verfasser nicht sofort Gelegenheit hatte, diese für ihn bedeutsame Nachricht durch Inaugenscheinnahme zu verifizieren, begleitete und beunruhigte sie ihn noch über fast zwei Jahre, ehe es ihm bei einem erneuten Besuch in Israel möglich war, die Schick-Haggada in der Jerusalemer Nationalbibliothek einzusehen. Tatsächlich ist der *rascha* als ein feister Bösewicht mit Tirolerhut und Monokel dargestellt – aber eine Ähnlichkeit mit Hombergs durch das einzige vorhandene Porträt überlieferten Gesichtszügen lässt sich beim besten Willen nicht erkennen. Zu jener Zeit bedeutete dies eine herbe Enttäuschung für den Verfasser.

Hombergs – die mit Abstand längste in dieser Reihe.[34] Beer hatte sich bereits 1796 als begeisterter Anhänger des Oberaufsehers über die galizischen jüdischen Schulen zu erkennen gegeben und Homberg sein Erstlingswerk *Toldot Israel* mit einem euphorischen Einleitungsgedicht zugeeignet.[35] Woher Beer die Informationen für seine biografische Skizze Hombergs bezog, kann nicht eindeutig festgestellt werden.[36] Joseph Walk vermutete, dass Homberg selbst Beer auf dessen Anfrage hin die nötigen Informationen geliefert haben könnte.[37] Verschiedene Indizien deuten darauf hin, dass diese Annahme tatsächlich zutrifft.[38] Da Homberg in seinen Schriften kaum autobiografische Angaben machte und die Quellenüberlieferung über ihn erst 1782 – mit den ersten Briefen Moses Mendelssohns an den in Wien weilenden Homberg – einsetzt, stellt Beers Porträt fast die einzige Quelle dar, die Aufschluss über Hombergs Zeit bis zu seinem Dienstantritt als Hauslehrer bei Mendelssohn 1778/79 zu geben vermag.[39] Alle späteren biografischen Darstellungen halten sich im Wesentlichen an die von Beer überlieferten Informationen.[40]

---

34 Beer, Biographische Skizzen einiger gelehrten Israeliten in den österr[eichischen] Staaten, 258–264. Die »Skizzen« enthalten weitere Kurzbiografien von Benedict David Arnstein, Peter Beer [!], Jehuda Leib Ben-Seew, Simon Gunz und Joel Kohen. Den »Skizzen« war ein einführender Essay vorangestellt: Ueber die Nothwendigkeit einer Sammlung von Lebensbeschreibungen gelehrter und sonst rühmlich sich auszeichnender Männer in Israel.
35 Vgl. Hecht, Ein jüdischer Aufklärer in Böhmen, 131 f.
36 Beer selbst gab als eine Quelle seiner biografischen Skizzen die in Wien erscheinenden *Annalen der österreichischen Literatur* an, in denen bisweilen – von den betreffenden Personen selbst verfasste – Kurzbiografien erschienen. Vgl. Hecht, An Intellectual Biography of the Maskil Peter Beer, 94 mit Anm. 15. Louise Hecht konnte nach ihren Angaben bei der Durchsicht der *Annalen* keine Biografie Hombergs ausfindig machen. Vgl. ebd., Anm. 16.
37 Walk, Herz Homberg, Anmerkungsapparat, 1, Anm. 4 zu Kap. 1.
38 So lassen ganze Passagen der Beer'schen Skizze fast wörtlich in einem Brief enthalten, den der Prager *Maskil* Ignaz Jeitteles angeblich von dem 86-jährigen Homberg erhalten hatte und aus dem er in seinem Nachruf auf Homberg in der Wiener Allgemeinen Zeitung vom 3. September 1841 zitierte. Vgl. Walk, Herz Homberg, 2. Auch die Identität der – eindeutig falschen – Aussage Beers, Homberg sei sechs Jahre lang Lehrer in Mendelssohns Haus gewesen, mit der von Homberg selbst einige Jahre später in der Einleitung zu seinem Bibelkommentar *Ha-korem* (Der Winzer) gegebenen Information stützt diese These, ebenso wie die Auslassung der italienischen Jahre Hombergs in Beers Skizze – einer Zeit, die von Homberg offensichtlich als wenig ehrenvoll betrachtet wurde.
39 Darüber hinaus können im Hinblick auf die Kindheit und Jugend Hombergs die folgenden Quellen in unterschiedlichem Maße originären, sich auf Aussagen Hombergs stützenden Informationsgehalt für sich beanspruchen (in chronologischer Reihenfolge): *Hakdamat ha-korem* – die Einleitung Hombergs zu seinem Bibelkommentar *Ha-korem* in der Ausgabe der Mendelssohnschen Bibelübersetzung *Sefer Netivot Schalom* von 1817/18. Mir lag die Ausgabe von 1837 vor, hier befindet sich die Einleitung Hombergs am Anfang von Bd. 1: *Sefer bereschit* (Genesis), o. S.; Einleitung Hombergs zu Bd. 2 von Moses Landau, Rabbinisch aramäisch-deutsches Wörterbuch zur Kenntnis des Talmuds, der Targumim und Midraschim, 5 Bde., Prag 1819–1824, vgl. Kestenberg-Gladstein, Neuere Geschichte der Juden in den Böhmischen Ländern, 264 f., Anm. 148 und Walk, Herz Homberg, 2, und Anmerkungsapparat, 1, Anm. 5 zu Kap. 1; Ephraim bar Wolf Wehli, Preisgedicht auf Herz Homberg aus Anlass des Erscheinens von dessen Kommentar (*Ha-korem*) zum Buche Hiob, Kitve kodesch, nidpasim me-chadasch

Beer beginnt seine biografische Skizze mit einem Fehler, indem er als Geburtsjahr Hombergs das Jahr 1759 angibt.[41] Tatsächlich wurde Homberg im September 1749 in dem Ort Lieben bei Prag geboren.[42] Über Hombergs Eltern weiß Beer nichts zu berichten. Seine Mutter soll Hebamme gewesen sein, was einen der späteren Schüler Hombergs in Prag, Ephraim Bar Wolf Wehli, veranlasste, den Aufklärer in einem Preisgedicht mit Sokrates zu vergleichen.[43] Beer zufolge genoss Homberg »die Erziehung wie alle jüdische [!] Kinder auf dem Lande, besonders zu damaliger Zeit«. Seine Schilderung der Erziehung des Knaben enthält die archetypische Kritik der *Maskilim* am traditionellen *Cheder*-Unterricht:

»Er wurde im dritten Jahre schon, fast noch, bevor er alle artikulirte Töne hervorzubringen im Stande war, zum Lesen der hebräischen Schrift von Lehrern, die selbst, besonders nach grammatischen Regeln, des Lesens nicht recht kundig waren, *nolens volens* genöthiget, und kaum des Lesens zur Hälfte kundig, schon zum Vertiren des Pentateuchs, doch ohne alle Sach- und Sinnerklärung, durch des Meister Orbilius probate Mittel [das heißt durch Prügel] angehalten.«[44]

Als Homberg sieben Jahre alt war, übersiedelten seine Eltern nach Prag, »wo er sogleich dem Talmudunterrichte gewidmet ward«. Es ist bemerkenswert, dass Beer bei aller Kritik am traditionellen jüdischen Bildungsideal doch nicht umhin kommt, auf die außerordentliche Begabung Hombergs für das Studium der *Halacha* und seine in kürzester Zeit erworbene, immense talmudische Gelehrsamkeit zu verweisen. Homberg habe, so Beer, »in diesem Lehrgegenstande [...] so vorzügliche Progressen« gemacht und erstaunlichen »Witz und Scharfsinn« gezeigt – »zwei unumgänglich nothwendige Eigenschaften um in diesem Gegenstande zu excelliren« – dass er bereits im Alter von zehn Jahren für würdig befunden wurde, in die *Jeschiwa* des Prager Oberrabbiners Ezechiel

---

u-mehudarim be-tosafot rabot, Sefer Ijov, Wien 1818, vgl. Walk, ebd., 1; Oesterreichische National-Enzyklopaedie, Bd. 6/Supplement, 486 f.; Nachruf von Ignaz Jeitteles auf Herz Homberg in der Wiener Allgemeinen Zeitung, 3. September 1841, vgl. Walk, ebd., 2.

40 Vgl. z. B. Gräffer/Deutsch (Hgg.), Jüdischer Plutarch, 88–91, bes. 88 f.; Kayserling, Moses Mendelssohn, 310–315, bes. 310 f.; Wurzbach, Biographisches Lexikon des Kaiserthums Oesterreich, Bd. 9, 253–255, bes. 253 f.; Allgemeine Deutsche Biographie, Bd. 13, 38 f.

41 Beer, Biographische Skizzen einiger gelehrten Israeliten in den österr[eichischen] Staaten, 258. Dieser Fehler wurde über dreißig Jahre später anlässlich der Nachricht vom Tode Hombergs durch die Redaktion der Zeitschrift *Sulamith* korrigiert: Sulamith 8 (1834–1843), Bd. 2 (1843), 146 f.

42 Vgl. Oesterreichische National-Enzyklopaedie, Bd. 6, 486.

43 Vgl. Walk, Herz Homberg, 2.

44 Beer, Biographische Skizzen einiger gelehrten Israeliten in den österr[eichischen] Staaten, 258. Vgl. die Kritik Wesselys am *Cheder*-Unterricht: Wessely, Divre schalom we-emet, in: I. Lohmann (Hg.), Chevrat Chinuch Nearim, 167 (Worte der Wahrheit und des Friedens, in: ebd., 177 f.), sowie Hombergs Darstellung in seinem *Sendschreiben an die Hirten* von 1788: Homberg, Iggeret el roe se psura jisra'el, 230–232.

Landau aufgenommen zu werden.[45] Dieser habe Homberg »seines Genies und vorzüglicher Eigenschaften wegen« allen anderen Studenten vorgezogen, »obgleich die meisten derselben zwei- bis dreimal so alt wie er waren«.[46] Die Hervorhebung von Hombergs Fortschritten beim Studium der *Halacha* und vor allem der Verweis auf seinen Lehrer Ezechiel Landau (1713–1793), den »in Juda Berühmten«,[47] die bedeutendste rabbinische Autorität im aschkenasischen Judentum der zweiten Hälfte des 18. Jahrhunderts,[48] dienen vor allem dazu, die halachische Kompetenz des Aufklärers sowie seine profunde Kenntnis des traditionellen Lehrsystems herauszustellen und damit auch seine spätere Kritik hieran zu rechtfertigen. Man sollte ihm nicht wie Naftali Herz Wessely in Erwiderung auf dessen Schrift *Divre schalom we-emet* vorwerfen können, dass er ein unwissender Laie sei, der über keinerlei rabbinische Gelehrsamkeit verfüge:[49] Homberg, so insinuiert Beer, wusste immer, wovon er sprach, wenn er als *Maskil* und Pädagoge eine Reform des Religionsunterrichts forderte.

Wie viele Talmudschüler begann auch der junge Homberg im Anschluss an seine erste grundlegende Ausbildung eine Wanderkarriere – traditionell der Vervollkommnung der halachischen Kenntnisse und Fähigkeiten bei verschiedenen berühmten *Rasche Jeschiwa*, Vorstehern von Talmudhochschulen, gewidmet.[50] Der 13-Jährige ging zunächst nach Pressburg, anschließend nach Glogau in Schlesien. Beer nennt nicht die Namen der Rabbiner, bei denen Homberg in Pressburg und Glogau studierte,[51] und er bleibt sehr vage, was die Dauer von Hombergs Aufenthalten an den beiden *Jeschiwot* betrifft. Während er andeutet, dass Homberg mit 18 oder 19 Jahren – also etwa um das Jahr 1767/ 68 – die *Jeschiwa* verließ, gibt eine andere, wahrscheinlich von Homberg selbst informierte Quelle 1772 als das (letzte?) Jahr seines Aufenthaltes in Glogau an.[52] Hält man sich an das letztere Datum, so erscheinen die zehn Jahre von 1762 bis 1772 als eine erstaunlich lange Zeit für eine Wanderschaft, die den Besuch von »nur« zwei Talmudhochschulen einschloss. Homberg selbst sorgte

---

45 Im Allgemeinen lag in der traditionellen jüdischen Gemeinschaft das Eintrittsalter eines Knaben in eine *Jeschiwa* bei zwölf oder dreizehn Jahren. Vgl. Katz, Tradition und Krise, 192.
46 Beer, Biographische Skizzen einiger gelehrten Israeliten in den österr[eichischen] Staaten, 259.
47 Ehrenname Landaus nach dessen für das aschkenasische Judentum autoritativer Responsensammlung *Noda bi-jehuda* (Es ist bekannt in Juda), Prag 1776.
48 Zu Ezechiel Landau vgl. Kestenberg-Gladstein, Neuere Geschichte der Juden in den böhmischen Ländern, 43 f. Vgl. auch Landau, Divre jedidut.
49 Vgl. Eliav, Jüdische Erziehung in Deutschland im Zeitalter der Aufklärung und der Emanzipation, 55; Feiner, The Jewish Enlightenment, 95.
50 Vgl. Katz, Tradition und Krise, 192 f.
51 In der Zeit von 1764 bis 1789 wirkte Meyer Barby aus Halberstadt (ca. 1725–1789), Verfasser bedeutender Talmudkommentare, als Oberrabbiner in Pressburg und Leiter der dortigen *Jeschiwa*. Vgl. Brocke/Carlebach (Hgg.), Biographisches Handbuch der Rabbiner, Teil 1, Bd. 1, 171 f. Es ist unklar, ob Homberg noch bei Barby lernte, da unbekannt ist, wann Homberg von Pressburg nach Glogau ging.
52 Vgl. Oesterreichische National-Enzyklopaedie, Bd. 6, 486: »auf den rabbinischen hohen Schulen Prags, Pressburgs und Groß-Glogaus, die er 1772 besuchte«.

für eine gewisse Klärung dieses Rätsels, indem er in seinem Erstlingswerk von 1783 neben den Rabbinern Prags, Pressburgs und Glogaus auch den Rabbiner von Rotterdam zu seinen Lehrern zählte.[53] Wenn auch letztlich keine genaue Aussage hinsichtlich der exakten Verweildauer Hombergs an den einzelnen Stationen seiner Wanderschaft möglich ist, so darf doch als gesichert gelten, dass Homberg zwischen seinem zehnten und 23. Lebensjahr eine gründliche talmudische Ausbildung erhielt.

In die Zeit seines Aufenthalts an der Glogauer *Jeschiwa* fällt die Bekanntschaft Hombergs mit säkularem Wissen. Aus der Perspektive eines um 1810 schon deutlich erleichterten Zugangs mitteleuropäischer Juden zu säkularer Bildung und offensichtlich vor dem Hintergrund eigener betrüblicher Erfahrung beklagt Beer die späte und schmerzhafte Initiation des jungen *Bocher:*

»Trotz seiner Excellenz im Talmud war H., obgleich bereits ein Jüngling von 17 Jahren, in allen übrigen Fächern des menschlichen Wissens, ganz ein Fremdling; ja er war in diesem Alter, wo der gebildete Jüngling durch die Elemente der Wissenschaften größten Theils bereits sich durchgearbeitet hat, nicht einmal des deutschen Alphabets kundig. Mit welchem Widerstande zu dieser obscuren Zeit, wo bei dem größten Theile der jüdischen Glaubensbekenner das Lesen eines in deutscher oder in einer sonst andern als der jüdischen Schrift geschriebenen Buchs, ein Kapitalverbrechen war, wo man dem auf einer talmudischen Hohenschule studierenden Jünglinge, den man etwa bei dieser himmelschreienden Sünde auf frischer That ertappte, alle Beneficien entzog; mit welchem Widerstande, sage ich, ein Jüngling, dem sein Genius zulispelte, daß es außer den 12 Folio-Bänden des Talmuds, seiner Kommentarien und Kommentarien der Kommentarien, des Wissens noch mehr giebt, und er dadurch verleitet, von der Frucht dieses verbotenen Baumes der Erkenntniß des Guten und des Bösen zu kosten, und sich dadurch zu profanisiren wagte, damals anzukämpfen hatte, kann nur derjenige glauben, der in ähnlicher Lage einst sich befand. Durch unsägliche Hindernisse und Schwierigkeiten mußte sich also H. durchwinden, um in seinem 18ten Jahre es dahin zu bringen, *von selbst* deutsch schreiben und lesen zu lernen. Das erste deutsche Buch, welches der Zufall ihm in die Hände führte, war Wolfs Mathematik, welches ihm zur Vervollkommnung im Lesen der deutschen Schrift, und zugleich zum ersten Wegweiser in die Gefielde der Mathematik diente.«[54]

Diese Erfahrungen, die an den gezwungenermaßen autodidaktischen Erwerb von säkularem Wissen geknüpft waren, wie hier die Aneignung grundlegender Kenntnisse des deutschen Lesens und Schreibens als Voraussetzung jeder weiteren Wissenschaft,[55] teilte Homberg mit anderen jungen Juden nicht nur

---

53 Homberg, Beurtheilung des Aufsatzes: Uiber die Verfassung der Juden und ihre Toleranz in den Oesterreichischen Staaten, 15.
54 Beer, Biographische Skizzen einiger gelehrten Israeliten in den österr[eichischen] Staaten, 259 f. (Hervorhebung im Original).
55 Salomon Maimon beschreibt sehr anschaulich die Art und Weise des autodidaktischen Erlernens der deutschen Sprache durch »Dechiffrieren« anhand hebräischer Bücher, die vereinzelt

seiner Generation. Das rabbinische Verdikt gegen die Beschäftigung mit den »äußeren Wissenschaften«, den nichttraditionellen Disziplinen wie Philosophie, Geografie, Geschichte und Naturwissenschaften, aber vor allem auch gegen den Erwerb von Kenntnissen in der Landessprache und in Fremdsprachen, sofern diese über einen begrenzten, rein praktischen Nutzen hinausgingen, erschwerte diese Betätigung immens. Die Schwierigkeiten des Lernens ohne Anleitung und Hilfsmittel, die klandestinen Umstände der Lektüre unter der ständigen Drohung des Entdeckt- und Ausgestoßenwerdens, die »Verführung« durch das Wissen und die permanenten Gewissensqualen, die das Lesen in den »verbotenen Büchern« begleiteten, die Furcht, sich hierdurch »zu profanisieren«: In all diesen Elementen verkörpert sich eine übergenerationelle Erfahrung, die bereits von Vertretern der frühen Haskala Anfang des 18. Jahrhunderts beschrieben worden war und die junge osteuropäische Juden noch im letzten Drittel des 19. Jahrhunderts machten. Shmuel Feiner spricht in diesem Zusammenhang von einer »kulturellen Konversion«, die der einstige Talmudschüler vollzogen hatte, wenn er als *Maskil* neu geboren war, wenn er sich – nach der schmerzhaften Initiation durch die Bekanntschaft mit säkularem Wissen – zu seiner neuen Weltsicht, der Haskala, bekannte und sich der verschworenen Gemeinschaft der Aufklärer zugehörig fühlte.[56] Dan Diner hat für den – individuell oder auch kollektiv erlebten – Prozess der Transformation traditioneller jüdischer Emblematik in moderne Formen jüdischer Zugehörigkeit den Begriff der »sekundären Konversion« geprägt, der im Fall des jungen Homberg – wie generell bei allen jüdischen Aufklärern, die im Judentum verblieben – ebenfalls anwendbar scheint.[57]

Ausschlaggebend für die Konversion zum *Maskil* war häufig ein »Bekehrungserlebnis« in Gestalt eines Bücherfundes. Viele der jüdischen Aufklärer

---

lateinische Buchstaben enthielten, vgl. Batscha (Hg.), Salomon Maimons Lebensgeschichte, 73–75.

56 Vgl. Feiner, Towards a Historical Definition of the Haskalah, 195–200. Zur Anziehung, die die »äußeren Wissenschaften« auf Juden des frühen 18. Jahrhunderts ausübten und zu den »Konversionserfahrungen« der frühen *Maskilim* vgl. ders., The Jewish Enlightenment, 36–67.

57 Der Begriff der »sekundären Konversion« betont die anthropologischen Dimensionen dieses Prozesses wie auch die Residualität traditioneller, sakraler Emblematik in den jeweiligen »neuen« Zugehörigkeiten und setzt sich dadurch von herkömmlichen Konzepten jüdischer Modernisierung wie »Emanzipation«, »Assimilation« oder »Akkulturation« ab. Sekundäre Konversionen können aus dem traditionellen Judentum heraus unter anderem zur jüdischen Aufklärung, zur Reformbewegung oder zur Wissenschaft des Judentums, zum »deutschen Staatsbürger jüdischen Glaubens« oder zum polonisierten Juden, zum Zionisten, Bundisten oder Kommunisten erfolgen. Die Haskala und die Biografien der meisten *Maskilim* können als Paradefälle sekundärer Konversionen gelten. Vgl. im *Jahrbuch des Simon-Dubnow-Instituts/ Simon Dubnow Institute Yearbook* 3 (2004) das Editorial von Dan Diner (9–13, hier bes. 9–11) sowie ebd. den Schwerpunkt »Konversionen« (17–146), der u. a. mehrere Beiträge einer Konferenz zum Thema »Sekundäre Konversionen« enthält, die im Februar 2003 am Simon-Dubnow-Institut für jüdische Geschichte und Kultur an der Universität Leipzig stattfand. Vgl. auch Diner, Geschichte der Juden, 250–253.

des 18. Jahrhunderts verdankten ihre »Augenöffnung« der – oft heimlichen – Lektüre eines von Nichtjuden verfassten mathematischen, naturwissenschaftlichen oder philosophischen Werkes, häufiger jedoch der Bekanntschaft mit einem der Werke der mittelalterlichen jüdischen Philosophie, an erster Stelle Maimonides' *More Newuchim*.[58] Im 19. Jahrhundert traten daneben auch mehr und mehr die Werke anderer, früherer *Maskilim*, so Mendelssohns Pentateuchübersetzung oder die Schriften Wesselys.[59] Homberg führte »der Zufall« also zunächst eines der mathematischen Werke von Christian Wolff (1679–1754) in die Hände, welches ihm sowohl zur Verbesserung seiner Deutschkenntnisse diente als auch zu ersten Einblicken in eine »äußere Wissenschaft« verhalf. Doch war diese Lektüre nur der erste, wenn auch wahrscheinlich entscheidende Schritt, der Homberg von der typischen Karriere eines *Talmid chacham* entfernte. Denn war dieser erste Schritt der »Profanisierung« vollzogen, gab es oft keine Rückkehr mehr. Die Konversion musste zwangsläufig zur Entfernung aus dem traditionellen Umfeld führen. Beer schreibt weiter über Homberg: »Sein, obgleich nur verstohlner Umgang mit den Wissenschaften, konnte den Argusaugen der Hyperorthodoxie nicht entgehen, und dieß machte es ihm räthlich, sich von Glogau nach Breslau, und von da nach Berlin zu begeben.«[60] Über den Breslauer Aufenthalt schweigt sich Beer aus; über Hombergs Zeit in Berlin heißt es lediglich, dass er sich hier Latein beigebracht und sich von »zwei rühmlich bekannte[n] jüdische[n] Gelehrte[n]« – Beer gibt ihre Namen mit »Mannes und Schwa« an – in die Wissenschaften der Geometrie und Astronomie einführen ließ. Es ist gut möglich, dass Homberg in dieser Zeit bereits mit Moses Mendelssohn in Kontakt trat, zumal einer der beiden von Beer erwähnten Lehrer Hombergs, der Mathematiker und Bankangestellte Joseph Swa, eng mit Mendelssohn befreundet war.[61]

Hombergs zweite, dem Erwerb säkularen Wissens gewidmete Wanderschaft führte ihn weiter nach Hamburg, wo er Mitte der 1770er Jahre eingetroffen sein könnte.[62] Hier erlebte Homberg seine zweite, eigentliche Bekehrung, wobei wiederum ein Lektüreerlebnis eine wichtige Rolle spielte: Rousseaus *Emile ou de l'éducation* (1762).[63] Durch das Lesen des *Emile* habe

---

58 Für Moses Mendelssohn traf beides zu: die Lektüre des *More Newuchim* während seiner frühen Jugend in Dessau und nach seiner Ankunft in Berlin 1743 die Bekanntschaft mit Werken Lockes, Leibniz' und Wolffs. Vgl. Altmann, Moses Mendelssohn, 10–12 und 25–30. Vgl. auch die allmähliche »Bekehrung« Salomon Maimons, die durch die »zufällige« Bekanntschaft mit »Wolffs Metaphysik« in einer Konversion zur Philosophie gipfelte: Batscha (Hg.), Salomon Maimons Lebensgeschichte, 152 f.; hierzu auch Hecht, »How the power of thought can develop within a human mind«.
59 Vgl. Werses, Portrait of the Maskil as a Young Man, 139–143.
60 Beer, Biographische Skizzen einiger gelehrten Israeliten in den österr[eichischen] Staaten, 260.
61 Vgl. Brief Mendelssohns an Homberg vom 15. März 1784, JubA, Bd. 13, 183–186, hier 186; Altmann, Moses Mendelssohn, 778, Anm. 55.
62 Beer, Biographische Skizzen einiger gelehrten Israeliten in den österr[eichischen] Staaten, 260.
63 Rousseaus *Emile* wurde schon unmittelbar nach dessen Erscheinen ins Deutsche übersetzt:

Homberg »sich zum Pädagogen bestimmt«, schreibt Beer.[64] Vor dem Hintergrund seiner Erfahrungen als Zögling eines Erziehungssystems, das die kindliche Individualität im Großen und Ganzen missachtete, musste ihm Rousseaus Betonung der natürlichen Würde des Kindes als revolutionär erscheinen. Das betrifft auch die Forderung nach einer vorsichtigen, Natur und Kultur miteinander ausbalancierenden Anpassung der Erziehungsinhalte und -methoden an die verschiedenen Entwicklungsstufen der Kindheit und Jugend.[65] Homberg griff diese Rousseau'schen Leitgedanken später immer wieder auf, wenn er die traditionelle jüdische Erziehung kritisierte und ihre Neugestaltung forderte. Von ebenso großer Bedeutung für die intellektuelle Entwicklung Hombergs dürfte Rousseaus Plädoyer für die natürliche Religion gewesen sein, deren Prinzipien im »Glaubensbekenntnis des savoyischen Vikars« im vierten Buch des *Emile* niedergelegt waren,[66] gab sich Homberg doch schon in seinen ersten Schriften und Gutachten und besonders in seinen späteren Religionslehrbüchern als ein leidenschaftlicher Anhänger eines mit der Vernunft zu vereinbarenden, »zivilisierten« Religionsbegriffs zu erkennen.[67]

Auch über dieses Lektüreerlebnis hinaus war der Aufenthalt in Norddeutschland für Hombergs späteres Wirken bedeutsam. Hier machte er sich, wie Beer berichtet, »mit angestrengtem Fleiße die auf das Erziehungs- und Lehrfach Bezug habende Gegenstände [...] eigen«.[68] Die Anregungen, die Hamburg in dieser Hinsicht bot, waren vielgestaltig. In den sechziger und siebziger Jahren des 18. Jahrhunderts waren Hamburg und das benachbarte, unter dänischer Herrschaft stehende Altona Zentren der aufgeklärten Pädagogik. In Altona wirkte der spätere Gründer des Philanthropins, Johann Bernhard Basedow (1724–1790) als Professor am dortigen Gymnasium Christianeum, ehe er 1771 nach Dessau berufen wurde.[69] Basedow stand bereits seit 1768 mit Moses Mendelssohn in Kontakt, vermittelt durch den Hamburger Kaufmann Moses Wessely (1737–1792), einen Bruder von Naftali Herz Wessely.[70] Johann Heinrich Campe (1746–1818) unterhielt nach seinem

---

Aemil, oder Von der Erziehung. Aus dem Französischen übersetzt und mit einigen Anmerkungen versehen. Berlin 1762. Homberg müsste somit zu dieser Zeit noch kein Französisch gekonnt haben, um Rousseaus Werk lesen zu können. Neben Hebräisch, Deutsch und Latein beherrschte Homberg mit Sicherheit auch das Italienische, das er in seiner Görzer und Triester Zeit gebrauchte. Im Jahr 1806 übersetzte er zudem die *Zwölf Fragen* an die in Paris tagende Notabelnversammlung aus dem Französischen ins Deutsche.

64 Beer, Biographische Skizzen einiger gelehrten Israeliten in den österr[eichischen] Staaten, 260.
65 Vgl. zu Rousseaus *Emile* Herrmann, Pädagogisches Denken, 102–105 und 127 mit weiterer Literatur.
66 Vgl. Rousseau, Emile oder Über die Erziehung, 537–601.
67 Vgl. Wenzel, Judentum und »bürgerliche Religion«, bes. 340 f. und 349–351.
68 Beer, Biographische Skizzen einiger gelehrten Israeliten in den österr[eichischen] Staaten, 260.
69 Vgl. Kopitzsch, Grundzüge einer Sozialgeschichte der Aufklärung in Hamburg und Altona, 363 f. und 724 f.
70 Vgl. Behm, Moses Mendelssohn und die Transformation der jüdischen Erziehung in Berlin, 179.

Austritt aus dem Philanthropin ab 1778 am Hamburger Alsterufer eine private Erziehungsanstalt.[71] Homberg könnte in seinem letzten Hamburger Jahr also in Verbindung mit Campe gestanden haben; es ist aber unwahrscheinlich, dass Beer eine Begegnung von dieser Bedeutung verschwiegen hätte, sollte er von ihr gewusst haben.

Noch bevor die Pädagogik als eigenständige Disziplin an deutschen Universitäten begründet wurde – 1779 wurde der erste Pädagogiklehrstuhl an der Universität Halle eingerichtet –, konnten an der Erziehungslehre interessierte Studenten Pädagogik-Vorlesungen im Rahmen des philosophischen Studiums besuchen, sofern die Professoren solche Vorlesungen anboten, wie etwa Immanuel Kant ab 1776/77 in Königsberg.[72] In Hamburg und Umgebung gab es keine Universität, doch existierte in Altona das königlich-dänische Christianeum, bis 1771 als *Gymnasium Academicum* im Rang einer fürstlichen Landesschule und auch danach mit weiterhin großer Reputation als Bildungsanstalt ersten Ranges.[73] Ab 1778 nahm das Christianeum auch jüdische Schüler auf, als einen der ersten Schüler den Sohn des bereits erwähnten Kaufmanns Moses Wessely. Salomon Maimon studierte am Altonaer Gymnasium von Juni 1783 bis März 1785; die Kurse, die er hier besuchte, befriedigten den in Philosophie und Mathematik bereits weit fortgeschrittenen *Maskil* freilich kaum.[74] Wenn auch Homberg nachgewiesenermaßen nicht am Christianeum immatrikuliert war, so ist es doch denkbar, dass er noch 1778 einzelne Vorlesungen auf der Grundlage individueller Vereinbarungen mit den Professoren besuchte.[75] Letztlich blieb ihm zur Erweiterung seiner Kenntnisse die autodidaktische Beschäftigung mit dem »Erziehungsfach«, das heißt die Lektüre. Neben den Schriften der Philanthropisten, vor allem Basedows *Elementarwerk* (1774), waren Homberg sicherlich die ersten systematischen Lehrbücher zur Pädagogik zugänglich, die seit der Mitte des 18. Jahrhunderts in Deutschland erschienen waren, so etwa Johann Friedrich Mays *Kunst der vernünftigen Kinderzucht in den nöthigsten Grundsätzen abgefaßt* (1753/54), oder Johann Peter Millers *Grundsätze einer weisen und christlichen Erziehung* (1769).[76] So vorbereitet konnte Homberg nach Berlin

---

Zu den Beziehungen zwischen den Philanthropisten Basedow und Campe auf der einen und den jüdischen Aufklärern, insbesondere Moses Mendelssohn, auf der anderen Seite vgl. ebd., 176–189.

71 Vgl. Kopitzsch, Grundzüge einer Sozialgeschichte der Aufklärung in Hamburg und Altona, 477 f.
72 Vgl. Herrmann, Pädagogisches Denken, 115 f.
73 Vgl. Kopitzsch, Grundzüge einer Sozialgeschichte der Aufklärung in Hamburg und Altona, 713–737.
74 Vgl. Maimons ausführliche Beschreibung seiner Hamburger Studienzeit in: Batscha (Hg.), Salomon Maimons Lebensgeschichte, 185–190.
75 Zu den ersten jüdischen Schülern des Christianeums vgl. Kopitzsch, Grundzüge einer Sozialgeschichte der Aufklärung in Hamburg und Altona, 766–771.
76 Vgl. Herrmann, Pädagogisches Denken, 114 f. Britta L. Behm gibt eine Übersicht über die in

zurückkehren und um eine Stelle als Hauslehrer bei Moses Mendelssohn nachsuchen.

Als Privatlehrer in Mendelssohns Haus

Wie sich Mendelssohns Sohn Joseph später erinnerte, kam Homberg »etwa im Jahre 1778/9 in meines Vaters Haus«.[77] Bei der Auswahl der Lehrer für seine Kinder ging Mendelssohn sehr sorgfältig vor, indem er zu diesem Zweck ausschließlich Männer einstellte, deren wissenschaftliche Qualifikation erwiesen und deren moralischer Charakter untadelig war.[78] Den Ausschlag für die Anstellung des damals fast Dreißigjährigen als Privatlehrer für den ältesten Sohn des Kaufmanns und Philosophen gab neben den pädagogischen Fähigkeiten sicherlich die in Mendelssohns Augen ideale Kombination von Hombergs großer traditioneller Gelehrsamkeit mit dessen Beherrschung der deutschen Sprache und seiner Kenntnis säkularer Wissenschaften. Homberg gebot über das traditionelle Wissen mit fast rabbinischer Perfektion und war doch gleichzeitig bereits ein *Aufgeklärter*, ein Anhänger der natürlichen Religion und Verfechter moderner Erziehungsmaximen. Von den im Hause Mendelssohns zwischen 1775 und 1785 zur jüdischen Erziehung der Söhne angestellten Hauslehrern dürfte er der aufgeklärteste, »modernste« gewesen sein. Seine Vorgänger waren – von 1775 bis circa 1780 – der litauische *Maskil* Salomon Dubno (1738–1813), Hebraist und Vertreter einer eher moderaten Haskala, der Mendelssohns engster Mitarbeiter bei der Übersetzung des Pentateuch und dessen Kommentierung werden sollte, sowie etwa um 1777 ein gewisser Rabbi Samuel, über den nichts Näheres bekannt ist. Mit Homberg gemeinsam wirkte in dessen letztem Jahr in Berlin Aaron Friedenthal aus Jaroslaw – ebenfalls am *Bi'ur* beteiligt und später Direktor des Präparandenseminars in Lemberg und Stellvertreter Hombergs als Oberaufseher über

---

Mendelssohns Hausbibliothek enthaltenen Werke zur Erziehungskunst. Vgl. Behm, Moses Mendelssohn und die Transformation der jüdischen Erziehung in Berlin, 167 mit Anm. 97.

77 Brief Joseph Mendelssohns an den Berliner Bibliothekar Carl Eduard Buschmann vom 26. Mai 1844, zit. nach Altmann, Moses Mendelssohn's Gesammelte Schriften, 106. Da Homberg Berlin mit Sicherheit noch in der ersten Jahreshälfte 1782 verließ, kann Beers Aussage, Homberg habe »durch beinahe 6 Jahre den schätzbaren und lehrreichen Umgang« Mendelssohns genossen (Beer, Biographische Skizzen einiger gelehrten Israeliten in den österr[eichischen] Staaten, 261), ebenso wenig zutreffen wie die in Hombergs Einleitung zu seinem Bibelkommentar *Hakorem* Mendelssohn in den Mund gelegten Worte: »sechs Jahre hast du in meinem Hause gewohnt und Umgang mit mir gepflegt« (Homberg, Hakdamat ha-korem). Tatsächlich orientierten sich die meisten der späteren Autoren an dem von Joseph Mendelssohn genannten Zeitpunkt. Vgl. Altmann, Moses Mendelssohn, 816 f., Anm. 101. Hombergs offensichtlich falsches Zeugnis in eigener Sache korrespondiert mit dem von ihm ebenfalls in der Einleitung zum *Korem* erweckten Eindruck, er habe einst auf Mendelssohns Bitte hin die gesamte Übersetzung des Deuteronomiums kommentiert, während er nur etwa die Hälfte des Buches mit dem *Bi'ur* versah. Vgl. Walk, Herz Homberg, 5 f.

78 Vgl. Altmann, Moses Mendelssohn, 725.

die jüdischen deutschen Schulen in Galizien. Auch die nach Hombergs Weggang 1782 von Mendelssohn angestellten Hauslehrer Josel Rochnowe (bzw. Joseph Pick) und Moses Ensheim (bzw. Moses Brisac oder Metz) hegten eine mehr oder minder aufgeklärte Weltsicht – beide veröffentlichten im *Ha-Me'assef* –, dürften aber kaum die breiten Kenntnisse, die pädagogischen Fähigkeiten und das maskilische Sendungsbewusstsein Hombergs besessen haben.[79]

Homberg fiel eine der wichtigsten Aufgaben der Erziehung im Hause Mendelssohns zu: die Unterweisung von Mendelssohns ältestem Sohn Joseph in den traditionellen jüdischen Lehrgegenständen. Während an dem Unterricht in säkularen Fächern wie Deutsch, Fremdsprachen, Mathematik, Musik und Zeichnen, der von eigens hierzu bestellten christlichen oder jüdischen Privatlehrern gegeben wurde, sowohl Söhne wie Töchter Mendelssohns teilnahmen, blieb das »hebräische Studium«, wie Mendelssohn es nannte, den Jungen vorbehalten.[80] Mendelssohn legte Wert darauf, dass auch die traditionellen Gegenstände in »rein deutscher Sprache« unterrichtet wurden und seine Söhne »die hebräische Sprache gründlich und grammatikalisch richtig« lernten.[81] Bereits als Fünfjähriger war Joseph durch Salomon Dubno in die hebräische Grammatik eingeführt worden. Sein Vater selbst unterwies ihn schon frühzeitig in den heiligen Schriften, und Mendelssohns Idee einer Übersetzung des Pentateuch ins Deutsche entstand aus diesem Unterricht heraus.[82] Homberg unterrichtete Joseph ab dessen neuntem Lebensjahr den traditionellen »jüdischen« Lehrstoff nach einem von Mendelssohn festgelegtem Curriculum. Was dieses genau beinhaltete, ist nicht überliefert, doch erinnerte sich Joseph, dass er zwischen seinem zehnten und zwölften Lebensjahr sein Studium der hebräischen Sprache fortsetzte und Unterricht im Talmud erhielt.[83] Josephs Erziehung folgte somit im Gegensatz zum herkömmlichen *Cheder*-Unterricht einem an die kindlichen Lernfähigkeiten angepassten Stufenmodell religiöser Unterweisung, wie es Vertreter der frühen Haskala vorgeschlagen hatten, und genügte damit ihrer Forderung nach gründlicher Kenntnis der hebräischen Sprache als Voraussetzung aller weiterführenden Studien. Man darf vermuten, dass Homberg dieses Modell auch

---

79 Vgl. ebd., 724–728; Behm, Moses Mendelssohn und die Transformation der jüdischen Erziehung in Berlin, 152 f. Josel Rochnowe veröffentlichte 1789 einen Aufsatz über Knabenerziehung: Rochnowe, Chinuch ne'arim [Knabenerziehung], in: Ha-Me'assef 5 (5549 [1789]), 176–187, deutsche Übersetzung in: U. Lohmann/I. Lohmann (Hgg.), »Lerne Vernunft!«, 266–273. Dort sprach sich Rochnowe einerseits zwar gegen die – nicht altersgemäße – Beschäftigung des Knaben mit schweren talmudischen Gegenständen aus (271), wies aber andererseits den säkularen Fächern ihren Platz erst nach dem Studium von Tora und Talmud zu: Der Knabe solle die Beschäftigung mit ihnen nicht vor seinem 13. Lebensjahr beginnen (273).
80 Zur Erziehung im Hause Mendelssohns vgl. Behm, Moses Mendelssohn und die Transformation der jüdischen Erziehung in Berlin, 165–176, und Altmann, Moses Mendelssohn, 725–728.
81 Höchheimer, Über Moses Mendelssohns Tod, JubA, Bd. 23, 29 f.
82 Vgl. Altmann, Moses Mendelssohn, 368 f.
83 Vgl. ebd., 725.

seinem Unterricht zugrundelegte und Joseph zunächst – falls dies nicht bereits von Dubno unternommen worden war – in der Mischna unterwies, ehe er ihn in die hinsichtlich Sprache, Stil und Inhalt weit schwierigere Gemara einführte.

Es ist unbekannt, ob Homberg bereits zuvor – in Breslau, Berlin oder Hamburg – eine Hauslehrertätigkeit ausgeübt hatte. Doch auch, wenn dies der Fall gewesen sein sollte, dürfte die Praxis des Unterrichtens im Haus des Berliner Philosophen und jüdischen Aufklärers Hombergs Ansichten über jüdische Erziehung geprägt haben wie keine andere seiner Erfahrungen zuvor. Die parallele Unterweisung der Söhne in den säkularen wie den traditionellen Lehrgegenständen, das Gewicht, das auf die Beherrschung der deutschen Sprache wie auf die profunde Kenntnis des Hebräischen sowie der gesamten hebräischen Bibel gelegt wurde, waren symptomatisch. Dazu kam die Einbeziehung der Töchter in das Mendelssohn'sche Erziehungsprojekt, der ihnen gebotene Unterricht in Sprachen, Kunst und anderen weltlichen Fächern. Dies alles hatte Modellcharakter, und die Inhalte der pädagogischen Programme, die Wessely, Homberg und andere *Maskilim* in den Folgejahren entwerfen sollten, unterschieden sich nicht wesentlich von dem in Mendelssohns Haus bereits praktizierten. Auch die von Mendelssohn bevorzugten Methoden des Unterrichts – die Förderung der Urteilskraft der Kinder durch selbstständiges Nachdenken und Lösen von Aufgaben sowie die Verdammung jeglichen erzieherischen Zwangs als der individuellen kindlichen Entwicklung hinderlich – mussten Homberg in seinen pädagogischen Grundsätzen bestärken.[84]

Die drei Jahre in Mendelssohns Haus müssen für Homberg die intellektuell anregendsten seines Lebens gewesen sein. Er hatte als »Hausinstruktor«, der mit der Familie unter einem Dach lebte, nicht nur täglichen Umgang mit Mendelssohn selbst, sondern er nahm sicherlich auch an den geselligen Zusammenkünften teil. Diese fanden im Haus des Philosophen regelmäßig statt, hieran nahmen Juden und Nichtjuden, berühmte und weniger berühmte Persönlichkeiten des Berliner intellektuellen Lebens teil. Mendelssohn spielte zudem eine wichtige Rolle für die Formierung der Haskala als jüdischer Aufklärungsbewegung in den späten siebziger und frühen achtziger Jahren des 18. Jahrhunderts – exakt die Zeit, in die der Aufenthalt Hombergs bei Mendelssohn fiel. Die Thesen von Mendelssohn als *dem* Begründer der jüdischen Aufklärung bzw. die eines festen »Mendelssohn-Kreises« oder einer maskilischen »Schülerschaft« des Philosophen haben zwar in den letzten Jahren deutliche Kritik erfahren,[85] doch ist es unbestritten, dass für fast alle wichtigen *Maskilim* der ersten und zweiten Generation Mendelssohn Vorbild und wichtigste intellektuelle Bezugsperson war. Mit den meisten von ihnen stand er in persönlichem Kontakt, nahm mehr oder minder aktiven Anteil an

---

84 Vgl. ebd., 727 f.; Behm, Moses Mendelssohn und die Transformation der jüdischen Erziehung in Berlin, 167 f.
85 Vgl. Feiner, Mendelssohn and »Mendelssohn's Disciples«.

ihren Projekten, initiierte einige der maskilischen Projekte auch selbst oder nahm sie unter seine Schirmherrschaft. Zu den *Maskilim*, die zwischen 1779 und 1782 in Mendelssohns Haus verkehrten, gehörten neben dem bereits erwähnten Salomon Dubno die in Berlin ansässigen Aufklärer David Friedländer (1750–1834), Marcus Herz (1747–1803) sowie Naftali Herz Wessely (1725–1805), darüber hinaus Isaak Satanow (1732–1804), der spätere Direktor der Druckerei der jüdischen Freischule, sowie Salomon Maimon (1754–1800), der 1779 in Berlin eintraf.[86] Es ist falsch, wenn man Homberg, wie dies die meisten Autoren tun, unter die Gruppe der – je nach Lesart – 15 bis dreißig *Maskilim* subsumiert, die zwischen 1770 und 1785 zu dem mehr oder weniger festen Kreis um Mendelssohn gehörten. Anders als die sporadischen Besucher oder Korrespondenten Mendelssohns befand sich Homberg in einer exzeptionellen Lage: Er stand über einen Zeitraum von drei Jahren gleichsam mit im Zentrum der sich formierenden Haskala.

Wien 1782 – Chancen und Grenzen

Als Homberg im Frühsommer 1782 Berlin in Richtung Wien verließ, war er im Grunde ein unbeschriebenes Blatt. Er konnte keine Schriften vorweisen, er hatte sich noch keinen Namen in literarisch-philosophischen Kreisen gemacht; sein einziges Meritum bestand darin, dass er der Hauslehrer von Mendelssohns ältestem Sohn Joseph gewesen war. Doch stand er dadurch in dem Ruf eines Schülers des Berliner Philosophen – ein Ruf, den er bewusst pflegte und der ihm noch durchaus von Nutzen sein sollte. Folgen wir Peter Beer, so war es Mendelssohn selbst, der es Homberg nahelegte, Berlin zu verlassen und im Habsburgerreich Josephs II. sein Glück zu versuchen:

»Zu eben dieser Zeit bestieg Joseph der Unvergeßliche Oesterreichs Kaiserthron, faßte gleich nach Uebernahme der Regierung den menschenfreundlichen Vorsatz, den moralischen und politischen Zustand seiner israelitischen Unterthanen zu verbessern, und fing an, diesen edeln Vorsatz durch verschiedene vorbereitende Anstalten zu realisiren. Für Mendelssohn, der, wie bekannt, für das Wohl der Menschheit überhaupt, und daher wie billig auch für jenes seiner Glaubensgenossen glühte, war dieses Ereigniß Herzenswonne. Da er aber als Ausländer direkte hierauf nicht wirken konnte, und doch so gern wollte, rieth er Homberg, dessen Talente ihm bekannt waren, mit dem Zusatze in sein Vaterland zurückzukehren, daß er bei der humanen Stimmung seines Monarchen unfehlbar viel Gutes würde wirken können.«[87]

Bei dieser Schilderung handelt es sich um eine nachträgliche Idealisierung: Hiernach sandte der Meister seinen Schüler in eine Welt, in die gerade die

---

86 Eine ausführliche Darstellung der *Maskilim*, die mit Mendelssohn in Verbindung standen, gibt Altmann, Moses Mendelssohn, 346–368.
87 Beer, Biographische Skizzen einiger gelehrten Israeliten in den österr[eichischen] Staaten, 261.

ersten Lichtstrahlen der Toleranz gefallen waren, damit er dort zum Nutzen der Aufklärung wirke und das Gute mehre. Dabei war die österreichische Toleranzgesetzgebung Mendelssohn keineswegs eine »Herzenswonne«. Im Gegenteil betrachtete er die Politik Josephs II. gegenüber den Juden des Habsburgerreiches von Anfang an mit einer gewissen Skepsis, die im Lauf der Jahre noch zunehmen sollte. In einem Brief an Avigdor Levi in Prag äußerte Mendelssohn bereits Ende 1781 die Befürchtung, das Ganze sei vielleicht »ein flüchtiger Einfall« und es verberge sich hinter dem Toleranzdekret möglicherweise eine »Finanzabsicht« – eine erhöhte Besteuerung der Juden.[88] In seinen späteren Briefen an Homberg argwöhnte der Philosoph, die Politik Josephs II. laufe auf »Glaubensvereinigung« hinaus.[89] Doch waren Mendelssohns Briefe zu dieser Zeit noch nicht ediert; Beer konnte von der Skepsis des Philosophen nicht wissen, und auf ihn wirkte das zu dieser Zeit schon stark mythisierte Bild von Mendelssohn, wie es zum Beispiel kurz nach dessen Tod Isaak Euchel in der ersten kompletten Biografie des Aufklärers gezeichnet hatte.[90]

Mendelssohn dürfte Homberg somit kaum auf Missionsreise geschickt haben. Die Gründe für Hombergs Weggang nach Wien waren prosaischer Natur, wobei ein gewisses Maß an Idealismus und Optimismus nicht bestritten werden soll. Es steht jedenfalls nicht zu vermuten, dass es die Reize der Großstadt waren, die Homberg nach Wien zogen, wenngleich sich die Habsburger Metropole zu jener Zeit durchaus mit London und Paris messen konnte und »das einzig wirklich urbane Zentrum des deutschsprachigen Raumes im 18. Jahrhundert« darstellte.[91] Sicherlich hätte Homberg die intellektuelle Atmosphäre des philosophierenden Berlins und den Umgang im Hause Mendelssohns den Lustbarkeiten Wiens vorgezogen, doch konnte er sich angesichts seiner Situation und der Chancen, die ihm das Wien Josephs II. zu bieten schien, kaum eine andere Wahl erlauben. Homberg war zu jenem Zeitpunkt fast 33 Jahre alt und unverheiratet; es drängte ihn, eine Familie zu gründen. Hierzu war neben einer geeigneten Partnerin zweierlei notwendig: die behördliche Eheerlaubnis, die ihm in Berlin als Nicht-Toleriertem versagt blieb, und natürlich ein Einkommen, um der Familie eine einigermaßen gesicherte Existenz bieten zu können. Beides, den Heiratskonsens und eine Anstellung, erhoffte er sich im Habsburgerreich Josephs II. Zwar war das berüchtigte Familiantengesetz, welches nur dem erstgeborenen Sohn eines tolerierten Juden – eines »Familianten« – die Heirat und Ansiedlung gestattete, in Böhmen weiterhin in Kraft, und Homberg scheint – hierfür sprechen seine langen Wanderungen – ein von diesem Gesetz zu seinen Ungunsten

---

88 Brief Mendelssohns an Avigdor Levi (1781), JubA, Bd. 20.2, 415 f., hier 415.
89 Brief Mendelssohns an Herz Homberg vom 4. Oktober 1782, JubA, Bd. 13, 82 f., hier 83.
90 Euchel, Toldot Rabenu Mosche ben Menachem. Deutsche Übersetzung von Reuven Michael, in: JubA, Bd. 33, 103–263.
91 Bodi, Tauwetter in Wien, 67. Vgl. ebd. die emphatische Beschreibung der »Großstadt« Wien durch den zeitgenössischen Schriftsteller Johann Rautenstrauch.

Betroffener gewesen zu sein. Doch waren die Toleranzgesetze für die Juden Böhmens (19. Oktober 1781) sowie für die Juden Wiens und Niederösterreichs (2. Januar 1782) gerade erlassen worden, und die Euphorie war ebenso groß wie die Hoffnung auf weitere bürgerliche Erleichterungen für die Juden.[92]

Vor allem aus einem Grund war Wien für Homberg sehr interessant: Er versprach sich viel von seinem Aufenthalt im Steuerungszentrum des damals größten erzieherischen Reformprojekts in Europa, das nach dem Toleranzedikt und der dekretierten Einrichtung jüdischer Normalschulen auch Juden eine bescheidene Karrierechance zu bieten schien. Mendelssohn hatte ihn offensichtlich an Joseph von Sonnenfels verwiesen, der Homberg im Juni oder Juli 1782 empfing, während der Versuch, bei Gottfried van Swieten, dem Präses der für das Erziehungswesen zuständigen Studienhofkommission, eine Audienz zu erhalten, vorerst fehlschlug.[93] Sonnenfels (circa 1732 – 1817) war seit 1780 Mitglied der Studienhofkommission und maßgeblich an der Neuordnung des Studienwesens der Monarchie unter Maria Theresia und Joseph II. beteiligt.[94] Als getaufter Jude und Aufklärer war er gern bereit, ehemaligen Glaubensbrüdern zu helfen; Homberg konnte er jedoch zunächst keine Anstellung verschaffen.[95] Es scheint, dass Homberg nach Höherem strebte, denn einen Posten als einfacher Lehrer an einer der gerade entstehenden jüdischen Trivial- oder Hauptschulen der Monarchie hätte er sicherlich ohne Schwierigkeiten erhalten können. Hierfür hätte er freilich eine Ausbildung in einem so genannten Präparandenkurs absolvieren müssen, wie sein späterer Kollege und Konkurrent an der Prager jüdischen Schulanstalt, Peter Beer. Die Gelegenheit hierzu hätte er in Wien an der Hauptmusterschule in der Annagasse gehabt, aber er hat sie offenbar nicht wahrgenommen.[96] Es liegt auf der Hand, dass Homberg, nach langjähriger Beschäftigung mit dem Erziehungsfach und vor dem Hintergrund seiner vorherigen Anstellung als Privatlehrer in dem aufgeklärtesten und vor allem zelebriertesten jüdischen Haushalt Berlins, sein Dasein nicht für ein jährliches Gehalt von 150 oder 200 Gulden als Triviallehrer an einer jüdischen Schule in der böhmischen oder mährischen Provinz fristen

---

92 Zur Reaktion der Juden auf die Toleranzgesetzgebung Josephs II. vgl. Karniel, Die Toleranzpolitik Kaiser Josephs II., 418 – 422.
93 Vgl. die Briefe Mendelssohns an Homberg vom 20. Juni 1782, JubA, Bd. 13, 63 f., 1. Juli 1782, ebd., 67 f., und 16. Juli 1782, ebd., 71 f. Bei dem von Mendelssohn nicht namentlich erwähnten »Baron« handelte es sich um Gottfried Freiherr van Swieten, vgl. ebd., Anm. auf 364 f., hier 365. Zu van Swieten vgl. Wangermann, Aufklärung und staatsbürgerliche Erziehung.
94 Zur Biografie und den verschiedenen Aspekten des Wirkens von Sonnenfels vgl. Reinalter (Hg.), Joseph von Sonnenfels; Lindner, Der Mann ohne Vorurteil; Karniel, Joseph von Sonnenfels. Zu Sonnenfels als Protagonist von Kameralistik und Policeywissenschaft vgl. bes. Osterloh, Joseph von Sonnenfels und die österreichische Reformbewegung im Zeitalter des aufgeklärten Absolutismus Zum Wirken von Sonnenfels als Mitglied der Studienhofkommission vgl. Weitensfelder, Studium und Staat, 123 – 131.
95 Vgl. den Brief Mendelssohns an Homberg vom 16. Juli 1782, JubA, Bd.13, 71 f., hier 72.
96 Louise Hecht hat bei ihrer Durchsicht der Präparandenlisten jener Einrichtung keinen Eintrag für Homberg gefunden. Ihr sei für diesen Hinweis herzlich gedankt.

wollte. Doch schien es für ihn zu diesem Zeitpunkt keinen Posten zu geben, der seinen Erwartungen und seinem Selbstbild entsprach, und auch Sonnenfels konnte ihm offenbar zunächst nicht die erwartete Unterstützung gewähren.[97]

Hombergs Aufenthalt in Wien scheint dennoch eine Weichenstellung im pädagogischen Denken des Aufklärers bedeutet und auf diese Weise seinen späteren Weg vorbereitet zu haben. Die Erziehungskonzepte, mit denen er bei seinem Versuch, im österreichischen Schul- und Studienwesen Fuß zu fassen, konfrontiert wurde, wichen deutlich von dem ab, was er bisher aus seinen pädagogischen Studien und aus seiner Erfahrung als Privatlehrer im Hause Mendelssohns kannte. Die Volkserziehung galt im Habsburgerreich Maria Theresias und Josephs II. als ein »Politikum« ersten Ranges. Im Zentrum der Reformbemühungen im Bildungssektor standen die Erfassung, moralische Disziplinierung und Produktivierung möglichst breiter Bevölkerungsschichten durch die Institution Schule. Homberg begegnete einer Auffassung, die nicht sosehr *Bildung* im Sinne eines pädagogisch angeleiteten stetigen Voranschreitens der Kinder auf dem Wege individueller Vervollkommnung in den Vordergrund rückte, sondern vielmehr *Erziehung* im Sinne einer durch aufgeklärte Prinzipien nur mäßig abgemilderten Schulzucht. Man darf vermuten, dass insbesondere die Begegnung mit Joseph von Sonnenfels Homberg diese politische Dimension der Erziehung vermittelte. Sonnenfels hatte einige Jahre zuvor die Polizeiwissenschaft als akademische Disziplin an der Wiener Universität begründet; als neues Mitglied der Studienhofkommission konnte er die in seinen staatswissenschaftlichen Abhandlungen formulierten Vorstellungen über die Zusammenhänge von staatlicher Erziehung, Produktivität und wirtschaftlicher Prosperität eines Landes in die Praxis der Habsburger Erziehungsreformen einspeisen.[98] Wie andere Vertreter der zeitgenössischen Kameralistik zeigte sich Sonnenfels angesichts der Zunahme einer »unproduktiven« Schicht stellungsloser Universitätsabsolventen beunruhigt; er kritisierte die »Studiersucht« der Österreicher und forderte, den Zugang zu höherer Bildung für die Söhne der ländlichen und städtischen Mittel- und Unterschichten einzuschränken. Die Zahl der Gymnasien und Universitäten sollte drastisch reduziert, dagegen das Elementarschulwesen zur Erziehung der Masse der Bevölkerung zu gehorsamen und arbeitsamen Untertanen ausgebaut werden.[99] In den Trivialschulen sollte der ungebildeten Bevölkerung vor Augen geführt werden, dass sich das Streben nach sozialem Aufstieg

---

[97] Vgl. die Briefe Mendelssohns an Homberg vom 4. Oktober 1782, JubA, Bd. 13, 82 f., und vom 15. Oktober 1782, ebd., 85 f.

[98] Zum Stellenwert von Bildung und Erziehung im Denken von Joseph von Sonnenfels vgl. Grimm, Die Staats- und Bildungskonzeption Joseph von Sonnenfels' und deren Einfluss auf die österreichische Schul- und Bildungspolitik im Zeitalter des aufgeklärten Absolutismus; Becker-Cantarino, Joseph von Sonnenfels and the development of secular education in eighteenth-century Austria, hier bes. 35–40.

[99] Vgl. Grimm, ebd., 58 f.

durch Bildungserwerb nicht auszahle; vielmehr sollte sie verstehen, dass »auch der mindste Handwerker ein achtungswerthes Glied des gemeinen Wesens ist, und ein Taglöhner, der sich mit Lasttragen ernährt, die ganze Zunft von ungebrauchten und wohl meistens auch unbrauchbaren Halbgelehrten aufwiegt, die gleich schmarotzerischen Insekten, den Staat, wohin sie schwärmen, nur besudeln«.[100]

Der Aufenthalt in Wien war auch in einer anderen Hinsicht bedeutsam für die weitere Entwicklung Hombergs. Ein unscheinbares Postskriptum markierte den endgültigen Vollzug von Hombergs sekundärer Konversion, die Preisgabe eines weiteren Emblems jüdischer Zugehörigkeit: der hebräischen Schrift. Unter einen seiner ersten Briefe an Homberg setzte Mendelssohn die folgenden Worte: »Ich erinnere mich so eben, daß Sie mich gebeten haben, Ihnen mit deutschen Lettern zu schreiben. Künftig also!«[101] Der mündliche und schriftliche Gebrauch der deutschen Sprache ohne jüdische Akzidenzien – jiddischer Akzent bzw. hebräische Schrift – war für Homberg entscheidender Bestandteil seines Selbstverständnisses und seines Strebens nach Teilhabe an der »bürgerlichen« Gesellschaft. Dass sein Mentor, der aufgeklärte Philosoph, der die deutsche Sprache akademiereif beherrschte, ihm Briefe auf Deutsch mit hebräischen Buchstaben schrieb, muss Homberg zutiefst gekränkt haben. Wenn Mendelssohn mit ihm auf Hebräisch, in der Sprache der jüdischen Gelehrtenwelt korrespondiert hätte, wäre dies ehrenvoll gewesen. Aber das mit hebräischen Buchstaben geschriebene Deutsch war nur einen Schritt weit entfernt vom Jiddischen, das Mendelssohn hier und da im Briefverkehr mit weniger aufgeklärten Juden noch immer gebrauchte. Wahrscheinlich hatten Mendelssohn und Homberg zuvor einander nie einen Brief oder ein Billet geschrieben, da es hierzu – beide wohnten im selben Haus – keinen Grund gab. Aber Mendelssohn hätte aus der Kenntnis seines Hauslehrers wissen müssen, welche Insignien der Kultur Homberg im schriftlichen Umgang bevorzugen würde. So forderte Homberg von Mendelssohn jetzt diese symbolische Anerkennung ein. Der Gebrauch der deutschen oder lateinischen Schrift anstelle der hebräischen war zwar eine Grenzüberschreitung, eine Profanierung, wie Mendelssohn wusste. Daher hatte er vor der Verwendung lateinischer bzw. deutscher Lettern für seine Pentateuch-Übersetzung zurückgeschreckt.[102] Für Homberg war der Verzicht auf die hebräische Schrift *für die deutsche Sprache* – er schrieb daneben auch weiterhin Hebräisch – nur konsequent; er folgerte aus dem Weg, den er bisher gegangen war und der ihn schon weit aus der jüdischen Lebenswelt und ihrer Symbolik herausgeführt hatte.

---

100 Sonnenfels, Über den Nachtheil der vermehrten Universitäten, Gesammelte Schriften, Bd. 8, 271 f., zit. nach Grimm, ebd., 60.
101 Brief Mendelssohns an Homberg vom 16. Juli 1782, JubA, Bd. 13, 71 f., hier 72.
102 Vgl. Diner, Versiegelte Zeit, 139 f.

1.2 Polizierte Haskala: Die josephinische Erziehungsoffensive und das pädagogische Programm Hombergs

Die theresianisch-josephinischen Reformen des österreichischen Unterrichtswesens

Die administrativen und organisatorischen Grundlagen sowie die inhaltlichen Prämissen des unter Joseph II. ab 1781 eingerichteten jüdischen deutschen Schulwesens hatten ihren Ursprung in den umfassenden Bildungsreformen, die unter Maria Theresia in den sechziger und siebziger Jahren des 18. Jahrhundert begonnen wurden. In einem Hofdekret vom 13. Oktober 1770 hatte die Kaiserin erklärt: »[D]as Schulwesen […] ist, und bleibet allzeit ein Politikum«.[103] Sie hatte damit die Zielrichtung der österreichischen Schul- und Erziehungspolitik im Zeichen des Reformabsolutismus erstmals eindeutig ausgesprochen und die Zuständigkeit des Staates für diesen Bereich verkündet. Das Schulwesen war damit keine vorrangige Angelegenheit des »Ecclesiasticum« mehr.[104] Es sollte vielmehr der exklusiven Zuständigkeit der Kirche und den Händen lokaler Gewalten entzogen und als Gegenstand der inneren politischen Verwaltung allein nach den rationalen und utilitaristischen Kriterien des Staates geordnet werden. Die »staatlich initiierte Modernisierung des Massenschulwesens«,[105] die damit in Österreich einsetzte, war Teil der allgemeinen Reformen im Habsburgerreich, die in die Regierungszeit Maria Theresias (1740–1780) und die ihres Sohnes Joseph (1780–1790, seit 1765 Mitregent) fielen. Sie sind unter den Bezeichnungen »theresianisch-josephinische Reformen« bzw. »Josephinismus« in die Geschichte eingegangen.[106]

---

103 Zit. nach Engelbrecht, Geschichte des österreichischen Bildungswesens, Bd. 3, 490.
104 Vgl. Neugebauer, Staatswirksamkeit in Österreich und Preußen im 18. Jahrhundert, 107.
105 Ebd., 109.
106 Zur Frage der Betrachtung der theresianischen und josephinischen Reformen als einheitlichem Reformkomplex bzw. separater Reformwerke im österreichischen Absolutismus vgl. Wangermann, Zur Frage der Kontinuität zwischen den theresianischen und josephinischen Reformen. Zur Geschichte des Begriffs »Josephinismus« und seinem Wandel von einem primär Staatskirchentum und Reformkatholizismus bezeichnenden Begriff zu einem die Gesamtheit der Reformen unter Maria Theresia und Joseph II. einbeziehenden Konzept vgl. Kann, Geschichte des Habsburgerreiches, 174–177; Klueting, Einleitung, 1–4; Vocelka, Glanz und Untergang der höfischen Welt, 368–371; Beales, Joseph II. und der Josephinismus, 37–41. Unter der älteren, »klassischen« Literatur zum Josephinismus vgl. Winter, *Der Josefinismus*, und die Einleitungen zu den fünf Bänden des Quellenwerkes von Maaß, *Der Josephinismus* (mit Fokus auf die kirchenpolitischen Reformen Maria Theresias und v. a. Josephs II.); für eine erweiterte Perspektive im Kontext der Aufklärung vgl. Valjavec, Der Josephinismus. Unter der neueren Forschung (mit Schwerpunkt auf der Einordnung des Josephinismus in die katholischen Reformströmungen des 18. Jahrhunderts) vgl. Kovács (Hg.), Katholische Aufklärung und Josephinismus; Hersche, Der Spätjansenismus in Österreich; Aretin, Der Josephinismus und das Problem des katholischen aufgeklärten Absolutismus; für eine breitere Perspektive vgl. Vocelka, Der Josephinismus; Reinalter (Hg.), Der Josephinismus. Zur Gesamtheit der

Im Rahmen der Bildungsreformen galt das besondere Augenmerk dem Ausbau des Volksschulwesens. Zwar gab es um die Mitte des 18. Jahrhunderts auf dem Land bereits eine größere Anzahl sogenannter »deutscher Schulen« in kirchlicher Trägerschaft, in denen die Schüler im Lesen, Schreiben und Rechnen unterrichtet wurden. Doch blieb der Bildungsstand der Landbevölkerung unzureichend. Die Schulbesuchsraten waren niedrig und es mangelte an geeigneten Schulräumlichkeiten. Die Lehrer brachten oft kaum Fähigkeiten für ihr Amt mit und hatten in ihrer Kirche oder Gemeinde eine Fülle anderer Tätigkeiten zu verrichten, so dass das Unterrichten der Kinder für sie eher zu einer Nebenbeschäftigung geriet.[107] In Städten und Klöstern kümmerten sich die Piaristen, Ursulinerinnen oder andere Schulorden um die Elementarbildung der Kinder.[108]

Ein entscheidender Schritt für die inhaltliche Ausgestaltung der notwendig gewordenen Reformen im Primarschulbereich war die Berufung des schlesischen Abtes Johann Ignaz von Felbiger (1724–1788) nach Wien.[109] Im Auftrag Maria Theresias sollte Felbiger gemeinsam mit den Beamten der dortigen Studienhofkommission die Eckpunkte der Reformen festlegen sowie ihre Durchführung planen und beaufsichtigen. Als Abt des Augustiner-Chorherren-Stiftes in Sagan (Żagań) hatte Felbiger in den seinem Kloster unterstehenden Land- und Pfarrschulen eine Unterrichtsmethode eingeführt, die er aus der sogenannten »Tabellenmethode« bzw. »Buchstabenmethode« Johann Friedrich Hähns (1710–1789) abgeleitet hatte und die nun unter der Bezeichnung »Saganische Lehrart« verbreitet wurde. Bevor Felbiger nach Wien berufen wurde, hatte er im Auftrag der preußischen Regierung die Reform der katholischen Schulen Schlesiens unternommen, die 1763 in das »General-Landschul-Reglement« mündete.[110] Neben der Tabellen- bzw. Buchstabenmethode gehörten das »Zusammenunterrichten« und das »Zusammenlesen« zu den Grundbestandteilen der »Saganischen Lehrart«, die nunmehr in Österreich zur didaktischen Norm, zur »Normallehrart« oder »Normalmethode« erklärt wurde. Zwar war sie zu der Zeit, als Felbiger sie im Habsburgerreich einführte, schon nicht mehr zeitgemäß, entsprach sie nicht den modernen pädagogischen Konzepten eines Rousseau oder Basedow.[111] Doch

---

theresianischen und josephinischen Reformen vgl. die Beiträge des Sammelwerkes Plaschka (Red.), Österreich im Europa der Aufklärung; zusammenfassend Kann, ebd., 162–187; Klueting, Einleitung; Vocelka, Glanz und Untergang der höfischen Welt, 354–389. Zu den Reformen Josephs II. im Besonderen vgl. Bradler-Rottmann, Die Reformen Kaiser Josephs II.
107 Vgl. Engelbrecht, Geschichte des österreichischen Bildungswesens, Bd. 3, 21–24.
108 Vgl. ebd., 24–31.
109 Vgl. ebd., 102 f. Zu Felbiger vgl. Krömer, Johann Ignatz von Felbiger; Engelbrecht, J. I. Felbiger und die Vereinheitlichung des Primärschulwesens in Österreich; Lambrecht, Tabelle und Toleranz.
110 Vgl. Lambrecht, ebd., 153.
111 Zur zeitgenössischen Kritik an der Methode Felbigers vgl. ebd., 165 f.; Lechner, Pädagogische Lehrveranstaltungen als Veranstaltung des Staates, 49–51.

handelte es sich um eine offensichtlich effektive und in der Breite anwendbare Methode, die sie für den Einsatz im nunmehr auszubauenden Volksschulwesen höchst geeignet erscheinen ließ. Neben der Lehrart waren es zwei weitere Elemente, die zum Erfolg der Felbiger'schen Reformen beitrugen: die Verwendung einheitlicher Lehr- und Lesebücher in allen Schulen der Monarchie und die institutionalisierte Ausbildung der Lehrer.[112]

Am 6. Dezember 1774 wurde die »Allgemeine Schulordnung für die deutschen Normal- Haupt- und Trivialschulen in sämmtlichen Kayserl. Königl. Erbländern« erlassen. Mit ihren 24 Paragrafen bildete sie die Grundlage für ein einheitliches staatliches Primarschulwesen.[113] Die Allgemeine Schulordnung legte drei Arten von Elementarschulen fest: In kleineren Städten und Märkten sowie in allen Dörfern mit einer Pfarr- oder Filialkirche sollten ein- bis zweiklassige *Trivialschulen* eingerichtet werden, in denen Religionsunterricht, Lesen, Schreiben und Rechnen sowie »die für das Landvolk gehörige Anleitung zur Rechtschaffenheit« auf dem Lehrplan standen.[114] Dreiklassige *Hauptschulen* sollten in größeren Städten entstehen; in jedem Viertel, Kreis oder Distrikt eines jeden Landes sollte es eine derartige Stadtschule geben. Sie sahen ein umfangreicheres Lernprogramm vor, das auch Geschichte, Geografie, Zeichnen, Naturkunde, Handarbeiten umfasste sowie eine Anleitung zur lateinischen Sprache, sofern für diese Fächer genügend Lehrer zur Verfügung stehen sollten. Schließlich sollten als zentrale Pfeiler des gesamten Elementarschulwesens in den Landeshauptstädten vierklassige *Normalschulen* errichtet werden. Sie gaben als Musterschulen die *Norm* für alle weiteren Schulen der Provinz vor. Mit vier bis fünf Lehrern, darunter einem geistlichen Katecheten, sollten sie so gut ausgestattet sein, um den Unterricht auch in den naturwissenschaftlichen Fächern sowie in Baukunst und Mechanik abdecken zu können. An den Normalschulen waren zudem die Kandidaten für das Lehramt (»Präparanden«) in der Felbiger'schen Normalmethode auszubilden.[115]

Der Begriff »Normalschule«, obgleich eigentlich für die zentrale Musterschule in der Landeshauptstadt vorgesehen, bürgerte sich im zeitgenössischen Sprachgebrauch als Bezeichnung aller nach der »Normallehrart« eingerichteten Schulen, also auch der Trivialschulen auf dem Land und der Hauptschulen in den Städten ein. Generell war im Behördenverkehr vom »Normalschulwesen« und von den »Normalschulen« die Rede, wenn es um den niederen Schulsektor ging. Im Unterschied zu den »lateinischen Schulen«, den

---

112 Vgl. Engelbrecht, Geschichte des österreichischen Bildungswesens, Bd. 3, 106–111; ders., J. I. Felbiger und die Vereinheitlichung des Primärschulwesens in Österreich, 8–11.
113 Vgl. Engelbrecht, Geschichte des österreichischen Bildungswesens, Bd. 3, 103–106; Hengl, Das Schul- und Studienwesen Österreichs im aufgeklärten Absolutismus, 90–96.
114 Allgemeine Schulordnung für die deutschen Normal- Haupt- und Trivialschulen in sämmtlichen Kayserl. Königl. Erbländern, abgedruckt in: Engelbrecht, ebd., 491–501, hier Paragraf 5, 493 f., zit. 494.
115 Ebd., Paragrafen 2 und 5, 491 f., 493 f.

Schulen des Sekundarbereichs, wurden die Normalschulen auch als »deutsche Schulen« bezeichnet, in Anlehnung an den traditionell für die Einrichtungen des niederen Schulwesens gebrauchten Begriff.[116] In ihnen wurde in der Regel auf Deutsch, in den nicht-deutschsprachigen Ländern der Monarchie zuweilen auch in der Landessprache unterrichtet.[117]

Als »schulfähig« galten Kinder beiderlei Geschlechts ab einem Alter von sechs Jahren. Sofern ihre Eltern keine Privatlehrer unterhalten wollten oder konnten, gehörten diese Kinder »ohne Ausnahme in die Schule«. Sie sollten sechs oder sieben Jahre, also mindestens bis zum vollendeten zwölften Lebensjahr in der Schule bleiben, konnten jedoch auch früher die Schule verlassen, wenn sie nachwiesen, dass sie den gesamten vorgeschriebenen Stoff beherrschten.[118] Privatunterricht war möglich, somit handelte es sich um keine »Schulpflicht« im engeren Sinne, sondern eher um eine »Unterrichtspflicht«. Doch mussten auch die Privatlehrer in der Normalmethode ausgebildet und staatlich geprüft sein.[119] Das Schuljahr war in einen Winter- und einen Sommerkurs unterteilt, deren Terminierung den Zyklen agrarischen Wirtschaftens folgte. Während der Erntezeit fand auf dem Land keine Schule statt.[120]

Unter der Alleinherrschaft Josephs II. erfolgte nach 1781 ein weiterer Ausbau des österreichischen Elementarschulbereichs auf Kosten des höheren Bildungswesens.[121] Parallel zur fortschreitenden Zentralisierung und Kontrolle des Erziehungswesens durch den Staat wurde eine Reihe von Maßnahmen zur flächendeckenden Beschulung der Kinder eingeleitet. Die Einsicht, dass trotz erheblicher Fortschritte im Elementarschulbereich noch immer weniger als einem Drittel aller schulfähigen Kinder ein geregelter Unterricht zuteil wurde, führte 1781 zur Entlassung Felbigers und zur Stärkung des Einflusses der Studienhofkommission unter Gottfried van Swieten (1733–1803), einem Vertrauten Josephs II.[122] Der unter Swieten erfolgende Ausbau des Schulnetzes ging einher mit der Einführung von Zwangsmaßnahmen zur Durchsetzung der allgemeinen Schul- bzw. Unterrichtspflicht. Eltern, die ihre Kinder nicht zur Schule schickten, hatten ein Strafgeld in Höhe des doppelten Schulgeldes zu entrichten; armen Eltern, die das Strafgeld nicht entrichten konnten, drohte die besonders herabwürdigende Strafe der öffentlichen

---

116 Vgl. Engelbrecht, Geschichte des österreichischen Bildungswesens, Bd. 3, 21–24; Neugebauer, Niedere Schulen und Realschulen, 215.
117 Vgl. Engelbrecht, Geschichte des österreichischen Bildungswesens, Bd. 3, 130.
118 Allgemeine Schulordnung für die deutschen Normal- Haupt- und Trivialschulen […], in: ebd., 491–501, hier Paragraf 12, 496.
119 Ebd., Paragraf 13, 496.
120 Ebd., Paragraf 10, 495.
121 Vgl. Grimm, Expansion, Uniformisierung, Disziplinierung, 237.
122 Vgl. Engelbrecht, Geschichte des österreichischen Bildungswesens, Bd. 3, 118 f. Zu van Swieten und seiner Rolle bei der Reform des österreichischen Unterrichtswesens vgl. Wangermann, Aufklärung und staatsbürgerliche Erziehung.

Zwangsarbeit, Bedürftigen gar der Entzug der Armenunterstützung. Die Pfarrer wurden angewiesen, von der Kanzel herab die Schulpflicht zu verkünden und vor den widrigenfalls drohenden Strafen zu warnen. Um gleichzeitig einen höheren Anreiz zum Schulbesuch zu bieten, führte Joseph II. im Jahr 1783 die Unentgeltlichkeit des Unterrichts für Knaben ein. Die Absicherung des zuvor zu einem großen Teil aus den Schulgeldern der Eltern gespeisten Einkommens der Lehrer fiel hierdurch dem staatlichen Schulfonds zu. Nachdem sich diese Maßnahme jedoch als unfinanzierbar erwiesen hatte, wurde das Schulgeld ab 1785 auch für Jungen wieder erhoben, nur die ärmeren Eltern blieben von der Zahlung befreit.[123]

Die Maßnahmen Josephs II. zeitigten in ihrer Gesamtheit beträchtliche Erfolge: Zwar klafften an vielen Orten noch immer Normvorgaben und Schulwirklichkeit auseinander; aber im Vergleich zu anderen Ländern, die gleichzeitig eine Reform ihres Schulwesens in Angriff genommen hatten wie zum Beispiel Preußen, schnitt Österreich hervorragend ab.[124] In Böhmen, dem Musterland der theresianisch-josephinischen Schulreformen besuchten bereits im Jahr 1781 41 Prozent der schulfähigen Kinder eine der 1 200 deutschen Trivialschulen. In den folgenden zehn Jahren verdoppelte sich die Zahl der Landschulen auf 2 400. Im Winterkurs 1790 nahmen über 190 000 von 284 000 Kindern am Unterricht teil, also bereits gut zwei Drittel der schulfähigen Jungen und Mädchen. Auch in den übrigen Gebieten der Monarchie kam es zwischen 1781 und 1790 zu deutlichen Steigerungen der Schulbesuchsraten, wenngleich hier auch selten ein Zuspruch zu den Schulen von über fünfzig Prozent erreicht wurde.[125]

Im Rahmen der josephinischen Toleranzpolitik wurde nach 1781 auch nichtkatholischen Kindern erlaubt, die bereits bestehenden Normalschulen zu besuchen; dem dort abgehaltenen katholischen Religionsunterricht durften sie fernbleiben. Zusätzlich wurde verfügt, dass das bis dahin gebräuchliche Gebet zum Anfang und Ende des täglichen Unterrichts fortgelassen werden sollte, um den sogenannten »Akatholiken« den Schulbesuch zu erleichtern. Diese Verordnung musste jedoch auf Protest vonseiten des Klerus widerrufen werden; stattdessen entschied die Studienhofkommission, dass die nichtkatholischen Kinder erst nach dem Anfangsgebet in die Schule eintreten und diese vor dem Abschlussgebet wieder verlassen sollten.[126] Die Toleranzgesetzgebung gestattete den christlichen Minderheiten zudem, eigene konfes-

---

123 Vgl. Engelbrecht, Geschichte des österreichischen Bildungswesens, Bd. 3, 119–121.
124 »Diejenigen Maßnahmen, die im spättheresianischen und im josephinischen Österreich ergriffen worden sind, stellen jedenfalls hinsichtlich der praktischen Wirkungen auf die Schulwirklichkeit alles in den Schatten, was gleichzeitig in den protestantischen Flächenstaaten [Deutschlands] zu beobachten ist.« Neugebauer, Niedere Schulen und Realschulen, 237. Vgl. auch ders., Staatswirksamkeit in Österreich und Preußen im 18. Jahrhundert, 111.
125 Vgl. Wangermann, Aufklärung und staatsbürgerliche Erziehung, 59.
126 Vgl. ebd., 54.

sionelle Schulen anzulegen.[127] Bereits unter Maria Theresia war es zu ersten zaghaften Versuchen gekommen, auch die jüdische Bevölkerung des Habsburgerreiches für den deutschen Unterricht zu gewinnen. So hatte sich 1776 der Schulreformator Graf Emanuel Torres um die Erziehung der Juden im adriatischen Görz (Gorizia) bemüht und gemeint, dass »die Juden [...] das Lesen, Schreiben, Schönschreiben, die Geografie, die Historie [...] die Morall, die Rechtschaffenheit eben als die anderen Religionen und Gesellschaften brauchen«.[128] Ein junger christlicher Lehrer hatte den Unterricht der Görzer Juden nach dem Normalschulcurriculum übernommen, allerdings nach sechs Monaten wieder aufgegeben.[129] Auch ähnliche Versuche in Triest und Prag waren im Sande verlaufen.[130] Mit dem Ziel, die jüdische Bevölkerung des Habsburgerreiches zu nützlichen Untertanen umzuformen, weitete Joseph II. 1781 die Normalschulpflicht auch auf die Juden aus. Im Folgenden sollen die Motive, die hinter dieser Erziehungsoffensive standen, ihre Ziele und ihre Wirksamkeit genauer untersucht werden.

Normalschulen für die jüdische Bevölkerung des Habsburgerreiches

Die Politik der Toleranz, die Joseph II. gegenüber der jüdischen Bevölkerung seines Herrschaftsbereiches übte, besaß neben ihrem emanzipativen Gehalt auch eine Reihe repressiver Aspekte. Die staatlichen Schulen für jüdische Kinder, deren Einrichtung der Kaiser nach ausführlicher Diskussion in Hofkanzlei und Staatsrat im Jahr 1781 dekretieren ließ, verbanden beides: Sie sollten zum einen aus Angehörigen einer als »schädlich« erachteten Minderheit »nützliche« Untertanen formen, die sich im Zuge ihrer Erziehung zur Nützlichkeit selbst die sittlichen, moralischen und praktischen Voraussetzungen aneignen würden, um als Glieder der bürgerlichen Gesellschaft dereinst alle (oder fast alle) Rechte zu genießen, die diese Gesellschaft gewährte. Zum anderen konnte es im Verfolg dieses Vorhabens nicht ausbleiben, dass die Juden freiwillig oder unter Zwang auf Dinge Verzicht leisteten, die der staatlich erwünschten Transformation hinderlich schienen, die aber zum Kernbestand dessen gehörten, worüber sich jüdische Zugehörigkeit im voremanzipativen Zeitalter definiert hatte. Hierzu gehörten Symbole, Praktiken, Haltungen und Denkweisen, mit denen die traditionelle Lebenswelt durchdrungen war, denen jedoch immer auch eine religiöse Begründung zu Grunde lag. In zum Teil bewusster Verkennung dieser religiösen Komponente – sie hätte bei strenger Auslegung des Toleranzprinzips nicht berührt werden dürfen – forderte der

---

127 Vgl. Engelbrecht, Geschichte des österreichischen Bildungswesens, Bd. 3, 121.
128 Bericht der Görzer Schulkommission vom 24. Februar 1776, zit. nach Wangermann, Aufklärung und staatsbürgerliche Erziehung, 54.
129 Vgl. Dubin, The Port Jews of Habsburg Trieste, 100 f.
130 Vgl. für Triest ebd., 101, sowie für Prag Kestenberg-Gladstein, Neuere Geschichte der Juden in den böhmischen Ländern, 41.

reformabsolutistische Staat die Preisgabe dieser Symbole, Praktiken, Haltungen und Denkweisen ein.

Im Rahmen der als »bürgerliche Verbesserung« umschriebenen Transformation betraf dies unter anderem die gemeindliche Selbstverwaltung[131] und die gerichtliche Autonomie der Juden,[132] das mit staatlichen Gesetzen oft nicht oder nur schwer vereinbare jüdische Personenstandsrecht,[133] die religiös begründete Abgrenzung gegenüber Nichtjuden,[134] Besonderheiten der Kleidung und des Habitus. Ihrer Preisgabe sollten die Schulen durch Erziehung den Boden bereiten. Ein zentrales Merkmal jüdischer Zugehörigkeit gingen sie direkt an: die jüdischen Sprachen. Das volkstümliche Jiddisch und das von den Juden immer noch als »heilige Sprache« betrachtete Hebräisch sollten durch die deutsche Sprache oder die in den jeweiligen Ländern üblichen Amtssprachen ersetzt werden.[135] Das utilitaristische Motiv, das dieser Maßnahme zu Grunde lag, sprach bereits aus dem einleitenden Satz des berühmten Handschreibens Josephs II. vom 13. Mai 1781: »Um die in Meinen Erblanden so zahlreiche Glieder der jüdischen Nation dem Staate nützlicher zu machen […], so wird der erste zuträgliche Schritt durch unvermerkte Beseitigung ihrer Nationalsprache […] geschehen können«.[136] Der Wirkungsbereich dieser sprachenpolitischen Maßnahme erfuhr zunächst eine scheinbare Beschränkung auf den juridischen Bereich: Alle rechtsrelevanten Dokumente – »Kontrakte, Verschreibungen, Testamente, Rechnungen, Handelsbücher, Zeugnisse, kurtz alles, was eine Verbindlichkeit in gericht- oder außergerichtlichen Handlungen haben soll« – sollten zukünftig in der »gerichtsüblichen Sprache eines jeden Landes« verfasst sein, andernfalls würden sie auf Ämtern oder vor Gerichten nicht mehr anerkannt werden. Als Anlass für diese Maßnahme bezeichnete das Handschreiben die Zeitverzögerung und

---

131 Vgl. Dubnow, Die Geschichte des jüdischen Volkes in der Neuzeit, 339–346; Katz, Aus dem Ghetto in die bürgerliche Gesellschaft, 42–45; Breuer/Graetz, Tradition und Aufklärung, 239–243; Bartal, Geschichte der Juden im östlichen Europa 1772–1881, 174–176.
132 Vgl. Kestenberg-Gladstein, Neuere Geschichte der Juden in den böhmischen Ländern, 66 f. Für die deutschen Staaten vgl. Gotzmann, Jüdisches Recht im kulturellen Prozess, 62–64; für Preußen: Stern, Der preußische Staat und die Juden, Teil III/1, 111–133. Grundlegend zum Komplex jüdischer Autonomie und Gerichtsbarkeit im Heiligen Römischen Reich vgl. Gotzmann, Jüdische Autonomie in der Frühen Neuzeit.
133 Zum Konflikt zwischen obrigkeitlich-staatlicher und rabbinischer Rechtssphäre im allgemeinen Rahmen vgl. Gotzmann, Jüdisches Recht im kulturellen Prozess, 26 f., 50–55.
134 Zur lebensweltlichen Komplexität und teilweisen Aufweichung dieses Prinzips bereits in der Vormoderne vgl. Katz, Tradition und Krise, 31–41. Grundlegend hierzu auch ders., Exclusiveness and Tolerance, 3–63.
135 Zur bilingualen Verfasstheit der aschkenasischen Juden in der Frühen Neuzeit und ihren Transformationen in der Moderne vgl. Bartal, Mi-du-leschonijut mesoratit le-chad-leschonijut le'umit.
136 Handschreiben Josephs II. an Hofkanzler Blümegen vom 13. Mai 1781, in: Pribram, Urkunden und Akten zur Geschichte der Juden in Wien, 440–442, hier 440. Unter »Nationalsprache« verstanden die Behörden beide mit hebräischen Schriftzeichen geschriebenen Sprachen: das Jiddische und das Hebräische.

die »Verwirrungen«, die entstanden seien, wenn die Behörden zur Übersetzung jener Dokumente externe Dolmetscher, deren Zuverlässigkeit nicht immer garantiert schien, heranziehen mussten.[137]

Um den Juden die Möglichkeit zu bieten, sich die »gerichtsübliche Sprache« innerhalb der im Handschreiben vorgegebenen Frist von zwei oder drei Jahren anzueignen, sollte »bey den Hauptsynagogen jeden Landes eine nach der Normallehrart eingerichtete Schule unter der Leitung der ohnehin jeden Landes bestehenden Schuldirection, jedoch ohne mindester Beirrung ihres Gottesdienstes und Glaubens, eingeführet« werden. Alternativ hierzu wurde den jüdischen Kindern »die Frequentirung der schon bestehenden offentlichen Schulen«, also der christlichen Normalschulen nicht nur gestattet, »sondern wären selbe auch dazu anzuhalten«.[138] Zur Finanzierung der jüdischen Normalschulen sollte nicht etwa der für die christlichen Schulen bestimmte Schulfonds verwendet, sondern vielmehr das Steueraufkommen der Juden herangezogen werden: »Thus the absolutist state coopted Jewish education for the purposes of integration, but it did not pay its costs«, wie Lois Dubin treffend feststellte.[139] Nach der Erlangung elementarer und nützlicher Bildung in Form von landessprachlichen Kenntnissen sollten den »Vermöglichern« unter den Juden auch die Institutionen höherer Bildung bis hin zur Universität offenstehen.[140]

Die offizielle Begründung der Anlegung von Normalschulen bezog sich somit zunächst auf den pragmatischen Aspekt der allgemeinen Verständlichkeit von Dokumenten und der daraus resultierenden Notwendigkeit des Erwerbs landessprachlicher Kenntnisse. Den Behörden unverständliche, weil auf Hebräisch oder Jiddisch verfasste Urkunden, Verträge und Rechnungen stellten ein Hindernis für Handel, Verwaltung und Gerichtswesen in einem sich zunehmend zentralisierenden und vereinheitlichenden Staat dar. Die Argumente Josephs II. spiegelten die allgemeine Problematik der Verständlichkeit jüdischen Rechts und in jüdischen Sprachen verfasster oder vorgetragener Rechtssachen vor christlichen Gerichten, wie sie im Lauf des 18. Jahrhunderts in vielen der sich reformierenden absolutistischen Gemeinwesen in Deutschland akut geworden war.[141]

Selbst wenn man in den kaiserlichen Festlegungen letztlich den Willen zur Zurückdrängung der besonderen, unverständlichen Sprache aus dem gesamten öffentlichen Raum erblicken möchte – der einzige Bereich, in dem die Sprachen der Juden weiterhin Geltung beanspruchen durften war der rituelle –,[142] so mutet die pragmatische, »enge« Argumentation angesichts der

---

137 Ebd.
138 Ebd.
139 Dubin, The Port Jews of Habsburg Trieste, 101.
140 Handschreiben Josephs II. an Hofkanzler Blümegen vom 13. Mai 1781, in: Pribram, Urkunden und Akten zur Geschichte der Juden in Wien, 440–442, hier 441.
141 Vgl. Gotzmann, Jüdisches Recht im kulturellen Prozess, 53 f.
142 So hieß es im Handschreiben einschränkend, die »Beiseitigung ihrer Nationalsprache« – das

immensen erziehungspolitischen Bedeutung dieser Maßnahme doch seltsam an. Natürlich schwang im Subtext der kaiserlichen Deklaration die von vielen Zeitgenossen gehegte Hoffnung mit, dass die Abschaffung der jüdischen Sprachen zu einer allmählichen Auflösung des so genannten »Corpsgeistes« der Juden beitragen und zu einer »Amalgamierung« mit ihrer nichtjüdisch-christlichen Umwelt führen werde. Doch war es mit der »unvermerkten«, das heißt allmählichen und taktisch gut begründeten »Beseitigung ihrer Nationalsprache« allein nicht getan.

Es hat den Anschein, dass jene pragmatische, sprachenpolitische Begründung schnell zur Hand war, während die eigentlichen Motive erst im Prozess der Beratungen des kaiserlichen Entwurfes offen zutage traten. Es war das Programm des preußischen Staatsrats von Dohm, das der Idee jener staatlichen *Erziehungsoffensive* gegenüber den Juden des Habsburgerreiches – denn um nichts Geringeres handelte es sich – zugrunde lag und das auf eine umfassende »sittliche Bildung und Aufklärung der Juden« zielte.[143] Dies wurde im Vortrag der Hofkanzlei vor Joseph II. im September 1781 deutlich. In den für die neuen jüdischen Schulen zu verfassenden Lehrbüchern sollten nach Auffassung der Hofräte

»blos natürlich- und philosophische, jedoch für Kinder leicht zu fassende Wahrheiten vorgestellt, die widersinnige Leichtgläubigkeit und der Aberglauben durch das wahre Licht der Vernunft bestritten, insbesondere aber die Verbindung der Menschen unter sich ohne Rücksicht auf Religion dargethan und ihnen überhaupts eine ächte Sittenlehre vorgetragen werden.«[144]

Um bei den Juden nicht den Verdacht zu erwecken, die staatliche Seite wolle sich in Angelegenheiten der Religion einmischen, sollten sie dazu bewegt werden, »ihre eigene Sittenlehre ohne aller Verbindung mit der Religion selbst

---

heißt der Sprachen der Juden – solle »bei dem einzigen Gottesdienst ausgenommen« geschehen. Handschreiben Josephs II. an Hofkanzler Blümegen vom 13. Mai 1781, in: Pribram, Urkunden und Akten zur Geschichte der Juden in Wien, 440–442, hier 440.

143 Dohm hatte als einen zentralen Punkt seines Programms »bürgerlicher Verbesserung« der Juden die Erziehungsinitiative des Staates genannt: »Sechstens müßte es ein besondres angelegnes Geschäft einer weisen Regierung seyn, für die sittliche Bildung und Aufklärung der Juden zu sorgen, und dadurch wenigstens die kommenden Geschlechter einer mildern Behandlung und des Genusses aller Vortheile der Gesellschaft empfänglicher zu machen.« Der Staat solle dafür sorgen, »dass neben den geheiligten Lehren seiner Väter auch der Verstand der Juden durch das helle Licht der Vernunft, der Erkenntniß der Natur und ihres grossen Urhebers, erleuchtet, und sein Herz durch die Grundsätze der Ordnung, Rechtschaffenheit, der Liebe aller Menschen und der grossen Gesellschaft in der er lebt, erwärmt würde; er könnte dafür sorgen, daß auch der Jude früh zu den Wissenschaften, die sein künftiger Beruf mehr oder weniger fordert, angeleitet würde.« Dohm, Über die bürgerliche Verbesserung der Juden, 120 f.

144 Vortrag der Hofkanzlei vom 7. September 1781, in: Pribram, Urkunden und Akten zur Geschichte der Juden in Wien, 443–464, hier 446 f.

vorzulegen, woraus sodann, wenn sie ächt wäre, mit den etwa nötigen Zusätzen mit ihrer Einverständnis die Lesebücher verfasset werden könnten«.[145]

Nachdem der Staatsrat die Errichtung der jüdischen Normalschulen befürwortet hatte,[146] folgte am 1. Oktober 1781 eine kaiserliche Resolution, die die Frist zur Abstellung der »hebräischen Sprache« – also der mit hebräischen Buchstaben geschriebenen Schriftstücke – auf zwei Jahre beschränkte.[147] Am 19. Oktober erging ein Dekret der Hofkanzlei an alle Landesregierungen, welches die Parameter des zukünftigen jüdischen Normalschulwesens vorgab. Es regelte die Fragen der Lehrerausbildung, der Aufsichtsstrukturen, der zu verwendenden Lehrbücher sowie des Besuchs christlicher Schulen durch jüdische Kinder. Das Dekret enthielt keinerlei Bezüge mehr auf die im Handschreiben vom 13. Mai angesprochenen pragmatisch-juridischen Motive; hingegen fanden sich einige Anklänge an die im Vortrag der Hofkanzlei zum Ausdruck gebrachte umfassende Bildungs- und Verbesserungsabsicht des Staates gegenüber den Juden.

Zunächst wurde den jüdischen Gemeinden aufgetragen, »geschickte Leute ihres Glaubens« zur Ausbildung in die Präparandenseminare an den christlichen Normalhauptschulen zu schicken. Aufsicht und Kontrolle der zu gründenden jüdischen Schulen, »in welchen die Normallehrart genau zu beobachten ist«,[148] sollten der bereits bestehenden christlichen Schuldirektion übertragen werden. Diese sollte auch die Verfertigung der notwendigen Lehr- und Lesebücher »mit Vernehmung und Gutheißen der Juden nach der philosophischen Moral und mit Hinweglassung alles ihrem Glauben anstößigen« veranlassen. Die für die höheren Klassen in den christlichen Schulen verwendeten Lehrbücher der Rechtschreibung, Sprachlehre, Geografie, Geschichte und Arithmetik sollten ohne Unterschied auch in den jüdischen Schulen Einsatz finden. Jüdische Eltern, »welche der Gelegenheit, ihre Kinder in die jüdischen Schulen zu schicken, beraubt sind«, sollten dazu verpflichtet werden, ihre Kinder in die christlichen Normalschulen zu schicken. Für den Fall der Teilnahme jüdischer Kinder am Unterricht in den allgemeinen Schulen wurde den christlichen Lehrern vorgeschrieben, dass sie sich »von

---

145 Ebd., 447.
146 Staatsratsgutachten, o. D. (zwischen 7. September und 1. Oktober 1781), in: Pribram, ebd., 473–476, hier bes. 474 f.
147 Kaiserliche Resolution, 1. Oktober 1781, in: Pribram, ebd., 476 f.
148 Gegen die Anwendung dieses zentralen Prinzips der »Gleichförmigkeit« hatte sich die Hofkanzlei in ihrem Vortrag vom 7. September 1781 gewandt und sich dabei auf Felbiger berufen: Die jüdischen Kinder könnten die christlichen Schulen auch darum nicht besuchen, da sie »einer ganz besonderen für sie geeigneten Lehre« bedürften. Man solle es den Juden selbst überlassen, wie sie ihre Schule einrichten wollten; die Ausbildung der jüdischen Lehrer sollte »in der für die Juden eigends zu verfassenden und geeigneten Lehrart« erfolgen. Vortrag der Hofkanzlei vom 7. September 1781, in: Pribram, ebd., 443–464, hier 446. Der Kaiser hatte sich nach weiteren Beratungen über diese Einwände hinweggesetzt.

Das pädagogische Programm Hombergs 73

aller Einmengung ihrer Religion« zu enthalten hätten, »damit nicht etwa dadurch die jüdischen Aeltern ihre Kinder den Schulen entziehen«.[149]

Das Hofdekret vom 19. Oktober galt für alle Länder der Monarchie, somit war allen Gubernien aufgetragen, für die Errichtung jüdischer Normalschulen in ihrem Verantwortungsbereich zu sorgen. Nichtsdestoweniger wurden seine Eckpunkte bzw. die relevanten Bestimmungen des kaiserlichen Handbillets vom 13. Mai 1781 später in den Toleranzgesetzen für die Juden der verschiedenen Provinzen wiederholt und zum Teil weiter ausgeführt. In fast allen Fällen standen die entsprechenden Paragrafen am Anfang des jeweiligen Patents oder Dekrets – ein Zeichen für die Zentralität der josephinischen Erziehungsoffensive im Diskurs um Toleranz und »Verbesserung« der Juden.[150] Unter der »Landessprache«, die die jüdischen Kinder in den Normalschulen zu erlernen hatten, verstanden die Behörden in der Regel das Deutsche. Dies galt zumal für das Königreich Böhmen, in dem auch in den christlichen Normalschulen der Deutschunterricht im Mittelpunkt stand, sowie später für Galizien. In Mähren durfte neben dem Deutschen auch die »böhmische« Sprache, also Tschechisch, zur Verfertigung von Dokumenten verwendet werden.[151] In den Ländern der Stephanskrone konnte, entsprechend den Bestimmungen der *Ratio educationis* von 1777 für das christliche Schulwesen, der jüdische Normalschulunterricht auf Ungarisch oder »Slavisch« stattfinden.[152] Geschäftsbücher und Urkunden durften hier auch in Latein verfasst sein.[153]

Betrachtet man die Einführung der Normalschulpflicht für jüdische Kinder im Habsburgerreich im Kontext der allgemeinen Bildungsreformen und unter dem Gesichtspunkt der Reglementierung lebensweltlicher Zusammenhänge, so lassen sich durchaus Gemeinsamkeiten in den gegenüber Juden wie Nichtjuden verfolgten Intentionen erkennen: Es ging zunächst um eine Vereinheitlichung, Bürokratisierung und Hierarchisierung des Schulwesens, in dessen Mittelpunkt die Erziehung der Kinder zu nützlichen Untertanen stehen sollte. Zu diesem Zweck erstrebte man den Entzug der exklusiven Erziehungs- und Bildungsautorität aus kirchlichen Händen bzw. aus gemeindlich-autonomen Zusammenhängen und ihre Übertragung auf den Staat. Dies konnte nicht ohne Eingriffe in die jeweiligen Lebenswelten vonstatten gehen. Wie tief diese ausfielen, hing von verschiedenen Faktoren ab, so von dem zu erwar-

---

149 Hofdekret an alle Länderstellen, 19. Oktober 1781, in: Pribram, ebd., 513 f.
150 Die Toleranzbestimmungen für die ungarischen Juden bezogen sich sogar fast ausschließlich auf die Beseitigung der »jüdischen Sprache« und die Regelung des Schulunterrichts der jüdischen Kinder, nur etwa ein Fünftel des Textes war der Aufhebung bzw. Modifizierung bisheriger Berufsbeschränkungen und der Abschaffung diskriminierender Kennzeichen gewidmet. Vgl. die Inhaltswiedergabe des Toleranzpatents vom 31. März 1783 bei Karniel, Die Toleranzpolitik Kaiser Josephs II., 576–585.
151 Vgl. ebd., 417.
152 Vgl. Mandl, Das jüdische Schulwesen in Ungarn unter Kaiser Josef II., 13.
153 Vgl. Karniel, Die Toleranzpolitik Kaiser Josephs II., 432.

tenden lebensweltlich-korporativen Widerstand und der präventiven Kompromissbereitschaft des Staates bei der konkreten Ausgestaltung des im Allgemeinen auf Gleichförmigkeit zielenden edukativen Systems. Der Kompromiss, den der österreichische Staat im Zeichen selbstverordneter Toleranz und Religionsfreiheit gegenüber den Juden einging, bestand darin, dass der »Religions-« bzw. »Hebräischunterricht«, wie die traditionelle jüdische Erziehung von den Behörden genannt wurde, unter der ausschließlichen Aufsicht der Gemeindeeliten verblieb. »Ohne mindester Beirrung ihres Gottesdienstes und Glaubens«[154] – diese Kernfeststellung des Handschreibens vom 13. Mai 1781 bezog sich auf die gesamte rituelle Sphäre und schloss die religiöse Erziehung der Juden mit ein. Zwar wurde die traditionelle Erziehung durch den Normalschulunterricht zeitlich eingeschränkt und traten die beiden Systeme in eine symbolische Konkurrenz miteinander, doch blieben Struktur und Inhalte des *Cheder*-Unterrichts unangetastet.[155] Auch nach Einführung der Normalschulpflicht verbrachten die jüdischen Knaben einen Großteil des Tages in den traditionellen Lehrstuben; viele blieben der staatlichen Schule gleich ganz fern. So entstand eine Dualität der Erziehungssysteme, mehr noch: eine »Zweiteilung der Lebenswelten«, wie Louise Hecht treffend bemerkt hat.[156]

Nach den ersten Schulgründungen in Prag und Triest im Mai 1782 wurden in den Ländern der Monarchie in schneller Folge jüdische Normalschulen – zumeist ein- bis zweiklassige Trivialschulen – errichtet.[157] In Böhmen entstanden bis 1787 in 25 Orten jüdische deutsche Schulen, die in jenem Jahr von 559 Schülern besucht wurden. In weiteren 56 Ortschaften Böhmens machten die jüdischen Eltern von der Möglichkeit Gebrauch, ihre Kinder in christliche Schulen zu schicken.[158] In Mähren existierten bereits im Jahr 1784 42 jüdische Normalschulen,[159] deren hohe Zahl im Vergleich zu Böhmen sich vor allem aus den unterschiedlichen Siedlungsmustern der Juden in den Ländern der böhmischen Krone erklären lässt.[160] In Ungarn entstanden insgesamt 23 Schulen,

---

154 Handschreiben Josephs II. an Hofkanzler Blümegen vom 13. Mai 1781, in: Pribram, Urkunden und Akten zur Geschichte der Juden in Wien, 440–442, hier 440.
155 Der in Ungarn erfolgte Versuch, den »Religionsunterricht« in das Normalschulcurriculum zu integrieren und den für irregulär erklärten autonomen *Cheder*-Unterricht zu untersagen, blieb eine – im Ganzen erfolglose – Ausnahme. Vgl. Karniel, Die Toleranzpolitik Kaiser Josephs II., 433–435.
156 Hecht, »Gib dem Knaben Unterricht nach seiner Weise«, 123.
157 Vgl. für das Folgende ebd., 124–133.
158 Vgl. Singer, Zur Geschichte der Toleranzpatente in den Sudentenländern, 269 f.
159 Vgl. ebd.
160 Abgesehen von Prag – hier konzentrierte sich etwa ein Drittel der jüdischen Bevölkerung des Königreiches – lebten die böhmischen Juden über eine große Zahl kleiner und kleinster Orte verteilt. Die meisten Ansiedlungen umfassten nur sehr wenige Familien, sodass sich die Gründung einer eigenen jüdischen Normalschule aus praktischen und finanziellen Gründen zumeist nicht empfahl, während sich die christliche deutsche Schule am selben oder an einem nahegelegenen Ort anbot, die Kinder dieser Familien aufzunehmen. Hingegen fehlte in Mähren ein jüdisches Zentrum, wie es Böhmen mit Prag besaß. Hier waren jedoch die jüdischen Siedlungen auf dem Land bedeutend größer als in Böhmen, welches die Errichtung eigener

darunter in den beiden größten jüdischen Gemeinden des Königreiches: in Pressburg (8. August 1783) und Altofen (17. Juni 1784).[161] Im Gegensatz zu den Schulen in Böhmen und Mähren, von denen viele teilweise bis in das letzte Drittel des 19. Jahrhunderts hinein existierten,[162] hatten die jüdischen Normalschulen in Ungarn keinen Bestand. Mit der Schwächung des österreichischen Zugriffs auf das ständisch starke Ungarn und dem Niedergang des Normalschulwesens josephinischer Prägung seit dem Jahre 1790 erfolgte auch die Auflösung der staatlichen Schulen für die ungarischen Juden bzw. ihre Umwandlung in Einrichtungen der traditionellen Erziehung.[163]

Im Unterschied zu den in Deutschland an verschiedenen Orten – Berlin (1778),[164] Dessau (1799),[165] Seesen (1801),[166] Frankfurt am Main (1804)[167] und Wolfenbüttel (1807)[168] – entstandenen Schulen der Haskala[169] ging im Habsburgerreich, von Triest abgesehen, die Initiative zur Gründung der neuen Bildungseinrichtungen nicht von aufgeklärten und akkulturierten Vertretern der Gemeindeeliten oder von *Maskilim* aus. Die konkreten Konditionen der Schulerrichtung wurden vielmehr im besten Fall – wie in Prag –[170] zwischen dem Staat und der jüdischen Gemeinde ausgehandelt, im schlimmsten Fall

---

jüdischer Normalschulen ermöglichte. Vgl. Hecht, »Gib dem Knaben Unterricht nach seiner Weise«, 127, und Hecht/Lichtblau/Miller, Österreich, Böhmen und Mähren 1648–1918, 101, 113.

161 Vgl. Mandl, Das jüdische Schulwesen in Ungarn unter Kaiser Josef II., 32–36, zu Pressburg auch 18–23 sowie zu Altofen 23–28.
162 Vgl. Hecht, »Gib dem Knaben Unterricht nach seiner Weise«, 128 mit Anm. 44.
163 Vgl. Mandl, Das jüdische Schulwesen in Ungarn unter Kaiser Josef II., 48; Hecht, »Gib dem Knaben Unterricht nach seiner Weise«, 131.
164 Zur Berliner jüdischen Freischule Chevrat Chinuch Ne'arim vgl. Eliav, Jüdische Erziehung in Deutschland im Zeitalter der Aufklärung und Emanzipation, 91–103; I. Lohmann, Die jüdische Freischule in Berlin – eine bildungstheoretische und schulhistorische Analyse; Feiner, The Freischule on the Crossroads of the Secularization Crisis in Jewish Society; ders., Erziehungsprogramme und gesellschaftliche Ideale im Wandel; U. Lohmann, »Auf den Namen einer Bürgerschule Ansprüche machen«.
165 Zur Herzoglichen Franzschule in Dessau vgl. Eliav, ebd., 114–123.
166 Zur Jacobson-Schule in Seesen vgl. ebd., 124–132; Berg, Jüdische Reformschule im Herzogtum Braunschweig.
167 Zum Philanthropin in Frankfurt a. M. vgl. Eliav, Jüdische Erziehung in Deutschland im Zeitalter der Aufklärung und Emanzipation, 139–152.
168 Zur Samson'schen Freischule in Wolfenbüttel vgl. ebd., 132–139.
169 Die 1791 in Breslau eröffnete Königliche Wilhelmsschule stellt einen Sonderfall innerhalb der gewöhnlich als »Haskala-Schulen« bezeichneten Bildungseinrichtungen dar, da hier – ähnlich wie im österreichischen Kontext – die Initiative zur Schulgründung vom Staat (in diesem Fall dem preußischen) ausging, der sich zudem massiv in die Gestaltung des Unterrichts einmischte. Zwar wurden in Breslau, ähnlich wie in Prag und in anderen jüdischen deutschen Schulen des Habsburgerreiches, *Maskilim* als Lehrer angestellt, die versuchten, in ihrem Sinne auf das Programm der Schule einzuwirken, doch bestimmte der Staat letztlich bis in Einzelheiten das Curriculum und die Politik der Schule. Vgl. Dietrich, Die Rolle des preußischen Staates bei der Reform des jüdischen Schulwesens, 189–194.
170 Vgl. Hecht, Die Prager deutsch-jüdische Schulanstalt, 218–222; dies., »Gib dem Knaben Unterricht nach seiner Weise«, 124–126.

»von oben« oktroyiert. Letzteres dürfte bei den meisten der in der böhmischen, mährischen oder ungarischen Provinz entstandenen jüdischen Trivialschulen der Fall gewesen sein. Die Gesamtaufsicht über die Schulerrichtung und den Unterricht lag, wie im Dekret vom 19. Oktober 1781 verordnet, bei der christlichen Schuldirektion des jeweiligen Landes. Als Ortsaufseher gemäß der Allgemeinen Schulordnung fungierten in Ungarn (und wahrscheinlich auch in Böhmen und Mähren) entweder die christlichen Normal- oder Hauptschuldirektoren, falls sich eine solche Schule vor Ort befand, oder die »Judenrichter«, also die Gemeinderabbiner.[171] In Prag gestattete der Staat der Gemeinde, selbst geeignete Persönlichkeiten für dieses Amt zu bestimmen.[172] In einigen der neuen Schulen wurden *Maskilim* als Lehrer angestellt, wie etwa Moses Wiener (gest. 1814) und Philipp Kollin (gest. 1810) an der jüdischen Normalschule in Prag und Peter Beer (1758–1838) zunächst an der jüdischen deutschen Schule in Mattersdorf (Ungarn) und später im böhmischen Neubidschow.[173] Sofern die Aufklärer jedoch versuchten über das vorgeschriebene Einheitscurriculum hinaus im maskilischen Sinne Einfluss auf Unterricht und Lehrinhalte zu nehmen, wurden sie durch den Staat ausgebremst oder scheiterten am Widerstand der Gemeinde.[174]

Naftali Herz Wesselys *Divre schalom we-emet* und das Bildungsprogramm der Haskala

Enthusiastisch begrüßt wurde die josephinische Initiative zur Errichtung jüdischer Normalschulen unmittelbar nach ihrer Bekanntgabe durch einen hebräischen Dichter. Naftali Herz Wessely (1725–1805),[175] bis dahin eher als ein Vertreter der moderaten Haskala in Erscheinung getreten,[176] nahm die Bekanntgabe der ersten josephinischen Toleranzpatente für die Juden zum Anlass, seine bereits länger gehegten Gedanken zur Reform der jüdischen Erziehung zu veröffentlichen.[177] Im Frühjahr 1782 erschien sein Sendschrei-

---

171 Vgl. die Übersicht bei Mandl, Das jüdische Schulwesen in Ungarn unter Kaiser Josef II., 32–36.
172 Vgl. Hecht, Die Prager deutsch-jüdische Schulanstalt, 221 f.
173 Vgl. Hecht, Ein jüdischer Aufklärer in Böhmen, 32–35.
174 So im Fall des erfolglosen Versuches von Moses Wiener, eine im maskilischen Sinne überarbeitete Version des vorgeschriebenen Morallesebuches an der Prager deutsch-jüdischen Schulanstalt einzuführen. Vgl. Hecht, Die Prager deutsch-jüdische Schulanstalt, 221 mit Anm. 40.
175 Der Name des *Maskil* erscheint in der deutschsprachigen Literatur auch eingedeutscht als Hartwig Wessely bzw. im innerjüdischen Gebrauch in Hebräisch oder Jiddisch als Naftali Hirz Weisel.
176 Zur Einstufung Wesselys als Vertreter einer moderaten Haskala vgl. Breuer, Naftali Herz Wessely and the Cultural Dislocations of an Eighteenth-Century Maskil; Pelli, Naphtali Herz Wessely, Moderation in Transition, in: ders., The Age of Haskalah, 113–130.
177 Zu Wesselys ersten Entwürfen eines reformierten Erziehungsprogramms vgl. Feiner, The Jewish Enlightenment, 132–134.

ben *Divre schalom we-emet* (Worte des Friedens und der Wahrheit), in dem er Joseph II. für die Gewährung der Toleranz und die befohlene Errichtung von Normalschulen pries.[178] Wessely forderte die Juden des Habsburgerreiches auf, die Erziehungsoffensive des Kaisers aktiv zu unterstützen und Schulen zu errichten, die über ein erweitertes Curriculum verfügen und neben dem Normallehrprogramm auch im Sinne der Haskala reformierte religiöse Inhalte vermitteln sollten. Gegründet auf einen soliden Unterricht in der Landessprache, sollten den jüdischen Kindern Mathematik und Naturkunde, aber auch Geografie und Geschichte vermittelt werden. Die Notwendigkeit dieser Kenntnisse erfuhr sowohl eine profane Begründung – dieses Wissen sei nützlich für das allgemeine, praktische Leben und den Umgang mit den Nichtjuden – als auch eine sakrale Rechtfertigung: Es diene dem besseren Verständnis der heiligen Texte.[179]

Die religiöse Erziehung sollte sich auf das Studium der Tora und der hebräischen Sprache konzentrieren; nur noch den Begabtesten unter den jüdischen Knaben sollte das »höhere« Studium des Talmud vorbehalten sein: Hierin kam die Kritik am »barocken« Curriculum der aschkenasischen Juden zum Ausdruck, welches den nach der dialektischen Methode des *Pilpul* betriebenen Talmudunterricht auf Kosten des Hebräisch- und Bibelunterrichts in den Mittelpunkt des traditionellen Lernens gestellt hatte.[180] Als grundlegenden Text für das Tora-Studium schlug Wessely Mendelssohns in hebräischen Buchstaben verfasste Pentateuch-Übersetzung samt hebräischem Kommentar (*Bi'ur*), an dem er selber mitgewirkt hatte, vor.[181] Gleichzeitig mit dem Originaltext würden die Schüler auf diese Weise die deutsche Sprache erlernen. Das »reine« Deutsch würde den Schülern die Schönheit und Tiefe der Sprache des Urtextes vor Augen führen und die Reinheit beider Sprachen würde für ein klares, geläutertes Verständnis der jüdischen Religion sorgen.

---

178 Naftali Hirz Weisel [Naftali Herz Wessely], Divre schalom we-emet, abgedruckt in: I. Lohmann (Hg.), Chevrat Chinuch Nearim, 164–173. Im selben Jahr erschien eine von David Friedländer angefertigte Übersetzung unter dem Titel *Worte der Wahrheit und des Friedens an die gesammte jüdische Nation*, eine Übertragung, die den trotz aller Innovativität zurückhaltenden Text Wesselys den Emanzipationserwartungen Friedländers und der akkulturierten Berliner Juden anpasste und dadurch ins Tendenziöse steigerte. Der Text ist ebenfalls abgedruckt bei Lohmann, ebd., 174–186 (nachfolgend Worte der Wahrheit und des Friedens). Vgl. Feiner, The Jewish Enlightenment, 110. Ausführliche Würdigungen des Inhalts und der Bedeutung von Wesselys Sendschreiben finden sich u. a. bei Eliav, Jüdische Erziehung in Deutschland im Zeitalter der Aufklärung und der Emanzipation, 49–64; Sorkin, The Berlin Haskalah and German Religious Thought, 106–111; Feiner, The Jewish Enlightenment, 87–104; Schulte, Die jüdische Aufklärung, 85–88.
179 Wessely, Divre schalom we-emet, 168 f.; Worte der Wahrheit und des Friedens, 181 f.
180 Zum Begriff des »barocken« Judentums bzw. Curriculums vgl. Sorkin, The Berlin Haskalah and German Religious Thought, 38 f.; zur Kritik der frühen Haskala am überlieferten Curriculum vgl. ebd., 41–62.
181 Zur Mitwirkung Wesselys am *Bi'ur* vgl. Altmann, Moses Mendelssohn, 405, 413–416.

Zudem regte Wessely an, Lehrbücher für den Moral- und Religionsunterricht zu verfassen.[182]

Von entscheidender Bedeutung für die Pädagogik und darüber hinaus die gesamte Ideologie der Haskala war jedoch Wesselys theoretische Begründung der von ihm befürworteten Reform, insbesondere der Inklusion säkularer Fächer in das vorgeschlagene Curriculum. Er stellte der »Lehre Gottes« (*Torat ha-schem*) – dem offenbarten, nur die Juden verpflichtenden göttlichen Gesetz – die »Lehre des Menschen« (*Torat ha-adam*) an die Seite. Wesselys Konzept zufolge ging die »Lehre des Menschen« der »Lehre Gottes« zeitlich voraus und galt für alle Menschen, Juden und Nichtjuden gleichermaßen. Beinhaltete die »Lehre Gottes« die religiösen Gebote der schriftlichen und mündlichen Tora, so umfasste die »Lehre des Menschen« sittliche Tugenden, zivile Umgangsformen sowie vor allem säkulare Kenntnisse und Sprachen. Ihre Befolgung war nach Wessely die Grundlage des allgemeinen Wohls, aber auch die Bedingung einer korrekten Einhaltung der Gebote und eines gottesfürchtigen Lebenswandels.[183] Wessely bestritt nicht die Gültigkeit der Tora als der normativen Quelle jüdischer Werte, doch indem er ihr die »Lehre des Menschen« an die Seite stellte, betonte er die Verbindung von Tradition und Modernität, von Partikularem und Universalem.

Wesselys Sendschreiben rief unter den Vertretern der traditionellen Elite einen Sturm der Empörung hervor, da es hier ein nicht rabbinisch ausgebildeter Laie gewagt hatte, den exklusiven Rang des Religionsgesetzes und das traditionelle Gelehrtenideal des *Talmid chacham* infrage zu stellen.[184] Hingegen nahm der Kreis jüngerer *Maskilim*, der sich Anfang der 1780er Jahre insbesondere in Berlin und in Königsberg formierte, Wesselys »Lehre des Menschen« und die ihr impliziten, auf eine Reform der traditionellen Erziehung hinauslaufenden Schlussfolgerungen begeistert auf. Wie Wessely sahen die *Maskilim* der zweiten Generation die jüdische Gemeinschaft ihrer Zeit in einem kulturellen Verfall begriffen, eine Auffassung, die sie gemeinsam mit maßgeblichen Vertretern der allgemeinen Aufklärung hegten und teilweise auch unter deren Einfluss entwickelt hatten. Ihnen zufolge fehlten den aschkenasischen Juden säkulare Kenntnisse und Wissenschaften, sprächen sie eine »verdorbene« Umgangssprache (Jiddisch). Auch seien ihnen die hehren moralischen Werte, die die heiligen Schriften lehrten, unzugänglich, da sie kaum noch die Regeln der hebräischen Sprache beherrschten. Ziel der jüdischen Aufklärer war es, diese Defizite zu beheben und die Juden so an die aufgeklärte europäische Kultur und die sich entwickelnde bürgerliche Gesellschaft heranzuführen, ohne dass sie ihr Judentum aufgeben sollten.

Wesselys Sendschreiben gab diesen Ideen und Intentionen eine deutlich

---

182 Wessely, Divre schalom we-emet, 169–172; Worte der Wahrheit und des Friedens, 182–186.
183 Wessely, Divre schalom we-emet, 164 f.; Worte der Wahrheit und des Friedens, 175 f. Vgl. Sorkin, The Transformation of German Jewry, 55 f.
184 Vgl. Feiner, The Jewish Enlightenment, 95–101.

vernehmbare Stimme. Es enthielt bereits die grundlegenden Bestandteile einer maskilischen Bildungsprogrammatik, wie sie sich – unter Rückgriff auf ältere Vorschläge zur Reform des hebräischen Curriculums –[185] seit den 1760er Jahren entwickelt hatte. Ihre Elemente fanden sich in fast allen Texten der *Maskilim* zur jüdischen Erziehung aus den 1780er und 1790er Jahren wieder, sei es in ihren an die Behörden gerichteten Vorschlägen zur Beförderung von Erziehungsprojekten, sei es in Schulstatuten, Lehrbüchern, pädagogischen Traktaten oder in den zahllosen Artikeln zur jüdischen Pädagogik, die zwischen 1783 und 1797 im *Ha-me'assef* erschienen.[186] In Anlehnung an Shmuel Feiner können folgende Punkte als zentral für das pädagogische Programm der Haskala betrachtet werden:[187] *Erstens* sollten die traditionellen *Melamdim*, die zumeist aus Osteuropa stammenden (»polnischen«) Kinderlehrer entmachtet und die Erziehung der jüdischen Kinder in die Hände der *Maskilim* gelegt werden. *Zweitens* waren die bereits bestehenden oder noch zu errichtenden Schulen der Haskala als eine Alternative zum traditionellen Erziehungssystem der Lehrstuben (*Chadarim*) gedacht; in jenen neuen Schulen sollte allen jüdischen Jugendlichen, auch den Kindern der weniger vermögenden Eltern, ein angemessener Unterricht zuteilwerden. *Drittens* sollte das traditionelle Curriculum in doppelter Hinsicht erweitert werden: zum einen durch den Unterricht in Fremdsprachen, Naturwissenschaften und durch die Vermittlung weiterer säkularer Kenntnisse, zum anderen durch die Einführung von Verbesserungen im hebräischen, Tora und Talmud umfassenden Studium. *Viertens* zeichnete sich das Erziehungsprogramm der Haskala durch Zweisprachigkeit aus: Neben einem »klassischen«, grammatisch korrekten Hebräisch sollte die Landessprache – hierunter verstanden die *Maskilim* zunächst und vor allem das Deutsche – in »reiner« Form gelehrt werden. Damit war auch eine Verdrängung der als »verdorben« betrachteten jiddischen Sprache aus dem Unterricht beabsichtigt. *Fünftens* wurde dem Talmud eine weit weniger exklusive Stellung im Lehrplan zugewiesen, als dies bisher im traditionellen Erziehungssystem der Fall gewesen war. Eine differenzierte Ausbildung sollte die Schüler zu mehreren Laufbahnen befähigen – zu Gymnasium und Universität, zu Handel, Handwerk oder zum Rabbinat. *Sechstens* orientierten sich die *Maskilim* an der Erziehungsmethode der Philanthropen. Dies implizierte ein geduldiges Eingehen auf die Schüler je nach deren Kenntnisstand und die Schaffung unterschiedlicher Leistungsanreize zur Verstärkung des Interesses und der Neugierde der Kinder.

---

185 Vgl. Sorkin, The Berlin Haskalah and German Religious Thought, 39–41.
186 Eine reichhaltige Auswahl von maskilischen Texten zur Erziehung findet sich in den beiden in der Reihe »Jüdische Bildungsgeschichte in Deutschland« herausgegebenen Quelleneditionen: I. Lohmann (Hg.), Chevrat Chinuch Nearim; U. Lohmann/I. Lohmann (Hgg.), »Lerne Vernunft!«. Zum *Ha-me'assef* vgl. Tsamarijon, Ha-me'assef; Kennecke, »HaMeassef«; ders., Der »HaMe'assef« und sein erster Herausgeber Isaac Euchel; Feiner, The Jewish Enlightenment, 237–242, 327–331.
187 Vgl. Feiner, Erziehungsprogramme und gesellschaftliche Ideale im Wandel, 73 f.

Die Erziehungsoffensive Josephs II. gegenüber den Juden des Habsburgerreiches korrespondierte in einem nicht unerheblichen Maße mit den pädagogischen Vorstellungen und Ambitionen der jüdischen Aufklärer. Wie Wesselys Sendschreiben zeigte, konnte sie geradezu als ein Signal zur Reform der traditionellen Erziehung im Sinne der *Maskilim* begriffen werden, umso mehr, als ihre restriktiven Aspekte und die Folgen ihrer Selbstbeschränkungen 1782 noch im Dunkeln lagen. Vergleicht man das maskilische Bildungsprogramm mit den Vorgaben, die die josephinischen Toleranzgesetze für das zu errichtende jüdische Normalschulwesen vorsahen, so lassen sich mehrere Gemeinsamkeiten feststellen: Zumindest an einigen der im Habsburgerreich neu errichteten Schulen, darunter so bedeutsamen Orten wie Prag und Triest, wurden tatsächlich *Maskilim* als Lehrer angestellt. Der Unterricht war öffentlich und allgemein; er wurde den Kindern der mittellosen Juden ebenso zuteil wie den Kindern der Vermögenden. Wesselys »Lehre des Menschen« war im Curriculum durch den Sprachunterricht und durch die Sittenlehre vertreten. Die Verbreitung der Landessprache, insbesondere des Deutschen, durch die Normalschulen entsprach vollauf den Intentionen der *Maskilim*. Die dekretierte Abschaffung der jiddischen Sprache wurde von ihnen begrüßt.

Auf der anderen Seite gab es jedoch auch eine große Zahl an Reibungspunkten. Als problematisch konnten die *Maskilim* die beabsichtigte Aufhebung der hebräischen Sprache empfinden. Da jedoch die josephinischen Edikte auf den öffentlichen Gebrauch der Sprache zielten und den Kultusbereich ausdrücklich ausnahmen, blieben den *Maskilim* zumindest theoretisch alle Möglichkeiten offen, was den Religions- und Hebräischunterricht betraf. Doch konnte gerade das Prinzip der staatlichen Nichteinmischung in diesem Bereich auch ein Hindernis für die maskilischen Pläne darstellen. Denn während es etwa beim Deutschunterricht zu einer Synergiewirkung zwischen dem staatlichen Erziehungsziel und den pädagogischen Intentionen der jüdischen Aufklärer kam, fehlte für eine mögliche Reform des Religionsunterrichts der behördliche Nachdruck gegenüber den jüdischen Gemeinden, und die *Maskilim* waren dabei im Wesentlichen auf sich gestellt. Da das traditionelle *Cheder*-System durch den Staat nicht angetastet wurde, blieben in diesem für die Aufklärer so zentralen Bereich auch die »polnischen« Lehrer an der Macht. Und auch eine weitere Hoffnung Wesselys sollte nicht in Erfüllung gehen: Die Pentateuchübersetzung Mendelssohns und der *Bi'ur*, zentrale Bestandteile des maskilischen Erneuerungsprojekts, kamen in den jüdischen deutschen Schulen nicht zum Einsatz.[188]

Als ein Hindernis für die Umsetzung der maskilischen Pläne im Rahmen der josephinischen Erziehungsoffensive erwies sich zudem das Prinzip der Gleichförmigkeit des habsburgischen Normalschulwesens. Die verordnete

---

188 Zum Schicksal der Pentateuch-Übersetzung Mendelssohns im jüdischen Schulwesen des Habsburgerreiches vgl. Silber, The Enlightened Absolutist State and the Transformation of Jewish Society, 4–8.

Uniformität des gesamten Schulwesens der Monarchie verhinderte die vollständige Adaption der »Lehre des Menschen« in Form eines differenzierten, umfassenden Lehrplanes.[189] Die in den Schulen angewendete Tabellen- und Buchstabenmethode war weit entfernt von einer kindgerechten Pädagogik, wie sie die *Maskilim* bevorzugten. Das pädagogische Element trat zugunsten des erzieherisch-disziplinierenden in den Hintergrund. Für die von den jüdischen Aufklärern erstrebte Verbindung einer säkularen Bildung mit den Grundlagen einer geläuterten jüdischen Religion boten die Normalschulen keinen Rahmen. In der Praxis war somit die Schubkraft, die die josephinische Politik den Plänen und Projekten der *Maskilim* verlieh, zunächst nur eine ideell-moralische.

Herz Hombergs Sichtweise auf die jüdische Erziehung unter dem Einfluss der zeitgenössischen Polizeywissenschaften

Im Frühjahr 1783 erschien in Görz bei dem Buchdrucker und Verleger Tommasini eine 103 Seiten starke Schrift mit dem Titel *Herz Hombergs Beurtheilung des Aufsatzes: Uiber die Verfassung der Juden und ihre Toleranz in den Oesterreichischen Staaten.*[190] Es handelte sich um Hombergs erste Veröffentlichung unter eigenem Namen – seinen im Sommer und Herbst 1782 entstandenen Kommentar zu Teilen des Deuteronomiums hatte Mendelssohn in den *Bi'ur* zu seiner Pentateuchübersetzung integriert, ohne den Namen des Verfassers preiszugeben.[191] Homberg beteiligte sich mit seinem Erstlingswerk

---

189 Nur in Prag umfasste das Curriculum auch Naturgeschichte, Physik und höhere Mathematik. Vgl. Hecht, Die Prager deutsch-jüdische Schulanstalt, 227. In Triest sah die Schulverfassung von 1782 zwar Fächer wie Latein, Physik, Geometrie, Geschichte und Architektur vor, doch gibt es keinen Anhaltspunkt dafür, dass diese Fächer in der Praxis auch gelehrt wurden. An der *Normale*-Sektion waren nur zwei Deutschlehrer angestellt, darunter Herz Homberg. Vgl. Dubin, The Port Jews of Habsburg Trieste, 113 f.
190 Herz Hombergs Beurtheilung des Aufsatzes: Uiber die Verfassung der Juden und ihre Toleranz in den Oesterreichischen Staaten. Görz, bei Jakob Tommasini k. k. privilegiertem in allen Lands- und orientalischen Sprachen Gubernial- und Schulbuchdrucker. 1783 (nachfolgend Beurtheilung). Das Werk ist identisch mit der in Peter Beers biografischer Skizze von 1810 erwähnten, fälschlich als *Vertheidigung der jüdischen Nation gegen die in den Provinzialblättern enthaltenen Begriffe* betitelten Schrift. Vgl. Beer, Biographische Skizzen einiger gelehrten Israeliten in den österr[eichischen] Staaten, 263. Für die Tradierung des falschen Titels vgl. z. B. Oesterreichische National-Enzyklopaedie, Bd. 6, Supplement, 487; Fürst, Bibliotheca Judaica, 406, hier unter dem Titel *Vertheidigung der jüdischen Nation gegen die […] Angriffe* und fälschlich 1785 als Erscheinungsjahr, ebenso bei Wurzbach, Biographisches Lexikon, 254; Bałaban, Herz Homberg in Galizien, 200 mit Anm. 1; Walk, Herz Homberg, 12. Die Schrift erscheint nur in wenigen Werken unter dem korrekten Titel, so in der Dissertation von Reuss, Christian Wilhelm Dohms Schrift »Über die bürgerliche Verbesserung der Juden« und deren Einwirkung auf die gebildeten Stände Deutschlands, 104.
191 Homberg unternahm während seines Aufenthalts in Wien die Kommentierung von fünf Perikopen des Deuteronomiums. Vgl. die Briefe Mendelssohns an Homberg zwischen dem

an der Debatte um die Toleranz gegenüber den Juden, die seit den ersten Anzeichen einer veränderten Politik Josephs II. mittels einer Vielzahl von Aufsätzen und Broschüren geführt wurde.[192]

Homberg lebte zu dieser Zeit erst seit wenigen Monaten in Görz. Wahrscheinlich um den Jahreswechsel 1782/83 war er, aus Wien kommend, in der kleinen Stadt im adriatischen Küstenland eingetroffen. Ausschlaggebend für die Übersiedlung in die habsburgische Provinz mögen Heiratsabsichten Hombergs gewesen sein, möglicherweise hatte er sich aufgrund familiärer oder freundschaftlicher Verbindungen in Italien auch ein besseres Fortkommen als in Wien erhofft.[193] Darüber hinaus spielten die aufgeklärte Atmosphäre der jüdischen Gemeinden in den Habsburger italienischen Territorien und die Beziehungen zwischen den jüdischen Aufklärern Berlins und den italienischen *Maskilim* sicherlich eine wichtige Rolle bei der Wahl des Wohnorts: In der Nähe von Görz lagen mit Triest und Gradiska zwei »Hochburgen« der jüdischen Aufklärung in Italien.[194] Im Jahr 1783 beteiligte sich Homberg zusammen mit dem Aufklärer Elia Morpurgo und dem Verleger Giacomo Tommasini an dem Versuch der Herausgabe einer Zeitschrift für

---

20. Juni 1782 und dem 27. Januar 1783, JubA, Bd. 13, Briefe Nr. 570, 63 f.; Nr. 572, 67 f.; Nr. 574, 71 f.; Nr. 580, 82 f.; Nr. 582, 85 f. sowie Nr. 588, 93–95, hier 93). Vgl. Alexander Altmann, Moses Mendelssohn, 417 f.

192 Vgl. Häusler, Die josephinische Publizistik zur Frage der Toleranz für das österreichische Judentum; Wangermann, Die Waffen der Publizität, 55–58.

193 Vgl. die Briefe Mendelssohns an Homberg vom 27. Januar 1783, JubA, Bd. 13, 93–95, hier 94 f., 14. Juni 1783, ebd., 112 f., hier 113, und vom 15. März 1784, ebd., 183–186, hier 183. Vgl. auch Manekin, Naftali Herz Homberg, 157 mit Anm. 20.

194 Vgl. hierzu Dubin, Trieste and Berlin; dies., The Port Jews of Habsburg Trieste, 118–137; speziell zu Görz vgl. Lesizza, Scuola e cultura ebraiche a Gorizia nel XVIII secolo. Es gibt keinen quellengesicherten Anhaltspunkt für die häufig geäußerte Vermutung, Homberg habe als Lehrer an der jüdischen Normalschule in Görz gewirkt, wenngleich auch nicht völlig ausgeschlossen werden kann, dass er dieser Beschäftigung wenigstens für kurze Zeit nachging. Vgl. Bałaban, Herz Homberg i Szkoły Józefińskie dla Żydów w Galicyi, 11; Walk, Herz Homberg, 13; Vielmetti, Elia Morpurgo di Gradisca, protagonista dell'illuminismo ebraico, 44 f.; Lesizza, Scuola e cultura ebraiche a Gorizia nel XVIII secolo, 60 f.; Dubin, The Port Jews of Habsburg Trieste, 109. Chiara Lesizza, die die einschlägigen, in den Archiven von Gorizia, Triest und Jerusalem befindlichen Akten zur jüdischen Normalschule in Görz ausgewertet hat, führt keinen Beweis für die von ihr behauptete Lehrertätigkeit Hombergs an jener Schule an, ebenso wenig Vielmetti, auf den sich Lesizza in der entsprechenden Fußnote beruft, vgl. Lesizza, Scuola e cultura ebraiche a Gorizia nel XVIII secolo, 60 mit Anm. 39, und Vielmetti, Elia Morpurgo di Gradisca, protagonista dell'illuminismo ebraico, 44. In Mendelssohns Briefen an Homberg gibt es keinen Hinweis auf eine Lehrertätigkeit Hombergs in Görz. Vielmehr bemerkte Mendelssohn in einem Brief an Friedrich Nicolai im Juli 1783 über Homberg: »Er ist ohnehin, in mancher Betrachtung, Ihr Kunst und Handwerksgenoß. Er treibet daselbst [in Görz] den Buchhandel und die Schriftstellerey.« Brief Mendelssohns an Nicolai vom 15. Juli 1783, JubA, Bd. 13, 119 f., hier 119. Unter anderem scheint Homberg den regionalen Vertrieb von Büchern übernommen zu haben, die ihm Mendelssohn auf Kommission zusenden ließ, darunter auch die Pentateuchübersetzung und weitere Schriften aus eigener Feder. Vgl. die Briefe Mendelssohns an Homberg vom 27. Januar 1783, ebd., 93–95, hier 93 f., 27. Juni 1783, ebd., 116 f., sowie vom 1. März 1784, ebd., 177–181, hier 180.

hebräische Literatur, Rhetorik und Poesie; das Projekt sollte jedoch mangels Unterstützung nicht über eine von Morpurgo verfasste Ankündigungsschrift hinausgehen.[195]

Hombergs *Beurtheilung des Aufsatzes: Uiber die Verfassung der Juden und ihre Toleranz in den Oesterreichischen Staaten* setzte sich mit den Argumenten auseinander, die ein anonymer Verfasser Ende 1782 unter jener Überschrift in den Wiener *Provinzialnachrichten* veröffentlicht hatte.[196] Homberg wies die seitens jenes Verfassers vorgebrachte Anschuldigung zurück, die Juden seien insgesamt moralisch-sittlich verderbt, und er beschäftigte sich ausführlich mit der These, dass die Ursachen jener Devianz in der korporativ-autonomen Verfasstheit der Juden und in der rabbinischen Gerichtsbarkeit zu suchen seien. Im Mittelpunkt von Hombergs Broschüre stand jedoch die Beschäftigung mit dem traditionellen Erziehungssystem der Juden; sie enthielt eine Reihe von Vorschlägen, wie die jüdische Erziehung unter dem Zeichen der Toleranz zu reformieren sei.[197] Homberg ging es dabei nicht um die Normalschulen, deren Einrichtung er gleichwohl würdigte,[198] sondern vielmehr um die religiöse Erziehung in den traditionellen Einrichtungen der *Chadarim*, Talmud-Tora-Schulen und *Jeschiwot*, deren Lehrinhalte und Methoden er für die sittlich-moralischen Gebrechen der Juden mit verantwortlich machte.

In »einem Zeitalter, in welchem man die Macht der Erziehung allgemein anerkannt hat«, komme man nicht umhin zuzugeben, so Homberg, dass die Erziehung der allgemeinste und wirkmächtigste Faktor sei, wenn es um die charakterlichen Prägungen einzelner Menschen wie ganzer Bevölkerungen gehe. So führten die Schwächen einer Erziehungsform notwendig zu Entartungen der Moral und des Verhaltens der Zöglinge dieses Erziehungssystems. Doch war die Erziehung keine autarke Sphäre, sondern vielmehr abhängig von der sozialen, ökonomischen und rechtlichen Verfasstheit einer Gesellschaft. Daher wirkten die Einschränkungen, denen die Juden hinsichtlich ihrer Erwerbsmöglichkeiten bis zum Erlass der Toleranzpatente unterworfen waren, auch in diesen Bereich hinein: Da einem jüdischen Vater jenseits des oft kaum

---

195 Elia Morpurgo, Nachricht an die Liebhaber der hebräischen Literatur, Görz 1783. Vgl. Dubin, The Port Jews of Habsburg Trieste, 124 und 266, Anm. 25. Morpurgo berichtete in einem Brief an Mendelssohn vom 8. Mai 1782 über seine editorischen Pläne. Vgl. JubA, Bd. 14, Stuttgart/Bad Cannstatt 1972, 285 f. (dt. JubA, Bd. 20.1, 284–286, hier 385 f.). Von Morpurgos Projekt berichtet auch Lesizza, Scuola e cultura ebraiche a Gorizia nel XVIII secolo, 67 f., allerdings ohne Nennung Hombergs.
196 [Anonym], Uiber die Verfassung der Juden und ihre Toleranz in den Oesterreichischen Staaten, in: Provinzialnachrichten aus den Kaiserl. Koenigl. Staaten, 4. Dezember 1782 (Nr. 45), 707–718; Fortsetzung über die Verfassung der Juden, und ihre Toleranz in den Oesterreichischen Staaten, in: ebd., 7. Dezember 1782 (Nr. 46), 722–726.
197 Im Folgenden soll ausschließlich auf Hombergs Gedanken zur jüdischen Erziehung eingegangen werden. Zu einer ausführlicheren Analyse der *Beurtheilung* als auch des im folgenden Unterkapitel zu besprechenden Gutachtens zu Simone Calimanis *Esame ad un giovane israelita* vgl. Sadowski, »Aus der Schule gehet schon der künftige Heuchler hervor«.
198 Vgl. Homberg, Beurtheilung, 59–61.

einträglichen Handels keine Ausbildungs- und Beschäftigungsmöglichkeiten für seine Söhne zur Verfügung standen, musste er sie zwangsläufig der »Schule«, wie Homberg simplifizierend die Institutionen der traditionellen jüdischen Erziehung zusammenfasste, zuführen, wenn er sie nicht sich selbst überlassen und sie gänzlich verwahrlosen sehen wollte.[199] Die Unausweichlichkeit des Studierens und dessen lange Dauer mussten dann in Kombination mit der Einförmigkeit des Stoffes und der mangelhaften pädagogischen Lenkung zwangsläufig zu moralischen Deformationen bei den Schülern führen. Da alle Kinder und Jugendliche ohne Rücksicht auf ihre unterschiedlichen Erkenntnis- und Lernfähigkeiten mit dem gleichen komplizierten Lehrstoff konfrontiert wurden und ihre Leistungen untereinander verglichen, wurden Homberg zufolge ihre Charaktere auf nachteilige Weise geprägt, waren Hochmut, Heuchelei und Heimtücke die Folgen.[200]

Doch ging es Homberg um mehr als um die Beschreibung der psychologisch-charakterlichen Auswirkungen der traditionellen Erziehung. Er versuchte darüber hinaus zu erklären, warum es unter den Juden so viele Talmudstudenten und -gelehrte gab, eine Tatsache, die das Erscheinungsbild der jüdischen Gemeinschaft nach außen hin prägte und die Homberg wie auch die Protagonisten des Toleranz- und Verbesserungsdiskurses für höchst korrekturbedürftig hielten. Homberg sah den Grund hierfür freilich nicht in der hohen Bedeutung der *Halacha* für alle Bereiche jüdischen Lebens und der daraus resultierenden Wertschätzung ihres Studiums, sondern er verortete die Ursachen in den rechtlich eingeschränkten ökonomischen Bedingungen jüdischer Existenz. Er stellte das traditionell hochgeschätzte Studium des Religionsgesetzes als eine Wahl dar, die in Ermangelung beruflicher Alternativen getroffen werden musste. Dieses Erklärungsmuster war nicht ganz neu. Bereits Naftali Herz Wessely hatte in seinem Sendschreiben von 1782 begreiflich zu machen versucht, warum die Juden sich nicht mehr mit der »Lehre des Menschen« – den säkularen Wissenschaften und den allgemeinen ethischen Normen – beschäftigten und sich stattdessen ausschließlich der »Lehre Gottes«, also dem Studium der *Halacha*, zuwandten. Auch er sah in der rechtlichen Beschränkung ihrer Nahrungswege den Hauptgrund hierfür: Warum sollten sich Juden mit Wissenschaften beschäftigen und sich praktische Kenntnisse zu erwerben suchen, wenn ihnen jede Möglichkeit verwehrt wurde, diese auch anzuwenden und daraus Nutzen zu ziehen? Allerdings hatte Wessely die exklusive Zuwendung zu den »göttlichen Wissenschaften« als eine Flucht, als eine verständliche Suche nach (himmlischem) Trost beschrieben.[201] Homberg dagegen schloss jede immanente Deutung aus und beschrieb einen rechtlich und sozioökonomisch determinierten Prozess, eine unausweichliche Abdrängung der jüdischen Jungen in das Studium der Tora:

---

199 Ebd., 38.
200 Vgl. ebd., 39–44.
201 Wessely, Divre schalom we-emet, 167 (Worte der Wahrheit und des Friedens, 179).

»Vater und Lehrer [...] seufzten nur gar zu oft miteinander über die traurige Nothwendigkeit, in der sie sich befanden; jener, die Kinder durchaus in die Schule zu schicken, dieser, sie in derselben zu behalten. Was konnten sie denn sonst mit diesen Schlachtopfern der Gesetze machen? Womit sollten sie sie beschäftigen? So ganz müßig, so ganz geschäftslos herumgehen zu lassen, wäre doch wahrlich noch weit gefährlicher gewesen. Es war also kein ander Mittel, als sie in die Schule, die den meisten ein fürchterlicher Kerker seyn mußte, einzusperren.«[202]

Müßiggang bedeutete soziale Devianz, wenn er nicht gar in die Delinquenz führte. Um der Gefahr des Nichtstuns und dem daraus resultierenden Verderben vorzubeugen, mussten die Väter ihre Söhne in die »Schule« schicken, die Lehrer sie dort festhalten. Die zwangsweise Bevorzugung des Lernens hatte, wie Homberg weiter argumentierte, eine einseitige und »schädliche« sozioökonomische Struktur der jüdischen Gemeinschaft zur Folge; sie führte zu einer Gesellschaft von Gelehrten, deren geistiges Kapital niemandem von Nutzen war. Nur einige wenige ausgezeichnete Schüler, deren Ehrgeiz unter anderen Voraussetzungen »dem Staate große Männer geliefert hätte« konnten später als Rabbiner oder *Melamdim* einen ehrenvollen Beruf innerhalb der jüdischen Gemeinschaft ausüben und sich ihren Unterhalt rechtmäßig verdienen, während alle übrigen keine andere Wahl hatten, als zu hausieren, zu betteln oder ihr »elendes Daseyn durch Andachtsübungen, wahr oder falsch, wie es kommt« zu erhalten.[203] Und hinsichtlich der Auswirkungen auf die soziale und wirtschaftliche Struktur der jüdischen Gemeinschaft folgerte Homberg: »Daher nur [...] scheint das Eintönige im Karakter der Juden entsprungen zu seyn. Eine Nation, die nicht in Klassen, Stände, Zünfte, und in gewisse Gesellschaften eingetheilt ist, muß natürlicherweise viel gleichförmiges bey ihren Gliedern blicken lassen.«[204]

Hombergs Anleihen beim kameral- und polizeywissenschaftlichen Diskurs jener Zeit sind unübersehbar. Neben allgemeinen Motiven einer guten Staatswirtschaft und der Produktivierung der (noch) nicht nützlichen Bevölkerungsgruppen, wie sie auch schon in Dohms *Über die bürgerliche Verbesserung der Juden* zum Tragen gekommen waren, beinhaltete Hombergs Argumentation eine spezifisch österreichische Komponente, mit der er seine eigene pädagogische Agenda bestens zu verbinden verstand. Wenn Homberg auf die sozioökonomische Einförmigkeit der jüdischen Gemeinschaft verwies und besonders auf die Schädlichkeit der großen Zahl von Talmudschülern aufmerksam machte, so zielte er auf eine Assoziation dieses Zustandes mit dem staatlicherseits beklagten Überschuss stellungsloser Akademiker in der christlichen Bevölkerung und berührte damit einen sensiblen Nerv des zeitgenössischen Reformdiskurses. Auf Joseph von Sonnenfels und seine Klage über die »Studiersucht«, die viele junge Männer zu brotlosen, müßiggänge-

---

202 Homberg, Beurtheilung, 45.
203 Ebd., 48.
204 Ebd., 61 f.

rischen Subjekten werden ließ, welche von dem produktiven Teil der Gesellschaft ernährt werden mussten, wurde oben bereits verwiesen. In seinen »Grundsätzen der Polizey« hatte Sonnenfels die »Verminderung der Studierenden« zu einer der grundlegenden Aufgaben guter Staatskunst erklärt.[205] Homberg griff Elemente dieses Diskurses auf und baute sie in seine Argumentation ein. Natürlich hatte ein christlicher Vater seit jeher die Wahl, seinen Sohn entsprechend dessen Fähigkeiten und Neigungen ausbilden zu lassen. Wenn er ihn, obgleich dieser »keine sonderliche Lust, oder Kräfte zum Studiren blicken liess«, aus Ehrsucht zum Studium bestimmte anstatt ihn zu einem »brauchbaren und gesitteten Handwerker« ausbilden zu lassen, so sei sowohl dem Vater als auch dem Lehrer, der sich wider bessere pädagogische Einsicht nicht dagegen stellte, der Vorwurf zu machen, dass sie es versäumt hätten »dem Staate einen unnützen, oder gar schädlichen Bürger weniger, und einen brauchbaren und rechtschaffenen mehr zu geben.«[206] Die männliche jüdische Jugend, so hatte Homberg gezeigt, war bisher jedoch dazu gezwungen, ihre Zeit in der »Schule« zu verbringen; ihre Väter hätten sie gerne in ehrenvollen und nützlichen Berufen ausbilden lassen, doch durften sie dies nicht.[207] Wenn ein Jude seinen Neigungen folgte und sich statt des Talmudstudiums für ein Handwerk entschied, so konnte er dies nur tun, wenn er dabei die Gesetze des Staates übertrat und Verfolgung und Bestrafung riskierte – ein Paradox, da er doch gerade hierdurch dem Gemeinwohl diente und dem Staate nützlich wurde.[208]

Sonnenfels' und Hombergs Klagen gemeinsam war die Zurückweisung eines in der Bevölkerung erstrebten Bildungsideals, das Prestigegewinn und sozialen Aufstieg durch Lernen zum Ziel hatte: durch das Gymnasial- bzw. Universitätsstudium bei den Christen bzw. durch das Studium der *Halacha* bei den Juden. Während aber die »Studiersucht« der Christen als eine dem Staat schädliche Mobilität gedeutet wurde und neben dem Tadel den Appell zur Bescheidung ins Herkommen nach sich zog, verband sich umgekehrt die

---

205 »[Paragraph] 100. Die gesetzgebende Klugheit muß die allgemeinen und besonderen Mittel an die Hand geben, durch welche dem Müssiggange am schicklichsten vorgebauet wird. [...] die besonderen Vorkehrungen sind vorzüglich folgende: die Abstellung des Bettelns; eine genaue Aufsicht, wodurch sich im Staate jedermann ernähre; die Einschränkung aller unnützen, dem Müssiggang ähnlichen Beschäftigungen, *die Verminderung der Studierenden*, eine gute Zucht des Dienstgesindes, und um diesem allen die rechte Wirksamkeit zu geben, wohl eingerichtete Arbeit und Zuchthäuser. [...; Paragraph] 106. Das Übermaß der Studierenden fällt dann am deutlichsten ins Gesicht, wenn man ihre Menge gegen die wenigen Aemter hält, zu welchen sie einst angewendet werden sollen. Diese Gegeneinanderhaltung überführt alle Welt von der Nothwendigkeit, die Zahl derselben in das Enge, und in ein Ebenmaß zu ihrer künftigen Bestimmung zu bringen. Leute, *die ihre Jugend in den Schulen verleben*, werden in dem Schatten der Gelehrsamkeit zu Handarbeiten träge, und ihre einzige Zuflucht ist am Ende, sich irgend in ein Kloster zu werfen, oder sich aus der Betrügerey ein Brodgewerb zu machen«. Sonnenfels, Grundsätze der Polizey, 69 und 73 (Hervorhebungen durch den Verfasser).
206 Homberg, Beurtheilung, 44 f.
207 Ebd.
208 Ebd., 51–53.

Negierung des Ideals des *Talmid chacham* mit der Propagierung sozialer und ökonomischer Mobilität zum Nutzen des Staates. Die Bedingungen hierfür waren Homberg zufolge mit dem Erlass der Toleranzgesetze gegeben. Den Juden standen nunmehr fast alle Erwerbszweige offen und der jüdische Vater konnte frei entscheiden, welche Beschäftigung er für seine Söhne als zweckmäßig erachtete, er konnte »dem Christen gleich [...] einen zu dem, einen andern zu jenem Handwerk, diesen zum Rechtsgelehrten, jenen zum Arzt, und einen andern wieder zum Schriftgelehrten erziehen lassen«.[209] Die polizeyliche Notwendigkeit zum permanenten »In-der-Schule-Halten« der Kinder und Jugendlichen entfiel, die jüdischen Knaben konnten nun, wenn ihre Väter dies wollten, »die Schule mit der Werkstatt vertauschen«. Dies würde sich positiv auf das Erscheinungsbild der jüdischen Gemeinschaft im Ganzen auswirken. Wenn nun immer weniger jüdische Jungen ein Talmudstudium beginnen würden, so hoffte Homberg, würde die Masse der dem Staat nutzlosen Schriftgelehrten auf ein bekömmliches Maß reduziert werden, wäre eine gesunde Stratifikation der jüdischen Bevölkerung möglich: »Dadurch theilt sich die Nation von selbst in verschiedene Klassen und Stände ab, und macht nicht mehr, wie bisher, nur einen einzigen, gelehrten Stand aus.«[210]

Argumentationstechnisch zahlte sich Hombergs Narrativ von der rechtlichen und sozioökonomischen Determiniertheit des Talmudstudiums aus, denn er konnte nunmehr zu seinem eigentlichen Anliegen kommen: der Reform der jüdischen Erziehung. Wenn nicht mehr alle männlichen Juden einen großen Teil ihrer Jugend und ihres Erwachsenendaseins dem Talmudstudium widmen mussten, so folgte daraus zwangsläufig die Notwendigkeit einer Neugestaltung des traditionellen Unterrichts. Wesselys Gedanke, demzufolge nur noch die dazu befähigten Knaben das Studium des Talmud beginnen sollten, für alle anderen aber der Unterricht in der Bibel bzw. den Grundlagen der jüdischen Religion ausreichend sein sollte, fand bei Homberg weitere Ausformung. Er plädierte für eine institutionelle Trennung zwischen einem allgemeinen »Religionsunterricht« für alle jüdischen Kinder und dem anschließenden vertiefenden Studium der *Halacha*, das jedoch nur Wenigen vorbehalten bleiben sollte. Während Wessely die Exklusivität des Talmudstudiums ausschließlich anthropologisch begründet hatte (Auswahl nach Eignung), lag Hombergs Vorschlag darüber hinaus die Idee der Nützlichkeit zugrunde; sein Modell orientierte sich am gesellschaftlichen Bedarf:

»So allgemein auch die Gewohnheit bey meinen deutschen und polnischen Glaubensbrüdern ist, diese beyde Studien [›Religionsunterricht‹ und Talmudstudium], als ein einziges zu betrachten, und zu behandeln, so ist doch nichts gewisser, und nichts einleuchtender, als daß sie getrennet werden sollten, und eins den allgemeinen Gegenstand für die sämmtliche Jugend, auch die Mädchen nicht ausgeschlossen; das

209 Ebd., 56.
210 Ebd., 61.

andere aber den besondern Gegenstand für diejenige seyn zu lassen, die dereinst Rabbiner und Lehrer abgeben sollen.«[211]

Nach Hombergs Lehrplan sollten die jüdischen Kinder im »Religionsunterricht« zunächst »die heilige Schrift und die Gebetbücher fertig lesen und verstehen« lernen, um anschließend »die Glaubensartikel und die alltäglichen religiösen Verhaltungsregeln, aus einem besonders dazu verfertigten Buche« zu erlernen, welches selbst zu verfassen er anbot.[212] Es fällt auf, dass Homberg zwar das Studium der »heiligen Schrift« in den Vordergrund stellte, dabei aber Mendelssohns Pentateuch-Übersetzung unerwähnt ließ, anders als Wessely, der in ihr das Allzweckmittel einer reformierten jüdischen Erziehung erblickt hatte.[213] Wahrscheinlich nahm Homberg hierbei Rücksicht auf entsprechende Ressentiments auf Seiten der rabbinischen Elite als auch auf staatlicherseits vorhandene Bedenken, die Verwendung des Werkes werde unter den Juden »Naturalisten« heranziehen helfen.[214] Davon abgesehen, stand Homberg mit seinen Vorschlägen für ein reformiertes hebräisches Curriculum ganz in der Tradition maskilischer Bildungsprogrammatik und deren Forderung nach einer Stärkung des Tora-Studiums gegenüber der Beschäftigung mit dem Talmud. Auch der Vorschlag der Verfertigung eines Lehrbuchs zum Unterricht in den geläuterten »Grundlagen« der jüdischen Religion war nicht neu; er war bereits von Wessely vorgebracht worden.[215]

Neu waren hingegen die von Homberg vehement eingeforderte institutionelle Trennung jenes jüdischen »Elementarschulwesens« vom Talmudstudium und deren Begründung. Hombergs »Religionsunterricht« war ein Konstrukt, das er aus den von ihm genau erspürten Forderungen dreier unterschiedlicher, jedoch miteinander zusammenhängender Diskurse abgeleitet hatte: dem speziell auf die Juden bezogenen Diskurs der »bürgerlichen Verbesserung«, dem allgemeinen staatswissenschaftlichen Diskurs in seiner besonderen josephinischen Ausprägung und dem pädagogischen Diskurs der Haskala, der allgemeine zeitgenössische Bildungskonzepte mit einbezog. Was Homberg vorschwebte, war eine Aufspaltung, das heißt eine Abkopplung des Studiums der *Halacha*, das vor allem den Verstand forderte und nur wenigen hierzu Befähigten vorbehalten war, von dem eigentlichen »Religionsunterricht«, der dem »Herz« zugänglich war,[216] und der daher von allen jüdischen Kindern, somit nach Hombergs Auffassung auch von den Mädchen, begriffen werden konnte. So sollte sich die künftige Erziehung zum einen nach aufgeklärt-

---

211 Ebd., 57.
212 Ebd., 60.
213 Wessely, Divre schalom we-emet, 170 (Worte der Wahrheit und des Friedens, 183 f.). Homberg erwähnte *Netivot Schalom* jedoch in einer Fußnote am Anfang der Broschüre als Beispiel für das Bemühen jüdischer Gelehrter – hier Mendelssohns – um die Verbreitung klarer Religionsbegriffe, vgl. Homberg, Beurtheilung, 13.
214 Vgl. Barton, Jesuiten, Jansenisten, Josephiner, 391.
215 Wessely, Divre schalom we-emet, 169 (Worte der Wahrheit und des Friedens, 182).
216 So in der Beurtheilung, 57.

pädagogischen Kriterien – der Berücksichtigung der altersspezifischen und individuell unterschiedlichen Neigungen und Fähigkeiten der Kinder – richten und zugleich staatswissenschaftlich-kameralistischen Erwägungen folgen, indem sie besser als das traditionelle System am gesellschaftlichen Bedarf ausgerichtet war. Denn es wurden nur wenige Talmudgelehrte benötigt, um »dereinst Rabbiner und Lehrer« zu werden, während die Kenntnis der allgemeinen moralischen und sittlichen Inhalte der Religion gut für die Integration in die bürgerliche Gesellschaft war und daher allen Kindern vermittelt werden musste.

Triest (1785–1787): Als Erster Lehrer an der Scuola Normale

Der letzte überlieferte Brief Mendelssohns an Homberg stammt vom 6. September 1785 – Mendelssohns 56. Geburtstag. Das Schreiben war bereits »A Monsieur Herz Homberg à Trieste« adressiert.[217] Wann genau Homberg aus Görz in die etwa dreißig Kilometer entfernt gelegene Adriastadt übersiedelte, lässt sich nicht feststellen, doch kann dies frühestens Ende Januar 1785 der Fall gewesen sein.[218] Von einer Betätigung Hombergs als Lehrer an der Triester jüdischen Normalschule ist in dem Brief Mendelssohns noch nicht die Rede.[219] Der Wechsel nach Triest könnte jedoch durchaus mit der Eröffnung einer solchen beruflichen Perspektive im Zusammenhang gestanden haben, hatte doch Homberg im Dezember 1784 seinem Mentor gegenüber die Hoffnung geäußert, dessen Fürsprache bei Sonnenfels könne seine Chancen erhöhen, »zum Professor oder Director einer christlichen Normalschule« berufen zu werden.[220] Dies wäre freilich – ohne zuvor vollzogene Taufe – ein unerhörter Vorgang gewesen, und nachdem der Kaiser die Ernennung Hombergs zum Korepetitor am Wiener Theresianum abgelehnt hatte,[221] war es unwahr-

---

217 Brief Mendelssohns an Homberg vom 6. September 1785, JubA, Bd. 13, 299 f. und 421, Anm.
218 Vgl. den Brief Mendelssohns »an Herrn Herz Homberg in Görz« vom 22. Januar 1785, JubA, Bd. 13, 262 und 411 f., Anm.
219 Hombergs Brief, auf den Mendelssohn mit diesem Schreiben antwortete, lag allerdings bereits länger zurück. Mendelssohn entschuldigte sich bei Homberg dafür, dass er mit großer Verspätung auf dessen letztes, undatiertes Schreiben antworte. Homberg könnte somit im September 1785 bereits als Lehrer in Triest gewirkt haben, ohne dass Mendelssohn hiervon wusste.
220 Brief vom 22. Januar 1785, JubA, Bd. 13, 262.
221 Vgl. die Briefe Mendelssohns an Homberg vom 19. Oktober 1784, JubA, Bd. 13, 226 f. und vom 20. November 1784, ebd., 233 f. Homberg hatte sich während eines erneuten kurzen Aufenthalts in Wien im Herbst 1784 um die Stelle eines Korepetitors für Philosophie beworben, eine Art von Hilfsdozentur im Rahmen des Unterrichts für die ehemaligen Zöglinge des Wiener Theresianums, das im Jahr 1783 von Joseph II. aufgelöst worden war. Homberg bestand die notwendige Prüfung glanzvoll, wurde jedoch schließlich vom Kaiser nicht für das Amt bestätigt. Der Umstand, dass aus den Briefen Mendelssohns weder die Institution noch die Art der Stelle, um die es sich handelte, klar hervorgehen, hat in der älteren Literatur zu Spekulationen geführt, es habe sich um einen Dozentenposten an der Wiener bzw. Prager Universität gehandelt (vgl. z. B. Bałaban, Herz Homberg in Galizien, 200). Erst Rachel Manekin hat jüngst in ihrem Aufsatz unter Verweis auf Friedrich Nicolai, der in seinen Reisebeschreibungen

scheinlich, dass Homberg ausgerechnet an einer christlichen Schulanstalt eine Anstellung finden sollte. So könnte Sonnenfels Homberg als Alternative schließlich einen Posten als Lehrer an der Triester Scuola Pia Normale sive Talmud Torà in Aussicht gestellt haben, den der *Maskil* tatsächlich noch 1785 angetreten haben muss. In einem Bericht des Triester und Görzer Guberniums an die Vereinigte Hofstelle vom 17. Juni 1786 hieß es, dass neben der zu Triest bestehenden »ganz wohl geordneten hebräischen Schule« im Jahr zuvor

»eine förmliche in zwo Klassen abgetheilte deutsche Trivialschule errichtet und mit zween Lehrern jüdischer Nazion besetzet worden, wovon der erste, Herz Homberg, aus Böhmen, ein Schüler des berühmten Moses Mendelssohn (wenn öffentlichen Nachrichten zu trauen ist,) bei einem in Wien gewesenen Konkurse zu [!] Besetzung eines philosophischen Lehrstuhls sich rühmlich hervorgethan haben soll, und auch hier in seinem minderen Lehramte sich schon als einen denkenden Kopf und für die Aufklärung seiner Mitbrüder eifernden Mann bekannt gemacht hat.«[222]

Der Posten in Triest war sicherlich weit entfernt von Hombergs Karriereträumen. Es handelte sich um eine eher bescheidene Anstellung als Normalschullehrer; eine Tätigkeit, wie sie zu dieser Zeit bereits von mehreren Dutzend jungen jüdischen Männern in der Monarchie ausgeübt wurde. Aber als Lehrer an einer der jüdischen deutschen Schulen in Böhmen, Mähren, Ungarn, Galizien oder den italienischen Territorien beschäftigt zu sein, bedeutete einer vom Staat unterhaltenen und öffentlich anerkannten Profession anzugehören und über ein wenn auch geringes, so doch gesichertes Grundeinkommen zu verfügen. Unter den Gesichtspunkten von Unterhalt und Prestige war es ein großer Karrieresprung vom Hauslehrer zum Staatsangestellten. Der Anstellung als Lehrer ging zumeist eine Ausbildung an einem den Normalhauptschulen in den Hauptstädten angeschlossenen Präparandenseminar voraus. Homberg, wenngleich Autodidakt, scheint dank seines Rufes und seiner Kenntnisse diese Ausbildung nicht mehr nötig gehabt zu haben; die Tatsache, dass er wahrscheinlich von Anfang an als Erster Lehrer an der deutschen Sektion der Triester Scuola Pia Normale fungierte, spricht für die hohe Wertschätzung, die er als Pädagoge und Schüler Mendelssohns genoss. Er

---

ausführlich über den Vorgang berichtete, Licht in das Dunkel um Hombergs »Philosophiedozentur« bringen können. Vgl. Manekin, Naftali Herz Homberg, 157 f. Hinzuzufügen wäre nur die folgende, von Anfang Januar 1787 stammende Bemerkung des Hofrats von Greiner, der Homberg für den Aufseherposten in Galizien unter anderem aus dem folgenden Grunde empfahl: »denn bei der hierorts geschehenen Prüfung für die Repetitorstelle im philosophischen Fach am Theresianum zeichnete sich derselbe durch seine ausgebreiteten und richtigen Kenntnisse so trefflich aus, daß man ihn nebst den hierzu wirklich resolvirten Krail Sr. Maj. zur Wahl vorgeschlagen hatte.« Protokollnotiz zur Sitzung der Studienhofkommission vom 3. Januar 1787, AVA, StHK, Kt. 106, 23 Innerösterreich.

222 Bericht des Triester und Görzer Guberniums vom 17. Juni 1786, »die mehrere Aufklärung und Ausbildung der jüdischen Nation, insonderheit aber ihre Schulanstalten betr.«, AVA, StHK, Kt. 106, 23 Innerösterreich. Vgl. auch Dubin, The Port Jews of Habsburg Trieste, 109, 115 f.

verdiente mit einem Jahresgehalt von 250 Gulden mehr als doppelt so viel wie der »zweite Lehrer«, Raffael Baruch Segre aus Triest, wenngleich auch dies kaum ausgereicht haben dürfte, um sich selbst, geschweige denn eine Familie zu ernähren.[223] Doch bot dieses »mindere Lehramt«, dem er sich 1782 in Wien noch verweigert hatte, dem ehrgeizigen Aufklärer den einzig möglichen Einstieg in den Staatsdienst, nachdem offensichtlich zuvor mehrere Versuche gescheitert waren, direkt auf einen höheren Posten zu gelangen.

Lois Dubin hat in ihrer wegweisenden Studie *The Port Jews of Habsburg Trieste* die besondere, Tradition, merkantile Aktivität und Aufklärung miteinander verbindende Atmosphäre unter den Juden des Habsburger Freihafens geschildert. Im Unterschied zu anderen Teilen der Monarchie rief die Erziehungsoffensive Josephs II. bei den Triester Juden keinen Widerstand hervor. Im Gegenteil, die Einrichtung und der Betrieb der im Mai 1782 eröffneten Scuola Pia Normale sive Talmud Torà erfolgte in enger Kooperation zwischen Gemeinde und Behörden und zu beider Zufriedenheit, sodass sich die Schule von Anfang an als »showcase for Habsburg visions of Jewish Enlightenment« präsentierte.[224] Ihre Besonderheit zeigte sich, wie auch der Name besagte, im Nebeneinanderbestehen von traditionellem Curriculum – welches in der Landessprache, also auf Italienisch, unterrichtet wurde – und deutschem Unterricht nach der Normalmethode. Wenngleich der Unterricht in den säkularen Fächern nicht den Umfang und die Qualität erreichte, die sich Wessely und andere *Maskilim* von einem reformierten Curriculum erhofft hatten, so kam die Triester jüdische Schule den pädagogischen Idealen der *Maskilim* doch recht nahe.[225]

In dem bereits erwähnten Bericht vom Juni 1786 bemerkte das Triester und Görzer Gubernium, dass der Religionsunterricht der in den Küstenländern ansässigen Juden besondere Aufmerksamkeit verdiene, da »eben davon großen Theils die Bestimmung ihres moralischen Karakters, die Ausrottung, oder Unterhaltung ihrer schädlichen Vorurtheile, somit auch ihre mehrere, oder mindere Aufklärung abhänget«. Es sei ein Glück für die Triester Gemeinde, dass an der dortigen Schule »hebräische Lehrer« wirkten, die sich durch »ihre Belesenheit, ihr philosophisches Studium, ihre reine Sittenlehre, und ihre gute Schreibart« auszeichneten.[226] Diese hätten nicht nur dem

»auf Kosten der Gemeinde eigends aufgelegten Religions-Unterrichte [das heißt dem im Unterricht verwendeten Lehrbuch] ein ganz anständiges Gewand gegeben, sondern ihn auch so gereiniget […], daß er neben dem ursprünglichen mosaischen

---

223 Bericht des Triester und Görzer Guberniums vom 17. Juni 1786, ebd.
224 Vgl. Dubin, The Port Jews of Habsburg Trieste, 102–117, zit. 117.
225 Vgl. ebd., 105–108, 134 f.
226 Hiermit war *nicht* Homberg gemeint, der nicht an der *Pia-*, sondern an der *Normale*-Sektion der Schule unterrichtete. Zu den »hebräischen Lehrern« der Triester Schule vgl. ebd., 105.

Gesetze und wenigen, zur Religions-Maxime gewordenen talmudistischen Grillen, viele gute Lebensregeln und Gesellschaftspflichten in sich fasset.«[227]

Bei dem so gepriesenen Lehrbuch handelte es sich um das Werk des Venezianer Rabbiners und Grammatikers Simone (Simcha ben Abraham) Calimani (1699–1784), *Esame ad un giovane israelita istruito nella sua religione* (Prüfung für einen jungen Israeliten, der in seiner Religion unterrichtet wurde). Calimani, der bereits in der Debatte um Wesselys *Divre schalom weemet* eine Lanze für die Reform der jüdischen Erziehung gebrochen hatte,[228] hatte das Werk im Alter von über achtzig Jahren verfasst und im Juni 1782 den Direktoren der in Triest neu gegründeten jüdischen Schule zugeeignet.[229] Dort – wie übrigens auch in Görz – fand es neben Bibel, Mischna und Talmud, neben den geläufigen religionsgesetzlichen Kodizes und Kommentaren sowie neben einigen religiös-ethischen Texten Verwendung im Rahmen des traditionellen Curriculums.[230] Die in didaktischer Absicht als Dialog zwischen Lehrer und Schüler verfassten Kapitel des Buches widmeten sich unterschiedlichen theologischen, ethischen und religionspraktischen Fragen, so den Eigenschaften Gottes, der Offenbarung, der Problematik von Lohn und Strafe und der Bedeutung des freien Willens sowie den jüdischen Festen und Gebeten.[231] Im Unterschied zu den wenig später aufkommenden Katechismen und Religionslehrbüchern maskilischer oder reformorientierter Prägung maß Calimanis Text der mündlichen Tora besondere Bedeutung bei und beschäftigte sich detailliert auch mit einzelnen *Mitzwot*.[232]

Die Bemerkungen der Landesregierung über Calimanis *Esame* fanden offenbar das Interesse der zentralen Behörden, denn kurz darauf wurde das Gubernium per Hofdekret angewiesen, den »von den hebräischen Lehrern gereinigten Religions Unterricht« nach Wien zu senden, damit die Studienhofkommission beurteilen könne, »in was er eigentlich bestehe, und ob nicht

---

227 Bericht des Triester und Görzer Guberniums vom 17. Juni 1786, »die mehrere Aufklärung und Ausbildung der jüdischen Nation, insonderheit aber ihre Schulanstalten betr.«, AVA, StHK, Kt. 106, 23 Innerösterreich.
228 Vgl. Dubin, The Port Jews of Habsburg Trieste, 126 f.
229 Vgl. ebd., 107.
230 Zu den in Triest verwendeten Werken vgl. ebd., 106 f. und 113; zu der in Görz benutzten Literatur vgl. Lesizza, Scuola e cultura ebraiche a Gorizia nel XVIII secolo, 59 f. Calimanis *Esame* wurde offensichtlich erstmals 1783 durch den Görzer Buchdrucker Tomassini aufgelegt, vgl. ebd., 67 und 69 f. Dubin, The Port Jews of Habsburg Trieste, 260 f., Anm. 54, stellt jedoch fest, dass es in der Literatur mehrere widersprüchliche Angaben zu Jahr und Ort der Erstausgabe gibt.
231 Vgl. Hecht, Ein jüdischer Aufklärer in Böhmen, 121 f.
232 Vgl. Dubin, The Port Jews of Habsburg Trieste, 107. Zu jüdischen Religionslehrbüchern seit der Haskala allgemein vgl. Eliav, Jüdische Erziehung in Deutschland im Zeitalter der Aufklärung und der Emanzipation, 312–314, 333–337; Petuchowski, Manuals and Catechisms of the Jewish Religion in the Early Period of Emancipation; vgl. Glasenapp/Nagel, Das jüdische Jugendbuch, 20–78; Gotzmann, The Dissociation of Religion and Law in Nineteenth Century German-Jewish Education.

davon für andere Judenschulen sich ein Gebrauch machen lasse«.[233] Es ist unklar, ob diese Bemerkung auf einen möglichen Einsatz des Buches im »Moralunterricht« an den bei den jüdischen Gemeinden zu errichtenden *deutschen* Schulen zielte oder auf die *Chadarim* und Talmud-Tora-Schulen, was weniger wahrscheinlich ist. Doch lässt sich an diesem Vorstoß feststellen, dass der österreichische Staat verstärkt darauf drängte, bei der religiösen Erziehung der jüdischen Kinder ein Wort mitzureden. Immerhin erwogen die Zentralbehörden in Wien bereits zu diesem Zeitpunkt die Einführung eines einheitlichen Religionslehrbuchs für jüdische Kinder.

Natürlich widersprach ein solches Vorgehen in einem gewissen Maße dem selbstverordneten Toleranzprinzip des aufgeklärt-absolutistischen Staates. Im Zeichen der Religionsfreiheit sollten die institutionelle Ordnung wie die Inhalte des Religionsunterrichts den jeweiligen Glaubensgemeinschaften selbst überlassen bleiben. Joseph II. hatte bei der Errichtung von Normalschulen für die jüdische Bevölkerung dekretiert, dass dies »ohne mindester Beirrung ihres Gottesdienstes und Glaubens«[234] zu erfolgen habe; selbst beim Unterricht aus den Normallehrbüchern sollte mit aller Vorsicht und ohne »Einmengung in das Religionsfach« vorgegangen werden.[235] Zur selben Zeit hatte auch der preußische Beamte Dohm die Prämissen skizziert, nach denen eine »weise Regierung« die »sittliche Bildung und Aufklärung der Juden« in Angriff nehmen sollte. Dabei sollte »sich der Staat um ihren Religionsunterricht weiter nicht bekümmern«, mit einer Ausnahme: »als etwa nöthig wäre, zu verhindern, daß nicht ungesellige Gesinnungen wider die Andersdenkenden durch ihn fortgepflanzt würden«.[236]

Dohms Aussage verweist auf den Spielraum, der es dem Staat trotz aller dekretierten Toleranz gestattete, disziplinierend in die religiöse Sphäre einzugreifen. Behilflich war dabei eine Sicht auf das Judentum, welche – unter dem aufgeklärten Vorzeichen der natürlichen Religion – allein den philosophischen und moralischen Normen des jüdischen Glaubens uneingeschränkte religiöse Qualität zuerkannte, während das Religionsgesetz dem »rituellen« oder »zeremoniellen« Bereich, also allenfalls der äußeren Sphäre des Religiösen zugeordnet wurde, oft bei gleichzeitiger Aberkennung seines Offenbarungscharakters. So kam es zur konzeptuellen Aufspaltung der jüdischen Religion in zwei Bereiche unterschiedlicher sakraler Dignität: die eigentliche, geläuterte »Religion« und das veräußerlichte »Gesetz«.[237] In Letzterem er-

---

233 Hofdekret an das Görzer und Triester Gubernium vom 8. September 1786. AVA, StHK, Kt. 106, 23 Innerösterreich.
234 Handschreiben Josephs II. an Hofkanzler Blümegen vom 13. Mai 1781, in: Pribram, Urkunden und Akten zur Geschichte der Juden in Wien, 440–442, hier 440.
235 Hofdekret an alle Länderstellen, 19. Oktober 1781, in: Pribram, Urkunden und Akten zur Geschichte der Juden in Wien, 513 f.
236 Dohm, Über die bürgerliche Verbesserung der Juden, 120.
237 Vgl. Gotzmann, The Dissociation of Religion and Law in Nineteenth Century German-Jewish Education, 109 f.; ders., Jüdisches Recht im kulturellen Prozess, 56–62.

blickten die aufgeklärten Staatsbeamten die Quelle des »Nationalzusammenhalts« oder des »Religionsegoismus« der Juden, welche im Verfolg ihrer Annäherung an die christlich-bürgerliche Gesellschaft überwunden werden mussten. Es war diese zum Teil aus voraufklärerischen mentalen Strukturen rührende, zum Teil mit aufgeklärten Maximen unterfütterte Ignoranz gegenüber der *Halacha* als eines ganzheitlichen, alle Bereiche jüdischen Lebens umfassenden göttlichen Gesetzes, welche es dem Staat erleichterte, direkt in zentrale Bereiche jüdischer Religionspraxis einzugreifen. Zuallererst betraf dies die Sphäre der traditionellen Erziehung, da sie im Verdacht stand, durch die Tradierung des Religionsgesetzes »ungesellige Gesinnungen wider die Andersdenkenden« zu verbreiten.

Hombergs Trennung zwischen »Religion« und »Gesetz«

Die vorangegangenen Bemerkungen umreißen den Handlungsspielraum, innerhalb dessen es Homberg möglich war, sich mit seinen Vorschlägen zur Reform der traditionellen jüdischen Erziehung an die staatlichen Behörden zu wenden – und dort mit etwas Glück Gehör zu finden. Ein erstes Mal hatte er es 1783 mit der *Beurtheilung* versucht. Nun bot sich ihm erneut eine Gelegenheit dazu. Wie aufgefordert hatte das Gubernium Calimanis Buch im November 1786 an die Wiener Hofkanzlei gesandt. Zuvor hatten die Triester Beamten jedoch kundigen Rat eingeholt. Wenngleich sie das Werk »in seiner Art« auch für gut hielten, so schrieben sie, hätten sie es »doch nicht für überflüssig gehalten, den bei der Triester deutschen Juden-Schule angestellten ersten Lehrer Herz Homberg [...] zu vernehmen: was für einer Verbesserung er selbes etwa fähig halte«. Dieser lasse in seiner zugleich mit dem Buch übersandten Stellungnahme »zwar dem Verfasser des Handbuchs Gerechtigkeit wiederfahren, giebt aber doch auch zu erkennen, welche Verbesserungen darin statt finden könnten, ohne den Grundsätzen jüdischer Religionslehren im Mindesten zu nahe zu tretten.«[238]

Homberg hatte in einer Vorbemerkung einschränkend festgestellt, dass er nur diejenigen Textstellen in Calimanis Werk berücksichtigt habe, die seiner Meinung nach einer Verbesserung bedurften. Sein 23-seitiges Gutachten enthielt dennoch grundsätzliche und ausführliche Kritik, mit der Homberg gleichzeitig implizit seine eigenen theologischen, philosophischen und pädagogischen Prämissen herausstellte und sich als kompetenter und aufgeklärter Reformer zeigte.[239] Er griff Calimani insbesondere dort an, wo dieser

---

238 Bericht des Triester und Görzer Guberniums vom 18. November 1786, Wodurch der jüdische Religions Unterricht einbefordert wird, AVA, StHK, Kt. 106, 23 Innerösterreich.
239 Anmerkungen zur Schrift: Esame ad uno Giovane ebreo istruito nella sua religione, composto da S. Calimani rabb. in Venet (nachfolgend Anmerkungen zur Schrift), AVA, StHK, ebd. Im Folgenden sollen nur die Passagen des Gutachtens behandelt werden, die einen Bezug zu der von Homberg gewünschten Reform des »Religionsunterrichts«, insbesondere zu der dieser

sich nach Hombergs Auffassung zu stark mit der mündlichen Tora und einzelnen *Mitzwot* auseinandersetzte. Dem Aufklärer Homberg galten Moral und sittliches Verhalten als die eigentlichen Forderungen der Religion; die rituellen Bestandteile der Tradition – »Opfer, Gebete, äusserer Gottesdienst, äussere Verehrung überhaupt, Tempel, Festtag und Betstunde« – gehörten für ihn nicht zum Wesen des Religiösen, sondern hatten allein symbolischen Wert; im Sinne Mendelssohns – aber mit anderen Schlussfolgerungen – deutete er sie als Zeichen: »Zeichen der innern Liebe, Unterwerfung und Ergebung, Zeichen, die wir nur unsern Nächsten geben, um sie zu gleicher Liebe, zu gleicher Ergebung, und zu gleicher Andacht aufzumuntern u. anzufeuern«.[240] Jedoch nicht diese symbolische Tradition solle im Vordergrund eines reformierten Religionsunterrichts stehen, sondern der moralische Gehalt der Religion, der sich in den rituellen Handlungen ausdrücke: der Religionslehrer solle sich »nicht mehr bey dem Zeichen, als bey dem Bezeichneten aufhalten«.[241]

Bereits in der *Beurtheilung* von 1783 hatte Homberg über die exklusive Ausrichtung der traditionellen jüdischen Erziehung auf das Ideal des *Talmid chacham* geklagt und eine Reform des »Religionsunterrichts« vorgeschlagen. Die dort geäußerten Ideen griff er nun erneut auf, um sie zu vertiefen. Hombergs Religionsbegriff unterschied strikt zwischen »Religion« und »Gesetz«. Beide Gegenstände waren legitim; beide hatten ihren Platz im System jüdischer Bildung. Doch nur die eigentliche »Religion«, als deren Kern wahre Moralität und sittliches Verhalten hervortraten, sollte Gegenstand eines modernen Religionslehrbuchs wie auch eines reformierten jüdischen Religionsunterrichts sein. So kritisierte Homberg, dass Calimanis Lehrbuch eine weitläufige Darstellung von halachischen Normen zur Einstufung und Ahndung von Verbrechen gegen Leib und Leben bzw. von Ehebruch enthielt. Diese Materie sei seiner Auffassung nach »ganz und gar kein Gegenstand für ein gemeinnütziges Schulbuch für alle Klassen von Knaben«.[242] Abgesehen davon, dass viele der aufgeführten religionsgesetzlichen Bestimmungen »im gegen-

---

zugrunde liegenden Trennung zwischen »Religion« und »Gesetz« haben. Zur Kritik Hombergs an den philosophischen und theologischen Standpunkten Calimanis vgl. Sadowski, »Aus der Schule gehet schon der künftige Heuchler hervor«, 97 f.

240 Anmerkungen zur Schrift, 9 f. (Paginierung durch den Verfasser). Vgl. Mendelssohn, Jerusalem oder über religiöse Macht und Judentum (Berlin 1783), in: JubA, Bd 8, 99–204, hier 167–185, 192 f. Vgl. Krochmalnik, Das Zeremoniell als Zeichensprache; Hilfrich, »Lebendige Schrift«.

241 Anmerkungen zur Schrift, 9 f. (Paginierung durch den Verfasser). Zur gleichen Zeit wie Homberg und mit ähnlichen Schlussfolgerungen formulierte Isaak Euchel den Gedanken der Mittlerfunktion ritueller Handlungen in der Einleitung zu seiner Gebetbuchübersetzung ins Deutsche: »Gott will unsern Dienst nicht; sondern er erlaubt uns äusserliche Handlungen als Mittel zu gebrauchen, um dadurch zu dem grossen Zweck unsrer eignen Besserung und Vervollkommnung zu gelangen.« Euchel, Gebete der hochdeutschen und polnischen Juden, Vorrede, V.

242 Anmerkungen zur Schrift, 13 f. (Paginierung durch den Verfasser).

wärtigen Zustand der Nation durchaus unanwendbar« seien, sollten diese Gegenstände ausschließlich angehenden Rabbinern und Religionslehrern vorbehalten bleiben; »für Knaben aber, die in der Religion nur, nicht in dem Gesetz unterrichtet seyn sollen, um richterliche Urtheile zu fällen, ist alles dieses sicher höchst überflüssig.«[243] Pointiert wiederholte Homberg seine Überzeugung von der Notwendigkeit einer Trennung des halachischen Studiums vom allgemeinen »Religionsunterricht« anlässlich der Behandlung des Erstgeburtsrechts in Calimanis Schrift. Dieser Gegenstand sollte nach seiner Auffassung nicht in einem Religionslehrbuch behandelt werden:

»Ueberhaupt, alles was nicht wesentlich zur Religion gehört, was nur Gesetze, Statuten, Gebräuche und Herkommen sind, sollten darinnen nicht vorkommen; oder es müssten alle vorkommen, und alle Knaben zu lauter Rabbinern gebildet werden. Dieß war aber des Verf[assers] Absicht gewiss nicht. Er sah wohl ein, daß der geistliche Stand überhaupt in der bürgerlichen Gesellschaft das seyn sollte, was das Salz in den Speisen ist – zuviel verdirbt; nützt nur, mässig gebraucht.«[244]

»Gesetze, Statuten, Gebräuche und Herkommen« – also *Halacha* und *Minhag* in ihrer Gesamtheit – gehörten Homberg zufolge somit nicht zum Wesen der jüdischen Religion; das Wörtchen »nur« vor der Aufzählung veranschaulicht deutlich, welche Stellung Homberg dem Religionsgesetz in seinem pädagogischen System zubilligte. Diese strikte konzeptuelle Trennung von »Religion« und »Gesetz« war ein Novum im maskilisch-pädagogischen Diskurs; sie sollte jedoch in den folgenden Jahren und Jahrzehnten zu einer der maßgeblichen Prämissen jüdischer Reformer im Erziehungsbereich werden und einer Vielzahl von Moral- und Religionslehrbüchern zugrunde liegen.[245] Wessely wäre ein solcher Vorschlag nicht in den Sinn gekommen; Mendelssohn hatte das Religionsgesetz als wesentlichen Teil der jüdischen Religion, als »geoffenbartes Gesetz« deklariert und damit gegen die Abwertungsversuche aufgeklärter Staatsbeamter und christlicher Theologen verteidigt.[246] Homberg hingegen hatte sich deren Unterscheidungen zu eigen gemacht und in sein erzieherisches Reformmodell inkorporiert, wobei er sich bewusst gewesen sein muss, dass er seinem inzwischen verstorbenen Mentor hiermit widersprach. »Über die Nothwendigkeit der Ritualgesetze sind wir nicht einerlei Meinung« – dieser viel zitierte Satz Mendelssohns aus einem Brief an Homberg von 1783[247] verweist auf eine schon damals vorhandene fundamentale Differenz hinsichtlich des Ortes der *Halacha* im Kontext der jüdischen Reli-

---

243 Ebd., 14 (Paginierung und Hervorhebung durch den Verfasser).
244 Ebd., 18 (Paginierung durch den Verfasser).
245 Vgl. hierzu ausführlich Gotzmann, The Dissociation of Religion and Law in Nineteenth Century German-Jewish Education.
246 Vgl. Mendelssohn, Jerusalem oder über religiöse Macht und Judentum (Berlin 1783), in: JubA, Bd 8, 99–204, hier 157, 164–168, 192 f. Vgl. hierzu Schulte, Mendelssohns Verteidigung der Halacha gegen protestantische Bibelverständnisse seiner Zeit.
247 Brief Mendelssohns an Homberg vom 22. September 1783, JubA, Bd. 13, 132–134, hier 134.

gion. Sie rührte aus dem Unterschied der Perspektiven – der apologetisch-philosophischen Mendelssohns und der pädagogisch-utilitaristischen Hombergs. Nicht unbedingt lässt sich daraus eine Nichtbeachtung der *Mitzwot* durch Homberg folgern, wie dies gelegentlich behauptet wurde.[248] Natürlich ließe sich geltend machen, dass die Verdrängung der mündlichen Tora aus dem jüdischen Curriculum zwangsläufig zur Preisgabe der Gebote führen musste und der Propagandist dieses Wandels dies auch bewusst in Kauf nahm. Doch noch in seinem ersten, auf Hebräisch verfassten Lehrbuch *Imre Schefer* (1808) behandelte Homberg ausführlich die Lehre von der Einheit der schriftlichen und mündlichen Tora und sprach sich für die Befolgung der *Mitzwot* aus, wenn auch dem jüdischen Zeitgenossen nicht mehr jedes Gebot rational nachvollziehbar sei.[249]

Dem *Aufklärer* Homberg schien das Religionsgesetz weniger »religiös« als der ethische Gehalt des Judentums – wenngleich er es nicht abgeschafft sehen wollte; der *Pädagoge* erachtete es in seiner Fülle und Komplexität als untauglich für die Vermittlung im Unterricht. Vor allem unter dem Gesichtspunkt der Nützlichkeit lehnte Homberg die extensive Beschäftigung aller Knaben mit der Auslegung des Gesetzes ab. Als zukünftige Glieder der bürgerlichen Gesellschaft sollten die Juden wie alle anderen Untertanen auch eine religiös-moralische Erziehung genossen haben; eine Vielzahl von Vertretern eines jüdischen »geistlichen Standes« war der Gesellschaft dagegen ebenso abträglich wie das Heer der Welt- und Klostergeistlichen, dessen Reduzierung sich der josephinische Staat gerade auf die Fahnen geschrieben hatte.

Die Beförderung

Homberg hatte den Ratschlag befolgt, den ihm Mendelssohn 1784 nach dem Scheitern der Bewerbung um die Korepetitor-Stelle am Theresianum gegeben hatte: Man solle sich »ohne Geräusch hervorthun, und Verdienste zeigen, ohne lauten Anspruch zu machen. Lassen Sie dann nur die Excellenz menschenfreundlich genug seyn, das Verdienst anzuerkennen; die Majestät wird am Ende dennoch der Excellenz nachfolgen müssen.«[250] Nach der *Beurtheilung* von 1783 hatte sich Homberg mit dem Gutachten über Calimanis *Esame* den josephinischen Beamten in Wien ein zweites Mal nachdrücklich als zukünftiger Reformer der jüdischen Erziehung empfohlen. Sein Ehrgeiz und sein geduldiges Ertragen von Rückschlägen brachten schließlich den gewünschten Erfolg. Der Oberaufseher über das Normalschulwesen der Monarchie, Joseph Anton Gall, dem die Hofkanzlei Hombergs Gutachten zugeleitet

---

248 Vgl. z. B. Altmann, Moses Mendelssohn, 551; vgl. auch Manekin, Naftali Herz Homberg, 160.
249 Vgl. Wenzel, Judentum und »bürgerliche Religion«, 342 f.
250 Brief Mendelssohns an Homberg vom 20. November 1784, JubA, Bd. 13, 233 f.

hatte, äußerte sich sehr angetan über Hombergs »gründliche Bemerkungen«, die »in jeder Rücksicht was vortreffliches von ihm erwarten« ließen:

»Er hebet vornehmlich jene Grundlehren heraus, die Juden und Christen mit einander gemein haben, und deren Ueberzeugung schon die wechselseitige Eintracht bewirken kann. Er nimmt Rücksichten auf die Toleranz, die Menschen- Bürger- und überhaupt die Gesellschaftspflichten, und beobachtet Delikatessen der Sittlichkeit, die wir andern in unseren Religionsbüchern vermissen. Die gesunde Philosophie leitet seine Gelehrsamkeit, den Talmud, und andere jüdische Lehrer so vortheilhaft zu wenden. Von welchem Einflusse könnte das für die Aufklärung, und die sittliche Ausbildung der erbländischen Judenschaft seyn, wenn ihre künftigen Rabbiner auch den philosophischen Kurs machen müssten? Herz Homberg würde den vortrefflichsten Lehrer für sie abgeben.«[251]

Auf ihrer Sitzung am 3. Januar 1787 behandelte die Studienhofkommission den Vorgang. Von einer etwaigen Verwendung des Calimani-Buches in den jüdischen Schulen war nun, nach Hombergs eher negativem Gutachten, keine Rede mehr. Doch stimmten die Mitglieder der Kommission der überaus positiven Beurteilung Hombergs durch Gall bei, zumal es sich bei dem *Maskil* auf diesem Parkett um keinen Unbekannten handelte. Da er durch das Gutachten »bereits wirklich etwas nützliches geleistet, und zugleich den abermaligen Beweiß dargestellet, daß er zur Bildung und Aufklärung seiner Nation wesentliche Dienste leisten könnte«, schlug die Studienhofkommission vor, Homberg eine Belohnung von dreißig Dukaten zukommen zu lassen.[252] Einer der Sitzungsteilnehmer war der für das galizische Schulwesen zuständige Lemberger Gubernialrat Johann Wenzel von Margelick.[253] Vor dem Hintergrund der mühsam vonstatten gehenden Einrichtung deutscher Schulen bei den jüdischen Gemeinden Galiziens unterbreitete er den Vorschlag, Homberg, »diese[n] fähige[n] und rechtschaffene[n] Mann« mit der »Leitung des jüdischen Schulwesens« in Galizien zu beauftragen.[254] Nur knapp einen Monat nach der Sitzung der Studienhofkommission, am 7. Februar 1787, erging ein Dekret an das Triester und Görzer Gubernium, in dem es hieß:

»Seine k. k. Majest. haben dem ersten Lehrer an der Triester deutschen Judenschule Herz Homberg zur Belohnung und Aufmunterung 30 Dukaten aus dem Studienfundo zu bewilligen, und denselben zugleich in Ansehung seiner vortrefflichen Talente, und Kenntnisse, wodurch er zur Bildung, und Aufklärung seiner Nation wesentliche Dienste leisten kann, zum Aufseher über die gesammten jüdischen Schulen in Ga-

---

251 Stellungnahme Joseph Anton Galls vom 21. Dezember 1786, AVA, StHK, Kt. 106, 23 Innerösterreich.
252 Protokollnotiz zur Sitzung der Studienhofkommission vom 3. Januar 1787, AVA, ebd.
253 Zur Rolle Margelicks bei der Einrichtung des deutschen Schulwesens in Galizien vgl. Glassl, Das österreichische Einrichtungswerk in Galizien, 240.
254 Protokollnotiz zur Sitzung der Studienhofkommission vom 3. Januar 1787, AVA, StHK, Kt. 106, 23 Innerösterreich.

lizien unter der Leitung des dortigen Oberschulenaufsehers mit einem jährl. Gehalte von 800 fl. zu ernennen gnädigst geruhet.«[255]

Die Landesstelle sollte Homberg über seine künftige Bestimmung informieren und zur zügigen Abreise nach Wien bewegen, damit er sich dort beim Präsidium der Studienhofkommission weitere Instruktionen hole. Im März 1787 verabschiedete sich Homberg von seinen Schülern und Kollegen an der Triester Scuola Pia Normale, nicht ohne zuvor vom Osservatore Triestino für seine pädagogischen Fähigkeiten gepriesen worden zu sein: Statt die Schüler mit oberflächlichem Wissen und unnützer Beanspruchung ihres Gedächtnisses zu quälen – offenbar eine Anspielung auf die Zumutungen der Saganischen Tabellenmethode – habe er ihren Verstand erleuchtet und ihre Herzen geformt.[256]

In diesem Kapitel wurde gezeigt, wie es Homberg gelang, zentrale Elemente des Diskurses der gesellschaftlichen »Nützlichkeit«, wie er von den Kameral- und Polizeywissenschaften geführt wurde, mit dem pädagogischen Programm der Haskala zu verbinden. Die hierdurch erfolgte kameralistische Überformung des maskilischen Erziehungsideals – in Anlehnung an David Sorkins Konzept der »politicization of Haskalah« soll hier von einer »polizierten Haskala« bzw. einem »polizierten maskilischen Bildungskanon« die Rede sein – gestattete wiederum die Einbindung von Konzepten der jüdischen Aufklärung in die staatlichen Bemühungen zur sittlichen »Verbesserung« und Produktivierung der Juden. Hombergs »poliziertes« Erziehungsprogramm bildete damit ein wichtiges Scharnier zwischen der Haskala und ihren auf eine innere Reform der jüdischen Gemeinschaft zielenden pädagogischen Ambitionen auf der einen Seite und dem Diskurs der »bürgerlichen Verbesserung« der Juden mit seinen zunächst im Habsburgerreich im Rahmen der Toleranzpolitik in die Praxis umgesetzten rechtlichen, demografischen, sozioökonomischen und vor allem erziehungspolitischen Prämissen auf der anderen Seite.

1.3 Die jüdischen deutschen Schulen in Galizien 1782–1787

Der Aufbau eines Normalschulsystems in Galizien

Im Sommer 1772 waren im Zuge der Teilung Polens der südliche Teil der Wojewodschaft Krakau und Sandomir (Kleinpolen) sowie die ruthenischen Gebiete des polnisch-litauischen Königreiches an Österreich gelangt. Unter Verweis auf eine im 13. und 14. Jahrhundert bestehende ungarische Herrschaft über das Gebiet und in Anlehnung an die Bezeichnungen der damaligen

---

255 Hofdekret vom 7. Februar 1787, AVA, ebd.
256 Vgl. Dubin, The Port Jews of Habsburg Trieste, 116.

Fürstentümer Halicz und Wladimir wurden die weitläufigen Territorien mit einer Bevölkerung von über 2,5 Millionen Menschen als »Königreich Galizien und Lodomerien« in das Habsburgerreich eingegliedert. Im Jahr 1786 wurde die 1775 von den Türken abgetretene Bukowina administrativ dem neuen Kronland zugeordnet. Zur Landeshauptstadt Galiziens mit dem Sitz der Landesregierung, des Guberniums, wurde Lemberg bestimmt. Zum ersten Gouverneur wurde Anton Johann Graf von Pergen (1725–1814) ernannt.

Die neu geschaffene galizische Zentralverwaltung sah sich vor enorme Herausforderungen gestellt, galt es doch, das annektierte Gebiet mit seiner heterogenen Bevölkerung, seinen diversen Religionen, Kulturen und Sprachen, ständischen Strukturen und seiner schwach entwickelten Ökonomie in das Reichsganze einzugliedern und Maßnahmen zu seiner wirtschaftlichen und kulturellen Entwicklung zu treffen. Zuallererst ging es darum, das Land statistisch und kartografisch zu erfassen, administrativ zu untergliedern, mit Dependancen der Zentralverwaltung zu versehen, das Rechtssystem zu vereinheitlichen sowie in bereits bestehenden Ämtern und Gerichten für eine loyale und der deutschen Sprache mächtige Beamten- und Richterschaft zu sorgen. Die finanziellen Verhältnisse der Stände waren zu sichten und zu ordnen und eine Reform des Steuerwesens in Angriff zu nehmen, um die Landeskasse zu füllen. Der raschen Klärung bedurfte das Verhältnis zu den verschiedenen Gruppen des polnischen Adels, zum römisch-katholischen, griechisch-unierten und armenischen Klerus, zum Stadtbürgertum und zu den Magistraten, zu den mehrheitlich ruthenischen Bauern und nicht zuletzt zu den rund 200 000 Juden, die mit der Annexion an Österreich gekommen waren.[257]

Zu den Maßnahmen, die Maria Theresia und ihr Sohn und Mitregent Joseph schnellstens durchgesetzt sehen wollten, gehörte die Entwicklung des Erziehungswesens und die Verbreitung der deutschen Sprache in einem Land, in dem es kaum Schulen und Lehrer gab.[258] Bereits im Januar 1774 wurde im Zuge der umfassenden Reform des Erziehungswesens im Habsburgerreich dem galizischen Hofkanzler in Wien, Eugen Graf Wrbna, der Auftrag erteilt, Schritte zur Einführung eines neuen Schulwesens in Galizien einzuleiten. Der Hofkanzler verwies auf die Fülle von dringlichen administrativen Aufgaben,

---

257 Zu den politischen, administrativen, sozialen und ökonomischen Maßnahmen in den ersten Jahrzehnten der österreichischen Herrschaft in Galizien vgl. Groß-Hoffinger, Die Theilung Polens und die Geschichte der österreichischen Herrschaft in Galizien; Brawer, Galizien, wie es an Österreich kam; Paldus, Die Einverleibung Galiziens und der Bukowina in die österreichische Monarchie im Jahre 1772; Schneider, Das Kolonisationswerk Josephs II. in Galizien; Rumpel, Die Reisen Kaiser Josephs II. nach Galizien; Glassl, Das österreichische Einrichtungswerk in Galizien; Mark, Galizien unter österreichischer Herrschaft, 1–68; Rosdolsky, Untertan und Staat in Galizien; Röskau-Rydel, Kultur an der Peripherie des Habsburger Reiches; dies. (Hg.), Deutsche Geschichte im Osten Europas, 15–90.
258 Vgl. Helfert, Die Gründung der österreichischen Volksschule unter Maria Theresia, 458; Glassl, ebd., 237.

mit denen die galizische Landesregierung nach der Inbesitznahme des Königreichs beschäftigt war und die sie kaum Zeit und Personal für weitere Aufgaben entbehren ließen und deutete an, dass er die befohlenen Maßnahmen zur Schulerrichtung zu diesem Zeitpunkt für verfrüht hielt.[259] Doch wurde seinen Einwänden kein Gehör geschenkt und im Januar 1775 wurde dem Lemberger Gubernium die wenige Tage zuvor erlassene Allgemeine Schulordnung mit der Aufforderung zugesandt, in Anlehnung an diese ein eigenes Patent für Galizien zu entwerfen. Mit dieser Aufgabe wurde Gubernialrat Johann Christoph von Koranda betraut,[260] der schon kurz darauf den gewünschten Entwurf vorlegen konnte.[261]

Während sich die Verhandlungen und Diskussionen zwischen Wien und Lemberg um die Einführung des Schulwesens in Galizien vor allem aufgrund der Arbeitsüberlastung der zuständigen Gubernialräte über mehrere Jahre hinzogen, war in Lemberg am 9. September 1775 eine Normalschule im Gebäude des ehemaligen Jesuitenkollegs gegründet worden, wo die ersten vier, von dem Schulreformer Ferdinand Kindermann (1742–1801) in Böhmen ausgebildeten Normalschullehrer ihre Arbeit aufnahmen.[262] Im März 1776 wurde die Studienkommission für Galizien ins Leben gerufen, der neben mehreren Regierungsbeamten auch Vertreter der Geistlichkeit angehörten. Sie sollte den Ausbau des Elementarschulwesens beschleunigen helfen, daneben oblag ihr auch die Kontrolle der Gymnasien. Die Leitung wurde dem Gubernialrat Graf Sigismund von Gallenberg (1751–1800) übertragen.[263] Allerdings mussten die anderen Vertreter der Landesregierung aufgrund der Überlastung mit anderen Aufgaben bald ihre Tätigkeit für die Studienkommission einstellen, und die ganze Arbeit lastete allein auf Gallenberg. Unter diesen Umständen reichte die Wirksamkeit der Kommission kaum über Lemberg hinaus, und die Errichtung von deutschen Schulen in der Provinz stagnierte.[264]

Als Joseph II. Ende 1780 die Alleinherrschaft antrat, war es in Galizien um das Erziehungswesen schlecht bestellt. Bereits im Frühjahr 1780 hatte Joseph nach seiner zweiten Galizienreise seiner Mutter mitteilen müssen, dass seit der Inbesitznahme des Landes »für die Nation gar nichts weder zur Beruhigung noch zu einer Aussicht für das künftige noch zur Consolidierung oder deren Bildung geschehen« sei.[265] Auch drei Jahre später hatte sich die Situation kaum geändert. Im Herbst 1783 musste die Studienhofkommission erneut den traurigen Zustand des galizischen Schulwesens konstatieren. Es gebe in Galizien kaum öffentliche Schulen, von nach der Normallehrart eingerichteten

---

259 Vgl. Helfert, Die Gründung der österreichischen Volksschule unter Maria Theresia, 459.
260 Zu Koranda vgl. Kratter, Briefe über den itzigen Zustand von Galizien, Bd. 1, 205–209.
261 Vgl. Helfert, Die Gründung der österreichischen Volksschule unter Maria Theresia, 460 f.
262 Vgl. ebd., 462 f.; Röskau-Rydel, Kultur an der Peripherie des Habsburger Reiches, 75 f.
263 Vgl. Hengl, Das Schul- und Studienwesen Österreichs im aufgeklärten Absolutismus, 54–56.
264 Vgl. Helfert, Die Gründung der österreichischen Volksschule unter Maria Theresia, 465.
265 Zit. nach ebd.

Schulen ganz zu schweigen.[266] Die Hofbeamten in Wien machten für diese dramatische Lage die galizische Studienkommission verantwortlich; diese wurde im Dezember 1783 aufgelöst. Ihre Aufgaben übernahm ein direkt der Landesregierung unterstellter Referent.[267] Im Juli 1784 wurde der bisherige Direktor der Lemberger Normalhauptschule, Johann Nepomuk Franz Hofmann (1753-1831) von Joseph II. zum Oberaufseher über die deutschen Schulen in Galizien ernannt.[268] Er wurde mit einem Jahresgehalt von 800 Gulden ausgestattet[269] und erhielt die ihm als Oberaufseher zustehende Würde eines Domscholastikers am Lemberger lateinischen Domkapitel.[270] Wie der zeitgenössische Schriftsteller Franz Kratter berichtete, war es Hofmann, »der sich durch die Unermüdbarkeit seines Eifers wirklich um Galizien verdient machte«.[271] Offensichtlich gelang es dem Oberaufseher mit Unterstützung des im Gubernium für Studienangelegenheiten zuständigen Referenten von Thoren tatsächlich, einige Erfolge im deutschen Schulwesen zu erzielen, denn im Juni 1787 wurde Hofmann per Hofdekret »die höchste Zufriedenheit« darüber zu erkennen gegeben, »daß die Anzahl der Schulen zugenommen habe, und jetzt 137. neu eingerichteter christlicher und jüdischer Schulen im Lande sind«.[272] Im Jahr 1788 gab es in Lemberg neben der Normalschule eine städtische Hauptschule, zwei deutsche Trivialschulen sowie zwei Mädchenschulen.[273] Daneben dürfte es Hauptschulen in allen Kreisstädten sowie eine größere Anzahl von Trivialschulen in den kleineren Städten gegeben haben.[274] Anfang 1789 existierten in Galizien 144 Trivialschulen, die von 7 847 Kindern besucht wurden, daneben die Normalschule und die Hauptschule in Lemberg,

---

266 Extractus des Allerunterthänigsten Vortrags [der Studienhofkommission] de dato 20ten Weinmonats 783 [= 20. Oktober 1783], AVA, StHK, Kt. 3, 2 k, 2 Studien in gen. Galizien 1784.
267 Hofdekret vom 11. Dezember 1783, AVA, StHK, Kt. 3, 2 k, 2 Studien in gen. Galizien 1784.
268 Vgl. Röskau-Rydel, Kultur an der Peripherie des Habsburger Reiches, 67 f. Hofmann stammte aus Mähren und war nach dem Studium der Philosophie und Theologie in Olmütz im Jahr 1776 in Wien zum Priester geweiht worden. 1778 wurde er zum Direktor der Lemberger Normalhauptschule bestellt. Hofmann übte das Amt des Oberaufsehers bis zum Jahr 1800 aus. Vgl. ebd. Als Vorgesetzter (bis Ende 1789) und Konkurrent von Homberg spielte er eine wichtige Rolle in der Geschichte der jüdischen deutschen Schulen in Galizien. Über Hofmann vgl. auch Kratter, Briefe über den itzigen Zustand von Galizien, Bd. 1, 117 f.
269 Hofdekret vom Juli 1784, AVA, HKP Galizien 1784, 775-780 (Julius, Nr. 126), hier 777 f.
270 Vgl. Röskau-Rydel, Kultur an der Peripherie des Habsburger Reiches, 67. Zur Kopplung des Oberaufseheramtes mit der Domscholastiker-Würde vgl. Ficker, Geschichte, Organisation und Statistik des österreichischen Unterrichtswesens, 5.
271 Vgl. Kratter, Briefe über den itzigen Zustand von Galizien, Bd. 1, 117.
272 Hofdekret vom 5. Juni 1787, AVA, HKP Galizien 1787, 460 (Junius, Nr. 12). Für die Situation um 1785 vgl. die Angaben zum Ausbau des Schulwesens unter Hofmann bei Kratter, ebd., 120-130.
273 Vgl. Röskau-Rydel, Kultur an der Peripherie des Habsburger Reiches, 84-87, 90 f., 94 f., 98.
274 Bereits 1785 verzeichnete Kratter, Briefe über den itzigen Zustand von Galizien, Bd. 1, 129, »ausser der Normalschule in Lemberg 15 Kreis-, 2 Haupt-, 15 Stadt-, 3 Land-, 4 Mägdlein- und 7 jüdische Schulen«.

19 Kreisschulen, vier Hauptschulen, vier Klosterschulen und 19 Mädchenschulen.[275]

Im Januar 1789 hatte sich eine beim Gubernium in Schulsachen tagende besondere Kommission darauf verständigt, dass in Galizien mindestens 2 500 deutsche Trivialschulen einzurichten seien, um den Bedarf auf dem Land zu decken.[276] Der Studienreferent des Guberniums, von Thoren, hatte entsprechend der geplanten Anzahl der Pfarreien gar bis zu 4 000 Schulen für nötig gehalten,[277] doch offenbarten die Beobachtungen, die er selbst während einer Bereisung Galiziens im Herbst 1788 gemacht hatte, ein diesen hochfliegenden Plänen hohnsprechendes Bild der galizischen Schulwirklichkeit:

»Der Hindernisse in Verbreitung des Schulwesens sind in diesem Lande viele, mehrere als in jedem andern. Eine *Schule* ist in jedem andern Lande eine Sache, die der gemeinste Mann kennt, für nützlich ansieht; der Pohle kann sich größten Theils nur mit Mühe, nur mit Zwang von deren notwendigen Existenz überzeugen lassen. In jedem anderen Lande denkt der Grundherr selbst daran, ein *Schulhaus* herzustellen […]; der Landesfürst befiehlt, so soll das Schulhaus aussehen, und alle Grundobrigkeiten stellen es in der verlangten Form, in der Güte, von Stein her, ohne über eine unerträgliche Last zu klagen;[278] hierlandes, wo ein solch gemauertes Schulhaus in den meisten Orten den Sitz der größtentheils unvermögenden Grundherrschaft beschämte, die sich oft mit einem hölzernen oder Leimernen[279] Pallast begnüget, hier muß man zufrieden seyn, wenn man eine hölzerne Hütte erhält, wo die Schuljugend vor Nässe und Kälte geschützt ist. In jedem andern Lande findet man beträchtliche *Stiftungen* auf Schulen, hier kann man sie beynahe auf den Fingern abzählen, und auch diese scheinen zu schwinden […] In allen andern Landen, trifft man Leute an, die studirt, wenigstens Lesen, Schreiben und Rechnen gelernt haben, jedes Dorf kann deren einige abgeben; mit welcher Mühe werden hier solche Leute gesucht!«[280]

Doch es waren nicht nur die Gleichgültigkeit der Bevölkerung gegenüber den deutschen Schulen, der häufige Geldmangel der polnischen Grundherrn und

---

275 Vgl. Weiß, Geschichte der österreichischen Volksschule unter Franz I. und Ferdinand I., 895 mit Anm. 2. Weiß gibt zudem eine Zahl von 28 jüdischen deutschen Schulen an, was nicht stimmen kann, da Ende 1788 bereits 82 jüdische Normalschulen existierten. Siehe in Kap. 1.4.
276 Protocoll der unterm 17. Jenner [1]789 in Schulsachen bei dem Galizischen Landesgubernium abgehaltenen besonderen Kommission, AVA, StHK, Kt. 79, 17 Galizien in genere. Vgl. auch bei Weiß, Geschichte der österreichischen Volksschule unter Franz I. und Ferdinand I., 895 mit Anm. 3.
277 Bemerkungen im allgemeinen über das Schulwesen, o. D. (vermutlich Ende 1788), AVA, ebd. Vgl. auch bei Weiß, Geschichte der österreichischen Volksschule unter Franz I. und Ferdinand I., 895 mit Anm. 3.
278 Dies war eine idealisierte Schilderung. Tatsächlich liefen die Schulerrichtungen in den anderen Teilen der Monarchie fast nie so konfliktfrei ab, wie von von Thoren behauptet. Vgl. Hengl, Das Schul- und Studienwesen Österreichs im aufgeklärten Absolutismus, 139–153, 208–213.
279 D. i. »lehmernen«, »aus Lehm«.
280 Bemerkungen im allgemeinen über das Schulwesen, o. D. (Ende 1788), AVA, StHK, Kt. 79, 17 Galizien in genere. (Hervorhebungen im Original, dort unterstrichen).

die Schwierigkeit, geeignete Kandidaten für die Lehrerausbildung zu finden, die den Fortschritt des deutschen Schulwesens behinderten. Wie überall in der Monarchie, so erwies sich auch in Galizien die Frage der Finanzierung als kritisch für das Schulwesen.[281] Der Normalschulfonds, der sich aus verschiedenen ständischen Abgaben, Sondersteuern, Geldern aus privaten Stiftungen und aus Zuschüssen aus dem sogenannten »Jesuiten-Fond«[282] zusammensetzte, reichte in Galizien bei Weitem nicht aus, um auch nur alle geplanten Stadtschulen errichten und mit Lehrern versehen zu können. Aus dem Normalschulfonds wurden die Lehrergehälter bezuschusst, für die in Galizien – da hier kein Schulgeld erhoben wurde – die Gemeinde oder der Grundherr aufzukommen hatte. Bei der verbreiteten Finanznot der Gemeinden und Dominien musste der Staat in die Bresche springen und die geforderten 25 Gulden auf das jährliche Grundgehalt von fünfzig Gulden aufschlagen, das der Trivialschullehrer für den von ihm gleichzeitig zu versehenden Organisten- oder Messnerdienst erhalten sollte.[283] Die Jahresgehälter für Trivialschullehrer bewegten sich in Galizien mit oft weniger als 75 Gulden weit unterhalb dessen, was zur Ernährung einer Familie nötig war, sodass weder ausreichend noch geeignetes Personal zur Besetzung der Lehrerstellen gewonnen werden konnte. Dennoch erschöpfte sich der staatliche Schulfonds schnell und konnte mangels Einnahmen kaum wieder ausgeglichen werden.[284] Die chronische Schwäche des galizischen Schulfonds war auch die Ursache dafür, dass 1786 der Ausbau des Trivialschulwesens auf dem Land per Hofdekret gestoppt werden musste.[285] So konnte von den geplanten 2 500 Schulen schließlich nur ein Bruchteil errichtet werden. Im Jahr 1808 bestanden in Galizien und der Bukowina zwei Normalschulen, 36 Hauptschulen, 248 deutsche und 15 polnische Trivialschulen sowie zwanzig Mädchenschulen, insgesamt also 321 Schulen, die von 15 000 bis 30 000 Kindern mehr oder weniger regelmäßig besucht wurden – bei einer Gesamtbevölkerung von über fünf Millionen Einwohnern eine fast zu vernachlässigende Größe.[286]

---

281 Zur Minderausstattung der Normalschulfonds im Allgemeinen vgl. Engelbrecht, Geschichte des österreichischen Bildungswesens, Bd. 3, 113 f.
282 Es handelte sich um einen Fonds, der sich aus den nach der Auflösung des Jesuiten-Ordens beschlagnahmten Finanzen und Erlösen aus ehemaligen Besitzungen des Ordens speiste. Vgl. Grimm, Expansion, Uniformisierung, Disziplinierung, 238 f.; Melton, Absolutism and the eighteenth-century origins of compulsory schooling in Prussia and Austria, 218 f.
283 Vgl. Weiß, Geschichte der österreichischen Volksschule unter Franz I. und Ferdinand I., 896 mit Anm. 3.
284 Vgl. ebd., 896.
285 »daß von Anlegung der Landschulen mit alleiniger Ausnahme der Kolonisten-Dörfer, derzeit keine Rede seyn könne, und müße das Augenmerk, bis der Schulfond mehrere Kräfte erhält, bloß auf die Kreysschulen gerichtet werden, doch seye darauf zu sehen, ob nicht auf dem Lande in größeren Ortschaften, so sich viele schulfähige Kinder befinden, zur Schule auf eine, oder andere Art das nöthige Gebäude verschafft werden könnte.« Hofdekret vom 20. Juni 1786, AVA, HKP Galizien 1786, 494–496 (Junius, Nr. 102), hier 495.
286 Vgl. Weiß, Geschichte der österreichischen Volksschule unter Franz I. und Ferdinand I., 897.

Die Errichtung der ersten jüdischen deutschen Schulen in Galizien

Im Zuge der Erziehungsoffensive Josephs II. gegenüber den Juden des Habsburgerreiches wurde der Normalschulunterricht wie in den anderen Ländern auch für die jüdische Bevölkerung Galiziens eingeführt. Dabei kamen zwei Besonderheiten zum Tragen, die für die anderen Territorien nicht oder nur in eingeschränktem Maße galten. Das war zum einen die Auffassung von der besonderen moralischen »Verdorbenheit« der polnisch-galizischen Juden und ihrer daraus resultierenden sozialen und ökonomischen »Schädlichkeit« – Zuschreibungen bzw. Befürchtungen, die durch die schiere, konskriptionell kaum erfassbare Größe des jüdischen Bevölkerungsanteils und durch seine soziale Zusammensetzung mit einem hohen Anteil mittelloser Familien noch potenziert wurden. So ging es zunächst darum, wie es der Hofrat von Margelick 1786 anlässlich der Ernennung Hombergs zum Aufseher über die jüdischen Normalschulen in Galizien ausdrückte, »die zahlreiche und biß auf m/230 [= 230 000] Selen [!] hinauslaufende jüdische Nation, deren sittlicher und religiöser Charakter äusserst verdorben ist, zu nützlichen oder doch zu weniger schädlichen Staats Einwohnern« umzugestalten, wozu der deutsche Unterricht den Boden bereiten sollte.[287] Eng mit diesem Motiv verbunden war die Frage der sprachlichen Akkulturation. So wurde der »polnisch-jüdische Dialekt«, also die von den galizischen Juden verwendete ostjiddische Sprache, als besonders hinderlich für die angestrebte moralische Verbesserung betrachtet. Viel stärker als in Böhmen, Mähren oder selbst in Ungarn, in dem größere Teile der jüdischen Bevölkerung zum westjiddischen Sprachbereich gehörten,[288] zielte in Galizien die von Joseph II. gegenüber den Juden ergriffene Sprachenpolitik auch auf den umgangssprachlichen Bereich. Nicht nur die Vermittlung von Literalität im Sinne des Vermögens, Deutsch lesen und schreiben zu können, stand hier im Zentrum des Unterrichts. Eine mindestens gleichwertige Rolle spielte der Gebrauch einer »reinen« deutschen Aussprache und die hierdurch intendierte Verdrängung des Jiddischen aus dem Alltag der galizischen Juden.[289]

Die allgemeine Überlastung der österreichischen Verwaltung in Galizien, insbesondere die Probleme, die sich bereits bei der Einrichtung des christlichen Normalschulwesens ergaben, aber offenbar auch die unter leitenden Gubernialbeamten verbreitete Judenfeindschaft und Abneigung gegen den Toleranzgedanken führten dazu, dass die Initiative Josephs II. zur Einrichtung von jüdischen deutschen Schulen zunächst schleppend behandelt wurde. Das Lemberger Gubernium kam der befohlenen Unterbreitung von Vorschlägen

---

287 Protokollnotiz zur Sitzung der Studienhofkommission vom 3. Januar 1787, AVA, StHK, Kt. 106, 23 Innerösterreich.
288 Vgl. Best, Mameloschen, 39 f. und Karte, 41.
289 Siehe hierzu in Kap. 2.1.

zur Umsetzung des Handbillets vom 13. Mai 1781 nicht sofort nach und wurde daher im August 1781 von Wien gerügt. Erst Anfang 1782 konnten in der galizischen Hofkanzlei die Verhandlungen über die Umsetzung der kaiserlichen Pläne beginnen,[290] und erst Ende Juni 1782, mehr als ein Jahr nach der Initiative Josephs II. und über ein halbes Jahr nach dem Erlass des Hofdekrets vom 19. Oktober 1781, welches die Einführung des Normalschulunterrichts für jüdische Kinder in allen Ländern anordnete, leitete das galizische Gubernium die entsprechenden Verordnungen an die Kreisämter weiter.[291]

Dennoch konnte die erste jüdische deutsche Schule in Galizien am 5. November 1782 in Lemberg eröffnet werden – nur ein halbes Jahr nach Errichtung der Prager Schulanstalt und der Triester Scuola Pia Normale sive Talmud Torà. Die Einweihungszeremonie glich den Feierlichkeiten in Prag[292] und Triest:[293] Festliche Musik ertönte, und in Anwesenheit hoher staatlicher Beamter gelobten die Gemeindenotabeln die Befolgung der Schulgesetze, wurden die anwesenden Familienväter dazu aufgefordert, ihre Kinder in die Schulen zu schicken. Die *Wiener Zeitung* berichtete hierüber noch im selben Monat:

»Aus Lemberg v. 6. Nov[ember] Gestern wurde das für die jüdische Jugend hier errichtete neue Schulhaus feyerlich eröffnet. [...] Morgens um 1/2 10 Uhr wurde der Herr Graf von Gallenberg Se. Kais. Königl. Apost. Majestät Kämmerer Gouvernialrat und Präses der Studien-Landeskommission, vom Landesrabbiner Leibl Beer [...] und von der versammelten jüdischen Direktion an dem Tore des Schulhauses empfangen und nebst anderen adelichen Personen unter dem Schalle der Musik in das Schulhaus begleitet. Hier empfahl der Herr Graf dem Gemeindeältesten die genannte Befolgung der ihrer Schulen wegen von allerhöchstem Hofe ergangene [!] Verordnung; der Landesrabbiner dankte durch den Broder Syndikus [= *Stadlan*, Fürsprecher] im Namen der ganzen Nation [...] Der Herr [Normalschul-]Direktor Hofmann unterliess seinerseits nicht den heute versammelten Judenvätern die Grösse der ihnen und ihrer Nachkommenschaft durch den allergnädigsten Beherrscher verliehenen Wohlthat auf eine fassliche Art vorzustellen. Er forderte den Rabbiner auf, diese Schuleinrichtungen nach Kräften zu unterstützen und zu befördern, was dieser zu wiederholten Malen gelobte. Man verspricht sich durch diese Einrichtung sowohl die innere Besserung als auch den äusseren Wohlstand bey

---

290 Vgl. Karniel, Die Toleranzpolitik Kaiser Josephs II., 439 f.
291 Consignation. Der auf die Bildung der Juden Bezug habenden Akten, und Verordnungen, 9. April 1808, Ungarisches Nationalarchiv Budapest, C 55 Normalia 1775–1812. 207.cs., fols. 488a–493b, Gubernial-Nr. 4262. Bei dem mir freundlicherweise von Michael Silber in Abschrift zur Verfügung gestellten Dokument handelt es sich um ein Verzeichnis von Vorschriften für das jüdische Normalschulwesen in Galizien, welches das Lemberger Gubernium am 9. April 1808 der Ungarischen Statthalterei zu Ofen zukommen ließ. Vgl. auch Stöger, Darstellung der gesetzlichen Verfassung der galizischen Judenschaft, Bd. 1, 113.
292 Vgl. Kestenberg-Gladstein, Neuere Geschichte der Juden in den böhmischen Ländern, 45 f.
293 Vgl. Dubin, The Port Jews of Habsburg Trieste, 104 f.

diesen [!] ungebildeten und in unserem Königreiche sehr zahlreichen Menschengeschlechte in der Folge reifen zu sehen.«[294]

Die Nachrichten über die Entwicklung der Lemberger jüdischen deutschen Schule in den Jahren nach ihrer Gründung sind spärlich. Immerhin ist bekannt, dass die Schule zunächst als zweiklassige Trivialschule eingerichtet war und offenbar gut besucht wurde. Die erste öffentliche Prüfung fand bereits nach dem Ende des Winterkurses 1782/83 statt. Nach Beendigung des folgenden Sommerkurses wurden am 24. September 1783 141 Schüler examiniert und »erwarben sich durch die fertige Beantwortung der ihnen auch von Fremden vorgelegten Fragen den Beifall der anwesenden hohen Gaeste«.[295] Wie aus einer tabellarischen Übersicht hervorgeht, setzten sich diese 141 Schüler aus 92 Schülern der 1. Klasse und 49 Schülern der 2. Klasse zusammen.[296] Sie wurden von einem einzigen Lehrer unterrichtet, dem jedoch ein Schulgehilfe zur Seite stand.[297] Die Einrichtung wurde vom Direktor der Lemberger Normalschule, Johann Franz Hofmann, kontrolliert und von diesem »letzt im guten Zustand befunden«. Hinsichtlich der Aufstiegschancen, die sich jüdischen Kindern durch die in der deutschen Schule empfangene Bildung boten, ist die Bemerkung interessant, dass sich von den genannten Schülern »5 jüdische Knaben entschloßen [...] die Anleitung zur lateinischen Sprache in diesem Sommerkurse [1784] an der [christlichen] Normalschule zu hören«.[298]

Offensichtlich reichten die Kapazitäten der Schule bei Weitem nicht aus, um die große Zahl schulfähiger jüdischer Jungen aufzunehmen. So wurde bald eine Erweiterung der Anstalt bzw. die Anlegung zusätzlicher Schulen in der Hauptstadt ins Auge gefasst. Auch in anderen Städten Galiziens sollte die

---

294 Wiener Zeitung, November 1782, Nr. 93, zit. nach Lewin, Geschichte der Juden in Galizien unter Kaiser Joseph II., 38 f.
295 Einladung zur öffentlichen Prüfung der [...] Schüler in der kaiserl. königl. Lemberger Normalschule nach geendigtem Winterkurse, den 8 und 9 März 1784 [...], AVA, StHK, Kt. 92, 18 Galizien Lemberg 1774–90. In den Anmerkungen zu dieser gedruckten Einladung heißt es, dass sich die jüdische Stadtschule zu Lemberg »sich *abermal* den 24ten September v. J. [=1783] der oeffentlichen Pruefung [unterwarf]« (Hervorhebung durch den Verfasser).
296 Tabellarischer Extract die Verbreitung, und Beschaffenheit des Normalschulwesens in Gallizien betreffend, im Winterkurse [1783/]1784, o. D., AVA, ebd.
297 Ebd. Der Name des Lehrers wird von Röskau-Rydel, Kultur an der Peripherie des Habsburger Reiches, 109, mit Ascher Michelupp angegeben. Offenbar handelt es sich um eine Verlesung: In einem Bericht des galizischen Guberniums vom Juni 1792 ist die Rede von einem Lehrer Michelsthal, dessen Schule »wie die jüdischen Schulen unter der kristlichen Schuloberaufsicht standen«, das heißt vor 1787, »immer voll von Kindern« gewesen sei. Vgl. Bericht des galizischen Landesguberniums uiber die von Hof remittierte Klage der hiesigen jüdischen deutschen Lehrer Turnau, Popper, und Grünbaum wegen des Verfalls der hiesigen jüdischen Schulen, 11. Juni 1782, AVA, StHK, Kt. 861, 23 A Galizien.
298 Tabellarischer Extract die Verbreitung, und Beschaffenheit des Normalschulwesens in Gallizien betreffend, im Winterkurse [1783/]1784, o. D., AVA, StHK, Kt. 92, 18 Galizien Lemberg 1774–90.

Errichtung der jüdischen deutschen Schulen nun mit Nachdruck erfolgen. Im Dezember 1783 befahl die Hofkanzlei dem galizischen Gubernium, »an die Beförderung der jüdischen Schulanstalten vorzüglich in Lemberg und Brody Hand anzulegen, und hiebey auf jene Juden der Bedacht zu nehmen, welche sich in die neue Lehrart bey der lemberger Normalschule haben einleiten laßen, und mit guten Zeugnißen von dem Normalschuldirektor versehen sind«.[299] Drei von Hofmann ausgebildete und »mit dem Zeugnisse ihrer Lehrfähigkeit versehene Praeparanden« wurden bald darauf nach Brody, Zamość und Tyśmienica (nach einer anderen Quelle Jaroslau) entsandt.[300] Mitte der 1780er Jahre existierten neben den genannten Einrichtungen weitere jüdische deutsche Schulen in den Kreisstädten Rzeszów, Stryj, Złoczów[301] und Żołkiew[302] sowie in Zbaraż im Tarnopoler Kreis.[303] Die Lemberger jüdische deutsche Schule wurde noch vor 1786 in den Rang einer dreiklassigen Hauptschule erhoben – in jenem Jahr unterrichteten an ihr die Lehrer Iser Minden, Jonas Gunzenhausen und Nachman Dessauer.[304] Zudem wurde eine zweiklassige Trivialschule in der Krakauer Vorstadt eingerichtet; als Lehrer wirkten hier Hirsch Seligmann und ein gewisser Aron Jaroslauer[305] – bei Letzterem handelte es sich um Aaron Friedenthal aus Jaroslau, den Mitstreiter Hombergs bei der Komplettierung von Mendelssohns *Bi'ur*, der nach einem kurzen Intermezzo als Lehrer in Breslau in seine galizische Heimat zurückgekehrt war, um hier als Pädagoge zu wirken.[306]

Dem Hofdekret vom 19. Oktober 1781 zufolge sollten jüdische Eltern dazu angehalten werden, ihre Kinder in christliche Normalschulen zu schicken, sollte es keine jüdische deutsche Schule an ihrem Wohnort geben. Um den

---

299 Hofdekret vom 11. Dezember 1783, AVA, HKP Galizien, 854–882 (December, Nr. 108), hier 868 f. Kratter, Briefe über den itzigen Zustand von Galizien, Bd. 1, 128, berichtet davon, dass man die Lemberger Schule »nicht nur mit noch einem fähigen Lehrer versehen, und neue Präparanden zu diesem Lehramte bilden, sondern auch noch eine neue Schule in der Krakauer Vorstadt errichten« werde.
300 Einladung zur öffentlichen Prüfung der […] Schüler in der kaiserl. königl. Lemberger Normalschule nach geendigtem Winterkurse, den 8 und 9 März 1784, AVA, StHK, Kt. 92, 18 Galizien Lemberg 1774–90. Weitere Schulen sollten bei den jüdischen Hauptgemeinden in den kreisamtlichen Städten entstehen. Der *Tabellarische Extract* gibt Jaroslau statt Tyśmienica als dritten Entsendeort an.
301 Vgl. Kratter, Briefe über den itzigen Zustand von Galizien, Bd. 1, 128.
302 Hofdekret vom 20. August 1785, AVA, HKP Galizien 1785, 777 (Augustus, Nr. 112).
303 Vgl. Kratter, Briefe über den itzigen Zustand von Galizien, Bd. 1, 128.
304 Vgl. Röskau-Rydel, Kultur an der Peripherie des Habsburger Reiches, 109. Der Lehrer Nachmann Dessauer war 1785 »wegen seines sträflichen Betragens« aus Żołkiew nach Lemberg abberufen worden. An seiner Stelle wurde in Żołkiew ein Lehrer namens Isaac Abraham eingestellt. Hofdekret vom 20. August 1785, AVA, HKP Galizien 1785, 777 (Augustus, Nr. 112).
305 Vgl. Röskau-Rydel, Kultur an der Peripherie des Habsburger Reiches, 109.
306 Aaron Friedenthal (auch Aaron Jaroslaw) hatte Berlin kurz nach Homberg im Frühsommer 1782 verlassen. In einem Brief Mendelssohns an Homberg vom 16. Juli 1782 heißt es: »Herr Aaron Jaroslaw hat einen halben Beruf nach Breslau, allwo eine Primärschule angelegt wird.« JubA, Bd. 13, 71 f., hier 72. Vgl. Altmann, Moses Mendelssohn, 360.

jüdischen wie den so genannten »akatholischen« Kindern den Besuch der mehrheitlich katholischen Schulen zu erleichtern, wurde im November 1783 festgelegt, dass diese das Schulhaus erst nach dem Gebet zu Beginn des Unterrichts betreten und bereits vor dem Abschlussgebet wieder verlassen durften.[307] Dass zumindest vereinzelt jüdische Kinder am deutschen Unterricht in einer nichtjüdischen Schule teilnahmen, zeigt das Beispiel Czernowitz. Ein erhaltener Fleißkatalog der 1. und 2. Klasse der dortigen Normalschule für den Winterkurs 1784/85 weist fünf jüdische Namen auf. Die Schulleistungen (Lesen, Schreiben und Rechnen) dieser Kinder wurden als mittelmäßig bis gut charakterisiert; ihre »Sitten« waren dem Lehrer zufolge »ziemlich gut« bzw. »gut«, nur ein Schüler wurde als »träge« bezeichnet.[308] Im Sommerkurs 1785 nahmen bereits sieben jüdische Kinder am Normalschulunterricht teil. Drei von ihnen wurden im Herbst 1785 für ihre Prüfungsleistungen mit Prämien belohnt: Moses Hirsch aus der 1. Klasse erhielt die »kleine vergoldete« Medaille, Jacob Löwel aus der 2. Klasse die »grosse vergoldete« Medaille und sein Klassenkamerad Hirschel Jeremias bekam die »kleine silberne« Medaille verliehen.[309] Die Schule in Suczawa wurde hingegen nur von einem einzigen jüdischen Kind besucht; gemeinsam mit ihm nahmen 26 »Moldauer«, 23 Deutsche und zehn Armenier am Unterricht teil.[310]

Zu Beginn des Jahres 1784 übersandte das Duklaer Kreisamt dem Gubernium ein Verzeichnis derjenigen jüdischen Gemeinden in seinem Amtsgebiet, bei denen Normalschulen angelegt werden sollten.[311] Doch scheint zu diesem Zeitpunkt die Finanzierungsfrage noch nicht geklärt gewesen zu sein. Studienhofkommission und Hofkanzlei zeigten sich über die Initiative des Kreisamtes erfreut, erbaten jedoch von Lemberg Bericht, »wie mit Einrichtung der Judenschulen in dem Duklaer Kreise vorzugehen, und woher die dießfälligen Kösten zu bestreiten seyen«[312] – ein Zeichen dafür, wie planlos die Einrichtung der jüdischen Normalschulen anfänglich vonstatten ging. Offenbar erst auf diese Anfrage hin empfahl die Landesregierung die Anlegung eines gesonderten Fonds zur Finanzierung der Lehrergehälter.[313] Dieser Fonds sollte durch den jüdischen »Domestikalbeitrag« bzw. die Abgabe des »fünften Guldens«, die jeder jüdische Haushaltsvorstand zusätzlich zu den vier Gulden

---

307 Zirkular an alle Länderstellen, 3. November 1783, AVA, HKP Galizien 1783, 735 (November, Nr. 49).
308 Bericht Uiber die Tschernowitzer Normalschuljugend für den Winterkurs des 785 Jahres, 25. März 1785, AVA, StHK, Kt. 92, 18 Bukowina Schulwesen in genere 1781–1786.
309 Consignation Denen Schüler der Czschernowitzer Normalschule, welche nach geendigter Prüfung, ihren Verdiensten gemäß, mit Prämien beehret worden sind, 15. Oktober 1785, AVA, ebd.
310 Bericht über den Sommerkurs 1785, AVA, ebd.
311 Notiz über einen Protokollextrakt für die Studienhofkommission, 29. April 1784, AVA, HKP Galizien 1784, 448 (Aprilis, Nr. 165). Das Verzeichnis ist nicht erhalten.
312 Hofdekret vom 19. Mai 1784, AVA, ebd., 530 (Majus, Nr. 133).
313 Notiz über Aktenablage eines Gubernialberichts vom 7. Juni 1784 »über den Fond, woraus die jüdischen deutschen Schulen erhalten werden«, 23. Juni 1784, AVA, ebd., 643 (Junius, Nr. 150).

»Toleranzgebühr« zu entrichten hatte, gespeist werden. Auf dieser finanziellen Grundlage sollte es nach Auffassung der Wiener Behörden nunmehr möglich sein, zügig mit der Errichtung jüdischer Normalschulen fortzufahren.

Komplementär zur Verbreitung des deutschen Unterrichts sollten weitere Maßnahmen zur moralischen »Verbesserung« der galizischen Juden und zur Normierung ihrer Lebenswelt erfolgen. Hierzu gehörte die Begrenzung des als »schädlich« erachteten Einflusses der *Halacha* und ihrer augenfälligsten Exponenten, der Rabbiner. Wie eng dieses Ziel mit dem Ausbau der Schulen verknüpft war, offenbart der Wortlaut eines Hofdekrets vom März 1785 – zwei Monate vor Erlass des »Judensystems« in Galizien – mit welchem unter anderem die Anstellung staatlich approbierter Rabbiner geregelt werden sollte. Hier hieß es, dass

»nur in jeder Kreysstadt ein ordentlicher Rabbiner zu bestimmen, oder in jenen Kreysen, wo in der Kreysstadt keine Judengemeinde ist, bey einer anderen zahlreicheren Gemeinde des nemlichen Kreyses aufzustellen, bey allen übrigen Judengemeinden aber lediglich ihre bisherigen Religionsweiser beyzubelaßen, oder dergleichen beyzugeben, *und dagegen desto mehr jüdische Schulmeister zu bestellen*, folglich der Normalschulunterricht auch unter der Judenschaft mehr und mehr zu verbreiten seye.«[314]

In dieser geplanten Beschränkung der Anzahl der Rabbiner zugunsten der Normalschullehrer zeigte sich die Quintessenz des reformabsolutistischen Verbesserungsdiskurses. Das Hofdekret verwies zudem auf eine Tendenz des Wandels in der josephinischen Politik gegenüber den galizischen Juden, die sich um die Mitte der 1780er Jahre in einer Reihe von zum Teil repressiven Maßnahmen äußern und auch in der Schulpolitik niederschlagen sollte. Bisher war die Errichtung jüdischer Normalschulen in den wenigen größeren Gemeinden zumeist im Konsens und in Kooperation mit dem jeweiligen *Kahal* vonstatten gegangen, allerdings in einem Tempo, welches den Wiener Zentralbehörden viel zu langsam erschien. Mit dem nunmehr beschleunigten und systematischen Ausbau des Schulnetzes gingen eine verschärfte Normierung des Erziehungssektors und ein wachsender Druck auf die jüdische Bevölkerung und ihre Repräsentanten einher. Bevor diese Maßnahmen im Einzelnen vorgestellt werden, soll zunächst noch auf ein besonders gut dokumentiertes Beispiel jener konsensuellen Schulerrichtungen eingegangen werden: die Eröffnung der jüdischen Schule zu Brody im Mai 1784.

---

314 Hofdekret vom 25. März 1785, AVA, HKP Galizien 1785, 252–263 (Martius, Nr. 158), hier 254 (Hervorhebung durch den Verfasser).

Zwischen Skepsis und Affirmation: Die Haltung der jüdischen Eliten gegenüber den Schulen

Das ostgalizische Brody – nach Lemberg die zweitgrößte Stadt Galiziens – zählte bereits vor der österreichischen Annexion zu den bedeutendsten Handelsstädten Polens. Über die Privatstadt einflussreicher Magnaten verlief die West-Ost-Handelsstraße von Frankfurt an der Oder und Leipzig nach Kiew bzw. über Bessarabien ins Osmanische Reich. Die Teilung Polens im Jahr 1772 brachte nicht nur eine zeitweise Unterbrechung dieses Handelsweges. Weil Brody seine zentrale Stellung innerhalb eines geografisch weit gestreckten Handelsraumes verlor und nun an der Peripherie des immer stärker zum wirtschaftlichen Protektionismus tendierenden Habsburgerreiches lag, drohten dem Wirtschaftsleben der Stadt verheerende Folgen. Um den voraussehbaren Schaden für die galizische Wirtschaft abzuwenden und die plötzliche Randlage der Stadt zu kompensieren, wurde Brody im August 1779 das Freihandelsprivileg verliehen, wodurch es außerhalb der Zolllinie der Habsburgermonarchie situiert wurde. Die Stadt konnte dadurch auch weiterhin Händler aus Ost und West anziehen und die Jahrmärkte, die ihr das charakteristische wirtschaftliche und soziale Gepräge gaben, auch zukünftig abhalten.[315]

Die Bevölkerung Brodys bestand zum größten Teil aus Juden. Die Militärkonskription des Jahres 1778 erbrachte eine Anzahl von 8 867 jüdischen Einwohnern gegenüber 2 020 Christen.[316] Im Jahr 1783 zählte die jüdische Gemeinde Brodys bereits 11 137 Menschen; dies entsprach einem Anteil von 82 Prozent an der Gesamtbevölkerung.[317] Entsprechend gestaltete sich das Wirtschaftsleben der Stadt: Neben etwa sechzig jüdischen Großhändlern gab es nur sechs christliche Handelshäuser;[318] innerhalb der jüdischen Kaufmannschaft konkurrierte allerdings eine Vielzahl von Kleinunternehmern mit den bedeutenderen Kaufleuten.[319] Die soziale Zusammensetzung der Brodyer

---

315 Zur wirtschaftlichen Situation Brodys nach 1772 vgl. Kuzmany, Die Grenze an der Grenze. Vgl. auch Middell, Brody, Leipzig, Lyon. Zum Wirtschaftsleben der Stadt und zum Anteil der jüdischen Kaufleute daran in der Zeit nach der Polnischen Teilung vgl. Lewin, Geschichte der Juden in Galizien unter Kaiser Joseph II., 63–79; Wischnitzer, Die Stellung der Brodyer Juden im internationalen Handel in der zweiten Hälfte des 18. Jahrhunderts. Kratter, Briefe über den itzigen Zustand von Galizien, Bd. 2, 104–106, berichtet detailliert über die in Brody gehandelten Waren.
316 Vgl. Lewin, Geschichte der Juden in Galizien unter Kaiser Joseph II., 69.
317 Vgl. Gelber, Toldot Jehudei Brodi, 122.
318 Vgl. Kuzmany, Die Grenze an der Grenze, 124.
319 Im Juli 1777 reichten 83 jüdische Klein- und Mittelkaufleute eine Petition bei den österreichischen Behörden ein, in denen sie sich gegen die Zollprivilegien für Brody aussprachen, da diese ihnen nur Schaden brächten. Hier schwang unausgesprochen die Konkurrenz gegenüber den jüdischen Großhändlern mit, die von jenen Privilegien gerade profitierten. Vgl. Lewin, Geschichte der Juden in Galizien unter Kaiser Joseph II., 74 f.

jüdischen Gemeinde war sehr heterogen: Wohl gab es den beträchtlichen Wohlstand einiger Dutzend jüdischer Kaufmannsfamilien, die Mehrheit der Brodyer Juden jedoch lebte in großer Armut und prekären Wohnverhältnissen. Auf der anderen Seite sorgte der Wohlstand der Brodyer jüdischen Kaufmannschaft für gefestigte Gemeindestrukturen, einschließlich eines funktionierenden Systems der *Tsedaka*, der gemeindlichen Wohlfahrt.[320] Neben seiner Bedeutung als Handelsstadt erfüllte Brody zudem die Funktion eines Zentrums religionsgesetzlicher Jurisdiktion für die Juden Galiziens und weit darüber hinaus: Die Gemeinde unterhielt eines der bedeutendsten Rabbinatsgerichte der aschkenasisch-jüdischen Welt, das bis zu seiner offiziellen Auflösung im Jahr 1784 jährlich zahllose Juden zur Schlichtung ihrer Rechtsstreitigkeiten in die Stadt zog.[321]

Bereits vor der österreichischen Annexion hatten sich erste Tendenzen der kulturellen Transformation in der ostgalizischen Handelsstadt bemerkbar gemacht. Dies war zunächst den Brodyer jüdischen Kaufleuten geschuldet, die über ihre kommerziellen Aktivitäten, vor allem durch ihre Handelsreisen und Teilnahmen an den großen Messen, darunter der Leipziger Messe, mit entsprechenden Tendenzen der Aufklärung und Akkulturation in Deutschland in Berührung kamen. Weltliches Wissen und Sprachenkenntnis waren unter den Kaufmannsfamilien verbreitet, aus deren Reihen sich zumeist die Gemeindeführung rekrutierte.[322] Aus Anlass der Eidesleistung auf die österreichische Herrschaft Ende 1773 wurden nicht nur Reden in lateinischer Sprache gehalten, sondern auch synagogale Gesänge auf Deutsch mit Musik- und Chorbegleitung vorgetragen.[323] Durch den Lehrer Mendelssohns, Israel Samoscz (1700–1772), der seine letzten Lebensjahre in Brody verbrachte, hatte die frühe Haskala mit ihrer Propagierung säkularen Wissens in der Handelsstadt Einzug gefunden. Vor allem die Söhne der Brodyer jüdischen Großhändler fühlten sich zu ihr hingezogen.[324] Nachum Gelber hat vor diesem Hintergrund festgestellt, dass die jüdischen Kaufleute Brodys – im Gegensatz

---

320 Vgl. zur Geschichte der jüdischen Gemeinde Brodys in der hier behandelten Zeit: Gelber, Toldot Jehudei Brodi, 116–257. Der Prager Oberrabbiner Ezechiel Landau, der in seiner Jugend mehrere Jahre in Brody amtiert hatte, erinnerte sich an die große Spendenfreudigkeit der Gemeindemitglieder: So teile jeder Brodyer Jude vor den drei Hauptfesten *Kitzba* – Geld- oder Essensspenden an die Bedürftigen – aus, mancher tue dies sogar vor jedem Schabbat. Vgl. Weißberg, Die neuhebräische Aufklärungsliteratur in Galizien, 736.
321 Zu den Rabbinern und *Dajanim* (rabbinische Richter) Brodys vgl. Gelber, Toldot Jehudei Brodi, 47–81; zur Aufhebung der Rabbinatsgerichtsbarkeit und zum vergeblichen Kampf der Brodyer Juden um den Erhalt des Rabbinatsgerichts vgl. ebd. 143–146.
322 Vgl. ebd., 173–179.
323 Vgl. Lewin, Geschichte der Juden in Galizien unter Kaiser Joseph II., 70 f.; Weißberg, Die neuhebräische Aufklärungsliteratur in Galizien, 736.
324 Vgl. Gelber, Toldot Jehudei Brodi, 173 f. Gelber zählt für diese Zeit über zwei Dutzend Brodyer Familien und Einzelpersönlichkeiten sowohl aus der jüdischen Kaufmannschaft als auch aus der traditionellen Gelehrtenelite auf, die sich eine breite weltliche Bildung angeeignet hatten und z. T. in Verbindung mit Vertretern der Haskala standen.

zur sonstigen jüdischen Bevölkerung – in der österreichischen Politik der »Verbesserung« der galizischen Juden zunächst keine Gefahr für die hergebrachte Lebensweise und den Zusammenhalt der jüdischen Gemeinschaft sahen, sondern sie vielmehr begrüßten und ihr auf eine Weise entgegenkamen, die es ihnen gestattete, ihr Leben weiterhin gemäß der Tradition zu gestalten.[325]

Vor diesem Hintergrund erscheint es nur folgerichtig, dass die Einrichtung einer jüdischen Normalschule in Brody von einer weltlichen, aufgeklärten Gemeindeelite nicht nur gutgeheißen, sondern sogar enthusiastisch gefeiert wurde, während ihr die restliche Bevölkerung skeptisch bis ablehnend gegenüberstand. Die deutsche Schule für die Brodyer Juden muss bereits Ende 1783 oder Anfang 1784 errichtet worden sein, denn am 28. Mai 1784 teilte der Kreishauptmann von Brody, Ignaz Bojakowski, dem galizischen Gubernium mit:

»Da die hiesige durch verschiedene Vorurtheile eingenohmene Judenschaft ihre Kinder in die aufgestellte Normal Schulle zu schicken sich nicht herbey lassen wollte, und gute Worte und Drohungen nichts fruchteten, so ließ ich um mehrere Lust zu machen am 24ten [Mai]: die normal Schull unter Absingung des jüdischen Segens, und Instrumental Musik eröfnen, wobey einige Anreden abgehalten wurden«[326]

Die feierliche Eröffnung der Schule am 24. Mai 1784 diente also dazu, die bereits existierende Einrichtung einer widerspenstigen jüdischen Bevölkerung ins Gedächtnis zu rufen und durch das öffentliche Auftreten von Vertretern der Staatsmacht sowie von jüdischen Gemeindenotabeln die Notwendigkeit des Schulbesuches durch beide Seiten zu bekräftigen. In seiner Eröffnungsrede verwies der Kreiskommissar auf den Nutzen, den die Schüler einst aus dem empfangenen deutschen Unterricht ziehen würden. Der Schulbesuch werde dazu beitragen, den Verstand der jüdischen Jugend aufzuklären und ihre Moral zu verbessern, damit sie sich zu »gemeinnützigen Bürgern« heranbilden könnten.[327] Der Brodyer Fürsprecher (*Stadlan*) Ephraim Leibel[328] pries Joseph II. für die Ströme von Wohltaten, die sich »von seinem höchsten Throne über das aus der Wüsten erlößte Gallicien« ergössen, darunter vor allem die Errichtung der deutschen Schulen. Leibel betonte den kommerziellen Aspekt der Kenntnis der deutschen Sprache und die Bedeutung des Unterrichts für die moralische Vervollkommnung der Jugend, indem er seiner Freude darüber Ausdruck verlieh, dass die jüdischen Knaben Brodys mit der Eröffnung der Normalschule »zur Grund-Lage der besonders hiesiger

---

325 Vgl. ebd., 179.
326 Schreiben des Brodyer Kreishauptmanns von Bojakowski an das galizische Gubernium, 28. Mai 1784, TsDIAL 146/1/208 (CAHJP, HM 2/8894.1).
327 Anrede des Broder Kreishauptmanns bei Eröffnung der jüdischen Normal Schul in Brody, TsDIAL, 146/1/208 (CAHJP, HM 2/8894.1).
328 Zur Person Leibels (auch Ephraim Ben-Leib) vgl. Gelber, Toldot Jehudei Brodi, 129.

Handels-Stadt höchstnöthigen Teutschen Litteratur, und zu den reinsten Quellen der Sitten-Lehre geführet werden«.[329]

Die elaborierteste Ansprache hielt der Großkaufmann und Gemeindevorsteher Ja'akov (Jakovke) Landau (circa 1745–1822). Der Sohn des Prager Oberrabbiners Ezechiel Landau zählte zu den führenden Persönlichkeiten der Brodyer Gemeinde. Aufgrund seiner umfassenden rabbinischen Gelehrsamkeit und seines hohen Ansehens sowohl bei den Juden der Stadt als auch bei den österreichischen Behörden war Landau in den 1790er Jahren für den Posten des Brodyer Rabbiners vorgesehen, doch verhinderten innergemeindliche Parteikämpfe schließlich seine Wahl. Landau nahm regen Anteil an allen gesellschaftlichen und politischen Fragen, die die galizischen Juden unter der österreichischen Herrschaft beschäftigten, und betätigte sich mehrfach als ihr Fürsprecher gegenüber dem Kaiser und den höchsten staatlichen Behörden.[330] Neben seinem rabbinischen Wissen verfügte er über eine breite Allgemeinbildung; er interessierte sich für Naturwissenschaften und beherrschte die deutsche Sprache vollkommen. Sein besonderes Interesse galt der hebräischen Literatur in all ihren Spielarten.[331] Mit dieser Wertschätzung säkularen Wissens bei gleichzeitiger Bewahrung der traditionellen Lebensweise und tiefer Tora-Gelehrsamkeit repräsentierte Landau Eigenschaften, welche die sogenannten »frühen *Maskilim*« kennzeichneten. Zwar trat er nicht durch eigene Werke aufgeklärten Inhalts in Erscheinung, doch darf man ihn wohl zum »äußeren« Kreis der Haskala rechnen.[332]

Bei seiner *Aufmunterungs-Rede für die jüdische Jugend*, die Landau anlässlich der Eröffnung der Normalschule sowohl auf Deutsch als auch auf Hebräisch verfasst hatte und möglicherweise auch in beiden Sprachen vortrug,[333] handelte es sich im Grunde um eine *Drascha*, eine traditionelle Predigt, die mit einer Fülle von Zitaten aus den heiligen Schriften versehen war. Landau, der sich offensichtlich nicht zum ersten Mal als Fürsprecher der deutschen Schulen betätigte,[334] begann seine Predigt mit der Klage Hiobs:

---

329 Freuden Bezeigung des Ephraim Leibel, Syndicus der in der berühmten Handels-Stadt Brody am 24ten May a. o. 1784 zur Normal-Schul-Lehre eingeführten Jüdischen Jugend, TsDIAL 146/1/208 (CAHJP, HM 2/8894.1).
330 Vgl. Gelber, Toldot Jehudei Brodi, 165. Siehe auch in Kap. 2.3.
331 Vgl. ebd., 174 f.
332 Zur Charakterisierung dieses Unterstützerkreises vgl. Feiner, The Jewish Enlightenment, 207–209.
333 Aufmunterungs-Rede für die Jüdische Jugend gehalten bei Eröfnung der Normal-Schule d. 24ten May 1784. In Gegenwart Eines Wohllöbl. k. k. Kreisamts auch andern hohen Personen und zahlreichen Publico. Da die Kinder unter Instrumental und Vocal Music vom Kahal umgeführet wurden In häbräische [!] und teutscher Sprache gleichlautend verfaßt von Jacob M. Landau Gemeinde Aeltester und Kaufmann zu Brody (nachfolgend Aufmunterungs-Rede), TsDIAL 146/1/208 (CAHJP, HM 2/8894.1).
334 So heißt es gleich zu Beginn der Predigt: »Ich habe schon ehehin meine Gedanken über die gnädigste Aufrichtung der Jüdischen deutschen Schulen durch einen fremden Mund geäußert, und kann mich nicht enthalten, solche bei jeziger Gelegenheit auch persönlich mitzutheilen.«

»Wenn man meinen Jammer wöge, und mein Leiden zusammen in eine Wage legte, so würde es schwerer sein denn Sand am Meer, *darum ist meine Rede stammelnd*!«[335] Hiobs Leiden symbolisierte die Zerstreuung und Unterdrückung der Juden; das »Stammeln« verwies auf die Folgen des Exils für Sprache, Gelehrsamkeit und Moral der Juden: Seit der Zeit der babylonischen Gefangenschaft, so Landau, habe den Juden »die Zunge am Gaum geklebet«, mit der »Beredsamkeit« sei ihnen auch die »weltliche Weisheit« abhanden gekommen.

Das Stammeln, die am Gaumen klebende Zunge, der Verlust der Beredsamkeit: Landau gebrauchte diese Metaphern in der Manier der *Maskilim*, die den Niedergang der hebräischen Sprache in der Diaspora beklagten und im Jiddischen bzw. Jüdisch-Deutschen einen Hauptgrund für diese Entwicklung ausgemacht hatten.[336] Den engen Zusammenhang zwischen Sprache, Wissen und Moral veranschaulichte Landau mit einem weiteren Hiob-Zitat: »Leider!, an uns ist erfüllt worden der Spruch [...] ›*Er wendet weg die Lippen* der Wahrhaftigen, und *nimmt weg die Sitten* der Aeltren‹«.[337] Dieser traurige Zustand war der Verfolgung und Deprivation der Juden in der Diaspora geschuldet. Indem Kirche und weltliche Herrscher ihnen den Zugang zu allgemeiner Bildung versperrten und sie von der Ausübung der Handwerke und schönen Künste ausschlossen, nahmen sie den Juden ihre einstige Weisheit. Die Argumente Dohms, Mendelssohns und Wesselys, der Diskurs einer historischen Determiniertheit jüdischen Elends und jüdischer Inferiorität in den Wissenschaften und in der Moral, wie er die Debatte um die »bürgerliche Verbesserung« beherrschte, klangen an, wenn sich Landau bitter beklagte:

»[D]ieses geschah durch die schwersten Unterdrükungen und strengster Verfolgung so unsere Nation ausgestanden. Man wollte uns aus der menschlichen Gesellschaft stoßen und gleichsam dem Vieh gleich machen. Es wurden für uns die Tempel der Weißheit gesperrt, und die Quelle der Wißenschaften eingeschloßen. Aus den öffentlichen Schulen waren wir verbannt, und alle schöne Künste wurden unsren Händen entzogen, so daß wir von allen tauglichen Wißenschaften und Künsten entblößet, nur durch einen knechtischen Tribut unser Dasein dem Staat nützlich machen können.«[338]

Waren die Juden einmal der Wissenschaften und ihrer reinen, ursprünglichen Sprache beraubt und zum Objekt fiskalischen Interesses herabgewürdigt, blieben ihnen nur Hohn und Spott vonseiten der Christen. Der göttliche Heilsplan sah jedoch ein Ende dieser Leiden vor. Die dereinstige Einsammlung der Zerstreuten und die endgültige Erlösung konnten nur durch den Messias

---

335 Aufmunterungs-Rede (Hervorhebung im Original, dort unterstrichen). Landau zitiert Hi 6, 2–3.
336 Vgl. Pelli, The Age of Haskalah, 75–79. Zum Topos des Verlusts der eigenen (heiligen) Sprache im Exil vgl. Schatz, Iwrit, germanit, jidisch we-schonut tarbutit, 23–28.
337 Aufmunterungs-Rede (Hervorhebung im Original, dort unterstrichen). Landau zitiert Hi 12, 20.
338 Ebd.

erfolgen; die Aufhebung von Verfolgung und Unterdrückung hingegen geschah gegenwärtig durch Kaiser Joseph II., der hierfür eine eschatologische Einordnung erfuhr und mit messianischen Attributen belegt wurde.[339] Unter der von Joseph II. deklarierten Toleranz sei den Juden nunmehr nicht nur die Ausübung aller »nützlichen Künste« und Wissenschaften erlaubt, sondern der Kaiser habe auch die Errichtung von Schulen für die jüdische Jugend befohlen. Die Eröffnung der jüdischen Normalschule in Brody an diesem »unvergleichliche[n] Tag« war Teil des josephinischen Erlösungswerkes. Landau forderte die anwesenden Kinder auf, sich dieser Gnade würdig zu erweisen und ihre »Herzen zur Tugend und Weißheit« zu widmen, um dem Staat, aber auch sich selbst von Nutzen zu sein. Sie sollten die Gelegenheit ergreifen, in der Schule ihre Sprache und ihre Sitten zu vervollkommen. Eine reine deutsche Sprache, (säkulares) Wissen und ein tugendhaftes Verhalten – dies waren die Ziele des Unterrichts, die die Schüler sich nach Auffassung des Gemeindevorstehers zu Eigen machen sollten. Besser als Landau hätte es auch ein *Maskil* wie Naftali Herz Wessely nicht ausdrücken können.

Landau bediente sich eines Beispiels aus der biblischen Geschichte, um die erzieherische Großtat des Kaisers zu würdigen und die Vorteile eines fleißigen Schulbesuchs sichtbar zu machen. Er verglich Joseph II. mit Nebukadnezar, der nach der Eroberung Jerusalems einige der nach Babylon verschleppten jüdischen Knaben, darunter den späteren Propheten Daniel, in der Landessprache unterweisen ließ, um sie anschließend zu seinen Dienern und Würdenträgern zu machen. Landau war es wichtig zu zeigen, dass das Erlernen einer fremden Sprache und der Wissenschaften keinesfalls mit der traditionellen Frömmigkeit kollidieren musste, ja es gar nicht durfte:

»Werffet einen Blik in jene vorigen Zeiten zurück […] da der babilonische König Israelitten-Kinder, die Chaldäische Sprache und Schrift lernen lies, wie eifrig waren diese Knaben im Gottesdienst und Studio! So daß selbe mittelst der göttlichen Hülffe und ihrem großen Fleiß in kurzer Zeit eine Vollkommenheit erreichten, die sie zu königlichen Räthen würdig machte! Und alsdenn widmeten selbe ihre ganze Lebens Zeit an, Gott zu ehren, und dem König treu zu sein. Ihre Thaten waren groß und glüklich, und ihre Nahmen sind so wie ihr Lohn in beiden Welten groß und ewig.«[340]

---

339 Ebd. Landau zitierte in diesem Zusammenhang u. a. die in messianischer Hinsicht bedeutsamen Verse Jer 23, 5–6. Weitere Beispiele der Belegung Josephs II. mit messianischen Attributen finden sich u. a. in der Mendelssohn-Biografie Isaak Euchels, Toldot Rabenu Mosche ben Menachem, 2. Teil, 178, und in der Abhandlung des Regensburger aufgeklärten Rabbiners Isaak Alexander, Salomo und Joseph II., Wien 1782, in: Speicher (Hg.), Isaak Alexander, Schriften, 161–202, hier 202.

340 Aufmunterungs-Rede, ebd. Landau nimmt Bezug auf Dan 1, 3–20. Die Weigerung Daniels, sich durch den Verzehr der königlichen Speisen unrein zu machen (Dan 1, 8), sowie die große Frömmigkeit, die die »drei Männer im Feuerofen« offenbaren (Dan 3), werden von Landau als »Gottesdienst« angesprochen.

»Gottesdienst« und säkulare Gelehrsamkeit waren vereinbar und es galt nach dem Beispiel der babylonischen Israeliten in beiden Bereichen – Wessely hatte vom »Gesetz Gottes« (*torat ha-schem*) und der »Lehre des Menschen« (*torat ha-adam*) gesprochen – große Leistungen zu vollbringen. Ebenso bestand kein Widerspruch zwischen der Verehrung Gottes und dem Dienst am König bzw. am Staat. Die Schüler sollten sich »zum Dienst des Staats und unsres Allergnädigsten Landes-Fürsten geschickt und nützlich« machen. Durch fleißigen Schulbesuch und »Geschicklichkeit« sollten sie ihre Treue zum Kaiser unter Beweis stellen. Zum Abschluss seiner Rede pries Landau Joseph II. noch einmal überschwänglich und bat Gott um Schutz für den Kaiser, seine Dynastie, die Regierung und das österreichische Militär.

Jakovke Landaus *Aufmunterungs-Rede* zeichnete sich durch eine enthusiastische Affirmation des Normalschulunterrichts aus. Wie die Rede des Gemeindesyndikus Leibel zeigte Landaus Predigt, dass der staatlich initiierte deutsche Unterricht von einer merkantilen Elite, wie sie die jüdische Gemeinschaft der Handelsstadt Brody prägte, begrüßt und unterstützt werden konnte, sei es – wie im Fall Leibels – aufgrund des kommerziellen Nutzens der Kenntnis deutscher Sprache, sei es – wie bei Landau – aus einer gemäßigt-aufgeklärten Haltung heraus. Doch war diese Affirmation mit bestimmten Voraussetzungen verknüpft, unter denen allein es gelingen konnte, den jüdischen Eltern den Zweck des Unterrichts zu vermitteln und sie dazu zu bringen, ihre Kinder in die Schule zu schicken. Hierzu zählte, dass der Unterricht ein Wissen transportierte, das von der Gemeindeelite als »nützlich« eingestuft werden konnte. Es durfte läuternd auf Sprache und Sitten wirken, dabei jedoch die traditionellen Werte nicht gefährden. Von entscheidender Bedeutung für die Akzeptanz des Normalschulunterrichts war zudem das Prinzip der Freiwilligkeit des Schulbesuchs. Die Behörden durften erwarten, dass die jüdischen Kaufleute Brodys und Lembergs ihre Söhne von sich aus für einige Stunden täglich in die deutschen Schulen schicken würden. Sobald jedoch, wie dies durch den Staat tatsächlich beabsichtigt war, das Erziehungssystem flächendeckend wirksam werden und auf die Gesamtheit der jüdischen Kinder zielen sollte, musste es durch Zwangsmaßnahmen flankiert werden, ähnlich jenen, die seit 1781 gegenüber der nichtjüdischen Bevölkerung angewendet wurden. Dem besonderen Diskurs über »Nützlichkeit« bzw. »Schädlichkeit« der Juden entsprechend, sollten diese Zwangsmaßnahmen eine spezifische Gestalt annehmen. Die oktroyierte und durch Zwang bewehrte Schulnützlichkeit[341] der gesamten jüdischen Jugend wiederum musste einen tiefen Eingriff in das gesamte lebensweltliche Gefüge der galizischen Juden darstellen.

---

341 Der Begriff »Schulnützlichkeit« soll hier und im Folgenden als Gegenpol zum Begriff »Schulwirklichkeit« verwendet werden; er verweist auf den staatlicherseits angestrebten, mit maximalem edukativen Nutzen verbundenen Idealzustand des Pflichtschulwesens.

Die Einführung des Schulzwanges für jüdische Kinder

Ein bedeutender administrativer Schritt zur systematischen Anlegung jüdischer Normalschulen erfolgte mit dem josephinischen »Judensystem« für Galizien im Mai 1785. In einem Hofdekret vom 27. Mai 1785, welches ergänzende Bestimmungen zum eigentlichen Patent vom selben Tage enthielt,[342] wurde verordnet, dass »bey jeder jüdischen Gemeinde ein Schulmeister, welcher zugleich zu Besorgung der bey der Gemeinde vorfallenden Schreibereyen zu verwenden seyn wird, dergestalt zu bestellen seye, daß demselben bey den größeren Gemeinden 200 f [Gulden], bey den mittleren 150 f, und bey den kleineren 100 f an jährl. Gehalt auszuwerfen seyn werde«.[343] Diese Anordnung bezog sich zuallererst auf die 140 »festgesetzten Hauptgemeinden«, die nach der Abschaffung der Gemeindeautonomie aus der Neuordnung der jüdischen Verwaltungsstrukturen hervorgegangen waren.[344] Das Hofdekret genehmigte weiterhin den vom Gubernium beantragten Posten eines jüdischen Präparandenlehrers mit einem Gehalt von 350 Gulden. Auch die lange vernachlässigte Frage der Aufsichtsstrukturen wurde geregelt: Die jüdischen Schulen sollten »unter der nemlichen Aufsicht und Leitung, welcher alle übrigen Normal- und Trivial-Schulen untergeben sind«, stehen.[345] Dies bedeutete die formelle Übertragung der Aufsichtsbefugnis an den Weltgeistlichen Johann Franz Hofmann, der sich bereits als Normalschuldirektor die Kontrolle der Lemberger jüdischen deutschen Schule hatte angelegen sein lassen und der seit 1784 als Oberaufseher über das Normalschulwesen amtierte. Auf lokaler Ebene waren nun die Direktoren der christlichen Normalschulen in den Kreisstädten für die Visitierung der jüdischen deutschen Schulen mitverantwortlich. Damit war die zentrale staatliche Kontrolle der jüdischen deutschen Schulen zumindest theoretisch befestigt worden.

Das Hofdekret enthielt eine weitere bedeutsame Bestimmung im Hinblick auf den Schulbesuch der jüdischen Kinder. Es verfügte, dass »kein jüdischer Jüngling eher zum Besuch der talmudischen Schule zuzulaßen sey, als bis er sich durch das Zeugniß eines kristlichen, oder jüdischen Normalschullehrers ausgewiesen haben wird, daß er die Normalschulen frequentirt habe«.[346] Dies bedeutete, dass die jüdischen Jungen, die bisher im Alter von neun oder zehn Jahren vom Lesen der Bibel und der Mischna zum Studium der Gemara fortgeschritten waren, hiermit zukünftig warten mussten, wenn sie nicht

---

342 Das Patent ist abgedruckt bei Kropatschek, Handbuch aller unter der Regierung des Kaisers Joseph des II. für die K. K. Erbländer ergangener Verordnungen und Gesetze, Bd. 9, 317–323.
343 Hofdekret vom 27. Mai 1785, AVA, HKP Galizien 1785, 503–514 (Majus, Nr. 194).
344 Vgl. Kropatschek, Handbuch aller unter der Regierung des Kaisers Joseph des II. für die K. K. Erbländer ergangener Verordnungen und Gesetze, Bd. 9, 343–365 (Verzeichnis der ehemaligen Kahale und neu festgesetzten Hauptgemeinden).
345 Hofdekret vom 27. Mai 1785, AVA, HKP Galizien 1785, 503–514 (Majus, Nr. 194).
346 Ebd.

nachweisen konnten, dass sie die deutsche Schule besucht hatten.³⁴⁷ Der Schulzwang für jüdische Jungen manifestierte sich in weiteren Sanktionsdrohungen, die diejenigen Eltern treffen sollten, die sich dem Schulbesuch ihrer Kinder widersetzten. So wurden Anfang 1786 zunächst Geldstrafen eingeführt. Sie sollten nach Anweisung aus Wien nicht höher ausfallen als die Summen, die christliche Eltern seit 1784 zu zahlen hatten, wenn sie ihre Kinder nicht zur Schule schickten. Als Höhe wurde der doppelte Betrag des üblichen Schulgeldes angegeben.³⁴⁸ Das ultimative Zwangsmittel gegenüber schulverweigernden jüdischen Familien bestand jedoch in der am 15. April 1786 erlassenen Verordnung, der zufolge zukünftig nur noch demjenigen jüdischen Heiratswilligen der zur Hochzeit benötigte behördliche Ehekonsens erteilt werden würde, der mittels eines Zeugnisses nachweisen konnte, dass er die deutsche Schule absolviert hatte.³⁴⁹

Mit der Einführung des Schulzwanges für jüdische Knaben zwischen sechs und zwölf Jahren hatten die deutschen Schulen für die Juden Galiziens, bildlich gesprochen, ihre Unschuld verloren. Insbesondere das Verbot der Aufnahme des Talmudstudiums bei Nichtbesuch der deutschen Schule, welches tief in die religiös durchdrungene Lebenswelt der Juden eingriff, und die Versagung des Heiratskonsenses gegenüber Normalschulverweigerern mussten die galizischen Juden gegen die Schulen aufbringen. Diese erschienen nun nicht mehr als Institutionen, die eine obzwar der traditionellen Erziehung nachgeordnete, jedoch durchaus nützliche säkulare Bildung vermitteln konnten, sondern vielmehr als Institutionen der Beschränkung, Kontrolle und Bestrafung.³⁵⁰ Aus staatlicher Sicht handelte es sich bei den Vorschriften über den Schulzwang zunächst um folgerichtige disziplinarische Maßnahmen, da

---

347 Es ist nicht klar, was der Ausdruck »daß er die Normalschulen frequentirt habe« bedeutet, ob hiermit der durch ein Zeugnis bestätigte Abschluss der Schulausbildung gemeint war – somit wäre dem jüdischen Knaben erst ab einem Alter von zwölf oder 13 Jahren das Studium des Talmud möglich gewesen – oder dass er »nur« glaubhaft nachweisen musste, dass er die deutschen Schulen seit einer gewissen Zeit frequentierte.
348 Hofdekret vom 13. Februar 1786, AVA, HKP Galizien 1786, 123 (Februarius, Nr. 68). In Galizien war der Unterricht allerdings unentgeltlich; die Hofkanzlei gab hierbei nur die allgemeine Bestimmung über die Schulstrafgelder wieder. Vgl. Engelbrecht, Geschichte des österreichischen Bildungswesens, Bd. 3, 119. Das Schulstrafgeld für Eltern, die ihre Kinder vom Unterricht fernhielten, belief sich, einem Dekret von 1789 zufolge, auf neun Kreuzer für jeden Monat, die der Schüler oder die Schülerin der Schule fernblieb. Bericht des Guberniums vom 11. August 1797, AVA, StHK, Kt. 861, 23 D Galizien, hierin Verweis auf das Dekret vom 2. September 1789.
349 Hofdekret vom 15. April 1786, AVA, HKP Galizien 1786, 302 (Aprilis, Nr. 43); auch: StHK, Kt. 106. Siehe ausführlich in Kap. 3.3.
350 Vgl. Silber, The Enlightened Absolutist State and the Transformation of Jewish Society, 9 f.: »Government Policy shifted in the last years of Joseph's reign to a more coercive pitch; demanding secular education as a precondition increasingly became a convenient means of regulating various affairs of the Jewish community. No Talmud study, no rabbinic position, no private tutoring, at times no work, most important no marriage was granted without producing a certificate from the normal schools«.

das bisherige nachdrückliche »Anhalten« der jüdischen Eltern zum Schulbesuch ihrer Kinder offenbar nicht die gewünschten Erfolge gezeigt hatte. Natürlich schwangen auch andere Überlegungen und Intentionen mit, so im Fall des Verbots des Talmudstudiums die Auffassung, dass eine gewisse Einschränkung der traditionellen, auf das rabbinische Gelehrtenideal ausgerichteten Erziehung und Lebensweise, sofern sie nicht völlig aus dem Rahmen des Toleranzprinzips fiel, vollkommen legitim sei. Das Heiratsverbot wiederum operationalisierte anerkannte Maximen der kameralistischen Bevölkerungspolitik gegenüber der jüdischen Bevölkerung des Habsburgerreiches.

Die Mitte der 1780er Jahre getroffenen Maßnahmen zur flächendeckenden Einführung des Normalschulunterrichts für jüdische Kinder in Galizien waren, dies wurde den zuständigen Beamten im Gubernium, in der Studienhofkommission und in der Hofkanzlei immer deutlicher bewusst, nicht mit den vorhandenen Leitungs- und Aufsichtsstrukturen zu bewältigen. Die Arbeitskraft des Oberaufsehers über das Normalschulwesen, Johann Franz Hofmann, war bereits durch die Fülle an Aufgaben, die er bei der Verbreitung des deutschen Schulwesens für die christliche Stadt- und Landbevölkerung zu leisten hatte, absorbiert. Den systematischen Ausbau des Netzes deutscher Schulen für die jüdische Bevölkerung Galiziens konnte man ihm nicht allein aufbürden, zumal die repressiven Maßnahmen zur Durchsetzung der Schulpflicht Widerstand erwarten ließen. Hier war die Unterstützung eines »Fachmannes« gefragt, der, den Zielen der josephinischen Politik gegenüber den Juden verpflichtet, gleichzeitig über einen tieferen Einblick in die traditionelle jüdische Lebensweise verfügte. Von einem solchen Spezialisten, der nach Möglichkeit selbst ein Jude sein sollte, erwartete man, dass er die galizischen Juden mit ihren eigenen Argumenten vom Nutzen des Schulbesuchs überzeugen und den zu erwartenden Widerstand sanft entkräften werde. Wie im vorangegangenen Kapitel dargestellt, fiel die Wahl auf Herz Homberg, den Schüler Mendelssohns und Verfechter einer erneuerten jüdischen Erziehung. Seine Aufgaben und ersten Maßnahmen als Aufseher über die jüdischen deutschen Schulen in Galizien, seine Erfolge beim Ausbau des Schulnetzes sowie seine Konflikte mit den übergeordneten Behörden um den gemeinsamen Schulbesuch von jüdischen und christlichen Kindern werden die Gegenstände des folgenden Kapitels sein.

1.4 Der Schulausbau unter Homberg und der Konflikt um die Eigenständigkeit der jüdischen deutschen Schulen

Der »Schulaufseher«

Herz Homberg traf im Frühjahr 1787 in Lemberg ein.[351] Als Aufseher über die jüdischen deutschen Schulen bekleidete er nunmehr ein staatliches Amt, das Ehre und Einfluss versprach; doch wurden die Grenzen seiner neuen Stellung schnell deutlich: Als Jude war es ihm nur gestattet, in einem der für die Juden bestimmten Bezirke der Landeshauptstadt zu wohnen.[352] Nachdem Homberg zunächst ein provisorisches Quartier, wahrscheinlich in einer der Lemberger Vorstädte, gefunden hatte, bat er im Juni 1787 darum, »dass ihm in der Nähe von der jüdischen Hauptschule«, also in der Stadt selbst, »ein Quartier unentgeltlich eingeraumet werde«.[353] Die Studienhofkommission stimmte dieser Bitte zu, »da überall der Aufseher, um sein Amt thätig auszuüben, in dem Hauptschulgebäude, wenn es thunlich ist, oder doch nahe daran, seine Wohnung haben soll«.[354] Einer der Lemberger *Parnasim* namens Waringer bot Homberg und seiner Familie eine Wohnung in seinem Haus an.[355] Der jährliche Mietzins für dieses Quartier belief sich auf 139 Gulden und dreißig Kreuzer, die aus dem jüdischen Steueraufkommen gezahlt wurden.[356] Hombergs Gehalt betrug 800 Gulden jährlich, über das Dreifache dessen, was er als Erster Lehrer an der Triester Scuola Normale verdient hatte. Sein Einkommen reichte nun fast an das Gehalt eines mittleren Gubernialbeamten heran.[357] Auch Hombergs Vorgesetzter, der christliche Schuloberaufseher Johann Franz

---

351 Am 10. April 1787 (expediert am 17. April) befahl die Hofkanzlei der niederösterreichischen Landesregierung, Homberg die 400 Gulden für dessen Übersiedlung nach Lemberg auszuhändigen, sodass Homberg frühestens in der zweiten Aprilhälfte nach Lemberg abgereist sein kann. Hofdekret vom 10. April 1787, AVA, HKP Galizien 1787, 297 (Aprilis, Nr. 35).

352 Im Jahr 1798 bat Homberg – offenbar vor dem Hintergrund des eskalierenden Konflikts zwischen ihm und den Lemberger jüdischen Lehrern – darum, »nicht da wo die übrigen Juden wohnen zu müssen«. Das Gubernium erhielt von der Hofkanzlei Order, das Gesuch Hombergs zurückzuweisen. Hofdekret vom 26. Juli 1798, AVA, HKP Galizien 1798, 502 (Julius, Nr. 121).

353 Bericht des galizischen Guberniums vom 12. Juli 1787, AVA, StHK, Kt. 106, 23 Galizien.

354 Notiz zum Studienprotokoll vom 5. September 1787, AVA, ebd.

355 Bericht des galizischen Landesguberniums über die von Hof remittierte Klage der hiesigen jüdischen deutschen Lehrer Turnau, Popper, und Grünbaum wegen des Verfalls der hiesigen jüdischen Schulen vom 11. Juni 1792, AVA, StHK, Kt. 861, 23 A Galizien.

356 Hofdekret vom 16. Oktober 1787, AVA, StHK, Kt. 106, 23 Galizien.

357 Ein mittlerer Gubernialbeamter in Lemberg verdiente um 1785 etwa 1 000 Gulden im Jahr. Dies reichte aus, um den Unterhalt einer fünfköpfigen Familie sicherzustellen. Vgl. Kratter, Briefe über den itzigen Zustand von Galizien, Bd. 2, 234–236. Kratter beklagt, dass ein Gehalt dieser Höhe keine Bewirtung von Gästen, keine »Rekreation« und kein »Vergnügen« zulasse: »[D]ie Gage ist erschöpft mit einem bloß häuslichen, mehr nicht, als gewöhnlich bürgerliche Bequemlichkeit verschaffenden Aufwande«. Ebd., 236.

Hofmann, verdiente nicht mehr.[358] Darüber hinaus erhielt Homberg 200 Gulden für einen eigenen Schreiber zugesprochen, da die »Einrichtung der Schulen, die Bildung und Leitung der Lehrer [...] in dem weiten Lande, wo das jüdische Volk so zahlreich ist, für den Aufseher sehr viele schriftliche Arbeit veranlassen werde, die er ohne Hülfe ordentlich zu besorgen nicht wohl im Stande wäre«.[359]

Hombergs neue Stellung war ungewöhnlich in zweierlei Hinsicht: Zum einen war er der erste Jude, der im josephinischen Habsburgerreich ein derartiges staatliches Amt bekleidete und von diesem aus Einfluss auf den Prozess von Erziehung, Produktivierung und moralischer »Verbesserung« der jüdischen Bevölkerung nehmen konnte. Zum anderen sticht die Besonderheit der für Homberg geschaffenen Stelle hervor, und zwar vor dem Hintergrund des Grundsatzes möglichst einheitlicher administrativer Strukturen, wie sie für das österreichische Schul- und Erziehungswesen jener Zeit galten. Mit dem Beschluss, die galizischen jüdischen Normalschulen einer speziellen Leitung, wenn auch unter der Oberaufsicht eines christlichen Beamten, zu unterstellen, rückten Hofkanzlei und Studienhofkommission von dem überall in der Monarchie beobachteten Prinzip ab, wonach diese Schulen keiner eigenen administrativen Einheit zugeordnet waren, sondern unter der unmittelbaren Aufsicht der allgemeinen, christlichen Schulbehörden zu stehen hatten.[360] Den Ausschlag dafür, dass man von diesem allgemein beachteten Grundsatz abwich, gab wohl die Größe des Projekts: Geplant waren etwa 150 Schulen, und auch dies war noch eine geringe Zahl angesichts der Menge der jüdischen Bevölkerung, die man auf über 200 000 Menschen schätzte.[361]

---

358 Hofdekret vom 23. Juli 1784, AVA, HKP Galizien 1784, 775–780 (Julius, Nr. 126), hier 777.
359 Notiz zum Studienprotokoll vom 5. September 1787, AVA, StHK, Kt. 106, 23 Galizien.
360 Im Handschreiben Josephs II. vom 13. Mai 1781 hatte es geheißen, dass »bey den Hauptsynagogen eines jeden Landes eine nach der Normallehrart eingerichtete Schule unter der Leitung der ohnehin jeden Landes bestehenden Schuldirection [...] eingeführet« werden sollte. In: Pribram, Urkunden und Akten zur Geschichte der Juden in Wien, Bd. 1, 440–442, hier 440. Für die Juden Böhmens wurde dies im entsprechenden Hofdekret (»Toleranzdekret«) vom 19. Oktober 1781 festgelegt: »2. [...] Die Ein- und Aufsicht aber über die jüdischen Schulen, in welchen die Normallehrart genau zu beobachten ist, gebührt der bestehenden christlichen Schuldirekzion«. In: Klueting, Josephinismus, 255–257, hier 256. Für Ungarn – hier standen die jüdischen deutschen Schulen ebenfalls unter der Oberaufsicht eines königlichen Schulinspektors – vgl. Mandl, Das jüdische Schulwesen in Ungarn unter Kaiser Josef II., 12, 19; Karniel, Die Toleranzpolitik Kaiser Josephs II., 432 f.; Silber, The Historical Experience of German Jewry and Its Impact on the Haskalah and Reform in Hungary, 112 und 146 f., Anm. 28. Noch 1785 hatte es anlässlich des Befehls, bei jeder jüdischen Gemeinde Galiziens einen Schulmeister anzustellen, geheißen, dass »dieses ganze jüdische Schulwesen unter der nemlichen Aufsicht und Leitung, welcher alle übrigen Normal- und Trivial-Schulen untergeben sind, zu stehen« habe. Hofdekret vom 27. Mai 1785, AVA, HKP Galizien 1785, 503–514 (Majus, Nr. 194).
361 Zum Vergleich: In Böhmen existierten im Jahr 1787 bei einer jüdischen Bevölkerung von ca. 40 000 Menschen 25 jüdische deutsche Schulen. Vgl. Singer, Zur Geschichte der Toleranzpatente in den Sudetenländern, 269. In Mähren gab es im Jahr 1784 bei einer jüdischen Bevölkerung von ca. 30 000 Menschen 42 jüdische Normalschulen (vgl. ebd., 296 f.). In Ungarn mit ca. 80 000 Juden wurden zwischen 1783 und 1789 insgesamt 23 Schulen gegründet:

Bei aller Bedeutung des Amtes scheinen Hombergs Kompetenzen doch zunächst begrenzt gewesen zu sein. Die Allgemeine Schulordnung kannte für die einzelnen Länder und Territorien die Institution eines »Oberaufsehers«, der von den jeweiligen Schulkommissionen zu ernennen war (nach deren Auflösung nahmen die Provinzregierungen selbst diese Aufgabe wahr) und mit entsprechenden Kompetenzen versehen sein sollte. Zu seinen vorrangigen Aufgaben gehörte es, das ihm zugewiesene Territorium zu bereisen, »die darinne befindliche Schulen ein[zu]richten, die eingerichteten [zu] untersuchen, die sich äußernde Gebrechen [zu] entdecken, und [zu] verbessern, zu dem Ende auch besondere Prüfungen der Schüler vor[zu]nehmen, oder durch den Schullehrer in ihrer Gegenwart vornehmen [zu] lassen«.[362] Die ausführenden Bestimmungen des Felbiger'schen *Methodenbuchs* sahen vor, dass ein Oberaufseher die an seinem Sitz befindliche Normalschule »so oft es möglich ist« untersuchen, den Direktor zur Erfüllung seiner Pflichten anhalten und bei Notwendigkeit auch einen Teil von dessen Aufgaben übernehmen sollte. Die Haupt- und Trivialschulen seines Gebietes sollte der Oberaufseher während eines jeden Schulkurses wenigstens einmal aufsuchen und über seine Befunde ausführlich Bericht erstatten.[363]

Die Institution eines über einen bestimmten Schulzweig – in diesem Fall die jüdischen deutschen Schulen in Galizien – wachenden »Aufsehers« wurde hingegen weder in der Allgemeinen Schulordnung noch im *Methodenbuch* erwähnt.[364] Auch das Ernennungsdekret für Homberg schwieg sich über dessen konkrete Aufgaben aus und legte nur fest, dass Homberg dem Oberaufseher über das galizische Schulwesen unterstellt sein sollte. Welche Befugnisse oder Einschränkungen mit seinem Amt verbunden waren, ob Homberg etwa das Recht oder die Pflicht hatte, eigene Besuche der jüdischen Trivialschulen vorzunehmen, geht aus den amtlichen Dokumenten nicht hervor. Wie wir jedoch wissen, besuchte der christliche Oberaufseher Hofmann noch im Herbst 1788, also bereits über anderthalb Jahre nach Hombergs Amtsantritt, im Rahmen einer regulären Visitationsreise auch die jüdischen

---

Vgl. Mandl, Das jüdische Schulwesen in Ungarn unter Joseph II., 32–36. (Bevölkerungsangaben nach Karniel, Die Toleranzpolitik Kaiser Josephs II., 104.)

362 Allgemeine Schulordnung für die deutschen Normal-, Haupt- und Trivialschulen in sämmtlichen Kaiserl. Königl. Erbländern, 1774, Paragraf 18, in: Engelbrecht, Geschichte des österreichischen Bildungswesens, Bd. 3, 498.

363 Methodenbuch für Lehrer der deutschen Schulen in den kaiserlich-königlichen Erbländern, 324 f. Das V. Hauptstück des dritten Teils des *Methodenbuches* zählte die erforderlichen Eigenschaften und die Pflichten eines Oberaufsehers im Einzelnen auf. Vgl. ebd., 470–481.

364 Die Allgemeine Schulordnung und das *Methodenbuch* kannten hingegen die Funktion sogenannter »Ortsaufseher«. Bei ihnen sollte es sich um Notabeln handeln, denen die besondere Verantwortung für die Schule (oder die Schulen) in ihrem Dorf oder ihrer Stadt zugedacht war. Vgl. Methodenbuch, ebd., 348–351. Für die Prager jüdische Normalschule waren z. B. eigene, jüdische Aufseher bestimmt, während die jüdischen Schulen in Böhmen insgesamt unter der Ägide des christlichen Oberaufsehers, Probst Ferdinand Kindermann von Schulstein (1742–1801), standen. Vgl. Hecht, Die Prager deutsch-jüdische Schulanstalt, 221 f.

Schulen des Kreises Brzeżany.³⁶⁵ Es ist zu bezweifeln, dass Homberg parallel zu den Visitationen, die der Oberaufseher durchzuführen hatte, eigene reguläre Bereisungen der jüdischen Schulen vornehmen durfte, da solche Reisen recht kostspielig waren. Auch darüber hinaus bedeutete die Unterstellung unter den christlichen Oberaufseher eine deutliche Einschränkung von Hombergs Handlungsspielraum – hatte er doch alle seine Entscheidungen und Weisungen an die jüdischen Normalschullehrer zuvor mit Hofmann abzustimmen. Ging es zum Beispiel um die Besetzung von Lehrerstellen, so konnte Homberg allenfalls Vorschläge hierzu unterbreiten; sie waren von Hofmann abzusegnen. Die Visitationsberichte der Kreisschuldirektoren, die die jüdischen Schulen betrafen,³⁶⁶ wurden Hofmann zugesandt, nicht Homberg, der sie – wenn überhaupt – erst mit Verspätung zu Gesicht bekam. Seine eigenen Berichte und Vorschläge zur Verbesserung des jüdischen Schulwesens hatte Homberg über den christlichen Schuloberaufseher beim Gubernium einzureichen.³⁶⁷ Hofmann nahm an den Beratungen der Landesregierung über Schulangelegenheiten regulär teil; Homberg hingegen wurde nur dann hinzugezogen, wenn es um die jüdischen deutschen Schulen ging; oft wurde gar nur seine schriftliche Stellungnahme abgefordert.³⁶⁸

Auf der anderen Seite hatte Homberg als »Aufseher über die gesammten jüdischen Schulen« in Galizien gewisse Vorteile und Vorrechte. Vor allem stand zur Errichtung der jüdischen Normalschulen bzw. zur Bezahlung der jüdischen Lehrer ein separater Fonds zur Verfügung. Dieser speiste sich aus den jüdischen Steuereinnahmen und war immer gut gefüllt. Auch wenn letztlich die Hofstellen und das Gubernium über die Verwendung dieser Gelder entschieden, so musste Homberg doch nicht mit Hofmann um die Verteilung der Mittel konkurrieren, was unweigerlich der Fall gewesen wäre, wenn die jüdischen Lehrer gemeinsam mit den christlichen aus einem Fonds bezahlt worden wären. Zudem oblag Homberg die Ausbildung der jüdischen Lehramtskandidaten. Bereits 1785 war die Einrichtung eines »jüdischen Schulmeister Seminariums« bei der jüdischen Hauptschule in Lemberg vor-

---

365 Bericht des Normalschuloberaufsehers die Schulen im Brzezaner Kreise betreffend […] vom 3. November 1788, TsDIAL, 146/85/1900 (CAHJP HM 2/8935.10).
366 Es handelte sich hierbei um die Direktoren der Hauptschulen in den Kreisstädten, die vor dem Hintergrund der Tatsache, dass in Galizien keine Kreisschulkommissare eingesetzt wurden, deren Aufgaben – vor allem die Visitation der Schulen ihres Kreises und die damit verbundene Berichterstattung – übernehmen mussten.
367 Bericht des galizischen Guberniums vom 12. Juli 1787, AVA, StHK, Kt. 106, 23 Galizien.
368 So fehlt der Name Hombergs in der Aufzählung der Anwesenden im *Protokoll der bei dem galizischen Gubernio unterm 28ten Juni 1787 über das Normal- und Trivialschulwesen abgehaltenen Kommission* sowie im *Protocoll der unterm 17. Jenner [1]789 in Schulsachen bei dem Galizischen Landesgubernium abgehaltenen besonderen Kommißion*, obgleich es hier wie dort auch um die jüdischen deutschen Schulen ging. Hombergs Meinung hierzu wurde offenbar aus einer vorliegenden schriftlichen Stellungnahme oder aus dem Gedächtnis des zuständigen Referenten wiedergegeben. AVA, StHK, Kt. 79, 17 Galizien in genere.

gesehen gewesen.[369] Die Stelle des dort mit einem Gehalt von 350 Gulden anzustellenden Präparandenlehrers blieb lange Zeit unbesetzt; Homberg nahm das ihm offenbar höchst wichtige Geschäft zunächst selbst in die Hand.[370]

Zu Hombergs Aufgaben zählten – mit den oben genannten Einschränkungen – der weitere Ausbau des Netzes jüdischer deutscher Schulen in Galizien, die Auswahl geeigneter Personen zur Besetzung der offenen Lehrerstellen und die administrativ-operative Leitung des jüdischen Normalschulwesens unter Maßgabe seines unmittelbaren Vorgesetzten, des christlichen Schuloberaufsehers, und des Guberniums. Homberg war verantwortlich für die Einweisung der Lehrer, er erhielt deren tabellarische Ausweise über den Schulbesuch und den Fortschritt der Schüler von Hofmann zur Auswertung ausgehändigt und verfasste auf dieser Grundlage die nach dem Ende eines jeden Schulkurses dem Gubernium vorzulegenden Berichte. Homberg überwachte die Leistungen und das Verhalten des Lehrpersonals. Er konnte besonders eifrige Lehrer für Belohnungen vorschlagen oder die Bestrafung nachlässiger jüdischer Schulleute verlangen. Er war in beschränktem Maße verantwortlich für die Inhalte des deutschen Unterrichts an den jüdischen Normalschulen, hatte sich dabei jedoch prinzipiell an den Grundsatz der »Gleichförmigkeit« zu halten. Homberg nahm an den Prüfungen teil, die zum Ende des Schuljahres an den Lemberger Schulen abgehalten wurden und verfasste zum Teil selbst die von den Schülern bei diesen Prüfungen vorzutragenden Reden sowie Texte für den Moralunterricht.[371]

Zu den Maßnahmen, die Homberg gleich in den ersten Monaten nach seinem Amtsantritt in Angriff nahm, gehörten neben der Errichtung einer Anzahl neuer Schulen weitere Schritte zur »Verbesserung« des jüdischen deutschen Schulwesens in Galizien. Jüdische Lehrer mussten sich im Unterricht und außerhalb der Schule auf bestimmte Besonderheiten einstellen, die von den für das allgemeine Normalschulwesen aufgelegten Berufsregularien, dem *Kern des Methodenbuches* (1777),[372] nicht erfasst wurden. Deshalb beantragte Homberg den Druck eines von ihm entworfenen Verhaltenskanons für jüdische Schullehrer in Galizien, der – mit einigen Veränderungen – im Oktober 1787 genehmigt wurde.[373] Ein von Homberg für die jüdischen Schulen erarbeitetes besonderes Curriculum wurde dagegen abgelehnt, da es nur unwesentlich von den vorgeschriebenen »Stundenabteilungen« der allgemeinen

---

369 Hofdekret vom 27. Mai 1785, AVA, HKP Galizien 1785, 503–514 (Majus, Nr. 194).
370 Hofdekret vom 17. August 1789, AVA, HKP Galizien 1789, 414 (Augustus, Nr. 49).
371 Hofdekret vom 1. August 1788, AVA, HKP Galizien 1788, 467 f. (Augustus, Nr. 2), hier 467: Die Hofkanzlei erklärte, dass »zwey moralische Reden des Homberg zum Gebrauche der Schuljugend, welcher sie als Leseübung dienen sollten, nicht geeignet sind«. Der Grund für dieses Urteil ist in den Hofkanzleiprotokollen leider nicht verzeichnet.
372 Kern des Methodenbuches, besonders für die Landschulmeister in den kaiserlich-königlichen Staaten (nachfolgend Kern des Methodenbuches).
373 Hofdekret vom 16. Oktober 1787, AVA, StHK, Kt. 106, 23 Galizien.

Normalschulen abwich, welche »der Gleichförmigkeit wegen« auch in den jüdischen deutschen Schulen Galiziens Verwendung finden sollten.[374]

Ein Coup gelang Homberg gleich zu Beginn seiner Amtszeit, indem er erreichte, dass seine Aufsichtsbefugnis auch auf die *Chadarim* der galizischen Juden ausgedehnt wurde. Er hatte die Unbestimmtheit seines Ernennungsdekrets, in dem von der ihm anvertrauten Aufsicht über alle jüdischen Schulen Galiziens die Rede war, so ausgelegt, dass hierunter nicht nur die deutschen Schulen für die jüdischen Kinder, sondern auch die traditionellen »hebräischen Schulen« zu verstehen seien.[375] Tatsächlich genehmigte die Studienhofkommission dieses Ansinnen.[376] Fürsprecher war hier der Oberaufseher über die deutschen Schulen der Monarchie, Joseph Anton Gall, der Hombergs Karriere bereits einmal durch eine enthusiastische Empfehlung befördert hatte. Hombergs Aufsicht sollte sich somit »auch über die hebräischen oder Religions Schulen, wenn anders die jüdische Verfassung dabey keinen Anstand erreget« erstrecken.«[377]

Mit der Leitung des jüdischen deutschen Schulwesens und der Aufsicht über die *Chadarim* waren in Hombergs Amt nunmehr zwei unterschiedliche Mandate kombiniert: auf der einen Seite die Erziehung der jüdischen Kinder zur Nützlichkeit durch den Normalunterricht – dies schloss die Trivialausbildung, die moralische Verbesserung und die Disziplinierung der Kinder ein. Auf der anderen Seite war Homberg auch zuständig für die Reform der traditionellen jüdischen Erziehung, die Umgestaltung des »hebräischen Curriculums« (Sorkin). Gerade Letzteres war eines der wichtigsten pädagogischen Anliegen der *Maskilim* und gleichzeitig – mit zum Teil anderen Ziel- bzw. Schwerpunktsetzungen – Wunschvorstellung einiger aufgeklärter Beamter und Protagonisten des Verbesserungsdiskurses. Man darf vermuten, dass insbesondere das zweite Mandat Homberg am Herzen lag, von ihm als sein eigentlicher Auftrag betrachtet wurde. Er dürfte in dieser Erweiterung seiner Kompetenzen die Gelegenheit erblickt haben, seine in Görz und Triest niedergeschriebenen Ideen zur Reform der traditionellen jüdischen Erziehung in die Tat umzusetzen. Die Homberg zugesprochene Aufsichtsbefugnis über die *Chadarim* betonte die Besonderheit des galizischen jüdischen Schulprojekts und stärkte Hombergs Stellung auch gegenüber seinem Vorgesetzten Hofmann. Andererseits war dieser Schritt auch geeignet, den Widerstand der galizischen Juden gegen das gesamte Schulprojekt hervorzurufen und barg somit den Keim zu künftigen Konflikten.

---

374 Stellungnahme Joseph Anton Galls vom 23. August 1787, AVA, ebd.
375 Bericht des galizischen Guberniums vom 12. Juli 1787, AVA, ebd.
376 Notiz zum Studienprotokoll vom 5. September 1787, AVA, ebd.
377 Hofdekret vom 16. Oktober 1787, AVA, ebd. Dies bedeutete, dass Hombergs Aufsicht über die *Chadarim* vom Einverständnis der traditionellen jüdischen Gemeindeeliten – der Gemeindevorsteher und der Rabbiner – abhing, die unter Berufung auf die Prinzipien von Toleranz und Religionsfreiheit etwaige Maßnahmen, die aus Hombergs erweitertem Mandat resultierten, zurückweisen konnten.

Homberg hatte sein Amt mit einer Vielzahl eigener Vorstellungen über die Erziehung der jüdischen Jugend angetreten; er war kein bloßer Vollstrecker staatlich-edukativer Maximen, kein »Technokrat«. Mit diesen Vorstellungen, in denen sich eine aus maskilischen Idealen gespeiste pädagogische Mission mit den Prämissen des aufgeklärten Diskurses um die »bürgerliche Verbesserung« der Juden verband, stieß er auf die klaren, genormten Vorgaben des österreichischen Normalschulwesens, wie Joseph II. sie selbst 1781 für die Erziehung der Juden formuliert hatte und wie sie von den hierfür zuständigen Beamten in allen Ländern des Habsburgerreiches mit dem Anspruch größtmöglicher »Gleichförmigkeit« umgesetzt wurden. Die aus dieser Begegnung resultierenden Spezifika – vor allem die starke, mit der offiziellen Übertragung der Aufsicht über die *Chadarim* auch institutionalisierte Betonung einer »verbesserten« religiösen Erziehung der jüdischen Kinder – lassen es gerechtfertigt erscheinen, dem galizischen Fall eine individuelle Qualität zuzuerkennen und vom »Homberg'schen Projekt« zu sprechen.

Der Ausbau des Schulnetzes unter Homberg

Bei Hombergs Amtsantritt existierten in Galizien neben etwa 110 christlichen Normalschulen 28 jüdische deutsche Schulen.[378] Hierzu gehörten die 1782 gegründete Lemberger Hauptschule und die einige Jahre darauf entstandene Trivialschule in der Krakauer Vorstadt von Lemberg[379] sowie die 1784 eingerichtete Hauptschule in Brody. Darüber hinaus ist für die Jahre 1784 und 1785 die Existenz weiterer Trivialschulen in den Kreisstädten Rzeszów,[380] Zamość,[381] Złoczów,[382] Stryj,[383] Żołkiew[384] sowie in Zbaraż (Tarnopoler Kreis)[385] und Tyśmienica (Stanislauer Kreis)[386] bezeugt.[387]

---

378 Protokoll der bei dem galizischen Gubernio unterm 28ten Juni 1787 über das Normal- und Trivialschulwesen abgehaltenen Kommission, AVA, StHK, Kt. 79, 17 Galizien in genere; Eintrag vom 16. April 1787 über den Eingang eines Gubernialberichts vom 14. März 1787, AVA, HKP Galizien 1787, 321 (Aprilis, Nr. 93).
379 Vgl. Röskau-Rydel, Kultur an der Peripherie des Habsburger Reiches, 109; Kratter, Briefe über den itzigen Zustand von Galizien, Bd. 1, 128. In seinen ersten Empfehlungen zur Verbesserung des jüdischen deutschen Schulwesens von Ende Juni oder Anfang Juli 1787 schlug Homberg vor, dass »die Stadt- und Krakauer Vorstadtschule in bessern Stand gesetzet und erweitert werden« sollten. Bericht des galizischen Guberniums vom 12. Juli 1787, AVA, Kt. 106, 23 Galizien.
380 Kratter, Briefe über den itzigen Zustand von Galizien, Bd. 1, 128.
381 Einladung zur öffentlichen Prüfung […] in der kaiserl. königl. Lemberger Normalschule […] den 8 und 9 März 1784, AVA, StHK, Kt. 92, 18 Galizien, Lemberg 1774–90; vgl. auch Kratter, ebd., 121.
382 Kratter, Briefe über den itzigen Zustand von Galizien, Bd. 1, 128.
383 Ebd.
384 Hofdekret vom 20. August 1785, AVA, HKP Galizien 1785, 777 (Augustus, Nr. 112).
385 Kratter, Briefe über den itzigen Zustand von Galizien, Bd. 1, 128.
386 Einladung zur öffentlichen Prüfung […] in der kaiserl. königl. Lemberger Normalschule […]

Generell wurden die deutschen Schulen in Galizien um 1787 nach folgenden Kategorien unterteilt: Schulgattung (Kreisschulen, Stadtschulen, Trivialschulen); Religion (katholische, akatholische, jüdische sowie vermischte Schulen); Geschlecht (Knaben- oder Mädchenschulen) sowie Gegenstand (»Literarische« Schulen, in denen Lesen, Schreiben, Rechnen, Religion »und die Anfangsgründe des menschlichen Wirkens« gelehrt wurden, und Industrialschulen, »worin die Kinder arbeiten, und künftige Berufs-Künste erlernen«).[388] Bei den jüdischen Schulen handelte es sich zu diesem Zeitpunkt ausnahmslos um Knabenschulen; für die Mädchen galt die Pflicht zum Schulbesuch erst nach 1790. Die beiden Hauptschulen in Lemberg und Brody ausgenommen, handelte es sich um ein- bis zweiklassige Trivialschulen, »literarische« Schulen also, in denen die Schüler Elementarunterricht im Lesen, Schreiben und Rechnen erhielten. Der »Religionsunterricht«, also die traditionelle jüdische Erziehung, blieb weiterhin in der Verantwortung der Gemeinde und wurde von den *Melamdim* durchgeführt.

Im Juni 1787 genehmigte eine in Schulsachen tagende Gubernialkommission Hombergs Vorschlag der Errichtung weiterer 22 Schulen, zusätzlich zu den bereits bestehenden 28 Einrichtungen.[389] Das von Homberg der Kommission vorgelegte Verzeichnis ist nicht erhalten; doch geht aus dem Schematismus für das Jahr 1788 hervor, dass es dem jüdischen Schulaufseher innerhalb weniger Monate gelungen war, die vorgesehene Anzahl von Schulen – bis auf eine – zu errichten und mit geeigneten Lehrern zu versehen. Um den Jahreswechsel 1787/88 existierten demnach insgesamt 49 jüdische deutsche Schulen, darunter in 15 der 18 Kreisstädte (Lemberg, Neu-Sandez, Tarnów, Dukla, Rzeszów, Przemyśl, Sanok, Tarnopol, Zamość, Żółkiew, Brzeżany, Złoczów, Stryj, Zaleszczyki und Stanislau) sowie in einigen weiteren großen Gemeinden wie zum Beispiel Brody, Wisnicz, Jaroslau, Rohatyn, Buczacz, Kolomea und Nadwórna. Doch auch einige mittelgroße und kleinere Gemeinden wie Oświęcim, Rozwadów, Trembowla, Budzanów, Kulików, Sokal, Bełz, Żydaczów und Czortków waren mit eigenen Lehrern versehen. Jeder Kreis verfügte über mindestens zwei jüdische deutsche Schulen, ausgenommen die westgalizischen Kreise Myślenice, Bochnia, Sandez und Dukla, die jeweils nur eine Schule beherbergten. Von den ostgalizischen Kreisen mit einem hohen jüdischen Bevölkerungsanteil waren die Kreise Tarnopol (fünf Schulen), Żółkiew (sechs Schulen), Złoczów (fünf Schulen), Zaleszczyki (vier

---

  den 8 und 9 März 1784, AVA, StHK, Kt. 92, 18 Galizien, Lemberg 1774–90; vgl. auch Kratter, ebd., 121.
387 Świeboda, Edukacja Żydów w Galicji, 88, führt für das Jahr 1784 weitere Schulen in Przemyśl, Tarnopol, Tarnów und Stanislau auf.
388 Protokoll der bei dem galizischen Gubernio unterm 28ten Juni 1787 über das Normal- und Trivialschulwesen abgehaltenen Kommission, AVA, StHK, Kt. 79, 17 Galizien in genere.
389 Ebd.

Karte 1: Jüdische deutsche Schulen in Galizien 1788.

- ■ Jüdische Normalschule und Sitz des Aufsehers über die jüdischen deutschen Schulen in Galizien
- ♦ Jüdische Hauptschule (dreiklassig)
- • Jüdische Trivialschule

Schulen) sowie Stanislau (fünf Schulen) besonders gut ausgestattet (Karte 1).[390]

Es muss bereits zu dieser Zeit eine genaue Vorstellung darüber gegeben haben, welche Gemeinden im Endausbau des Schulnetzes mit Schulen versehen sein sollten. Denn schon Anfang Dezember 1786 teilte die Vereinigte Hofstelle dem Böhmischen Gubernium mit, dass in Galizien »mit Ende gegenwärtigen Jahres zur Besetzung aller Schulen bei den jüdischen Gemeinden noch 101 deutsche jüdische Lehrer nöthig sind«. Die Hofstelle trug dem Prager Gubernium auf, geeignete »der deutschen Sprache kundige« jüdische Lehrer auszuwählen und nach Galizien zu entsenden.[391] Somit waren die von Hom-

---

[390] Schematismus für die Königreiche Galizien und Lodomerien. 1788, zit. nach Bałaban, Herz Homberg i Szkoły Józefińskie dla Żydow w Galicyi, 12. Bałaban zählt die mit Schulen versehenen Orte im einzelnen auf (48), irrt sich aber hinsichtlich der Gesamtzahl der Schulen, die er mit 48 angibt, während es aufgrund der beiden Lemberger Schulen – der Hauptschule und der Trivialschule in der Krakauer Vorstadt – insgesamt 49 Schulen sind.

[391] Hofdekret vom 8. Dezember 1786, HKP Galizien 1786, 940 (December, Nr. 32).

berg im Juni 1787 vorgeschlagenen 22 neuen Schulen nur eine Notlösung. Sie war offensichtlich dem Umstand geschuldet, dass es in Galizien zu dieser Zeit an jüdischen Normalschullehrern mangelte, um weitere der vorgesehenen Schulen errichten zu können.

Tatsächlich stellte sich die Frage der Gewinnung von ausgebildeten jüdischen Lehrern zunächst als das größte Problem dar. Die Aussicht auf ein festes jährliches Einkommen, wenn es auch nicht mehr als 150 oder 200 Gulden im Jahr betrug, mag viele junge Juden aus allen Teilen der Monarchie angezogen haben; doch hatten die Bewerber zunächst zwei entscheidende Voraussetzungen zu erfüllen. Sie mussten zum einen genügend Kenntnisse in der Normalmethode vorweisen können, wofür sie in der Regel einen mindestens dreimonatigen sogenannten »Präparandenkurs« an einer Normalhauptschule zu absolvieren hatten.[392] Zum anderen mussten sie selbst in ausreichendem Maße Deutsch lesen und schreiben können und, noch wichtiger, ein »reines« Deutsch sprechen, also in ihrer Aussprache keinen deutlichen Einfluss des Jiddischen erkennen lassen. Die Erfüllung der letzten Voraussetzung war fast nur von böhmischen, mährischen oder aus Westungarn stammenden Juden zu erwarten und auch in diesem Fall nur von den kulturell und sprachlich stärker akkulturierten Juden aus den Städten, vor allem aus Prag.[393] Jene galten den Behörden als »deutsche« Juden – eine linguistische Zuschreibung, die den hohen Grad der sprachlichen Akkulturation ausdrückte, nicht in erster Linie eine Kennzeichnung der Herkunft. »Polnische«, also galizische, Jiddisch sprechende Juden hingegen mussten, wollten sie den Lehrerberuf ergreifen, neben der Normalmethode zunächst auch die »reine deutsche Aussprache« lernen, benötigten also zumeist sehr viel mehr Zeit für ihre Ausbildung.

Jüdische Lehramtskandidaten wurden bereits seit 1783 an der Lemberger christlichen Normalhauptschule unter deren damaligem Direktor Johann Franz Hofmann ausgebildet.[394] Wenngleich bereits bei Einführung des neuen »Judensystems« im Mai 1785 die Errichtung eines Präparandenseminars bei der jüdischen Stadtschule in Lemberg vorgesehen war,[395] wurden die zukünftigen jüdischen Lehrer weiterhin gemeinsam mit den christlichen Lehramtskandidaten an der Normalschule unterrichtet. Homberg übernahm nach

---

392 Vgl. Gönner, Die österreichische Lehrerbildung von der Normalschule bis zur Pädagogischen Akademie, 37–41; Engelbrecht, Geschichte des österreichischen Bildungswesens, Bd. 3, 106 f.
393 Zu den Unterschieden zwischen den west- und ostjiddischen Sprachvarianten vgl. Bin-Nun, Jiddisch und die deutschen Mundarten, 90–106; Best, Mameloschen, 39–47; zum Jüdisch-Deutschen der böhmischen Juden vgl. Kestenberg-Gladstein, Neuere Geschichte der Juden in den böhmischen Ländern, 162–164.
394 So heißt es in einem Hofdekret vom Dezember 1783, dass bei der »Beförderung jüdischer Schulanstalten vorzüglich in Lemberg und Brody« diejenigen Juden mit Lehrerposten bedacht werden sollten, »welche sich in die neue Lehrart bey der lemberger Normalschule haben einleiten laßen, und mit guten Zeugnißen von dem Normalschuldirektor versehen sind«. Hofdekret vom 21. Dezember 1783, AVA, HKP Galizien 1783, 854–882 (December, Nr. 108), hier 868 f.
395 Hofdekret vom 27. Mai 1785, AVA, HKP Galizien 1785, 503–514 (Majus, Nr. 194), hier 510.

seiner Ankunft 1787 die Durchführung der Präparandenkurse. Offensichtlich war es bis dahin nicht gelungen, eine ausreichend große Anzahl von jüdischen Lehramtsanwärtern auszubilden, um alle geplanten Lehrerstellen besetzen zu können. Ob es der nicht ausreichenden Ausbildungskapazität, der spärlichen Nachfrage vonseiten der einheimischen Juden oder der mangelnden Eignung der Kandidaten geschuldet war, ist nicht restlos zu klären. Auf jeden Fall konnte der Bedarf an jüdischen Normalschullehrern in Galizien nicht allein mit einheimischen Absolventen gedeckt werden. Das Gubernium und die beiden Schulaufseher mussten jedenfalls, wenn sie einen schnellen Ausbau des jüdischen deutschen Schulsystems bezweckten, auf Lehrer zurückgreifen, die bereits außerhalb Galiziens ihre Ausbildung erhalten hatten oder gerade erhielten. Man fand sie in den Ländern der böhmischen Krone.[396]

Offenbar in Folge des Hofdekrets vom 8. Dezember 1786, das dem böhmischen Gubernium auftrug, für die 101 offenen Lehrerstellen in Galizien geeignete Kandidaten zu finden, begann man noch im Dezember an der Prager jüdischen Hauptschule, Präparanden eigens für ihren Einsatz in Galizien auszubilden.[397] Am 26. Juli 1787 informierte das böhmische Gubernium seine Schwestereinrichtung in Lemberg, dass »16 geprüfte jüdische Schullehrer nach Galizien abgeschickt worden« seien.[398] Weitere 28 »deutsche Judenlehrer«, die ihre Ausbildung vermutlich an der (christlichen) Prager Normalhauptschule erhalten hatten, machten sich im Oktober desselben Jahres auf den Weg nach Lemberg.[399] Auch das mährisch-schlesische Guber-

---

[396] In seinem Angewiesensein auf den »Import« der deutschen Sprache kundiger und in der Normalmethode ausgebildeter Lehrer unterschied sich das jüdische deutsche Schulwesen in Galizien nicht von seinem christlichen Pendant. So stammten die meisten der Ende des 18. Jahrhunderts an den Lemberger christlichen Schulen beschäftigten Lehrer aus den Ländern der böhmischen Krone. Vgl. Röskau-Rydel, Kultur an der Peripherie des Habsburger Reiches, 75.

[397] Wanniczek, Geschichte der Prager Haupt-, Trivial- und Mädchenschule der Israeliten, 26 f.

[398] Eintrag über Aktenablage vom 8. August 1787, AVA, HKP Galizien 1787, 680 (Augustus, Nr. 85).

[399] Eintrag über Aktenablage vom 24. Oktober 1787, AVA, ebd., 876 (October, Nr. 161). Nur über einen der jüdischen Lehrer, die 1787/88 von Prag nach Lemberg gingen, liegen genauere Informationen vor. Es handelte sich um Moses Zeckendorf aus dem gleichnamigen Ort in Oberfranken, der bis 1798 an verschiedenen Schulen in der Bukowina und in Galizien tätig war. Sein Bruder Ascher Lehmann berichtet in seinen Memoiren darüber, dass Zeckendorf etwa Mitte der 1780er Jahre in Prag bei einem jüdischen Kaufmann und Fabrikanten eine Stelle als Kontorschreiber besaß, die jedoch nicht einträglich genug war, um seinem jüngeren Bruder das Talmudstudium finanzieren zu können, als dieser zu diesem Zweck in die böhmische Hauptstadt kam. Zu jener Zeit, schreibt Lehmann, »rief der Kaiser tüchtige Männer auf, um Normalschulen anzulegen. Alle Judenkinder sollten mehrere Sprachen, Schreiben und Rechnen lernen«. Die Aussicht auf ein höheres Einkommen und eine staatliche Anstellung bewog Zeckendorf offensichtlich, sich für die Teilnahme an einem Präparandenkurs zu bewerben; als Buchhalter verfügte er über Kenntnisse im Rechnen und wahrscheinlich auch in der deutschen Sprache, die ihn für seinen zukünftigen Beruf qualifizierten. Zeckendorf meldete sich, »ward geprüft und erhielt eine Stelle in Lemberg«. Ascher Lehmann (Lämle ben Aron Weldtsberg), Tagebuch, hg. mit einem Vorwort von Max Lehrmann und dem Stammbaum der Familie,

nium war aufgefordert worden, nach geeigneten jüdischen Lehrern für die galizischen Normalschulen Ausschau zu halten, doch teilte die Vereinigte Hofstelle dem Gubernium in Brünn Ende April 1787 mit, dass es »nur von den tüchtig befundenen Anwerbern dem galiz. Gubernio Nachricht zu geben, und mit demselben über die Zeit, wenn diese Leute nach Galizien abgeschicket werden sollen, sich zu verstehen« habe.[400] Offensichtlich konnte man zu dieser Zeit in Lemberg bereits absehen, dass der Bedarf an Lehrern durch die in Prag in Ausbildung befindlichen Präparanden sowie die in Lemberg unterrichteten Lehramtskandidaten weitestgehend gedeckt sein würde. Wie viele jüdische deutsche Lehrer letztlich aus Mähren nach Lemberg gelangten, ist nicht überliefert.[401]

Die 21 Schulen, die Homberg bis Ende 1787/Anfang 1788 errichtete, wurden also zum größten Teil mit jüdischen Lehrern aus Prag besetzt. Da es nun einen gewissen Überschuss an Kandidaten gab, konnte Homberg mit dem Ausbau des Schulnetzes zügig fortfahren und innerhalb von weniger als anderthalb Jahren die Zahl der jüdischen Normalschulen in Galizien fast verdoppeln. Im Herbst 1788 bestanden bereits 82 jüdische deutsche Schulen;[402] zum Ende des Winterkurses 1788/89, etwa Anfang April 1789, existierten 87 Schulen, in denen 6 441 Schüler und »Behelfer« – die Assistenten der *Melamdim* – unterrichtet wurden.[403] Welche Fortschritte das jüdische Normalschulwesen in wenigen Jahren gemacht hatte, wird deutlich, wenn man sich vor Augen hält, dass noch im Mai 1785 alle, also die christlichen *und* die wenigen jüdischen Schulen von insgesamt 3 945 Schulkindern besucht worden waren[404] und unmittelbar vor Hombergs Amtsantritt, im März 1787, in Galizien nur 137 Normalschulen, davon 28 jüdische, existierten.[405]

Gerwisch bei Magdeburg 1936 (Privatdruck); in Auszügen gedruckt in: Richarz, Jüdisches Leben in Deutschland, 83–99, hier 87 f.
400 Hofdekret vom 30. April 1787, AVA, HKP Galizien 1787, 348 (Aprilis, Nr. 175).
401 In den Hofkanzleiprotokollen findet sich kein Eintrag über die Absendung von jüdischen deutschen Lehrern aus Mähren. Mandl, Das jüdische Schulwesen in Ungarn unter Kaiser Josef II., 33 und 46, berichtet über einen gewissen Samuel Hirsch Türk, der seit 1784 in Waagneustadl (ungar. Vág-Ujhely) im westungarischen Komitat Neutra als Lehrer wirkte, ehe er im Jahr 1787 von der mährisch-schlesischen Regierung nach Galizien geschickt und dort an der Schule in Sanok angestellt wurde. Tatsächlich ist Türk in den Schematismen von 1790 bis 1805 als Lehrer in Sanok verzeichnet.
402 Bemerkungen im allgemeinen über das Schulwesen, o. D. (vermutlich Ende 1788), AVA, StHK, Kt. 79, 17 Galizien in genere.
403 Bericht Hofmanns an das galizische Gubernium vom 29. August 1789, TsDIAL, 146/3/2278 (CAHJP, HM 2/9676.7). Nach einer anderen, ebenfalls von Hofmann stammenden Quelle wurden im Winterkurs 1788/89 5900 Schüler und 476 Assistenten unterrichtet: Verzeichnis der in Galizien und Lodomerien befindlichen deutschjüdischen Schulen [...] Nach dem Sommerkurse 1789 vom 31. Dezember 1789, TsDIAL, 146/85/1903 (CAHJP, HM 2/8936.1).
404 Hofdekret vom 5. August 1785 (mit einem Hinweis auf einen entsprechenden Gubernialbericht vom 17. Mai 1785), AVA, HKP Galizien 1785, 724 f. (Augustus, Nr. 26).
405 Hofdekret vom 16. April 1787 (mit einem Hinweis auf einen entsprechenden Gubernialbericht vom 14. März 1787), AVA, HKP Galizien 1787, 321 (Aprilis, Nr. 93).

Der Schulausbau unter Homberg

Vom Frühjahr 1789 an verlangsamte sich das Tempo der Schuleinrichtung, wahrscheinlich infolge von Auseinandersetzungen zwischen dem Oberaufseher Hofmann und dem ihm unterstellten Homberg. Homberg war gezwungen, um seine Entlassung nachzusuchen und sich im August 1789 nach Wien zu begeben.[406] Der weitere Ausbau des jüdischen Schulnetzes wurde vom Gubernium vorerst eingefroren. Immerhin bestanden zum Ende des Sommerkurses – etwa Mitte September 1789 – nach einem Verzeichnis Hofmanns 91 jüdische deutsche Schulen mit 6 258 Schülern und 511 »Religionsassistenten«.[407]

Ein wichtiges Dokument, das Aufschluss nicht nur über den Stand des jüdischen deutschen Schulwesens um 1790, sondern auch über die Planungen für dessen Endausbau gibt, ist das Schulverzeichnis der galizischen Provinzial- und Kameralbuchhalterei vom 15. März 1790.[408] Es enthält, nach Kreisen geordnet, alle Orte, für die jüdische deutsche Schulen vorgesehen waren; bei den bereits errichteten Schulen sind zusätzlich der Name des Lehrers und dessen Gehalt dokumentiert.[409] Insgesamt tauchen in dem Verzeichnis 149 geplante Schulen mit 158 zugeordneten Lehrerstellen auf. Hiervon existierten im März 1790 92 Schulen, an denen 97 Lehrer unterrichteten. Der größere Teil der Lehrer (65) bezog ein Gehalt von 200 Gulden jährlich, 29 Lehrer mussten mit 150 Gulden im Jahr auskommen. Nur drei Lehrer hatten ein höheres Gehalt: der Oberlehrer an der Hauptschule in Brody, Iser Minden, verdiente 350 Gulden jährlich, der Lemberger Oberlehrer Morgenthau 300 Gulden sowie der Lehrer an der Schule von Przemyśl, Landesmann, 250 Gulden. Insgesamt wurden für die Gehälter der Lehrer und Hombergs 19 250 Gulden aus dem jüdischen Schulfonds ausgegeben.[410]

Somit sollte das Netz jüdischer deutscher Schulen in der Endphase fast 150 Schulen umfassen. Anhand der Übersicht erhält man eine Vorstellung davon, welche administrativen Kriterien der vorgesehenen Schulerrichtung zugrunde lagen. Mit dem Erlass des neuen Judensystems für Galizien im Mai

---

406 Siehe im Folgenden.
407 Verzeichnis der in Galizien und Lodomerien befindlichen deutschjüdischen Schulen […] Nach dem Sommerkurse 1789 vom 31. Dezember 1789, TsDIAL, 146/85/1903 (CAHJP, HM 2/8936.1). Im Schematismus für 1790, der den Stand von Ende 1789, Anfang 1790 wiedergeben sollte (Homberg ist bereits als »Oberaufseher« tituliert, zu dem er im Dezember 1789 ernannt worden war, andererseits erscheint auf dem Titelblatt noch das Habsburger Wappen mit den Initialen von Joseph II., der am 20. Februar 1790 verstarb), tauchen hingegen nur 88 Schulen mit 93 Lehrern auf. Schematismus für die Königreiche Galizien und Lodomerien. 1790, 157–161.
408 Ausweis über den effektiven Stand der Deutsch-Jüdischen Normal Schulen und Besoldungen der Lehrer, 15. März 1790, TsDIAL, 146/85/1903 (CAHJP, HM 2/8936.1).
409 Der Stand der Schulen wurde laut Anschreiben nach dem Verzeichnis Hofmanns vom 31. Dezember 1789 vermerkt. Tatsächlich sind die Namen der den einzelnen Schulen zugeordneten Lehrer in beiden Verzeichnissen identisch. Die Liste der Provinzialbuchhalterei führt allerdings 92 existierende Schulen auf. Ebd.
410 Ebd.

1785 und der mit ihm erfolgten Aufhebung der Gemeindeautonomie war eine Neuordnung der bis dahin bestehenden Organisationsstruktur der galizischen Juden einhergegangen. Neben der unter Maria Theresia eingeführten »Judendirektion« und den Landes- und Kreisältestenämtern wurden nun auch die bisherigen »Kahale« (im Sinne des *Kahal*, der jüdischen Gemeindeselbstverwaltung) und die ihnen unterstellten »Konzentrierten Ortschaften« aufgehoben. An ihrer Stelle entstanden 140 »Festgesetzte Hauptgemeinden«, die den 18 Kreisämtern zugeordnet waren.[411] Gemäß den ergänzenden Bestimmungen zum Judensystem, denen zufolge »bey jeder jüdischen Gemeinde ein Schulmeister [...] zu bestellen sey«,[412] wurde jeder dieser »Festgesetzten Hauptgemeinden« eine Schule verordnet. Die in dem Verzeichnis von 1790 aufgeführten Orte, an denen der ursprünglichen Planung zufolge Schulen errichtet werden sollten, waren im Großen und Ganzen identisch mit jenen Hauptgemeinden. Somit passten sich die vorgesehenen Schulen in das Raster der neuen administrativ-politischen Strukturen ein, welche die alte, autonome Verfasstheit der galizischen Juden weiter unterhöhlten und auflösten.

Entsprechend der den einzelnen Kreisämtern zugeordneten Hauptgemeinden variierte die Anzahl der Schulen zwischen den Kreisen sehr stark. So waren für den Miślenicer Kreis im Westen Galiziens, der einen geringen jüdischen Bevölkerungsanteil aufwies und mit Oświęcim nur eine Hauptgemeinde zählte, zwei Schulen verzeichnet.[413] Die meisten Schulen waren – entsprechend der Anzahl der Hauptgemeinden – für die ostgalizischen Kreise vorgesehen, mit dem Żołkiewer Kreis (16 Schulen) an der Spitze. Da Homberg zunächst nur ein begrenztes Personalreservoir zur Verfügung stand, musste er versuchen, die Lehrer möglichst gleichmäßig auf alle Kreise zu verteilen. Während es ihm gelang, im Lemberger Kreis sowie in den west- und zentralgalizischen sowie einigen ostgalizischen Kreisen je etwa zwei Drittel der vorhandenen Lehrerstellen zu besetzen, blieben in manchen ostgalizischen Kreisen viele Lehrerposten vakant. So waren Anfang 1790 im Złoczower Kreis nur acht von 15 vorgesehenen Schulen errichtet, im Brzeżaner Kreis nur vier von zehn sowie im Żołkiewer Kreis gar nur sechs von 16 geplanten Schulen.[414]

---

411 Verzeichnis der ehemaligen Kahale und neu festgesetzen Hauptgemeinden in: Kropatschek, Handbuch aller unter der Regierung des Kaisers Joseph des II. für die K. K. Erbländer ergangener Verordnungen und Gesetze, Bd. 9, 343–365.
412 Hofdekret vom 27. Mai 1785, AVA, HKP Galizien 1785, 503–514 (Majus, Nr. 194).
413 Für Oświęcim und Zator; letzterer Ort war zusätzlich zu dem »anfänglichen Antrag« in die Planung aufgenommen worden. Ausweis über den effektiven Stand der Deutsch-Jüdischen Normal Schulen und Besoldungen der Lehrer, 15. März 1790, TsDIAL, 146/85/1903 (CAHJP, HM 2/8936.1). Die Schule in der kleinen Gemeinde von Zator war laut diesem Verzeichnis im Frühjahr 1790 noch existent; doch schon im Schematismus von 1791 taucht sie nicht mehr auf. Der in Zator ursprünglich angestellte Lehrer Hirsch Saas übernahm die Schule in Oświęcim. Schematismus für die Königreiche Galizien und Lodomerien. 1791, 159.
414 Ausweis über den effektiven Stand der Deutsch-Jüdischen Normal Schulen und Besoldungen der Lehrer, ebd. Die Schulen in Kulików, Rawa, Krystynopol, Sokal und Bełz im Żołkiewer Kreis bestanden laut Bałaban, *Herz Homberg i Szkoły Józefińskie dla Żydów w Galicyi*, 12, der sich auf

Karte 2: Jüdische deutsche Schulen in Galizien und der Bukowina 1797.

- ■ Jüdische Normalhauptschule und Sitz des Oberaufsehers über die jüdischen deutschen Schulen in Galizien
- ✶ Jüdisches Präparandenseminar
- ▪ Jüdische Hauptschule (dreiklassig)
- ⦿ Jüdische Kreisschule
- • Jüdische Trivialschule
- ⁎ Jüdische Mädchenschule

Sęd. = Sędziszów
Rop. = Ropczyce
Sok. = Sokołów
Grzym. = Grzymałów

Diese Situation konnte auch im Lauf der 1790er Jahre nur unwesentlich verbessert werden, so existierten Ende 1796 im Brzeżaner Kreis sechs und im Żołkiewer Kreis sieben Schulen; im Złoczower Kreis stagnierte die Zahl.[415]

Nachdem es durch die Demission Hombergs zu einer kurzzeitigen Verzögerung der Schulerrichtung im Sommer/Herbst 1789 kam, konnte dieser nach der Trennung des jüdischen Schulwesens vom christlichen Normalschulsektor und nach seiner Ernennung zum Oberaufseher Anfang 1790 mit der Erweiterung des Schulnetzes fortfahren. Der Schematismus für das Jahr 1791 verzeichnet 93 jüdische deutsche Schulen mit 98 Lehrern.[416] Im Winterkurs 1791/92 besuchten insgesamt 9 350 Kinder, davon 2 456 Mädchen, die jüdi-

---

den Schematismus für 1788 bezieht, schon mindestens seit Anfang 1788; die Schule in der Kreisstadt selbst war sogar noch älter, wird sie doch bereits 1785 erwähnt: Hofdekret vom 20. August 1785, AVA, HKP Galizien 1785, 777 (Augustus, Nr. 112).
415 Schematismus für das Königreich Ostgalizien 1797, 191 f.
416 Schematismus für die Königreiche Galizien und Lodomerien. 1791, 159–162.

schen deutschen Schulen.[417] Ende 1792, Anfang 1793 existierten bereits 104 Schulen mit 109 Lehrern.[418] Seinen Höhepunkt erreichte der Ausbau des jüdischen Normalschulnetzes Ende 1796, Anfang 1797 mit 109 Schulen, an denen insgesamt 117 Lehrer und vier Lehrerinnen beschäftigt waren. An 14 im Verzeichnis von 1790 aufgeführten, jedoch zu diesem Zeitpunkt noch schullosen Orten waren neue Schulen entstanden. Hinzu kamen fünf Schulen, die nach der ursprünglichen Planung nicht vorgesehen waren: Vier Mädchenschulen (davon drei in Lemberg und eine in Brody) sowie eine Trivialschule in Sadagura in der Bukowina (Karte 2).[419]

Im Jahr 1802 war die Zahl der Schulen und des Personals bereits leicht rückläufig und umfasste 105 Schulen mit 109 Lehrern und vier Lehrerinnen. Mehrere Stellen waren bereits als vakant verzeichnet.[420] Im Jahr 1805, ein Jahr vor der Auflösung der jüdischen deutschen Schulen in Galizien, existierten noch 102 Schulen mit 115 Lehrern – davon eine Reihe ausgebildeter und besoldeter Schulgehilfen, sogenannter Zweiter Lehrer – und fünf Lehrerinnen.[421] Selbst wenn es den galizischen Behörden und Homberg damit nicht gelungen war, die ursprünglich geplante Anzahl von 149 Schulen zu errichten, so stellte das Erreichte doch einen gewaltigen Erfolg dar, wenn man es mit der Entwicklung des christlichen Normalschulwesens in Galizien vergleicht. Bei einer für 1797 angenommenen jüdischen Bevölkerung von 192 000 Menschen kam auf 1 777 Juden eine deutsche Schule.[422] Der christlichen Bevölkerung Galiziens, die zu dieser Zeit etwa 3,3 Millionen Menschen gezählt haben dürfte, standen dagegen nur 263 Normalschulen zur Verfügung.[423] Dies entsprach einem ungefähren Verhältnis von 12 500 : 1. Hier lag die Umsetzung noch sehr viel stärker hinter den ursprünglichen Planungen zurück als im Fall des jüdischen Normalschulwesens. Ursprünglich war einmal die Errichtung von 2 500 christlichen Stadt- und Landschulen vorgesehen gewesen.[424]

Die Gehälter der jüdischen Normalschullehrer wurden aus dem Mitte der 1780er Jahre angelegten jüdischen Schulfonds bezahlt. Dieser wurde durch eine direkte Steuer, den sogenannten »fünften Gulden«, gespeist, die jeder

---

417 Stellungnahme des Guberniums vom 7. Mai 1792 zum Bericht Hombergs über den Winterkurs 1791/92, AVA, StHK, Kt. 861, 23 A Galizien. Schülerzahlen für die folgenden Jahre liegen nicht vor.
418 Schematismus für die Königreiche Galizien und Lodomerien. 1793, 157–162.
419 Schematismus für das Königreich Ostgalizien 1797, 188–194. Die Schule in Dąbrowa wird hier sowie in den Schematismen für 1798 und 1799 nicht erwähnt, taucht aber im Schematismus für 1800 wieder auf. Die entsprechenden Schülerzahlen sind nur bis Anfang 1792 überliefert, sodass eine Einschätzung, inwieweit sich der Ausbau des Schulnetzes auch in den Schulbesuchszahlen niederschlug, nicht möglich ist.
420 Schematismus für die Königreiche Ostgalizien und Lodomerien [...] 1802, 228–233.
421 Schematismus für die Königreiche Galizien und Lodomerien [...] 1805, 234–238.
422 Der Berechnung wurden die bei Mark, *Galizien unter österreichischer Herrschaft*, 60, angegebenen Bevölkerungszahlen zugrunde gelegt.
423 Schematismus für das Königreich Ostgalizien 1797, 188–194.
424 Siehe oben.

jüdische Hausvorstand zusätzlich zu den vier Gulden »Toleranzgebühr« jährlich zu entrichten hatte. Im Jahr 1789 betrugen die Gesamteinnahmen aus dieser Abgabe etwa 38 000 Gulden.[425] Hieraus wurden neben den Gehältern Hombergs und der Lehrer auch die Saläre der mit der Verwaltung des jüdischen Steueraufkommens beschäftigten Beamten bestritten.[426] Für die Besoldung der Lehrer war von vornherein eine fixe jährliche Summe von 28 300 Gulden festgesetzt;[427] da jedoch der Ausbau des Schulnetzes bis 1787 nur schleppend voranging und auch in den Folgejahren immer mindestens ein Drittel bis ein Viertel aller vorgesehenen Lehrerstellen unbesetzt blieb und somit die für die Lehrergehälter ausgegebene Summe stets unter dem festgesetzten Budget lag,[428] wurden nicht unbeträchtliche Summen eingespart. Ende Oktober 1791 belief sich der Überschuss des Schulfonds bereits auf 90 207 Gulden.[429] Ein Teil dieses Kapitals floss in den jüdischen Schuldentilgungsfonds, aus dem die Passiva der hochverschuldeten jüdischen Gemeinden Galiziens wenigstens zum Teil beglichen werden sollten.[430] Als sich im März 1794 das Gubernium an die Hofkanzlei wandte und darum bat, den seit dem Jahr 1785 angehäuften Überschuss in Höhe von nun schon 98 650 Gulden »mittels verzinslicher Staatspapiere vergüten zu lassen«, wies die oberste Wiener Behörde diesen Antrag mit der Begründung zurück, dass »dieser Betrag [...] erst dann zum Besten des jüdischen Normalschulwesens in einem öffentlichen Fonde verzinslich anzulegen« sei, »wenn sämtliche Paßivkapitalien [der jüdischen Gemeinden] getilgt seyn werden«.[431]

Trivialschulen in Lemberg und Brody, Mädchenschulen, Präparandenseminar

Noch bevor Homberg im Dezember 1789 zum Oberaufseher über die jüdischen Schulen in Galizien ernannt wurde, betrieb er besonders intensiv den Ausbau des Schulwesens in den großen jüdischen Gemeinden von Lemberg

---

425 Bericht des Galizischen Guberniums vom 2. September 1790, AVA, StHK, Kt. 106, 23 Galizien.
426 Eintrag über Weiterleitung eines Gubernialberichts an die Staatshauptbuchhaltung in Kameralsachen, 23. Juli 1795, AVA, HKP Galizien 1795, 365 (Julius, Nr. 103).
427 Eintrag über Weiterleitung eines Gubernialberichts an die Hofbuchhalterei, 1. August 1792, AVA, HKP Galizien 1792, 567 (Augustus, Nr. 7).
428 Im Jahr 1789 waren 19 250 Gulden für Lehrergehälter ausgegeben worden. Ausweis über den effektiven Stand der Deutsch-Jüdischen Normal Schulen und Besoldungen der Lehrer, 15. März 1790, TsDIAL, 146/85/1903 (CAHJP, HM 2/8936.1). Für 1795 rechnete man mit realen Ausgaben für die Lehrergehälter in Höhe von 22 800 Gulden. Eintrag über Weiterleitung eines Gubernialberichts an die Staatshauptbuchhaltung in Kameralsachen, 23. Juli 1795, AVA, HKP Galizien 1795, 365 (Julius, Nr. 103).
429 Eintrag über Weiterleitung eines Gubernialberichts an die Hofbuchhalterei, 1. August 1792, AVA, HKP Galizien 1792, 567 (Augustus, Nr. 7).
430 Bericht des Galizischen Guberniums vom 2. September 1790, AVA, StHK, Kt. 106, 23 Galizien.
431 Hofdekret vom 29. März 1794, AVA, HKP Galizien 1794, 142 f. (Martius, Nr. 101), hier 143.

und Brody. Unmittelbar nach seinem Amtsantritt hatte er die Erweiterung der Schule in der Krakauer Vorstadt sowie die Errichtung einer weiteren Trivialschule in der Haliczer Vorstadt von Lemberg vorgeschlagen.[432] Wie aus dem Verzeichnis Hofmanns von Ende Dezember 1789 hervorgeht, unterrichteten in der Krakauer Vorstadt um diese Zeit zwei Lehrer, Jacob Singer und Meyer Epstein. Sie lehrten in den beiden Trivialschulen, die in späteren Quellen als »Untere« und »Obere Krakauer Vorstadtschule« bezeichnet werden.[433] Singer unterrichtete im Sommerkurs 1789 171 Schüler und 33 »Behelfer« (Assistenten der jüdischen Religionslehrer), Epsteins Schule umfasste 143 Schüler und 16 Assistenten.[434] Man darf davon ausgehen, dass diese vielen Kinder, die ein einzelner Lehrer auch nach der Normalmethode nicht ohne Weiteres zusammen unterrichten konnte, in zwei Gruppen – vormittags die »Buchstabierer« und nachmittags die »Leser« – unterwiesen wurden, wie dies seit 1785 üblich war.[435] Auch in der Haliczer Vorstadt war inzwischen eine einklassige Trivialschule entstanden. Hier gab Hirsch Seligmann achtzig Schülern und 15 »Behelfern« Unterricht im Lesen, Schreiben und Rechnen.[436]

Auch für Brody schlug Homberg im September 1788 die Errichtung einer weiteren Schule zusätzlich zu der 1784 gegründeten, inzwischen dreiklassigen Hauptschule vor. Dort sollten weitere 300 Schüler unterrichtet werden; sie müssten, so Homberg, »aus der ärmeren Klasse der dortigen Judenschaft, und die ältesten unter den Schulfähigen seyn, die daselbst gegenwärtig noch keinen Unterricht genießen«. Da der Lehrer eine solche Zahl von Schülern allein nicht unterrichten könne, sollte ihm »einer der fähigsten Assistenten der jüdischen Religionslehrer aus der Hauptschule daselbst« als Gehilfe zugeteilt werden.[437] Das Gubernium genehmigte die Errichtung der Schule und zeigte sich auch mit Hombergs Personalvorschlag für die Stelle des Lehrers, einem gewissen Lobes, einverstanden.[438] Im Sommer 1789 unterrichtete an der Brodyer Trivialschule jedoch ein Lehrer namens Oesterreicher insgesamt 123 Schüler.[439]

---

432 Bericht des galizischen Guberniums vom 12. Juli 1787, AVA, StHK, Kt. 106, 23 Galizien.
433 Die Bezeichnungen bezogen sich vermutlich auf die topografische Lage bzw. den Einzugsbereich der Schule, nicht auf die Klassenstufung: Bei der »Oberen Krakauer Vorstadtschule« handelte es sich im Jahr 1796/97 noch immer um eine einklassige Trivialschule; während die »Untere Krakauer Vorstadtschule« inzwischen zu einer zweiklassigen Trivialschule »aufgestiegen« war.
434 Verzeichnis der in Galizien und Lodomerien befindlichen deutschjüdischen Schulen […] Nach dem Sommerkurse 1789 vom 31. Dezember 1789, TsDIAL, 146/85/1903 (CAHJP, HM 2/8936.1).
435 Vgl. Engelbrecht, Geschichte des österreichischen Bildungswesens, Bd. 3, 340, Anm. 161.
436 Verzeichnis der in Galizien und Lodomerien befindlichen deutschjüdischen Schulen […] Nach dem Sommerkurse 1789 vom 31. Dezember 1789, TsDIAL, 146/85/1903 (CAHJP, HM 2/8936.1).
437 Äußerung des jüdischen Schulaufsehers Herz Homberg in Betreff der in Brody zu errichtenden jüdischen Trivialschule, 18. September 1788, TsDIAL, 146/85/1900 (CAHJP HM 2/8935.10).
438 Antwort des Guberniums auf Hombergs *Äußerung* vom 18. September 1788, 21. September 1788, TsDIAL, ebd. Ein Lehrer namens Lobes ist in keinem der späteren Verzeichnisse auffindbar.
439 Verzeichnis der in Galizien und Lodomerien befindlichen deutschjüdischen Schulen […] Nach dem Sommerkurse 1789 vom 31. Dezember 1789, TsDIAL, 146/85/1903 (CAHJP, HM 2/8936.1).

Bis 1790 wurden an den jüdischen Normalschulen in Galizien ausschließlich Knaben unterrichtet. Auf Empfehlung des christlichen Schuloberaufsehers Hofmann vom August 1789 entschied die Studienhofkommission, dass die jüdischen deutschen Schulen zukünftig von Kindern beiderlei Geschlechts besucht werden sollten und dass in Lemberg eine gesonderte Mädchenschule zu errichten sei. Dies wurde dem Gubernium Anfang März 1790 per Hofdekret mitgeteilt.[440] Als Lehrerin an der neuerrichteten Mädchenschule wurde Bella Mendelssohn mit einem Gehalt von 200 Gulden eingestellt.[441] Mit der Einführung der Koedukation ging die Ausweitung des Schulzwanges auf die Mädchen einher: Auch sie durften nun nicht mehr heiraten, wenn sie kein Zeugnis über den erfolgreichen Besuch der Normalschule vorlegen konnten; Eltern wurden nun auch bestraft, wenn sie ihre sechs- bis zwölfjährigen Töchter von der Schule fernhielten. Tatsächlich scheinen die jüdischen deutschen Schulen in den Folgejahren auch von Mädchen besucht worden zu sein, wenngleich auch in deutlich geringeren Ausmaß. So nahmen im Sommerkurs 1791 neben 6 677 Knaben auch 2 438 Mädchen am Unterricht teil.[442] Gesonderte Mädchenschulen entstanden in den darauffolgenden Jahren auch in Brody (1792) sowie in der Haliczer und in der Krakauer Vorstadt von Lemberg (1796). In Letzterer wurde Hombergs Schwägerin, Charlotte Homberg, angestellt, nachdem bereits der Bruder des Oberaufsehers, Simon Homberg, im Jahr 1791 den Lehrerposten an der Krakauer Vorstadtschule für Knaben erhalten hatte. Die 1790 errichtete Mädchenschule in Lemberg wurde ab Dezember 1797 auch als »Industrialschule« geführt, das heißt hier wurden Mädchen über das Trivialschulcurriculum hinaus »in den angemessenen weiblichen Arbeiten« unterrichtet.[443]

Besondere Bedeutung wurde einer institutionalisierten Ausbildung der Lehramtskandidaten beigemessen. Nachdem im Toleranzpatent für die Juden Galiziens von 1789 die Einrichtung eines jüdischen »Schulmeisterseminariums« angekündigt worden war,[444] dauerte es noch drei weitere Jahre, ehe die

---

440 Hofdekret vom 5. März 1790, AVA, StHK, Kt. 106, 23 Galizien.
441 Hofdekret vom 29. April 1790, AVA, HKP Galizien 1790, 187 (Aprilis, Nr. 86).
442 Bericht des Oberaufsehers über die deutschen Schulen der Monarchie, Joseph Spendou, vom 13. April 1792, AVA, StHK, Kt. 861, 23 A Galizien.
443 Bericht des ostgalizischen Landesguberniums über die Bitte der deutsch-jüdischen Lehrerin Bella Thurnau um Besoldungsvermehrung, 10. November 1797, AVA, StHK, Kt. 861, 23 Galizien – Lemberg.
444 In der galizischen Judenordnung von 1789 hieß es: »Damit die Juden, welche dem Lehramte sich widmen wollen, die vorgeschriebene Normalschulmethode erlernen und sich zu ihrer Bestimmung tauglich machen können, soll bei der Hauptnormalschule zu Lemberg ein jüdisches Schulmeister-Seminarium unter der Aufsicht der Schuldirektion angelegt und die Kosten der Schulanstalten sollen aus dem Betrage bestritten werden, den jeder zur Schutzsteuer verpflichtete jüdische Hausvater ohne Unterschied des Vermögens und Gewerbes unter dem Namen des fünften Guldenbetrags, wie bisher, zu bezahlen verbunden ist.« Patent, kraft welchen den Juden alle Begünstigungen und Rechte der übrigen Untertanen gewährt sind vom 7. Mai 1789, Paragraf 14, zit. nach Karniel, Das Toleranzpatent Kaiser Josephs II. für die Juden Galiziens und Lodomeriens, 77.

zuvor von Homberg selbst betriebene Ausbildung von Präparanden eine feste Form erhielt. Im Mai 1792 erteilte die Hofkanzlei die Bewilligung zur Errichtung eines »Seminariums in Lemberg für jüdische Schullehrer«, das mittels der sogenannten »Thoraminjanimtaxe« finanziert werden sollte.[445] Die nun mit einem Gehalt von 400 Gulden dotierte Stelle des Präparandenlehrers erhielt auf Empfehlung der beiden Schulaufseher Aaron Friedenthal. Friedenthal war seit 1787 als jüdischer Normalschullehrer in Lemberg tätig gewesen, zunächst an der Trivialschule in der Krakauer Vorstadt,[446] danach als Lehrer der 2. Klasse an der Lemberger jüdischen Hauptschule.[447] Seit August 1792 durfte er den Titel »Direktor« (des Präparandenseminars) tragen, jedoch »ohne daß ihm ein solcher einigen Anspruch auf Gehalts Vermehrung geben« sollte.[448] Seine Aufgabe bestand in der Ausbildung von bis zu zehn Präparanden pro Kurs, der nunmehr in der Regel ein Jahr dauern sollte. Das Lehrerseminar war zunächst in einem Zimmer in einem Privathaus eingerichtet worden; die Zöglinge wohnten in der ganzen Stadt verteilt. Offenbar auch, um eine Kontrolle der »moralisch nicht immer zuverlässigen« Präparanden außerhalb des Unterrichts zu ermöglichen, war die Errichtung eines gesonderten Schulgebäudes »in der Gegend des Zeughauses« vorgesehen, das gleichzeitig das Internat für die Lehramtskandidaten und die Wohnung für den Direktor beherbergen sollte. Ein Bauplan sowie eine Kostenkalkulation waren bereits nach Wien gesandt worden, als offenbar der Ausbruch des ersten Koalitionskrieges einen Ausgabenstopp mit sich brachte, sodass das Vorhaben nicht verwirklicht werden konnte.[449]

---

445 Hofdekret vom 14. Mai 1792, AVA, HKP Galizien 1792, 347 (Majus, Nr. 65). Bei der »Thoraminjanimtaxe« handelte es sich um eine jährliche Abgabe von 25 Gulden, die jeder Jude zu entrichten hatte, der in seinem Haus einen *Minjan* »mit oder ohne Aufstellung der Thora« versammelte, um gemeinsam den Gottesdienst abzuhalten. *Minjan* [wörtl. »Zählung«] bezeichnet das rituelle Quorum von zehn Männern, die eine Betgemeinde bilden und ab dem die Durchführung eines gemeinsamen Gottesdienstes möglich ist. Die Steuer auf die Abhaltung von *Minjanim* wurde seit 1789 dem jüdischen Schulfonds zugeführt. Hofmann und Homberg hatten ursprünglich vorgeschlagen, die Steuer zur Bekleidung armer Schüler zu verwenden, doch entschieden die Behörden letztlich, dass hieraus die Aufwendungen für die Präparandenausbildung zu bestreiten seien. Bericht Hofmanns an das galizische Gubernium vom 29. August 1789, TsDIAL, 146/3/2278 (CAHJP, HM 2/9676.7); Bericht des galizischen Guberniums vom 16. Februar 1790, AVA, StHK, Kt. 106, 23 Galizien.
446 Vgl. Röskau-Rydel, Kultur an der Peripherie des Habsburger Reiches, 109, hier: »Aron Jaroslauer«.
447 Ausweis über den effectiven Stand der Deutsch-Jüdischen Normal Schulen und Besoldungen der Lehrer, 15. März 1790, TsDIAL, 146/85/1903 (CAHJP, HM 2/8936.1).
448 Hofdekret vom 19. September 1792, AVA, HKP Galizien 1792, 690 (September, Nr. 69).
449 Hofdekret vom 17. Juni 1794, AVA, HKP Galizien 1794, 285 (Junius, Nr. 46) sowie Bericht des galizischen Guberniums vom 12. April 1799, AVA, StHK, Kt. 861, 23 Galizien – Lemberg.

Die »Errichtung« einer Schule

Der von Homberg und den Behörden häufig gebrauchte Begriff der »Errichtung« einer Schule ist irreführend, da er suggeriert, dass ein ganzes Gebäude eigens zum Zweck des Unterrichtens jüdischer Kinder errichtet wurde. Dies war jedoch bei keiner der 109 jüdischen deutschen Schulen der Fall, da keine Gemeinde willens oder in der Lage war, die Errichtung eines eigenen Schulhauses zu finanzieren.[450] So waren die »Schulen«, also die einzelnen Klassenverbände, zumeist in hierfür bestimmten Räumen in Privathäusern oder in Gebäuden untergebracht, die der Gemeinde gehörten. Nur in den seltensten Fällen mag der Schule ein separates, bereits existierendes Gebäude zur Verfügung gestellt worden sein. Wenn doch von einem »Schulhaus« die Rede war, war damit das Haus gemeint, in dem sich das Schulzimmer befand.[451] Die 1790 gegründete Lemberger Mädchenschule war zunächst im Haus des Gemeindevorstehers Waringer untergebracht,[452] nach 1793 residierte sie im Haus eines gewissen Salomon Jolles;[453] die 1796 eingerichtete Mädchenschule in der Krakauer Vorstadt von Lemberg befand sich, wie die Behörden der jüdischen Bevölkerung in den Synagogen mitteilen ließen, »im Hause des Juden Osias Bardach«, und in der Haliczer Vorstadt war eine Mädchenschule »im Hause des Juden Löbel Rothenberg« eingerichtet worden.[454] Die beiden Knaben-Trivialschulen in der Krakauer Vorstadt, die »ganz unschicklich in einem und demselben dazu gar nicht geeigneten Hause« der Gemeinde beherbergt waren, wurden 1802 getrennt und in »Miethzimmern« in zwei Privathäusern ein-

---

450 Dass die Errichtung eines ordentlichen Schulgebäudes denkbar gewesen wäre, wenn genügend finanzielle Mittel zur Verfügung gestanden hätten, zeigt der Vorschlag des jüdischen deutschen Lehrers in Tyśmienica im Stanislauer Kreis vom Herbst 1789. Der Lehrer klagte über die schlechte Lage und den baulichen Zustand seiner »Schule« und wies darauf hin, dass ein vor einigen Jahren »verstorbener deutscher Jud« der Gemeinde ein Kapital von 6 000 polnischen Gulden hinterlassen habe, welche »in dem öffentlichen Fond gegen die landesüblichen Interessen angeleget sind«. Die Zinsen kämen dem gemeindlichen *Bet ha-Midrasch* zu Gute. Der Lehrer schlug den Behörden vor zu veranlassen, dass das Kapital dazu verwendet werde, »eine ordentliche Schule zu erbauen, als dieses Geld zum Besten einiger Tabackschmaucher und Müßiggänger, die dem Staate keinen Nutzen bringen, zu verwenden.« Bericht über die Schulen des Kreises Stanislau vom 15. Oktober 1789, TsDIAL, 146/3/2278 (CAHJP, HM 2/9676.7).
451 Im Übrigen ist auch der Begriff »Gebäude« eher irreführend, da er ein solides steinernes Haus nahelegt, während in den galizischen Städten, Lemberg und einige westgalizische Orte ausgenommen, fast die gesamte städtische Baustruktur aus Holzhäusern bestand. Vgl. Kratter, Briefe über den itzigen Zustand von Galizien, Bd. 1, 150 f.
452 Bericht des galizischen Landesguberniums uiber die von Hof remittierte Klage der hiesigen jüdischen deutschen Lehrer Turnau, Popper, und Grünbaum wegen des Verfalls der hiesigen jüdischen Schulen vom 11. Juni 1792, AVA, StHK, Kt. 861, 23 A Galizien.
453 Bałaban, Herz Homberg i Szkoły Józefińskie dla Żydow w Galicyi, 32, Anm. 1.
454 Schreiben der jüdisch-deutschen Lehrerversammlung an das Lemberger Kreisamt, 14. November 1796, TsDIAL, 701/4/4 (CAHJP, HM 2/8193.3).

quartiert.⁴⁵⁵ In Brody waren alle drei Hauptschulklassen voneinander getrennt untergebracht: die 1. und die 2. Klasse in Räumen der Gemeinde, die 3. Klasse im Zimmer eines Privathauses, das die Gemeinde angemietet hatte.⁴⁵⁶ Einzig zur Unterbringung des Lemberger jüdischen Präparandenseminars war, wie bereits erwähnt, Anfang der 1790er Jahre die Errichtung eines eigenen Gebäudes vorgesehen gewesen. Hier sollte auch die Wohnung von dessen Direktor, Aaron Friedenthal, Platz finden. Doch wurde dieser Plan nie ausgeführt, und so konnte »bloß eine Wohnung zum Unterrichte der Zöglinge mit einem kleinen Zimmer für den Friedenthal gemiethet« werden.⁴⁵⁷

Die Gemeinde musste sich bereit erklären, für den Unterhalt der Schule aufzukommen. Dieser umfasste den Erhalt der schulischen Infrastruktur (Herrichten des Raumes, Durchführung notwendiger Reparaturen, Bereitstellung von Schulbänken), die Beschaffung notwendiger Unterrichtsmaterialien (wie Tafeln und Schreibutensilien für arme Schüler) sowie die Lieferung von Brennholz im Winter. Gehörte das Haus, in dem die Schule untergebracht war, der Gemeinde, so hatte diese das Schulzimmer kostenlos zur Verfügung zu stellen; musste eine Wohnung in einem Privathaus zu Schulzwecken angemietet werden, so hatte die Gemeinde die Miete hierfür zu entrichten.⁴⁵⁸ Die Ausgaben zum Unterhalt der Schule konnten sich leicht auf mehrere hundert Gulden jährlich belaufen.⁴⁵⁹ Viele ärmere Gemeinden baten daher, von der Schulerrichtung ausgenommen zu werden und boten an, die

---

455 Bericht des Guberniums vom 5. Februar 1802, AVA, StHK, Kt. 861, 23 Galizien – Lemberg. Durch die Unterbringung der Schulen in Privathäusern wurde eine jährliche Mehrausgabe von achtzig Dukaten = 360 Gulden fällig, die aus dem jüdischen Normalschulfonds gezahlt werden sollten. Die Hofkanzlei wies das Gubernium an, »zu trachten, oder wenigstens zu versuchen, damit den zu errichtenden Miethkontrakten noch beygesetzet werde, daß im Fall vor Ablauf der bedungenen drey Jahre eine Aenderung mit dem deutsch-jüdischen Schulwesen, welche diese Miethzimmer unnöthig machen könnte, erfolgen sollte, man dießseits die bedungene Zeit von drey Jahren nicht gebunden sey, und die Hauseigenthümer von dem empfangenen Vorschuße den pro rata temporis heraus gebührenden Rest zurück zu stellen hätten.« Hofdekret vom 26. Februar 1802, AVA, ebd.
456 Bericht des Oberlehrers der Brodyer Hauptschule, Minden, vom 18. November 1789, TsDIAL, 146/3/2278 (CAHJP, HM 2/9676.7).
457 Bericht des Guberniums vom 12. April 1799, AVA, StHK, Kt. 861, 23 Galizien – Lemberg.
458 Laut Bałaban, Herz Homberg i Szkoły Józefińskie dla Żydow w Galicyi, 32, hatte der Lemberger *Kahal* im Jahr 1804 für ein Schulzimmer im Hause Isaak Berlsteins jährlich 183 Gulden sowie für zwei Schulzimmer im Hause Abraham Schapirs jährlich 400 Gulden zu entrichten.
459 Bałaban, ebd., 29–32, berichtet über die Ausgaben, die der Lemberger *Kahal* im Jahr 1794 für die sieben »Schulen« (im Sinne von Klassen) in der Stadt ausgeben musste: 1.) Heizmaterial (pro »Schule« 50 Gulden): 350 Gulden; 2.) Miete für die Mädchenschule und die Schule in der Haliczer Vorstadt: 300 Gulden; 3.) Lohn für sieben Schuldiener: 138 Gulden, 30 Kreuzer; 4.) Reparaturen, Instandhaltung der Schulen: 200 Gulden; 5.) Tinte, Federn, Kreide, Unterrichtsmaterialien für arme Schüler (2 Gulden vierteljährlich pro Klasse): 56 Gulden; 6.) Geld für Fleißprämien: 42 Gulden; 7.) Quartiergeld für drei Lehrer: 108 Gulden. Insgesamt belief sich die 1794 von der Gemeinde zum Unterhalt der Schulen ausgegebene Summe auf 1 194 Gulden und 30 Kreuzer. Zum Inventar der Schulen gehörten auch ein Porträt Josephs II. sowie ein hebräisches Gebet für den Kaiser.

Knaben stattdessen in eine christliche Normalschule zu senden, falls eine solche am Ort bereits bestand.[460]

Die bei der Auswahl eines Schulzimmers zu beachtenden allgemeinen baulichen und gesundheitspolizeilichen Vorschriften – es sollte sich um einen ausreichend großen, trockenen, gut zu belüftenden, sauberen und hellen Raum handeln[461] – dürften in den seltensten Fällen eingehalten worden sein. Wie viele Klagen von Lehrern zeigen, handelte es sich bei den Schulzimmern oftmals um baufällige Räumlichkeiten, die häufiger Ausbesserungen und Reparaturen bedurften. In den langen, kalten und feuchten Wintern Galiziens war eine gute Beheizbarkeit der Räume besonders wichtig; defekte Öfen und eine schleppende Versorgung mit Brennholz gefährdeten jedoch immer wieder die Gesundheit von Lehrern und Schülern.[462] Auch die Umgebung war nicht immer passend. Im November 1789 berichtete der Oberlehrer der jüdischen Hauptschule in Brody, Israel Minden, dass die Schulzimmer der 1. und 2. Klasse sich in einer Gegend befänden, in denen der Straßenlärm den Unterricht stark beeinträchtige. In den gemeindeeigenen Gebäuden, in denen die beiden Klassen untergebracht seien, hätten zudem mehrere Familien ihre Wohnungen: »Diese Familien verunsäubern die Schulhäuser dergestalt, daß es den Schulbesuchenden, besonders aber den Lehrern zum Unterricht hinderlich und zum Eckel seyn muß.« Die Gebäude seien außerdem so baufällig, »daß sie unumgänglich ausgebessert, oder gar auseinander geworfen werden müßten«.[463] Die Schilderung des Brodyer Oberlehrers stellt nicht einmal ein besonders krasses Beispiel für die oft ungeeignete Unterbringung der Schulzimmer dar. So leitete das Kreisamt in der Hauptstadt im Februar 1793 den Lemberger jüdischen Gemeindevorstehern die Klage der Schuloberaufsicht zu,

»daß das neben dem jüdischen Schulhause errichtete Bräuhauß die größte Nässe und Unreinlichkeit, ja Gestank verursachet, wodurch der Weg ungangbar und der Gesundheit Nachtheil zugezogen wird. Man hat die Angabe [des Oberaufsehers] durch den Kreis Ingenieur untersuchen lassen, und sie wahr gefunden, nämlich: daß der Unflath des jüdisch Kumkischen Mahlbräuhauses [...] das Vorhauß des Schulgebäudes überschwemmt, wie dann auch noch der andren zwey Häusern [!], die rückwärts hart an das Schulhauß stoßen, ebenfalls der Unflath ihrer Abtritte an das Schulhauß flüsset und die nämliche Ungemächlichkeit verursachet. Diesem Ungemach auf einmal abzuhelfen, ist kein anderes Mittel, als daß sowohl das Juden-

---

460 Siehe im Folgenden.
461 Vgl. Engelbrecht, Geschichte des österreichischen Bildungswesens, Bd. 3, 115, 121.
462 Die zeigt z. B. das Schreiben der jüdisch-deutschen Lehrerversammlung an das Lemberger Kreisamt vom 18. April 1793, die sich darüber beklagte, dass die Witterung so kalt sei, »daß die Unterzeichneten und deren Schüler unmöglich vier oder fünf Stunden des Tages in einem unbeheizten Schulzimmer verbleiben können« – die Gemeinde habe kein Brennholz geliefert. TsDIAL, 701/4/3 (CAHJP 8193.2).
463 Bericht des Oberlehrers der Brodyer Hauptschule, Minden, vom 18. November 1789, TsDIAL, 146/3/2278 (CAHJP, HM 2/9676.7).

bräuhauß, als die andern zwey daran stoßenden Judenhäuser, jedes insbesondere eine Senkgrube bey ihren Priveten [also Abtritten] machen zu lassen, um diesen unausstehlichen Geruch auf einmal zu vertreiben. [...] Endlich muß das Schulhauß und das Kumkische Bräuhauß eine neue Dachrinne zwischen ihren Nachbarwänden gemeinschaftlich einziehen lassen, um die herabfallenden Dachtropfen aufzufangen und dem Mauerwerk die große Feuchtigkeit zu benehmen.«[464]

Kooperation der Gemeinden und Schulbesuch 1787 – 1790

Wie bereits am Beispiel der Errichtung der jüdischen Hauptschule zu Brody im Jahr 1784 gezeigt, konnte das josephinische Schulprojekt zunächst den Beifall und die Unterstützung der traditionellen Gemeindeeliten gewinnen. Doch war Brody möglicherweise ein Sonderfall, bei dem die merkantile Disposition der dortigen Bewohner diese vom Nutzen des Lesen- und Schreibenlernens auf Deutsch überzeugen half. Wie verhielten sich die Gemeinden angesichts des beschleunigten Ausbaus des Schulnetzes nach Hombergs Amtsantritt? Ein Blick auf die erhaltenen Visitationsberichte der galizischen Kreisschuldirektoren von 1789 ergibt ein gemischtes Bild. Der von Michael Silber hinsichtlich der josephinischen Schulen im Habsburgerreich geäußerten These, dass die jüdischen Gemeinden bzw. deren Führung sich zunächst überwiegend kooperativ verhielten, da die Schulen keine Gefahr für die traditionelle Lebenswelt bedeuteten, kann für Galizien nur bedingt zugestimmt werden.[465] Gleichwohl kann für den Zeitabschnitt auch nicht von einer grundsätzlichen und allumfassenden Ablehnung der Schulen durch die galizischen Juden die Rede sein.

Der Duklaer »Dirigirende Lehrer« Johann Gründich fand bei der Bereisung der Schulen seines Kreises im Herbst 1789 ein Beispiel außerordentlicher Unterstützung der Schulen vonseiten der Gemeinde. Bei der Prüfung der Schüler an der jüdischen deutschen Schule in Żmigród teilten zwei Gemeindevorsteher namens Landauer, »deren besondere Aufmerksamkeit über das Schulwesen zu rühmen ist«, an alle bereits schreibkundigen Knaben Übungsbücher aus. »Auch gaben sie dem Lehrer für nothdürftige Schüler am Ende der Prüfung einen Dukaten, welchen Unterzeichneter [der Kreisschuldirigent] dazu verwenden hieß, daß der Lehrer im Winter für diejenigen Schüler Schuhe kaufe, die aus Mangel der Unterkleidung die Schule versäumen müssten.« Dagegen musste Gründich aus Stryszów berichten, dass die dortigen Einwohner »zu ehlend für die Schulen gesinnt« seien, als dass sie sich um den Unterhalt der jüdischen deutschen Schule sorgten, welche sich nicht in

---

464 Schreiben des Kreisamts an den Lemberger *Kahal*, 2. Februar 1793, TsDIAL, 701/4/3 (CAHJP 8193.2).
465 Vgl. Silber, The Enlightened Absolutist State and the Transformation of Jewish Society, 8 f.; ders., The Historical Experience of German Jewry and Its Impact on the Haskalah and Reform in Hungary, 110 – 112.

dem besten Zustand befand.[466] In Brzeżany hatte der jüdische Lehrer Probleme mit den vielen »widerspenstigen Juden, die ihre Kinder dem Schulunterrichte ohne Ursache entzogen«. Für Rohatyn – ebenfalls im Brzeżaner Kreis – beklagte der verantwortliche Visitator das Fehlen der erforderlichen Lesebücher, »da auch die Reichen wegen der, der rohatiner Judengemeinde gewöhnlichen Halsstarrigkeit die erforderlichen Schulbücher für ihre Kinder nicht anschaffen wollen«.[467] In Drohobycz im Samborer Kreis klagte der Lehrer, der sein Amt erst wenige Wochen zuvor angetreten hatte, darüber, dass seine Schüler »gar oft zu etlichen Tagen ausbleiben, und einige gar nicht mehr erscheinen«.[468] Der Lehrer der jüdischen deutschen Schule zu Dąbrowa im Tarnower Kreis verdiente nach Auffassung des verantwortlichen Kreisschuldirigenten ein besonderes Lob für den Fortschritt seiner Schüler, obwohl er es »mit der hartnäckigsten Gemeinde zu thun hat, die ohngeachtet aller Befehle, verschiedene Hindernisse macht.«[469] Der Schuldirigent des Stanislauer Kreises, Andreas Zeisel, machte die Abneigung der Bohorodczaner Gemeinde gegen den jüdischen Lehrer für die geringe Schülerzahl an der dortigen Schule verantwortlich. Hieran trug der Lehrer offensichtlich eine gewisse Mitschuld, denn dieser versprach, nach seiner Versetzung an einen anderen Ort »alle seine Fehler durch verdoppelten Fleiß zu verbessern«.[470]

Es ist schwierig, aus den in seltenen Fällen überlieferten Schülerzahlen auf die Motive zu schließen, die das Verhältnis der Gemeinden gegenüber den jüdischen deutschen Schulen bestimmten. So konnte eine besonders gute oder besonders schlechte Schulfrequenz der jüdischen Knaben entweder durch die Kooperationsfreude bzw. -unwilligkeit der Eltern und der Gemeindeführung oder aber durch das Verhalten und das Talent des Lehrers bedingt sein. Gleichwohl galt der Schulzwang für alle schulfähigen jüdischen Jungen im Alter von sechs bis zwölf Jahren. Ein schlechter Lehrer allein war kein Grund, den obrigkeitlichen Befehl nicht zu befolgen und die Knaben von den Schulen fernzuhalten. Für den Kooperationswillen der Gemeinde und die Fähigkeiten des Pädagogen sprach es, wenn ein Lehrer so viele Schüler hatte, dass er zweifellos an die Grenze seiner Leistungs- und Leidensfähigkeit gelangen bzw. eine deutliche Minderung der Lernleistung bei den Schülern eintreten musste. Dieses war bei über hundert Schülern der Fall, wie das Gubernium Anfang

---

466 Bericht über die Schulen des Kreises Dukla vom 30. November 1789, TsDIAL, 146/3/2278 (CAHJP, HM 2/9676.7).
467 Bericht über die Schulen des Kreises Brzeżany vom 11. Oktober 1789, TsDIAL, ebd.
468 Bericht über die Schulen des Kreises Sambór vom 27. August 1789, TsDIAL, ebd.
469 Bericht über die Schulen des Kreises Tarnów vom 11. Oktober 1789, TsDIAL, ebd.
470 Bericht über die Schulen des Kreises Stanislau vom 15. Oktober 1789, TsDIAL, ebd. Der überwiegend negative Eindruck, den die Visitationsberichte von 1789 wiedergeben, war typisch für die Berichte josephinischer »Kreisschuldirigenten« bzw. »Kreisschulkommissäre«. Dies mag auch im Wesen einer derartigen Kontrolle, »die ja den Normalzustand als selbstverständlich ansieht und nur die Abweichungen registriert« begründet gewesen sein. Vgl. Engelbrecht, Geschichte des österreichischen Bildungswesens, Bd. 3, 122 f., zit. 122.

1795 selbst feststellen musste.[471] Wie aus der Bestandsaufnahme der galizischen Provinzial- und Kameralbuchhalterei vom März 1790 hervorgeht,[472] zählten im Winterkurs 1789/90 zwanzig Schulen über hundert Schüler, wobei neben der Lemberger Hauptschule (182 Schüler)[473] die beiden Lehrer in der Krakauer Vorstadt von Lemberg (171 bzw. 143) und die Trivialschullehrer in den größeren Judengemeinden von Wisnicz (125), Rzeszów (130), Sieniawa (130), Zamość (127), Żołkiew (125), Rohatyn (128), Brody (123),[474] Stryj (158) und Czortków (120) diese Grenze deutlich überschritten.

Der Erfolg der Schulen hing in starkem Maße von der Einstellung der Rabbiner und vor allem der *Parnasim* gegenüber dem deutschen Schulwesen ab. Da die Behörden die gewählten Gemeindevorsteher im Amt bestätigen oder aber ablehnen konnten, war es ihnen hierdurch zumindest theoretisch möglich, einen gewissen Einfluss auf die Einstellung der Gemeinde zu den Schulen auszuüben. So war es nur konsequent, wenn Homberg Anfang 1790 forderte, nur noch denjenigen unter den gewählten Vorstehern zu bestätigen, »von welchem durch den Ortslehrer bekannt wird, daß er ein Schulfreund sey, oder wenn er selbst schulfähige Kinder hat, daß diese die Schule fleißig besuchen«.[475] Tatsächlich scheinen diejenigen *Parnasim*, die wie die beiden Żmigroder Gemeindevorsteher Landauer die deutschen Schulen tatkräftig unterstützten, in der Minderzahl gewesen zu sein. In Lemberg war es der bereits erwähnte Vorsteher Waringer, der – wie das Gubernium hervorhob – als »deutscher Jude [...] den Nutzen des Schulunterrichts« kannte und als »der größte und einzige Schulpatron unter den Vorstehern« galt. Er hatte Homberg zunächst Quartier geboten, ehe er sich mit diesem offensichtlich wegen der Höhe des Mietzinses überwarf; in seinem Haus war anfänglich auch die Lemberger Mädchenschule untergebracht.[476] Der Brodyer Gemeindeälteste Jakovke Landau dürfte Mitte der 1780er Jahre zu den bedeutendsten Förderern des deutschen jüdischen Schulwesens unter den galizischen Juden gezählt haben, ehe er – wie noch zu zeigen sein wird – zu einem der Wortführer der Opposition gegen die unter Hombergs Aufsicht stehenden Schulen wurde.

---

471 Notiz des galizischen Guberniums in »Schulsachen«, 24. Januar 1795, AVA, StHK, Kt. 861, 23 E Galizien.

472 Ausweis über den effectiven Stand der Deutsch-Jüdischen Normal Schulen und Besoldungen der Lehrer, 15. März 1790, TsDIAL, 146/85/1903 (CAHJP, HM 2/8936.1).

473 Die überwiegende Mehrheit dieser Schüler und Assistenten dürfte dabei der 1. Klasse zugeteilt gewesen sein.

474 Im Sommerkurs 1790 gingen in die Brodyer Trivialschule bereits 171 Schüler; die 1. Klasse der Hauptschule wurde gar von 194 Schülern besucht (2. Klasse: 47, 3. Klasse: 23 Schüler). Verzeichnisse der Schüler der Hauptschule und der Trivialschule von Brody, Juli/August 1790, AVA, StHK, Kt. 106, 23 Galizien.

475 Aeusserung des jüdischen Schuloberaufsehers H. Homberg über den Bericht der k. christlichen Schulenoberaufsicht, 20. Januar 1790, TsDIAL, 146/3/2278 (CAHJP, HM 2/9676.7).

476 Bericht des galizischen Landesguberniums uiber die von Hof remittierte Klage der hiesigen jüdischen deutschen Lehrer Turnau, Popper, und Grünbaum wegen des Verfalls der hiesigen jüdischen Schulen vom 11. Juni 1792, AVA, StHK, Kt. 861, 23 A Galizien.

Und im Mai 1792 berichtete Homberg über eine »vom Tarnower Kreisrabbiner zum Beßten des deutschen Unterrichts öffentlich gehaltene Predigt«, die er durch ihren Druck »in der Originalsprache« und die anschließende Verteilung unter den Juden Galiziens zu verbreiten wünschte. Er hoffte, dass sie dann auch »von andern Rabbinern nachgepredigt und erklärt würde« und schlug den Tarnower Kreisrabbiner für eine Geldprämie vor.[477]

Das Problem des gemeinschaftlichen Unterrichts jüdischer und christlicher Kinder

Ein sensibler Gegenstand, der die Akteure mit dem beschleunigten Ausbau der jüdischen deutschen Schulen vermehrt beschäftigte, war der gemeinschaftliche Unterricht von jüdischen und christlichen Kindern. Bereits bei der Festlegung der allgemeinen Normen für das jüdische Normalschulwesen der Monarchie hatte Joseph II. im Oktober 1781 dekretiert, dass »jene Juden, welche der Gelegenheit, ihre Kinder in die jüdischen Schulen zu schicken, beraubt sind«, dazu angehalten werden sollten, ihre Kinder zum Erlernen des Lesens, Schreibens und Rechnens in christliche Schulen zu schicken. Die Lehrer hatten sich in solchen Fällen streng an das Toleranzgebot zu halten und von jeglicher religiösen Beeinflussung der Kinder abzusehen.[478] Der Kaiser und seine für das Schulwesen zuständigen Beamten hatten hierbei die vielen verstreut lebenden Juden in den ländlichen Regionen des Reiches, insbesondere in Böhmen, vor Augen. Für die oft nur wenigen Familien an einem Ort erschien es nicht lohnend, einen eigenen jüdischen Normalschullehrer zu beschäftigen; zudem war es ihnen kaum möglich, die zum Unterhalt einer Schule nötigen Mittel beizusteuern. In Galizien erwies sich der 1785 erlassene und mit dem Toleranzpatent vom Mai 1789 bekräftigte Befehl zur Errichtung einer deutschen Schule »bei jeder jüdischen Gemeinde« aufgrund der Armut vieler Gemeinden als undurchführbar; darüber hinaus gab es auch in Galizien viele über Dörfer und Güter verstreute und von der nächsten jüdischen deutschen Schule weit entfernt lebende Juden. Deshalb wurde das galizische Gubernium im November 1789 angewiesen, bei kleineren Gemeinden und Agglomerationen von bis zu 25 Familien von der Errichtung deutscher

---

477 Der jüdischen Schuloberaufsicht Bemerkungen über den Zustand der jüdischen deutschen Schulen in Galizien vom Winterkurse [1]792 vom 2. Mai 1792, AVA, StHK, Kt. 861, 23 A Galizien. Homberg schlug vor, den Tarnower wie auch alle anderen Kreisrabbiner, sofern sie sich zum Besten des deutschen Schulwesens verwendeten, für remunerationsfähig zu erklären, das heißt ihnen eine Geldprämie in Aussicht zu stellen. Das Gesuch wurde von der Hofkanzlei abgelehnt, doch wurde im Einzelfall die Prüfung einer möglichen Belohnung zugesagt. Hofdekret vom 25. März 1793, AVA, HKP Galizien 1793, 157 (Martius, Nr. 112).
478 Hofdekret an alle Länderstellen vom 19. Oktober 1781, in: Pribram, Urkunden und Akten zur Geschichte der Juden in Wien, Bd. 1, 513 f.

Schulen abzusehen[479] – in der Praxis bestanden ohnehin kaum Schulen bei Gemeinden, die weniger als hundert Familien zählten.[480]

Gleichwohl galt für alle jüdischen Kinder zwischen sechs und zwölf Jahren die Unterrichtspflicht. Sofern sich die Eltern keinen Privatlehrer für den Deutschunterricht ihrer Kinder leisten konnten und wenn sich in ihrer Nähe keine jüdische Normalschule befand, mussten sie ihre Kinder also in die nächstgelegene christliche Schule schicken.[481] Es waren jedoch nicht nur einzelne Familien, die unter dem Schulzwang ihre Söhne in die Obhut des katholischen oder unierten Ortslehrers – oft eines Geistlichen – gaben.[482] In mehreren Fällen zogen ganze Gemeinden die Unterrichtung der Knaben in einer christlichen Schule der Anstellung eines jüdischen Normalschullehrers vor. So berichtete der Schuloberaufseher Hofmann im November 1788 von einer Visite der Schulen des Brzeżaner Kreises, dass die (christliche) Trivialschule in Rozdół kaum Zuspruch vonseiten der ruthenischen Bevölkerung erfahre; dagegen machten die hier ansässigen Juden – sehr zum Lobe Hofmanns – regen Gebrauch von den Diensten des als Lehrer wirkenden Geistlichen:

»Mit Vergnügen sah man dem toleranten Priester zu, wie liebreich er 63 jüdische Knaben im Lesen, und Schreiben unterrichtete. Bei der mit ihnen vorgenommenen Prüfung zeigte sich's, daß mehr denn 20 Knaben von ihnen, die nur durch einen Monat seinem Unterrichte beigewohnt haben, fleißig lesen, und ziemlich zu schreiben anfangen. […] Die Vortheile dieser gemeinschaftlichen Schule sind für beide Religionsverwandte gleich groß, und für die jüdische Jugend um so mehr fruchtbringend, als dieselbe durch den öftern sittlichen Umgang mit Kristen in den Genuß der ihr durch die Toleranzgesetze eingeräumten Rechte gleichsam eingesetzt, und dem Zwecke, warum für sie deutsche Schulen errichtet werden, näher zugeführet werden möchte.«[483]

Wie Hofmann weiter ausführte, lehnte die jüdische Gemeinde die Anstellung eines eigenen Deutschlehrers ab und zog es vor, ihre Kinder auch weiterhin in die christliche Schule zu schicken, der »öfter[e] sittliche Umgang mit Kristen«

---

479 Hofdekret an das Galizische Gubernium vom 19. November 1789, AVA, StHK, Kt. 106, 23 Galizien.
480 Dies betonte Homberg Ende 1790 in einer Stellungnahme zur Klage der jüdischen Gemeinden gegen die Schulen. Vgl. Der jüd. Schuloberaufsicht Äußerung über die Vorstellung von den Bevollmächtigten der jüdischen Nazion in Galizien, 10. Dezember 1790, AVA, ebd.
481 Von der Unterrichtspflicht befreit waren diejenigen Juden, die glaubhaft machen konnten, »dass sie die Ortslage in die Unmöglichkeit gesetzt habe, den deutschen Unterricht zu empfangen«. Hofdekret an das Galizische Gubernium vom 19. November 1789, AVA, ebd.
482 Hofdekret vom 25. September 1788, AVA, HKP Galizien 1788, 555 (September, 51): Dem Lehrer an der christlichen Stadtschule von Lubaczów wurde eine Belohnung von sechs Dukaten aus der jüdischen Gefällskasse dafür zugesprochen, dass er die Anzahl der jüdischen Schüler an seiner Schule von sieben Knaben im Vorjahr auf 27 steigern konnte.
483 Bericht des Normalschuloberaufsehers die Schulen im Brzezaner Kreise betreffend, 3. November 1788, TsDIAL, 146/85/1900 (CAHJP, HM 2/8935.10).

schien sie nicht zu schrecken. Auch die Vorsteher der Judengemeinde von Horodenka im Zaleszczyker Kreis sprachen sich im Jahr darauf gegen eine jüdische deutsche Schule aus.[484] Sie versicherten, der christlichen Stadtschule Bänke und weitere Schulgerätschaften zur Verfügung zu stellen, wenn die Gemeinde nur »von einem jüdischen Lehrer befreyt sein könnte«. Der Kreisschuldirektor unterstützte diese Bitte unter anderem deshalb, weil er hoffte, auf diese Weise die Ausstattung der christlichen Schule zu verbessern.[485] Offenbar verfügte die Horodenkaer Gemeinde über ausreichend Mittel zum Unterhalt einer Trivialschule.

Wenn in diesem Fall also finanzielle Erwägungen nicht die primäre Rolle spielten und dem Antrag – wie auch dem der Rozdóler Juden – kaum verdeckt das Ressentiment gegenüber dem »taitschen« jüdischen Lehrer zugrunde lag, so war es doch häufig die Armut der Gemeinden, die sie die Unterrichtung ihrer Kinder durch einen christlichen Lehrer bevorzugen ließ.[486] Als zum Beispiel 1796 die jüdische Gemeinde von Pomorzany darum bat, »armutshalber und wegen der geringen Anzahl der Familien von der weitern Schul-Unterhaltung freygezählt« zu werden, und das Złoczower Kreisamt nach Feststellung der Richtigkeit dieser Angaben vorschlug, die Schule nach Gliniany zu verlegen, erhoben die Glinianer Juden dagegen Einspruch: Die Steuerschulden ihrer Gemeinde seien so hoch, dass sie für den Unterhalt einer Schule nicht aufkommen könnten. Das Gubernium unterstützte den Einspruch mit dem Hinweis, dass in Gliniany eine christliche Schule vorhanden sei, die nach dem Zeugnis der Ortsschulaufseher »von den Judenkindern mit gutem Erfolge« besucht werde.[487]

Es scheint auf den ersten Blick verwunderlich, dass viele galizische Juden, ja ganze Gemeinden es vorzogen, ihre Kinder zu einem christlichen Lehrer zu schicken, wenn ihnen dafür die Errichtung einer jüdischen Schule erspart blieb – selbst wenn diesem Entschluss tatsächlich finanzielles Unvermögen zugrunde lag. Es mutet seltsam an, dass sie in diesem Fall offensichtlich nicht befürchteten, dass der Ortsschullehrer die Unterweisung ihrer Kinder mit dem Versuch verbinden würde, diese auf mehr oder weniger subtile Weise von der

---

484 Wie für Rozdół war auch für Horodenka ursprünglich die Errichtung einer jüdischen Trivialschule vorgesehen. Vgl. Ausweis über den effektiven Stand der Deutsch-Jüdischen Normal Schulen und Besoldungen der Lehrer, 15. März 1790, TsDIAL, 146/85/1903 (CAHJP, HM 2/8936.1). In Rozdół wurde 1789 ein jüdischer Lehrer namens Bland angestellt; in Horodenka muss die Schulerrichtung noch 1790 erfolgt sein. Der Schematismus für 1791 weist hier einen Lehrer mit Namen Bornstein aus. Schematismus für die Königreiche Galizien und Lodomerien. 1791, 162.
485 Bericht über die Schulen des Kreises Zaleszczyki vom 23. November 1789, TsDIAL, 146/3/2278 (CAHJP, HM 2/9676.7).
486 So z. B. im Fall der Gemeinden von Baranów, Radomyśl und Żabno im Tarnower Kreis. Bericht über die Schulen des Kreises Tarnów vom 11. Oktober 1789, TsDIAU-L, ebd.
487 Bericht des galizischen Landesguberniums über den Rekurs der Glinianer Judengemeinde gegen die angeordnete Uibersetzung der d. j. Schule von Pomorzany nach Gliniany vom 19. März 1797, AVA, StHK, Kt. 861, 23 Galizien M-Z.

Wahrheit des Evangeliums zu überzeugen. Zwar mag ein als Lehrer fungierender Priester sich so tolerant gezeigt haben, wie dies der christliche Schuloberaufseher 1788 über den Schulmeister zu Rozdół berichtete; doch musste sich nicht in jedem Flecken Galiziens die Idee der Toleranz und Religionsfreiheit bereits durchgesetzt haben. Und auch wenn der Religionsunterricht vom Deutschunterricht abgekoppelt war und auf die erste oder letzte Unterrichtsstunde gelegt wurde, sodass die nichtkatholischen Kinder ihm nicht notgedrungen beiwohnen mussten,[488] so basierten die Inhalte der im Leseunterricht verwendeten Lehrbücher doch auf christlichen Moralvorstellungen, waren die Texte nicht wie in den jüdischen Schulen frei von Verweisen auf das Neue Testament – ein weiterer potenzieller Grund für die galizischen Juden, die christlichen Schulen zu meiden. Und schließlich wird – so sollte man annehmen – auch der Umgang mit den christlichen Altersgenossen, Jungen und Mädchen, nicht unbeargwöhnt geblieben sein.

Bałaban und in der Folge auch Klausner und Walk haben aus der häufigen Bevorzugung des Besuchs christlicher Schulen geschlossen, dass den galizischen Juden die Unterrichtung ihrer Kinder durch die auswärtigen, angeblich der Mendelssohn'schen Aufklärung verpflichteten, traditionsbrechenden und unmoralisch handelnden jüdischen Lehrer ein derartiger Gräuel gewesen sein muss, dass sie sogar den Unterricht bei einem christlichen Lehrer vorzogen, der – so die unausgesprochene Unterstellung – ihnen auch nicht unbedingt geheuer war.[489] Diese Herleitung scheint überzogen. Das traditionelle Ressentiment zwischen »deutschen«, hier böhmischen, und polnischen Juden mag eine Rolle gespielt haben, und wie noch gezeigt werden wird, wurde der angebliche Traditionsbruch oder die Immoralität der jüdischen Lehrer von den Gemeinden insbesondere nach 1790 als Argument gegen die Homberg'schen Schulen vorgebracht. Die Ursachen für die Bevorzugung der christlichen Schule vor der jüdischen scheinen jedoch tiefer zu liegen: Grundsätzlich stellten die jüdischen deutschen Schulen einen in das lebensweltliche Gefüge der Gemeinde verpflanzten Fremdkörper dar; sie erfüllten – neben dem Unterricht – spezielle Funktionen der staatlichen Kontrolle und Sanktion, die die *außerhalb* des Gemeindezusammenhangs befindlichen christlichen Schulen so nicht wahrnehmen konnten. Diese Funktionen sollen

---

488 Vgl. Röskau-Rydel, Kultur an der Peripherie des Habsburger Reiches, 70.
489 Vgl. Bałaban, Herz Homberg in Galizien, 200 f., 205; Klausner, Historija schel ha-sifrut haiwrit ha-chadascha, Bd. 1, 214 f.; Walk, Herz Homberg, 23. Bałaban, ebd., 205, führt als Beispiel die Juden von Horodenka an, die offensichtlich 1795 um die Auflösung der 1790 oder 1791 gegen ihren Wunsch errichteten jüdischen Schule baten, und zitiert aus einem – mir nicht bekannten – Bericht des Guberniums, wonach jene »ihre Kinder aus patriotischen und assimilatorischen Ursachen in die christliche Schule schicken« wollten, wenn nur die jüdische Schule abgeschafft würde. Nach Bałabans Darstellung erscheint dieses Gesuch als eine jener Listen, mit denen sich die galizischen Juden den Schulen zu entziehen versuchten. Gleichzeitig wird hiermit eine tiefe Verzweiflung angedeutet, die die Juden angesichts des Zwanges, die verhassten Schulen besuchen zu müssen, befallen haben soll – denn wie sonst, so suggeriert der Verfasser, hätten sie zu derartig selbstverleugnenden Argumenten greifen können?

genau wie die lebensweltlichen Gegenstrategien der galizischen Juden an anderer Stelle erörtert werden.[490] Hier wäre jedoch festzuhalten, dass den Gemeinden dieser staatliche Fremdkörper in ihrem Inneren derart suspekt war, dass sie ihn oft selbst um den Preis umgehen wollten, ihre Kinder in der christlichen Schule den genannten Gefahren auszusetzen. Falls die Gemeinde zu finanzschwach war, um eine jüdische Schule unterhalten zu können, war dies ein passables Argument bei den Verhandlungen mit den staatlichen Behörden. In jedem Fall handelte es sich bei den beschriebenen Ursachen um strukturelle Faktoren, die unabhängig von Aufgeklärtheit, Traditionstreue oder Moralität der jüdischen Lehrer wirkten.

Unter den Beamten des Lemberger Guberniums herrschte die Meinung vor, dass es besser sei, die jüdischen Kinder insgesamt zum Besuch der christlichen Schulen zu verpflichten, als für sie eigene Schulen zu errichten. Anfang 1788, ein knappes dreiviertel Jahr nach Hombergs Dienstantritt, wurde die Landesregierung bei den Wiener Hofbehörden mit der Bitte vorstellig, die jüdischen deutschen Schulen aufzulösen und die jüdischen Kinder in die allgemeinen Ortsschulen zu senden. Die Hofkanzlei lehnte dieses Ansinnen jedoch ab.[491] Es scheint nicht das erste Mal gewesen zu sein, dass das Gubernium in Wien auf die Aufhebung der jüdischen Schulen drang. Die Gründe für diese Haltung waren vielschichtig, so spielte sicherlich die Vorstellung eine Rolle, die jüdischen Kinder seien durch den Einfluss des christlichen Lehrers und den Umgang mit ihren nichtjüdischen Mitschülern sittlich-moralisch leichter zu »bessern« oder an die allgemeine Kultur heranzuführen. Auch der – aus traditioneller Abneigung oder finanziellen Nöten rührende – Widerstand der jüdischen Gemeinden mag von den Landesbeamten in Betracht gezogen worden sein. Der Hauptgrund war jedoch pragmatischer Natur: Angesichts der desolaten Lage des christlichen Schulwesens, der Schwierigkeiten bei der Schulerrichtung und ihrer Ausstattung sowie der Minderbezahlung der Trivialschullehrer stach die üppige Ausstattung des jüdischen Schulfonds besonders hervor. Nicht nur die laufenden Aufwendungen für die Gehälter der jüdischen Lehrer, die sich im Jahr auf etwa 20 000 bis 25 000 Gulden beliefen, sondern auch das infolge der Nichtbesetzung von Lehrerstellen mit den Jahren angesparte Kapital hätten nach Auffassung des Guberniums besser dem christlichen deutschen Schulsektor zufließen sollen, um die Errichtung weiterer Schulen zu ermöglichen.

In einem Memorandum über die Situation des galizischen Schulwesens, das der Gubernialrat von Thoren wahrscheinlich Ende 1788 oder Anfang 1789 verfasste, werden diese Motive deutlich: Das Gubernium, so der Verfasser, habe bei den Hofstellen bereits wiederholt beantragt, dass »die besondern Judenschulen aufhören sollten«. Nachdem diese Bitte erneut abgewiesen

---

490 Siehe in Kap. 3.2.
491 Hofdekret vom 18. Februar 1788, AVA, StHK, Kt. 106, 23 Galizien.

worden sei – dies nahm Bezug auf ein Hofdekret von Anfang August 1788 –,[492] habe man diesen Antrag »bey Gelegenheit der Resignazion des Aufsehers Homberg«[493] dahingehend abgeschwächt, die bereits errichteten jüdischen Schulen bestehen zu lassen, jedoch keine neuen mehr zu errichten. Auch vom Verlangen der Einziehung des jüdischen Schulfonds sei man abgekommen; stattdessen erbitte man, jede neue Stadtschuldotierung an Orten, »wo Judenkinder vorfindig sind«, zur Hälfte aus dem jüdischen Schulfonds zu finanzieren. Der sich im Berichtsjahr auf 7 000 Gulden belaufende Überschuss des Fonds solle dazu verwendet werden, zwei Drittel des Jahresgehalts der christlichen Lehrer abzudecken, die dann auch die jüdischen Kinder unterrichten sollten. Der Verfasser ließ abschließend durchblicken, dass ihn auch andere als finanzielle Motive leiteten:

»Dieser Meinung bleib ich nun um so mehr anhangend, als meine Überzeugung von der Möglichkeit der Ausführung, um die schon nun auch ein so andere jüdische, mit einer jüdischen deutschen Schule bereits versehene Gemeinde bat, immer zunimmt [...], und als man mit aller Mühe schwerlich mehr, als die Przeworsker jüdische Schule, wird aufweisen können, wo der Lehrer keinen merklichen jüdischen Akzent in der deutschen Aussprache hätte, und kaum eine zweite Czortkower christliche Gemeinde in ganz Galizien finden dürfte, wo die christlichen Eltern ihre Kinder der Ausbildung des jüdischen Lehrers überliessen.«[494]

Mag die Bemerkung über die schlechte Beherrschung der deutschen Aussprache durch den Lehrer auch tendenziös gefärbt gewesen sein, so wird sie doch nicht jeglicher Wahrheit entbehrt haben. Mit der Erwähnung Czortków's im Zaleszczyker Kreis spielte der Verfasser auf einen besonderen Fall jüdisch-christlichen Gemeinschaftsunterrichts an: Hier unterwies ein jüdischer Lehrer namens Kreuz katholische Kinder im Katechismus.[495]

Die hier so argwöhnisch betrachtete Unterrichtung christlicher Kinder durch jüdische Lehrer war den Gubernialbeamten jedoch noch im Sommer

---

492 Hofdekret vom 1. August 1788, AVA, HKP Galizien 1788, 467 f. (Augustus, Nr. 2), hier 468.
493 Homberg hatte im Herbst 1788 erstmals um seine Dienstentlassung nachgesucht; zu den Hintergründen siehe im Folgenden.
494 Bemerkungen im allgemeinen über das Schulwesen, o. D. (vermutlich Ende 1788/Anfang 1789), AVA, StHK, Kt. 79, 17 Galizien in genere.
495 Die deswegen von Homberg für den jüdischen Lehrer beantragte Belobigung lehnte die Hofkanzlei ab, stattdessen sollte der Czortkower Pfarrer an seine Pflicht erinnert und für seine bisherige Nachlässigkeit getadelt werden. Hofdekret vom 13. Februar 1789, AVA, HKP Galizien 1789, 75 (Februarius, Nr. 32). Der Verfasser des Memorandums täuschte sich jedoch in der Annahme, dass es sich hierbei um den einzigen Fall handelte, in dem christliche Eltern ihre Kinder zu einem jüdischen Lehrer schickten. Schulzwang und Bildungswunsch konnten auch in anderen Fällen die religiöse Schranke überwinden. So schlug der Schuldirigent des Zamośćer Kreises eine Geldprämie für den Hrubieszower jüdischen Lehrer Abraham Lieben vor, welcher nach dem Tod des Ortslehrers die Unterrichtung der christlichen Kinder mit übernommen hatte. Bericht über die Schulen des Kreises Zamość vom 8. Oktober 1789, TsDIAL, 146/3/2278 (CAHJP, HM 2/9676.7).

1787 als ein möglicher Ausweg aus der Krise des christlichen Normalschulwesens erschienen – ein Hinweis darauf, dass pragmatische Erwägungen antijüdische Ressentiments in den Hintergrund drängen konnten. Da »zur Errichtung jüdischer Schulen ein bestimmter, und hinlänglicher Fond bestünde, dagegen aber für christliche Schulen der Fond weder noch genau bestimmt, am wenigsten aber hinlänglich sey«, hatte der Vizepräsident des Guberniums, Baron von Margelick, vorgeschlagen, dort, wo es bereits eine jüdische, jedoch noch keine christliche Schule gab, mit der Errichtung einer solchen zu warten und »den christlichen Kindern die Besuchung der jüdischen Trivialschule (in welcher ohnehin keine Religionsgegenstände vorkommen)« freizustellen. Hierdurch sollte der christliche Schulfonds entlastet und die Errichtung christlicher Schulen in anderen Orten erleichtert werden – wo dann wiederum kein eigener Lehrer zur Unterrichtung der jüdischen Kinder angestellt werden sollte. Das Gubernium entschied sich, in dieser Frage die beiden Schulaufseher Hofmann und Homberg zu konsultieren. Beide lehnten den Unterricht christlicher Kinder in jüdischen Schulen ab. In ihren jeweiligen Begründungen offenbarte sich jedoch ein signifikanter Unterschied: Während Homberg darauf verwies, dass die aus Böhmen und Mähren stammenden jüdischen Lehrer das Polnische nicht beherrschten, das in den christlichen Schulen als Unterrichtssprache diente, und dass sie daher gar nicht in der Lage seien, die christlichen Kinder zu unterweisen, sprach sich Hofmann »wegen des herrschenden Vorurtheils« gegen den Vorschlag von Margelicks aus.[496]

Diese Ablehnung war charakteristisch für die Haltung des Schuloberaufsehers. Hinter seinem Verweis auf das angeblich »herrschende Vorurtheil« – nämlich der christlichen Bevölkerung gegenüber dem jüdischen Lehrer und dem gemeinschaftlichen Unterricht ihrer Kinder mit den jüdischen Knaben – verbarg sich seine eigene Voreingenommenheit. Offenbar fürchtete er einen verderblichen Einfluss auf Sitten und Moral der christlichen Kinder, während er andererseits die Unterweisung jüdischer Kinder durch »tolerante Priester« und ihren »öftern sittlichen Umgang mit Kristen« zum Zweck ihrer moralischen Besserung begrüßte. Natürlich war Hofmann auch auf den Erhalt seiner Stellung gegenüber Homberg bedacht. Jede jüdische Schule, die Homberg mehr errichtete, jeder neue aus Böhmen ankommende jüdische Lehrer bedeuteten eine Minderung der noch im jüdischen Schulfonds vorhandenen Gelder, die Hofmann auf den »eigenen« Fonds zu übertragen hoffte. Wenn – wie von Margelick vorgeschlagen hatte – nun auch die christlichen Kinder in Hombergs Schulen gehen sollten, würde damit der Antrieb entfallen, in jenen Orten christliche Schulen zu errichten. Vehement sollte Hofmann daher

---

496 Protokoll der bei dem galizischen Gubernio unterm 28ten Juni 1787 über das Normal- und Trivialschulwesen abgehaltenen Kommission, AVA, StHK, Kt. 79, 17 Galizien in genere. Trotz der Vorbehalte Hofmanns und Hombergs wollte es das Gubernium den christlichen Eltern zunächst freistellen, ihre Kinder bei Ermangelung einer eigenen Schule in eine jüdische Schule zu schicken.

künftig auf die Errichtung gemeinschaftlicher Schulen, in denen die jüdischen gemeinsam mit den nichtjüdischen Kindern von einem christlichen Lehrer unterrichtet wurden, dringen. Wie gezeigt, unterstützten die maßgeblichen Gubernialbeamten, wie der für das Schulwesen zuständige von Thoren, diese Haltung spätestens seit Anfang 1788. Hierin lag der Kern eines Konflikts, den Homberg vordergründig mit Hofmann, dahinter jedoch vor allem mit dem Gubernium auszutragen hatte, und der sich Ende der 1780er Jahre dramatisch zuspitzen sollte.

Der Konflikt um die Eigenständigkeit der jüdischen deutschen Schulen

Zu Beginn des Jahres 1789 teilte die Hofkanzlei dem galizischen Gubernium per Dekret mit, dass »dem jüdischen Normalschulaufseher Herz Homberg die angesuchte Dienstentlaßung zwar nicht versaget, doch aber auch nicht vor dem Ende des laufenden Schuljahres bewilliget werden könne«.[497] Was war geschehen? Bereits ein knappes Jahr nach Hombergs Amtsantritt war es zum Konflikt zwischen Homberg und dem Schuloberaufseher Johann Franz Hofmann gekommen. Im Mai 1788 hatte das Gubernium Wien von den »verschiedenen Meinungen in Absicht auf die jüdischen Schulen« berichtet und daraufhin von der Hofkanzlei die Order bekommen, Homberg »zu der in seinem Anstellungsdekrete bestimmten Subordinazion anzuweisen« und auch Hofmann aufzufordern, alles zu tun, »um ein gutes Verständniß herzustellen, und zu erhalten, wozu das beste Mittel seyn dürfte, beyde zur mündlichen Behandlung der Gegenstände, oder Berathschlagung unter sich anzuweisen, und nur dann schriftlichen Aufsätzen Platz zu geben, wenn freundschaftl. Gespräch die Verschiedenheit der Meinungen nicht heben konnte«.[498] Leider ist der entsprechende Bericht des Guberniums nicht erhalten, sodass die Ursachen und Hintergründe des Streits nur vermutet werden können.

Wie oben angedeutet, präferierte Hofmann die Unterrichtung jüdischer Schüler in christlichen Schulen und stand der Errichtung weiterer jüdischer Normalschulen kritisch gegenüber, da dies eine nicht nur symbolische Schwächung seiner Stellung bedeutet hätte. Dem christlichen Oberaufseher muss die relative Eigenständigkeit Hombergs als Bedrohung erschienen sein. Dessen wenn auch unter Hofmanns Suprematie ausgeübte Aufsicht über die jüdischen Schulen stellte im Kontext des josephinischen Erziehungswesens etwas Außergewöhnliches dar. Der separate, wohlgefüllte Fonds, der Homberg zur Verfügung stand, und das Recht Hombergs, an der jüdischen Hauptschule in Lemberg eigene Präparandenkurse zur Ausbildung von Lehrern durchzuführen, betonten dessen Autonomie und bedeuteten eine Einbuße an Ansehen

---

[497] Hofdekret vom 13. Februar 1789, AVA, HKP Galizien 1789, 75 (Februarius, Nr. 32).
[498] Hofdekret vom 1. August 1788, AVA, HKP Galizien 1788, 467 f. (Augustus, Nr. 2), hier 467.

und Macht für Hofmann. Homberg scheint sich zudem nur selten mit Hofmann konsultiert, ihn bei Berichten an das Gubernium übergangen und wichtige Entscheidungen unter Umgehung seines Vorgesetzten bzw. auch gegen dessen Votum getroffen zu haben.[499] Man darf zudem vermuten, dass Homberg Hofmann gegenüber sehr selbstbewusst auftrat und die von ihm erwartete »Subordination« gegenüber seinem christlichen Vorgesetzten vermissen ließ.[500]

Hofmann hoffte, die im Fall einer Beschränkung des jüdischen Schulausbaus oder gar einer Aufhebung der Homberg'schen Schulen frei werdenden finanziellen Mittel auf den minderausgestatteten christlichen Schulfond übertragen zu können. Deshalb plädierte er vehement für die Errichtung von »Gemeinschulen«, in denen jüdische und christliche Kinder gemeinsam unterrichtet werden sollten – von einem christlichen Lehrer wohlgemerkt. Er konnte sich sicher sein, dass ihn das Gubernium in dieser Haltung unterstützte. Tatsächlich hatte die Landesregierung in dem gleichen Schreiben, das über die Meinungsverschiedenheiten zwischen dem jüdischen Schulaufseher und seinem christlichen Vorgesetzten berichtete, erneut um die Auflösung des jüdischen deutschen Schulwesens in Galizien nachgesucht. Die Hofkanzlei hatte daraufhin unmissverständlich zu verstehen gegeben, dass der Hof seine Auffassung hinsichtlich der jüdischen Schulen nicht revidieren werde und diese bestehen bleiben sollten.[501]

Somit standen die Fronten des Konflikts fest: auf der einen Seite der christliche Schuloberaufseher und das Gubernium, auf der anderen Homberg, der seinerseits Unterstützung aus Wien, vor allem vonseiten der Studienhofkommission, erhielt. Homberg blieb vor dem Hintergrund der andauernden Meinungsverschiedenheiten mit Hofmann und der immer wieder beantragten Aufhebung »seiner« Schulen durch das Gubernium keine andere Wahl, als im Oktober 1788 um seine Entlassung nachzusuchen. Zur gleichen Zeit hatte das Gubernium – aus taktischen Gründen, wie sich noch zeigen sollte – angesichts des Widerstandes aus Wien von der Bitte um Aufhebung aller jüdischen

---

499 Dies betraf u. a. die von Homberg verfassten *Verhaltungspunkte für jüdische Schullehrer in Galizien und Lodomerien* sowie »zwey moralische Reden des Homberg zum Gebrauche der Schuljugend«, die – wie aus dem Hofdekret vom 1. August 1788, ebd., hervorgeht – von Hofmann offensichtlich beanstandet wurden.

500 Das Selbstbewusstsein Hombergs im Umgang mit den Behörden geht aus einer Beschwerde des Lemberger Kreisamts von 1792 hervor: »Das Kreisamt fügt dem noch bei, daß Homberg [...] sich auch durch Uiberschreitung seiner Macht, durch unleidentlichen Stolz verhaßt mache.« Das Kreisamt versuchte, diese Behauptung u. a. dadurch zu belegen, »daß Homberg eine Kreisamtsverordnung, in der der Titel Herr ausgelassen wurde, zurückschickte [und] daß er in seiner Schrift anführe, er habe den Hn. Kreishauptman in dem Zimmer des Referenten bedrohet, und durch seinen Muth in Erstaunen und Verlegenheit versetzt.« Bericht des galizischen Landesguberniums uiber die von Hof remittirte Klage der hiesigen jüdischen deutschen Lehrer Turnau, Popper, und Grünbaum wegen des Verfalls der hiesigen jüdischen Schulen, 11. Juni 1792, AVA, StHK, Kt. 861, 23 A Galizien.

501 Hofdekret vom 1. August 1788, AVA, HKP Galizien 1788, 467 f. (Augustus, Nr. 2), hier 468.

deutschen Schulen abgesehen und »nur« darum gebeten, über die bereits bestehenden 82 jüdischen Schulen hinaus keine weiteren zu errichten und stattdessen den Ausbau christlicher Stadtschulen zu forcieren.[502] Zwar wurde auch dieser Antrag offenbar zurückgewiesen, doch unter dem Eindruck des massiven Widerstandes vonseiten des Guberniums gegen »sein« Schulprojekt und des offensichtlich immer schlechter werdenden Verhältnisses zwischen ihm und Hofmann hielt Homberg an seinem Rücktrittsgesuch fest und erhöhte damit den Einsatz. Im August 1789 erhielt das Gubernium die Order, Hombergs Entlassungswunsch zu entsprechen, damit dieser Ende des Monats zurück nach Wien reisen könne. Hofmann sollte den von Homberg begonnenen Präparandenkurs zu Ende führen; danach solle »zur Bildung jüdischer Lehrer keine besondere Anstalt mehr bestehen, und ihnen der Unterricht gemeinschaftlich mit den christlichen Präparanden ertheilet werden«. Das Homberg'sche Projekt schien am Ende.

Aus einem ausführlichen Bericht, den Hofmann Ende August 1789 zum Stand des jüdischen deutschen Schulwesens einreichte, gehen die Auffassungen des Schuloberaufsehers und damit auch die Motive, die ihn in seiner Auseinandersetzung mit Homberg leiteten, deutlich hervor.[503] Nachdem Hofmann verschiedene »Hindernisse, welche der durch diese Schulanstalt zu erzielenden Judenbildung noch immer im Wege stehen« angezeigt hatte, widmete er sich seinem eigentlichen Anliegen: der Errichtung gemeinschaftlicher Schulen für Christen und Juden. Um den »Tausenden der jüdischen Knaben, welche in ihren Wohnorten keine deutsche Schule haben, Gelegenheit zu einiger Ausbildung zu verschaffen«, bleibe nichts anderes übrig, als in solchen Orten Schulen zu errichten, »die von allen schulfähigen Bewohnern, ohne Rücksichtnahme auf die Religion benützt werden könnten«. Hofmann verwies auf die Vielfalt von »Religionsanhängern«, welche viele kleine Städte und Flecken insbesondere in Ostgalizien bewohnten: Juden, Armenier, Ruthenen und Polen. Es sei nicht angebracht, in jenen Orten für jede dieser Bevölkerungen eine eigene Schulanstalt zu errichten, da für ein solches Unternehmen weder der Schulfonds noch die finanziellen Verhältnisse der jeweiligen Gemeinden ausreichten. In verschiedenen Orten bereits errichtete jüdische Trivialschulen hätten aufgrund der Armut der Gemeinden und ihres Unvermögens, für den Unterhalt der Schulen zu sorgen, wieder aufgehoben werden müssen. Vor diesem Hintergrund ersuchte er das Gubernium, seine »zum Betriebe der Volksaufklärung in Galizien« bereits wiederholt geäußerte Bitte, in jenen Ortschaften »Gemeinschulen« zu errichten, erneut den zuständigen Hofstellen vorzulegen.

Auch unter dem Gesichtspunkt »der Moralität« ließen sich gute Argumente

---

502 Bemerkungen im allgemeinen über das Schulwesen, o. D. (vermutlich Ende 1788/Anfang 1789), AVA, StHK, Kt. 79, 17 Galizien in genere.
503 Bericht Hofmanns an das galizische Gubernium vom 29. August 1789, TsDIAL, 146/3/2278 (CAHJP, HM 2/9676.7).

für die Errichtung jener Schulen anführen, insbesondere, was die sittliche Verbesserung der Juden angehe:

»Sieht man auf den Nutzen der Jugend: so ist es einleuchtend, daß der junge Israelit durch den Besuch der Gemeinschule in der reineren Aussprache geübter und durch näheren Umgang mit christlichen Schülern auch artiger und gesitteter werden müßte. [...] So viele christliche Schulen Galiziens, welche die jüdische Jugend aus Mangel ihrer eigenen besuchen, sind redende Beweise, daß man mit der Bildung dieser Nazion dort weiter gekommen, wo sie von christlichen Schulleuten unterrichtet wird, und Gelegenheit hat, mit gesitteten Menschen täglich umzugehen.«[504]

Unter den »Gemeinschulen« verstand der Geistliche Hofmann also keineswegs religions- oder konfessionsneutrale Schulen – dies wäre im katholischen Österreich des ausgehenden 18. Jahrhunderts auch unter aufgeklärt-josephinischem Vorzeichen undenkbar gewesen –, sondern dezidiert christlich geprägte Schulen, die die jüdischen Kinder absorbieren und durch deren Umgang mit »gesitteten Menschen« – also dem christlichen Lehrer und den christlichen Mitschülern – zu »gesitteteren« Menschen umformen sollten. Gleichzeitig sollte dies das Unterrichtsziel der Sprachverbesserung befördern helfen: Hofmann ging davon aus, dass der aus Böhmen oder Mähren stammende christliche Lehrer die jüdischen Schüler eher zur Ablegung des jiddischen »Dialekts« bewegen könne als der gleichfalls aus Böhmen oder Mähren stammende jüdische Lehrer.

Die von Hofmann geforderten, hier als »Gemeinschulen« bezeichneten christlichen Schulen gab es bereits, und sie standen den jüdischen Knaben offen; doch waren es nach seiner Meinung noch viel zu wenige, da für den massiven Ausbau des Trivialschulnetzes dem christlichen Schulfonds die Mittel fehlten.[505] Somit war das Hauptargument Hofmanns das finanzielle: Von der Errichtung weiterer derartiger Schulen würden sowohl der christliche als auch der jüdische Schulfonds profitieren: der christliche – so klang hier unausgesprochen mit – durch die Gelder, die ihm aus den ersparten Überschüssen des jüdischen Fonds zufließen würden; der jüdische, indem weniger jüdische Schulen errichtet und weniger jüdische Lehrer bezahlt würden und somit weniger Geld ausgegeben werden müsste. Auch würden die zusätzlich entstehenden »Gemeinschulen« dazu beitragen, die Vorhaltungen jüdischer Väter »in abgelegenen kleinen Ortschaften« zu entkräften, dass sie zwar alle die Sondersteuer des »fünften Guldens«, »woher deutsche Lehrer besoldet werden«, entrichten müssten, jedoch in Ermangelung eines jüdischen Lehrers *und* einer christlichen Schule keine Gelegenheit hätten, ihre Kinder dasjenige

---

504 Ebd.
505 Der Begriff »Gemeinschulen« schien Hofmann offenbar besser geeignet als das Wortpaar »christliche Schulen«, um die mit dezidierten Verfechtern des Toleranzgedankens besetzte Studienhofkommission von seinem und des Guberniums Anliegen zu überzeugen, den jüdischen Schulausbau zu stoppen und die hierdurch frei werdenden Gelder in den Ausbau des christlichen Schulwesens zu investieren.

lernen zu lassen, »was man heut vor der Hochzeit von ihnen fordert«. Schließlich sei es durch den flächendeckenden Ausbau des Schulnetzes auch einfacher, den Schulzwang effektiver auszuüben und seine Ergebnisse zu kontrollieren – Fälle von »stützige[n] Aeltern«, die ihre Söhne in andere, schullose Orte schickten, um »sie nur den deutschen Schulen zu entziehen«, gehörten dann der Vergangenheit an.[506]

Der Bericht Hofmanns offenbarte neben dem Streit um die Gelder des jüdischen Schulfonds einen weiteren Grund für den Konflikt zwischen Homberg und dem Schuloberaufseher. Es ging um die Ausbildung der einheimischen jüdischen Präparanden. Hofmann war offensichtlich der Überzeugung, dass Homberg dieser Aufgabe nicht gewachsen sei bzw. dass er bei der Ausbildung der Lehramtskandidaten übereilt vorgehe. Er glaubte, dass dies dem jüdischen deutschen Schulwesen in Galizien zum Schaden gereichen müsse, da die »hierländigen Schulamtswerber [...] einer weit längeren Zeit zu ihrer Ausbildung bedürfen. Kommt der halbdeutsche Jud als Lehrer ohne erweiterte Kenntnisse aufs Land, so muß er auch das wenige im Lehrkurse Erlernte aus Mangel der Gelegenheit sich vollkommener zu machen, vergessen, und wird vollends unbrauchbar.«[507] Er, Hofmann, habe gerade selbst eine Prüfung mit den von Homberg »durch zween Schulkurse [...] (und wie anzunehmen ist) mit der gehörigen Anstrengung belehrten Praeparanden« durchgeführt. Von den aus Galizien stammenden Präparanden könne er nur zwei ohne Bedenken für das Lehramt vorschlagen, »weil es den übrigen der reinen Aussprache und dem gesitteten Anstande noch sehr gebricht«. Hofmann hatte nicht die Absicht, die Ausbildung der jüdischen Lehramtskandidaten dem bei der Lemberger christlichen Normalhauptschule bestehenden Seminar zu übertragen, sondern er schlug vor, ein gesondertes Lehrerseminar für die jüdischen Präparanden zu errichten. Wer dieses leiten sollte, ließ Hofmann offen.[508] Das Gubernium, das mit seinen Anträgen auf Auflösung der

---

506 Bericht Hofmanns an das galizische Gubernium vom 29. August 1789, TsDIAU-L, 146/3/2278 (CAHJP, HM 2/9676.7).
507 Ebd. Mit »halbdeutsche[r] Jud« gebrauchte Hofmann einen auf die Sprachbeherrschung der so charakterisierten Person zielenden Begriff. Je reiner ein galizischer Jude das Deutsche aussprechen konnte, je weniger Jiddisch sich in sein Sprechen mischte, desto weniger gerechtfertigt schien es, ihn noch als »polnischen Juden« zu bezeichnen. Ein »deutscher Jude« sprach das Deutsche rein, ohne merklichen Akzent aus: Er konnte aus den deutschsprachigen Teilen der Monarchie oder aus Galizien stammen, entscheidend war, inwieweit er die deutsche (Aus-)Sprache beherrschte. Ein »halbdeutscher Jude« war noch nicht zum reinen Deutsch vorgedrungen, Akzent, Wortschatz und Syntax waren noch deutlich vom Jiddischen beeinflusst. Dem in jener Zeit postulierten Nexus zwischen Sprache und moralischen Eigenschaften entsprechend, war ein »deutscher Jude« auch gesitteter als ein »halbdeutscher« oder gar ein »polnischer Jude«.
508 Ebd. Nur kurze Zeit zuvor hatte die Hofkanzlei dekretiert, dass »künftig zur Bildung jüdischer Lehrer keine besondere Anstalt mehr bestehen, und ihnen der Unterricht gemeinschaftlich mit den christlichen Präparanden« – also durch Hofmann – »ertheilet werden soll«. Das Hofdekret wurde am 17. August expediert; Hofmann wird der Inhalt der Verordnung, als er seinen Bericht verfasste, noch nicht bekannt gewesen sein. Da mit demselben Dekret Hombergs

jüdischen Schulen bzw. auf Beschränkung ihrer Zahl von Wien bereits mehrfach zurückgewiesen worden war, scheute sich nicht, Hofmanns Bitte um Errichtung der »Gemeinschulen« erneut der Vereinigten Hofstelle anzutragen und um die »höchste Genemigung« hierfür zu bitten.[509]

Die Trennung der jüdischen Schulen vom christlichen Normalschulwesen und die Ernennung Hombergs zum Oberaufseher 1789/90

Zur Zeit der Eskalation des Konflikts war Homberg bereits in Wien. Im September 1789 erschien der »gewesene Aufseher der jüdischen Schulen Galiziens« vor den Beamten der Vereinigten Hofstelle, überreichte Probeschriften von Schülern der 3. Klasse der jüdischen Hauptschule in Lemberg sowie das Dankschreiben eines Schülers dieser Schule, »für den an derselben erhaltenen Unterricht« und bat, alle diese Papiere dem Kaiser vorzulegen.[510] Zur gleichen Zeit verfasste er ein Gesuch an Joseph II., in dem er darum bat »zur allgemeinen Aufsicht über das gesammte jüdische Schulwesen der Monarchie, und zu dem Fache der hebräischen Büchercensur gebraucht zu werden«. Das Gesuch, in dem er »umständlich« die Gründe schilderte, die zu seiner Demission führten, ist nicht erhalten. Auch der Vortrag, den die Studienhofkommission über Hombergs Ansinnen vor dem Kaiser hielt, gibt über die Hintergründe des Konflikts mit Hofmann keine Auskunft, doch werden immerhin die Motive ersichtlich, welche Kaiser und Studienhofkommission leiteten und die letztlich dazu führten, dass Homberg nicht nur in seinen Kompetenzen bestätigt, sondern sogar zum Oberaufseher über »seine« Schulen befördert wurde.

Aus dem Vortrag geht hervor, dass Joseph II. bereits in der Angelegenheit entschieden hatte, sodass die Studienhofkommission der Aufgabe enthoben war, über Hombergs Gesuch, »dessen Bewilligung wohl nicht thunlich wäre« zu beraten. Der Kaiser hatte es für sinnvoll erachtet, dass »die jüdischen Schulen ganz von dem Oberdirektor der katholischen in Galizien abgesondert würden, und so dieser Mann [Homberg] zu der ersteren Direkzion neuerdings angestellet werden könnte«.[511] Den Beamten der Studienhofkommission blieb nichts anderes übrig, als ihr bisheriges Handeln in der Sache zu rechtfertigen und den kaiserlichen Entschluss mit Sachargumenten zu untermauern. Sie stellten fest, dass ihnen vor dem Hintergrund des andauernden Konflikts zwischen Homberg und Hofmann und der »heftigen Gährung, die bis zur

---

Entlassungsgesuch bewilligt wurde, konnte Hofmann zu diesem Zeitpunkt also auch noch nicht wissen, dass sein Kontrahent entlassen war. Vgl. Hofdekret vom 12. August 1789, AVA, HKP Galizien 1789, 414 (Augustus, Nr. 49).

509 Vermerk des galizischen Gouverneurs, Joseph von Brigido, vom 10. September 1789 auf dem Bericht Hofmanns vom 29. August 1789, ebd.
510 Aktenablage-Notiz vom 30. September 1789, AVA, HKP Galizien 1789, 504 (September, Nr. 131).
511 Vortrag der Studienhofkommission vom 17. November 1789, AVA, StHK, Kt. 106, 23 Galizien.

Landesstelle selbst sich erstreckt hatte« und die den Fortschritt des jüdischen deutschen Schulwesens in Galizien insgesamt bedrohte, keine andere Wahl geblieben sei, als in Hombergs Entlassung, »die er beharrlich verlangte« einzuwilligen. Da jedoch Homberg einerseits »gute Dienste geleistet hat, und ferner leisten kann, andererseits in Galizien, wo die Judenschaft so zahlreich ist, ihre Bildung ein sehr wichtiges Ziel darstellt, und folglich das jüdische Schulwesen, zu dessen Behufe auch ein eigener Fund allda gewidmet ist, eine vorzügliche Pflege fordert«,[512] solle entsprechend dem kaiserlichen Votum

»eine Ausnahme von dem sonst überall beobachteten Grundsatze, die Leitung der Volksschulen immer so viel als möglich zu vereinfachen, für Galizien wenigstens versucht, demnach die Aufsicht über die jüdischen Schulen von der christlichen Oberaufsicht abgesondert, jene dieser nicht mehr, sondern dem Gubernium unmittelbar untergeordnet, dazu Homberg, und zwar, um die Unabhängigkeit anzudeuten, mit der Benennung als Oberaufseher wieder angestellet, und auf solche Art die von eurer Majth. geäusserte Absicht erfüllet werden.«[513]

Die Kommission empfahl, Homberg das seit September stornierte Gehalt auszuzahlen, damit er die Rückreise von Wien nach Lemberg aus eigenen Mitteln bestreiten könne. Joseph II. genehmigte, dem neu ernannten jüdischen Schuloberaufseher eine jährliche Gehaltszulage von 200 Gulden zu gewähren.[514] Am 19. November erließ die Vereinigte Hofstelle ein Dekret an das galizische Gubernium, nach dem der jüdische Schulfonds keinesfalls »gegen seine Bestimmung zu kristlichen Schulen anzuwenden« sei – eine Antwort auf den vom Gubernium unterstützten Antrag Hofmanns vom August, die Errichtung von »Gemeinschulen« auf Kosten des jüdischen deutschen Schulwesens zu forcieren.[515] Am 2. Dezember folgte das Dekret über die Herauslösung des jüdischen deutschen Schulwesens in Galizien aus dem Verantwortungsbereich der christlichen Oberaufsicht und die Ernennung Hombergs zum »Oberaufseher« über die jüdischen Schulen.[516] Am Silvestertag des Jahres 1789 setzte der in diesem Konflikt unterlegene Johann Franz Hofmann ein Schreiben an die Kreisschuldirigenten auf, in dem er darum bat, »sämmtlichen im Kreise vorfindigen deutsch-jüdischen Lehrern« mitzuteilen, dass Homberg von nun an als Oberaufseher über die jüdischen deutschen Schulen amtiere und ihm alle jüdischen Normalschullehrer direkt unterstellt seien.[517]

Der hier geschilderte Konflikt zwischen dem christlichen Schuloberaufseher und Homberg, der mit einem so fulminant erscheinenden Sieg des Letz-

---

512 Ebd.
513 Ebd.
514 Vermerk Josephs II. auf dem Vortrag der Studienhofkommission vom 17. November 1789, ebd.
515 Hofdekret vom 19. November 1789, AVA, HKP Galizien 1789, 605 (November, Nr. 65).
516 Hofdekret vom 2. Dezember 1789, AVA, ebd., 651 f. (December, Nr. 35).
517 Schreiben Hofmanns an die Kreisschuldirektion Lemberg vom 31. Dezember 1789, TsDIAL, 146/85/1903 (CAHJP, HM 2/8936.1). Man darf davon ausgehen, dass gleichlautende Schreiben auch an die übrigen Kreisschuldirigenten versandt wurden.

teren endete, lässt das Geflecht von übergeordneten strategischen Interessen, administrativen Zwängen vor Ort und Partikularinteressen der Beteiligten deutlich werden. Er verweist auf die Besonderheit des galizischen Falls im Kontext der josephinischen Politik gegenüber den Juden des Habsburgerreiches. Die Rückendeckung, die Homberg aus Wien erhielt, die auf Initiative des Kaisers persönlich erfolgte vollständige Herauslösung des jüdischen deutschen Schulsektors aus dem Verantwortungsbereich der christlichen Schulaufsicht und schließlich die Bekräftigung von Hombergs Autonomie durch die Befugnis, den Titel eines »Oberaufsehers« tragen zu dürfen, bedeuteten nicht nur eine Anerkennung von Hombergs bisherigen Leistungen beim Ausbau des jüdischen deutschen Schulwesens. Sie zeigten in erster Linie an, welch hohe Bedeutung man in Wien der Erziehung der galizischen Juden und damit dem galizischen jüdischen Normalschulwesen beimaß. Der im Vortrag der Studienhofkommission auftauchende Topos von der »so zahlreichen Judenschaft« Galiziens, deren Bildung »ein sehr wichtiges Ziel« darstelle, verrät das strategische Motiv des Kaisers und seiner Beamten: Wien verfolgte mit den deutschen Schulen für die galizischen Juden teilweise andere Absichten als mit den in Böhmen, Mähren, Ungarn und den italienischen Territorien für die jüdische Jugend eingerichteten Bildungsstätten: Die Schulen in Galizien erfüllten stärker als in den anderen Ländern die Funktion der Kontrolle und Disziplinierung der jüdischen Bevölkerung, deren buchstäbliche »Unzählbarkeit« den Behörden Kopfzerbrechen bereitete. Keine »Gemeinschule« konnte die Funktionen des möglichst exakten Verzeichnens, des Kontrollierens, Ermahnens und Sanktionierens der jüdischen Kinder und ihrer Familien wahrnehmen wie dies eine jüdische Normalschule inmitten eines lebendigen Gemeindezusammenhangs zu tun vermochte. Die christlichen Schulen hätten zwar ebenso wie die jüdischen, und nach Ansicht mancher Akteure sogar besser als diese, den Bildungsauftrag erfüllt: Die jüdischen Kinder hätten hier Lesen, Schreiben und Rechnen gelernt, sie hätten ihre Aussprache »verbessert« und wären zur »Rechtschaffenheit« angeleitet worden wie ihre christlichen Mitschüler. Aber sie wären außerhalb ihres lebensweltlichen Kontextes und fern der Gemeinde durch den christlichen Lehrer kaum in einem ähnlichen Maße zu kontrollieren gewesen wie durch den jüdischen Lehrer innerhalb der Gemeinde.

Eine zweites Handlungsmotiv der Wiener Zentralbehörden zeigt sich, wenn man die Alleinstellung des jüdischen deutschen Schulwesens Ende 1789 in Verbindung mit der bereits 1787 erfolgten Ausweitung von Hombergs Aufsichtsbefugnis auf die *Chadarim* sieht. Mit der nunmehr erfolgten Beförderung Hombergs ging unausgesprochen auch eine Bekräftigung der ihm seinerzeit übertragenen Aufgabe einher, die Institutionen der traditionellen jüdischen Erziehung zu überwachen und gegebenenfalls zu reformieren. Nur in Galizien hatte der österreichische Staat zu einer solchen Maßnahme gegriffen und einen *Maskil* mit der Verbesserung des jüdischen »Religionsunterrichts« betraut. Weil die Behörden die »so zahlreichen« Juden des neu gewonnen

Kronlandes in sittlicher Hinsicht als besonders »verdorben« betrachteten, maßen sie ihrer religiös-moralischen »Verbesserung« ein entsprechend großes Gewicht zu. Homberg galt seinen Förderern in Wien als der am besten geeignete Mann für diese Aufgabe; auch deshalb galt es, ihn in Galizien zu halten und seine Position zu befestigen.

Schließlich muss man die geschilderten Vorgänge auch vor dem Hintergrund der im Mai 1789 erlassenen neuen Judenordnung für Galizien betrachten. Diese bestätigte qua Gesetzeskraft die Existenz eines gesonderten jüdischen deutschen Schulwesens, betonte dessen Wichtigkeit und verankerte die galizischen jüdischen Normalschulen im josephinischen Toleranzdiskurs. Gleichzeitig verschärfte sie die Sanktionsrhetorik gegenüber potenziellen Schulverweigerern und erhöhte dadurch den normativen Zwang zum Besuch eben dieser jüdischen deutschen Schulen.[518] Eine Aufhebung der Schulen oder auch nur eine Beschränkung ihrer Zahl und Wirksamkeit war vor diesem Hintergrund nicht möglich und kam auch deshalb nicht infrage, da dies gegen den Grundsatz verstoßen hätte, einmal verkündete Gesetze um den Preis einer generellen Missachtung staatlich-obrigkeitlicher Normen nicht zu widerrufen oder öffentlich infrage zu stellen. Ob unter den Gesichtspunkten der Bevölkerungskontrolle und der religiös-moralischen »Verbesserung« der Juden oder aus der juristisch-staatswissenschaftlichen Perspektive betrachtet: Die Eigenständigkeit der jüdischen deutschen Schulen in Galizien gehörte zur Staatsräson. Hierauf konnte Homberg zunächst vertrauen.

Administrative Strukturen des jüdischen deutschen Schulwesens nach 1790

Die Übertragung der alleinigen Aufsichtsbefugnis über die jüdischen deutschen Schulen brachte Homberg einen großen Gewinn an Eigenständigkeit. Er war ab jetzt allein dem Gubernium gegenüber rechenschaftspflichtig. Zudem hatte er nun auch formell alle Kompetenzen, die einem Oberaufseher über das Schulwesen einer bestimmten Provinz laut Allgemeiner Schulordnung von 1774 und den weiterführenden Bestimmungen des *Methodenbuches* zustanden. Doch war mit der Trennung des jüdischen vom christlichen Normalschulwesen auch die bisherige, zwischen dem Oberaufseher Hofmann und den jüdischen Lehrern vor Ort wirkende mittlere Kontroll- und Weisungsinstanz in Gestalt der christlichen Kreisschuldirektoren weggefallen. Homberg konnte zwar recht bald erreichen, dass den Lehrern der jüdischen deutschen Schulen in den Kreisstädten der Titel eines jüdischen »Kreisschuldirigenten« zuerkannt wurde und diese bestimmte Kontroll- und Weisungsaufgaben gegenüber den jüdischen deutschen Lehrern ihres Kreises wahrnehmen durften.

---

518 Patent, kraft welchen den Juden alle Begünstigungen und Rechte der übrigen Untertanen gewähret sind vom 7. Mai 1789, Paragrafen 11–14, zit. nach: Karniel, Das Toleranzpatent Kaiser Josephs II. für die Juden Galiziens und Lodomeriens, 77 f. Vgl. ebd., 69 f.

Der Schulausbau unter Homberg 163

Eine zusätzliche Vergütung erhielten sie hierfür jedoch nicht.[519] Auch fehlte ihnen lange Zeit die Möglichkeit, Visitationsreisen durchführen zu können – eine Aufgabe, die bis Ende 1789 die christlichen Kreisschuldirigenten wahrgenommen hatten.[520]

Die unter Leopold II. 1791 in Angriff genommene Stärkung des Mitspracherechts der Lehrer in den »inneren«, fachlichen Bereichen des Schulwesens[521] betraf auch die jüdischen deutschen Schulen in Galizien. So wurde in Lemberg im Jahr 1792 die »jüdisch-deutsche Lehrerversammlung«[522] ins Leben gerufen, der zunächst die drei Lehrer der Hauptschule (Gunzenhausen, Turnau und Popper), die drei Trivialschullehrer in den Vorstädten (Simon Homberg, Grünbaum und Seligmann) und die Mädchenschullehrerin Bella Turnau angehörten; Ende 1796 stießen auch die beiden Mädchenlehrerinnen in den Vorstädten, Charlotte Homberg und Eleonore Dornbach, hinzu. Als Vorsitzender der Lehrerversammlung fungierte der Direktor des jüdischen Präparandenseminars Aaron Friedenthal.

Lehrerkonferenzen bzw. -versammlungen waren in allen Landeshauptstädten der Monarchie eingerichtet worden, die über die drei zentralen Institutionen der höheren und der allgemeinen Bildung verfügten: Universität, Gymnasium und Normalschule. Den unterschiedlichen fachspezifischen Anforderungen gemäß unterhielten die Normalschullehrer und die Gymnasiallehrer jeweils eigene Kollegien.[523] Entsprechend der 1790 vollzogenen kompletten Trennung zwischen dem christlichen und dem jüdischen deutschen Schulsektor waren die jüdischen Normalschullehrer Lembergs jedoch *nicht* in die allgemeine Versammlung der Normalschullehrer integriert, sondern bildeten ihr eigenes Kollegium. Die Einrichtung der jüdisch-deutschen Lehrerversammlung hatte den Vorteil, dass die jüdischen Haupt- und Trivialschullehrer und -lehrerinnen Lembergs nun mit einer Stimme sprechen konnten und nicht mehr jeder Lehrer einzeln sein Anliegen gegenüber den

---

519 Hofdekret vom 13. Dezember 1790, AVA, HKP Galizien 1790, 656 (December, Nr. 48): »daß die von der jüdischen Schuloberaufsicht für die Kreysschuldirektoren angetragene Gehalts Vermehrung um jährl. 50 f. [...] jetzt nicht statt finde[t].«

520 Erst im Juni 1794 genehmigte das Gubernium prinzipiell den Antrag Hombergs auf die »jährliche Bereisung der Schulen durch die [jüdischen] Kreysschul-Dirigenten«, doch sollte vor einer endgültigen Entscheidung eine Berechnung der jährlich zu erwartenden Kosten vorgelegt werden. Hofdekret vom 9. Juni 1794, HKP Galizien 1794, 278 (Junius, Nr. 26). Die geforderte Kostenkalkulation lag der Hofkanzlei auch im Januar 1795 noch nicht vor: Hofdekret vom 26. Januar 1795, HKP Galizien 1795, 25 (Januarius, Nr. 63).

521 Vgl. Engelbrecht, Geschichte des österreichischen Bildungswesens, Bd. 3, 167–170. Vgl. auch Hengl, Das Schul- und Studienwesen Österreichs im aufgeklärten Absolutismus, 228–230.

522 In den Quellen bisweilen auch als »Deutsch-jüdische Lehrerversammlung« bezeichnet. Das erste mir vorliegende Dokument, in dem die jüdisch-deutsche Lehrerversammlung als solche auftritt, stammt vom 17. Oktober 1792: Die Lehrer baten das Lemberger Kreisamt, die Gemeindevorsteher zur Lieferung der für den Schulbetrieb nötigen »Feuer-Requisiten« (Brennholz, Zunder und dergleichen) aufzufordern. TsDIAL, 701/4/3 (CAHJP HM 2/8192.2).

523 Vgl. Hengl, Das Schul- und Studienwesen Österreichs im aufgeklärten Absolutismus, 228; Engelbrecht, Geschichte des österreichischen Bildungswesens, Bd. 3, 167 f.

Behörden vorbringen musste. Tatsächlich handelte es sich oft um Fragen oder Probleme, die für alle fünf bzw. später sieben jüdischen deutschen Schulen der Hauptstadt relevant waren, wie die zahllosen, von der Lehrerversammlung dem Kreisamt vorgelegten Bitten, den *Kahal* zur Reparatur der Schulgebäude oder zur Lieferung von Schulutensilien und Brennholz zu zwingen, zeigen.[524] Zu den Aufgaben der jüdisch-deutschen Lehrerversammlung gehörte es unter anderem, dem Kreisamt die wöchentlichen Verzeichnisse der dem Unterricht ferngebliebenen Schüler zuzuleiten, damit dieses den jüdischen Gemeindevorstehern die säumigen Eltern anzeigen und die *Parnasim* zu deren Bestrafung auffordern konnte.[525]

Wie die Lehrerversammlungen der Gymnasien und christlichen Normalschulen in der Hauptstadt, so war auch die Lemberger jüdisch-deutsche Lehrerversammlung fachlich dem »galizischen Studienkonsess« untergeordnet. Die Studienkonsesse bildeten die höhere Ebene der unter Leopold II. auf Landesebene eingerichteten Fachkollegien im Schul- und Studienwesen. Sie bestanden im Allgemeinen aus je einem Vertreter der theologischen, juristischen, medizinischen und philosophischen Fakultät der Universität sowie je einem Repräsentanten der Gymnasien und Normalschulen – in der Regel die Vorsitzenden der jeweiligen Lehrerversammlungen, im galizischen Fall jedoch die beiden Oberaufseher. Die Leitung des Kollegiums oblag dem Rektor der Universität.[526]

Im Studienkonsess der Königreiche Galizien und Lodomerien waren die christlichen deutschen Schulen durch deren Oberaufseher Johann Franz Hofmann vertreten.[527] Über die Unterstellung der jüdischen deutschen Schulen unter den Studienkonsess herrschte offenbar eine gewisse Zeit Uneinigkeit. Hofmann selbst ging in einem Vorschlag zur Gestaltung der Beziehungen zwischen Normalschullehrern und Konsess davon aus, »daß die für die jüdischen Religionsverwandten in Galizien nach der Normallehrart errichteten deutschen Schulen von dem Konsesse unabhängig blieben« – offenbar ging es ihm auch darum, seinen Konkurrenten Homberg von den Geschäften des höchsten galizischen Gremiums in Bildungs- und Erziehungsangelegenheiten fernzuhalten.[528] Hierzu bemerkte jedoch der Studienreferent der Hofkanzlei in Wien, Johann Melchior von Birckenstock im Juni

---

524 Diverse Schreiben der jüdisch-deutschen Lehrerversammlung an das Kreisamt aus den Jahren 1793–1797: TsDIAL, 701/4/3 (CAHJP HM 2/8192.2), TsDIAL, 701/4/6 (HM 2/8852.9), TsDIAL, 701/4/14 (HM 2/8852.11).
525 Listen ausgebliebener Schüler vom Winterkurs 1796/97: TsDIAL, 701/4/10 (HM 2/8193.6), TsDIAL, 701/4/11 (HM 2/8852.10); siehe in Kap. 3.1.
526 Vgl. Engelbrecht, Geschichte des österreichischen Bildungswesens, Bd. 3, 167 f.; Hengl, Das Schul- und Studienwesen Österreichs im aufgeklärten Absolutismus, 228–230.
527 Schematismus für die Königreiche Galizien und Lodomerien. 1793, 128.
528 Zur Organisierung des bei den bürgerlichen Schulen in Galizien angestellten Lehrpersonalis, wie dieses dem Konsesse zu unter ordnen wäre, o. D. (wahrscheinlich Februar oder März 1792), AVA, StHK, Kt. 738, 18 Galizien (Bukowina) B1–B2b.

1792 »daß die Wirksamkeit des Studienkonseßes, welchem die Aufsicht über das ganze Schul- und Studienwesen im Lande anvertrauet ist, sich auch auf die *jüdischen deutschen* Schulen erstrecke«.[529] Allerdings sollte Homberg nur dann an den Sitzungen des Studienkonsesses teilnehmen dürfen, wenn Fragen behandelt wurden, die die jüdischen deutschen Schulen betrafen, »doch verstehet sich von selbst, daß der jüdische Oberschulaufseher in die übrigen Geschäfte, und Verrichtungen des Studienkonseßes keinen Einfluß zu nehmen habe«.[530] Entsprechend erscheint Homberg im Schematismus des Jahres 1793 als letztes der Mitglieder der Studienkonsesses und erst nach dem außerordentlichen Vertreter der Lemberger Universitätsbibliothek.[531] Während seiner häufigen Abwesenheiten wurde Homberg im Lemberger Konsess durch den Direktor des jüdischen Präparandenseminars, Aaron Friedenthal, vertreten.[532] Dies gilt auch für die Zeit nach Hombergs »Flucht« nach Wien im Frühjahr 1799 bis zum Jahre 1802. In jenem Jahr wurden die Lehrerversammlungen und die Studienkonsesse in Lemberg wie in allen anderen Landeshauptstädten der Monarchie im Zuge der allgemeinen Reorganisation des Studien- und Erziehungswesens aufgelöst, nachdem sie bereits lange zuvor deutlich an Wirksamkeit eingebüßt hatten.[533]

---

529 Schreiben Birckenstocks vom 29. Juni 1792, AVA, ebd. (Hervorhebung im Original, dort unterstrichen).
530 Ebd.
531 Schematismus für die Königreiche Galizien und Lodomerien. 1793, 128.
532 Vgl. Bałaban, Herz Homberg in Galizien, 201 f. Bałaban berichtet hier über Streitigkeiten zwischen Homberg und Friedenthal, die über den Studienkonsess ausgetragen wurden: Beide hätten einander vor diesem Gremium verschiedener Inkorrektheiten, nachlässiger Amtsführung sowie der Protektionswirtschaft beschuldigt.
533 Vgl. Engelbrecht, Geschichte des österreichischen Bildungswesens, Bd. 3, 221 f.; Hengl, Das Schul- und Studienwesen Österreichs im aufgeklärten Absolutismus, 230.

2. Haskala und Disziplin: Aufklärerische Impulse, staatliche Vorgaben, jüdische Reaktionen

2.1 Bildung zur Nützlichkeit, Erziehung zur Disziplin: Der Unterricht in den jüdischen deutschen Schulen

Der Doppelcharakter der jüdischen deutschen Schulen

In diesem Kapitel sollen anhand der Inhalte des Unterrichts in den jüdischen deutschen Schulen die Intentionen verdeutlicht werden, die der reformabsolutistische österreichische Staat mit seiner Erziehungspolitik gegenüber den galizischen Juden verfolgte, und die Mittel aufgezeigt werden, derer er sich hierbei *innerhalb* der Schulzimmer bediente. Dabei wird erneut der eigentümliche Doppelcharakter der jüdischen Normalschulen sichtbar, wie er bereits im vorangegangenen Kapitel angesprochen wurde: Zum einen waren die jüdischen deutschen Schulen seit ihrem Entstehen Teil des allgemeinen Erziehungsdiskurses im Habsburgerreich. Dem obersten Grundsatz der »Gleichförmigkeit« aller Schuleinrichtungen folgend, wurden sie nach denselben Prinzipien geführt und beaufsichtigt wie die Schulen für die nichtjüdische Bevölkerung; die Lehr- und Lesebücher sowie die Lehrmethode waren, von wenigen Modifikationen abgesehen, die gleichen, die im Unterricht der christlichen Kinder Verwendung fanden. Die zentralen Unterrichtsinhalte ähnelten sich, ging es doch auch gegenüber der jüdischen Bevölkerung zunächst darum, sie durch die Vermittlung der deutschen Sprache zu lese- und schreibfähigen Untertanen zu machen und hierdurch die Grundlage zu ihrer Produktivierung zu schaffen. Auch die verhaltensmäßige und sittliche Disziplinierung durch die Institution Schule betraf die jüdischen Kinder genauso wie die christlichen. Doch werden anhand der Unterrichtsziele zum anderen bereits die Besonderheiten der jüdischen deutschen Schulen sichtbar. Denn die jüdischen Normalschulen waren über das Uniformitätsprinzip hinaus gleichzeitig Teil des spezifischen Diskurses um »Toleranz« und »bürgerliche Verbesserung« der Juden. Aus der Auffassung, dass die galizischen Juden in sittlich-moralischer Hinsicht besonders »verdorben« und, falls unverbessert, dem Gemeinwohl eher schädlich seien, rührte ein spezifischer Impetus des Unterrichts in den jüdischen deutschen Schulen in Galizien. Er fand in erster Linie darin seinen Ausdruck, dass großes Gewicht auf die sprachliche und moralische Erziehung der jüdischen Kinder und Jugendlichen gelegt wurde. So hatte das Erlernen der deutschen Sprache für ein jüdisches, Jiddisch sprechendes Kind andere Implikationen als für ein polnisches oder ruthenisches Kind, und auch der obligate Moralunterricht erhielt eine teilweise andere Bedeutung. Auf der anderen Seite waren es gerade diese inhaltlichen Besonderheiten des Unterrichts, die die deutschen Schulen in Konflikt mit der galizisch-jüdischen Lebenswelt brachten, da sie hergebrachte, auch religiös konnotierte Wahrnehmungs- und Verhaltensweisen infrage stellten.

Schuljahreseinteilung – Curriculum – Methode

Wie im Fall der christlichen Schulen war auch an den jüdischen deutschen Schulen das Schuljahr in einen Winter- und einen Sommerkurs unterteilt, deren Beginn und Ende sich jedoch am jüdischen Kalender und seinen Festen orientierten und daher von der in der Allgemeinen Schulordnung festgelegten Einteilung des christlichen Schuljahres leicht abwichen. Der Winterkurs an den jüdischen deutschen Schulen begann am dritten Tag oder – falls dieser auf einen Schabbat fiel – am vierten Tag nach *Schemini Atzeret,* dem letzten Tag des Laubhüttenfestes, das zwischen Ende September und Ende Oktober liegen konnte. Der Winterkurs endete in der Woche vor *Pessach*, also im März oder April. Seine Dauer betrug damit mehr oder weniger konstant 23 Wochen; er konnte sich in einem jüdischen Schaltjahr aufgrund der Verdoppelung des Monats *Adar* jedoch auch über 27 Wochen erstrecken. Der Sommerkurs dauerte in der Regel 21 Wochen; er sollte am dritten oder vierten Tag nach *Pessach* (zwischen Anfang und Ende April) beginnen und in der Woche vor *Rosch ha-Schana* (September bis Anfang Oktober) enden.[1] Die Hauptferien zwischen den Kursen deckten sich mit dem Pessachfest (acht Tage) und dem Laubhüttenfest (neun Tage, einschließlich *Simchat Tora*), darüber hinaus hatten die jüdischen Kinder je zwei Tage zu *Purim*, zu *Schawu'ot* und zu *Rosch ha-Schana* sowie je einen Tag am *Tisch'a be-Aw* und am *Jom Kippur* frei.[2]

Der Allgemeinen Schulordnung zufolge sollte der Unterricht vormittags drei Stunden (im Sommer von 7.00 bis 10.00 Uhr, im Winter von 8.00 bis

---

1 Verhaltungspunkte für jüdische Schullehrer in Galizien und Lodomerien, AVA, StHK, Kt. 106, 23 Galizien, Paragrafen 18, 19. In den christlichen Normalschulen auf dem Lande begann der Winterkurs laut Allgemeiner Schulordnung erst am 1. Dezember, in den Stadtschulen dagegen am 3. November. Das Ende des Winterkurses war in den Städten für den »Sonnabend vor dem Palmsonntage« vorgesehen. Auf dem Lande sollte der Kurs »wenigstens bis Ende des Maerzens« dauern. Der Sommerkurs sollte in den Städten wie auf dem Lande mit dem ersten Montag nach den Osterfeiertagen beginnen und bis Michaelis (29. September) andauern. Vgl. Allgemeine Schulordnung für die deutschen Normal-, Haupt- und Trivialschulen in sämmtlichen Kaiserl. Königl. Erbländern, Paragraf 10, in: Engelbrecht, Geschichte des österreichischen Bildungswesens, Bd. 3, 495. Unter Joseph II. wurde 1787/88 die Schuljahreseinteilung verändert: Der Beginn des Winterkurses wurde auf Anfang September verlegt; der Sommerkurs dauerte bis Ende Juni. Die Monate Juli und August waren schulfrei. Vgl. Hengl, Das Schul- und Studienwesen Österreichs im aufgeklärten Absolutismus, 114–116.
2 Verhaltungspunkte für jüdische Schullehrer in Galizien und Lodomerien, ebd., Paragraf 6.

11.00 Uhr) und am Nachmittag zwei Stunden (14.00 bis 16.00 Uhr) dauern.[3] Die Zeiten des Unterrichts an den jüdischen deutschen Schulen der Monarchie wichen von diesen allgemeinen Vorgaben teilweise ab. Von der Entstehungsgeschichte der Prager deutsch-jüdischen Schulanstalt (gegründet im Mai 1782) wissen wir, dass auf die Einwände der Prager jüdischen Gemeindevorsteher hin die ursprünglich vorgesehenen fünf Stunden zunächst auf vier Stunden im Sommer und zwei Stunden im Winter reduziert wurden.[4] Bereits im Sommer 1790 mussten die jüdischen Schüler jedoch von Sonntag bis Donnerstag täglich nur noch drei volle Stunden die Schule besuchen; der Unterricht fand zudem ausschließlich nachmittags statt. Der erhaltene Lektionskatalog der Schulanstalt aus dieser Zeit weist vier je 45 Minuten dauernde Lehreinheiten für die Zeit zwischen 16.00 und 19.00 Uhr aus.[5] Durch diese Verkürzung der Unterrichtsdauer sollte den jüdischen Knaben Zeit für den Besuch des *Cheders* gegeben werden; jedoch dürften ihre Konzentrationsfähigkeit und Prägsamkeit in den späten Nachmittagsstunden, zumal nach den Anstrengungen des traditionellen Unterrichts, recht gering gewesen sein.

Im Dezember 1790 berichtete Herz Homberg, dass

»in allen jüdischen Schulen Galiziens, die zwey höhere Klassen der hiesigen, und der Broder Hauptschulen ausgenommen, die Knaben in zwey Klassen eingetheilt werden; wovon die eine täglich (mit Ausschluß des Sabbaths und Freytag Nachmittags) 2 Stunden, und die andern (mit Ausschluß des Freytags und Sabbats) täglich 3 Stunden in den deutschen Lehrgegenständen unterwiesen wird.«[6]

Diese Aufteilung der 1. Klasse der jüdischen Hauptschulen zu Lemberg und Brody sowie der jüdischen Trivialschulklassen in zwei Gruppen entsprach der seit Mitte der 1780er Jahre an den Landschulen der Monarchie üblichen Unterteilung der Schüler in sogenannte »Buchstabierer« – die Schulanfänger und schwächeren Schüler, die gerade das Alphabet und die Anfänge des Lesens beherrschten – und »Leser«, die bereits mehr oder weniger flüssig zusammenhängende Texte lesen konnten und zumindest der Theorie nach schon das Schreiben beherrschen sollten. Vor allem der Mangel an angemessenem

---

3 Allgemeine Schulordnung für die deutschen Normal-, Haupt- und Trivialschulen in sämmtlichen Kaiserl. Königl. Erbländern, Paragraf 10, in: Engelbrecht, Geschichte des österreichischen Bildungswesens, Bd. 3, 495.
4 Vgl. Hecht, Die Prager deutsch-jüdische Schulanstalt 1782–1848, 218 mit Anm. 24.
5 Vgl. ebd., 223, und den im Faksimile wiedergegebenen Lektionskatalog vom Sommerkurs 1790, 250.
6 Der jüd. Schuloberaufsicht Äußerung über die Vorstellung von den Bevollmächtigten der jüd. Nazion in Galizien, 10. Dezember 1790, AVA, StHK, Kt. 106, 23 Galizien. Vgl. auch die damit übereinstimmende Empfehlung des Oberaufsehers über das deutsche Schulwesen der Monarchie, Joseph Anton Gall, vom 23. August 1787: »Nur scheint es mir vortheilhaft, daß in der Stundenabtheilung der hiesigen Landtrivialschulen die 3te Lehrstunde der unteren Abtheilung der Kinder […] für die pohlnischen jüdischen Trivialschulen wegbleiben, und täglich nur 2, d. i. die Woche hindurch 12 Stunden; hingegen in der oberen Abtheilung, täglich des Nachmittags 3, d. i. die Woche hindurch 15 Stunden gegeben werden.« AVA, ebd.

Schulraum hatte diese Aufteilung der oft über hundert Schüler zählenden Klassen notwendig gemacht. Während die Gruppe der »Buchstabierer«, auch als »Elementarklasse« bezeichnet, vormittags das Schulzimmer belegte, fand der Unterricht der »Leser« am Nachmittag statt.[7] Diese Aufteilung lässt sich gut anhand des Lektionskatalogs der Lemberger jüdischen deutschen Hauptschule nachvollziehen, der aus dem Jahr 1794 überliefert ist (Tab. 1). Im Gegensatz zu Hombergs Aussage von Ende 1790 waren hier jedoch für *beide* Gruppen der 1. Klasse täglich nur je zwei Stunden vorgesehen, sodass die »Elementarklasse« auf zwölf Unterrichtsstunden in der Woche, die »obere Abteilung« der 1. Klasse jedoch nur auf zehn wöchentliche Unterrichtsstunden kam.[8] Die für die 1. Klasse angegebenen ersten beiden, offensichtlich vormittäglichen Unterrichtseinheiten waren Fächern wie »Buchstabieren«, »Buchstabenkennen« und dem Lernen nach Tabellen gewidmet, während die dritte und die vierte Unterrichtseinheit auf Schüler zugeschnitten waren, die bereits lesen und ein wenig schreiben konnten.[9] Festzuhalten bleibt, dass die überwiegende Mehrzahl der Schüler in den jüdischen deutschen Schulen Galiziens täglich nicht mehr als zwei bzw. drei Stunden Unterricht erhielt, während die Zweit- und Drittklässler täglich vier Stunden in die Hauptschule gingen.

Dem schulpolitischen Grundprinzip der Gleichförmigkeit folgend, orientierten sich die Inhalte des Unterrichts in den jüdischen deutschen Schulen am allgemeinen Curriculum, wie es die Regularien des Normalschulwesens vorsahen. Als Homberg nach seinem Amtsantritt 1787 einen eigenen Lektionskatalog entwarf und in Wien zur Genehmigung vorlegte, lehnte der Wiener Oberaufseher über die deutschen Schulen, Joseph Anton Gall, diesen Vorstoß unter Verweis auf die Einheitlichkeit des gesamten Normalschulwesens ab;

---

7 Vgl. Engelbrecht, Geschichte des österreichischen Bildungswesens, Bd. 3, 127. Die Gruppe der »Buchstabierer« bildete die »Elementarklasse« bzw. »untere Abteilung« der 1. Klasse, während, wenn nicht weiter qualifizierend nur von der »1. Klasse« die Rede war, zumeist die »obere Abteilung« der 1. Klasse, das heißt die Gruppe der »Leser« gemeint war. So z. B. in der Stellungnahme des Nachfolgers von Gall als Oberaufseher über die deutschen Schulen der Monarchie, Joseph Spendou, zum Prüfungsprogramm der Lemberger jüdischen Hauptschule im Winterkurs 1791/92 vom 12. April 1792, AVA, StHK, Kt. 861, 23 D Galizien.

8 Der Lektionskatalog ist abgedruckt in: Bałaban, Herz Homberg i Szkoły Józefińskie dla Żydów w Galicyi, 30 f. Bałaban gibt als Verfasser des Curriculums Aron Friedenthal an. Es deutet jedoch alles darauf hin, dass der Entwurf von dem Lemberger Hauptschullehrer Joel Turnau stammt, vgl. Eintrag vom 12. August 1794, AVA, HKP Galizien 1794, 385 (Augustus, Nr. 36): »Galiz. Gubernium übersendet einen Stunden Eintheilungs-Entwurf für die deutschjüdische Hauptschule in Lemberg« und, darauf Bezug nehmend, das Hofdekret vom 17. September 1794, AVA, ebd. 441 (September, Nr. 48): »der von dem Lehrer Joel Turnau vorgeschlagene Lektionskatalog für die deutsch-jüdische Hauptschule in Lemberg wird genehmiget, und sey derselbe diesfalls zu beloben«.

9 Dass es sich um eine Einteilung in vormittäglichen und nachmittäglichen Unterricht handelt, geht klar daraus hervor, dass am Freitag die ersten beiden Unterrichtseinheiten mit bestimmten Fächern belegt sind, während die dritte und die vierte Einheit der »Rekreation« vorbehalten sind: Am Freitagnachmittag, vor Eintritt des Schabbat, fand kein Unterricht mehr statt.

vielmehr sollten die in der ganzen Monarchie gültigen Stundenpläne auch in den jüdischen deutschen Schulen Galiziens eingeführt werden. Nur der in den allgemeinen Curricula vorgesehene Unterricht im Katechismus sollte in den jüdischen deutschen Schulen durch zusätzliche Stunden im »Schön- Recht- und Diktandoschreiben und Rechnen«, in den oberen Klassen durch »mehr Uebung in dem schriftlichen Aufsatze, und der Sprachlehre« ersetzt werden.[10]

Der »Schultag« bestand für alle Klassen der jüdischen deutschen Schulen in Galizien fast ausschließlich aus Unterricht in der deutschen Sprache, von einfachsten Buchstabierübungen für die Schulanfänger bis hin zur Verfertigung von schriftlichen Aufsätzen in der 3. Klasse der beiden Hauptschulen. Ein wenig Rechnen ergänzte den Stundenplan. Hierin unterschieden sich die jüdischen kaum von den christlichen Schulen. Eine Besonderheit bestand darin, dass, wie bereits festgestellt, der jüdische »Religionsunterricht« in Verantwortung der traditionellen Erziehungsinstitutionen verblieb und nicht in das Normalschulcurriculum inkorporiert wurde wie im Fall der katholischen Katechese bei den christlichen Schulen. Fächer wie »Naturwissenschaft«, »Erdbeschreibung« oder »Geschichte«, die – wenn auch nur in geringem Ausmaß – in den Stundenplänen der höheren Klassen der christlichen Haupt- und Stadtschulen enthalten waren,[11] wurden, möglicherweise aus Rücksicht auf die traditionelle jüdische Skepsis gegenüber den »äußeren Wissenschaften« in der 2. und 3. Klasse der jüdischen Hauptschule zu Lemberg nicht gelehrt. Auch hier lag das Gewicht ganz auf der Vermittlung der Trivialgegenstände.

Wie aus dem Curriculum von 1794 hervorgeht, hatte ein Schüler der unteren Abteilung der 1. Klasse an der jüdischen Hauptschule zu Lemberg in einer gewöhnlichen Schulwoche das folgende Unterrichtspensum zu absolvieren: Dreieinhalb Stunden waren Basisübungen wie dem »Buchstabenkennen« und dem »Buchstabieren von der Tafel«[12] bzw. anhand von Tabellen, wie sie auch in der Fibel für die Schulanfänger, dem *Namenbüchlein*, enthalten waren, gewidmet.[13] Weitere vier Stunden dienten dem Lesen einfacher Sinn-

---

10 Stellungnahme Galls vom 23. August 1787, AVA, StHK, Kt. 106, 23 Galizien. Homberg scheint, den Bemerkungen Galls zufolge, keine radikalen Veränderungen gegenüber dem allgemeinen Curriculum vorgeschlagen zu haben.
11 Vgl. die bei Engelbrecht, Geschichte des österreichischen Bildungswesens, Bd. 3, 427–429, wiedergegebenen Fächerkataloge und Stundenverteilungen der allgemeinen Haupt-, Stadt- und Trivialschulen.
12 Die Buchstabiertafel bestand aus »zween aneinander geleimte[n] Bögen« stärkeren Papiers, auf dem »die grossen und kleinen Buchstaben des deutschen Alphabets groß genug« aufgedruckt waren, damit sie auch die entfernt sitzenden Kinder sehen konnten. Sie wurde an der »schwarzen Schultafel« aufgehängt und sollte auch dazu dienen, »daß die Kinder die Bücher im Anfange ersparen, zugleich das Buchstabiren lernen, und in denselben [!] können weit gebracht werden, eh ihnen das ABC- oder Buchstabirbüchlein in die Hand gegeben wird«. Kern des Methodenbuches, 43 f.
13 ABC oder Namenbüchlein zum Gebrauch der Schulen in den kaiserlich-königlichen Staaten, 21–26. Anhand der Tabellen sollten die Kinder die Klassifizierung der Buchstaben (z. B.

Tab. 1: Curriculum der jüdischen Normalhauptschule zu Lemberg 1794.
(Quelle: Bałaban, Herz Homberg i Szkoły Józefińskie dla Żydów w Galicyi, 30 f.)

	Wochentag	1. Stunde	2. Stunde	3. Stunde	4. Stunde
1. Klasse	Sonntag	Buchstabenkennen und Buchstabieren von der Tafel	Buchstabieren aus d. Namenbüchlein, Rechnen aus d. Kopfe	Lesen mit Anwendung der Regeln	Rechnen auf der Tafel
	Montag	Buchstabenkennen und Buchstabieren von der Tafel	Tabellen und Rechnen aus dem Kopfe	Übungen der Namenwörter	Schönschreiben
	Dienstag	Lesen	Tabellen und Rechnen aus dem Kopfe	Lesen mit Anwendung der Regeln	Erklären d. Gelesenen u. Anfangsregeln d. Rechtschreibung
	Mittwoch	Lesen und Tabellen	Lesen	Schönschreiben	Rechnen auf der Tafel
	Donnerstag	Buchstabenkennen und Tabellen	Anwenden der Nennwörter	Lesen mit Anwendung der Regeln	Erklären d. Gelesenen u. Anfangsgründe d. Rechtschreibung
	Freitag	Lesen mit Anwendung der Regeln	Schönschreiben	Rekreation	Rekreation

Der Unterricht in den jüdischen deutschen Schulen 173

Tab. 1 (Fortsetzung)

	Wochentag	1. Stunde	2. Stunde	3. Stunde	4. Stunde
2. Klasse	Sonntag	Lesebuch	Schönschreiben	Rechnen	Rechtschreibung und Diktandoschreiben
	Montag	Abwandeln der richtigen und unrichtigen Zeitwörter	Lesebuch	Lesen verschiedener Handschriften	Flüssiges und richtiges Lesen
	Dienstag	Schönschreiben	Rechnen	Lesebuch	Abwandeln der Zeitwörter
	Mittwoch	Schönschreiben	Lesen verschiedener Handschriften	Rechtschreibung und Diktandoschreiben	Flüssiges und richtiges Lesen
	Donnerstag	Lesebuch	Schönschreiben	Rechnen	Abwandeln der Zeitwörter
	Freitag	Lesebuch	Rechtschreibung	Rekreation	Rekreation
3. Klasse	Sonntag	Schönschreiben	Lesebuch	Briefstil	Schriftliche Aufsätze
	Montag	Rechnen	Briefstil	Schönschreiben	Lesen verschiedener Handschriften
	Dienstag	Sprachlehre	Erklären des Sendschreibens	Rechtschreibung	Lesebuch
	Mittwoch	Lesebuch	Sprachlehre	Briefstil	Schriftliche Aufsätze
	Donnerstag	Schönschreiben	Rechtschreibung/Diktandoschreiben (je $\frac{1}{2}$ Stunde)	Sprachlehre	Rechnen
	Freitag	Rechnen	Lesebuch	Rekreation	Rekreation

sprüche und Fabeln aus dem *Namenbüchlein* bzw. mithilfe von Tabellen. Je eine Stunde Unterricht in elementarer Grammatik (»Anwenden der Nennwörter«) und im Schönschreiben sowie zweieinhalb Stunden Rechnen vervollständigten das Curriculum der »Elementarklasse«. Im Stundenplan der oberen Abteilung der 1. Klasse fanden sich zum größten Teil dieselben Fächer; nur das Buchstabieren fehlte, dafür nahm das Schreibenlernen etwas mehr Platz ein. Die Leseübungen waren offenbar etwas anspruchsvoller; sogar ein »Erklären des Gelesenen« wurde von den Schülern verlangt. In der 2. Klasse standen neben neun Stunden Leseunterricht sieben Stunden Schreibunterricht (Schönschreiben sowie Rechtschreibung und Diktatschreiben) auf dem Programm, ergänzt durch drei Stunden Grammatikübungen (»Abwandeln der Zeitwörter«) und drei Stunden Rechnen. Die Schüler der 3. Klasse schließlich hatten neben dem Lese-, Schreib- und Rechenunterricht so anspruchsvolle Fächer wie »Briefstil«, »schriftliche Aufsätze« und »Sprachlehre« zu belegen. Ein Rätsel stellt die im Stundenplan von 1794 enthaltene Unterrichtseinheit mit der Bezeichnung »Erklären des Sendschreibens« dar. Handelte es sich hierbei um die deutsche Fassung des von Homberg 1787 verfassten Sendschreibens an die galizischen Rabbiner und Gemeindevorsteher (*Iggeret el ro'e se psura jisra'el*), in dem er um eine Reform der traditionellen jüdischen Erziehung warb?[14] Wenn dies der Fall gewesen sein sollte, könnte es Homberg auf diese Weise gelungen sein, einen Teil seiner maskilischen Reformagenda im ansonsten scheinbar ganz auf die Vermittlung der deutschen Sprache zugeschnittenen Normalschulcurriculum unterzubringen.

Der Unterricht in den jüdischen Schulen erfolgte wie in den allgemeinen Trivial-, Haupt- und Normalschulen der Monarchie nach der so genannten »Normalmethode« Johann Ignaz Felbigers. Zu deren Grundprinzipien zählten das »Zusammenunterrichten« und »Zusammenlesen« (statt des im allgemeinen Schulkontext bisher üblichen und auch in den jüdischen *Chadarim* praktizierten Unterrichtens einzelner Schüler oder kleiner Gruppen). Ein zentrales Element des Lehrens bestand in der Tabellenmethode, die nicht nur bei Schulanfängern, sondern auch im Unterricht der höheren Klassen angewendet wurde. Hierzu war es notwendig, dass der Lehrstoff in den entsprechenden Lesebüchern bzw. auf den verwendeten Schautafeln durchgehend gegliedert und der Zusammenhang zwischen dem Einzelnen und dem Ganzen deutlich herausgestellt war.[15] Einfache wie komplexe Lehrgegenstände sollten durch dieses klassifizierende System deutlich gemacht und leicht erlernt

---

»Selbstlauter«, »Doppellauter« und »Mitlauter«), die Ausspracheregeln sowie die Regeln der Wortbildung erlernen.

14 Die von Homberg möglicherweise geplante Verwendung des Sendschreibens im Rahmen des Deutschunterrichts würde den Umstand erklären, dass Homberg die Schrift sowohl in Hebräisch als auch in Deutsch drucken ließ. Für die Information der Behörden über den Inhalt des Sendschreibens hätte eine handschriftliche, deutsche Übersetzung des hebräischen Textes ausgereicht.

15 Vgl. Engelbrecht, Geschichte des österreichischen Bildungswesens, Bd. 3, 104.

werden können, oder, wie es im *Kern des Methodenbuches* hieß: »Man kann sich keine bessere Vorstellung von der äußern Gestalt einer Tabelle machen, als wenn man sich einen Stammbaum vorstellet. Der [!] Namen der Wissenschaft oder eines Gegenstandes kann man sich als den Stamm, die Hauptabteilung und Unterabtheilungen als Aeste und Zweige vorstellen.«[16] Die Gliederung erfolgte mithilfe eines acht Zeichenarten umfassenden Systems auf der Grundlage römischer und arabischer Ziffern sowie lateinischer Groß- und Kleinbuchstaben. Der unter diesen Punkten im Lehrbuch angeordnete Text musste vom Lehrer mit der Gliederung an die Tafel geschrieben und von den Schülern vorgelesen und mehrfach wiederholt werden. Schließlich schrieb der Lehrer nur noch die entsprechende Ziffern- und Buchstabenfolge an die Tafel, woraufhin die Schüler die Merksätze aus dem Kopf rezitieren mussten.[17] Das ganze System lief auf ein rein mechanisches Hersagen und Auswendiglernen hinaus und zog entsprechend bissige Kritik von zeitgenössischen Aufklärern und Pädagogen auf sich.[18]

Die »reine deutsche Aussprache« als Unterrichtsziel

Wie gezeigt, beanspruchte der Unterricht im deutschen Lesen und Schreiben den überwiegenden Teil der Unterrichtswoche an den jüdischen Normalschulen in Galizien. Doch bleibt hinter den dem allgemeinen Curriculum der deutschen Schulen entlehnten Fächerbezeichnungen ein wesentlicher Gegenstand verborgen, der zu den zentralen Zielen des Unterrichts ausschließlich in den jüdischen Schulen – und gerade in Galizien – gehörte. Die Rede ist von der Übung der »reinen Aussprache« des Deutschen und damit implizit der Verdrängung der jiddischen Sprache als Kommunikationsmittel nicht nur im Verkehr der Juden mit den österreichischen Behörden und der christlichen Bevölkerung, sondern auch im innerjüdischen Gebrauch. Dies war ein fundamentaler Unterschied im Vergleich zur staatlichen Politik gegenüber der

---

16 Kern des Methodenbuches, 24.
17 Vgl. Engelbrecht, Geschichte des österreichischen Bildungswesens, Bd. 3, 104. Eine Modifikation bestand in der so genannten »Buchstabenmethode«, nach der die Anfangsbuchstaben der Wörter eines Merksatzes als Gedächtnisstütze dienten. Vgl. ebd., 430.
18 So schrieb ein anonymer Autor, vermutlich Friedrich Nicolai, in der *Allgemeinen Deutschen Bibliothek* 1782: »Der Verfasser [des *Methodenbuches*, also Felbiger] versteht unter seine [!] gründlich ausgeführten Tabellen jene ungeheure geschriebene und gemahlte, durch A B C 1 2 3 oder Klammern bezeichnete und abgetheilte Tabellen, in denen man sich vorgenommen hatte ganze Lehrgegenstände, ja ganze Wissenschaften zu erschöpfen, bei welchen eine Schultafel von der Größe eines Stadtthores nicht zureichen würde und womit man hin und wieder die Wände in den Schulstuben statt der Spaliere bekleidet hat. [...] Enthusiasten, die sich einen gewissen Grad der Fertigkeit in Abhandlung ihrer Tabellen erworben hatten [...], hätten sich lieber ein Glied ihres Leibes als eine Klammer aus ihrer Tabelle verloren.« Zit. nach Lambrecht, Tabelle und Toleranz, 166. Zur Kritik an der Felbiger'schen Normalmethode vgl. auch Lechner, Pädagogische Lehrveranstaltungen als Veranstaltung des Staates, 49–51.

polnischen und ruthenischen Bevölkerung, deren alltäglicher Gebrauch ihrer Sprache nicht infrage gestellt wurde und die in den Schulen auf das Polnische bzw. Ukrainische als Unterrichtssprache zurückgreifen durfte, ja deren Sprache – zumindest im Fall des Polnischen – durch die Übersetzung von Lehrbüchern aus dem Deutschen sogar gefördert wurde. Hingegen durfte in den jüdischen deutschen Schulen kein Jiddisch gesprochen werden.

Die österreichische Sprachpolitik gegenüber den Juden zielte nicht nur auf die Verständlichkeit von Urkunden in Amtsstuben oder vor Gerichten. Im Mittelpunkt des Deutschunterrichts für jüdische Kinder in Galizien, Böhmen, Mähren und Ungarn stand neben dem Lesen- und Schreibenlernen die Übung der »reinen« deutschen Aussprache im Sinne eines grammatisch, syntaktisch und lexikalisch korrekten sowie akzentfreien mündlichen Gebrauchs der deutschen Sprache. Alle Besonderheiten, die das Jiddische vom Deutschen unterschieden, sollten beim Sprechen vermieden werden. Auf diese Weise sollte die jiddische Sprache als vermeintlicher Hort der Unmoral beseitigt, sollten die Juden moralisch und sittlich »verbessert« werden. Im Sommer 1789 beklagte sich der christliche Oberaufseher über die deutschen Schulen in Galizien, Franz Hofmann, darüber, dass die meisten der die Normalschulen besuchenden jüdischen Kinder außerhalb des deutschen Unterrichts, um ihren »in Vorurtheilen erwachsenen und fortlebenden« Eltern und Verwandten nicht zu missfallen, sich »weder der gereinigten deutschen Mundart bedienen, noch ihre in manchen Stücken schon geläuterte Denkart an ihren Handlungen blicken lassen.« Hofmann sah dadurch die nachhaltige Wirksamkeit des deutschen Unterrichts infrage gestellt.[19]

Für Hofmann und andere Beamte ergab sich ein enger Zusammenhang zwischen »gereinigter deutscher Mundart«, »geläuterter Denkart« und sittlichem Handeln. In ihren Forderungen nach Abschaffung des Gebrauchs des Jiddischen verbanden sich voraufklärerische Ressentiments gegenüber der jiddischen Sprache mit dem Diskurs der Aufklärung um Sprache, Denken und Moral. Dass sich die Juden einer dem christlichen Zuhörer unverständlichen Sprache bedienten, um ihre vermeintlich bösen Absichten zu verschleiern, war Gemeingut des frühneuzeitlichen Diskurses über Juden und Judentum. Dieser stellte sie in die Nähe von Räubern und Dieben, deren Geheimsprachen vorgeblich wiederum aus dem Hebräischen und Jiddischen – den Sprachen der

---

19 Bericht Hofmanns an das galizische Gubernium vom 29. August 1789, TsDIAL, 146/3/2278 (CAHJP, HM 2/9676.7). Homberg sah sich in diesem Zusammenhang veranlasst, das Verhalten der Schüler zu verteidigen und ihr Abweichen von der »reinen« Aussprache im häuslichen Umfeld als Tugend darzustellen. Ihm schien »das kluge Benehmen der Schüler, um den Ihrigen nicht zu missfallen, ihre schon etwas geläuterte Denkart nicht voreilig blicken zu lassen, gerade der kindlichen Ehrfurcht und Liebe, und daher auch dem Zwecke der sittlichen Erziehung zu entsprechen. Immerhin mag von der gereinigten Mundart wieder etwas verlohren gehen! nur erkühnen sich Kinder nicht, gegen ihre Eltern diejenige Schonung ausser Augen zu setzen, die man allen Menschen schuldig ist.« Aeusserung des jüdischen Schuloberaufsehers H. Homberg über den Bericht der k. christlichen Schulenoberaufsicht vom 20. Januar 1790, TsDIAL, ebd.

Juden – schöpften. Christliche Hebraisten, darunter »wohlmeinende« Gelehrte wie Johann Christoph Wagenseil, aber auch erklärte Judenfeinde wie Johann Andreas Eisenmenger, bekräftigten diese Auffassung von der jiddischen Sprache. Jiddisch galt als die Sprache der Konspiration.[20] Zu dieser Korrelation der den Christen unverständlichen jüdischen Sprache mit sittlicher Devianz gesellte sich eine linguistisch-ästhetische Abwertung: Jiddisch sei ein von den Juden (willkürlich) verunstaltetes, verdrehtes, »korruptes« Deutsch, das sich formell am Hebräischen orientiere und mit hebräischen und aramäischen Wörtern verunreinigt sei.[21]

Der aufklärerische Diskurs fügte der Haltung gegenüber der jiddischen Sprache einen neuen Aspekt hinzu: Das sprachphilosophische Ideal der Aufklärung bestand in der Eindeutigkeit der Beziehungen zwischen sprachlichem Ausdruck und Bezeichnetem. Es manifestierte sich einerseits in der Suche nach einer »reinen« Ursprache, in der man eine vollkommene Übereinstimmung zwischen dem sprachlichen Zeichen und der bezeichneten Idee bzw. dem bezeichneten Gegenstand zu finden hoffte. Andere Versuche konzentrierten sich auf die Schaffung einer universellen, künstlichen Sprache auf der Grundlage mathematischer Beziehungen, die dieses Ideal erfüllen sollte.[22] Im Jiddischen erblickten die Aufklärer eine Mischsprache, die dem Ideal der semantischen Eindeutigkeit zutiefst widersprach; in ihren Augen handelte es sich um eine regellose Sprache, die nicht auf einer universalen Logik aufbaute.[23]

Mit dem Streben nach der »vollkommenen Sprache« verband sich ein kognitiver Aspekt. Vor allem französische Aufklärer wie Pierre Louis Moreau de Maupertuis (1698–1759) und Anne-Robert Turgot (1727–1781) hatten die These entwickelt, dass die Strukturen und Inhalte der Sprache die Art und Weise des Denkens bestimmten.[24] Dabei folgten sie Ansätzen von Locke und Leibniz sowie den sprachphilosophischen Theoremen von Condillac. In historischer Perspektive verbanden sich die Eigentümlichkeiten bestimmter

---

20 Vgl. Gilman, Jewish Self Hatred, 68–76. Auch im österreichisch-josephinischen Kontext wurde häufiger der Vorwurf erhoben, die Juden bedienten sich ihres »Jargons«, um zu betrügen. So verlangte das mährische Gubernium bei der Diskussion der Toleranzgesetzgebung im Jahr 1781, »den Gebrauch ihrer [der Juden] aus dem hebräischen und deutschen zusammengesetzten Sprache als des Deckmantels unzähliger Betrügereyen zu verbieten und die böhmische oder deutsche anzubefehlen«. Vortrag der böhmisch-österreichischen Hofkanzlei vom 8. September 1781, zit. nach Singer, Zur Geschichte der Toleranzpatente in den Sudentenländern, 284. Ähnlich äußerten sich 1781 auch die Beamten des galizischen Guberniums, vgl. Karniel, Die Toleranzpolitik Josephs II., 439.
21 Vgl. Gilman, ebd., 71 f.
22 Vgl. Schatz, Ivrit, germanit, jidisch we-schonut tarbutit, 22. Zu den Bemühungen um eine ideale und universelle Sprache seit dem Mittelalter vgl. allgemein Eco, Die Suche nach der vollkommenen Sprache; zur Haltung der Aufklärer vgl. auch Borst, Der Turmbau von Babel, Bd. III/2, 1395–1520.
23 Vgl. Schatz, ebd.
24 Vgl. Hassler, Sprachtheorien der Aufklärung zur Rolle der Sprache im Erkenntnisprozess, 43–53.

Sprachen mit den Denkweisen der Völker, die diese Sprachen benutzten. Demnach hatten sich im Lauf der Sprachgeschichte zunächst spezifische Denkweisen in sprachlichen Ausdrucksformen abgebildet, die dann wiederum auf das Denken zurückwirkten und dabei auch dessen Fortentwicklung behindern und Vorurteile konservieren konnten. Diese These war um die Mitte des 18. Jahrhunderts »bereits eine zum Topos gewordene Position der Sprachdiskussion«.[25] Die Preisfrage der Berliner Akademie für das Jahr 1759: »Welcher Art ist der wechselseitige Einfluss der Meinungen des Volkes auf die Sprache und der Sprache auf die Meinungen?«, stellte den vorläufigen Höhepunkt der Gelehrtendiskussion um die gegenseitige Beeinflussung von Sprache und Denken dar.[26]

Die Auffassung von der Sprachrelativität des Denkens barg einen moralisch-sittlichen Aspekt, der auf die jiddische Sprache angewendet werden konnte.[27] Der angebliche moralische Tiefstand und die sittliche Devianz der Juden ließen sich aus den Eigenschaften des von ihnen gesprochenen Jiddisch erklären: In einer uneindeutigen, »vermischten« und keinen festen Regeln gehorchenden Sprache konnte man nicht klar denken, ließen sich keine deutlichen Begriffe von Gott, der Welt und der Bestimmung des Menschen bilden. Ohne den Besitz jener Begriffe aber waren Moralität und sittliches Verhalten undenkbar. Das Jiddische konservierte Vorurteile und abergläubische Vorstellungen im Denken der Juden. Hingegen hatte der Gebrauch einer »reinen« Sprache mit einer klaren Grammatik und Syntax sowie einer unvermischten Lexik einen positiven Einfluss auf Begriffsbildung und Moral: Aus einer »reinen« Sprache resultierte klares Denken und daraus wiederum ein sittlich einwandfreies Handeln. Die Sprache aber war verbesserbar, und damit waren es auch die Meinungen und die Sittlichkeit der Sprechenden. Durch das Erlernen einer »reinen« Sprache, und zwar nicht nur im Sinne des Lesen- und Schreibenkönnens, sondern vor allem hinsichtlich des Sprechens selbst, war ein erster Schritt zur moralischen Läuterung der Juden getan. Die grundsätzliche, pädagogisch verwertbare Vorstellung der Aufklärung von der Verbesserungsfähigkeit des Menschen wirkte somit in den Diskurs um die jiddische Sprache hinein.

Moses Mendelssohn hatte seit den 1750er Jahren regen Anteil an der Gelehrtendiskussion über die Fragen des Sprachursprungs und der gegenseiti-

---

25 Hassler, Universalien und Relativität als anthropologisches Problem in Sprachtheorien der Aufklärung, 24.
26 Vgl. Hassler, Sprachtheorien der Aufklärung zur Rolle der Sprache im Erkenntnisprozess, 64–66. Den Preis errang der Göttinger Orientalist und spätere Gegner Dohms in der Diskussion um die »bürgerliche Verbesserung der Juden« Johann David Michaelis mit seiner *Dissertation qui a remporté le prix proposé par l'Académie Royale des sciences et belles lettres de Prusse, sur l'influence réciproque du langage sur les opinions, et des opinions sur le langage, avec les pièces qui ont concouru*, Berlin 1760. Michaelis nimmt in seiner Preisschrift zwar mehrfach Bezug auf das Hebräische, jedoch an keiner Stelle auf die jiddische Sprache.
27 Vgl. Gilman, Jewish Self Hatred, 85 f.

gen Beeinflussung von Sprache und Denken genommen.²⁸ Im Jahr 1782 äußerte sich der Aufklärer in einem Brief an den preußischen Assistenzrat Ernst Ferdinand Klein (1743–1810) zur Frage des Einflusses des Jiddischen auf Denken und Moral der Juden. Klein, der im Zuge der Arbeiten am Allgemeinen Landrecht mit einer Neuregelung der Frage des Judeneides befasst war, hatte sich an Mendelssohn um Rat gewandt, in welcher Sprache der zukünftige Eid abgefasst werden sollte. Der Breslauer Rabbiner Joseph Jona Fränkel hatte empfohlen, die deutsche Eidesformel für die nicht des Hochdeutschen kundigen Juden durch die Verwendung hebräischer Wörter »deutlicher und kräftiger zu machen«.²⁹ Mendelssohn wandte sich strikt gegen diese »Sprachvermischung« und äußerte in diesem Zusammenhang seine Ablehnung der jiddischen Sprache:

»Hingegen würde ich es sehr ungern sehen, wenn [...] die jüdisch-deutsche Mundart und die Vermischung des Hebräischen mit dem Deutschen durch die Gesetze autorisiert würden. Ich fürchte, dieser Jargon hat nicht wenig zur Unsittlichkeit des gemeinen Mannes beigetragen; und verspreche mir sehr gute Wirkung von dem unter meinen Brüdern seit einiger Zeit aufkommenden Gebrauch der reinen deutschen Mundart. Wie würde es mich kränken, wenn die Landesgesetze selbst jenem Mißbrauche beider Sprachen gleichsam das Wort redeten! Lieber mag Herr Fränkel sich die Mühe geben, die ganze *Warnung* in reines Hebräisch zu setzen, damit sie nach Beschaffenheit der Umstände, rein deutsch, oder rein hebräisch, oder auch in beiden Sprachen abgelesen werden könne. Nur keine Vermischung der Sprachen!«³⁰

Wenngleich Mendelssohn in diesem Brief seine Reserviertheit sehr zurückhaltend äußerte, so zielten seine Worte doch eindeutig auch gegen den alltäglichen, umgangssprachlichen Gebrauch des Jiddischen.³¹ Hier zeigte sich der Einfluss des Sprachendiskurses der Aufklärung, der Sprache, Denken und Moral verknüpfte und der »Reinheit« einer Sprache sittlich verbessernde Wirkung zuschrieb.

Der Diskurs der Haskala um die »Reinheit der Sprache« (*tsachut ha-laschon*) und ihre Bedeutung für das Verständnis der heiligen Schriften hatte seine Ursprünge jedoch nicht bei Mendelssohn, wenngleich ihm vor allem dessen Pentateuchübersetzung seit den 1780er Jahren zusätzliche Relevanz verlieh.³² Propagierte die frühe Haskala zunächst das Ideal einer profunden

---

28 Vgl. Ricken, Mendelssohn und die Sprachtheorien der Aufklärung, 206–225; Breuer/Graetz, Tradition und Aufklärung, 291 f.
29 Brief E. F. Kleins an Mendelssohn vom 21. August 1782, JubA, Bd. 13, 78.
30 Brief Mendelssohns an E. F. Klein vom 29. August 1782, JubA, ebd., 79 f., hier 80 (Hervorhebung im Original, dort gesperrt).
31 Dabei ist bekannt, dass Mendelssohn sich im schriftlichen Verkehr mit jüdischen Bekannten durchaus einer »vermischten« jüdisch-deutschen Sprache bedienen konnte. Vgl. Schatz, Entfernte Wörter, 253.
32 Vgl. Schatz, Ivrit, germanit, jidisch we-schonut tarbutit, 18–23 und dies., Entfernte Wörter, 246–251. Schatz weist darauf hin, dass der Begriff *tsachut ha-laschon* zunächst im Sinne von

Kenntnis und grammatisch korrekten Verwendung der hebräischen (»heiligen«) Sprache, so erschien bereits 1760 das Konzept der sprachlichen »Reinheit« im Zusammenhang mit der Ablehnung des Jiddischen, das hier erstmals mit dem pejorativen Gegenbegriff der *leschon ilgim* (Sprache der Stammler, nach Jes 32,4) belegt wurde. In seinem hebräisch-deutschen Wörterbuch *Sefer milim le-eloha* (Buch der Wörter Gottes) verortete der Aufklärer Jehuda Leib Minden die Auseinandersetzung um die »reine Sprache« im Kontext der traditionellen jüdischen Knabenerziehung.[33] Seine Kritik an der pädagogischen Unfähigkeit und an der mangelnden Hebräischkenntnis der *Melamdim* verband sich mit seiner Ablehnung des umgangssprachlichen Jiddisch, das er als gänzlich unzweckmäßig für den Tora-Unterricht betrachtete. Minden gab zu erkennen, dass ihm eine »fremde«, aber »reine« diasporische Sprache zur Vermittlung sakraler Gegenstände geeigneter erschien, als die »eigene«, aber »verdorbene« jüdische Sprache. Der traurige Zustand des Verlustes der heiligen Sprache und der notgedrungenen Annahme der »Sprache der Völker« im Exil war beklagenswert, doch waren die Entfernung von jener fremden, »reinen« Sprache und ihre Verunstaltung noch trauriger.[34]

Fast identische Worte wie Minden gebrauchte Mordechai Gumpel Schnaber (1729–1797) in einem 1783/84 im *Ha-Me'assef* veröffentlichten Artikel. Auch er erblickte im Gebrauch der »verworrenen Sprache« des Jiddischen ein Hindernis, das es dem Knaben unmöglich mache, den Sinn der Tora zu ver-

---

»Deutlichkeit« bzw. (grammatikalischer) »Korrektheit« der »heiligen Sprache« gebraucht wurde und erst später – in der Auseinandersetzung der *Maskilim* mit dem Jiddischen – mit der Bedeutung von »rein« bzw. »unvermischt« aufgeladen wurde. Zudem habe auch die jiddische Sprache diese Begrifflichkeit gekannt: Als »in einem loitern klarn schenen loischen« verfasst, habe Joseph Witzenhausen seine jüdisch-deutsche Übersetzung der Bibel (1686/87) angepriesen.

33 »Ich hörte die Beschwerden von vielen der Söhne unseres Volkes, die murren über die Bibellehrer, daß sie die Kinder der Söhne Israels straucheln machen, bevor sie das Böse zu verabscheuen und das Gute zu wählen wissen. Sie wollen die Tora des Mose, des Gottesmannes, und die Bücher der Propheten in der deutschen Sprache erklären, kennen und verstehen aber nicht die Wege der heiligen Sprache, die Klarheit ihrer Wendungen und die Größe ihrer Pracht gegenüber der Sprache der Völker [...] Zudem verdarben sie die lieblichen Worte der Tora durch die *Sprache der Stammler, die fern ist auch von der Sprache der Völker, die wir sprechen*, nachdem wir aus unserem Land ins Exil gegangen sind. [...] Denn wenn sie solche sinnlosen Worte zu kleinen Schulkindern sagen, [dann] werden auch sie, was das Ohr hört, nachplappern und murmeln, ohne dass ihr Herz bei ihnen ist, bis der Knabe groß wird und von selbst nachdenkt, oder wenn er nachlässig ist und nicht aufhört zu straucheln, alt wird in seiner Torheit. Hoffnung und Erwartung sind verloren.« Jehuda Leib Minden, Einleitung zum *Buch der Wörter Gottes (Sefer milim le-eloha)*, Berlin 5520 (= 1760), übersetzt von Rainer Wenzel, in: U. Lohmann/I. Lohmann (Hgg.), »Lerne Vernunft!«, 181–183, hier 181 (Hervorhebung durch den Verfasser).

34 Zu diesem Topos der »Babylon-Erzählungen« um die Sprachverwirrung im Exil vgl. Schatz, Ivrit, germanit, jidisch we-schonut tarbutit, 25 f., und dies., Entfernte Wörter, 254–259.

stehen und Gut und Böse auseinanderzuhalten.³⁵ Auch so prominente *Maskilim* und Grammatiker des Hebräischen wie Isaak Satanow (1732–1804) und Jehuda Ben-Seev (1764–1811) äußerten in ihren Hauptwerken scharfe Kritik an der jiddischen Sprache und ihrem pädagogischen Einsatz im *Cheder* und plädierten für den Gebrauch der »reinen« deutschen oder der »reinen« hebräischen Sprache.³⁶ Spätestens seit Beginn der 1780er Jahre war der Topos von der jiddischen Sprache als *leschon ilgim* (bzw. *la'age safa* – »stammelnde« bzw. »unverständliche Sprache«, nach Jes 28,11)³⁷ im Diskurs der Haskala verwurzelt, ebenso wie die ideologische Verknüpfung von »verdorbener Sprache«, traditionellem Knabenunterricht und religiös-moralischer Depravation. Dabei sah man nicht nur das Verständnis der Tora als heiliger Schrift der Juden beeinträchtigt. Analog zur Sprachendiskussion der allgemeinen Aufklärung behaupteten radikalere *Maskilim* wie David Friedländer, dass die jiddische Sprache in ihrer Vermischtheit und vermeintlichen Regellosigkeit ungeeignet sei, zu wahrer Vernunft, Frömmigkeit und Moralität zu gelangen, da diese nur über deutliche Begriffe, ergo eine reine Sprache, zu erlangen seien.³⁸

Hierzu gesellte sich als weiteres Element die Verortung der Ursachen für diese sprachlich-moralische Kalamität im Osten Europas. Bereits Mendelssohn hatte das Jiddische als Produkt des »polnischen Exils« betrachtet.³⁹ Durch die starke Durchdringung mit Slawismen erschien das Ostjiddische in den Augen der Aufklärer als Mischsprache, die in ihrer »Korruptheit« die linguistische Minderwertigkeit der westjiddischen Dialekte samt ihrer sittlich-moralischen Nachteile bei Weitem unterbot. Durch die polnischen Teilungen waren große Gruppen osteuropäischer Juden unter preußische und österreichische Herrschaft gelangt. Angesichts der zunehmenden sprachlichen Akkulturation der merkantilen und intellektuellen jüdischen Eliten in

---

35 Vgl. Mordechai Gumpel Schnaber, Ein Brief an die Gesellschaft der hebräischen Literaturfreunde (*Michtav le-ch[evrat]'d[orsche]l[eschon]"e[ver]*), Ha-Me'assef 1 (1783/84), 183–187, übersetzt von Andrea Schatz, in: U. Lohmann/I. Lohmann, »Lerne Vernunft!«, 192–195, hier bes. 193 f.
36 Vgl. Isaak Satanow, Einleitung zu: »Sprache der Wahrheit« (Sfat emet), 1. Teil des *Buches der Wurzeln* (*Sefer ha-schoraschim*), Berlin 5547 (= 1787), übersetzt von Rainer Wenzel, in: U. Lohmann/I. Lohmann, (Hgg.), »Lerne Vernunft!«, 197–200, hier bes. 200. Vgl. auch Jehuda Ben-Seew, Einleitung zu: »Hebräische Sprachlehre« (*Talmud leschon ivri*), Breslau 5556 (=1796), übersetzt von Rainer Wenzel, in: ebd., 211–218, hier bes. 214.
37 Vgl. Pelli, The Age of Haskalah, 17 f.
38 Vgl. Miron, A Traveler Disguised, 37. Miron, ebd., 37–51, beschreibt die Hemmungen und Widerstände, die osteuropäische Maskilim des späten 18. und des 19. Jahrhunderts überwinden mussten, um sich entgegen dem herrschenden maskilischen Diskurs über das Jiddische für die Verwendung dieser Sprache in ihren Werken zu entscheiden. Am einfachsten gelang dies aus einer pädagogischen Grundhaltung heraus: Um die Massen erreichen und aufklären zu können, musste man sich in ihrer Sprache an sie wenden.
39 Vgl. Schatz, Ivrit, germanit, jidisch we-schonut tarbutit, 25 f.

Berlin und in anderen urbanen Zentren Deutschlands[40] sowie vor dem Hintergrund der Verwendung dieser Tendenz als Argument in der Diskussion um die Gewährung bürgerlicher Rechte fielen das Festhalten der polnischen Juden an ihrer »verdorbenen« Sprache wie generell ihr angeblicher moralisch-sittlicher Tiefstand besonders ins Auge. Jüdische Aufklärer wie Saul Ascher oder David Friedländer diffamierten die Juden Osteuropas als unverbesserlich abergläubisch und jeder Aufklärung abhold. Die jiddische Sprache und die in den Lehrstuben und *Jeschiwot* Polens gepflegte kasuistisch-dialektische Methode der Talmudauslegung (*Pilpul,* »Schärfung«) wurden zum Signum der angeblichen Aufklärungsfeindlichkeit polnischer Juden.[41]

Es war der in vielen jüdischen Gemeinden Deutschlands und des Habsburgerreiches anzutreffende *Melamed* aus Galizien, Podolien oder Litauen, der für den Niedergang von Sprache, Tora-Verständnis und Moral der Kinder verantwortlich gemacht wurde. Naftali Herz Wessely übte 1782 in seinem Sendschreiben deutliche Kritik an der Lehrweise der *Melamdim*, die David Friedländer in seiner deutschen Übersetzung noch steigerte:

»Die Erziehung ist äußerst vernachläßigt. Nicht einmahl der grammatikalischen Regeln der hebräischen Sprache kundig, lehrt ein Pohle den Deutschen Knaben die heilige Schrift, in einer ihm allein verständlichen deutschähnlichen Sprache [...] Umsonst strömen die heil. Schriften, diese nie versiegenden Quellen der Wahrheit, ihr Schätze von Schönheit aus. Der jüdische Knabe, beym Mangel aller Sprache, kann sie weder nützen, noch schätzen.«[42]

Wenn sich das Anliegen der *Maskilim*, den Einfluss des »polnischen« *Melamed* zu beschränken und die »polnisch-jüdische« Sprache aus den *Chadarim* zu verdrängen, mit Galizien auch auf Polen selbst erstreckte, so handelte es sich dabei nur um ein scheinbares Paradox. Zwar verstanden in Galizien die jüdischen Kinder ihren *Melamed* und wahrscheinlich hätte die Verwendung jeder anderen Sprache im traditionellen Unterricht zu einer größeren Verwirrung der Begriffe beigetragen, als sie die Aufklärer der Wirkung des Jiddischen unterstellten. Doch änderte dieses Faktum nichts daran, dass die Aufklärer fanden, das Jiddische sei nicht in der Lage, die zentralen Begriffe der jüdischen Religion in aller Klarheit zu erfassen. Es ging hier nicht um das simple Verstehen zwischen Personen, die die gleiche Sprache sprachen. In diesem Sinne mochte das Jiddische allenfalls für den alltäglichen Umgang ausreichen. Im »Religionsunterricht«, wie die traditionelle Erziehung von den *Maskilim* in reformerischer Absicht nun immer öfter apostrophiert wurde,

---

40 Vgl. Lowenstein, The Berlin Jewish Community, 46–48; Römer, Tradition und Akkulturation, 40–56.
41 Vgl. Gilman, Jewish Self Hatred, 99–101; Grossman, The Discourse on Yiddish in Germany, 87–91.
42 Worte der Wahrheit und des Friedens, 178. Zur Kritik der *Maskilim* an der sprachlichen und fachlichen Qualifikation des »polnischen« *Melamed* vgl. Eliav, Jüdische Erziehung in Deutschland, 185–187.

ging es vielmehr um das präzise Erfassen religiöser und moralischer Begriffe, die in keiner anderen als in einer »reinen« Sprache begreifbar waren.

Aus ähnlichen Motiven trafen sich somit aufgeklärte österreichische Beamte und *Maskilim* in ihrem Bemühen um die Beseitigung des umgangssprachlichen Jiddisch sowohl im schriftlichen als auch im mündlichen Gebrauch.[43] Den einen wie den anderen ging es um die Verbesserung von Moral und Sitte der Juden, und zwar durch die Veränderung ihrer (Aus-)Sprache. In den jüdischen Normalschulen Galiziens hatten die Lehrer von Anfang an darauf zu achten, dass ihre Schüler sich um den korrekten mündlichen Gebrauch der deutschen Sprache bemühten. Dies dürfte ihnen nicht immer leicht gefallen sein, zumal sie selbst die »reine« Aussprache nicht immer beherrschten. Wie ein hoher Lemberger Gubernialbeamter im Jahr 1788 in einem Bericht über den Zustand des Schulwesens bemerkte, gebe es in Galizien kaum eine jüdische Trivialschule, »wo der Lehrer keinen merklichen jüdischen Akzent in der deutschen Aussprache« habe.[44] Die 1790 vonseiten des Guberniums an die Wiener Behörden herangetragene Forderung nach Auflösung der jüdischen Normalschulen wurde unter anderem damit begründet, dass in ihnen »das Judenkind nie eine reine deutsche Aussprache« erlernen würde.[45] Den Rahmen für die Übung im »reinen« Sprechen boten vor allem der Lese- und Moralunterricht. Aber auch das Hersagen der »Schulgesetze« konnte von den Lehrern zum Anlass genommen werden, die Aussprache der Schüler zu korrigieren. Diejenigen Knaben, die sich im Lauf des Unterrichts eine besonders gute deutsche Aussprache angeeignet hatten, durften zu den öffentlichen Prüfungen am Ende eines jeden Schulkurses vor den Gemeindenotabeln und Behördenvertretern eine kurze, von den Lehrern vorbereitete Rede vortragen.[46] Dies sollte den Schülern als Ansporn dienen. Da das Erreichen des Unterrichtsziels einer »reinen« Aussprache schwerlich mittels der halbjährlich nach Wien einzusendenden Probeschriften der Schüler nachgewiesen werden konnte, dienten diese Prüfungsreden in Anwesenheit des (Ober-)Aufsehers oder des Kreisschuldirektors dazu, den Fortschritt der Schüler in diesem Bereich zu kontrollieren.

In ihren Visitationsberichten vermerkten die (christlichen) Kreisschuldirektoren, wenn sich ein Lehrer besonders um die Lehre der »reinen« deutschen Aussprache verdient gemacht hatte. Der Kreisschuldirigent des Bochnier Kreises erbat im Oktober 1789 eine Remuneration für den Lehrer der jüdischen deutschen Schule in Wisnicz, da dieser ein »eifriger Schulmann« sei und sich »mit merkbarem Erfolge« bemüht habe, »den jüdischen Akzent in

---

43 Vgl. Bartal, Mi-du-leschonijut mesoratit le-chad-leschonijut le'umit, 186.
44 Bemerkungen im allgemeinen über das Schulwesen, o. D. (vermutlich Ende 1788/Anfang 1789), AVA, StHK, Kt. 79, 17 Galizien in genere.
45 Randbemerkung des Vize-Gouverneurs von Gallenberg vom 14. Dezember 1790 auf der Stellungnahme Hombergs vom 10. Dezember 1790, AVA, StHK, Kt. 106, 23 Galizien.
46 Verhaltungspunkte für jüdische Schullehrer in Galizien und Lodomerien, AVA, StHK, Kt. 106, 23 Galizien, Paragraf 21.

der deutschen Sprache auszumerzen«.[47] Zur selben Zeit vermerkte auch der Schuldirigent von Stanislau, dass die jüdische Schule in der Kreisstadt »vorzüglichen Beifall« und der Lehrer eine Belohnung verdiene, zeichneten sich die Schüler doch dank seines Geschicks »vorzüglich im Lesen, in der reinen Aussprache, in der Sittenlehre und deutschen Sprache aus«.[48] Es ist dabei nur auf den ersten Blick erstaunlich, dass der Inspizient in seiner Aufzählung der Unterrichtsgegenstände zwischen der »reinen Aussprache« und der »deutschen Sprache« unterschied, verweist diese Unterscheidung doch auf die große Bedeutung, die – aus den oben dargestellten Gründen – der Übung im akzentfreien Sprechen neben der Vermittlung von Lese- und Schreibkenntnissen beigemessen wurde.[49]

Moralunterricht für die jüdische Jugend

Auf die oben dargestellte Weise implizierte das Erlernen der deutschen Sprache an den jüdischen Normalschulen Galiziens eine sittlich-moralische Komponente. Auch im inhaltlichen Sinne reichte der Deutschunterricht über seine unmittelbar instrumentell-produktivierende Bedeutung hinaus und schöpfte tief aus dem zeitgenössischen Diskurs der »bürgerlichen Verbesserung« der Juden. Insbesondere mit dem Lesenlernen verbanden sich weitere erzieherische Ziele. Über den Lesestoff wurden moralische Werte, sittliche Normen sowie allgemeine Verhaltensmaximen transportiert. Disziplin in der kleinen Gesellschaft der Schule und in der großen Gesellschaft des Untertanenverbandes, Liebe zum Monarchen und zum Vaterland, Achtung der (christlichen) Mitmenschen, Fleiß und Opferbereitschaft, Bescheidenheit und Genügsamkeit: mit diesen Maximen wurden die jüdischen Kinder konfrontiert, noch während sie von den Buchstabiertafeln das Alphabet der deutschen Sprache lernten, sodann durch moralische Fibeln und Lesewerke für diejenigen, die schon einigermaßen flüssig lesen konnten. Der Untertitel des in den jüdischen Schulen verwendeten Lesebuches spricht für sich: *Anleitung zur Rechtschaffenheit.* Auch das Lesebuch für christliche Kinder trug diesen Titel; jene waren nicht anders als die jüdischen Schüler mit den Forderungen der Disziplin konfrontiert. Doch nur in den jüdischen deutschen Schulen der Monarchie firmierte der Leseunterricht in den Lektionskatalogen auch unter der Bezeichnung »Moralunterricht«.[50]

---

47 Bericht über die Schulen des Kreises Bochnia vom 27. Oktober 1789, TsDIAL, 146/3/2278 (CAHJP, HM 2/9676.7).
48 Bericht über die Schulen des Kreises Stanislau vom 15. Oktober 1789, TsDIAL, ebd.
49 Wahrscheinlich meinte der Kreisschuldirigent mit »deutscher Sprache« den Grammatik- und Orthografieunterricht, der Teil des Normalschulcurriculums war.
50 Vgl. den bei Hecht, Die Prager deutsch-jüdische Schulanstalt, 250, abgedruckten Lektionskatalog der Prager deutsch-jüdischen Hauptschule vom Sommerkurs 1790. Bei der in den Lehrplänen der allgemeinen Haupt- und Stadtschulen enthaltenen »Sittenlehre« (vgl. Engelbrecht,

Das Lesebuch für die fortgeschrittenen Schüler und das sogenannte *Namenbüchlein* für die Elementarklasse enthielten die zentralen Texte, auf die sich der Moralunterricht stützte. Welche Ziele verfolgten die österreichischen Schulreformer mit ihrer ethischen Interferenz des Lesenlernens? Welche Inhalte transportierten die Lehrbücher? Zunächst ist festzustellen, dass auch das *Namenbüchlein* und der zweite Teil des allgemeinen Lesebuches für die nichtjüdischen Schulen Morallehren enthielten, die dort im Leseunterricht behandelt wurden. Zusätzlich zum katholischen Religionsunterricht, dem neben den verschiedenen Katechismen der erste Teil des Lesebuches zur Grundlage diente[51] und in dem die Kinder der katholischen Bevölkerung mit den Dogmen ihres Glaubens vertraut gemacht wurden, transportierte der Leseunterricht allgemeine christliche und aufklärerische Moralvorstellungen in Form von leicht fasslichen, philanthropisch gefärbten Fabeln, kurzen belehrenden Abhandlungen (über die Glückseligkeit, die Seele des Menschen, über Tugenden wie Rechtschaffenheit, Wahrhaftigkeit, Arbeitsamkeit, Genügsamkeit usw.), Verhaltensanweisungen (wie das artige Kind gehen, sitzen, grüßen, sich kleiden und beim Gebet knien sollte), sowie mehr oder weniger kindgerechten Darstellungen der sozialen Ordnung und der Pflichten der sie konstituierenden Stände und Individuen.

Neben den genannten Fibeln dienten weitere Lehr- und Lesetexte der moralischen Anleitung und Disziplinierung der Schüler. In den ersten vier Wochen des Schulkurses wurden die Kinder durch »Schulgesetze« instruiert, »damit sie wissen, wie sie sich als Schüler künftig hin verhalten müssen«[52] – vor Gott, in der Kirche und natürlich in der Schule.[53] Als Schüler der nach Normallehrart eingerichteten Schulen bildeten sie eine eigene Gruppe, die zwischen dem Leichtsinn der Kindheit und dem Ernst des Erwachsenenlebens stand, und die eigener Gesetze bedurfte, um sich artig und eifrig im sozialen Gefüge zu bewähren. Darüber hinaus wurden im Unterricht die *Pflichten der Unterthanen gegen ihren Monarchen* behandelt. Die Schüler erfuhren mittels dieses sozialkatechetischen Textes nicht nur alles Notwendige über die jeweilige Rolle und die Aufgaben der Obrigkeit und der Untertanen in ihrem

---

Geschichte des österreichischen Bildungswesens, Bd. 3, 427 f.) handelte es sich um die katholische Sittenlehre, die mittels des vierten Stücks des Religionslehrbuches gelehrt wurde.
51 Lesebuch für Schüler der deutschen Schulen in den K. K. Staaten. Erster Theil. Gegenstände, welche die Religion betreffen, Wien/Prag 1774 und weitere Auflagen.
52 Kern des Methodenbuches, 109. Die Schulgesetze wurden den Lehrern als gesonderter Text für den Vortrag vor ihren Schülern zur Verfügung gestellt. Der Lehrer sollte »sich bemühen alles den Kindern recht verständlich zu machen, und nicht zufrieden seyn, wenn sie bloß die Worte aus dem Gedächtnisse herzusagen wissen; bei Gelegenheit, und besonders wenn ein und anderer dagegen handelt, muß er sie an den Inhalt erinnern, und dergleichen Erinnerungen so oft als es nöthig ist machen.« Ebd.
53 Geseze für die Schüler der deutschen, besonders der Normal- und Hauptschulen in den k. k. Staaten, Wien 1776, diverse weitere Auflagen. In den jüdischen deutschen Schulen waren die Schulgesetze – unter Hinweglassung der auf den christlichen Glauben und den Kirchenbesuch rekurrierenden Punkte – in das Lesebuch integriert: Lesebuch für die jüdische Jugend, 13–20.

Verhältnis zueinander, sondern sie lernten gleichzeitig im Frage-Antwort-Verfahren die Grundsätze der alltäglichen Gottesfurcht, des Arbeitsfleißes, der Toleranz, der Mäßigung der Aggressionen und der Zügelung des Lasters. Der Text vermittelte ihnen daneben vor allem die Tugenden des idealen Untertanen: Genügsamkeit und die Unterdrückung etwaiger Sehnsüchte nach sozialem Aufstieg.[54]

Über die Notwendigkeit eines moralisch instruktiven Unterrichts hatte der Schulreformer und Begründer des österreichischen Normalschulwesens Johann Ignaz Felbiger die Lehrer in seinem *Methodenbuch* folgendermaßen informiert:

»Bei der Erziehung kömmt es nicht allein darauf an, daß man die Jugend in Wissenschaften und Künsten, oder in solchen Dingen unterweise, die für das gemeine Leben nothwendig und nützlich sind; man hat auch Ursache zu verlangen, daß jungen Leuten Grundsätze beigebracht werden, welche zur Richtschnur der Handlungen für die ganze Lebenszeit dienen; man sieht leider allzu oft, daß Personen die viel wissen und verstehen, daß die geschicktesten Leute nicht immer rechtschaffen sind; ein böses Herz und schändliche Handlungen finden sich nur allzuoft bei Menschen, die viel Verstand und viel Geschicklichkeit haben. Sehr oft rührt der Mangel der Rechtschaffenheit daher, weil man unterlassen hat der Jugend einzuprägen, was gut, was rechtschaffen ist.«[55]

Weil sich die bereits im ersten Teil des Lesebuches behandelte »christliche Sittenlehre« allein auf die göttliche Offenbarung stütze, habe man, so Felbiger, »im zweyten Theile des Lesebuches nachgetragen, was man von rechtschaffenen und artigen Menschen sowohl nach der Vernunft, als nach der Gewohnheit unseres Landes und unserer Zeiten fordert.«[56]

Diese Betonung seines aufgeklärt-säkularen Charakters ließ den zweiten Teil des Lesebuches, selbst wenn sein Inhalt zum Teil auf christlichen Moralvorstellungen beruhen mochte,[57] als auf die moralische Unterweisung der jüdischen Kinder in den neuen Schulen applizierbar erscheinen. Waren Ge-

---

54 Pflichten der Unterthanen gegen ihren Monarchen. Vgl. z. B. 11: »15. Fr[age] Was sollen die Taglöhner, Knechte und andere Dienstboten thun? Antw[ort]: Der heilige Apostel Paulus ermahnet die Knechte, daß sie mit ihrem Stande zufrieden seyn sollen, und dieses geht auch Taglöhner, und andere Dienstleute an. 16. Fr. Wie lauten die Worte des heiligen Paulus? Antw. Die Worte des heiligen Paulus sind diese: ein jeglicher bleibe in dem Berufe, in welchem er berufen ist. Bist du zu einem Knechte berufen, so laß dich dieses nicht bekümmern.«
55 Methodenbuch für Lehrer der deutschen Schulen in den kaiserlich-königlichen Erbländern, 186.
56 Ebd., 186 f. Vgl. auch ebd. 16: »Das vorgeschriebene Lesebuch enthält im ersten Theile alles, was ein guter Christ, im zweyten aber, was ein guter und rechtschaffener Bürger wissen und thun soll.«
57 Vgl. hierzu das bisher unveröffentlichte Paper von Tehila van Luit *The Teaching of ›Good Citizenship‹ in the German Jewish Schools in Galicia. Free of Religious Values or Based on Religious Values?* (Vortrag, gehalten auf der internationalen Konferenz »Haskalah in Transition«, Wrocław, 8.–9. Mai 2006).

danken einer allgemeinen sittlichen Disziplinierung der Untertanen insgesamt ausschlaggebend für den Einbezug des moralischen Leseunterrichts in das Normalschulcurriculum und für die Konzeption entsprechender Lehr- und Lesebücher, so muss die Einführung des Moralunterrichts in den jüdischen deutschen Schulen zusätzlich vor dem Hintergrund des allgegenwärtigen Toleranz- und Verbesserungsdiskurses, insbesondere der in aufklärerischen Kreisen verbreiteten Annahme der (eigen- oder fremdverschuldeten) moralischen Verderbtheit der Juden und der Forderung nach ihrer sittlichen Verbesserung gesehen werden. Christian Wilhelm Dohm, der mit seiner Schrift *Ueber die bürgerliche Verbesserung der Juden* der Toleranzdiskussion in Österreich wesentliche Impulse lieferte,[58] hatte selbst betont, dass »es ein besonders angelegenes Geschäft einer weisen Regierung seyn [müsse], für die sittliche Bildung und Aufklärung der Juden zu sorgen, und dadurch wenigstens die kommenden Geschlechter einer mildern Behandlung und des Genusses aller Vortheile der Gesellschaft empfänglicher zu machen«; das Herz des Juden solle »durch die Grundsätze der Ordnung, Rechtschaffenheit, der Liebe aller Menschen und der grossen Gesellschaft in der er lebt, erwärmet« werden.[59] Dohm erachtete es für notwendig, dass selbst in den Synagogen »nebst dem unbeschränkt gelassenen Religionsunterricht, auch zuweilen die reinen und heiligen Wahrheiten der Religion und Sittenlehre der Vernunft, und besonders auch das Verhältniß aller Bürger gegen den Staat und die Würde der Pflichten gegen denselben gelehret« würden.[60] Auch für den böhmischen Schulreformer Ferdinand Kindermann von Schulstein (1742–1801)[61] war es gerade dieses Ziel einer moralisch-sittlichen Verbesserung der Juden, das er bei der Erarbeitung des Lesebuches für die Schüler der jüdischen Normalschule zu Prag vor Augen hatte, wie er Moses Mendelssohn in seinem Brief vom 5. Januar 1783 mitteilte:

»Der Hauptendzweck, warum man den 2ten Theil unsres Lesebuchs [das heißt der im Unterricht an den christlichen Schulen verwendeten *Anleitung zur Rechtschaffenheit*] zum Grunde legte, war dieser, das die jüdische Jugend in den *gesellschaftlichen* Tugenden unterrichtet, und dazu gemeinschaftlich angeführet würde. Dahin wollen wir ja arbeiten, das ist ja der grosse Endzweck, das diese Nation, die von uns bisher so weit entfernt war, sittsamer und mit uns geselliger werde.«[62]

Kindermanns Motive rührten aus dem Bedürfnis der Aufklärer, die Juden aus ihrem vermeintlichen Zustand sittlicher Verwahrlosung emporzuheben, indem man ihrer Jugend eine moralische Erziehung nach zeitgemäß-aufge-

---

58 Vgl. Karniel, Die Toleranzpolitik Kaiser Josephs II., 378–383.
59 Dohm, Ueber die bürgerliche Verbesserung der Juden, 120.
60 Ebd., 122.
61 Zu Kindermann vgl. Winter, Ferdinand Kindermann, Ritter von Schulstein; Melton, Absolutism and the eighteenth-century origins of compulsory schooling in Prussia and Austria, 136–140.
62 Brief Kindermanns an Mendelssohn vom 5. Januar 1783, JubA, Bd. 13, 88–91, hier 89 (Hervorhebung im Original).

klärtem Verständnis zuteil werden ließ. Doch verbarg sich hinter dem von Kindermann geäußerten Wunsch, dass die Juden, »sittsamer und mit uns geselliger« würden, letztlich das Anliegen einer wie auch immer gearteten »Amalgamierung« der Juden an die christliche Mehrheitsbevölkerung. Der Empfänger des Briefes, der – wie er Herz Homberg später schrieb – ein derartiges »Vereinigungssystem im Hinterhalte« vieler Maßnahmen Josephs II. »lauern« sah und der die josephinische »Toleranzgleißnerey« vor diesem Hintergrund für »noch gefährlicher als offene Verfolgung« hielt,[63] musste in der Verwendung eines jüdischen Moral-Lesebuches, welches auf der Grundlage eines wenn auch scheinbar aufgeklärten, so doch auf christlichen Moralvorstellungen beruhenden Textes entstanden war, eine Bestätigung dieser Befürchtungen sehen. Er antwortete Kindermann zwar höflich, ging jedoch nicht auf dessen Bitte ein, die Mendelssohn gleichzeitig übersandten Lehrbücher – eben das Prager jüdische Lesebuch sowie das zum *Stammbüchlein der jüdischen Kinder* umgearbeitete *Namenbüchlein* – kritisch zu beurteilen sowie mögliche Ergänzungen vorzuschlagen.[64]

Der böhmische Schulreformer hatte in seinem Brief auf ein weiteres Motiv für seine Bearbeitung des allgemeinen Lesebuches verwiesen: Er hatte auf »die Gleichförmigkeit des bereits bestehenden Normalschulinstituts« zu achten, also auf die Prämisse der Verwendung weitgehend identischer Lehrpläne und Lehrbücher in allen nach der Normalschulart eingerichteten Schulen der Monarchie. Kindermanns Schreiben an Mendelssohn gibt einen aufschlussreichen Einblick in dessen konkretes Vorgehen beim Überarbeiten des Lesebuches und des *Namenbüchleins* sowie auf die den einzelnen Schritten zugrunde liegenden pädagogischen und ideologischen Motive. So sei er zuallererst bemüht gewesen, »alles jenes, welches der Christlichen Religion eigenthümlich war, wegzustreichen«. Sodann habe er »aus bewährten Schriftstellern« moralische Erzählungen eingefügt, und dies nicht nur aus dem allgemeinen Bestreben, den Unterricht »sinnlich, unterhaltlich und fasslicher« zu machen sondern auch,

»weil 1stens die jüdische Nation von solchen Völkern, die dem bildlichen und parabolischen Unterrichte sehr zugethan sind, abstammte, und 2tens die ganz rohe Jugend erst jene moralischen Wahrheiten mittelst der bekannten Bildern empfinden müsste, ehe als die geoffenbarte Religion selbe in ihr bestättigen könnte.«[65]

Die »ganz rohe Jugend«, das heißt die jungen, prägsamen, nach Ansicht Kindermanns noch unverbildeten jüdischen Kinder, sollte somit zuerst im deutschen Unterricht einen fasslichen, sinnlichen Begriff von den universellen moralischen Werten erhalten. Bei der späteren, nachgeordneten Unterwei-

---

63 Brief Mendelssohns an Herz Homberg vom 1. März 1784, JubA, Bd. 13, 177–181, hier 179.
64 Brief Mendelssohns an Kindermann von Anfang April 1783, JubA, Bd. 13, 97 f. Vgl. Glasenapp/Nagel, Das jüdische Jugendbuch, 29 f.
65 Brief Kindermanns an Mendelssohn vom 5. Januar 1783, JubA, Bd. 13, 89.

sung in der »geoffenbarten Religion« erhielt sie dann die Gelegenheit, die hierbei vermittelten religionsgesetzlichen und sittlichen Normen vor dem Hintergrund der universellen Moral zu prüfen und – dies blieb bei Kindermann bloß angedeutet – nur diejenigen Normen zu akzeptieren, die sie mit dem allgemeinen moralischen Wertekanon vereinbar fand.

Eindeutig ging es in dem Unterricht, dem die umgearbeiteten Schulbücher zur Grundlage dienten, nicht vorrangig um die Vermittlung von Lesekenntnissen, wie Kindermann gegenüber Mendelssohn selbst zugab: »Daraus werden Sie nun abnehmen, das man in dem moralischen Unterrichte sich mehr bestrebt, dadurch edle Gesinnungen einzuflössen, als blos ihre Kenntnisse zu erweitern.« Mit moralischen, leicht fasslichen Exempel-Erzählungen aus dem »Gesichtskreis« der jüdischen Kinder, also ihrer alltäglichen Erfahrung angemessen, sollte deren Bewusstsein für tugendhaftes Verhalten gestärkt werden, sollten sie lernen, unmoralisches Verhalten – die »herrschenden Fehler unserer Judenschaft«, wie Kindermann es formulierte – zu erkennen und zu vermeiden. An dieser Stelle kamen lektürepädagogische Überlegungen der Philanthropen zum Tragen, die den Vorteil der gleichnishaft veranschaulichenden kurzen Erzählung vor einer rational-regelhaften Belehrung der Kinder herausstellten.[66]

Kindermann hatte die Überarbeitung des allgemeinen Moral-Lesebuches notgedrungen selbst und unter erheblichem Zeitdruck durchführen müssen, da sich die Vorsteher der Prager Juden geweigert hatten, nach den Bestimmungen des Toleranzdekrets das entsprechende Lehrbuch für den Moralunterricht auszuarbeiten.[67] Kindermann ließ seinen Textentwurf zwar dem Prager Oberrabbiner Ezechiel Landau zur Prüfung auf eventuell religiös verfängliche Textstellen vorlegen, doch hat es den Anschein, dass dieser sich nur oberflächlich mit dem Manuskript beschäftigte.[68] Diese ostentative Geringachtung des Unternehmens seitens der Prager jüdischen Gemeinde war Strategie: Landau und die Vorsteher signalisierten damit nach außen hin, dass sie dem moralischen Unterricht keinerlei religiöse Bedeutung beimaßen und dass es sich bei Kindermanns Bearbeitung der *Anleitung zur Rechtschaffenheit* für sie um nichts weiter als ein Lehrbuch zum Erwerb von Lesekenntnissen handelte.[69] Tatsächlich dürften ihnen der Moralunterricht und das Lesebuch

---

66 Vgl. Glasenapp/Nagel, Das jüdische Jugendbuch, 33–36.
67 Im Toleranzdekret für die böhmischen Juden vom 19. Oktober 1781 hatte es geheißen, dass die christliche Oberaufsicht über die jüdischen deutschen Schulen in Böhmen »zur Einflössung eines mehrern Vertrauens« von den Juden »die Entwürfe zu […] ihren moralischen Vorlesebüchern […] zur Begnehmigung abzufordern, doch alles anstössige daraus hinwegzustreichen« hätte. Zit. nach Karniel, Die Toleranzpolitik Kaiser Josephs II., 574. Zu den Umständen der Entstehung des Prager jüdischen Lesebuches und zu dessen Inhalt vgl. Hecht, Die Prager deutsch-jüdische Schulanstalt, 219–221; dies., Ein jüdischer Aufklärer in Böhmen, 111–117; Glasenapp/Nagel, Das jüdische Jugendbuch, 28–33.
68 Vgl. Hecht, Ein jüdischer Aufklärer in Böhmen, 115.
69 Vgl. ebd.

jedoch sehr suspekt gewesen sein: Sie erkannten, dass mittels dieses Unterrichts die Kinder mit einem moralischen Wertekanon bekannt gemacht wurden, der außerhalb der jüdischen Tradition lag. Ein weiterer Grund der Ablehnung dürfte darin gelegen haben, dass hier eine säkulare, staatliche Instanz einen ganzen Bereich für sich beanspruchte, der eigentlich in den Rahmen der jüdischen religiösen Unterweisung fiel. Moralische Normen wurden auf traditionelle Weise durch die Beschäftigung mit Bibel, Mischna und aggadischen Texten sowie durch die *Musar*-Literatur vermittelt. Wenn der Staat auch vordergründig das, was er als »Religionsunterricht« der Juden apostrophierte, nicht angetastet hatte, so drohte durch den staatlichen Anspruch auf die ethische Ausbildung der jüdischen Kinder eine Aufspaltung des Gesamtgefüges traditioneller Erziehung. Der deutsche Unterricht diente nun nicht mehr nur der – unter dem Aspekt der Tradition akzeptierbaren – Vermittlung praktisch-nützlicher Kenntnisse, sondern barg durch die moralische Erziehung der Kinder nach traditionsfremden Kriterien die Gefahr ihres Abweichens vom geheiligten Weg der Väter. Dieser Zusammenhang war unter den Prämissen des Toleranzdiskurses jedoch nicht kommunizierbar, und so zogen es die Prager Gemeindeältesten und ihr Oberrabbiner vor, das von Kindermann bearbeitete Lesebuch vorerst zu ignorieren. Doch war mit der Einführung der Lesebücher in den jüdischen deutschen Schulen der spätere Widerstand in Prag wie auch in Galizien vorprogrammiert.[70]

Die verwendeten Schulbücher

Neben dem *Namenbüchlein*, der Lesefibel für die Schulanfänger, fand das von Kindermann umgearbeitete Lesebuch sowohl in den jüdischen Trivialschulen Galiziens als auch in den 1. Klassen der Hauptschulen zu Lemberg und Brody Verwendung.[71] Die 2. und 3. Klassen der Hauptschulen benutzten ausschließlich das Lesebuch. Kindermann scheint für seine Bearbeitung die

---

70 Einer der Hauptpunkte des Hofgesuchs der Prager Judenschaft vom 14. Mai 1795 »wegen Auflösung der [jüdischen deutschen] Hauptschule und Umwandlung in eine Stadtschule« betraf den Moralunterricht. Die Vorsteher der Gemeinde bemerkten, dass »die Moral bei den christlichen Lehrschulen vorzüglich in Beziehung auf die Religion behandelt« werde, und betonten, dass »was die moralische Religionslehre betrifft, die Judenkinder solche bei ihrem Religionslehrer schon beigebracht erhalten«. Sie hielten den Moralunterricht an der Prager Schule daher für überflüssig. Vgl. Hecht, Die Prager deutsch-jüdische Schulanstalt, 225, zit. ebd.

71 Schreiben der »deutschen jüdischen Lehrerversammlung« an den Studienkonsess vom 31. März 1793, TsDIAL, 701/4/3 (CAHJP HM 2/8193.2). Die Lehrerversammlung bat in dem Schreiben u. a. um die Bereitstellung von acht Lesebüchern, 15 »alten« und zehn »neuen« Namenbüchlein für die Halitscher Vorstadtschule, bei der es sich um eine einklassige Trivialschule handelte. Für die Hauptschule wurden acht deutsche Sprachlehren, acht Lesebücher und 25 Namenbüchlein geordert. Auch in der Lemberger jüdischen Mädchenschule wurde das Lesebuch verwendet. Vgl. die an das Lemberger Kreisamt gerichtete Lehrbuchbestellung der Lehrerversammlung vom 5. Juli 1793, TsDIAL, ebd.

speziell für die »Schüler der deutschen Schulen in den Städten und größeren Märkten der kaiserl. königl. Staaten« verfasste Ausgabe von 1779 benutzt zu haben.⁷² Das jüdische Lesebuch erschien erstmals 1781 im Verlag der Prager kaiserlich-königlichen Normalschule und wurde nicht nur in den Schulen Böhmens und Mährens, sondern auch im Königreich Ungarn verwendet.⁷³ Dieser Umstand und die Tatsache der ansonsten gleichförmigen Ausgestaltung des jüdisch-deutschen Schulwesens der Monarchie, vor allem hinsichtlich des in allen Schulen einheitlichen Curriculums, legen die Vermutung nahe, dass das Prager jüdische Lesebuch auch in Galizien benutzt wurde, wahrscheinlich mit dem Zusatz seiner Bestimmung für den Unterricht in den dortigen Schulen.⁷⁴ Auch beim *Namenbüchlein*, durch das die jüdischen

72 Lesebuch für Schüler der deutschen Schulen in den Städten und grösseren Märkten der kaiserl. königl. Staaten. Zweyter Theil, bestehend in der Anleitung zur Rechtschaffenheit, Prag 1779, zahlreiche weitere Auflagen. Zum Inhalt des Lesebuches von 1779 vgl. Helfert, Die Gründung der österreichischen Volksschule durch Maria Theresia, 536. Mir lag die Ausgabe Wien 1785 vor, die – den bei Helfert angegebenen Seitenzahlen nach zu urteilen – mit der Ausgabe Prag 1779 identisch zu sein scheint. Zu den im deutschen Unterricht verwendeten Schulbüchern allgemein vgl. Engelbrecht, Geschichte des österreichischen Bildungswesens, Bd. 3, 110 f.

73 Lesebuch für die jüdische Jugend der deutschen Schulen im Königreiche Böheim, bestehend in der Anleitung zur Rechtschaffenheit, Prag 1781 (2. Auflage Prag 1784, 3. Auflage Prag 1789. Ich beziehe mich im Folgenden auf die mir vorliegende erste Auflage.) Zu Entstehungsgeschichte und Inhalt vgl. Hecht, Ein jüdischer Aufklärer in Böhmen, 111–117; dies., Die Prager deutsch-jüdische Schulanstalt, 220 f.; Glasenapp/Nagel, Das jüdische Jugendbuch, 25–38. Das Lesebuch erschien 1782 auch in Brünn, allerdings hieß es im Titel »im Markgrafthume Mähren« statt »im Königreiche Böheim«. Für den Einsatz in den jüdischen deutschen Schulen in Ungarn vgl. Mandl, Das jüdische Schulwesen in Ungarn unter Joseph II., 43. Obgleich die tolerierten Juden Wiens sich der Einrichtung einer jüdischen deutschen Schule erfolgreich widersetzten, scheint das Prager Lesebuch hier im Privatunterricht verwendet worden zu sein. Dies behaupteten jedenfalls 1782 die Gemeindesprecher gegenüber der niederösterreichischen Regierung. Vgl. Glasenapp/Nagel, Das jüdische Jugendbuch, 38.

74 In den Wiener Archiven und Bibliotheken sowie in einschlägigen Bibliografien konnte ich keinen Hinweis auf ein eigenständiges Lesewerk zum Gebrauch in den jüdischen deutschen Schulen Galiziens finden. Die archivalischen Quellen geben keine klare Auskunft über die Provenienz des im Unterricht verwendeten Lesebuches. Der am 19. Dezember 1784 geschlossene Kontrakt mit dem Lemberger Buchdrucker Thomas Piller, der diesem »den deutsch- und pohlnischen Druck der Normalschulbücher auf seine eigene [!] Kosten« gestattete, zählt gar keine jüdischen, sondern nur die allgemeinen, in den christlichen Schulen verwendeten Lehrbücher auf. AVA, StHK, Kt. 868, 24 B Galizien, und Hofdekret vom 9. Juli 1785, AVA, HKP Galizien 1785, 630 (Julius, Nr. 49). Dass die Lehrbücher für die jüdischen deutschen Schulen hier nicht erwähnt werden, sollte nicht verwundern, da 1784/85 erst wenige jüdische Normalschulen existierten und der Bedarf an jüdischen Lesebüchern noch gering gewesen sein dürfte. So wurden möglicherweise noch bis 1789/90 in den jüdischen deutschen Schulen die für die christlichen Schulen vorgesehenen Lesebücher verwendet. Hierauf könnte die Bemerkung des Duklaer Kreisschulkommissars J. F. Gründlich in einem Visitationsbericht vom 30. November 1789 deuten. Hier heißt es, dass der Lehrer der jüdischen Schule zu Dukla mit seinen Schülern »die Vaterlandsliebe aus dem 2ten Theile [des Lesebuches]« erörtert habe (TsDIAL, 146/3/2278 [CAHJP, HM 2/9676.7]). Das *Lesebuch für die jüdische Jugend* bestand dagegen nur aus einem Teil, eben der *Anleitung zur Rechtschaffenheit* – dem überarbeiteten 2. Teil des christlichen Lesebuches. Jedoch ist der Abschnitt über die »Vaterlandsliebe« in beiden Lesebüchern ent-

Kinder erstmals mit gedruckten hochdeutschen Texten in gotischer bzw. lateinischer Schrift in Berührung kamen, handelte es sich um eine Bearbeitung eines allgemeinen Schulbuches. Das *ABC oder Namenbüchlein zum Gebrauche der Schulen in den kaiserlich-königlichen Staaten* wurde bereits seit 1774 im Unterricht in den nach der Normalmethode reformierten Stadt- und Landschulen verwendet und stellte bis weit in das 19. Jahrhundert hinein neben den diversen Katechismen das wohl meistaufgelegte Schulbuch des Elementarschulwesens dar.[75] Auch für die jüdische Version des Namenbüchleins zeichnete Ferdinand Kindermann verantwortlich.[76] Wie das jüdische Lesebuch erschien es erstmals anlässlich der Errichtung der Prager jüdischen Normalschule. Kindermann hatte es im Brief an Mendelssohn vom 5. Januar 1783 als das »Stammbüchlein der jüdischen Kinder« bezeichnet, doch wurde es später unter einem anderen Titel aufgelegt.[77] Anders als beim Lesebuch für die jüdischen Kinder Galiziens, welches, wie bemerkt, mit großer Wahrscheinlichkeit mit dem Prager jüdischen Lesebuch von 1781 identisch war, scheint es für die galizischen Schulen eine eigene Bearbeitung des *Namenbüchleins* (bzw. seiner Prager jüdischen Variante) gegeben zu haben. Sie wurde offensichtlich von Homberg im Jahr 1787 gemeinsam mit dem christlichen Schulenoberaufseher Johann Franz Hofmann vorgenommen.[78]

    halten, und der (christliche) Kreisschulkommissar könnte aus dem Vortrag von Lehrer und Schülern irrtümlich auf den 2. Teil des christlichen Lesebuches, mit dem er selbst vertraut war, geschlossen haben bzw. in verkürzender Absicht auf diesen verwiesen haben. Einen Hinweis auf die Verwendung genuin jüdischer Lehrbücher um 1790 enthält dagegen ein Bericht des Galizischen Guberniums an die Wiener Hofkanzlei vom 27. April 1791, in dem es heißt, dass der Buchdrucker Piller schon »ein ganzes Jahr beynahe kein einzig jüdisches Schulbuch abgesetzt« habe. AVA, StHK, Kt. 861, 23 D Galizien.
75 ABC oder Nahmenbüchlein für Anfänger zur Erlernung der Druck-, Latein- und Kurrentschrift zum Gebrauche der Schulen in den k. k. Staaten, Wien 1774. Mir lag eine spätere Ausgabe vor: ABC oder Namenbüchlein zum Gebrauche der Schulen in den kaiserlich-königlichen Staaten, Prag 1779. Die Tradition der sogenannten »Namenbüchlein« und ihre Verwendung zur moralischen Unterweisung im Leseunterricht reicht bis in die 1740er Jahre zurück, als Johann Balthasar von Antesperg eine Fibel veröffentlichte, die er dem späteren Kaiser Joseph II. widmete. Sie erschien in einer weiteren, veränderten Auflage 1744 unter dem Titel *Das Josephinische Erzherzogliche A.B.C. oder Namenbüchlein* und enthielt neben Buchstabierübungen eine auf aufgeklärten Moralvorstellungen beruhende Tugendlehre. Vgl. Engelbrecht, Geschichte des österreichischen Bildungswesens, Bd. 3, 456 f.
76 Vgl. Glasenapp/Nagel, Das jüdische Jugendbuch, 26 f. Mir lag eine spätere Ausgabe unter dem Titel *ABC und Buchstabirbüchlein nebst den Leseübungen für die jüdische Jugend der deutschen Schulen im Königreiche Böheim* (Prag 1801) vor.
77 Brief Kindermanns an Mendelssohn vom 5. Januar 1783, JubA, Bd. 13, 88–91, hier 88.
78 Hofdekret vom 23. Dezember 1787, AVA, HKP Galizien 1787, 1006 (December, Nr. 84): »werden die […] nach dem Antrage des Oberaufsehers Hofmann, und des jüdischen Schulaufsehers Herz Homberg vorgeschlagenen Aenderungen in dem für jüdische Schüler bestimmten Nahmenbüchlein […] genehmigt.« Auch dieses »galizische« jüdische Namenbüchlein konnte bisher nicht lokalisiert werden, sodass keine Aussage darüber möglich ist, wo und in welchem Maße es von dem Prager jüdischen *ABC und Buchstabirbüchlein* abwich. Die Differenzierung zwischen »altem« und »neuem Namenbüchlein« in den Buchbestellungen der Lemberger Schulen vom

Das Lesebuch für die jüdische Jugend

Als zentraler Text für den moralischen Leseunterricht in den jüdischen deutschen Schulen diente das *Lesebuch für die jüdische Jugend* von 1781. Wie erwähnt, hatte sich Kindermann bei der Bearbeitung bemüht, sämtliche christlichen Bezüge aus dem Text der Vorlage zu eliminieren. Durchgängig wurden Verweise auf das Neue Testament und die christliche Religionslehre getilgt.[79] Im zweiten Hauptstück des zweiten Stücks, »Von den rechtschaffenen Handlungen in Absicht auf Gott«, das im christlichen Lesebuch unter Verweis auf den katholischen Katechismus sehr kurz gehalten war, hatte Kindermann im Lesebuch für die jüdischen Schüler einen Abschnitt über die »Eigenschaften Gottes« eingefügt, der sich im Großen und Ganzen an die Attributenlehre nach Maimonides hielt und mit Verweisen auf Tora, Prophetenbücher und Schriften versehen war.[80] Eine weitere Besonderheit gegenüber der christlichen Vorlage fand sich im dritten Hauptstück »Von rechtschaffenen Handlungen gegen andere«. Hier hatte Kindermann einen Paragrafen aufgenommen, der die »Allgemeine[n] Pflichten gegen den Nächsten« enthielt.[81] Der Abschnitt erläuterte die Grundsätze der Nächstenliebe und entsprach dem von Kindermann gegenüber Mendelssohn vorgetragenen Anliegen, die Juden »mit uns« – also den Christen – »sittsamer und geselliger« zu machen.[82] Anschließend wurden – wie im allgemeinen Lesebuch auch – die »rechtschaffenen Handlungen gegen den Nächsten« im Einzelnen angeführt: Freundlichkeit, Friedfertigkeit, Dienstfertigkeit, Aufrichtigkeit, Redlichkeit und Ehrerbietigkeit.[83]

Eine dritte Besonderheit stellte der Abschnitt »Von den Religionslehrern« dar, der sich im ersten Hauptstück des dritten Stücks befand.[84] Der Verfasser

---

März bzw. Juli 1793 (TsDIAL, 701/4/3 [CAHJP HM 2/8193.2]), deutet jedoch darauf hin, dass beide Varianten im Unterricht genutzt wurden. Röskau-Rydel, Kultur an der Peripherie des Habsburger Reiches, 112, berichtet, jedoch ohne Quellen zu nennen, dass 1786 eine Neuauflage des (christlichen) Namenbüchleins ohne kleinen Katechismus und Vaterunser zum Gebrauch der jüdischen Schulen erschien.

79 Vgl. Hecht, Ein jüdischer Aufklärer in Böhmen, 114 f. Bei der Vielzahl der Bezüge und Verweise konnte es jedoch geschehen, dass Kindermann den einen oder anderen christlichen Bezug übersah – so ist an einer Stelle im »jüdischen« Lesebuch vom »alten Testament« die Rede: Lesebuch für die jüdische Jugend, 76, Anm. y.
80 Lesebuch für die jüdische Jugend, 28–30.
81 Ebd., 32–34.
82 Siehe oben. Interessant ist, dass Kindermann die Universalität des Nächstenliebe-Gebotes zwar mit dem Hinweis auf einen allen Menschen (allen Glaubensrichtungen) gemeinsamen »Stammvater« begründete; ansonsten aber mit keinem Wort auf die unterschiedlichen Religionen einging und – wie im gesamten Lesebuch – weder »Christen« noch »Juden« beim Namen nannte.
83 Lesebuch für die jüdische Jugend, 34–38.
84 Ebd., 81 f. Das *Lesebuch für Schüler der deutschen Schulen in den Städten und grösseren Märkten*, 68–70, enthielt stattdessen eine Darstellung »Von den Geistlichen«.

gab vor, hierin die allen »Vorstehern des Religionswesens« obliegenden Aufgaben zu beschreiben, gleich welcher Religion sie angehörten. Wenn jene Personen »bei verschiedenen Religionspartheyen auch verschiedene Namen und Aemter« hätten, so seien ihnen allen doch drei Funktionen gemeinsam: die Sorge um das Seelenheil der ihnen anvertrauten Religionsangehörigen, die Durchführung des Gottesdienstes und der Unterricht der Gläubigen in den Grundlagen der jeweiligen Religion.[85] Dies waren die Aufgaben von katholischen Geistlichen und nicht (bzw. nicht vorrangig) die Funktionen von Rabbinern; hingegen kamen die Auslegung des Religionsgesetzes und die rabbinische Gerichtsbarkeit in Kindermanns Text nicht vor. Doch entsprach diese (Neu-)Definition der Aufgaben eines Rabbiners genau den Vorstellungen des Staates von der Rolle der jüdischen »Religionsweiser«.

Eine entscheidende Frage im Zusammenhang mit den Inhalten der Lesebücher ist die nach der Verträglichkeit der hier vermittelten Lehren mit den herkömmlichen Interpretationsmustern und traditionellen Werten der Lebenswelt der jüdischen Kinder – und damit auch der ihrer Eltern, welche in der Praxis darüber bestimmten, ob die Kinder zur Schule gingen oder nicht. Wenn das erste Stück des Lesebuches, »Von der Rechtschaffenheit der Schüler in der Schule«, das auch die sogenannten »Schulgesetze« umfasste, die Disziplin der Schüler beim Schulgehen und während des Unterrichts einforderte und beispielsweise verlangte, dass die Kinder ihre Lehrer artig grüßen und das Schulmobiliar nicht beschädigen sollten,[86] so enthielt dieser Teil nichts, was unter dem Gesichtspunkt der jüdischen Tradition als anstößig empfunden werden konnte. Hingegen konnten die universellen Regeln, die im zweiten Stück »Von der Sittsamkeit oder Rechtschaffenheit eines Menschen in seinen Gesinnungen, Handlungen und in seiner Aufführung« vermittelt wurden, dort als problematisch empfunden werden, wo sie im Subtext etwa zu mehr »Geselligkeit« (mit den Christen) aufforderten. Doch vermied Kindermann gerade das zu deutliche Aussprechen derartiger Erwartungen und begnügte sich an den entscheidenden Stellen mit vagen, allgemeinen Erörterungen. Viele der in diesem Teil gepredigten Tugenden basierten zwar auf christlichen Moralvorstellungen, waren aber so allgemein gehalten, dass sie, ohne größeren Anstoß zu erregen, auch von jüdischen Eltern akzeptiert werden konnten: »Gelehrigkeit« (S. 26), »Wahrhaftigkeit« (S. 27 f.), »Ordnung« (S. 42) und »Arbeitsamkeit« (S. 42 f.) – um nur einige der hier aufgeführten erwünschten Eigenschaften zu nennen – standen grundsätzlich nicht im Widerspruch zur jüdischen Tradition. Begriffe wie »Ehrliebe« (S. 24), »Redlichkeit« (S. 37) und »Artigkeit in Kleidungen und andern Sachen« (S. 66–68) – als sozial erwünschte Tugenden – bzw. »Hochmuth und Stolz« (S. 48 f.) und »Niederträchtigkeit« (S. 50) – als zu vermeidende Untugenden – spielten zwar eine Rolle im Diskurs um die moralische und sittliche »Verbesserung« der Juden;

---

85 Lesebuch für die jüdische Jugend, 81 f., Zitat 81.
86 Ebd., 15, 19.

doch blieb dieser weitestgehend ausgeblendet und die Erörterungen beschränkten sich auf das Allgemeine. Unanstößig im Sinne der jüdischen Tradition war auch das vierte Stück des Lesebuchs, welches sich mit der »bürgerlichen« Tugend der »Haushaltungskunst« beschäftigte und zur wohlüberlegten Verwendung materieller und finanzieller Mittel aufforderte.[87]

Brisant war hingegen das dritte Stück des Lesebuches, »Von der Gesellschaft, darin die Menschen zu leben von Gott bestimmt sind, und von den gesellschaftlichen Pflichten«. Im ersten Hauptstück dieses Teils erfuhren jüdische Kinder erstmals davon, dass es etwas gab, das man »Gesellschaft« nannte, eine Gemeinschaft, die Juden und Christen gleichermaßen umfasste und weit über den Rahmen dessen hinausreichte, was den jüdischen Kindern durch ihre bisherige Erziehung und lebensweltliche Erfahrung bekannt und vertraut war: die eine gewisse Sicherheit verheißende »innere Welt« der eigenen »heiligen Gemeinde« (*kehilla keduscha*) mit ihren autonomen Strukturen, religiösen Normen und tradierten Werten, der eine zumeist als feindlich empfundene »äußere Welt« der Christen gegenüberstand. Wie die Kinder nun lernten, gab es eine Form übergreifender Gemeinschaft, »wo viele Familien mit einander verbunden sind, die in einem Staate, unter einerlei Gesetzen beisammen leben. Man nennet diese Gesellschaft bürgerliche, sie heißen auch Völker, Nationen.«[88] An der Spitze der Gesellschaft standen befehlende Personen, Regenten und Obrigkeiten, die nicht willkürlich handelten, sondern »bei allen Anordnungen die allgemeine Glückseligkeit der Unterthanen« bezweckten. Sie befählen und verböten nur dasjenige, »was ein jeder Unterthan selbst thun oder lassen würde, wenn er den allgemeinen Zusammenhang der Umstände übersehen könnte, und wenn er zugleich Einsicht genug besäße, das zu wählen, was seine Glückseligkeit dauerhaft machen kann«. Die Untertanen sollten somit Vertrauen in die Einsichten und Entscheidungen ihrer Herrscher entwickeln, sie sollten sich »überzeugt halten, daß diejenigen, welche befehlen, wissen, was dem Staate, was den Untergebenen, und was überhaupt der ganzen bürgerlichen Gesellschaft nützlich sey.«[89] Die Untertanen waren verpflichtet, für die »Wohlthaten« und den Schutz, den ihnen ihre Herrscher einsichtsvoll gewährten, den Regenten Gehorsam zu leisten, »auch so gar alsdann, wenn sie etwas dabei leiden sollten.« Ehre, Liebe, Gehorsam und Treue standen nicht nur dem Herrscher selbst, sondern auch seinen Beamten »und den bestellten Unterobrigkeiten« zu.[90]

Das zweite Hauptstück definierte die Mittel, »dadurch Regenten die Glückseligkeit der bürgerlichen Gesellschaft befördern«.[91] Hierzu gehörten Gesetze und Gerichte, die der Herrscher eingesetzt hatte und an die sich der

---

87 Ebd., 101–113.
88 Ebd., 77.
89 Ebd., 78 f.
90 Ebd., 80.
91 Ebd., 82.

Untertan wenden konnte, wenn er sich von anderen beleidigt oder in seinem Eigentum bzw. in seinen Rechten beschnitten sah. Da der Staat groß und die Bevölkerung zahlreich sei und der Herrscher allein nicht in der Lage, sich um jeden Fall einzeln zu kümmern, seien an mehreren Orten Dependancen der herrscherlichen Amts- und Gerichtsgewalt eingerichtet worden.[92] Doch nicht nur im Inneren des Staates sorge der Herrscher für Frieden und Gerechtigkeit. Mit großem Aufwand schütze er seine Untertanen gegen äußere Feinde. Er suche die »muntersten, jüngsten, größten und stärksten Personen aus der Gesellschaft« aus, damit sie sich im Gebrauch der Waffen ausbildeten und im Kriegsfall die Bevölkerung verteidigten.[93] Die Sorgfalt des Regenten nehme darüber hinaus noch weitere Formen an: Er lasse Dämme gegen Überschwemmungen errichten, Landstraßen anlegen, Häfen für den Seeverkehr bauen und Vorratshäuser für den Fall einer Hungersnot füllen. Er sorge dafür, dass Wissenschaften und Künste blühten und Gewerbe aller Art gediehen, um den Verdienst seiner Untertanen zu sichern.[94] Dies erfordere jedoch einen immensen Aufwand und »viel Mitwirkung von Seiten der Unterthanen«, vor allem in Form von Steuern und Abgaben aller Art, die ein jeder – da er daraus indirekt einen Nutzen zöge – ohne Zögern zu entrichten habe.[95]

Im dritten Hauptstück erfuhren die Schüler von der Gesellschaft und der Interdependenz der sie konstituierenden Stände und Berufe – »wie die Mitglieder der bürgerlichen Gesellschaft durch verschiedene Wissenschaften, Geschicklichkeiten und Gewerbe ihre wechselweise Glückseligkeit befördern«.[96] Da der einzelne Mensch so viele unterschiedliche Bedürfnisse habe, dass es ihm unmöglich sei, sich und seine Familie autark zu versorgen, sei diese Differenzierung der »bürgerlichen Gesellschaft« so nützlich wie nötig. Stadt- und Dorfbewohner, Männer der Wissenschaften und Angehörige des »Lehrstandes«, Bauern, Handwerker, Künstler und Kaufleute dienten einander durch ihre Leistungen und Produkte.[97]

Das vierte und letzte Hauptstück dieses Teiles verband die zuvor dargestellte Einteilung der Gesellschaft mit einer Betrachtung der Zweckmäßigkeit dieser Einrichtung angesichts der Vielfalt der Hervorbringungen der Natur und der Verschiedenartigkeit menschlicher Bedürfnisse und Neigungen. Damit verlieh es der gesamten Darstellung neben der sozialethischen eine physikotheologische Grundierung.[98] Das Lesebuchkapitel über die »bürgerliche Gesellschaft« schloss mit der Aufforderung, jedem Stand, jedem Gewerbe, jeder Kunst und Wissenschaft Achtung entgegenzubringen, da sie alle zum Vorteil der Gesellschaft wirkten:

92 Ebd., 83.
93 Ebd., 84–87.
94 Ebd., 87 f.
95 Ebd., 88.
96 Ebd., 90.
97 Ebd., 91.
98 Ebd., 96–100.

»Nicht alle können einerlei treiben. Ein Stand, ein Handwerk verachte also das andere nicht; alle sind der Gesellschaft von besonderem Nutzen. Man ist schuldig die Güte und Weisheit Gottes zu bewundern und zu preisen, der nicht allein so vielerlei Dinge erschaffen hat, und die Erde beständig hervorbringen läßt, daraus mancherlei zur Nothdurft, Bequemlichkeit und zum Vergnügen der Menschen dienliches kann verfertiget werden; sondern der auch den Menschen Neigungen und Fähigkeiten gegeben hat, auf so mannigfältige Art sich zu beschäftigen, und andern zu dienen.«[99]

Die Gesellschaftslehre des Lesebuches spiegelte somit die innen- und sozialpolitische Agenda des aufgeklärt absolutistischen Staates, einschließlich ihrer zentralistischen Aspekte: »Unterobrigkeiten« wie Kreiskommissare und Gerichte vertraten den stets auf Gerechtigkeit, Sicherheit und Mehrung des allgemeinen Wohls bedachten Monarchen vor Ort. An sie konnte sich jeder wenden, der sein Recht suchte oder der »bürgerlichen Gesellschaft« mit seinen Vorschlägen dienen wollte. Das Lesebuch bot eine im Wesentlichen rational begründete Darstellung der Beziehungen zwischen Herrscher und Untertanen sowie zwischen den verschiedenen Gruppen der Gesellschaft. Korporative Verbindungen samt ihrer tradierten Institutionen und partikularen Interessen kamen nicht in ihm vor – und damit auch keine jüdischen Gemeinden, kein *Kahal* und keine Rabbinatsgerichte.

Besonders deutlich zeigte sich diese Agenda im fünften Stück des Lesebuches, »Von der Vaterlandsliebe«, dessen Inhalt wahrscheinlich auf Joseph von Sonnenfels und sein Werk *Über die Liebe des Vaterlandes* (1771) zurückging und einen spezifisch habsburgischen Einschlag aufwies.[100] Der Text predigte zunächst eine Überwindung des Partikularismus zugunsten der Vaterlandsliebe. Zwar hätten auch »geist- und weltliche Gesellschaften, […] Handwerksinnungen, so wie einzelne Oerter ihre Patrioten, oder wie man auch sagt, patriotische Mitglieder«, doch würde man unrecht tun, »wenn man dergleichen kleine Gesellschaften das Vaterland nennen wollte«.[101] Im Geiste der Bemühungen um die Integration der unterschiedlichen Territorien, Völker und Kulturen in den habsburgischen Reichszusammenhang bot der Text vielmehr eine viel umfassendere Definition an:

»Den Staat, das ist jene grosse Gesellschaft, die sich oft durch mehrere Länder erstrecket, die durch einerlei Obrigkeit nach einer bestimmten Form regieret wird, wo durch Gesetze das Wohl sämtlicher Einwohner oder Mitglieder, so wie durch die väterliche Vorsorge das Wohl der Kinder einer Familie befördert und erhalten wird, heißt man eigentlich das Vaterland. Der Staat ist das Vaterland derjenigen, welche

---

99 Ebd., 100.
100 So sind Einteilung und Überschriften des Lesebuchkapitels annähernd identisch mit denen von Sonnenfels' Werk. Vgl. Kestenberg-Gladstein, Neuere Geschichte der Juden in den böhmischen Ländern, 52–54.
101 Lesebuch für die jüdische Jugend, 118.

einerlei Obrigkeit, einerlei Regierungsform, und einerlei Gesetzen unterworfen sind.«[102]

Die Liebe zum Vaterland sei Aufgabe eines jeden Untertanen. Seine einzelnen Pflichten bestünden unter anderem darin, »wider die Regierung weder etwas Nachtheiliges zu thun, noch zu reden« sowie die Gesetze einzuhalten und Befehle zu befolgen.[103] Das allgemeine Beste sei stets dem partikularen Interesse vorzuziehen, jedoch hätte nur die Obrigkeit den Überblick und die Einsicht, um zu erkennen, wie die Glückseligkeit aller gefördert werden könne. Daher bestünde eine weitere Pflicht eines sein Vaterland liebenden Untertanen im »Vertrauen auf die Einsichten und die Redlichkeit der Herrschenden«.[104] Da dem Herrscher »das höchst mühsame, aber auch dem Staate höchst nützliche Geschäft« des Regierens obliege, da er seine Untertanen gegen äußere Feinde beschütze, ihnen durch Gesetze und Gerichte Gerechtigkeit verschaffe und generell dafür sorge, »daß Ordnung, Uiberfluß und Bequemlichkeit überall herrsche«, stünde ihm darüber hinaus auch die Liebe des Untertanen zu.[105]

Vom Prinzip »dina de-malchuta dina« zur »Vaterlandsliebe«

Es soll hier nicht behauptet werden, dass die im dritten und fünften Stück des Lesebuches vermittelten Vorstellungen von Staat und Gesellschaft allein für jüdische Kinder etwas Neuartiges, Unerhörtes darstellten. Auch ein böhmisches Bauernkind oder ein ruthenischer Knabe wurden durch die staatlichen Lesebücher erstmalig mit derartigen Konzepten und den daraus resultierenden Forderungen konfrontiert. Doch während bei ihnen die Aneignung jener Vorstellungen vor dem Hintergrund eines vertrauten kulturellen Kontextes erfolgte und es »nur« einer mentalen Transformation von Symbolen und Anschauungen bedurfte, die aus einer traditionell ständisch gegliederten Lebenswelt stammten, bedeutete die Konfrontation mit den genannten Konzepten für ein jüdisches Kind eine Aufsprengung der gewohnten Perspektiven. Was für das christliche Kind eine – von den Eltern und ständischen Notabeln vielleicht nicht immer goutierte – *Horizonterweiterung* war, kam im Bewusstsein des jüdischen Kindes und seiner Eltern einer *Grenzüberschreitung* gleich. Wie Ruth Kestenberg-Gladstein festgestellt hat, zielte der Moralunterricht in den jüdischen deutschen Schulen vorrangig darauf, »in den Schülern eine neue Beziehung zur Umwelt zu erwecken. Statt der negativen,

---

102 Ebd., 119.
103 Ebd., 128 f.
104 Ebd., 129.
105 Ebd., 130 f.

rein funktionalen, sollte eine Beziehung positiven Teilnehmens an der bisher als fremd und feindlich empfundenen Umgebung treten«.[106]

Man kann im *Lesebuch für die jüdische Jugend* eine Art staatlichen Gegentext zu jenem im *Cheder* behandelten normativen Text sehen, über dessen Lektüre jüdische Kinder ihre Wahrnehmung von Innen und Außen, von jüdischer und nichtjüdischer Welt formatierten: dem Raschi-Kommentar zum Pentateuch.[107] Während ein sieben- oder achtjähriger jüdischer Junge im *Cheder* über die strikte, sakral begründete Trennung zwischen den beiden Welten und über die Vorzüge der eigenen über die fremde Welt belehrt wurde – Konzepte, die im alltäglich-lebensweltlichen Kontext eher bestärkt als erschüttert wurden – sollte er gleichzeitig in der deutschen Schule lernen, dass es keine andere Gesellschaft als die bürgerliche, kein anderes Vaterland als den Staat gab, dessen Untertan er sein sollte.

Indem sich der Moralunterricht in besonderem Maße der Reinterpretation des lebensweltlichen Erfahrungsraumes widmete, hatte er eine »aufklärend«-disziplinierende Funktion auch im Sinne einer diskursiven Neuordnung der bekannten Welt. Die kindlichen Leser, die im *Namenbüchlein* sowie im Lesebuch nicht als Juden, sondern als Untertanen angesprochen wurden, erfuhren erstmals von der Komplexität des Gesellschaftskörpers, von den Interdependenzen zwischen den sozialen Gruppen, von der Vielfalt der Pflichten in dieser Gesellschaft. Auf die nichtjüdische Außenwelt bezogene Handlungen, deren Begründungshorizont bisher allenfalls situativ oder im Rahmen begrenzter Bereiche durch den halachischen Grundsatz *dina de-malchuta dina* (Das Gesetz des Königreiches ist geltendes Recht) abgesteckt wurde,[108] wie zum Beispiel die Entrichtung von Steuern, erfuhren eine universelle Grundlegung durch rationale, die Handlung in den gesellschaftlichen Gesamtzusammenhang einbettende Argumentationen. Der Moralunterricht forderte von den Kindern eine Beziehung zu Herrscher und »Vaterland«. Schon allein die Konstituierung einer vaterländischen Zugehörigkeit sprengte den Rahmen traditioneller Normen. Der neue Untertanenbegriff reichte weit über das bisherige Verständnis von Obrigkeit hinaus. Die Grenzen der überkommenen, im *Cheder* gelehrten und im Alltag befestigten sozialen und moralischen Doktrinen wurden transzendiert. Auf die galizischen Juden angewandt und übertragen gesprochen, bedeutete dies: Die Welt der *Gojim* wurde zur »Gesellschaft«, die Plätze des unberechenbaren polnischen *Parits*, wie der adlige

---

106 Kestenberg-Gladstein, Neuere Geschichte der Juden in den böhmischen Ländern, 51.
107 Vgl. Katz, Tradition und Krise, 190.
108 Zum Grundsatz *dina de-malchuta dina* vgl. Elon, The Principles of Jewish Law, 710–715; Graff, Separation of Church and State, hier zur vormodernen Anwendung des Grundsatzes, 8–29, und zur Abgrenzung gegenüber den Gesetzen des reformabsolutistischen Staates, 40–53. Zur Funktion von *dina de-malchuta dina* als Ausgleichsprinzip gegenüber den Maßgaben fremder Herrschaft in der Diaspora vgl. Diner, Ubiquitär in Zeit und Raum, 17 f.

Grundherrscher genannt wurde,[109] und des entfernten und machtlosen polnischen Königs nahm ein allfordernder und potenter, andererseits aber auch berechenbarer Staat ein.

Aus der Perspektive der jüdischen Tradition betrachtet, war dies subversiv. Vor dem Hintergrund der ab Mitte der 1780er Jahre vonseiten des Staates betriebenen Auflösung der jüdischen Gemeindeautonomie, der Abschaffung der Rabbinatsgerichtsbarkeit und der 1788 erfolgten Ausdehnung der Wehrpflicht auf die jüdischen Untertanen erhielt die im deutschen Unterricht vermittelte Gesellschaftslehre eine besondere Brisanz, indem sie die sozialtheoretische Begründung dieses Wandels lieferte. Sowohl im deutschen Unterricht als auch im lebensweltlichen Alltag wurden die gewohnten Strukturen und Symbole, die überkommenen Macht- und Herrschaftsverhältnisse plötzlich infrage gestellt. Die gesamte Welt des Herkommens war im Umbruch.

Der Moralunterricht in den jüdischen deutschen Schulen Galiziens

Wie gestaltete sich der Lese- bzw. Moralunterricht in den Homberg unterstellten jüdischen Normalschulen Galiziens konkret? Während der Lektionskatalog der Prager deutsch-jüdischen Hauptschule vom Sommerkurs 1790 die Übung der »Schulgesetze«, eine »Einleitung in die Moral«, »Sittsamkeit« sowie ganz allgemein Unterricht in »Moral« aufwies,[110] fehlten in der von Joel Turnau im Mai 1794 vorgeschlagenen Stundenaufteilung der Lemberger jüdischen Hauptschule derartige Bezeichnungen. Anhand der vorstehenden Ausführungen sollte jedoch deutlich geworden sein, dass der Unterricht aus dem *Namenbüchlein* und dem Lesebuch in allen Trivial-, Haupt- und Normalschulen der Monarchie überwiegend identisch mit der moralischen Unterweisung der Kinder war. Auch die in das Lesebuch inkorporierten »Schulgesetze« waren Gegenstand der Leseübungen für die 1. Klasse an den jüdischen deutschen Schulen.[111]

Es ist zu vermuten, dass der Unterricht sich nicht auf das bloße Vorlesen der in Fabeln gekleideten Lehrstücke oder moralisierenden Verhaltensanwei-

---

109 *Parits* (häufig auch *porets*): Sinngemäß ein »Gewaltmensch«, eine amoralisch handelnde Person. Vgl. Bartal, The »Porets« and the »Arendar«.

110 Vgl. den bei Hecht, Die Prager deutsch-jüdische Schulanstalt, im Faksimile wiedergegebenen Lektionskatalog vom Sommerkurs 1790, 250. Alle moralischen Fächer wurden von Pincas Kollin unterrichtet. Die Schüler der vierten Klasse erhielten keinen Moralunterricht mehr. Hier lehrte Kollin stattdessen Naturgeschichte.

111 Stellungnahme Galls vom 23. August 1787, AVA, StHK, Kt. 106, 23 Galizien. Der Schulenoberaufseher Gall bemerkte zu dem (nicht überlieferten) Lektionskatalog Hombergs u. a.: »Die Schulgeseze, worin auch die Regeln der Sittsamkeit begriffen sind, können zur Leseübung in den ausgesetzten [= angegebenen] Stunden angewendet werden.« So gab es auch ein Hofdekret vom 16. Oktober 1787 an das Galizische Gubernium weiter. AVA, ebd.

sungen beschränkte, sondern dass der Lehrer anschließend das Vorgelesene interpretierte und mit den Schülern besprach. So jedenfalls forderte es Johann Ignaz Felbiger von den Normalschullehrern: Der Inhalt des zweiten Teils des Lesebuches solle »durch öfters wiederholtes Lesen, und fleißiges Befragen der Jugend [...] eingepräget werden«. Der Lehrer solle insbesondere den Teil der »Anleitung zur Rechtschaffenheit«, der das sittliche Verhalten der Menschen behandle, dazu nutzen,

»um die Sitten der Schüler daraus zu bilden; er muß das, was daselbst gesaget wird, brauchen, um ihre Fehltritte zu verbessern; er muß sie anleiten, danach sich zu verhalten; ihre Aufführung, so weit er nur immer davon Kenntniß erlangen kann, muß er in den für diesen Lehrgegenstand bestimmten Stunden mit diesen Regeln vergleichen [...] Der Lehrer sollte manches zur Erläuterung hinzuthun; deßhalben muß er gute Bücher von moralischem Inhalte lesen, passende und rührende Stellen, welche diese Gegenstände betreffen, sich anmerken, [her]ausziehen, und zur Erläuterung vortragen; er sammle sich selbst deutliche Begriffe, sinnliche Bilder für die Einbildungskraft, faßliche Beweise für den Verstand, und eindringende Beweggründe für den Willen, um dadurch seine Schüler zu belehren und zu bessern.«[112]

So lag vieles in der Hand des Lehrers, und vom Grad seiner Aufgeklärtheit und pädagogischen Befähigung hing es ab, welchen Charakter der Leseunterricht in den jeweiligen Schulen annahm. Bei vielen jüdischen Lehrern in der galizischen Provinz dürfte sich der Unterricht auf das mehr oder weniger mechanische Vorlesenlassen und allenfalls das Auswendiglernen bestimmter Textteile beschränkt haben. Doch wussten sie, was von ihnen erwartet wurde und waren in der Regel gut vorbereitet, wenn es darauf ankam. So berichtete der Schulkommissar des Duklaer Kreises Johann Gründich im November 1789 von seinem Besuch der jüdischen Trivialschule zu Dukla begeistert:

»Am 11 d[es] M[onats] wurde die Prüfung der Dukler jüd. Schule [vorgenommen], und H. Horschitzer [der Lehrer] trug das Lob eines fleißigen, und rechtschaffenen Lehrers davon. [...] Dem israelitischen Volke begreiflich zu machen, daß auch dieses verbunden sey im Nothfalle das Vaterland zu schützen, nahm H. Horschitzer die Vaterlandsliebe aus dem 2ten Theile [des Lesebuches] vor, worüber die Zöglinge bei der Prüfung auf die Fragen des Unterzeichneten so gute Antworten gaben, daß sie die zahlreichen Gäste in Verwunderung versetzt haben.«[113]

112 Methodenbuch für Lehrer der deutschen Schulen in den kaiserlich-königlichen Erbländern, 190.
113 Bericht über die Schulen des Kreises Dukla vom 30. November 1789, TsDIAL 146/3/2278 (CAHJP HM 2/9676.7). Im Jahr 1788 war die Militärpflicht für Juden eingeführt worden; darauf nimmt die Formulierung »im Notfalle das Vaterland zu schützen« Bezug. Im 6. Hauptstück des Teils über die »Vaterlandsliebe« des jüdischen Lesebuches hieß es u. a.: »Es ist die Schuldigkeit des Regenten, die Unterthanen gegen feindliche Anfälle zu beschützen; er hat das Recht jeden Unterthan zur Vertheidigung aufzufodern und zu brauchen. Der Schaden, der dem Staate auf einer Seite, oder einigen dessen Unterthanen geschieht, hat immer üble Folgen für den ganzen Körper und die übrigen Glieder; die Gefahr kann endlich auch die anderen treffen. Deßhalben

In den Schulen der Hauptstadt, die unter der direkten Aufsicht Hombergs standen, konnte die moralische Unterweisung im Unterricht deutlich aufgeklärte Züge annehmen. Homberg selbst trug mit für den Unterricht bestimmten Lehrtexten und Gebeten dazu bei. Wahrscheinlich ließ er, wie bereits bemerkt, den Lehrer der 3. Klasse der Lemberger jüdischen Hauptschule mit seinen Schülern das von ihm 1788 verfasste Sendschreiben behandeln, in dem er die Rabbiner und Vorsteher der galizischen Judengemeinden zu einer Reform des Religionsunterrichts aufforderte. Anlässlich des Türkenkrieges Josephs II. (1788–1790) verfasste Homberg patriotische »Kriegsgebete«, die, in einer Auflage von 1 000 Stück gedruckt, an den jüdischen Schulen Verwendung fanden.[114] Zwei von ihm 1788 entworfene »moralische Reden« waren jedoch offenbar so sehr im Geist der natürlichen Religion gehalten, dass die Studienhofkommission sie »zum Gebrauche der Schuljugend, welcher sie als Leseübung dienen sollten« für nicht geeignet hielt.[115] Wieweit sich Homberg in seinen für den Unterricht verfertigten Texten von der Tradition entfernen konnte, geht aus dem folgenden »Gebet nach dem Unterricht« hervor:

»Kindlich danken wir dir, o Urquelle der Wahrheit! Unser Geist hat schon wieder etwas erlernet, was ihm vorhin unbekannt war. Dein heiliger Wille ist erhaben, und deine Weisheit unerforschlich. Viel werden wir noch lernen müssen, ehe wir nur das geringste deiner Werke begreifen können. Wir unterlassen aber nicht, durch jeden neuen Schritt, den wir thun, der Erkenntniß deiner Grösse näher zu kommen. Verleihe uns ferner deinen väterlichen Beistand; denn ohne diesen würden wir straucheln, und von der Bahne der Tugend abkommen.«[116]

Hombergs Text unterschied sich deutlich von dem im jüdischen *ABC und Buchstabirbüchlein* enthaltenen »Gebet nach der Schule«, in dem der Beistand Gottes vor allem für den Erfolg des Lernens in der Schule – das Nicht-Vergessen des gerade Gelernten, seine tägliche fleißige Anwendung und den zukünftigen moralischen und praktischen Gewinn des erhaltenen Unterrichts – erbeten und Gottes Segen über den Landesfürsten, die Eltern, Lehrer und sonstigen »Gutthäter« des Schulwesens erfleht wurde.[117] Hier ging es im Wesentlichen um die praktisch-alltägliche Moral des Unterrichts; in Hombergs Gebet hingegen verband sich das Lernen mit einem höheren Zweck: der Erkenntnis der Wirksamkeit Gottes und dem Gewahrwerden seiner Größe durch die göttlichen Werke, mit denen der Schüler, »durch jeden neuen Schritt«, den er im Unterricht tat, also durch den Lernprozess, näher vertraut wurde. Das

---

müssen alle Glieder des Staats zur Vertheidigung beitragen, wenn gleich nur ein Theil des Staats vom Feinde angegriffen wird«. Lesebuch für die jüdische Jugend, 138.
114 Hofdekret vom 5. Januar 1790, AVA, HKP Galizien 1790, 4 (Januarius, Nr. 10).
115 Hofdekret vom 4. August 1788, AVA, HKP Galizien 1788, 467 f. (Augustus, Nr. 2).
116 Gebet nach dem Unterricht, Beilage zum Bericht Hombergs vom 10. Dezember 1790, AVA, StHK, Kt. 106, 23 Galizien. Das Gebet ist gedruckt und scheint einer Lehrbroschüre zu entstammen, die weitere Gebete und moralische Texte enthalten haben könnte.
117 ABC und Buchstabirbüchlein […] für die jüdische Jugend, 17.

physikotheologische Postulat von der Erkenntnis Gottes durch die Wunder seiner Schöpfung wurde auch von den *Maskilim* gerne verwendet; Homberg selbst hatte es bereits 1786 in seinem Gutachten zu Calimanis Katechismus ausgiebig bemüht. Hier erhielt es einen zusätzlichen pädagogischen Inhalt: Nur durch das fleißige Bemühen des Schülers um das Erkennen und Verstehen von Gottes Werken, im Unterricht vermittelt durch die Buchstabier- und Rechentafeln oder das Lesebuch, war wirkliche Gotteserkenntnis überhaupt erst möglich. Der Unterricht in der deutschen Schule war die Voraussetzung, dass sich ein jüdisches Kind einen adäquaten Begriff von der Größe Gottes und der Herrlichkeit seiner Schöpfung machen konnte, ihm kam also durchaus ein religiöser Wert zu! Aus traditioneller jüdischer Sicht musste dies als gotteslästerlich erscheinen. Aber Homberg ging noch einen Schritt weiter, indem er die Schüler nach dem Unterricht Gott darum bitten ließ:

»Vor allem aber lehre uns, *alle Mitmenschen brüderlich zu lieben; sie mögen deinen heiligen Namen verehren, auf was für Weise sie wollen. Denn sie sind ja alle deine Kinder; du blickst auf alle mit gleicher Huld herab; du züchtigst sie mit gleicher Gerechtigkeit, und segnest sie mit gleicher Liebe. Schenke sodann allen dein Licht, damit alle glücklich hier, und seelig dort werden.* Amen.«[118]

Hier nahm Homberg eine universalistische Position ein, die weit über die in der jüdischen Tradition verankerte Forderung nach Nächstenliebe hinausging. Vor allem durch die jene Aufforderung zur Menschenliebe begründende Postulierung einer moralischen und heilsrelevanten Gleichwertigkeit aller Menschen vor Gott, unabhängig von deren Glauben, durch die Aufgabe eines partikularen jüdischen Heilsanspruchs, musste sich der Oberaufseher den Zorn der galizischen Juden zuziehen. Homberg selbst berichtet hierüber – mit unverkennbarem Sarkasmus – in seinem Bericht vom 10. Dezember 1790:

»Doch auch diese Gleichgiltigkeit [der jüdischen Eltern] in Ansehung jener Gegenstände [des rein instrumentell aufgefassten Unterrichts in der deutschen Sprache] verliert sich nicht selten beim moralischen Unterricht, wenn z. B. die Nächstenliebe im ausgedehnten Umfange o[der] d[er] gl[eichen] abgehandelt wird, was dem ersten Anblick nach mit den durch Jahrtausende genährten Begriffen unvereinbarlich scheint [...] Das beiliegende Schulgebet, so die Oberaufsicht mit vielem Vorbedacht nicht in einen Lehrvortrag sondern in ein Gebet einkleidete, hat gleichwohl manche Widersacher gefunden: und dennoch scheinet es höchst nöthig, diese so heilsame Lehre von der *Liebe zu Andersdenkenden* der Jugend auf eine, oder die andere Art einzuflößen. Indessen hat man diejenige Form gewählt, die am wenigsten zu gewissen Fragen und Antworten zwischen Schüler und Lehrer führt, bei welchen manches hätte ans Licht gezogen werden müssen, das, ärgerlichen Ausdeutungen auszuweichen, im dunkelsten Schatten bleiben sollte.«[119]

118 Beilage zum Bericht Hombergs vom 10. Dezember 1790, AVA, StHK, Kt. 106, 23 Galizien (Hervorhebung im Original, dort unterstrichen).
119 Bericht Hombergs, ebd. (Hervorhebung im Original, dort unterstrichen).

Die Ablehnung der jüdischen deutschen Schulen durch die galizischen Juden war also durchaus den Inhalten geschuldet, die im Unterricht vermittelt wurden. So mag neben anderen Ursachen auch der Moralunterricht ein Grund dafür gewesen sein, dass viele jüdische Eltern ihre Kinder nicht zur Schule schickten. Dies ist möglicherweise eine Erklärung für das Fehlen entsprechender Bezeichnungen im Curriculum der Lemberger Hauptschule von 1794. Anstatt die Fächer »Einleitung in die Moral« und »Sittenlehre« zu nennen, wie es – das Prager Beispiel steht dafür – noch um 1790 der Fall gewesen sein mag, benutzte der jüdische Hauptschullehrer Joel Turnau beim Zusammenstellen des neuen Lektionskatalogs lieber die neutralen Bezeichnungen »Erklären des Gelesenen« bzw. einfach »Lesebuch«, wahrscheinlich in der Hoffnung, dass dann die Eltern, Vorsteher und Rabbiner sich mit dem solcherart verborgenen Unterrichtszweck eher abfinden würden.

2.2 Kampf um den *Cheder:* Das Bemühen um die Reform der traditionellen Erziehung

Das unvollständige Curriculum

Im vorangegangenen Kapitel wurde deutlich, dass der Unterricht in den jüdischen deutschen Schulen über die Vermittlung von Lese- und Schreibfähigkeiten hinaus zwei weitere Bereiche abdeckte, die sowohl auf der edukativ-disziplinierenden Agenda des Staates standen als auch Teil eines »polizierten« maskilischen Bildungsprogramms waren. Im Moralunterricht und im Bemühen um die »reine« deutsche Aussprache trafen sich die Interessen der aufgeklärten Beamten in der Studienhofkommission und die des Aufklärers und Pädagogen Homberg. Beiden Seiten lag die sittliche »Verbesserung« der galizischen Juden am Herzen, die durch die moralischen Maximen der »Anleitung zur Rechtschaffenheit« sowie durch die Reinigung der Begriffswelt über eine Läuterung der Sprache erreicht werden sollte. Neben diesen Überschneidungen musste der *Maskil* im Curriculum der Schulen jedoch zwangsläufig eine Reihe von Desiderata feststellen. Zwar transportierte der Moralunterricht die Vorstellungen von den erwünschten Eigenschaften des Untertanen und von den sozialen und ethischen Werten der Gesellschaft, nicht zuletzt auch die Idee bürgerlicher Tugenden. Doch der Boden hierfür war nach Auffassung Hombergs noch nicht bereitet: Es fehlte eine aufgeklärte Religion bzw. ein Unterricht, der zur Läuterung der religiösen Vorstellungen der jüdischen Jugend beitragen konnte. Eine auf die Bedürfnisse und Fähigkeiten der Kinder zugeschnittene sowie an fasslichen und rationalen Begriffen orientierte religiöse Erziehung gehörte neben der Vermittlung von säkularem Wissen zu den Kernbestandteilen des maskilischen Bildungskanons. In der

Beurtheilung von 1783 und im Gutachten zum Katechismus Calimanis aus dem Jahre 1786 war Homberg weit über die Intentionen Wesselys hinausgegangen, indem er die Unterscheidung zwischen einer die moralischen Gehalte des Judentums transportierenden »Religion« und dem zeremoniellen »Gesetz« propagiert und nach einer institutionellen Trennung zwischen dem »Religionsunterricht« für alle Kinder und dem den zukünftigen Rabbinern vorbehaltenen Talmudstudium verlangt hatte. Doch weder jene »polizierte«, am zeitgenössischen kameralistischen Diskurs ausgerichtete Variante eines reformierten »hebräischen Curriculums« noch die »moderate« Version Wesselys fanden sich in Galizien verwirklicht.

Das Normalschulcurriculum bot keinen Raum für einen nach Hombergs Geschmack gestalteten Religionsunterricht. Den Prämissen der josephinischen Toleranz geschuldet, mischte sich der Staat einstweilen nicht in die religiöse Erziehung der geduldeten Minderheit ein. Die Unterweisung der jüdischen Kinder in der Tora fand weiterhin auf hergebrachte Weise statt: Unter der partiellen Aufsicht des *Kahal* unterrichteten die *Melamdim* die jüdischen Jungen in den Lehrstuben nach einem abgestuften System. Anfang der 1780er Jahre unterwiesen in Lemberg 21 Kinderlehrer (*Melamde dardake*) insgesamt 735 Knaben im Alter von vier bis sieben Jahren im hebräischen *Alefbet*, den Gebeten und den Grundlagen der Bibel. 14 »Pentateuch-« oder »Bibel-Lehrer« (*Melamde chummasch*) erteilten insgesamt 280 Jungen im Alter von sieben bis zehn Jahren Unterricht in der Lektüre des Pentateuch, im Raschi-Kommentar zur Tora und in der Mischna. 132 Schüler im Alter von zehn bis 13 Jahren besuchten die *Chadarim* der elf Talmudlehrer (*Melamde gemara*) und wurden hier im gesamten Talmud samt Kommentaren unterwiesen. Insgesamt 46 *Melamdim* erteilten demnach 1 147 Schülern Unterricht. Ein Fonds zur Dotierung der Lehrer bestand nicht. Die Lehrer wurden überwiegend direkt von den Eltern bezahlt. Zur Unterrichtung armer Kinder steuerte der Talmud-Tora-Verein eine geringe Summe bei. Auf der untersten Stufe standen dem *Melamed* bei einer Klassenstärke von dreißig bis vierzig Knaben drei bis vier »Behelfer« zur Verfügung. In der Mittelstufe wurden pro Klasse etwa zwanzig Kinder vom Lehrer mithilfe von ein oder zwei Assistenten unterrichtet. Die Klassenstärke eines Talmudlehrers betrug selten mehr als zehn Schüler; ihm stand, wenn überhaupt, ein einziger Behelfer zur Seite.[120] Im Jahr 1795 gab es in Lemberg bereits 85 Lehrstuben, in denen 1 574 jüdische Knaben lernten.[121] Die Brodyer Gemeinde unterhielt schon im Sommer 1790

---

120 Angaben nach Wolf, Lehrerseminare in Galizien, 147 f. Wolf liefert keine Quellenangaben. Die Zahlen seien Antworten entnommen, die – offenbar vom Lemberger Gubernium – auf Fragen der Studienhofkommission nach den Unterrichtsverhältnissen der Lemberger Juden gegeben worden seien. Auch das Jahr, aus dem die Quelle stammt, wird von Wolf widersprüchlich angegeben. Heißt es ebd., 147, das Dokument erteile Auskunft, »wie die Unterrichtsangelegenheiten der israelitischen Jugend in Lemberg im Jahre 1781 bestellt waren«, so bezieht Wolf die Angaben auf S. 148 auf das Jahr 1786.
121 Vgl. Bałaban, Herz Homberg i Szkoły Józefińskie dla Żydów w Galicyi, 36.

die »erstaunliche Menge« von hundert »Religionslehrern« und 75 Assistenten.[122]

Die unreformierte Existenz einer solch großen Zahl von traditionellen Lehrstuben muss Homberg ein Gräuel gewesen sein; darauf verweisen seine häufigen Invektiven gegen das traditionelle Erziehungssystem. In den *Chadarim* herrschte nach Auffassung Hombergs das pädagogische Chaos, waren die Lehrer weit davon entfernt, den Kindern einen systematischen und auf ihre Erkenntnisfähigkeiten zugeschnittenen Unterricht zu bieten. Hier dominierten die von Homberg seinerzeit beklagte »Einförmigkeit des Stoffes« – der Talmud –, irrationale Exegesemethoden und der »verdorbene Jargon« der polnischen Juden, der nach Auffassung der *Maskilim* den Kindern das rechte Verständnis der Tora unmöglich machte und ihnen dadurch den Zugang zu den erhabenen, moralischen Lehren der jüdischen Religion verwehrte. Als jüdischer Aufklärer und österreichischer Beamter musste Homberg die Verbreitung der deutschen Sprache unter den Juden durch den Normalschulunterricht willkommen heißen. Doch was geschah außerhalb der deutschen Schule? Untereinander und zu Hause mit ihren Eltern sprachen die Schüler weiterhin Jiddisch, und vor allem in den Lehrstuben erfolgte die religiöse Erziehung mittels der von den *Maskilim* verachteten Sprache, wenngleich das galizische jüdische Kind, anders als der von Friedländer in seiner Übersetzung der *Divre Schalom we-Emet* bedauerte »deutsche Knabe«, keine Schwierigkeiten gehabt haben sollte, zumindest die Worte des »polnischen Lehrers« zu verstehen.[123]

Die »Reinheit« der Sprache im Kontext der religiösen Erziehung stellte also ein weiteres Desiderat des maskilischen Curriculums dar. Homberg musste daran gelegen sein, die deutsche Sprache auch in die *Chadarim* zu exportieren. Doch bildete im pädagogischen Kanon der *Maskilim* das Deutsche bzw. die »Landessprache« nur den einen Teil des Sprachenpaares, das als linguistisches Korrektiv gegenüber dem »Jargon« platziert wurde. Der andere, ein von »rabbinischen Zusätzen« freies und grammatisch korrektes Hebräisch, hatte jedoch per se keinen Anspruch auf Berücksichtigung im Lehrplan für die jüdischen Kinder Galiziens, da die staatliche Sprachenpolitik auf den Nichtgebrauch der jüdischen Sprachen im öffentlichen Verkehr hinarbeitete. Wenn auch offiziell nicht die Abschaffung des Hebräischen – vor allem nicht im rituellen Bereich – beabsichtigt war, so konnten doch die staatlichen Behörden kaum ein Interesse an einer Stärkung dieser Sprache haben. Hiermit hatte sich Homberg abzufinden; hätte er eine verstärkte Berücksichtigung des Hebräischen gefordert, hätte er sich damit in einen Gegensatz zu den staatlichen Erziehungszielen und -prämissen begeben. Es hat den Anschein, dass er jene Prämissen antizipierend bereits in seinem »italienischen Programm« berücksichtigt hatte, da weder in der *Beurtheilung* noch in dem Gutachten zu

---

122 Bericht Hombergs vom 10. Dezember 1790, AVA, StHK, Kt. 106, 23 Galizien.
123 Worte der Wahrheit und des Friedens, 178.

Calimanis *Esame* von einem verbesserten Unterricht in der hebräischen Sprache die Rede war.[124]

Während seiner Zeit als Lehrer an der Triester Scuola Pia Normale hatte Homberg den annähernd idealen Zustand erlebt, dass sich Normalschulunterricht und religiöse Unterweisung unter dem Dach *einer* öffentlichen Schule unterbringen ließen. Zwar erfüllten in beiden Bereichen die Curricula nicht völlig die pädagogischen Erwartungen der *Maskilim*,[125] doch waren es das Nebeneinander von säkularen und religiösen Fächern und das – allerdings schon in der Tradition der italienischen Juden begründete – rationalistische Gepräge des Religionsunterrichts sowie die Verwendung der Landessprache, des Italienischen, als Unterrichtssprache, welche die Triester Schule als ein echtes Vorbild für die Erziehung der jüdischen Jugend erscheinen ließen. Die galizische Wirklichkeit war mit ihrer strikten Trennung zwischen der Normalschulsphäre und der traditionellen *Cheder*-Unterweisung selbst von dem Triester Kompromiss weit entfernt. Das maskilische Bildungsprogramm war mit den Normalschulen nicht einmal zur Hälfte verwirklicht. Die Schubkraft, die die österreichische Politik den Bemühungen der Aufklärer um eine Reform der jüdischen Erziehung verlieh, betraf allenfalls die Breite des Unternehmens, seine geografische Ausdehnung und die Zahl der einzurichtenden Schulen. Qualitativ blieb das josephinische Projekt deutlich hinter den Erwartungen der *Maskilim* zurück. Mit der Übertragung des Aufseheramtes an Homberg war jedoch ein *Maskil* in eine Schlüsselposition dieses Projekts gelangt, zumal ein Aufklärer, der über ein dezidiertes Programm zur Reform der jüdischen Erziehung verfügte. Eine praktizierte Aufklärung, wie sie Homberg vorschwebte und wie sie vor dem Hintergrund des ihm übertragenen Amtes in Galizien erreichbar schien, musste zunächst vor allem die Reform des Religionsunterrichts zu verwirklichen suchen. Eine entscheidende Frage war, wie sich der Staat hierbei verhalten würde.

---

124 Hombergs tatsächliche Einstellung zur hebräischen Sprache und zur Verwendung derselben bei der religiösen Erziehung jüdischer Kinder bzw. im maskilischen Diskurs lässt sich nicht mit wenigen Worten beschreiben. Festzuhalten bleibt an dieser Stelle, dass er sein erstes Manuskript für ein Religionslehrbuch Mitte der 1790er Jahre auf Deutsch und Hebräisch verfasste und dass sein Lehrbuch *Imre Schefer* im Jahr 1808 ebenfalls in beiden Sprachen erschien. Sein Kommentar *Ha-korem* zur Tora und zu den Prophetenbüchern der Jahre 1817/1818 zeigt, dass Homberg die hebräische Sprache auch später hoch schätzte und im Rahmen rational-aufgeklärter Bibelhermeneutik verwendete.
125 Vgl. Dubin, The Port Jews of Habsburg Trieste, 134–137.

Die Haltung staatlicher Beamter zu einer Reform des jüdischen »Religionsunterrichts«

Wie bereits gezeigt, war die Haltung des aufgeklärt absolutistischen Staates zur traditionellen Erziehung der Juden durch eine gewisse Ambivalenz gekennzeichnet. Die Prinzipien der Toleranz und Religionsfreiheit erlegten dem Staat in diesem Bereich einerseits Zurückhaltung auf; andererseits sahen die aufgeklärten Beamten im jüdischen Erziehungssystem, insbesondere im Talmudunterricht, den Grund für die Perpetuierung der angeblichen moralischen und sozialen Defizite der Juden, ihres »Religionsegoismus« und ihrer Weigerung, sich der christlichen Mehrheitsgesellschaft anzuschließen. Die Ausnahmeklausel in Dohms Diktum von der Unangebrachtheit staatlicher Einmischung in den Religionsunterricht der Juden – es sei denn, dass es nötig wäre, »zu verhindern, daß [...] ungesellige Gesinnungen wider die Andersdenkenden durch ihn fortgepflanzt würden«[126] – zeigte die Möglichkeiten des Staates auf, trotz selbstverordneter Toleranz in die religiöse Erziehung der Juden einzugreifen, denn »ungesellige Gesinnungen wider die Andersdenkenden« waren geeignet, das gemeine Wohl zu beeinträchtigen und die Stabilität der gesamten Gesellschaft zu unterminieren.

Dohms Ausnahmeklausel fand durchaus ihre Bestätigung in der Praxis. In Breslau intervenierte der preußische Staat im Bereich der traditionellen jüdischen Erziehung und ordnete die Einbeziehung des Religionsunterrichts in den Lehrplan der Königlichen Wilhelmsschule an.[127] Im habsburgischen Fall wich Joseph II. selbst deutlich von seinem Prinzip der »Nichteinmengung in das Religionsfach« ab, als er im Toleranzpatent für die ungarischen Juden die Unterstellung des jüdischen Religionsunterrichts unter staatliche Aufsicht anordnete und dessen Einordnung in das Normalschulcurriculum befahl. Mit der Bestimmung, in diesem Religionsunterricht die »Grundzüge« des jüdischen Glaubens von dafür qualifizierten Lehrern unterrichten zu lassen, und mit dem Verbot zusätzlicher religiöser Unterweisung außerhalb der öffentlichen Schulen war das Gesetz geeignet, die traditionelle Erziehung in ihrem Kern zu treffen.[128] In ihrem Angewiesensein auf die Kooperation der tradi-

---

126 Dohm, Über die bürgerliche Verbesserung der Juden, 120.
127 Vgl. Dietrich, Die Rolle des preußischen Staates bei der Reform des jüdischen Schulwesens, 189–198. Der Unterricht an der Wilhelmsschule sollte mit dem Ziel der »bürgerlichen Verbesserung« durchaus darauf hinwirken, dass »der Jude leichtsinniger gegen seine Religions-Gebräuche wird«, wie dies der zuständige Regierungsrat Friedrich Albert Zimmermann ausdrückte (ebd., 190). Das Curriculum der auf staatliche Initiative entstandenen und unter staatlicher Aufsicht stehenden Schule umfasste neben den säkularen Fächern auch Unterricht in Hebräisch, in der Bibel und im Talmud – letzterer wurde gar auf eine komprimierte und rationalisierte Weise gelehrt, allerdings mit dem Ergebnis, dass die Schüler dem Talmudunterricht fernblieben.
128 Vgl. Karniel, Die Toleranzpolitik Kaiser Josephs II., 433–435 und Wortlaut der entsprechenden Bestimmungen des Toleranzpatents, 580 f. In der Praxis scheinen diese Vorschriften al-

tionellen jüdischen Eliten bei der Verbreitung des Normalschulunterrichts achteten der Kaiser und seine Beamten jedoch in den anderen Ländern der Monarchie darauf, dass nicht der Eindruck entstünde, der Staat ziehe Bereiche an sich, die der rituellen Prärogative der Gemeinden unterstanden. Wie vorsichtig sich der Staat zum Beispiel im Fall der böhmischen Juden bewegte, zeigt das Vorgehen bei der Abfassung des Lesebuchs für die jüdische Schulanstalt in Prag.[129] Im Fall einer moderat aufgeklärten und kooperierenden Gemeinde wie derjenigen Triests war es immerhin möglich, das traditionelle neben dem Normalschulcurriculum in einer öffentlichen Schule unter der gemeinsamen Aufsicht des Guberniums und der Vorsteher zu etablieren, ohne Widerstand vonseiten der Juden hervorzurufen. Aber dies war eine Ausnahme.[130]

Grundsätzlich schreckte der josephinische Staat davor zurück, Inhalte in die Erziehung der jüdischen Jugend hineinzutragen, die zu offensichtlich als Produkt der Haskala zu identifizieren waren. Die Pentateuchübersetzung Mendelssohns und der dazugehörige *Bi'ur* blieben aus dem Curriculum der deutschen Schulen in Triest, Prag, Pressburg und Lemberg verbannt.[131] Zum einen hätte ihre Einführung zu deutlich dem Prinzip der Nichteinmischung in die religiöse Erziehung widersprochen. Vor dem Hintergrund der in den Jahren zuvor ausgetragenen, außerordentlich erhitzten und von gegenseitigen Invektiven und rabbinischen Banndrohungen gekennzeichneten Auseinandersetzung um Mendelssohns Übersetzung wollten die Behörden nicht zusätzlich Öl ins Feuer gießen und den Widerstand der traditionellen jüdischen Elite gegen die deutschen Schulen herausfordern.[132] Ein anderer Grund für die Absenz der Mendelssohn'schen Übersetzung und des *Bi'ur* im Erziehungsprogramm des Staates war die seit jeher verbreitete Furcht, durch zu viel Aufklärung deistische Glaubensgrundsätze verbreiten zu helfen. Die Reaktion Josephs II. auf den von Ignaz Fessler, Professor für Altes Testament und Orientalistik an der Universität Lemberg und Zensor hebräischer Schriften in Galizien, im Jahr 1787 an ihn herangetragenen Vorschlag, in der von den Juden verwendeten Bibel an Stelle des Raschi-Kommentars die Übersetzung Mendelssohns drucken zu lassen, war charakteristisch für diese Haltung: »Das geht nicht an, Mendelssohn war ein Naturalist, und ich will nicht, daß meine Juden Naturalisten werden.«[133]

---

lerdings kaum beachtet worden zu sein. In Pressburg zum Beispiel beinhaltete das Curriculum der deutschen Schule keinen Religionsunterricht; vgl. Hecht, »Gib dem Knaben Unterricht nach seiner Weise«, 130.
129 Siehe oben.
130 Vgl. Dubin, The Port Jews of Habsburg Trieste, 98–117.
131 Vgl. Silber, The Enlightened Absolutist State and the Transformation of Jewish Society, 4–6.
132 Zur Auseinandersetzung um Mendelssohns Pentateuchübersetzung vgl. Altmann, Moses Mendelssohn, 381–383; Feiner, The Jewish Enlightenment, 130–132; ders., Mosche Mendelssohn, 104–106.
133 Ignaz Aurelius Fessler, Dr. Fessler's Rückblicke auf seine siebzigjährige Pilgerschaft. Ein

In Böhmen, Mähren und Galizien blieben der institutionelle Rahmen der traditionellen jüdischen Erziehung, das dreistufige *Cheder*-System, und die in ihm vermittelten Inhalte praktisch unangetastet und vom Normalschulsystem getrennt. Dies schwächte jedoch nicht den Wunsch der österreichischen Administration, Einfluss auf den Religionsunterricht der Juden zu nehmen, um sie von ihrem »talmudischen Aberglauben« und ihren »schädlichen« Gesinnungen abzubringen. Tradierte Judenfeindschaft konnte sich dabei in das Gewand aufgeklärt-utilitaristischer Gesinnungen kleiden, wie das Beispiel des Lemberger Gubernialrats von Kortum zeigt. Dieser berichtete 1787 in einer »Kreisbereisungsrelation« über den »jüdische[n] Schulunterricht und die Schädlichkeit der [jüdischen] Nazion, wenn selbe über Hand nimmt«. Der Beamte gab seiner Auffassung Ausdruck, dass die galizischen Juden durch den Normalunterricht allein nicht »bessere Staatsglieder werden, als sie es dermalen sind«. Der Staat solle seine Aufmerksamkeit vielmehr vorrangig auf die religiöse Erziehung der Juden richten, denn »die Schädlichkeit ihrer dermaligen Existenz läge nicht in dem Mangel der Kenntnisse, die in Normalschulen gelehrt werden, sondern in ihren politischen Religionsgrundsätzen«. Kortum schlug vor, im Unterricht statt des »dermal eingeführten Lesebuchs« eine deutsche Übersetzung des Alten Testaments zu behandeln, da sich die Kinder auf diese Weise eher mit dem »deutschen als hebräischen Text der Bibel bekannt machen« würden.[134]

Auch andere hohe Beamte, darunter der Prager Gubernialrat Josef Anton von Riegger (1743 – 1795), verlangten nach einer staatlichen Intervention im Bereich der traditionellen jüdischen Erziehung.[135] Der Jurist, vormalige Professor an den Universitäten zu Freiburg und Prag und bekennende Freimaurer war seit 1785 Schulreferent der böhmischen Landesregierung und damit auch für das jüdische Normalschulwesen zuständig. In einem Gutachten vom April 1786 äußerte er sich zur »äußerst verdorbenen Moralität der Juden«, als deren Manifestationen er die jüdische Neigung zum Wucher, die Dominanz der Juden im Handel und die Gleichgültigkeit gegenüber dem Vaterland ansehen wollte.[136] Die Ursachen für die Sittenlosigkeit der Juden erblickte er in ihrer traditionellen Erziehung: Neben dem inkriminierten Lehrgegenstand selbst, dem Talmud, waren es die fehlende Systematik des Unterrichts, seine päd-

---

Nachlass an seine Freunde und an seine Feinde, Breslau 1824, 204, zit. nach Barton, Jesuiten, Jansenisten, Josephiner, 391. Fessler war im Jahr 1785 zum Zensor »aller in Galizien erscheinenden hebräischen und jüdischen Bücher« ernannt worden. Dieses Amt behielt er bis zu seinem Weggang aus Lemberg im Jahr 1788. Vgl. ebd., 353 f. Anschließend wurde dieser Posten Homberg übertragen.

134 Vortrag der böhm.-österr. Hofkanzlei vom 10. Juli 1787, AVA, StHK, Kt. 79, 17 Galizien in genere. Hier wird die »Kreisbereisungsrelation« von Kortums in aller Ausführlichkeit referiert. Der genaue Zeitpunkt der Visitationsreise des Gubernialrats wird jedoch nicht genannt.

135 Vgl. Singer, Zur Geschichte der Juden in Böhmen in den letzten Jahren Josefs II. und unter Leopold II., bes. 193 – 203 und 271 f.

136 Vgl. ebd., 195.

agogische Mangelhaftigkeit und vor allem die jiddische Sprache, die seiner Auffassung nach die Aufklärung und moralische Verbesserung der Juden behinderten. Rieggers Darstellung des jüdischen Unterrichtswesens ähnelte auf verblüffende Weise der Kritik, die die jüdischen Aufklärer gegen die traditionelle Erziehung vorbrachten.[137] Zunächst klagte der böhmische Gubernialbeamte darüber, dass ein jüdisches Kind, sobald es zu reden beginne, die hebräischen Segenssprüche lernen müsse,

> »welche die Juden bei dem Aufstehen aus dem Bette, bei Anziehung eines jeden Kleidungsstückes, beim Genusse dieser oder jener Gattung von Speiß und Trank herzusagen pflegen, und welche das Kind durch tägliche Übung, freilich ohne zu verstehen, was es plappert, fleißig erlernet; im dritten oder längstens im vierten Jahre seines Alters wird das Kind zu einem jüdischen Lehrmeister geschickt [...], wo es die Kenntnisse der hebräischen Buchstaben, und vocalpunkten samt der sehr groben, fehlerhaften, und nur unter den Juden üblichen Aussprache erlernet.«[138]

Das Lesen im *Siddur* und das Auswendiglernen der Gebete erfolge, ohne dass das Kind den Sinn der hebräischen Worte erläutert bekomme; auf die gleiche Weise werde auch der Pentateuch behandelt: Der Lehrer lese dem Knaben Vers für Vers vor und liefere ihm gleich darauf »in der groben jüdischen Mundart« die ungenaue Übersetzung ins Jüdisch-Deutsche. Auf diese Weise lerne das Kind die hebräische Sprache nur durch den Gebrauch und nicht auf systematische Weise. Nach Beendigung seines unvollkommenen Bibelstudiums nehme der Knabe mit dem Lehrer den »eine[n] oder andere[n] talmudische[n] Traktat« auf dieselbe Weise durch. Im Unterricht, »wie auch zu Haußse, im Umgang mit andern Kindern, und überhaupt aller Orten wird keine andere als die jüdischdeutsche korupte misch-maschsprache geredet, und es giebt eine Menge jüdischer Kinder, welche viele hundert Dinge nicht mit ihrem deutschen Namen [...] zu nennen wissen«.[139]

Im Talmud und seiner Tradierung erblickte Riegger das Hauptübel der jüdischen Erziehung, wobei er sich die bei zeitgenössischen Theologen und Orientalisten verbreitete Unterscheidung zwischen rabbinischem und »Mosaischem Recht« und die damit verbundene Behauptung von der Minderwertigkeit der *Halacha* gegenüber dem »alttestamentarischen« Gesetz zu Eigen machte:[140]

> »Mit Erlernung dieser oder jener Talmudischen Traktate, wird der Jud vorzüglich beschäftigt, erfüllet sein gedächtniß mit 100 Vorurtheilen, Fabeln und unzähligen anderen, den Verstand verfinsternden, alle Aufklährung verhindernden Dingen aus.

---

137 Singer vermutet, dass einer der Lehrer an der Prager jüdischen Schulanstalt, der Maskil Moses Wiener, Riegger mit den entsprechenden Informationen über das Erziehungswesen der Juden versorgt hatte. Vgl. ebd., 271, Anm. 7.
138 Zit. nach ebd., 195 f.
139 Zit. nach ebd., 196.
140 Vgl. Gotzmann, Jüdisches Recht im kulturellen Prozess, 56–59.

Es ist aber der Talmud bei den Juden divinae authoritatis und in einem höheren Ansehen als das alte Testament selbst, und in der collision 2 geboten eines Mosaischen und Talmudischen wird immer dieses letztere dem ersteren vorgezohen.«[141]

Die Juden würden sich den Talmud niemals nehmen lassen und eher ihr Vermögen oder gar ihr Leben zu opfern bereit sein, »als von diesen vermeintlichen göttlichen Lehrsätzen, sie mögen noch so fabulos seyn«, abzuweichen. Der Unterricht in den deutschen Schulen sei zwar an sich nützlich, so Riegger, doch werde er allein keineswegs zur Besserung der jüdischen Moralität beitragen, da er nicht in die Herzen der Kinder dringe. Solange nicht ihr Religionsunterricht selbst verbessert werde, »so lange noch talmudische Erziehung auf sie Eindruck machen wird«, solange würden die Juden aus den deutschen Schulen eher als Heuchler denn als »wahrhaft gebesserte Menschen« hervorgehen.[142]

Ausgehend von seiner Kritik an der traditionellen jüdischen Erziehung schlug Riegger unter anderem vor, jüdische Religionslehrer nur noch dann zuzulassen, wenn diese »soviel möglich gut unterrichtet, aufgekläret, und zu diesem Endzwecke geprüfet wären«.[143] Der Gebrauch der jüdisch-deutschen Sprache sei gänzlich abzustellen; daher dürften auch keine Bücher mehr in dieser Sprache gedruckt oder eingeführt werden. Schließlich sei es »nicht minder zu wünschen, daß der jüdische Religionsunterricht in den deutschen Schulen und zwar deutsch vorgetragen und erkläret würde«.[144]

Rieggers Gutachten wurde von der Studienhofkommission im August 1786 erörtert; es war der als besonders tolerant gegenüber den Juden geltende Hofrat Franz Salesius von Greiner (1730–1798),[145] der zu den Vorschlägen des Prager Gubernialrats Stellung nahm. Greiner äußerte sich mit einer gewissen Zurückhaltung und Vorsicht, die generell die Haltung der Wiener Hofbehörden bei diesem Gegenstand kennzeichnete. Die durch Jahrtausende ausgeprägten Charaktereigenschaften der Juden ließen sich, so Greiner, nicht in kurzer Zeit verändern. Allein Geduld und eine »behutsame Untergrabung der Vorurtheile« könnten eine allmähliche Besserung bewirken; »voreilige oder gewaltsame Mittel« würden hingegen eher schaden und »durch Aufreitzung der Halsstärrigkeit dieser Nazion Hemmung der Aufklärung gewisser als Beförderung« bewirken. Bei aller Reserviertheit pflichtete Greiner jedoch ei-

---

141 Zit. nach Singer, Zur Geschichte der Juden in Böhmen in den letzten Jahren Josefs II. und unter Leopold II., 196.
142 Zit. nach ebd., 197.
143 Zit. nach ebd., 198. Die Forderung nach einer ordentlichen Ausbildung und staatlichen Prüfung jüdischer Religionslehrer konnte sich auch auf das Beispiel der katholischen Katecheten stützen, die eine Ausbildung in der Normalmethode zu absolvieren und sich einer entsprechenden Prüfung zu unterziehen hatten.
144 Vgl. ebd., 198 f.
145 Zu ihm vgl. Wurzbach, Deutsche Biographie, Bd. 5, 326 f., zu Greiners Einsatz zugunsten der Juden in der josephinischen Toleranzdebatte vgl. Karniel, Die Toleranzpolitik Kaiser Josephs II., 212, 396–399.

nigen der Vorschläge Rieggers hinsichtlich des jüdischen Religionsunterrichts bei, so der Erteilung des Unterrichts durch geprüfte Lehrer; auch sollte ausschließlich an öffentlichen Schulen unterrichtet werden. Greiner befürwortete die von Riegger vorgeschlagene Vereinigung der Religionsschulen mit den Normalschulen unter Aufsicht des Schuloberaufsehers und entsprechend ausgebildeter und geprüfter jüdischer Schulvorsteher. Für besonders wichtig hielt der Hofrat die Einführung eines einheitlichen und systematischen Lehrbuchs für den jüdischen Religionsunterricht. Zwecks Abstimmung und »einverständlicher Ausarbeitung« eines solchen Religionslehrbuches wie auch der anderen, in den jüdischen deutschen Schulen zu verwendenden Schulbücher empfahl Greiner, dass sich der aufgeklärte und hierzu offenbar befähigte Prager jüdische Lehrer Moses Wiener mit einem Mann in Verbindung setzen sollte, der sich anscheinend durch entsprechende Ideen bereits einen Namen gemacht hatte – mit dem »jüdischen Lehrer der Triester Schulen Herz Homberg«.[146]

Der Ausgang der Diskussion in der Studienhofkommission sowie der Beschluss des Kaisers in dieser Sache sind nicht überliefert.[147] Doch sollte anhand der hier wiedergegebenen Positionen des einflussreichen Wiener Hofrats Greiner und der nachgeordneten Gubernialräte Kortum und Riegger deutlich geworden sein, dass innerhalb des aufgeklärten Habsburger Beamtenapparats Stimmen laut werden konnten, die sich über das Nichteinmischungsprinzip hinwegsetzten und eine Intervention des Staates in den Bereich der jüdischen religiösen Erziehung forderten.[148] An dieser Stelle konnte es zu einer Interessenkonvergenz zwischen staatlichen Beamten und solchen *Maskilim* wie Homberg oder Wiener kommen, die ihr pädagogisches Programm selbst bereits den Positionen des kameralistischen Diskurses angepasst hatten. Grundsätzlich konnten, wenn es um Fragen des Lehrstoffes, der

---

146 Zit. nach Singer, Zur Geschichte der Juden in Böhmen in den letzten Jahren Josefs II. und unter Leopold II., 200. Hinweise auf tatsächliche Kontakte zwischen Homberg und Wiener – die es durchaus gegeben haben könnte – sind mir weder in der Literatur noch in den Quellen begegnet.
147 Es hat den Anschein, dass die von Rieggers Memorandum angeregten Gedanken Greiners in den folgenden Monaten zumindest als Arbeitsgrundlage der Studienhofkommission dienten; der im September 1786 ergangene Auftrag an das Triester Gubernium, Calimanis Religionslehrbuch einzusenden, damit geprüft werden könne, »ob nicht davon für andere Judenschulen sich ein Gebrauch machen lasse«, scheint dies nahezulegen: Hofdekret an das Görzer und Triester Gubernium vom 8. September 1786. AVA, StHK, Kt. 106, 23 Innerösterreich.
148 Riegger unterbreitete Ende 1792 ein Gutachten, in dem er seine Vorschläge von 1786 erneuerte und erweiterte. So forderte er die Errichtung öffentlicher jüdischer Schulen, in denen »Religionsunterricht, jüdische Geschichte vorzüglich, und auch Vaterlandsgeschichte insbesondere, mit Moral überall auf das alte Testament und Geschichte angewandt, nebst den Anfangsgründen der hebräischen Sprache gelehrt werden« sollten. Hierzu sollten eigene Lehrbücher verfasst werden; die Religionsschulen sollten mit den deutschen Schulen verbunden werden. Riegger forderte darüber hinaus ein Verbot des Gebrauchs der jiddischen Sprache im Unterricht und eine entsprechende Zensur jüdischer Bücher. Vgl. Wolf, Die Versuche zur Errichtung einer Rabbinerschule in Oesterreich, 32–36, zit. 34.

Öffentlichkeit und Allgemeinheit des Religionsunterrichts, der Aufsichtsstrukturen, der Auswahl und Prüfung geeigneter Lehrer sowie vor allem der Verdrängung der jiddischen Sprache aus dem Religionsunterricht ging, aufgeklärte Beamte und *Maskilim* Partner sein.

Von »Behelfern« zu »Gehilfen«: Hombergs Griff nach dem *Cheder*

Im Sommer 1787 wurde in den Hofgremien der Plan zur Verbesserung des jüdischen Unterrichtswesens diskutiert, den Herz Homberg gleich nach seinem Amtsantritt als Aufseher über die jüdischen deutschen Schulen in Galizien eingereicht hatte. Homberg hatte mit diesem Plan zwei Maßnahmen angeregt, die die Sphäre der traditionellen jüdischen Erziehung berührten: die Ausweitung des Normalschulzwanges auf die Assistenten der Religionslehrer und die Versendung eines von ihm verfassten Aufrufs an die galizischen Rabbiner und Gemeindevorsteher, in dem er die »Mängel ihres Religionsunterrichtes« aufdecken und »sie zu künftigen Verbesserungen vorberelte[n]« wollte. Er hatte diese möglicherweise als Kompetenzüberschreitung interpretierbaren Vorschläge mit der Auffassung begründet, dass ihm »als Aufseher über alle jüdische[n Schulen]« in Galizien wohl nicht nur die deutschen, sondern auch die »hebräischen, oder Religionsschulen« der Juden unterstehen müssten.[149] Homberg stand bei den Wiener Behörden in hohem Ansehen, er galt als ein überlegter Mann, der keine radikalen Schritte wagen und stattdessen auf die Kraft der Überzeugung setzen würde. Dieses Vertrauen in Homberg gab den Ausschlag, dass nicht nur seine beiden Vorschläge genehmigt wurden, sondern dass ihm die Hofkanzlei auch die von ihm beanspruchte Aufsicht über die *Chadarim* der galizischen Juden bestätigte. Der zu den Vorschlägen Hombergs um Stellungnahme gebetene Oberaufseher über die deutschen Schulen in der Monarchie, Joseph Anton Gall, hatte sich zuvor davon überzeugt gezeigt, dass »die Nebenaufsicht über die jüdischen Religionsschulen, und die Art, wie sich Herz Homberg derselben unterzieht, eine subtile und unanstössige Verbesserung dieses Unterrichts erziele, und durch die Einrichtung einer besseren Lehrart, sie zugleich auf ein gemeinsames zweckmäßiges Religionsbuch vorbereite«.[150]

Die Vorbehaltsformel: »wenn anders die jüdische Verfassung dabey keinen Anstand erreget«, mit der die Hofkanzlei nach dem Vorschlag der Studienhofkommission – der Referent war wiederum Hofrat von Greiner gewesen – Hombergs Aufsicht über die »hebräischen oder Religionsschulen« bestätigte,[151] verwies auf die generelle Vorsichtsmaßregel der staatlichen Behörden, sich bei Eingriffen in die religiöse Sphäre des Einverständnisses der Rabbiner

---

149 Bericht des galizischen Guberniums vom 12. Juli 1787, AVA, StHK, Kt. 106, 23 Galizien.
150 Stellungnahme Galls vom 23. August 1787, AVA, ebd.
151 Hofdekret vom 16. Oktober 1787, AVA, ebd.

und Gemeindevorsteher zu versichern. Für Homberg bedeutete dies, dass alle Maßnahmen, die er zur Reform des Religionsunterrichts plante, vom Wohlwollen der traditionellen jüdischen Gemeindeelite abhingen. Deren Zustimmung war in der Regel nicht zu erwarten. Homberg fehlten zudem die exekutiven Mittel, um seine Pläne durchsetzen zu können: Die *Melamdim* waren de facto seiner Kontrolle entzogen; er besaß ihnen gegenüber keine Sanktionsbefugnis.[152] Homberg wusste also, dass die ihm übertragene Aufsicht über die *Chadarim* kaum in einer Weise umsetzbar war, die es ihm gestattet hätte, auf direktem Wege eine Reform der traditionellen jüdischen Erziehung in Angriff zu nehmen. Er musste auf Umwegen versuchen, seinen Einfluss auf die Institutionen der traditionellen Erziehung auszudehnen. Er konnte zum Beispiel die Instrumente nutzen, die ihm als Aufseher über die jüdischen deutschen Schulen zur Verfügung standen, vor allem das Mittel des Schulzwanges. Den Behörden in Lemberg und Wien jedenfalls schien Hombergs Argumentation plausibel, dass die »Behelfer« genannten Assistenten der *Melamdim*, wenngleich sie bereits das Schulpflichtalter überschritten hatten, zur Teilnahme am Unterricht in den deutschen Schulen angehalten werden sollten. Zum einen sollten sie auf diese Weise in den Lehrstuben »den Schaden vermindern [...], den der hebräische Lehrer durch schlechte deutsche Aussprache den Kindern beyfügen dürfte«. Zum anderen sollten die hierzu Geeigneten unter ihnen dem Normalschullehrer für zwei Jahre als Gehilfen dienen, sofern der Lehrer in seiner Schule mehr als hundert Kinder zu unterrichten hatte. Das erste Dienstjahr sollte unentgeltlich sein, für das zweite Jahr wurde dem Gehilfen ein Lohn von fünfzig Gulden in Aussicht gestellt.[153]

Vor dem Hintergrund des von den *Maskilim* und den österreichischen Behörden gemeinsam erstrebten Ziels der Verbesserung der Sitten und religiös-moralischen Vorstellungen der Juden durch Zurückdrängung der »polnisch-jüdischen« Sprache und angesichts der begrenzten Mittel, die dem Aufseher über die jüdischen deutschen Schulen in Galizien für eine Reform der *Chadarim* zur Verfügung standen, war Hombergs Strategie verständlich: Mit den Assistenten der Religionslehrer sollten Protagonisten der traditionellen Erziehung selbst die »reine« deutsche Sprache in die galizisch-jüdische Lehrstube tragen, wo sie ihre läuternde Wirkung auf die Religionsbegriffe der Kinder entfalten würde. Hiermit konnten sich auch die verantwortlichen österreichischen Behörden anfreunden. So sprach sich nicht nur der Oberaufseher über die deutschen Schulen Joseph Anton Gall für die Umsetzung von

---

152 Vor diesem Hintergrund beantragte das Lemberger Gubernium offensichtlich im Frühjahr 1788 erneut, Herz Homberg einen »überwiegende[n] Einfluß auf das ganze jüdische Schulwesen in Galizien« zu verschaffen. Vgl. Singer, Zur Geschichte der Juden in Böhmen in den letzten Jahren Josefs II. und unter Leopold II., 202.
153 Bericht des galizischen Guberniums vom 12. Juli 1787, AVA, StHK, Kt. 106, 23 Galizien. Im allgemeinen Normalschulwesen hatte ein Lehrer, der mehr als 150 Kinder unterrichtete, einen Gehilfen auf eigene Kosten anzustellen. Vgl. Engelbrecht, Geschichte des österreichischen Bildungswesens, Bd. 3, 124.

Hombergs Vorschlag aus.[154] Auch Hofrat von Greiner befand, dass dieser Plan, da er darauf hinauslaufe, »sowohl den Vortrag der Religionslehre zu bessern, als Gehülfen für die Schule zu bilden«, eine gute Wirkung erzielen werde und daher genehmigt werden sollte.[155]

Die Assistenten der Religionslehrer waren, so schien es zunächst, ein leichtes Opfer, da sie die untersten und schwächsten Vertreter des traditionellen Erziehungssystems waren; sie waren abhängig vom Wohlwollen ihrer Arbeitgeber, der *Melamdim*, und von den Gaben der Eltern, deren Kinder sie betreuten. Sie rekrutierten sich aus den ärmeren Schichten der jüdischen Bevölkerung und mussten daher für den finanziellen Anreiz, der sich ihnen durch den Gehilfendienst bot, besonders empfänglich sein. Andererseits spielten die Behelfer – bisweilen ist in den Quellen auch von ihnen nachgeordneten Assistenten minderen Ranges, sogenannten Unterbehelfern die Rede – im Rahmen der traditionellen jüdischen Erziehung in Galizien keine unbedeutende Rolle. Ihre Aufgaben bestanden darin, die Schüler am Morgen anzukleiden, sie sodann in den *Cheder* und nach dem Ende des Unterrichts wieder zurück zu ihren Eltern zu bringen, bei schlechtem Wetter das für die Schüler zu Hause zubereitete Essen abzuholen und gemeinsam mit den Kindern in der Lehrstube zu verzehren, zusammen mit den Schülern die Gebete zu verrichten sowie generell dem Lehrer im Unterricht zu assistieren. Da sich der *Melamed* immer nur einem Teil seiner Schüler zuwenden konnte, mussten die anderen Kinder in dieser Zeit von den Assistenten beschäftigt werden. Es hat den Anschein, dass die Behelfer hierbei auch elementare Lehraufgaben übernahmen.[156] Vor dem Hintergrund dieses Spektrums an Aufgaben mussten die Behelfer Homberg als wichtige Multiplikatoren erscheinen, wenn es darum ging, reformierend in das traditionelle Erziehungssystem einzugreifen.

Wie es in den *Verhaltungspunkten für jüdische Schullehrer* hieß, sollten die Behelfer solange am Deutschunterricht teilnehmen, bis sie in der Lage seien, »das populäre Deutsche rein, und ohne Anstoß zu sprechen, fertig zu lesen, und ein mittelmäßig stylisiertes deutsches Buch zu verstehen«. Der Normalschullehrer durfte keinem der Behelfer ein Zeugnis ausstellen, ehe dieser sich den beschriebenen »Grad der Kultur [zu] eigen gemacht« hatte.[157] Unter den so qualifizierten Behelfern seiner Schule sollte der Lehrer sich den fleißigsten und fähigsten zum Gehilfen wählen. Neben dem Gehalt von fünfzig Gulden im

---

154 Stellungnahme Galls vom 23. August 1787, AVA, ebd.
155 Notiz zum Studienprotokoll vom 5. September 1787 (Hofrat von Greiner), AVA, ebd.
156 Vgl. Stoeger, Darstellung der gesetzlichen Verfassung der galizischen Judenschaft, Bd. 1, 123; vgl. zu den Aufgaben des »Behelfers« im Allgemeinen auch Fishman, The History of Jewish Education in Central Europe, 59–61. Stoeger, ebd., 124, spricht davon, dass in den galizischen *Chadarim* oft mehr als hundert Kinder vom *Melamed* und acht bis zehn Behelfern gleichzeitig unterrichtet wurden. Diese Zahlen scheinen jedoch zu hoch gegriffen, wenn man sie mit den bei Wolf und Bałaban angegebenen Zahlen vergleicht (siehe oben).
157 Verhaltungspunkte für jüdische Schullehrer in Galizien und Lodomerien, Paragraf 14, AVA, StHK, Kt. 106, 23.

zweiten Dienstjahr sollte der Gehilfe nach einem Jahr Schuldienst auch das Vorrecht »auf ein künftiges sowohl hebräisches als deutsches Lehramt (nach vorhergegangener ordentlicher Prüfung über sämmtliche Gegenstände)« erwerben.[158] Mit dieser Vorschrift nahm Homberg die Vereinigung eines reformierten Religionsunterrichts mit dem Normalschulcurriculum unter dem Dach einer öffentlichen jüdischen Schule vorweg: Der zukünftige Deutschlehrer sollte gleichzeitig als Religionslehrer fungieren; als aufgeklärter und geprüfter Lehrer beider Fächer würde er seinen Schülern neben den geläuterten Religionsbegriffen Moralität, sittliches Verhalten und das deutsche Lesen und Schreiben beibringen.

In der Praxis scheint die Normalschulpflicht für die Behelfer anfänglich sogar in mehr oder minder starkem Maße befolgt worden zu sein. So sollen nach einer Übersicht des christlichen Schulenoberaufsehers Hofmann im Sommerkurs des Jahres 1789 in ganz Galizien 511 Assistenten den Unterricht besucht haben – allein für die deutschen Schulen in Lemberg und Brody waren 92 bzw. 61 Behelfer verzeichnet.[159] Die jungen Männer selbst, die als Assistenten der Religionslehrer oft nur ein kümmerliches Auskommen hatten, dürften in der Aussicht auf eine Gehilfen- und spätere Lehrerstelle einen starken Anreiz gesehen haben, am Schulunterricht teilzunehmen. Nicht überall jedoch hielt es die Behelfer lange in der Schule. Hofmann selbst berichtete im Herbst 1788 – ein halbes Jahr nach dem josephinischen Militärpflichtdekret für die galizischen Juden – aus dem ostgalizischen Rohatyn, dass von den »dem angeordneten Unterrichte beigezogenen 8 Assistenten [...] fünf aus Furcht, zum Soldatenstande genommen zu werden«, entwichen waren. Aus Brzeżany musste er gar vermelden, dass alle acht Assistenten dem Unterricht fernblieben, da sie ihre Einberufung fürchteten – waren doch gerade die älteren der Assistenten im wehrfähigen Alter.[160] Einmal in den Schülerlisten verzeichnet, waren sie leicht zu lokalisieren und konnten in der Schule auch schnell ergriffen werden. Ein Jahr später berichtete der Schuldirektor des Bochnier Kreises, Jakob August Hoppe, dass von den im tabellarischen Extrakt des Wisniczer jüdischen deutschen Lehrers aufgeführten Assistenten nur zwei fleißig die Schule besuchten, während alle übrigen »äußerst nachlässig« seien, das heißt, so gut wie gar nicht zum Unterricht erschienen.[161]

Die galizischen *Chadarim* waren nicht nur das Objekt von Hombergs Reformplänen im Hinblick auf die religiöse Erziehung der Knaben. Ihm wie auch seinen Vorgesetzten erschienen sie gleichzeitig in einer anderen, doppelt-

---

158 Ebd., Paragraf 15.
159 Verzeichnis der in Galizien und Lodomerien befindlichen deutschjüdischen Schulen, wirklichen Schüler, ihrer Lehrer sammt ihrem Gehalte. Nach dem Sommerkurse 1789 vom 31. Dezember 1789, TsDIAL, 146/85/1903 (CAHJP, HM 2/8936.1).
160 Bericht des Normalschuloberaufsehers die Schulen im Brzezaner Kreise betreffend vom 3. November 1788, TsDIAL, 146/85/1900 (CAHJP, HM 2/8935.10).
161 Bericht über die Schulen des Kreises Bochnia vom 27. Oktober 1789, TsDIAU-L, 146/3/2278 (CAHJP, HM 2/9676.7).

widersprüchlichen Gestalt, nämlich einerseits als Konkurrenzanstalten der jüdischen deutschen Schulen, mit denen ein erbitterter Kampf um symbolischen Rang und um Erziehungszeit ausgefochten wurde,[162] sowie andererseits als eine Art Schülerreservoir, in dem die schulfähigen Knaben im Alter von sechs bis zwölf Jahren, die ärmsten Kinder ausgenommen, in einer äußerst praktischen Weise bereits erfasst waren. Dieser Umstand sollte vor dem Hintergrund der Schwierigkeiten bei der Erfassung der schulfähigen jüdischen Kinder und bei der Durchsetzung des Schulzwanges nach Möglichkeit ausgenutzt werden. Da jedoch die *Melamdim* für den deutschen Unterricht kaum zu gewinnen waren und sich der Anweisung, ihre Schüler den Behörden bzw. Normalschullehrern zu melden, widersetzten, erhoffte man sich von der Einbeziehung ihrer Assistenten in das deutsche Schulsystem ein entsprechendes Resultat. Sollten die Behelfer aus den deutschen Schulen heraus in einem reformierenden Sinne in die *Chadarim* hineinwirken, so nahmen sie in umgekehrter Richtung eine Erfassungs- und Rekrutierungsfunktion wahr. Als diejenigen, die im Rahmen des traditionellen Erziehungswesens einen besonders engen Kontakt zu den Kindern hatten, sollten sie versuchen, die bisher dem Normalunterricht ferngebliebenen Knaben den deutschen Schulen zuzuführen.

Wie es scheint, brachten einzelne Behelfer der deutschen Schule eine größere Loyalität entgegen als ihren Arbeitgebern und führten die ihnen von den Eltern anvertrauten Kinder statt in den *Cheder* in die Normalschulen, was verständlicherweise den Zorn der Väter wie der *Melamdim* hervorrief. Im Sommer 1789 resümierte Hofmann in einem Bericht an das Gubernium, dass die Mitwirkung der Behelfer bisher ein »fruchtbares Mittel jüdische Kinder zur deutschen Schule zu locken« dargestellt habe. Doch sei diese Wirkung durch die wachsende Gegnerschaft der jüdischen »Religionslehrer« mehr und mehr infrage gestellt: Es gebe immer mehr *Melamdim*, »welche blos aus der Ursache, daß ihre Behelfer die deutschen Schulen besuchen, und sich auf die da vorgetragenen Lehrgegenstände verlegen, dieselben ihres Dienstes entsetzt, lieber ohne Behelfer geblieben, und den jüdischen Religionsunterricht ohne deren Hilfe allein besorgt haben«. Hierdurch litte nicht nur der Behelfer, der, während er »durch den Schulbesuch sein Loos verbessern wollte, eben dadurch dasselbe verschlimmert hat, da er brodlos wird«, sondern auch der Normalschullehrer, »dem sonst die Behelfer ihre Religionsschüler zuführten«. Hofmann bat das Gubernium daher, den Kreisämtern zu befehlen, »die Religionsassistenten wie auch die Unterbehelfer zum Behufe [!] deutscher Schulen unnachsichtlich zu verhalten, und dem Religionslehrer, wenn er seine Behelfer der deutschen Schule nicht zuschickt, nebst dem Verbote, die jüdische Schule ferner abzuhalten […] mit einer Geldesstrafe zu belegen.«[163]

---

162 Siehe im folgenden Kap.
163 Bericht Hofmanns an das galizische Gubernium vom 29. August 1789, TsDIAL, 146/3/2278 (CAHJP, HM 2/9676.7).

Vor dem Hintergrund des von Hofmann beschriebenen Verhaltens der *Melamdim* und der von ihm geforderten Bestrafung der renitenten Religionslehrer ist es interessant, den Werdegang eines Vorschlags zu verfolgen, den Homberg Anfang 1790 unterbreitete. An ihm lässt sich erkennen, wie die Interessen Hombergs und der Behörden sich teilweise deckten, jedoch teilweise einander auch widersprachen und wie stark die Bereiche Erfassung, Kontrolle, Bestrafung und Reform miteinander verwoben waren. Kurz nach seiner Ernennung zum Oberaufseher hatte Homberg vorgeschlagen, die *Melamdim* einer jeden Gemeinde zu verpflichten, vor dem Oberaufseher bzw. dem örtlichen jüdischen Normalschullehrer sowie dem Gemeinderabbiner zu erscheinen, um von diesen über die geltenden Vorschriften belehrt zu werden und gemeinsam korrekte Schüler- und Assistentenverzeichnisse anzulegen. Bei dieser Gelegenheit, so Homberg, sollte auch

»eine Generalprüfung durchs ganze Land mit allen Hebräischlehrern vorgenommen, und jedem Fähigen derselben ein Zeugniß (mit Unterschrift beider, des Oberaufsehers und des Kreisrabbiners, oder Kreisrabbiners, Religionsweisers und Lehrers) ertheilt werden [...], ohne welches es Niemandem in Zukunft erlaubt seyn dürfte, weder einen öffentlichen noch einen privat Hebräischlehrer abzugeben.«[164]

Worin die vorgeschlagene Prüfung bestehen und welche Leistung das besagte Zeugnis ausweisen sollte, teilte Homberg nicht mit, doch hat es den Anschein, dass es ihm an dieser Stelle *nicht* um eine Prüfung des *Melamed* auf dessen schulkonformes Verhalten, also um das Entsenden seiner Schüler und Assistenten in die Normalschulen, ging. Vielmehr korrespondierte Hombergs Vorschlag mit der wiederholt auch vonseiten staatlicher Beamter vorgebrachten Forderung nach der Anstellung qualifizierter, geprüfter Lehrer für den jüdischen Religionsunterricht – die primäre Voraussetzung für eine Reform des Unterrichts und seiner Inhalte. Der Hinweis auf die »Fähigen«, die ein solches Zeugnis erhalten sollten, um weiterhin einen *Cheder* unterhalten zu dürfen, deutet darauf hin, dass Homberg an einer Prüfung der *Melamdim* auf ihre fachliche Eignung gelegen war, und zwar im Sinne seiner maskilisch-pädagogischen Maximen: Befähigung zum Erziehungsfach und Beherrschung der Unterrichtsgegenstände (vor allem der Bibel), Gespür für Systematik und methodisches Vorgehen bei der Behandlung des Lehrstoffes, Beherrschung eines grammatisch korrekten Hebräisch, nach Möglichkeit eine »reine« deutsche Aussprache sowie ein moralisch einwandfreies Verhalten.

Wäre Hombergs Vorschlag in dieser Form umgesetzt worden, hätte dies auch eine praktische Befestigung der ihm übertragenen Aufsicht über die *Chadarim* bedeutet und seine Befugnisse gegenüber der Gemeinde eindrucksvoll demonstriert. Prüfung und Eignungszeugnis wären wirkungsvolle Instrumente gewesen, mit denen Homberg reformierend in das traditionelle

---

164 Unterthänigste Vorstellung des jüdischen Schulenoberaufsehers Herz Homberg über den 12ten § in der neuen Judenordnung für Galizien vom 17. Januar 1790, TsDIAL, ebd.

jüdische Erziehungswesen hätte eingreifen können, indem er nur noch die nach seiner Überzeugung »Fähigen« zum Unterricht zugelassen hätte. Die staatlichen Behörden übersahen diese Intentionen Hombergs jedoch geflissentlich. In dem auf Hombergs Vorschlag folgenden Schriftwechsel zwischen Lemberg und Wien wurde lediglich die Idee einer vom Verhalten der *Melamdim* gegenüber den deutschen Schulen abhängigen jährlichen Erneuerung der Lehrbefugnis ventiliert. In einer Stellungnahme vom 20. Januar 1790 zu den Beschwerden und Verbesserungsvorschlägen Hofmanns hatte sich Homberg den Klagen seines ehemaligen Vorgesetzten ohne Einschränkung angeschlossen. Er hatte dessen Darstellung der Versuche der *Melamdim*, ihre Assistenten den deutschen Schulen zu entziehen, bestätigt und gleichfalls für eine harte Bestrafung dieser »hartnäckigen Widersacher der Aufklärung« plädiert. In diesem Zusammenhang hatte er nochmals auf seinen zuvor unterbreiteten Vorschlag der Generalprüfung der *Melamdim* und des daran geknüpften Eignungszeugnisses verwiesen. Homberg empfahl nunmehr, das vorgeschlagene Attest jährlich durch die Unterschrift des örtlichen Normalschullehrers erneuern zu lassen bzw. jene Unterschrift zu verweigern, »wenn der Hebräischlehrer während dem verflossenen Kurse sich pflichtwidrig in Bezug auf den deutschen Unterricht bezeigt hätte«, also wenn er seine Assistenten und Schüler von den Normalschulen ferngehalten hatte.[165]

Tatsächlich griff das Gubernium *nur* diesen Aspekt von Hombergs Plänen auf und erklärte am 16. Februar gegenüber der Hofkanzlei, dass es »mit dem Vorschlage, daß die Zeugniße für den Religionslehrer alle Jahre erneuert werden sollen [...] vollkommen verstanden« sei.[166] Gemeinsam mit anderen Anträgen der Lemberger Regierung und ohne weitere Erläuterungen wurde diese Regelung am 5. März 1790 per Hofdekret bestätigt.[167] Von einer »Generalprüfung« und einem Zeugnis für die »Fähigen« war nun keine Rede mehr. Das Gubernium teilte Homberg mit, der sich nach den Beschlüssen der Hofkanzlei hinsichtlich seiner Vorschläge erkundigte,[168] dass künftig

---

165 Äusserung des jüdischen Schuloberaufsehers H. Homberg über den Bericht der k. christlichen Schulenoberaufsicht vom 20. Januar 1790, TsDIAL, ebd.
166 Bericht des Guberniums vom 16. Februar 1790, AVA, StHK, Kt. 106, 23 Galizien. Die Notiz »zum Studienprotokoll« vom 3. März 1790, AVA, ebd., führte Hombergs Vorschlag in der folgenden Form auf: »Eine Verbesserung des jüdischen Religionsunterrichtes wäre allerdings zu wünschen, u. er [Homberg] habe über diesen Gegenstand unter dem 17. Jan. [1]790 einen Plan eingereicht nach welchem die Zeugnisse für die Religionslehrer alle Jahre erneuert werden sollen.« Hier irrte sich der Referent der Studienhofkommission: Hombergs Vorschlag vom 17. Januar 1790 sprach noch nicht von einer »jährlichen Erneuerung« des Zeugnisses entsprechend der Befolgung der Normalschul-Vorschriften durch die Religionslehrer – diese Idee hatte Homberg erst drei Tage später, am 20. Januar 1790, als Reaktion auf die Klagen Hofmanns präsentiert.
167 Hofdekret vom 5. März 1790, AVA, ebd.
168 Anfrage Hombergs vom 16. April 1790 an das galizische Gubernium, worauf sich die »Genehmigung eines Antrags in Bezug auf das jüdische Schulwesen« beziehe, TsDIAL, 146/3/2278 (CAHJP, HM 2/9676.7).

»die Assistenten der Religionslehrer, wie auch die Unterhelfer zum Besuche der deutschen Schulen unnachsichtlich zu verhalten seyen und dem Religionslehrer, wenn er seine Schüler der deutschen Schule nicht zuschickt, nebst dem Verbothe, die jüdische Religions Schule ferner abzuhalten, nach Befund, eine Geldstrafe zum Besten des jüd. Schulfonds aufgelegt werde, und daß dieser [...], um seinen Lehrkurs fortsetzen zu dürfen, *sich jährlich mit einem Zeugnis des deutschen Schullehrers, daß er seine Schüler richtig zum deutschen Schulbesuch anhielt, ausweisen soll.*«[169]

Die Vorschrift enthielt somit nur noch die Elemente von Kontrolle und Disziplinierung der *Melamdim* in Bezug auf den Normalschulunterricht, wie sie von Homberg als *sekundäre* Zutat zu seinem eigentlichen Anliegen – der Reform des Religionsunterrichts durch die Auswahl und Prüfung der Religionslehrer – vorgesehen waren. Das vom deutschen Lehrer jährlich neu auszustellende Zeugnis sollte nicht auf die fachlichen Kenntnisse und Fähigkeiten des *Melamed* rekurrieren, sondern allein sein Betragen im Hinblick auf das konkurrierende Schulsystem bewerten. Im Fall mangelnder Befolgung der Vorschrift, seine Assistenten und Schüler zum deutschen Schulbesuch anzuhalten, sollte ihm dieses Zeugnis verweigert werden; er hätte dann seinen *Cheder* nicht mehr legal weiterführen können.

Wie es scheint, hielt die Mehrheit der Beamten in den staatlichen Entscheidungsgremien die Erfassung der schulfähigen Kinder und Behelfer sowie die Erzwingung ihres regelmäßigen Normalschulbesuchs in diesem Fall für wichtiger als Hombergs aufklärerisch-reformerisches Anliegen, das durchaus auch von einigen der ihren geteilt wurde. Die Ambivalenz, die der österreichische Staat im Hinblick auf eine Reform des jüdischen Religionsunterrichts generell zeigte, offenbarte sich auch in diesem besonderen Fall. Zum einen zielte er auf die Verbesserung von Sitten und Moral der galizischen Juden. Zum anderen schreckte er vor tatsächlichen Eingriffen in den rituell-erzieherischen Bereich zurück, um die jüdische Bevölkerung und ihre traditionellen Eliten nicht noch stärker gegen die Maßnahmen des Staates und insbesondere gegen die Normalschulen aufzubringen.

Das Sendschreiben an die Rabbiner und Gemeindevorsteher

Im Frühjahr 1788 veröffentlichte *Ha-me'assef*, das publizistische Organ der Berliner Haskala, einen neunseitigen Artikel mit dem Titel *Sendschreiben an die Hirten des verirrten Lammes Israel.*[170] Es handelte es sich um den Aufruf an

---

169 Schreiben des Guberniums an Homberg vom 10. Mai 1790, TsDIAL, ebd. (Hervorhebung durch den Verfasser).
170 Herz Homberg, Iggeret el roe se psura jisra'el hema ha-rabanim ve-more tzedek ve-tora [...] we-elechem ha-negidim ha-omdim be-rosch kol kahal wa-eda ascher ba-malkut galitzia welodomiria [Sendschreiben an die Hirten des verirrten Lammes Israel, das sind die Rabbiner und Lehrer der Gerechtigkeit und Tora, sowie an euch, die Vornehmen, die an der Spitze einer

die galizischen Rabbiner und Gemeindevorsteher zur Reform der traditionellen Erziehung, den Herz Homberg unmittelbar nach seinem Amtsantritt in Galizien ausgearbeitet und den Lemberger und Wiener Behörden im Sommer 1787 zur Genehmigung vorgelegt hatte. Das Sendschreiben war nach der Genehmigung durch die Hofkanzlei Anfang 1788 auf Hebräisch und Deutsch gedruckt und an die galizischen Judengemeinden gesandt worden.[171]

Es hat den Anschein, dass das Sendschreiben auch dazu dienen sollte, gegenüber den Gemeindevorstehern und Rabbinern Hombergs auf die *Chadarim* ausgedehnte Aufsichtsbefugnis zu bekräftigen. So verkündete der Verfasser mit deutlichem Pathos:

»Zu jener Zeit legte der Kaiser, seine Majestät sei erhöht, die Last des Normalschulwesens im ganzen Lande Galizien auf meine Schultern. Wie damals, so erging nunmehr an mich erneut sein Befehl, dass ich meine Augen auf die Schulen richte, in denen die Lehrer das Wort Gottes lehren, sie nach Gebühr zu verbessern trachte und den Lehrern einen Weg bereite, auf dem sie gerade gehen können.«[172]

Nunmehr fühlte sich Homberg befugt, Kritik an der Organisation und den Lehrmethoden der traditionellen jüdischen Erziehung zu üben und konkrete Vorschläge zu deren Verbesserung zu unterbreiten. Seine Hauptklage galt der mangelnden Ordnung und Normierung des Tora- und Hebräischunterrichts und der nicht auf die Bedürfnisse der Kinder zugeschnittenen Lehrmethode. Seine Kritik war genuin maskilisch und richtete sich eher gegen die Art und Weise des traditionellen Unterrichts als gegen die vermittelten Inhalte. Dem rabbinischen Adressatenkreis angepasst, sprach das Sendschreiben eine ganz andere Sprache als Hombergs *Beurtheilung* von 1783 oder sein Triester Gutachten vom Herbst 1786. Die Forderung nach einer Absonderung des Talmudstudiums von einem allgemeinen Religionsunterricht fand hier ebenso wenig Raum wie diejenige nach einer Einbeziehung der Mädchen in die institutionalisierte religiöse Erziehung, von Hombergs Auffassung des rein juridischen Charakters der mündlichen Tora ganz zu schweigen. Anders als Wessely statuierte Homberg auch keinen zeitlichen oder symbolischen Vor-

---

jeden Gemeinde im Königreich Galizien und Lodomerien stehen], 227–235 (nachfolgend Sendschreiben). Es handelte sich um den einzigen Beitrag, den Homberg zum *Ha-me'assef* beisteuerte. Vgl. Pelli, The Gate to Haskalah, 93. Der Text wurde in Auszügen in der 1925 von Simcha Assaf herausgegebenen Quellensammlung zur jüdischen Bildungsgeschichte abgedruckt; vgl. Assaf, Meqorot le-Toldot ha-Chinuch be-Jisra'el, Bd. 1, 694–699. Eine von Rainer Wenzel gefertigte Übersetzung des gesamten Sendschreibens findet sich in U. Lohmann/I. Lohmann (Hgg.), »Lerne Vernunft!« 351–357.

171 Hofdekret vom 16. Oktober 1787, AVA, ebd. In Hombergs *Äußerung über die Vorstellung von den Bevollmächtigten der jüd. Nazion in Galizien* vom 10. Dezember 1790, AVA, ebd., heißt es: »[I]m beigeschlossenen Sendschreiben, so [1]788 aufgelegt, und einer jeden Gemeine durch die Kreisämter zugeschickt«. (Das Sendschreiben selbst fand sich nicht im zugehörigen Vorgang.) Eine detailliertere Wiedergabe des Sendschreibens bietet Sadowski, Maskilisches Bildungsideal und josephinische Erziehungspolitik, 155–164.

172 Sendschreiben, 231.

rang der »Lehre des Menschen« vor der »Lehre Gottes« und stellte das Ideal des *Talmid chacham* nicht infrage, das er in der *Beurtheilung* schärfster kameralistischer Kritik unterzogen hatte.

Homberg gebrauchte hingegen den Topos der maskilischen Bildungsprogrammatik vom Knaben, »der nicht die heilige Schrift verstehen und auslegen kann«, und sich doch bereits in der »mündlichen Tora, die so tief ist« auskennen müsse, oder den des »sechs- oder siebenjährigen Kleinkind[s]«, dem man Gemara beibringt, während »der Knabe noch nicht richtig lesen kann«.[173] Wie Wessely in den *Divre schalom we-emet* benutzte Homberg das Bibelzitat »Lehre den Knaben nach seiner Weise, so wird er, auch wenn er alt ist, nicht von ihr abweichen« (Spr 22, 6). Damit wollte er dem pädagogischen Ansatz, der sich an der Auffassungsgabe des Kindes orientierte, Geltung verleihen.[174] Die Nichtanwendung dieser Lehrmethode wirke sich besonders nachteilig auf die Entwicklung der Kinder aus. In der unzureichenden Normierung und Systematisierung des Unterrichts für seine Kinder sowie in der fehlenden öffentlichen Aufsicht über die Erziehungseinrichtungen erkannte der Aufklärer die Wurzel des Übels.

Im Einzelnen führte Homberg vier Mängel auf, unter denen das traditionelle Erziehungssystem nach seiner Auffassung litt. Ein erstes zentrales Problem wollte er darin erkennen, dass die Eltern zur Unterrichtung ihrer Söhne zumeist auswärtige *Melamdim* beschäftigten, deren Kenntnisse und pädagogische wie menschliche Qualitäten sie nicht einschätzen konnten:

»An einigen Orten gibt man die Kinder in die Obhut eines Lehrers und *Melamed*, der aus einem fernen Land kommt und dessen Taten nicht bekannt sind; niemand weiß ob er klug oder töricht ist, ob er gottesfürchtig ist oder nicht. Es reicht ihm, das Herz eines wichtigen Mannes der Gemeinde zu gewinnen, oder er erobert die Seelen der Frauen, die ihm dann ihre Kinder anvertrauen, ihre goldenen Ohrringe hergeben, um den Beutel dieses Lehrers zu füllen. Die Tage und die Jahre vergehen – und dann erst erkennen sie, dann erst werden ihre Augen geöffnet, und sie begreifen (jedoch umsonst!), dass sie einst Blendwerk aufgesessen sind; denn ihre Söhne haben sich vergeblich gemüht, sie blieben ohne Wissen und Vernunft.«[175]

Homberg verwies darauf, dass die Beschäftigung eines auswärtigen Religionslehrers auch unter wirtschaftlichem Gesichtspunkt problematisch sei, indem der fremde *Melamed* einem Einheimischen, für den die Lehrerstelle die Möglichkeit der Subsistenzsicherung bedeuten könnte, das Einkommen nehme.

Als zweiten grundlegenden Mangel führte Homberg das Fehlen einer öffentlichen Aufsicht über die *Chadarim* und einer planvollen Anleitung der

---

173 Ebd.
174 Vgl. Sorkin, The Berlin Haskalah and German Religious Thought, 43, 48 f., 101; Feiner, Erziehungsprogramme und gesellschaftliche Ideale im Wandel, 72.
175 Sendschreiben, 232.

Lehrer an. Die *Melamdim* würden nicht kontrolliert und unterrichteten nach Gutdünken. Ihr einziges pädagogisches Kriterium und der alleinige Maßstab ihres Erfolges oder Misserfolges sei die Zufriedenheit der Väter, von denen letztlich auch ihr Einkommen abhänge. Sie mühten sich zwar unablässig, um deren hohen Ansprüchen zu genügen, doch müssten die Leistungen der Knaben immer im Widerspruch zu den hohen Erwartungen der Eltern stehen, die in ihrem Sohn einen zukünftigen Talmudgelehrten sehen wollten. Dies sorge für eine permanente Unsicherheit unter den Lehrern und erschwere das konzentrierte Unterrichten der Kinder.[176]

Einen dritten Hauptmangel des traditionellen Erziehungssystems erblickte Homberg in der Tatsache, dass die *Melamdim* auf privater Basis angestellt und entlohnt würden. Die Kinder armer Eltern blieben auf diese Weise ohne Kenntnis der jüdischen Religion.[177] Auch die äußeren Bedingungen des Unterrichts in den Lehrstuben unterlagen seiner Kritik. Die Kinder und Jugendlichen würden nicht nach Altersstufen und unterschiedlicher Auffassungsgabe getrennt von verschiedenen Lehrern in separaten Klassen unterrichtet. Bei äußerst bedrängten Platzverhältnissen müsse der Lehrer in einem einzigen Raum vielmehr disparate Lehrgegenstände gleichzeitig an Kinder unterschiedlichen Alters vermitteln:

»Die kleinen Kinder setzt er [der Lehrer] zusammen mit den Älteren in das winzige Zimmer [...] Dort kauern die Kleinsten, die gerade das Alphabet lernen, dort in den Ecken diejenigen, die schon etwas lesen können. In einem anderen Winkel [sitzen] die Kinder, die anfangen, die Heilige Schrift zu verstehen. Dort wiederum andere, die bereits jeden Tag eine neue *Parascha*[178] lernen können, und dort jene, die den Talmud beginnen. Die einen beschäftigen sich mit [dem Talmudtraktat] *Mo'ed*, die anderen mit [dem Talmudtraktat] *Nezikin*. So habt ihr keine Zeit! Denn es gibt keine Muße und der Lehrer hat keine Zeit, jeden das zu lehren, was er braucht, und alle Kinder [zu unterrichten], die zu seinen Füßen sitzen.«

Ein einzelner Lehrer könne unmöglich alle diese Lehrgegenstände in gleichem Maße beherrschen; und selbst wenn er die hierfür notwendigen Fähigkeiten besäße, so könnte er sich in »dem Durcheinander und dem Lärm, während die Kinder zu ein- und derselben Zeit verschiedene Gegenstände und Dinge lesen und hersagen« doch nicht jedem einzelnen Schüler mit der gleichen Aufmerksamkeit und in einer dessen Wesen angemessenen Weise widmen.[179]

Zur Behebung dieser Mängel schlug Homberg die Einberufung eines gemeinsamen Gremiums von Lehrern, Rabbinern und Gemeindevorstehern vor. Dieses Gremium sollte zunächst ein festes Gehalt für jeden *Melamed* festlegen, damit die Lehrer vom Wohlwollen der Eltern unabhängig seien und »ohne

---

176 Ebd.
177 Ebd., 233.
178 *Parascha* (pl. *Paraschot*) = Perikope, Abschnitt der Tora.
179 Sendschreiben, 233.

Sorge und Nachlässigkeit« unterrichten könnten. Was an privaten Zuwendungen fehle, solle aus der Gemeindekasse ergänzt werden, um allen Lehrern eine angemessene materielle Basis bieten zu können und um auf diese Weise das Problem des fehlenden Religionsunterrichts für die Kinder armer Familien zu lösen. Die Aufsicht über die Schulen sollte dem hervorragendsten Rabbiner oder Gelehrten übertragen werden, damit dieser die Art und Weise des Unterrichts und die Aufteilung der Klassen und verschiedenen Lehrgegenstände festlege. Homberg schlug eine klare Abgrenzung der einzelnen Fächer – Bibel, Mischna sowie Gemara und Talmudkommentare – und ihre Übertragung an die auf diesen Gebieten jeweils kompetenten Lehrer vor: »Ein jeder habe seinen besonderen Lehrgegenstand entsprechend seiner Auffassungskraft. Und keiner soll seinen festgelegten und begrenzten Bereich verlassen, und so soll es als Gesetz gelten.«[180] Es sei nicht schwer, die geeigneten Mittel zu finden, um den jüdischen Religions- und Hebräischunterricht in geordnete Bahnen zu lenken. In der 1. Klasse sollten die Kinder das *Alefbet* und die Grundlagen des Lesens lernen, in der 2. Klasse die Bibel verstehen und die Grundregeln der hebräischen Grammatik erlernen und so fort in jeder Klasse ein weiteres Stück voranschreiten.[181]

Im Großen und Ganzen handelte es sich bei Hombergs Vorschlägen um ein ausgewogenes Programm. Allerdings verbarg er einen Teil seiner wirklichen Absichten, wie sie in der *Beurtheilung*, dem Triester Gutachten und in vielen nachfolgenden Stellungnahmen für die österreichischen Behörden zum Ausdruck kamen: Homberg gab nicht zu erkennen, dass ihm an der Einführung eines systematischen und aufgeklärten Religionslehrbuchs gelegen war, wie es auch Wessely gefordert hatte. Er verlangte nicht nach einer Verknüpfung des Normalschulcurriculums mit dem Religionsunterricht. Er forderte nicht die Verdrängung der jiddischen Sprache aus den *Chadarim*. Er nahm nicht Stellung zum Normalschulzwang für die Behelfer. Stattdessen stellte er das Ziel einer planvollen Organisation des institutionellen Rahmens der jüdischen Erziehung in den Vordergrund, ohne dabei die Institutionen selbst infrage zu stellen. Sein den Gemeindevorstehern und Rabbinern präsentiertes Programm zielte auf Ordnung und Übersichtlichkeit, auf Beaufsichtigung und Anleitung durch die traditionelle Elite, auf eine kindgerechte Lehrmethode, auf Zugänglichkeit des Unterrichts für arme Kinder sowie auf die Verbesserung der ökonomischen Lage der Lehrer. Damit entsprach Hombergs Aufruf vollkommen den Prämissen, von denen aus die frühen *Maskilim* eine Verbesserung des »hebräischen Curriculums« gefordert hatten.[182]

---

180 Ebd.
181 Ebd., 234.
182 Vgl. David Sorkins in Bezug auf das »Sendschreiben« formulierte Feststellung: »Homberg's politicization of education nevertheless rested firmly on the legacy of the Early Haskalah.« Er schränkt diese Feststellung jedoch gleich darauf wieder ein: »The ideal of renewal of Jewish culture (in Hebrew) and its harmonization with European culture had palpably receded in Homberg's essay.« Sorkin, The Berlin Haskalah and German Religious Thought, 115. Sorkin

Am Ende seines Sendschreibens gab Homberg vor, die Entscheidung über die notwendigen Maßnahmen den Rabbinern und Gemeindevorstehern überlassen zu wollen: Diese sollten »die rechte Ordnung und gezielte Reihenfolge« des Unterrichts selbst finden. Die Zurückhaltung, die er mit diesem Schritt demonstrieren wollte, wurde jedoch von ihm selbst ad absurdum geführt. Von vornherein stellte er klar, dass er nicht jeden Vorschlag akzeptieren werde und sich das letzte Wort bei der Reform des Unterrichts vorbehalte:

»Doch wisset! Wenn ich euch auch aus Bescheidenheit ehrte und euch die Wahl ließ, so soll doch nicht das erste und beste, was euch in den Sinn kommt, Gesetz in Israel und den Söhnen Jakobs zur Vorschrift sein. Ich werde eure Entscheidungen zu verstehen wissen, [und prüfen] ob sie recht sind; und wenn sich in ihnen ein Widerspruch findet, sei er direkt oder indirekt, so werde ich auf seiner Deutung bestehen. [...] Wenn eure Worte wahrhaftig waren, so werde ich mich ihrer erfreuen [...] Doch wenn eure Entscheidungen nicht richtig waren, dann werde ich dazu meine eigene Ansicht darlegen, ohne doch alle eure Meinungen zu verwerfen, und ich werde sie den hohen Herren zusenden, die in der Regierung sitzen, und was diese beschließen, wird uns Vorschrift sein.«[183]

Mit dieser abschließenden Drohung – »a threatening ultimatum in the patronizing tone of someone who sensed he had the power and backing of the ruling government«[184] – konnte das Sendschreiben bei seinen Adressaten nur Ablehnung hervorrufen. Hombergs Appell an die Rabbiner und Gemeindevorsteher haftete nunmehr sichtbar das Odium der Unaufrichtigkeit und des staatlichen Zwanges an. Es ist kaum verwunderlich, dass, wie Homberg drei Jahre später verbittert konstatierte, das Sendschreiben bei seinen Empfängern »ganz ohne Wirkung« blieb. In seiner Philippika gegen die traditionelle rabbinische Elite, die er im Dezember 1790 als Stellungnahme zur Beschwerde der galizischen Juden gegen die Normalschulen verfasste,[185] wiederholte er seine Kritik am jüdischen Erziehungssystem in zugespitzter Form: Sobald die Kinder »kaum vernehmlich, sprechen können« würden sie bereits in die *Chadarim* geschickt – ausgenommen diejenigen, deren Eltern den *Melamed* nicht bezahlen könnten, und die daher gar keinen Religionsunterricht er-

---

bezieht sich hierbei insbesondere auf Hombergs Darstellung der staatlichen »Wohltaten« gegenüber den Juden und seine Apologie der josephinischen Erziehungsoffensive im »Sendschreiben«. Hierin erblickt Sorkin ein herausragendes Beispiel für die Adaption der Idee der Nützlichkeit durch die *Maskilim* im Zuge einer »full politicization« der Haskala (ebd., 114 f.). Dem ist vollkommen zuzustimmen; jedoch treten die von Sorkin betonten Aspekte der Utilitarisierung im »Sendschreiben« deutlich hinter das Anliegen einer Reform des »hebräischen Curriculums« zurück. Homberg widmet fast zwei Drittel seines Aufrufs der Kritik der traditionellen jüdischen Erziehung, wobei seine wirkliche Einstellung hierzu bereits viel stärker »poliziert« war, als er hier zu erkennen gab.

183 Sendschreiben, 235.
184 Feiner, The Jewish Enlightenment, 272.
185 Der jüdischen Schuloberaufsicht Äußerung über die Vorstellung von den Bevollmächtigten der jüd. Nazion in Galizien vom 10. Dezember 1790, AVA, StHK, Kt. 106, 23 Galizien.

Die Reform der traditionellen Erziehung

hielten. In seinem Sendschreiben, so Homberg, habe er sich bereits darüber beschwert, »daß keine öffentliche Lehranstalt sey, wo die arme Jugend wenigstens einen seichten Begriff von der Religion ihrer Väter erhalten könnte«. Ein weiteres Problem sei das Fehlen eines einheitlichen und systematischen Religionslehrbuches. In Ermangelung eines solchen Lehrbuches müsse ein Schüler »eine Menge von Büchern [...] studiren [...], um sich nachher im reiferen Alter aus all dem Gelesenen und Studirten ein Religionssystem zu formen. Er muß mit einem Worte, Theolog seyn bevor er die Religion genau zu kennen im Stande ist.«[186] Homberg bat das Gubernium, den galizischen Kreisrabbinern zu befehlen, innerhalb von sechs Monaten »einen Plan zur Abhilfe aller im Sendschreiben erwähnten Unordnungen und Mängel« vorzulegen. Was ihm nicht auf dem Wege der Überzeugung gelungen war, versuchte er nun – wie in seinem Aufruf angedroht – durch die Macht des Staates zu erzwingen. Auch das geforderte Religionslehrbuch »für alle Klassen der Judenkinder« sollte von den Rabbinern entworfen werden, »ohne Theilnehmung irgend eines Deutschlehrers, oder selbst des Oberaufsehers«, denn auf diese Weise werde den Rabbinern »aller Raum zu irgend einem Argwohn, als wolle man unlautere Lehren unterschieben« genommen.[187]

Hombergs Arbeit am Religionslehrbuch 1793/94

Die Studienhofkommission unterstützte den Vorschlag Hombergs, von den Rabbinern einen Reformplan für die *Chadarim* sowie den Entwurf eines Religionslehrbuches zu verlangen,[188] und Ende Februar 1791 wurde das galizische Gubernium dahingehend instruiert, dass von den Kreisrabbinern die entsprechenden Entwürfe einzuholen seien.[189] Welche Wirkung der obrigkeitliche Befehl erzielte, ist schwer einzuschätzen. Tatsächlich scheinen – jedoch erst nach gubernialer Ermahnung –[190] einige Vorschläge vonseiten der Kreisrabbiner beim Gubernium eingegangen zu sein, doch welchen Umfang und welche Qualität diese hatten, geht aus den wenigen erhaltenen Archivhinweisen nicht hervor. Im September 1793 schließlich wurde Herz Homberg beauftragt, das Lehrbuch für den jüdischen Religionsunterricht selbst zu verfassen. Zu diesem Zweck sollten ihm die bereits eingetroffenen und noch zu erwartenden Vorschläge der Rabbiner zur Verfügung gestellt werden. Homberg wurde für diese Arbeit eine Belohnung zugesichert, falls das Lehr-

---

186 Ebd.
187 Ebd.
188 Vortrag der Studienhofkommission vom 27. Januar 1791, AVA, StHK, Kt. 106, 23 Galizien.
189 Hofdekret vom 28. Februar 1791, AVA, HKP Galizien 1791, 97 (Februarius, Nr. 91).
190 Im April 1792 forderte die Hofkanzlei das Gubernium auf, hinsichtlich der zu verfassenden Vorschläge »bey den Kreysrabinern auf die Vollziehung dieses Befehls zu dringen«. Hofdekret vom 25. April 1792, AVA, HKP Galizien 1792, 286 (Aprilis, Nr. 137).

buch tatsächlich eines Tages »in den Schulen zu dem öffentlichen Gebrauch wird eingeführet werden können«.[191]

Ebenfalls im Herbst 1793 wurde Homberg nach Wien beordert, um die Hofbehörden beim Entwurf einer neuen Judenordnung für Böhmen zu beraten. Zehn Jahre nachdem er mit der *Beurtheilung* die Aufmerksamkeit der josephinischen Beamtenschaft auf sich zu ziehen versucht hatte, führte kein Weg mehr an ihm vorbei, wenn es um die »Verfassung« der Juden im Habsburgerreich ging.[192] Homberg blieb auch nach Erledigung dieses Auftrags in Wien, um das verlangte Religionslehrbuch verfassen und hierzu die Bestände der Hofbibliothek nutzen zu können. Seine Vertretung in Lemberg übernahm Aaron Friedenthal, der Direktor des Präparandenseminars an der jüdischen Hauptschule.[193] Im Oktober 1794 bat Homberg in einem Gesuch an Franz II. darum, ihn gänzlich in Wien zu belassen und ihm – bei gleichem Gehalt wie bisher – die Oberaufsicht über das gesamte jüdische Schulwesen der Monarchie und das Amt eines Hauptzensors jüdischer Schriften zu übertragen.[194] Das Direktorium empfahl, Hombergs Gesuch abzulehnen, so sehr man ihn in Wien schätzte und »so sehr man ihm auch die Erfüllung seines Wunsches gönnte«. Die Aufgaben des Amtes, das Homberg sich erbat, wurden in den Ländern der böhmischen Krone bereits von den christlichen Schuloberaufsehern und den dort angestellten Zensoren wahrgenommen, und die Mittel zur Übersiedlung Hombergs und zur höheren Besoldung des von Homberg für den galizischen Aufseherposten vorgeschlagenen Friedenthal konnten aufgrund der kriegsbedingten schlechten Lage des Camerale nicht zur Verfügung gestellt werden. Vor allem aber war man in Wien der Auffassung, dass

»der Bittsteller bey seiner bekannten Fähigkeit und Geschicklichkeit in Galizien noch immer nützlicher als in jedem anderen Erblande verwendet werden [kann], weil allda im Vergleiche mit den übrigen Erbländern die größte Zahl von Juden vorhanden ist, und das jüdische Unterrichts- und Erziehungswesen, das sich noch in einem sehr üblen Stande befindet, der Leitung eines solchen Mannes höchst nothwendig bedarf.«[195]

Das Gesuch wurde daher vom Kaiser abgelehnt und Homberg aufgefordert, »die ihm anvertraute Verfaßung des für die jüdischen Religionsschulen nö-

---

191 Hofdekret vom 3. September 1793, AVA, HKP Galizien 1793, 474 (September, Nr. 4).
192 Zum Inhalt des von Homberg für die Behörden erstellten Memorandums vgl. Singer, Die Entstehung des Juden-Systemalpatentes von 1797, 210–219. Eine – teilweise verzerrte – Darstellung lieferte bereits Wolf, Studien zur Jubelfeier der Wiener Universität im Jahre 1865, 110–121, erneut gedruckt in: ders., Die Versuche zur Errichtung einer Rabbinerschule in Oesterreich, 30–39. Zur Tradierung vgl. vor allem Bałaban, Herz Homberg in Galizien, 206–209. Deutliche Kritik an dieser Darstellungsweise übt Manekin, Herz Homberg, 182–188.
193 Hofdekret vom 14. April 1794, AVA, HKP Galizien 1794, 184 (Aprilis, Nr. 40).
194 Gesuch Hombergs vom 23. Oktober 1794, AVA, StHK, Kt. 861, 23 Galizien B – D in genere.
195 Vortrag des Direktoriums vom 16. Dezember 1794, AVA, StHK, ebd.

thigen Lehrbuchs so bald als möglich zu Stand zu bringen«.[196] Wahrscheinlich Ende Februar 1795 bat Homberg darum, nach Lemberg zurückreisen und dort die Ausarbeitung des Entwurfs für das Religionslehrbuch vollenden zu dürfen. Der Bitte wurde stattgegeben.[197] Nach anderthalb Jahren Abwesenheit kehrte Homberg nach Galizien zurück. Zwar hatte er auch von Wien aus versucht, seinen Aufgaben als Oberaufseher nachzukommen, hatte Berichte erstattet und Vorschläge zur Verbesserung des jüdischen deutschen Schulwesens unterbreitet, doch die Hauptlast der mit dem Amt verbundenen Tätigkeiten lag auf den Schultern Friedenthals, der gleichzeitig die Präparanden auszubilden und die Sitzungen der Lemberger jüdisch-deutschen Lehrerversammlung zu leiten hatte. Für die gesamten 18 Monate, die Friedenthal seinen Vorgesetzten in Lemberg vertreten hatte, erhielt er eine »Belohnung« von 300 Gulden aus dem jüdischen Schulfond zugesprochen.[198]

Im Frühjahr 1796 reichte Homberg den ersten Teil seines in Hebräisch und Deutsch ausgearbeiteten Entwurfes für das Religionslehrbuch ein, im Sommer folgte der zweite Teil. Das Gubernium leitete die Entwürfe nach Wien weiter, wo der Oberaufseher über die deutschen Schulen der Monarchie, Joseph Spendou, sein Urteil über sie abzugeben hatte.[199] Dies erfolgte relativ schnell, denn schon im Juli bzw. Oktober wurden dem Gubernium die Bemerkungen Spendous mitgeteilt und die Manuskriptteile nach Lemberg zurückgesandt.[200] Homberg sollte die Änderungsvorschläge Spendous einarbeiten, danach sollten, wie vorgesehen, die Auskünfte der Rabbiner eingeholt werden. Aus dem entsprechenden Hofdekret geht auch der »Arbeitstitel« hervor, unter dem Homberg sein Werk eingereicht hatte: »Die Religion des Israeliten, und Sittenlehre«.[201]

Drei Jahre lag das Manuskript im Aktenschrank des Lemberger Guberniums, ohne dass über dessen weitere Verwendung entschieden wurde. Immerhin wurden in dieser Zeit Gutachten von drei Rabbinern eingeholt, die leider verschollen sind.[202] Im Sommer 1799 bat Homberg, der bereits seit dem Frühjahr in Wien weilte, die Studienrevisionshofkommission[203] möge das

---

196 Hofdekret vom 26. Januar 1795, AVA, HKP Galizien 1795, 26 (Januarius, Nr. 65).
197 Hofdekret vom 9. März 1795, AVA, ebd., 109 (Martius, Nr. 16).
198 Hofdekret vom 11. September 1795, AVA, ebd., 490 (September, Nr. 47).
199 Protokollnotizen vom 17. Mai 1796, AVA, HKP Galizien 1796, 264 (Majus, Nr. 66), sowie vom 18. Juli 1796, AVA, ebd., 395 (Julius, Nr. 81).
200 Hofdekrete vom 13. Juli 1796, AVA, ebd., 382 (Julius, Nr. 44), sowie vom 22. Oktober 1796, AVA, ebd., 576 (October, Nr. 63).
201 Ebd.
202 Die Namen der Rabbiner wurden mit Selig Hubes, Szowel Szapira und Löbl Sneyer angegeben. Undatierte Aktennotiz, vermutlich Ende April/Anfang Mai 1800, HHStA, StRHK, Kt. 11, Nr. 308.
203 Die Studienrevisionshofkommission war im Oktober 1795 unter Vorsitz von Heinrich Franz Graf von Rottenhan (1737–1809) gegründet worden, um eine umfassende Reform des österreichischen Erziehungswesens in die Wege zu leiten, nachdem die Studienhofkommission noch unter Leopold II. zum 1. Januar 1792 aufgelöst worden war. Von 1792 bis 1795 oblagen die

Manuskript samt der Gutachten von der Landesstelle abfordern; vermutlich sollte es ihm in Wien bei der Ausarbeitung von Vorschlägen zur Verbesserung des jüdischen Schulwesens dienen, mit der er von der Hofkommission beauftragt worden war.[204] Außerdem wusste Homberg zu dieser Zeit bereits, dass er nicht mehr nach Lemberg zurückkehren würde; so wollte er das Manuskript, von dem er möglicherweise keine Abschrift besaß, wieder in seinen Besitz bringen, um es zu überarbeiten und bei sich bietender Gelegenheit im staatlichen Auftrag edieren zu können. Die Hofkanzlei befahl der Lemberger Regierung, unverzüglich ein Gubernialgutachten zu dem Manuskript zu verfassen und dann beides nach Wien zu senden.[205] Da der hiermit beauftragte Studienreferent des Guberniums Köfil trotz mehrfacher Ermahnungen und angedrohter Gehaltssperre offenbar nicht in der Lage war, die Stellungnahme anzufertigen,[206] ordnete die Hofkanzlei am 6. März 1800 an, den Gubernialrat von dieser Aufgabe zu entbinden und das Manuskript ohne Gutachten unverzüglich einzusenden.[207] Kurz darauf gingen Hombergs Manuskript und die Gutachten der Rabbiner bei der Wiener Studienrevisionshofkommission ein.[208]

Es hat den Anschein, dass weitere sieben Jahre lang kein Bedarf an einem systematischen Religions- und Morallehrbuch für die jüdischen Schulen der Monarchie bestand: So lange blieb das Manuskript unbeachtet bei der Studienrevisionshofkommission bzw. nach deren Auflösung beim zuständigen Referenten in der Hofkanzlei,[209] ehe es im Jahr 1807 erneut in den Blick der mit der Neuordnung des österreichischen Schulwesens befassten Behörden geriet. Im Oktober 1807 – die jüdischen deutschen Schulen in Galizien waren im Jahr zuvor aufgehoben worden – wurde Hombergs »Religion des Israeliten, und Sittenlehre« zusammen mit einem von dem *Maskil* Peter Beer ausgearbeiteten Entwurf für ein »Elementar-Lesebuch der Religion für die jüdische Jugend«

    Erziehungsangelegenheiten direkt der Böhmisch-Österreichischen Hofkanzlei; hier war ein eigener Studienreferent – Johann Melchior von Birkenstock (1738–1809) – für dieses Fach zuständig. Vgl. Engelbrecht, Geschichte des österreichischen Bildungswesens, Bd. 3, 218–220; Hengl, Das Schul- und Studienwesen Österreichs im aufgeklärten Absolutismus, 253–260; Weitensfelder, Studium und Staat, 13–23, 137–145.
204 Vortrag der galizischen Hofkanzlei vom 24. Oktober 1800, AVA, StHK, Kt. 861, 23 B Galizien.
205 Hofdekret vom 2. September 1799, AVA, HKP Galizien 1799, 841 (September, Nr. 1).
206 Hofdekrete vom 26. Oktober 1799, AVA, ebd., 966 (October, Nr. 83), und vom 27. Dezember 1799, AVA, ebd., 1113 (December, Nr. 89).
207 Hofdekret vom 6. März 1800, AVA, HKP Galizien 1800, 154 (Martius, Nr. 5).
208 Protokollauszug vom 14. April 1800; AVA, ebd., 256 (Aprilis, Nr. 80), und undatierte Aktennotiz, HHStA, StRHK, Kt. 11, Nr. 308.
209 Die Studienrevisionshofkommission war am 22. August 1802 aufgelöst worden. Die Unterrichts- und Studienangelegenheiten wurden danach vom Staats- und Konferenzministerium gesteuert; ihr hatte ein Referent bei der Hofkanzlei zuzuarbeiten. Im Juni 1808 wurde als zentrale Behörde für das Erziehungs- und Studienwesen der Monarchie die Studienhofkommission nach über 16-jähriger Unterbrechung wieder ins Leben gerufen. Vgl. Engelbrecht, Geschichte des österreichischen Bildungswesens, Bd. 3, 220–222; Hengl, Das Schul- und Studienwesen Österreichs im aufgeklärten Absolutismus, 268 f., 273–275.

der Hofkommission in deutschen Schulangelegenheiten, einer Vorläuferin der 1808 wieder errichteten Studienhofkommission, zugestellt. Die Hofkommission sollte beurteilen, ob sich eines der beiden Manuskripte für einen staatlich beaufsichtigten jüdischen Religionsunterricht gebrauchen lasse. Die Beamten waren sich jedoch darüber einig, »daß die Staatsverwaltung eines christlichen Staates kein Lehrbuch vorschreiben könne, welches sich auf Bestimmungen religiöser unter den Juden selbst streitiger Meinungen einließe, da sie sich selbst bey katholischen Theologen darauf nicht weiter einläßt, als es die Handhabung der Staatsmoral und die öffentliche Ruhe fordert«. Ein Lehrbuch der Religion und Moral müsse daher »die den Juden ganz allein eigenthümliche Glaubenslehre«, also das Religionsgesetz, auslassen.[210]

Das Lehrbuch sollte in den jüdischen deutschen Schulen Böhmens und Mährens Verwendung finden. Da die zahlreichen jüdischen Normalschulen Galiziens, die den Anlass zur Verfertigung des Lehrbuches geboten hatten, nicht mehr existierten, sollte es dort – wie generell an Orten, in denen es keine deutschen Schulen für Juden gab – in den »Religionsschulen«, also den *Chadarim* verwendet werden. Die Teilnahme aller jüdischen Kinder an diesem Unterricht hoffte man dadurch zu erzwingen, dass die Erteilung des staatlichen Ehekonsens zukünftig von einer bestandenen Prüfung über den Stoff dieses Lehrbuches abhängig gemacht werden sollte.

Die Hofkommission war der Auffassung, dass keines der beiden eingereichten Manuskripte, weder das Hombergs noch dasjenige Beers, die beschriebenen Ansprüche erfülle, da beide zu stark auf die »eigenthümlichen Glaubenslehren« und die »kirchlichen Gesetze« (!) der Juden rekurrierten. Doch fand man das Homberg'sche Manuskript insgesamt »besser gearbeitet« als den Entwurf Peter Beers, sodass die Kommissionsmitglieder empfahlen, Homberg »das Manuscript zum beliebigen Gebrauche mit dem Winke [zuzustellen], es nach der angegebenen Idee nun in der deutschen Sprache umzuarbeiten und hohen Amts vorzulegen«.[211] Darüber hinaus glaubte man, dass Hombergs hebräisch-deutsches Manuskript auch in unveränderter Form »unter den Juden Nutzen stiften« könne; wenn Homberg wolle, könne er es auf eigene Kosten und ohne staatliche Approbation drucken lassen. Ihm sollten zu diesem Zweck auch die Gutachten zugestellt werden, die die galizischen Rabbiner seinerzeit über das Manuskript abgegeben hatten, »damit er auf ihre größtentheils ungegründeten Mißdeutungen und gehäßigen Consequenzen

---

210 Gutachten der Hofkommission in deutschen Schulangelegenheiten vom 14. Juni 1808, AVA, Alter Kultus – Israelitischer Kultus, Kt. 5, Christl. Dienstboten – in genere. Das Gutachten ist zusammen mit anderen Schriftstücken, die sich auf die Entstehungsgeschichte von Hombergs Lehrbuch *Bne Zion* beziehen, abgedruckt bei Pribram, Urkunden und Akten zur Geschichte der Juden in Wien, Bd. 2, 161–165. Vgl. Manekin, Herz Homberg, 175.
211 Gutachten, ebd. Vgl. ausführlich zum Konkurrenzkampf zwischen Homberg und Peter Beer um die Abfassung eines Religions- und Morallehrbuches: Hecht, Ein jüdischer Aufklärer in Böhmen, 151–163, 192–202.

Rücksicht nehme und denselben vorbeugen könne«.[212] Diese Bemerkungen verweisen auf das weitere Schicksal von Hombergs »Religion des Israeliten, und Sittenlehre«. Nachdem ihm das Manuskript zurückgestellt worden war, arbeitete er es zum einen nach den erhaltenen Anweisungen, also vor allem unter Auslassung der Darstellung der mündlichen Tora, in das »religiös-moralische Lehrbuch« *Bne Zion* um, welches 1812 erscheinen sollte.[213] Auf der anderen Seite diente das unveränderte Gesamtmanuskript vermutlich als Grundlage seines hebräisch-deutschen Religions- und Morallehrbuches *Imre Schefer*, das noch im Jahr 1808 erschien.[214]

Die Behandlung der Vorschläge Menschels und das Ende des Homberg'schen Projekts

Bereits zu Beginn der neunziger Jahre des 18. Jahrhunderts muss Homberg schmerzlich bewusst geworden sein, dass sich eine Reform des jüdischen Religionsunterrichts unter den galizischen Verhältnissen nicht bewerkstelligen ließ. Zwar unterbreitete er noch im Frühjahr 1795 einen Vorschlag, demzufolge die Absolventen des Präparandenkurses nicht nur als »zweite Lehrer« in den Normalschulen, sondern »in jenen Orten, wo sie angestellt sind, zu gleicher Zeit als Assistenten im Religionsunterrichte – und wenn sie die erforderlichen Fähigkeiten besitzen – gar zu Religionslehrern *vor allen andern* gebraucht werden.«[215] Doch war diese Idee aus der Not geboren und gehorchte pragmatischen Erwägungen, da sich zu dieser Zeit aufgrund des Mangels an freien Lehrerstellen immer weniger junge Juden bereit fanden, ohne berufliche Perspektive eine unbesoldete Gehilfenstellung (das bezahlte zweite Gehilfenjahr war inzwischen abgeschafft worden) sowie die mühselige Präparandenausbildung auf sich zu nehmen. Der Vorschlag des Oberaufsehers sollte einen zusätzlichen Anreiz bieten. Aber er war angesichts von Hombergs Machtlosigkeit so unrealistisch wie der bereits in den *Verhaltungspunkten* von 1788 enthaltene Paragraf, der den Behelfer-Gehilfen ein vereinigtes deutsch-hebräisches Lehramt in Aussicht gestellt hatte.

Die Behelfer blieben den deutschen Schulen immer öfter fern. Bereits im Sommerkurs 1791 war in Lemberg, wie Homberg klagte, fast kein einziger der Assistenten mehr zum Normalschulunterricht erschienen. Keiner der Lem-

---

212 Gutachten, ebd. Die Namen der Rabbiner wurden hier korrumpiert mit »Schnaje« [Sneyer], »Hull« [Hubes], »Szan et Hapira« [Szowel Szapira] wiedergegeben.
213 [Herz Homberg,] Bne-Zion. Ein religiös-moralisches Lehrbuch für die Jugend israelitischer Nation. Vgl. Wenzel, Judentum und »bürgerliche Religion«; Nagel, »Emancipation des Juden im Roman« oder »Tendenz zur Isolierung«?; Teufel, Ein Schüler Mendelssohns.
214 Herz Homberg, Imre Schefer. Ein religiöses und moralisches Lehrbuch, hebräisch und deutsch, der israelitischen Jugend gewidmet.
215 Bericht Herz Hombergs an das Direktorium vom 12. März 1795, AVA, StHK, Kt. 861, 23 E Galizien. (Hervorhebung im Original, dort unterstrichen).

berger *Melamdim* wies sich durch das befohlene Zeugnis über das Zur-Schule-Schicken der ihm anvertrauten Kinder aus. Ganze Schulkurse hätten die Religionslehrer vom deutschen Unterricht ferngehalten, so Homberg.[216] Angesichts des Widerstandes der *Melamdim* und des Schweigens der Rabbiner und Gemeindevorsteher auf die von ihm im Sendschreiben unterbreiteten Vorschläge zu einer maßvollen Reform der *Chadarim* zog sich Homberg ganz in die Arbeit am Entwurf des Religionslehrbuchs zurück, in der Hoffnung, dass hierfür eines Tages Bedarf bestehen sollte oder staatlicherseits die Bedingungen für seine Verwendung geschaffen würden. Der anderthalbjährige Aufenthalt in Wien in den Jahren 1793 bis 1795, der vor allem der Arbeit am Religionslehrbuch diente, ist als Flucht vor den galizischen Verhältnissen zu deuten, die seinem endgültigem Verlassen des Landes im Frühjahr 1799 vorausging.[217]

So scheiterte eine praktizierte Haskala an der Verweigerungshaltung der galizischen Juden wie auch an dem Umstand, dass Homberg keine exekutiven Mittel zur Durchsetzung seiner Pläne zur Verfügung standen. Darüber hinaus verhinderten politische Entwicklungen und ein Mentalitätswandel bei Hofe und bei den hohen österreichischen Beamten, dass Hombergs langgehegter Plan eines geordneten und systematischen Religionsunterrichts in die Tat umgesetzt werden konnte. Als Homberg im Sommer 1796 seinen Entwurf für ein Religionslehrbuch vorlegte, war die Zeit denkbar ungünstig für dessen Einführung an den jüdischen Schulen. Die schon immer vorhandene und nach dem Tod Josephs II. gestiegene Vorsicht der Wiener Hofbehörden vor Eingriffen in die religiöse Sphäre war angesichts der Ereignisse in Paris während der Jahre 1793 und 1794 einer regelrechten Panik gewichen. Vor dem Hintergrund des Koalitionskrieges und einer gerade niedergeschlagenen Jakobinerverschwörung in Wien und Budapest scheute man davor zurück, traditionelle Normen herauszufordern und dadurch Unruhe unter der Bevölkerung zu stiften.[218] Gerade die religiösen Gefühle und Traditionen galt es zu stärken, gesellschaftlichen Quietismus zu fördern statt Reformen in Gang zu setzen, die das Hergebrachte untergruben. Dies betraf vor allem den Erziehungsbereich, in dem um die Mitte der 1790er Jahre antireformerische Tendenzen spürbar wurden, die eine gewisse Reklerikalisierung des österreichischen Schulwesens mit sich brachten.[219] Auf die jüdische Erziehung angewandt, bedeutete dies,

---

216 Bericht Herz Hombergs über den »Zustand der jüdischen Schulen Galiziens« im Sommerkurs 1791 vom 13. November 1791, AVA, StHK, Kt. 861, 23 A Galizien.
217 Bereits 1796 zog sich Homberg erneut für ein halbes Jahr aus Lemberg zurück. Im Juli bat er darum, »zur Herstellung seiner Gesundheit das Badnerbad gebrauchen zu dürfen«, welches ihm sofort gewährt wurde: Hofdekret vom 5. Juli 1796, AVA, HKP Galizien 1796, 376 (Julius, Nr. 24). Der Kur in Baden bei Wien schloss sich ein Aufenthalt in der Hauptstadt an, der sich bis zum Dezember 1796 ausdehnte: Hofdekret vom 12. Oktober 1796, AVA, ebd., 576 (October, Nr. 34).
218 Vgl. Reinalter, Die Französische Revolution und Mitteleuropa, 96–119.
219 Vgl. Pietsch, Die Franziszeische Schulreform in der Perspektive des Kirchenhistorikers Anton

dass, sofern sich eine sittliche und moralische »Verbesserung« der Juden nur dadurch erreichen ließ, dass man reformierend in den Bereich der traditionell-religiösen Ausbildung der jüdischen Jugend eingriff, die österreichischen Behörden eher bereit waren, auf diese Art der »Verbesserung« zu verzichten. »Vorurteile« und tradierte »ungesellige Gesinnungen wider die Andersdenkenden« waren in diesem Fall leichter zu ertragen als Deismus und aus der Aufklärung geborene revolutionäre Gedanken.

Der beschriebene Mentalitätswandel wird deutlich an der Behandlung eines Vorschlags zur Reform der traditionellen Erziehung, der Mitte der 1790er Jahre diskutiert wurde. Anfang 1794 reichte ein gewisser Chaim Menschel, »Handelsjude aus Lemberg«, einen Vorschlag ein, »wie der jüdische Religionsunterricht in Galizien zu verbessern wäre«. Das Anliegen Menschels wurde offensichtlich als auf den Eigennutz zielende »Projektenmacherei« verstanden, denn ihm wurde umgehend zurückbedeutet, dass von seinem Vorschlag »kein Gebrauch gemacht werden« könne.[220] Der jüdische Kaufmann blieb jedoch hartnäckig und unterbreitete einen Monat später erneut seinen Plan. Dieses Mal wies die Hofkanzlei das Gubernium an, sowohl von Menschel detaillierte Angaben über die Ausführbarkeit seines Projekts zu verlangen, als auch die Meinung des Oberaufsehers über die jüdischen deutschen Schulen einzuholen.[221] Ob diese Anweisung ausgeführt wurde, ist nicht bekannt; jedoch wurde Menschel zu Beginn des Jahres 1795 erneut bei den Hofbehörden vorstellig und überreichte »einen Entwurf über die Art, und Weise, wie die jüdische Nation, um für den Staat brauchbarer, und für sich selbst glücklicher zu werden, gebildet werden könnte«.[222] Nachdem Menschel noch mehrfach an die Behörden herangetreten war und um die Behandlung seines Anliegens gebeten hatte,[223] wurde das Projekt im Frühsommer 1796 von der galizischen Landesregierung diskutiert. Die Mehrheit der Gubernialräte sprach sich gegen die Vorschläge Menschels aus, da von ihnen »ein Gebrauch mit Nutzen und Vortheil des Staates nicht gemacht werden könne«. Der Gouverneur, Johann Jakob Graf von Gaisruck, gab dabei zu Protokoll, dass seiner Meinung nach

»dieser Plan [...] eine für die itzigen Zeiten gar nicht annehmbare, dem Staate doch immer unbekannt seyn müssende Glaubensaufklärung enthalte, die doch durch auswärtige jüdische Gelehrte dortlandes verpflanzt werden müsse, wodurch dem Ansehen u. der staatsschädlichen Vermehrung der Juden, ein nicht gleichgültiger Schwung gegeben würde [...], daß durch die geläuterte Glaubenslehre die Juden doch

---

Weiss, 174-176 und 184-187; Engelbrecht, Geschichte des österreichischen Bildungswesens, Bd. 3, 218-220, 223-225; Grimm, Expansion, Uniformisierung, Disziplinierung, 251.
220 Hofdekret vom 4. Februar 1794, AVA, HKP Galizien 1794, 62 (Februarius, Nr. 21). Der Inhalt des Plans von Menschel ist nicht überliefert, die entsprechenden Akten sind verschollen.
221 Hofdekret vom 31. März 1794, AVA, ebd., 148 (Martius, Nr. 113).
222 Hofdekret vom 9. Februar 1795, AVA, HKP Galizien 1795, 84 (Februarius, Nr. 79).
223 Hofdekrete vom 3. September 1795, AVA, ebd., 479 (September, Nr. 13), 15. Februar 1796, AVA, HKP Galizien 1796, 80 (Februarius, Nr. 51) und 4. Juni 1796, AVA, ebd., 316 (Junius, Nr. 17).

immer Juden bleiben würden, u. wenn sie diese durch die sich eigengemachte Aufklärungslehre ganz vernachlässigen sollten, ein weit gefährlicheres Mittelding von Nichtjuden, u. Nichtkristen hieraus entstehen würde.«

Der Gouverneur ging im gleichen Atemzug sogar soweit, vorzuschlagen, dass die »hierländigen so schädlichen Judenschulen« – gemeint waren die deutschen Schulen, nicht die *Chadarim* – »ganz aufzuheben« seien.[224] Das Wenige an Aufklärung, das den jüdischen Kindern in den deutschen Schulen zuteil wurde, war in Zeiten politischer Turbulenzen bereits zuviel, ganz zu schweigen von einem »verbesserten« Religionsunterricht. Das Homberg'sche Projekt in Galizien – der Versuch einer Umsetzung seines »polizierten« maskilischen Bildungsprogramms in beiden Sektoren, im Normalschulbereich und in der traditionellen Erziehung – war damit am Ende, lange bevor die jüdischen deutschen Schulen aufgehoben wurden.

2.3 Konturen eines Konflikts: Die Petition der galizischen Juden an Leopold II.

»Landesväterliche Wohlthat« oder *Gzera?* – Die jüdische Perspektive

Um die Wende vom 18. zum 19. Jahrhundert verfasste der Nikolsburger jüdische Chronist Abraham Trebitsch eine hebräische Geschichte der großen europäischen Kriege von 1741 bis 1801. In traditioneller Manier gab die Chronik auch die verhängnisvollen Geschehnisse wieder, von denen die Juden in dieser Zeit betroffen waren und unter die Trebitsch auch die Teile der Toleranzpolitik Josephs II. zählte, die für ihn einer Bedrohung der jüdischen Tradition gleichkamen: die Abschaffung der rabbinischen Gerichtsbarkeit, den Militärdienst und den Normalschulunterricht.[225] Für das Jahr 5548 der Schöpfung – 1788 – verzeichnete er in Reimform das Folgende:

»We-ha-dat titma'et we-tered mi-chvoda
al jad mema'etet mi-et le-et u-mi-fkuda li-fkuda
tziwa al eschkol ha-kofer
lelamed li-vne jehuda keschet ha-sofer

---

224 Protokollnotiz des Studiendepartements zur Sitzung vom 23. Juni 1796 (Bezugnahme auf Berichte des Guberniums vom 31. Mai und 16. Juni 1796 über die Vorschläge des »dortigen jüdischen Handelsmanns Chaim Menschel zur Verbesserung zweckmässigerer Errichtung, u. Leitung der jüdischen Religionsschulen«, AVA, StHK, Kt. 861, 23 A Galizien.

225 Avraham Trebitsch, Korot ha-ittim, Brünn 1801, vgl. Kestenberg-Gladstein, Neuere Geschichte der Juden in den böhmischen Ländern, 42 mit Anm. 31; zur Haltung von Trebitsch zur Toleranzgesetzgebung Josephs II. vgl. ebd., 93 f.; Karniel, Die Toleranzpolitik Josephs II., 523. Zu Trebitschs Chronik vgl. Šedinová, The Hebrew Historiography in Moravia at the 18th Century.

lechavkam be-chevek ha-ktav u-levalmam be-resen ha-dibur we-metek ha-laschon be-metav higajon we-lo ledaber leschon ilgim be-wisajon.«[226]

(Die Religion wird abnehmen und an Ehre verlieren / schleichend und allmählich, von Befehl zu Befehl. / Man befahl der Zypertraube;[227] / die Söhne Judas im Gebrauch der Waffen des Schreibers zu lehren, / sie mit der Umarmung des Schreibens zu umarmen, durch den Zaum der Rede zu zügeln, durch die Süße der Sprache / und die reine (grammatische) Logik: (Sie sollen) nicht mehr schändlich die Sprache der Stammler sprechen.)[228]

Aus Trebitschs Gedicht spricht die deutliche Ablehnung des Normalschulunterrichts. Der Chronist sah durch die deutschen Schulen die jüdische Religion und Tradition bedroht; als größte Gefahr erkannte er den primären Inhalt des Unterrichts in den Schulen selbst: die deutsche Sprache. Ironie und Doppeldeutigkeit kennzeichnen seine Verse. Die »Umarmung des Schreibens«, die »Süße der Sprache« – es waren die Mittel der Verführung, die die jüdische Jugend zunächst ihre eigene Sprache verlernen lassen sollten. Der mährisch-jüdische Chronist bediente sich in ironisch-bloßstellender Absicht des Begriffs der *Maskilim* für das Jiddische: *leschon ilgim*, die »Sprache der Stammler«, die nach Auffassung der kaiserlichen Beamten und der jüdischen Aufklärer *be-wisajon*, »schändlich«, von den Juden gesprochen wurde. War aber erst einmal die eigene jüdische Sprache vergessen, würde auch der Glauben preisgegeben werden, »schleichend und allmählich«. Die Verse Trebitschs werfen ein Licht auf die ambivalente Einstellung der Juden Böhmens, Mährens und Ungarns sowie vor allem Galiziens gegenüber Joseph II. und seiner Toleranzpolitik: Während die Abschaffung diskriminierender Maßnahmen von ihnen begrüßt wurde, ließen die restriktiven Aspekte der josephinischen Politik wie die Abschaffung der Rabbinatsgerichtsbarkeit, die Militärdienstpflicht oder die Einführung des schulzwangbewehrten Normalunterrichts den Kaiser in ihren Augen als einen Feind des Glaubens erscheinen.

226 Verse zit. nach Kestenberg-Gladstein, Neuere Geschichte der Juden in den böhmischen Ländern, 43.
227 Nach Hhld 1,14: *Eschkol ha-kofer dodi li be-charme en gedi*. (Eine Zypertraube ist mein Geliebter in den Weinbergen von En Gedi.) *Eschkol* bedeutet »Traube«. Nach dem Midrasch zum Hohelied, *Schir ha-schirim rabba*, wird das Wort *eschkol* im rabbinischen Sprachgebrauch zum »Gelehrten« (nach dem Wortspiel *esch-kol = isch sche-ha-kol* bo, »ein Mann, in dem alles [Wissen] enthalten ist«. Vgl. Jastrow, A Dictionary of the Targumim, the Talmud Babli and Yerushalmi, and the Midrashic Literature, 128.
228 Übersetzung durch den Verfasser. Vgl. die auch bei Kestenberg-Gladstein, Neuere Geschichte der Juden in den böhmischen Ländern, 42 f., angeführte Übertragung ins Deutsche von Leopold Löw, Das Mährische Landesrabbinat vor 100 Jahren, in: ders., Gesammelte Schriften, Szegedin 1890, Bd. 2, 165–218, hier 175, die den doppeldeutig-kritischen Ton der Verse Trebitschs deutlich verstärkt: »Der Glaube der Väter verliert an Respecte / durch jeden Befehl, der von Wien kommt directe. / Entstehen sollen Schulen, Anstalten für Ketzer, / für Leser und Schreiber und Thoraverletzer. / Wir sollen die jüdische Mundart vergessen / und unsere Worte grammatisch bemessen.«

Es war nicht die »heilige Sprache« der Tora selbst, die der Staat abzuschaffen bestrebt war, doch war es die Sprache, in der die Inhalte des Heiligen im Rahmen der traditionellen Erziehung transportiert und vermittelt wurden. Vor allem aber war es *die eigene*, die jüdische Sprache, die die Juden von der nichtjüdischen Welt trennte und die Jugend von deren Verlockungen und Vergnügungen fernhielt. War dieser Damm einmal gebrochen, so war auch die Erosion des Glaubens und der Tradition nicht mehr aufzuhalten. Was für die *Maskilim* das Mittel der Erweckung von Bildung und Kultur darstellte – die deutsche Sprache –, war für Trebitsch das Vehikel einer verderblichen Assimilation und des Traditionsbruches. In seinen Versen klangen die Warnungen Ezechiel Landaus und weiterer Rabbiner an. Diese hatten anlässlich der Mendelssohn'schen Pentateuchübersetzung darüber geklagt, dass die jüdischen Kinder durch die intensive Beschäftigung mit der deutschen Sprache sich von der Tora und der eigenen Tradition ab- und zur Sprache und Kultur der Nichtjuden hinwenden würden.[229] Die Ablehnung der Schule hatte einen ähnlichen Grund: Die rabbinische Elite und traditionstreue Juden wie Trebitsch verstanden sehr wohl die Gefahren, die das Erlernen der deutschen Sprache mit sich brachte. Noch vierzig Jahre später sollte der Posener Rabbiner Akiva Eger (1761–1837) in seinem Testament die frommen Juden davor warnen, die Werke Mendelssohns zu benutzen. Mädchen sollten nur »deutsche«, das heißt jiddische Bücher lesen, die mit hebräischen Buchstaben gedruckt waren und die sich auf die Traditionsliteratur stützten. Vor allem aber warnte Eger vor den Verlockungen der äußeren Kultur, denen nachzugeben gleichbedeutend mit der Preisgabe des Glaubens und dem Verlust des Seelenheils sei. Nie sollte der Fuß eines Juden ein Theater betreten, »und hütet euch vor der Veränderung eures Namens, vor fremder Sprache und fremder Kleidung, Gott bewahre!«[230]

Der Lektüre von Mendelssohns *Netivot schalom* konnte ein frommer Jude noch ausweichen; den kaiserlichen Befehl, die Kinder in die deutschen Schulen zu schicken, konnte er jedoch nicht ohne Weiteres umgehen. In den Augen der traditionstreuen Juden war das eine *Gzera*, ein unausweichliches Verhängnis, das per Order auf sie herabgekommen war wie die Militärpflicht und das Verbot der rabbinischen Gerichte. Die Haltung Trebitschs gegenüber den Schulen widersprach so gänzlich der Einstellung, die die Juden Brodys – und vor ihnen auch diejenigen Prags und Lembergs – aus Anlass der Eröffnung »ihrer« jüdischen Normalschule an den Tag gelegt hatten. Zur Feier des Tages hatte es Musik, Umzüge und Gebete gegeben, und in ihren Reden hatten die Gemeindenotabeln den Kaiser für die »Wohltat« der Normalschulen gepriesen, die ihren Söhnen die Aussicht auf ein erfolgreiches Vorankommen im sozialen und wirtschaftlichen Leben eröffnete. Gerade der Erwerb der deut-

---

229 Vgl. Eliav, Jüdische Erziehung in Deutschland, 42–44.
230 Zit. nach Assaf, Mekorot le-toldot ha-chinuch bi-jisra'el, 453 f., hier 453 (Übersetzung durch den Verfasser).

schen Sprache, der »besonders hiesiger Handels-Stadt höchstnöthigen Teutschen Litteratur«, wie es der Brodyer *Stadlan* Ephraim Leibel ausgedrückt hatte,[231] erschien den jüdischen Kaufleuten als ein Pfand auf die Zukunft. Von Angst vor einer Entfremdung der jüdischen Jugendlichen von ihrem Glauben war hier keineswegs die Rede gewesen.

Zwischen »landesväterlicher Wohlthat« und *Gzera:* das war das Spektrum, in dem sich die Reaktion der Juden des Habsburgerreiches auf die seit 1782 entstehenden jüdischen deutschen Schulen und die damit verbundenen staatlichen Eingriffe bewegte. Über die jeweilige Position entschied der Grad der Aufgeklärtheit und in einem gewissen Maße die Frage der Zugehörigkeit zur merkantilen jüdischen Elite, die den deutschen Unterricht aus pragmatisch-praktischen Gründen guthieß. Zudem darf man nicht vergessen, dass die Reden Leibels oder auch Jakovke Landaus von 1784 sowie Trebitschs Gedicht aus der Zeit um 1800 in zwei unterschiedlichen kommunikativen Kontexten angesiedelt waren und auf unterschiedliche Öffentlichkeiten zielten. Leibel und Landau sprachen im feierlich-offiziellen Rahmen und in Anwesenheit des Brodyer Kreiskommissars. Trebitsch hingegen wandte sich allein an eine rabbinisch gebildete, hebräisch lesende Öffentlichkeit; seine Verse waren nicht für die Augen eines nichtjüdischen Lesepublikums bestimmt. Und schließlich scheint es nach 1786 zu einem strukturellen Wandel in der Einstellung der Habsburger Juden zum Normalschulunterricht gekommen zu sein. Der bis dahin im Prinzip freiwillige Schulbesuch konnte kaum als »Verhängnis« aufgefasst werden; zur *Gzera* ließen ihn erst die Maßnahmen des Schulzwanges werden, insbesondere das Heiratsverbot bei Nichtnachweis des Normalschulzeugnisses. Hierauf deuten die Worte »von Befehl zu Befehl« in den Versen Trebitschs. Mit der zwangsweisen Ausweitung des Deutschunterrichts auf alle jüdischen Knaben – und bald auch auf die Mädchen – konnten die Schulen als Institutionen erzwungener Akkulturation wahrgenommen werden. So wurde auch die Frage der deutschen Sprache wieder relevant, welche nicht mehr unter dem Gesichtspunkt des Nutzens sondern, wie ehedem bei Ezechiel Landau und nun bei Trebitsch, als Gefahr gesehen wurde. Doch außer den Versen des mährischen Chronisten sind kaum Äußerungen von Juden überliefert, die die Ablehnung der Schulen aus der vermeintlich drohenden sprachlichen und religiös-kulturellen Assimilation herleiteten. Vielmehr gerieten andere Argumente in den Vordergrund, die dem Staat gegenüber kommunizierbar erschienen.

---

231 Freuden Bezeigung des Ephraim Leibel, Syndicus der in der berühmten Handels-Stadt Brody am 24ten May a. o. 1784 zur Normal-Schul-Lehre eingeführten Jüdischen Jugend, TsDIAL 146/1/208 (CAHJP, HM 2/8894.1).

Die Petition vom 3. August 1790

Der Tod Josephs II. am 20. Februar 1790 hatte im Habsburgerreich bei unterschiedlichen gesellschaftlichen Gruppen die Hoffnung auf eine Rücknahme von Reformmaßnahmen genährt und eine Flut von entsprechenden Petitionen ausgelöst. Der neue Herrscher, Leopold II., erfüllte diese Erwartungen zumindest teilweise.[232] Ein zentrales Feld derartiger Revisionsbestrebungen bildete die Politik gegenüber der jüdischen Bevölkerung. Von christlicher Seite unternahmen vor allem die Wiener und Niederösterreichischen Lokal- bzw. Landesbehörden, aber auch die böhmischen Stände den Versuch, die zwischen 1781 und 1790 im Zeichen der Toleranzpolitik zugunsten der Juden getroffenen Maßnahmen, vor allem im wirtschaftlichen Bereich, rückgängig zu machen.[233] Doch auch vonseiten der Juden selbst gab es zahlreiche Vorstöße sowohl in Richtung weiterer Verbesserungen hinsichtlich ihres Rechtsstatus als auch gegen diejenigen Elemente der josephinischen Politik, mit denen eine Beschneidung der jüdischen Autonomie und ein Eingriff in die religiös-lebensweltlichen Zusammenhänge einhergegangen waren.[234] Anfang Mai 1790 überreichte der Landesprimator der böhmischen Judenschaft Joachim Popper ein Majestätsgesuch, in dem um die Übertragung des ein Jahr zuvor erlassenen galizischen Judenpatents auf die böhmischen Juden gebeten wurde. Kurz darauf wandte sich eine Gesandtschaft der Prager Juden an Leopold II. gegen dieses Gesuch und erbat in einem Folgeschreiben die Bestätigung »der ihnen von jeher angediehenen Freyheiten, dann um die ihnen zu verstattende ungehinderte Ausübung ihrer Religion und der gesätzmässigen Gebräuche«.[235] Die einzelnen Punkte der Bittschrift betrafen die Rücknahme der bürgerlichen Gesetzgebung und die Wiederanwendung der *Halacha* in Ehe- und Erbsachen, die Behandlung jüdischer Arbeitssträflinge am Schabbat und an jüdischen Feiertagen sowie die Freistellung jüdischer Männer vom Militärdienst. Die Frage des Normalschulunterrichts wurde nicht berührt. Als Hauptargument wurde in allen drei Klagepunkten die absolute Verbindlichkeit und Unverletzbarkeit des jüdischen Religionsgesetzes angeführt und somit auf den Toleranzgrundsatz rekurriert.

Im Juni 1790 reichte eine Abordnung galizischer Juden eine ähnliche Bittschrift ein. Neben den Klagen hinsichtlich der Rekrutierung von Juden zum Militärdienst, der Ehegesetzgebung und der Behandlung jüdischer Sträflinge beinhaltete die Petition auch die Bitte um Wiederherstellung der Rabbinatsgerichtsbarkeit.[236] Unterstützt wurde die Abordnung durch die jüdischen

---

232 Vgl. Vocelka, Glanz und Untergang der höfischen Welt, 387 f.
233 Vgl. Karniel, Die Toleranzpolitik Kaiser Josephs II., 518–522, 525.
234 Vgl. Singer, Zur Geschichte der Juden in Böhmen in den letzten Jahren Josefs II. und unter Leopold II., 212–241.
235 Zit. nach ebd., 214.
236 Vgl. ebd. 219, 237; Gelber, Toldot Jehude Brodi, 144–146.

Kaufleute und Gemeindevorsteher Brodys, die einen eigenen Antrag auf Wiedererrichtung des 1785 aufgelösten Rabbinatsgerichts stellten, welches nicht nur große halachische Autorität unter den jüdischen Gemeinden Galiziens genossen, sondern darüber hinaus auch einen wichtigen Wirtschaftsfaktor für die Stadt insgesamt dargestellt hatte.[237] Die staatlichen Behörden und der Kaiser zeigten sich bereit, einige der die jüdische Religions- und Lebenssphäre besonders einschränkenden Elemente der josephinischen Reformpolitik zu beseitigen oder in ihrer Wirkung abzuschwächen. So wurde entschieden, dass jüdische Sträflinge hinsichtlich ihrer Verpflegung und des Arbeitszwanges nach dem jüdischen Religionsgesetz zu behandeln seien.[238] Zudem wurde per Hofdekret vom 18. Februar 1791 gestattet, dass Ehen in Zukunft wieder gemäß der *Halacha* durch einen Scheidebrief (*Get*) geschieden werden durften. Auch wurden die zuvor streng verbotenen Verwandtenehen unter bestimmten Bedingungen wieder zugelassen.[239] In der Frage der Rabbinatsgerichte wollten die Behörden den Bitten der Juden jedoch nicht nachkommen. Deren Wiederherstellung, so wurde argumentiert, widerspreche der Absicht des Staates, die Juden »zu einem weniger heterogenen Teil der Bevölkerung« zu machen und werde die »Zerrüttung der bestehenden Gerichtsverfassung« zur Folge haben.[240] Es hat den Anschein, dass die Antragsteller den Kontinuitätswillen des Hofs und der Regierungsbehörden unterschätzt hatten. Die unter Joseph II. begonnenen Reformen gegenüber den Juden des Habsburgerreiches zielten, um es mit einem modernen Wort zu sagen, auf Nachhaltigkeit.

Dieselbe Abordnung galizischer Juden, die im Frühsommer 1790 bei Hofe wegen der genannten Punkte vorstellig geworden war, wandte sich am 3. August 1790 erneut an Leopold II. Ihre diesmalige Bittschrift betraf die fast neunzig Normalschulen, die mittlerweile in Galizien bestanden. Im Namen der galizischen Juden beklagten sich die Petitionäre über die »Bedrükungen, die von denen dortlandes bestehenden jüdisch deutschen Normal Schulen entspringen« und baten »um Allergnädigste Abhilfe«.[241] Als »Bevollmächtigte [der] Galizischen Juden Gemeinden« traten Hischel (Hirsch) Rozanes aus

---

237 Vgl. Weissberg, Die neuhebräische Aufklärungsliteratur in Galizien, 737; Gelber, ebd, 144.
238 Vgl. Singer, Zur Geschichte der Juden in Böhmen in den letzten Jahren Josefs II. und unter Leopold II., 219 f.
239 Vgl. ebd., 237–239.
240 Ebd., 237, 239.
241 Petition der »Bevollmächtigten Galizischen Juden Gemeinden« vom 3. August 1790, AVA, Sthk, Kt. 106, 23 Galizien (nachfolgend Petition der Bevollmächtigten). Zur Identität der *Stadlanim* mit den Verfassern der vor dem Monat Juli 1790 eingereichten Bittschrift vgl. Singer, Zur Geschichte der Juden in Böhmen in den letzten Jahren Josefs II. und unter Leopold II., 219 und 279, Anm. 31. Die Petition selbst, die Erörterung der Klagepunkte durch die Studienhofkommission sowie die Erwiderung Hombergs wurden kursorisch und tendenziös von Wolf, Zur Geschichte des jüdischen Schulwesens in Galizien, behandelt. Mit dem Artikel Wolfs setzt sich Manekin, Naftali Herz Homberg – ha-dmut we-ha-dimui, 188 f. kritisch auseinander, die dabei auch auf die in vorliegender Darstellung verwendeten Quellen zurückgreift.

Lemberg, Mayer Schöner aus Buczacz sowie Jacob (Jakovke) Landau aus Brody in Erscheinung – bei Letzterem handelte es sich um eben jenen Kaufmann und Gemeindevorsteher, der im Mai 1784 so überschwänglich die Eröffnung der jüdischen Normalschule in seiner Heimatstadt begrüßt hatte. Dass sich die drei Männer als »Bevollmächtigte« bezeichneten, zeigt, dass sie im Bewusstsein handelten, als autorisierte Fürsprecher der galizischen Juden aufzutreten. So darf man in diesem Vorgang eine Form der *Stadlanut* (Fürsprache) erblicken.[242] Wenn es sich bei Jakovke Landau auch nicht um den regulären »Syndikus« der Brodyer Gemeinde handelte, so trat er doch bereits zum wiederholten Mal bei Hofe zugunsten der jüdischen Gemeinden Galiziens ein.[243] Die Schwere des Problems, das die jüdischen deutschen Schulen für die galizische Judenschaft darstellten, wird daran deutlich, dass dieser Punkt nicht unter die Beschwerden und Bitten des Juni-Gesuches subsumiert worden war, sondern dass man ihm eine eigene Petition widmete. Der schnelle Zusammenbruch des jüdischen Normalschulwesens in Ungarn, der sich im Kontext der von Joseph II. in seinen letzten Lebenstagen dekretierten Rücknahme der meisten seiner Reformen für das Königreich ereignet hatte, mochte die Bevollmächtigten in der Hoffnung auf einen Erfolg ihrer Bitte bestärkt haben.[244]

In ihrer Bittschrift beklagten die Petitionäre verschiedene, mit den Schulen verbundene Gegebenheiten, die in ihren Augen eine Belastung für die galizischen Juden darstellten. Sie warnten davor, dass diese Umstände das »Wesentliche« jener an sich nützlichen Einrichtung »verdunkeln« und das »vätterlich abzwekende Ziel«, also die Bildung der Juden, vereiteln könnten. Der erste Klagepunkt der Bittschrift betraf die Finanzierung der Schulen und die materielle Bürde, welche diese vor allem den schwächeren Judengemeinden auferlege. Neben einer jährlichen Gesamtabgabe von 38 000 Gulden, von der der größte Teil in den jüdisch-deutschen Schulfond fließe, hätten die Gemeinden auch für die »Herstellungen und Unterhaltung aller Schul Requisiten« zu sorgen. Die Petitionäre glaubten offenbar, dieser Beschwerde durch den Hinweis mehr Gewicht zu geben, dass aus diesem immensen finanziellen Aufwand der kaiserliche Staatsschatz keinerlei Nutzen zöge. Damit appellierten sie an die fiskalischen Motive einer vor-reformabsolutistischen Kameralwirtschaft und übersahen, dass der »Nutzen« für den Staat spätestens

---

242 Zur Tradition der *Stadlanut* vgl. Guesnet, Politik der Vormoderne; ders., Die Politik der Fürsprache; ders., Textures of Intercession; Scott Ury, The *Shtadlan* of the Polish-Lithuanian Commonwealth.
243 Vgl. Gelber, Toldot Jehudei Brodi, 144–146, 165. Als eigentlicher *Stadlan* der Brodyer Gemeinde fungierte Ephraim Ben-Leib (auch: Ephraim Leibel). Vgl. ebd., 129. Hirsch Rozanes (auch: Rosanes, 1733–1804), der zweite Bevollmächtigte, war Rabbiner in Lemberg. Vgl. den Eintrag »Rosanes, Zevi Hirsch Ben Issachar Berish«, in: Encyclopaedia Judaica, Bd. 14, 263. Über die Identität des dritten Bevollmächtigten, Mayer Schöner, ist nichts bekannt.
244 Vgl. Silber, The Historical Experience of German Jewry and its impact on Haskalah and Reform in Hungary, 112 f.

seit Joseph II. anders definiert wurde denn als rein fiskalischer Gewinn. Um gerade die kleineren, finanzschwächeren Gemeinden zu entlasten, baten die Bevollmächtigten darum, dass nur die bereits bestehenden Schulen in den größeren Gemeinden erhalten bleiben sollten, den kleineren Gemeinden jedoch »die Kostspieligkeit der jüdischen Normall Schule ersparet« werde.[245]

Der zweite Beschwerdepunkt betraf das angeblich religions- und traditionsfeindliche Verhalten der jüdischen Normalschullehrer. Durch »freye Aufführung und Verachtung der Talmudischen Lehrsätze« sowie durch Nichtbeachtung »der eingeführten Religions Gebräuche« gäben sich die Lehrer den Anschein der Aufgeklärtheit. Tatsächlich aber schadeten sie hierdurch dem deutschen Unterricht und sich selbst, da dieses Verhalten bei den Familienvätern die Sorge nähre, dass »durch die deutsche Schulle die Kinder zum Leichtsinn und Unglauben verleitet« würden. Aus »Herrschsucht« würden die Lehrer die Eltern unter Strafandrohung zwingen, ihre Kinder trotz jener Befürchtungen zur Schule zu schicken. Aus dieser Klage leiteten die Petitionäre ihre Bitte um die Abschaffung des Schulzwanges her. Das Ansehen der Schulen und damit der Schulbesuch würden steigen, sobald es »jede[m] lehrbegierigen Jüngling, oder seinen Eltern frey bliebe, die Normall Schulle zu seiner Ausbildung sich zu benutzen«.[246] Damit verlangten sie im Prinzip die Rückkehr zu der bis 1786 geltenden Freiwilligkeit des Unterrichts.

Ein dritter Klagepunkt richtete sich gegen den Versuch Hombergs, seinen Einfluss auf das System der traditionellen Erziehung auszuweiten: »Auch verbreitet die Galizisch Jüdisch deutsche Schull aufsicht ihre Gewalt und Macht, über denen jüdischen Religions, und Talmud Lehrer, schreibet Ihnen Gesetze, und Regel vor, welche Behandlung die ganze Nation auf das schmerzhafteste empfindet.« Hiermit zielten die Bevollmächtigten eindeutig auf den befohlenen Schulzwang für die Behelfer sowie das von Homberg angeregte Unbedenklichkeitszeugnis, ohne das kein *Melamed* seinem Beruf nachgehen durfte.[247] Die *Stadlanim* erbaten eine Einschränkung von Hombergs Befugnissen und die Unterbindung seiner Einmischung in die Belange der traditionellen Erziehung.[248]

Der vierte Punkt der Petition zielte auf die Konkurrenz der beiden Schulsysteme – des Normalschulunterrichts auf der einen und der traditionellen Erziehung in den *Chadarim* auf der anderen Seite – um die Lernzeit der jüdischen Jungen: »Da man 6jährige Kinder schon zur teutschen Schulle zwingt, so bleibet der Jüdischen Jugend keine Zeit, das Hebräische Lesen, und Schreiben, oder Ihre Religionsgründe zu erlernen, da doch bei denen Galizischen Judenschaften beide sowohl zur zeitlichen als ewigen Glückseligkeit höchst nötig sind.« Um dem Knaben ausreichend Zeit zum Erlernen seiner

---

245 Petition der Bevollmächtigten, ebd.
246 Ebd.
247 Siehe in Kap. 2.2.
248 Petition der Bevollmächtigten, ebd.

»Religionsgründe« zu geben, baten die Bevollmächtigten darum, das Eintrittsalter für den Normalschulunterricht auf zehn Jahre anzuheben. Dies hätte den Kindern die Gelegenheit gegeben, ohne zeitliche Einschränkungen die ersten beiden Stufen der traditionellen *Cheder*-Ausbildung zu absolvieren, bevor sie mit dem Deutschunterricht begannen.

Als ein »gänzliches Verderben der jüdischen Religion«, so schließlich der fünfte Punkt der Bittschrift, würden die jüdischen Familienväter den gemeinsamen Schulbesuch von Jungen und Mädchen ansehen, der von den Behörden verfügt worden war. Der Kaiser solle »in allergnädigster Rücksicht [...] ziehen, wie für die Galizischen Juden Mädchen zum teutschen Unterricht zu verhalten, für Zeit und Umstände, wirklich mehr Nachtheil als Nutzen bringen kann«.[249] Implizit wurde so um eine Abschaffung der Schulpflicht für Mädchen nachgesucht.

Es ist auffallend, dass die galizischen *Stadlanim* keinesfalls den Normalschulunterricht an sich infrage stellten. Anscheinend konnten sie den Erwerb gewisser nützlicher Kenntnisse, sofern er auf Freiwilligkeit beruhte und die Schulen nicht von Homberg beaufsichtigt wurden, auch weiterhin gutheißen. Doch war der bloße Erwerb nützlicher Kenntnisse das eine, das umfassende Erziehungsbegehren des Staates gegenüber den Juden etwas ganz anderes. Dies in einer an den Herrscher gerichteten Petition zu thematisieren und die guten Absichten des Staates in Zweifel zu ziehen, wäre jedoch ungebührlich gewesen. Die Bevollmächtigten verfolgten daher eine doppelte Argumentationsstrategie. Sie beriefen sich auf das Toleranzprinzip der Nichtantastung religiöser Grundsätze, des Abstandnehmens von Maßnahmen, welche dem Glauben einer tolerierten religiösen Minderheit Schaden zufügen konnten. Die Bevollmächtigten wussten, dass sie hier einen empfindlichen Nerv der bisher von Joseph II. verfolgten Politik gegenüber den Juden der Habsburgermonarchie berührten. Sie gingen ganz offensichtlich davon aus, dass die Instanzen des Hofs sich auch nach dem Tod des Reformers an diesen Grundsatz halten und entsprechende Beeinträchtigungen abzustellen bemüht sein mussten.

Tatsächlich verbanden sich vier der fünf Beschwerdepunkte mit dem Argument der Religionsfreiheit bzw. deren Beeinträchtigung: Das »aufgeklärte« Gebaren der Lehrer, ihre Nichtbeachtung der Glaubensgrundsätze nähre die Furcht, dass die jüdischen Kinder unter ihrem Einfluss die Religion der Väter preisgeben könnten; die jüdische Schulaufsicht greife direkt und unbefugt in die Angelegenheiten des Religionsunterrichts ein; das frühe Schuleintrittsalter behindere die Kinder beim Erlernen ihrer »Religionsgründe« und der gemeinsame Unterricht von Jungen und Mädchen »verderbe« die jüdische Religion. Eine solche Argumentationsweise war nicht auf Galizien beschränkt. Wie Louise Hecht am Beispiel des Hofgesuchs der Prager Juden von 1795 um Auflösung bzw. Umwandlung der jüdischen Hauptschule zu Prag zutreffend

249 Ebd.

festgestellt hat, sollte mit einer derartigen Strategie »der Staat [...] der Grenzen erinnert werden, welche ihm die Toleranzgesetzgebung in Bezug auf die Nichteinmischung in Religionsangelegenheiten auferlegte«.[250]

Zur Argumentationsstrategie der Petitionäre gehörte es weiterhin, das Verhalten der jüdischen Protagonisten des josephinischen Schulsystems, nämlich dasjenige Hombergs und der jüdischen Normalschullehrer, in den Vordergrund zu stellen und gleichzeitig den staatlich-behördlichen Anteil an den »Bedrückungen« herunterzuspielen. Es ist interessant, was in der Bittschrift vom 3. August 1790 gerade nicht – oder zumindest nicht explizit – beklagt wird: das mit der Judenordnung von 1789 bekräftige Verbot der Heirat von Jugendlichen, die kein Schulzeugnis vorweisen konnten, die Untersagung des Talmudunterrichts bei Nichtbesuch der deutschen Schule, der Moralunterricht mit seinen für die Juden problematischen Lehr- und Lesestoffen und der Versuch, die jiddische Sprache aus dem Alltag zurückzudrängen. Das Element der *Gzera* wurde hier mit voller Absicht ausgeblendet, die Verzweiflung über die Zwangsmaßnahmen camoufliert. Es war einfacher, die eigenen Glaubensgenossen bei den obersten Staatsbehörden zu denunzieren, als diese selbst für die »Bedrückungen« der Schulen verantwortlich zu machen und die tatsächlichen Ärgernisse beim Namen zu nennen. Eine solche Camouflage fiel leichter, wenn die jüdischen Protagonisten des Systems sich durch ihr Verhalten angreifbar machten.

Abgesehen von der teilweise verschleiernden Argumentationsstrategie der Bevollmächtigten verbarg sich hinter den geäußerten Beschwerden unbestreitbar ein wahrer Kern. Wenn auch die jüdisch-deutschen Schulen als Institution nicht infrage gestellt wurden, so beanstandete die Petition doch strukturelle Grundzüge des Systems, die nicht als Nebensächlichkeiten abgetan werden konnten: die Frage der Unterrichtspflicht und die Bestimmungen über das Schulpflichtalter sowie die für die traditionelle jüdische Gemeinschaft besonders prekäre Frage der Koedukation von Jungen und Mädchen. Ein weiterer Klagepunkt, das inkriminierte religionsfeindliche Verhalten der Lehrer, betraf weniger die rationalen Strukturen des Unterrichts als vielmehr eine *gefühlte* Bedrohung der traditionellen Lebenswelt. Im Folgenden sollen die Hintergründe dieser Klagepunkte näher beleuchtet werden.

Konfliktpunkt I: Konkurrenz um Erziehungszeit

Mit der Unterrichtspflicht eng verknüpft war die Frage des Schulpflichtalters der jüdischen Kinder. Hier galt die Festlegung der Allgemeinen Schulordnung vom Dezember 1774, der zufolge Kinder ab einem Alter von sechs Jahren bis mindestens zum Ende ihres zwölften Lebensjahres unterrichtspflichtig

---

250 Vgl. Hecht, Die Prager deutsch-jüdische Schulanstalt, 225.

waren.²⁵¹ Dadurch war der Konflikt zwischen Eltern und traditionellen jüdischen Eliten auf der einen und dem Staat auf der anderen Seite vorgezeichnet, war doch das vorgeschriebene Schulalter im Grunde deckungsgleich mit dem Lebensabschnitt, in dem ein jüdischer Junge die Institutionen der traditionellen Erziehung durchlief. Im Regelfall begann diese zwischen seinem fünften und sechsten Lebensjahr, manchmal auch früher. In den ersten beiden Stufen des *Cheder* lernte er Hebräisch lesen und schreiben und die Gebete aufsagen, er studierte den Pentateuch samt Raschi-Kommentar sowie die sechs Ordnungen der Mischna, ehe er sich mit zehn Jahren vollständig dem Talmud einschließlich der maßgeblichen Kommentare zuwandte, deren Studium er meist in seinem 13. Lebensjahr abschloss.²⁵² In den *Chadarim* der polnischen Juden wurde dem Talmudstudium ein besonders großer Stellenwert beigemessen, sodass der *Melamed* häufig schon Knaben in einem Alter von sieben oder acht Jahren darin unterrichtete und das Bibel-Studium vernachlässigt wurde.²⁵³ Der Unterricht in den Lehrstuben erstreckte sich über den ganzen Tag und konnte insgesamt bis zu zwölf Stunden dauern. Wenige Pausen dienten der Einnahme des Essens, darüber hinausgehende Erholungszeiten waren nicht vorgesehen.²⁵⁴ Durch die nun geltende Pflicht, täglich einige Stunden am deutschen Unterricht teilzunehmen, wurde die Zeit des *Cheder*-Unterrichts beschnitten und der herkömmliche Tagesablauf eines jüdischen Jungen empfindlich gestört. Das Kind musste seine Aufmerksamkeit zwei unterschiedlichen Lehrgegenständen widmen, war mit zwei unterschiedlichen Lehrmethoden konfrontiert; seine Konzentrationsfähigkeit wurde extrem beansprucht und stand nicht mehr vollständig dem Studium des Religionsgesetzes zur Verfügung.

Vor dem Hintergrund der Beibehaltung der Institutionen und Inhalte der traditionellen jüdischen Erziehung mit ihrer großen, über das traditionelle Bildungsideal des *Talmid chacham* vermittelten Bedeutung für das Selbstverständnis der jüdischen Gemeinschaft wie für das Ansehen der einzelnen jüdischen Familie führte die Anwendung der allgemeinen Unterrichtspflicht auf die jüdischen Kinder zu einer Konkurrenz zwischen den staatlichen

---

251 Art. 12 der Allgemeinen Schulordnung für die deutschen Normal-, Haupt- und Trivialschulen in sämmtlichen Kaiserl. Königl. Erbländern, in: Engelbrecht, Geschichte des österreichischen Bildungswesens, Bd. 3, 496. Per Hofdekret wurde am 8. August 1786 das Schulpflichtalter für jüdische Kinder im Zusammenhang mit dem Heiratsverbot für Knaben, die keinen Nachweis über den erhaltenen Normalschulunterricht vorweisen konnten, erneut bekräftigt. Die Vorschrift sollte auf diejenigen jüdischen Jungen angewendet werden, »welche das für den Normal Unterricht, der bekanntermassen vom 6ten bis zum vollendeten 12ten Jahre dauert, vorgeschriebene Alter, mithin das 13te Jahr gegenwärtig nicht überschritten haben« – gemeint war hiermit die Grenze zwischen dem zwölften und dem dreizehnten Lebensjahr. AVA, Sthk, Kt. 106. Das Dekret ist abgedruckt bei Pribram, Urkunden und Akten zur Geschichte der Juden in Wien, Bd. I, 577.
252 Vgl. Fishman, The History of Jewish Education in Central Europe, 85–103.
253 Vgl. ebd., 100–103.
254 Vgl. ebd., 79–81.

Schulaufsichtsorganen und den traditionellen Eliten um die Lernzeit der Kinder. Hierin unterschied sich das jüdische Beispiel deutlich vom Normalschulwesen im christlichen Kontext. Dort beanspruchte das 1774 eingeführte Schulsystem zwar einen nicht unbeträchtlichen Teil der *reproduktiven* Zeit der überwiegend bäuerlichen Familien, indem die Kinder ihre Arbeitszeit, die sie sonst auf den väterlichen Feldern und denen der Grundherren zubrachten, teilweise für den Schulunterricht opfern mussten.[255] Für diese Bevölkerungen hatte es vor 1774 kaum einen geregelten Schulunterricht gegeben. Der bisher eher dürftige Unterricht im katholischen Katechismus, nicht mit dem traditionellen jüdischen Unterricht vergleichbar, war durch die Schulreform in das Normalschulcurriculum inkorporiert worden. Keinesfalls kam es hier zu einem ausgeprägten Zeit- und Wertekonflikt zwischen zwei unterschiedlichen Erziehungssystemen, wie dieser in Bezug auf die jüdische Bevölkerung festgestellt werden muss. Die Konkurrenz der beiden Systeme um die Lernzeit der Kinder lässt sich auch als ein Konflikt zwischen edukativer und ritueller Zeit beschreiben. Der Begriff der *edukativen Zeit* bezeichnet dabei die Zeitdauer, die der Unterricht in der Normalschule beanspruchte, wobei »edukativ« im Sinne der staatlichen Erziehung, ihrer Ziele, Methoden und Begleiterscheinungen gebraucht wird. Der Begriff der *rituellen Zeit* verweist hingegen auf den rituell-sakralen Charakter, der der traditionellen Erziehung in den *Chadarim* anhaftete, da es bei ihr doch darum ging, den jüdischen Knaben auf ein Leben gemäß der *Halacha* sowie auf seine gottesdienstlichen Pflichten als Erwachsener vorzubereiten.[256]

Dieses Konkurrenzverhältnis zwischen edukativer und ritueller Zeit äußerte sich in dem von jüdischer Seite häufig vorgebrachten Argument, der Normalschulbesuch lasse den Kindern »keine Zeit«, sich in einem ausreichenden Maße mit ihrer Religion zu beschäftigen. Bereits ein erster Versuch Maria Theresias, die Prager Juden zur Errichtung einer Normalschule zu bewegen, war 1776 von den Vorstehern der Gemeinde mit der Begründung zurückgewiesen worden, die Kinder benötigten alle Stunden des Tages für das Religionsstudium und die Verrichtung ihrer Gebete.[257] Ähnlich argumentierte 1782 auch die jüdische Gemeinde im mährischen Proßnitz.[258] Homberg selbst hatte in seinem Sendschreiben von 1788 die Frage der Zeitkonkurrenz thematisiert, indem er seinen Adressaten die Klage in den Mund legte, dass alle

---

255 Vgl. Engelbrecht, Geschichte des Österreichischen Bildungswesens, Bd. 3, 113; Pietsch, Die Theresianische Schulreform in der Steiermark, 136 f., 143; Hengl, Das Schul- und Studienwesen Österreichs im aufgeklärten Absolutismus, 101. Siehe auch in Kap. 3.1.
256 Für die Anregung, den Konflikt zwischen Normalschulen und *Chadarim* als einen Konflikt um den Bestand der *rituellen Zeit* zu betrachten, danke ich Dan Diner. Vgl. auch ders., Ubiquität in Zeit und Raum, 14–16, zum Dualismus von »sakraler« und »profaner Zeit« im traditionellen jüdischen Welt- und Geschichtsverständnis. Unter *ritueller Zeit* würde ich danach die ins Lebensweltliche übersetzte sakrale Zeit verstehen.
257 Vgl. Kestenberg-Gladstein, Neuere Geschichte der Juden in den böhmischen Ländern, 41.
258 Vgl. ebd., Anm. 28 auf 41 f., hier 42.

Zeit der Welt nicht ausreiche, das umfangreiche traditionelle Lernpensum zu bewältigen, umso weniger unter den Bedingungen der Normalschulpflicht. Er hatte dieses ihm offenbar aus dem Aufseheralltag nur zu geläufige Argument freilich durch den Hinweis zu entkräften versucht, dass dieser Missstand nur der fehlenden Ordnung des *Cheder*-Unterrichts und dem Mangel an Systematik und Methode geschuldet sei: »Seht nun! Was ihr für Mangel an Zeit hieltet, ist nichts anderes als Mangel an Ordnung und planlose Anleitung.«[259] Homberg hatte damit den Sinn der Ausdehnung ritueller Zeit massiv in Zweifel gezogen. Durch einen reformierten Religionsunterricht und ein systematisches Religionslehrbuch glaubte er die rituelle Bildungszeit erheblich verkürzen und dadurch Zeit für die edukative Sphäre gewinnen zu können.

In der Petition vom 3. August 1790 fand die Konkurrenz um die Erziehungszeit der Kinder ihren Ausdruck in der Klage, dass der »jüdischen Jugend keine Zeit [bleibe], das Hebräische Lesen, und Schreiben, oder Ihre Religionsgründe zu erlernen«, falls nicht das Schuleintrittsalter auf zehn Jahre angehoben werden sollte. Hier ging es wohlgemerkt nicht nur um eine Verringerung des täglichen Normalschulpensums um einige Stunden wie dies die Prager Gemeindevorsteher bei der Errichtung der jüdischen deutschen Schulanstalt offenbar hatten durchsetzen können,[260] sondern vielmehr um eine den allgemeinen Normalschulvorschriften widersprechende Zurückstellung der jüdischen Knaben vom Unterricht für mehrere Jahre. Bereits 1781 hatte der Prager Oberrabbiner Ezechiel Landau in den Verhandlungen um die Errichtung der Prager jüdischen Normalschule auf eine derartige Modifikation der Allgemeinen Schulordnung gedrungen.[261] Eine Umsetzung dieser Forderung hätte bedeutet, dass die jüdischen Jungen bereits über eine religiöse Ausbildung – Hebräisch, Pentateuch- und auch eine mehr oder minder umfassende Talmudkenntnis – verfügt hätten, ehe sie im Alter von zehn Jahren die deutschen Schulen besuchten. Aus der Perspektive des Staates jedoch wären vier Jahre ihrer Kindheit – die Jahre ihrer größten Prägsamkeit – verstrichen, ohne dass sie mit dem Lernstoff der Normalschulen in Berührung gekommen wären. Niemand garantierte, dass sie vom Beginn ihres zehnten Lebensjahres an die laut Schulordnung vorgeschriebenen sechs bis sieben Jahre in den deutschen Schulen verbringen würden. Sie wären dann 16 oder 17 Jahre alt gewesen – die Zeit in der ein jüdischer Jugendlicher entweder längst die *Jeschiva* besuchte oder einem Geschäft nachging.

Mehr noch als die Konkurrenz zwischen edukativer und ritueller Sphäre

---

259 Homberg, Sendschreiben, 231.
260 In den Verhandlungen mit den Behörden um die Errichtung der Prager jüdischen Hauptschule im Jahr 1781 konnten die Gemeindenotabeln eine Reduzierung des vorgesehenen täglichen Unterrichtspensums von fünf auf vier bzw. im Winter auf zwei Stunden erreichen. Vgl. Kestenberg-Gladstein, Neuere Geschichte der Juden in den böhmischen Ländern, 45; Silber, The Enlightened Absolutist State and the Transformation of Jewish Society, 9, Hecht, Die Prager deutsch-jüdische Schulanstalt, 218.
261 Vgl. ebd.

um die Lernzeit der Kinder verbarg sich hinter der Forderung Landaus und nun auch der galizischen Bevollmächtigten eine Sichtweise, die auf die immanente Bedeutung der traditionellen Erziehung zielte. Hier wurde das Primat sichtbar, das die Tradition der religiösen Bildung jüdischer Jungen beimaß. Dabei ging es nicht nur um einen symbolischen, sondern auch um einen ganz essentiellen Konflikt zwischen der eigenen jüdischen, sakralen Wertehemisphäre und dem fremden, nichtjüdischen, »äußeren«, also säkularen Wissenskosmos. Die zentrale Frage war: Welchem System gebührt der Vorrang? Für Ezechiel Landau in Prag hatte sich 1781 und in den Jahren danach der Konflikt noch als ein einfaches Konkurrenzverhältnis zwischen traditioneller religiöser Ausbildung und säkularem Normalschulunterricht dargestellt. Die beiden Erziehungssysteme standen annähernd gleichrangig nebeneinander. Die 41 Prozent der schulpflichtigen jüdischen Jungen in Prag, die im Jahr 1790 ihrer Schulpflicht nachkamen,[262] besuchten neben dem Deutschunterricht an der jüdischen Schulanstalt sehr wahrscheinlich auch die traditionellen Lehrstuben oder erhielten bezahlten Privatunterricht durch *Jeschiva*-Studenten. Natürlich mussten sie hiervon zwei, drei oder vier Stunden für den deutschen Unterricht opfern. So stellte sich die Situation auch in Galizien bis 1789 dar: Den jüdischen Knaben zwischen sechs und 13 Jahren war es gestattet, die *Chadarim* einschließlich des besonders wertgeschätzten Gemara-*Cheders* zu besuchen, sofern sie durch ein Attest des deutschen Lehrers nachweisen konnten, dass sie *gleichzeitig* am Unterricht in der Normalschule teilnahmen.[263]

Zwar bedeutete auch dies eine symbolische Beschränkung der von den traditionellen Eliten als übergeordnet betrachteten rituellen Studien, doch war der *Cheder*-Unterricht immerhin nicht hinter das Normalschulcurriculum zurückgestuft. Die Systeme befanden sich annähernd im Gleichgewicht. Mit dem Erlass der galizischen Judenordnung im Mai 1789 hatte sich diese Situation jedoch geändert. Der Paragraf 12 des Patents stellte fest:

»Und da nach der gegenwärtigen gesetzmäßigen Verfassung das (!) Kenntnis der deutschen Sprache und Schrift der Judenschaft von mehr als von einer Seite zur Notwendigkeit wird, so soll an den Orten, wo eine deutsche Schule besteht, kein Jüngling zu dem Talmudunterricht gelassen werden, wenn er mit dem Zeugnisse des

---

262 Vgl. ebd., 224.
263 Hofdekret vom 27. Mai 1785, AVA, HKP-Galizien 1785, 503–514 (Majus, Nr. 194). Der Wortlaut des Hofdekrets besagte eigentlich, dass »kein jüdischer Jüngling eher zum Besuch der talmudischen Schule zuzulaßen sey, als bis er sich durch das Zeugniß eines kristlichen, oder jüdischen Normalschullehrers ausgewiesen haben wird, daß er die Normalschulen frequentirt habe«. In der Praxis wurde die Vorschrift jedoch offensichtlich so gehandhabt, dass ein jüdischer Junge, ehe er in recht frühem Alter – bisweilen mit acht oder neun Jahren – in den Gemara-*Cheder* aufgenommen werden konnte, glaubhaft machen musste, dass er bereits am Unterricht in den deutschen Schulen teilnahm. Die Beendigung der deutschen Schule wurde bis 1789 in der Praxis nicht zur Voraussetzung des Beginns des Talmudstudiums gemacht, wie dies aus der – im Folgenden zu besprechenden – Initiative Hombergs hervorgeht.

deutschen Schullehrers nicht dartun kann, daß er die deutsche Schule gehörig besucht und den Unterricht derselben sich zu nutze gemacht habe. Über die Beobachtung dieser Vorschrift sollen die Schuloberaufseher und die bei den deutschen Schulen der Judengemeinde angestellten Lehrer gehörig wachen und die Übertretungsfälle immer sogleich dem Kreisamte anzeigen, welches sowohl den Hausvater, den der Jüngling angeht, als den Lehrer, der denselben ohne Zeugnis der deutschen Schule in Unterricht genommen hat, jeden mit einem dreitägigen Verhaft strafen und die Zurücksendung des Schülers in die deutsche Schule besorgen wird.«[264]

Die Wendung »daß er die deutsche Schule gehörig besucht und den Unterricht derselben sich zu nutze gemacht habe« bedeutete, dass der Jugendliche die Normalschule erfolgreich *abgeschlossen* haben musste. In diesem Fall erhielt der Schüler ein entsprechendes Zertifikat ausgehändigt. Wenn also ein jüdischer Junge mit neun oder zehn Jahren das Bibelstudium im *Chummasch-Cheder* beendet hatte, konnte er nach dieser Vorschrift nicht in den *Gemara-Cheder* aufgenommen werden, wenn er nicht ein derartiges Zeugnis vorweisen konnte. Er musste seine traditionelle Ausbildung unterbrechen und zunächst die Normalschule absolvieren, ehe er – frühestens mit dreizehn Jahren – seine religionsgesetzlichen Studien fortsetzen konnte.

Der Paragraf 12 der galizischen Judenordnung stellte somit eine drastische Verschärfung der bisher geltenden Praxis dar und bedeutete einen empfindlichen Eingriff in die lebensweltlich-rituelle Sphäre der galizischen Juden. Er implizierte den Vorrang der säkularen Erziehung vor der traditionellen religiösen Ausbildung der jüdischen Kinder. Was sich vordergründig als ein zeitliches Vorausgehen des Normalschulunterrichts vor dem Talmudstudium präsentierte, musste von Eltern und traditioneller Elite als eine staatlich gewollte prinzipielle Abwertung der religiösen Erziehung interpretiert werden. Wenn die josephinische Gesetzgebung eine solche Nachrangigkeit auch nicht aussprach, möglicherweise gar nicht in dieser Totalität meinte, traf diese Bestimmung das Werteverständnis des traditionellen Judentums tief. In ihr klang ein Echo des maskilischen Konzepts vom Vorausgehen der »Lehre des Menschen« (*torat ha-adam*) vor der »Lehre Gottes« (*torat ha-schem*) an, wie es Wessely 1782 in seinem pädagogischen Manifest postuliert hatte. Wenn für Wessely die Vermittlung säkularen Wissens auch nur *zeitlich* vor der religiösen Ausbildung eines jungen Juden stand, so hatte sich doch hiergegen bekanntlich heftigster Widerstand vonseiten der rabbinischen Elite mit Ezechiel Landau an der Spitze gerührt, da man hier nicht nur das Primat der religiösen Erziehung, sondern auch den Wert der Toragelehrsamkeit an sich infrage gestellt sah.[265] Die galizische Judenordnung vom Mai 1789 hatte diese Kon-

---

264 Patent, kraft welchen den Juden alle Begünstigungen und Rechte der übrigen Untertanen gewähret sind vom 7. Mai 1789, Paragraf 12, zit. nach Karniel, Das Toleranzpatent Kaiser Josephs II. für die Juden Galiziens und Lodomeriens, 77.
265 Vgl. Feiner, The Jewish Enlightenment, 87–95; Eliav, Jüdische Erziehung in Deutschland im Zeitalter der Aufklärung und der Emanzipation, 54–56.

fliktsituation erneut evoziert, nur dass diesmal der österreichische Staat als Kontrahent erschien. Vor diesem Hintergrund ist dem Versuch der galizischen *Stadlanim*, den Hof zu einer Heraufsetzung des Schuleintrittsalters auf zehn Jahre und damit zu einer Art »Widerrufung« seiner Erziehungsmaxime und impliziten Anerkennung des Vorrangs der religiösen Ausbildung vor der säkularen zu bewegen, besonderes Gewicht beizumessen.

Homberg, der sich gut an die Kontroverse um Wesselys *Divre schalom weemet* erinnern konnte und der angesichts der neuen Vorschrift den massiven Widerstand der galizischen Juden gegen die Normalschulen voraussah, hatte bereits im Januar 1790 »unterthänigst« empfohlen, den Paragrafen 12 der galizischen Judenordnung zu widerrufen. Die Verordnung, »so gerecht [...], so weise und so zweckmäßig« sie auch sei, stehe in einem gewissen Widerspruch zu der Bestimmung in den von ihm verfassten *Verhaltungspunkten für jüdische Schullehrer*, in der es geheißen hatte, dass der Lehrer darauf achten müsse, dass »kein Knabe, laut allerhöchster Verordnung, zum Talmud- und Mischnastudium zugelassen werde, *bevor er die deutsche Schule zu besuchen angefangen hat*«.[266] Bereits diese Bestimmung habe zu einer großen Unzufriedenheit unter den galizischen Juden geführt, so Homberg, doch:

»was für Wirkung wird es auf die Gemüther dieser rohen Fanatiker erst machen, wenn ihre Jugend gehalten seyn sollte, den deutschen Unterricht zu *vollenden*, und sich denselben *zu Nutzen zu machen*, bevor es ihr gestattet wird, zum Talmudstudium zugelassen, in Unterricht genommen zu werden. Dieses Verfahren würde den allgemeinen Haß wider die deutsche Schulen [!] überaus verstärken, ungeachtet man sich unabläßig bestrebt, sie bei der Nazion beliebt zu machen, und in Aufnahme zu bringen.«[267]

Homberg empfahl daher, die frühere Praxis des simultanen Normal- und Religionsunterrichts beizubehalten und einem jüdischen Jungen, »der dem deutschen Unterricht beizuwohnen anfängt«, die Aufnahme des Talmudstudiums zu gestatten.

Die Studienhofkommission fand die Argumente Hombergs beachtenswert, schreckte jedoch davor zurück, eine reguläre Außerkraftsetzung der bereits erlassenen Vorschrift zu empfehlen. Das Lemberger Gubernium sollte vielmehr Homberg die Befugnis übertragen, »auf die von demselben in Vorschlag gebrachte Art der jüdischen Jugend, nach der ehemals eingeführten Ordnung, das Studium des Talmuds *zugleich neben* dem Unterrichte der deutschen

---

266 Unterthänigste Vorstellung des jüdischen Schuloberaufsehers Herz Homberg über den 12ten §. in der neuen Judenordnung für Galizien, 17. Januar 1790, TsDIAL, 146/3/2278 (CAHJP, HM 2/9676.7) [Hervorhebung im Original, dort unterstrichen]. Vgl. Verhaltungspunkte für jüdische Schullehrer in Galizien und Lodomerien, AVA, StHK, Kt. 106, 23 Galizien, Paragraf 10.

267 Unterthänigste Vorstellung des jüdischen Schuloberaufsehers, ebd. (Hervorhebungen im Original, dort unterstrichen).

Schulen zu erlauben«.²⁶⁸ Die Hofkanzlei entschied im März 1790 in diesem Sinne und das Gubernium in Lemberg wurde angewiesen, entsprechend zu handeln.²⁶⁹ Da die alte Praxis stillschweigend geduldet werden sollte, wird es nicht zu einer öffentlichen Kundmachung des Dekrets in den Synagogen gekommen sein. Es hat jedenfalls nicht den Anschein, dass die Nachricht hierüber die Bevollmächtigten der galizischen Juden in Wien erreicht hatte, ehe diese im August 1790 ihre Bittschrift einreichten. Die Kenntnis von diesem halben Rückzug des Staates hätte auch wenig an der Grundkonstellation des Konflikts zwischen ritueller und edukativer Sphäre geändert. Zudem hatte die offensichtliche Hinansetzung der religiösen Ausbildung jüdischer Kinder durch den Paragrafen 12 der galizischen Judenordnung einen Affront dargestellt, der nicht ohne Weiteres aus der Welt zu schaffen war.

Konfliktpunkt II: Koedukation

Ein großes Konfliktpotenzial barg auch die befohlene Koedukation jüdischer Jungen und Mädchen. Die Theresianische Allgemeine Schulordnung von 1774 hatte bestimmt, dass die Mädchen gemeinsam mit den Knaben die Normalschulen besuchen sollten, sofern ihnen nicht gesonderte Mädchenschulen zur Verfügung standen. In den Schulzimmern hatten sie allerdings auf gesonderten Bänken zu sitzen.²⁷⁰ Die christliche Bevölkerung der deutschen Erbländer scheint dieser Maßnahme mit Gleichmut begegnet zu sein: »Koedukation war – weil reine ›Mägdleinschulen‹ selten eingerichtet wurden – selbstverständlich.«²⁷¹ Allerdings war die Anzahl der Mädchen in den Klassen meist viel geringer als die der Jungen.²⁷² Wo hingegen Mädchenschulen bestanden, besuchten die Mädchen vor allem diese Einrichtungen. Dies war oft in den größeren Städten der Fall, so auch in Lemberg, wo bis in die zwanziger Jahre des 19. Jahrhunderts ausschließlich Jungen die Trivialschulen besuchten. Erst seit 1829 gingen auch Mädchen in die Trivialschulen.²⁷³

---

268 Notiz »zum Studienprotokoll v. 17. Februar 1790, Hofrath von Sonnenfels«, AVA, Sthk, Kt. 106, 23 Galizien (Hervorhebung im Original, dort unterstrichen).

269 Hofdekret vom 10. März 1790, AVA, ebd.

270 Art. 12 der Allgemeinen Schulordnung für die deutschen Normal-, Haupt- und Trivialschulen in sämmtlichen Kaiserl. Königl. Erbländern, in: Engelbrecht, Geschichte des österreichischen Bildungswesens, Bd. 3, 496. Vgl. auch Engelbrecht, ebd., 105.

271 Ebd., 117. Für die Verhältnisse in der Steiermark vgl. Pietsch, Die Theresianische Schulreform in der Steiermark, 125 f.

272 Der Anteil der schulbesuchenden Mädchen lag gegenüber dem der Knaben bei ca. 1 : 3 in der österreichischen Provinz, bei ca. 2 : 3 in Wien. Vgl. Engelbrecht, Geschichte des österreichischen Bildungswesens, Bd. 3, 117 und 338, Anm. 136.

273 Vgl. Röskau-Rydel, Kultur an der Peripherie des Habsburger Reiches, 68 und 92. Mädchenschulen wurden zumeist von den Schwestern der aufgelassenen Frauenklöster eingerichtet, so in Lemberg v. a. von den Benediktinerinnen, Sakramentinerinnen und Barmherzigen Schwestern, vgl. ebd., 94–104.

In den Patenten und Dekreten, die den Normalschulunterricht für die jüdische Bevölkerung des Habsburgerreiches regelten, war zumeist nur neutral von »jüdischen Kindern« die Rede, so im Handschreiben Josephs II. vom 13. Mai 1781 und dem Hofdekret an alle Länderstellen vom 19. Oktober 1781. Gemeint waren hiermit aber vor allem die jüdischen Knaben, und auch die Vorschriften über den Schulzwang für jüdische Kinder hatten ausschließlich die Jungen im Blick.[274] Dies gilt ebenso für die den Schulunterricht betreffenden Paragrafen des Patents für die galizischen Juden vom Mai 1789.[275] Koedukation war damit staatlicherseits jedoch nicht ausgeschlossen: Sofern jüdische Eltern dies für zweckmäßig befanden, konnten sie auch ihre Töchter zusammen mit den Knaben in die deutschen Schulen schicken. Tatsächlich ist für Altofen in Ungarn ein gemeinsamer Schulbesuch jüdischer Jungen und Mädchen überliefert – allerdings war die Anzahl der Schülerinnen dort verschwindend gering.[276] Eine separate jüdische Mädchenschule bestand bis 1790 allein in Prag; sie war bereits im Oktober 1784 eröffnet worden.[277] In Galizien hielten die jüdischen Eltern ihre Töchter bis 1790 grundsätzlich von den Normalschulen fern. Um die Eltern nicht zusätzlich gegen die jüdischen deutschen Schulen aufzubringen, hatte Homberg in den *Verhaltungspunkten* sogar festgelegt: »Den Mägdchen darf der Lehrer, wenn es von ihm gefordert wird, nur in ihren Wohnungen ausser der Schulzeit Unterricht geben.«[278]

Im Zuge der Neuordnung des jüdischen deutschen Unterrichts in Galizien und der Unterstellung desselben unter die Oberaufsicht Hombergs geriet die Frage der Erziehung jüdischer Mädchen verstärkt in das Blickfeld der staatlichen Behörden. Wenige Monate vor der Trennung des jüdischen vom

---

274 Dies zeigt schon allein der ausschließliche Gebrauch des männlichen grammatikalischen Geschlechts. Das Hofdekret vom 15. April 1786 gebot, »künftig keinen [!] Juden den Heuraths Konsens zu verleihen, der sich nicht mit den erhaltenen Normalunterricht gehörig ausgewiesen haben würde«, AVA, HKP-Galizien 1786, 302 (Aprilis, Nr. 43). Die präzisierende Vorschrift vom 8. August 1786 bezog sich auf das oben genannte Dekret, »gemäs welcher jeder Jud, der sich verehelichen will, das Zeugnis des erhaltenen Normalunterrichts beizubringen hat«. Hofdekret vom 8. August 1786, AVA, ebd., 677 (Augustus, Nr. 176).
275 Z. B. Paragraf 13: »Auch soll kein Jud getrauet werden, wenn er sich nicht über den in einer öffentlichen Schule oder zu Hause in der deutschen Sprache empfangenen Unterricht [...] ausweisen kann. Patent, kraft welchen den Juden alle Begünstigungen und Rechte der übrigen Untertanen gewährt sind vom 7. Mai 1789, zit. nach Karniel, Das Toleranzpatent Kaiser Josephs II. für die Juden Galiziens und Lodomeriens, 77.
276 Im Jahr 1785 besuchten neben 56 jüdischen Knaben nur fünf Mädchen die Altofener jüdische deutsche Schule. Allerdings wies auch die entsprechende Konskriptionsliste nur 19 Mädchen im schulfähigen Alter auf, bei 113 Jungen. Vgl. Mandl, Das jüdische Schulwesen in Ungarn unter Kaiser Josef II., 26.
277 Vgl. Hecht, Die Prager deutsch-jüdische Schulanstalt, 223 f.
278 Verhaltungspunkte für jüdische Schullehrer in Galizien und Lodomerien, AVA, StHK, Kt. 106, 23 Galizien, Paragraf 24. Ein Blick auf die erhalten gebliebenen Schülerlisten der Brodyer Schulen vom Juli/August 1790 bestätigt die komplette Absenz von Mädchen aus den jüdischen deutschen Schulen: Unter den insgesamt 435 Namen der Schüler der drei Klassen der jüdischen Hauptschule und der einklassigen Trivialschule ist kein einziger weiblicher Vorname zu finden. AVA, Sthk, Kt. 106, 23 Galizien.

christlichen Normalschulwesen empfahl der Schuloberaufseher Johann Hofmann, »daß auch [jüdische] Mägdlein einigen Unterricht in den deutschen Schulen einholen«. Er begründete dies mit der Rolle, die die jüdischen Frauen einst bei der Erziehung ihrer Kinder spielen würden, sowie mit dem Einfluss der zukünftigen Ehegattinnen auf ihre Männer:

»Die Mütter sind es, welche Kindern die ersten Begriffe beibringen. Will man diese gebessert haben, so bessere man erst ihre Meisterinnen. Gattinnen sind es, die den größten Einfluß auf die Denkart und Handlungen ihrer Gatten haben; sollen diese nach den ihnen beigebrachten Lehren ungehindert leben, so müssten ihre ehelichen Gesellschafterinnen wenigstens einigermaßen nach eben den Grundsätzen gebildet worden seyn.«[279]

Um dieses Ziel zu erreichen, schlug Hofmann vor, bei den größeren jüdischen Gemeinden separate Mädchenschulen zu errichten, in allen anderen Orten aber die »Töchter Jakobs« zum Besuch der Knabenschulen zu verhalten und die Zwangsmaßnahme des Zeugnisnachweises zum Zwecke der Heirat auch auf die jüdischen Mädchen anzuwenden.[280]

Homberg, der nach seiner Ernennung zum Oberaufseher über die jüdischen deutschen Schulen zu den Vorschlägen Hofmanns Stellung zu beziehen hatte, lehnte den gemeinschaftlichen Schulbesuch von Jungen und Mädchen in den jüdischen Trivialschulen ab, da er eine zunehmende Opposition der Eltern, Rabbiner und Gemeindevorsteher gegen den Normalschulunterricht befürchtete: »Denn sollen sich die Töchter Jacobs zu den Söhnen Israels gesellen, so könnte manches vorfallen, so die Schulen und die Lehrer, die man ohnehin für Unflath ausschreyet, in einen übeln Ruf brächte«. Er plädierte für die Errichtung gesonderter Mädchenschulen; jedoch sollte aufgrund des Mangels an hierzu ausgebildeten Lehrerinnen vorerst nur eine einzige Mädchenschule in Lemberg eingerichtet werden, »in welcher eine jüdische Meisterin die jüdische [!] Mädchen im Lesen, Schreiben, Rechnen (nur praktisch), Nähen, Stricken, usw. zu unterweisen hätte, aber nur mit diesen Einschränkungen«. Grundsätzlich wandte sich Homberg auch gegen die Ausweitung des Schulzwanges auf die jüdischen Mädchen. Man dürfe keinesfalls »so unsanft seyn, Mädchen durch ein Heurathsverboth zu erschrecken, und ihnen eine Schamröthe abzujagen«, sie also im Hinblick auf ihre zukünftige Ehefähigkeit einzuschränken.[281]

---

279 Bericht Hofmanns vom 29. August 1789, TsDIAL 146/3/2278 (CAHJP, HM 2/9676.7). Diese Argumentationsweise war Gemeingut im Erziehungsdiskurs des späten 18. Jahrhunderts. Mit der entscheidenden Rolle der Mutter bei der Erziehung ihrer Kinder und dem Einfluss der Ehefrauen auf ihre Männer argumentierten zum Beispiel auch die Befürworter des unentgeltlichen Mädchenunterrichts in der Debatte, die zur Schulgeldbefreiung für Knaben im Jahr 1783 führte. Vgl. Pietsch, Die Theresianische Schulreform in der Steiermark, 61 f.
280 Bericht Hofmanns vom 29. August 1789, ebd.
281 Aeusserung des jüdischen Schuloberaufsehers H. Homberg über den Bericht der k. christlichen Schulenoberaufsicht vom 20. Januar 1790, TsDIAL 146/3/2278 (CAHJP, HM 2/9676.7). In

Am 16. Februar 1790 sandte das galizische Gubernium Hombergs Stellungnahme zu den Vorschlägen Hofmanns an die Hofkanzlei. In dem beigeschlossenen Gutachten stimmte die Landesstelle dem Vorschlag Hombergs, vorerst nur in Lemberg eine Mädchenschule zu errichten, zwar zu, wies seine Bedenken gegen die Koedukation von Jungen und Mädchen jedoch zurück: »Den [...] Bemerkungen des jüdischen Oberaufsehers findet man hingegen nichts beizusetzen, als daß, nach diesortigem Erachten auch jüdische deutsche Schulen von beiden Geschlechtern besucht werden, und so auch Mädchen die gehörige Ausbildung erlangen sollten«.[282] Die Studienhofkommission billigte dieses Gubernialeinraten[283] und am 5. März 1790 erging ein entsprechendes Hofdekret an das galizische Gubernium.[284] In Lemberg wurde bald darauf die neue Mädchenschule eingerichtet und der mit einem Gehalt von 200 Gulden verbundene Lehrerinnenposten an Bella Mendelssohn übertragen.[285] Die Unterrichts- bzw. Normalschulpflicht galt nun auch für jüdische Mädchen. Folglich hatten diese in allen Gemeinden, in denen es eine jüdisch-deutsche Schule aber keine eigene Mädchenschule gab, gemeinsam mit den Jungen den Deutschunterricht zu besuchen. Der über das Heiratsverbot ausgeübte Schulzwang für jüdische Mädchen wurde offensichtlich erst Anfang 1792 eingeführt – auf Bitten Herz Hombergs.[286]

---

derselben Stellungnahme hatte sich Homberg auch gegen ein von Hofmann analog zum Heiratsverbot vorgeschlagenes Verbot von Verlöbnissen ohne Nachweis des Normalschulzeugnisses ausgesprochen.

[282] Bericht des galizischen Landesguberniums vom 16. Februar 1790, AVA, StHK, Kt. 106, 23 Galizien.

[283] Anlage »zum Studienprotokoll vom 3. März 1790, Hofrath von Greiner«, AVA, ebd.

[284] Hofdekret vom 5. März 1790, AVA, ebd.

[285] Hofdekret vom 29. April 1790, AVA, HKP-Galizien 1790, 187 (Aprilis, Nr. 86).

[286] Sowohl in der Anlage zum Studienprotokoll vom 3. März 1790 als auch im Hofdekret vom 5. März 1790 (AVA, StHK, Kt. 106, 23 Galizien) hieß es hinsichtlich der Gubernialvorschläge zum Mädchenunterricht lediglich: »Im übrigen werden die Anträge des Guberniums genehmigt« – dies betraf unter anderem die vorgeschlagene Einrichtung einer Mädchenschule in Lemberg sowie den von Homberg abgelehnten, jedoch vom Gubernium wiederum bekräftigten Vorschlag Hofmanns, jüdische Mädchen und Jungen gemeinsam die Schulen besuchen zu lassen. Jedoch war in dem betreffenden Gubernialbericht vom 16. Februar 1790, AVA, ebd., schon nicht mehr die Rede von einer Anwendung von Zwangsmaßnahmen wie dem Heiratsverbot auf jüdische Mädchen gewesen. Es ist unklar, ob das Dekret der Hofkanzlei somit nicht nur die Schulpflicht, sondern auch den *Schulzwang* für jüdische Mädchen befahl, bzw. wie dieser unklare Befehl in der Praxis umgesetzt wurde. In der Homberg vom Gubernium mitgeteilten Erläuterung der Hofbeschlüsse hieß es lediglich, »daß auch bei der jüd. Nation die Schulen von Knaben, und Mädchen besucht, und nur in Lemberg allein eine eigene jüd. Mädchenschule errichtet werden solle«. Ein anschließender, jedoch nicht dem vorherigen Punkt (zum Schulbesuch der Mädchen) untergeordneter Passus zur verschärften Beachtung des Heiratsverbots hatte allgemeinen Charakter und bezog sich offensichtlich in Anlehnung an die bisherige Praxis nur auf die jüdischen Jungen. Schreiben des Guberniums an Homberg vom 10. Mai 1790, TsDIAL, 146/3/2278 (CAHJP, HM 2/9676.7). Darauf, dass das Zwangsmittel der Versagung des Ehekonsenses bei fehlendem Normalschulzeugnis erst später auf Mädchen angewendet worden zu sein scheint, deutet ein Hofdekret von Anfang 1792. Hierin wurde dem

Auf die Vorschrift vom 5. März 1790 nahmen die Bevollmächtigen in ihrer Petition Bezug, wenn sie den »neuerdings [ergangenen] Befehl [...], daß auch jüdische Mädchen mit denen Knaben gemeinschaftlich die jüdisch teutsche Normall Schull besuchen müssen« kritisierten und darin »ein gänzliches Verderben der Jüdischen Religion« sahen.[287] Tatsächlich musste die dekretierte Koedukation einen Affront gegen die traditionellen Lebens- und Erziehungsmuster der Juden darstellen. Wenn man von Ausnahmen absieht, war es absolut unüblich, dass jüdische Mädchen gemeinsam mit den Jungen in den *Chadarim* unterrichtet wurden.[288] Diese Praxis hatte ihre Ursachen sowohl im jüdischen Erziehungskonzept als auch in traditionellen Keuschheitsvorstellungen,[289] die nach einer strengen Trennung der beiden Geschlechter schon im Kindesalter verlangten. Eine religiöse Ausbildung jüdischer Mädchen analog zu der der Jungen wurde als unnötig, ja sogar schädlich betrachtet. Entsprechend dem Idealbild hatte die jüdische Frau für die Verrichtung der häuslichen Pflichten und das Aufziehen der Kinder Sorge zu tragen. Das jüdische Mädchen lernte somit allenfalls die grundlegenden Gebete und die für das Versehen des jüdischen Haushalts notwendigen *Mitzwot*, Gebräuche und entsprechenden Benediktionen.[290] Gleichzeitig war die Trennung der Geschlechter entlang der religiösen, sozialen und kulturellen Parameter im traditionellen Judentum besonders stark ausgeprägt: »Jewish men and women could be seen as occupying adjacent but different cultural worlds in Eastern

---

Gubernium die Genehmigung eines Antrages von Homberg mitgeteilt, »daß nämlich sowohl den von der Lehrerin Mendelssohn angezeigten Schülerinnen [...], als auch überhaupt allen [Mädchen], die zur Schule gezogen sind, das Eheligen in so lang verweigert werde, bis sie über den in der Schule vorschriftsmäßig empfangenen Unterricht das Zeugniß erhalten haben«. Hofdekret vom 31. Januar 1792, AVA, HKP-Galizien 1792, 51 (Januarius, Nr. 134).

287 Petition der Bevollmächtigten.
288 Derartige Ausnahmen benennt Fishman z. B. für Nikolsburg Ende des 17. Jahrhunderts. Ein Statut von 1691 verbot den dortigen *Melamdim*, ihren Schülern Unterricht im Pentateuch zu erteilen, sofern mehr als fünf Mädchen in der Klasse anwesend sein sollten. Dies bedeutete, dass die Lehrer bei einer größeren Zahl von Mädchen zwar Unterricht im Gebetbuch erteilten, bei einer geringeren Anzahl aber ausschließlich die Knaben im Pentateuch unterrichteten. Vgl. Fishman, The History of Jewish Education in Central Europe, 118 f. Stampfer, Gender Differentiation and Education of the Jewish Woman in Nineteenth-Century Eastern Europe, 66, verweist auf den gemeinsamen Besuch der *Chadarim* durch jüdische Jungen und Mädchen im zaristischen Russland Ende des 19. Jahrhunderts. Allerdings steht hier einer Anzahl von ca. 10 000 Mädchen im Jahr 1894 die 18-fache Anzahl von Jungen gegenüber, die den *Cheder* besuchten. Die Zahl der Mädchen umfasste, wie Stampfer zugibt, auch diejenigen Schülerinnen, die in getrennte Mädchen-*Chadarim* gingen. Tatsächliche Koedukation wird also eher selten gewesen sein.
289 Zu Keuschheitsanweisungen für Mädchen in der frühneuzeitlichen jüdischen *Musar*-Literatur vgl. Berger, Sexualität, Ehe und Familienleben in der jüdischen Moralliteratur, 309 f.
290 Zur Erziehung der Mädchen im mittel- und mittelosteuropäischen Judentum vgl. Fishman, The History of Jewish Education in Central Europe, 118–121. Zur Kritik an der Auffassung der Forschung von einer rudimentären und einseitigen jüdischen Mädchenerziehung in Polen und Russland im 19. Jahrhundert vgl. Stampfer, Gender Differentiation and Education of the Jewish Woman in Nineteenth-Century Eastern Europe.

Europe, in which the expression of a function in one gender was the mirror image of its expression in the other gender. [...] Socially, men and women had no direct relationships unless they had common family ties.«[291] Gesonderte Abteilungen für Männer und Frauen in der Synagoge, unterschiedliche Gebetszeiten, das informelle soziale Leben der Frauen im Gegensatz zu dem der in *Chewrot* organisierten Männer, die Unterschiede in der Literalität (Hebräisch vs. Jiddisch), unterschiedliche, geschlechtsspezifische Muster der Wohltätigkeit und andere Faktoren bedingten eine weitgehende Abgrenzung der Geschlechter voneinander,[292] die durch traditionelle Keuschheitsvorschriften zementiert wurde.[293] Die Trennung erstreckte sich größtenteils auch auf die Kinder; schon allein der lange Schultag im *Cheder* hielt die Jungen von den Mädchen fern.[294] Die sexuelle Anziehung zwischen den Geschlechtern spielte bei den älteren Kindern und Jugendlichen eine Rolle.[295] Während ein Junge mit 13 Jahren als erwachsen angesehen wurde, galt ein jüdisches Mädchen bereits mit zwölf Jahren als geschlechtsreif. Im osteuropäisch-jüdischen Kontext des 18. Jahrhunderts waren zwischen Kindern dieses oder jüngeren Alters geschlossene Ehen keine Seltenheit.[296] Diese Situation zusammen mit einer Schulpflicht bis zum vollendeten zwölften Lebensjahr, dazu die Tatsache, dass in den Knabenschulen auch noch Jugendliche anzutreffen waren, führte dazu, dass der verordnete gemeinsame Schulbesuch von jüdischen Mädchen und Jungen besonders großen Unwillen bei den Juden Galiziens hervorrief.[297]

---

291 Ebd., 71.
292 Vgl. ebd. 71 f.
293 Vgl. Berger, Sexualität, Ehe und Familienleben in der jüdischen Moralliteratur, 99–121.
294 Vgl. Batscha, Salomon Maimons Lebensgeschichte, 52 und 65.
295 Zum Umgang mit der erwachenden Sexualität der Pubertierenden in der traditionellen *Musar*-Literatur vgl. Berger, Sexualität, Ehe und Familienleben in der jüdischen Moralliteratur, 322 f.
296 So beschreibt Salomon Maimon in seiner Lebensgeschichte, wie er im Alter von elf Jahren verheiratet und bereits mit 14 Jahren zum ersten Mal Vater wurde. Vgl. Batscha, Salomon Maimons Lebensgeschichte, 62 und 65. Eine eingehende Analyse des Heiratsverhaltens ostmitteleuropäischer Juden im 18. Jahrhundert bietet Goldberg, Jewish Marriage in Eighteenth-Century Poland. Vgl. auch Katz, Tradition und Krise, 135–148.
297 Es ist interessant, dass der Beamte des galizischen Guberniums, der für die Herz Homberg zu überreichende auszugsweise Abschrift der Petition verantwortlich zeichnete, diesen sittlichen Aspekt antizipierte, denn in der Abschrift heißt es, dass die jüdischen Väter den gemeinsamen Schulbesuch von Jungen und Mädchen »als ein *gänzliches Verderben der Jugend* und tiefst Untergraben der jüdischen Religion« ansehen, während es im Original lediglich geheißen hatte: »als ein gänzliches Verderben der Jüdischen Religion«. AVA, StHK, Kt. 106, 23 Galizien (Hervorhebung durch den Verfasser).

Konfliktpunkt III: Verhalten der Lehrer und Schulzwang

Die von den Petitionären beanstandete »freie Aufführung« des Normalschulpersonals und der Vorwurf der »Verachtung der talmudischen Lehrsätze« bedeuteten, dass sich das sichtbare Verhalten des Oberaufsehers und der ihm unterstellten Lehrer nicht streng an den von der *Halacha* vorgegebenen traditionellen Lebensformen orientierte. Wie aus verschiedenen Quellen hervorgeht, glaubten Gemeindevorsteher und Eltern beobachten zu können, dass manche Lehrer und Präparanden selbst grundsätzliche Ge- und Verbote wie etwa das Arbeitsverbot am Schabbat oder die Speisegesetze nicht einhielten. Die Nichtbeachtung »eingeführter Religionsgebräuche« bezog sich auf die Missachtung des *Minhag* (Brauch), der nicht-halachischen, doch gleichermaßen normativen Praktiken im Zusammenhang mit dem religiös-orthopraxen Alltagsleben, die unter den aschkenasischen Juden quasi-religionsgesetzlichen Charakter hatten. *Minhag avotenu – tora hi* – »Der Brauch unserer Väter ist bindendes Gesetz«, lautete das entsprechende rabbinische Diktum.[298] Auch der seltene Besuch der Synagoge durch Homberg und die Lehrer wurde als Missachtung der jüdischen Religion interpretiert.[299] Aus den Quellen lassen sich zwar nur wenige konkrete Fälle rekonstruieren, in denen die Lehrer Anlass zur Beschwerde gaben, die Mehrheit der entsprechenden Klagen beinhaltete sehr vage und häufig stereotype Anschuldigungen. Doch wurde der Vorwurf, dass es eben die jüdisch-deutschen Lehrer seien, welche durch ihr Verhalten Schuld an der Abneigung der Eltern gegen die Schulen und dadurch am geringen Schulbesuch trügen, häufig an die staatlichen Behörden herangetragen und das inkriminierte Verhalten von diesen durch entsprechende Dekrete und Verweise geahndet.

Wohlgemerkt bezogen sich die Klagen vor allem auf das nichttraditionskonforme Verhalten der Lehrer im außerschulischen Alltag; es wurde nicht behauptet, dass sich derartige Vorfälle auch während des Unterrichts ereigneten. Auch die Petition der Bevollmächtigten lautete in diesem Punkt nicht anders. Wohl mochte es vorkommen, dass sich einzelne Lehrer auch während des Unterrichts als »aufgeklärte Koepfe« gebärdeten, sich abwertend über gewisse Traditionen äußerten und den Schülern hierdurch ein »schlechtes

---

298 Tossafot zu bMenachot 20b. Zum Verhältnis von *Halacha* und *Minhag* vgl. Encyclopaedia Judaica, Bd. 12, 4–26. Zur mittelalterlichen Auffassung und Tradierung des *Minhag* vgl. Ta-Shma, Minhag aschkenas ha-kadmon.
299 Anfang der 1790er Jahre begründeten die Lemberger Gemeindevorsteher ihren Vorwurf, Homberg selbst habe zum Niedergang des jüdischen Normalschulwesens beigetragen, mit dem Argument »daß Homberg nur zum Scheine 3 oder 4mal des Jahres in der Synagoge erscheine, und eben so wenig als seine Lehrer die jüdischen Religionsgesätze (!) beobachte«. Bericht des galizischen Landesguberniums uiber die von Hof remittierte Klage der hiesigen jüdischen deutschen Lehrer Turnau, Popper, und Grünbaum wegen des Verfalls der hiesigen jüdischen Schulen vom 11. Juni 1792, AVA, StHK, Kt. 861, 23 A Galizien.

Beispiel« boten.³⁰⁰ Darüber hinaus ließe sich eine Reihe von Übertretungen des traditionellen Normenrahmens denken: Missachtung der Gebetszeiten, Nichttragen des Gebetsschals und dergleichen. Doch über derartige Fälle – sollten sie sich tatsächlich in den Schulen zugetragen haben – konnten die Bevollmächtigten nichts Bestimmtes äußern. Sie konnten auch nicht behaupten, dass es im Unterricht zu einer ideologischen Indoktrination der Schüler – etwa im Sinne einer Propagierung der natürlichen Religion – gekommen sei. Da der *Kahal* von der Aufsicht über die Schulen prinzipiell ausgeschlossen war, wussten die Gemeindevorsteher nicht wirklich, was während des Unterrichts vorging; allenfalls konnten die Berichte der Schüler selbst zum Zeugnis genommen werden. Doch ist es fraglich, welche Beweiskraft den Berichten der Kinder beigemessen wurde. So bildeten die Schulzimmer eine Art *black box* des nicht nachprüfbaren, jedoch gemutmaßten Traditionsbruchs. Misstrauen war die Folge: Das Verhalten der Lehrer reichte aus, um den Argwohn von Eltern und Vorstehern hervorzurufen. Diese glaubten nun, »daß durch die deutsche Schule, die Kinder zum Leichtsinn und Unglauben verleitet werden«³⁰¹ – ein schwerwiegender Vorwurf und eines der praktikabelsten Argumente im sich nun abzeichnenden Konflikt – ein entsprechendes Verhalten der Lehrer hätte von den Behörden strengstens geahndet werden müssen.

Angesichts dieser Situation erschienen den Bevollmächtigten auch die staatlichen Maßnahmen des Schulzwanges als kaum gerechtfertigt, zumal die moralisch unzuverlässigen Lehrer selbst sich geradezu freuten, »die Väter durch Execution zu pressen, und gewaltsam zu verhalten, die Kinder mit größten [!] Widerwillen zur teutschen Schule zu schiken«.³⁰² Diese Beschuldigung richtete sich im Grunde gegen die Falschen, denn wie noch zu zeigen sein wird, lag die Durchsetzung der Schulstrafen beim Staat, konkret beim Kreisamt, das diese Aufgabe an die Gemeindevorsteher delegierte. Den Lehrern oblag jedoch von Berufs wegen die Kontrolle des Schulbesuchsverhaltens der Kinder: Sie hatten die Zahl der tatsächlich Schulbesuchenden mit den ihnen behördlicherseits übermittelten oder selbst erhobenen Angaben über die schulpflichtigen (»schulfähigen«) Kinder abzugleichen und die Schulausbleiber und deren Familien den Behörden zu melden. Dabei mag es tatsächlich zu Fällen von Willkür und Erpressung vonseiten der Lehrer gekommen sein.³⁰³ Der Schulzwang und die Durchsetzung der Schulstrafen gehörten

---

300 Homberg selbst verwies in seiner Stellungnahme zur Petition der Bevollmächtigten auf einige derartige Fälle, die er jedoch sofort nach deren Bekanntwerden streng geahndet habe. Siehe hierzu im folgenden Abschnitt.
301 Petition der Bevollmächtigten.
302 Ebd.
303 Tatsächlich wurden Klagen dieser Art vereinzelt vorgebracht, bei denen es sich jedoch auch um Schutzbehauptungen handeln konnte: Auf den Vorwurf, die Lemberger Gemeindevorsteher würden »nur mittellose Schüler zum Scheine exequir[en]«, entgegneten die Vorsteher Anfang 1792, dass Homberg und die Lehrer selbst dazu neigten, »den reichen Vätern der ausblei-

jedoch zu den Vorrechten des Staates, den die Petitionäre schwerlich deswegen anklagen konnten.

Es hat den Anschein, dass es gerade die Funktionen der jüdischen Normalschullehrer waren, die über den Unterricht hinauswiesen, die von den galizischen Gemeinden besonders beargwöhnt wurden. Es sieht so aus, dass sich hinter der Klage über das religionsfeindliche Verhalten der Lehrer eine Aversion verbarg, die viel tiefere Ursachen hatte. Wie später noch gezeigt werden soll,[304] verbanden sich mit den jüdischen deutschen Schulen sekundäre Funktionen der Kontrolle und Sanktion. Weil etwa die jüdischen deutschen Lehrer die dauerhaft abwesenden Schüler mit Namen und Familiennummer zu verzeichnen und dem Kreisamt mitzuteilen hatten, auf dass dieses die Bestrafung der »devianten« Eltern einleite, wurden sie als ein zentrales Glied in der Kette von Normierung, Zwang und Bestrafung betrachtet, die sich mit dem jüdischen deutschen Schulwesen verband. Zugleich wirkten sie als ein Instrument staatlicher Bevölkerungskontrolle innerhalb der jüdischen Gemeinde. Ihre Strafverzeichnisse dienten nicht nur der Ahndung des Schulausbleibens, sondern sie waren gleichzeitig Indikatoren der Sesshaftigkeit der jüdischen Bevölkerung: Denn wenn ein als schulfähig verzeichnetes Kind über mehrere Wochen oder Monate nicht zum Unterricht erschien, konnte dies bedeuten, dass seine gesamte Familie inzwischen verzogen war, ohne dies den Behörden anzuzeigen. Auf Befehl der Kreisämter hatten die Gemeinden den jüdischen Normalschullehrern Einsicht in die Geburts- und Beschneidungsbücher zu gestatten.[305] Vielfach wirkten die Lehrer neben ihrem Lehramt als deutsche Schreiber beim Gemeindevorstand und erhielten auf diese Weise Einblick in die Interna des *Kahal*. So mussten sie zwangsläufig als Zuträger der staatlichen Behörden erscheinen, deren Existenz inmitten der Gemeinde schwer zu ertragen war.

Wenn die *Stadlanim* ihre Klage über die Strafwillkür der Lehrer mit der Bitte verbanden, dass »das Gutte der Normal Schulle nicht durch Execution

---

benden Kinder Exekuzionsabtrittszetteln [!] zu ertheilen«, das heißt ihnen ein Attest über das Wiedererscheinen ihrer Kinder beim Unterricht ausstellen, wodurch sie der Bestrafung entgingen. Auf diesen Vorwurf der Vorteilnahme entgegnete das Gubernium, dass man ohne Kenntnis spezifischer Fälle schwerlich »den Grund oder Ungrund einer solchen Klage« eruieren könne. Bericht des galizischen Landesguberniums über die von Hof remittierte Klage der hiesigen jüdischen deutschen Lehrer Turnau, Popper, und Grünbaum wegen des Verfalls der hiesigen jüdischen Schulen vom 11. Juni 1792, AVA, StHK, Kt. 861, 23 A Galizien.

304 Siehe in Kap. 3.2.
305 So heißt es in einem Bericht des Guberniums von 1792: »Der Schuloberaufsicht wird aber mitgegeben […], daß, da nun die Schuloberaufsicht bereits das Verzeichnis der schulfähigen Kinder erhalten hat, sie durch die Lehrer mit Einsicht der Geburt- oder Beschneidungsbücher, deren Einsicht nach dem untereinem an das Kreisamt erlassenen Auftrag der Rabiner ihnen steths gestatten muß, selbes evident zu halten hätte.« Bericht des galizischen Landesguberniums über die von Hof remittierte Klage der hiesigen jüdischen deutschen Lehrer Turnau, Popper, und Grünbaum wegen des Verfalls der hiesigen jüdischen Schulen, 11. Juni 1792, AVA, StHK, Kt. 861, 23 A Galizien.

und Zwangs Mittel verdunkelt würde, sondern es jeden [!] lehrbegierigen Jüngling, oder seinen Eltern frey bliebe, die Normall Schulle zu seiner Ausbildung sich zu benutzen«,³⁰⁶ so drückte sich darin ein fundamentales, vielleicht jedoch beabsichtigtes, Missverständnis der erzieherisch-disziplinierenden Offensive des Staates gegenüber den Juden des Habsburgerreiches aus. Denn dem Staat kam es nicht darauf an, einigen wenigen jungen Juden zu einer nützlichen Ausbildung zu verhelfen und ihnen dadurch vielleicht einen Vorteil im Hinblick auf ihren späteren Handelsberuf zu verschaffen. So war es den jüdischen Festrednern bei der Eröffnung der Normalschule zu Brody, darunter Jakovke Landau, einer der drei jetzigen Beschwerdeführer, noch 1784 erschienen. Dies war zwei Jahre vor Einführung des Schulzwanges gewesen; doch bereits zu jenem Zeitpunkt waren diejenigen im Irrtum, die in der Schulerrichtung einen rein wohltätigen Akt des Kaisers und seiner Beamten sahen. Von vornherein richtete sich die josephinische Erziehungsoffensive nicht an das jüdische Individuum, sondern auf die Juden als Kollektiv; das Ziel, die Juden durch Erziehung und rudimentäre Bildung »nützlich« oder doch zumindest »weniger schädlich« zu machen, erfasste sie in ihrer Gesamtheit. Hierzu war es notwendig, nach Möglichkeit *alle* jüdischen Kinder in den Normalschulen zu erfassen und ihnen dort neben den notwendigen Grundkenntnissen im deutschen Lesen und Schreiben eine Vorstellung davon zu vermitteln, was Pflicht und Disziplin des Untertanen bedeuteten und wer diese Tugenden von ihnen einforderte: der österreichische Staat. Der Schulzwang und die mit ihm verknüpften Strafen und persönlichen Einschränkungen waren zentrale Elemente, die jene Erziehungsoffensive flankierten und ihren Erfolg sicherstellen sollten. Das Prinzip des freiwilligen Schulbesuchs, auf das sich die Petitionäre beriefen, hätte jenes System ad absurdum geführt und die Existenz der meisten jüdisch-deutschen Schulen infrage gestellt. Vielleicht verstanden auch die Bevollmächtigten diese Zusammenhänge. Dann ließen sich aus ihrer Bitte umso mehr die Hoffnungen und Erwartungen herauslesen, die der Tod Josephs II. hinsichtlich einer grundlegenden Änderung der staatlichen Erziehungspolitik und einer Rücknahme der Reformen genährt hatte.

Die Stellungnahme Hombergs und die weitere Behandlung der Petition durch die Behörden

Die galizischen *Stadlanim* hatten ihre Petition direkt an den Kaiser gerichtet. Die Hofkanzlei leitete die Beschwerdeschrift umgehend dem galizischen Gubernium zur Stellungnahme zu, noch ehe sie durch die Studienhofkommission behandelt wurde.³⁰⁷ Bereits am 2. September 1790 erstattete das Lem-

---

306 Petition der Bevollmächtigten.
307 Hofdekret vom 16. August 1790, AVA, HKP Galizien 1790, 413 (Augustus, Nr. 56).

berger Gubernium zu den aufgeführten Klagepunkten Bericht.³⁰⁸ Dieser drückte im Großen und Ganzen die gemäßigte Haltung der Praktiker vor Ort aus, die die Schwierigkeiten bei der Durchsetzung der Vorschriften aus eigener Anschauung kannten und daher eher als die Ideologen in Wien bereit waren, Kompromisse einzugehen.³⁰⁹ Zwei Monate nach Eintreffen ihres Berichts in Wien wurde die Landesstelle per Hofdekret angewiesen, die in der Petition der Bevollmächtigten »enthaltenen Klagpunkte wegen der deutschjüdischen Schulen in Auszuge dem jüdischen Oberschulaufseher zu übergeben, dessen Äußerung darüber zu fordern, und einzusenden«.³¹⁰

Die 23 Seiten umfassende Stellungnahme, die Homberg im Dezember 1790 einreichte,³¹¹ war durch einen scharfen, unversöhnlichen Ton gekennzeichnet. Aus ihm gingen die Kränkung hervor, die Homberg durch die Petition der *Stadlanim* erfahren hatte, aber auch sein quasi-missionarischer pädagogischer Anspruch und die Gewissheit, im Recht zu sein, staatskonform, ja im Sinne einer höheren Notwendigkeit zu handeln. So wies er die Klagen der Petitionäre rundheraus zurück, unterstellte ihnen Unaufrichtigkeit und unlautere Absichten. »Es wäre Heucheley« so Homberg, »wenn man es stillschweigend bestätigte, daß die Nazion die Einführung des deutschen Unterrichts für eine Wohlthat halte«, wie dies die Bevollmächtigten vorgaben. Nur diejenigen Juden, »deren große Geschäfte ihnen die Nothwendigkeit der deutschen Sprachkenntnis und der Rechenkunst anschaulich macht«, also die in bedeutendem Maßstab und grenzüberschreitend Handel treibenden Juden in größeren Städten wie Lemberg und Brody, würden die Schulen begrüßen. Die große Masse der galizischen Juden stehe dem Deutschunterricht bestenfalls gleichgültig bis feindselig gegenüber.³¹² Doch seien es nicht diese Indolenz oder der zeitweise aufflackernde Unmut der jüdischen Bevölkerung, aus denen sich die größte Gefahr für die deutschen Schulen ergebe. Homberg sah diese Gefahr vielmehr im Verhalten der traditionellen jüdischen Eliten und der *Melamdim*:

---

308 Bericht des galizischen Guberniums vom 2. September 1790, AVA, Sthk, Kt. 106, 23 Galizien.
309 So enthielt der Bericht den Vorschlag, der Bitte der *Stadlanim* um Heraufsetzung des Schulfähigkeitsalters wenigstens teilweise nachzukommen und erst achtjährige Kinder zur Schule zu ziehen. Auch die befohlene Koedukation – vom Gubernium wenige Monate zuvor noch befürwortet (siehe oben) – sollte rückgängig gemacht werden. Stattdessen sollten weitere Mädchenschulen errichtet werden, doch sollte man auch dabei langsam zu Werke gehen und die galizischen Juden erst vom Sinn des Mädchenunterrichts zu überzeugen versuchen. Ebd.
310 Hofdekret vom 13. November 1790, AVA, HKP Galizien 1790, 588 (November, Nr. 44).
311 Der jüd. Schulenoberaufsicht Äußerung über die Vorstellung von den Bevollmächtigten der jüd. Nazion in Galizien, 10. Dezember 1790, AVA, StHK, Kt. 106, 23 Galizien (unpaginiert; nachfolgend Der jüd. Schulenoberaufsicht Äußerung).
312 Der jüd. Schulenoberaufsicht Äußerung, 1 f. (Paginierung durch den Verfasser). Zum Inhalt des Gebets siehe in Kap. 2.1.

»Allein alle Behutsamkeit scheitert gegen das zweydeutige Auflauern jenes nicht unbeträchtlichen dritten Theils[313] der Nazion. Die Bibel- und Talmudlehrer, von denen es allenthalben wimmelt, die Religionsweiser,[314] wie sie das neue Judensystem nennet, die Kreisrabbiner endlich, und überhaupt alle, die vom Altar leben, sind heimliche oder erklärte Feinde des deutschen Unterrichts, aus dem Licht und Ordnung hervorgehet. Klarheit im Denken und Deutlichkeit im Ausdrucke können die Lichtscheuen unmöglich vertragen, die, wie man zu sagen pflegt, gern im Trüben fischen. Verworrenheit, Missverstand, Doppelsinn, Vieldeutigkeit, Orakelsprüche betäuben den gemeinen Menschenverstand, setzen das Volk in Erstaunen und in die begierlichste Erwartung, den künstlichen Redner, den mistischen Ausleger, und den verschlagenen Sophisten hierüber zu vernehmen. Auch lassen sich diese willig dazu finden: nur muß sich das Volks zuvor, wie üblich, durch reichhaltige Opfer einigen. Zugegeben, daß es nicht immer Eigennutz, daß es zum öfteren bei den Religionskrämern selbst Schwärmerey sey die das regelmäßige Denken, die Klarheit, die Simplizität, das Natürliche so sehr scheuet und haßt; aber desto tiefer, desto feuriger der Haß, je aufrichtiger, je uneigennütziger er ist, je weniger er die Entdeckung seiner Quelle fürchtet.«[315]

»Licht und Ordnung«, »Klarheit im Denken«, »Simplizität« und »das Natürliche« auf der einen Seite; auf der anderen Seite das »Trübe«, die »Verworrenheit«, der »Doppelsinn« und die »Orakelsprüche« der »Lichtscheuen«, der »künstlichen Redner«, »mistischen Ausleger«, »verschlagenen Sophisten« und »Religionskrämer« – Homberg gebrauchte das ganze Arsenal aufklärerischer Kampfbegriffe. Es waren diejenigen, »die vom Altar leben«, an denen nach seiner Auffassung das jüdisch-deutsche Schulwesen zu scheitern drohte. Homberg schien auf den Wiedererkennungswert dieser Topoi bei seinen Adressaten, den aufgeklärten Wiener Beamten, zu spekulieren, beschrieben diese Begriffe doch den Typus des aufklärungsfeindlichen, fanatischen oder auch nur an seinem Geldbeutel interessierten Geistlichen, wie er den Aufklärungsdiskurs seit Rousseau und Voltaire durchzog und wie er unter anderem auch in der josephinischen Broschürenliteratur im Kampf gegen die Mönchsorden und die Auswüchse der Barockfrömmigkeit seinen karikierenden Ausdruck fand.[316]

Homberg machte sich nicht die Mühe, den tieferen Ursachen für die geringe Akzeptanz des Normalschulunterrichts auf den Grund zu gehen. Er war hier ganz der Ideologe der Aufklärung, der sein eigenes, in einem großen Entwurf wurzelndes Werk bedroht sah. Die Judenheit Galiziens,

---

313 Das heißt neben dem ersten Teil der den Unterricht befürwortenden Kaufleute und dem zweiten Teil der eher gleichgültigen Masse.
314 Das heißt alle Rabbiner unterhalb der staatlich eingeführten Institution des Kreisrabbiners. Vgl. Patent, kraft welchen den Juden alle Begünstigungen und Rechte der übrigen Untertanen gewähret sind vom 7. Mai 1789, Paragraf 2, in: Karniel, Das Toleranzpatent Josephs II. für die Juden Galiziens und Lodomeriens, 75.
315 Der jüd. Schulenoberaufsicht Äußerung, 2 f. (Paginierung durch den Verfasser).
316 Vgl. Wangermann, Die Waffen der Publizität, 43 f. und 58–71, hier bes. 61 f.

»irre geführt von Religionslehrern und [Religions]Weisern und Kreisrabbinen, denen der Fortgang der *nur einen Lehre*,[317] wie sie diesen Unterricht nennen ein Dorn im Auge ist [...]; geblendet von der Schwärmerei, die da raset, da itzt ein ordentliches Schulmeisterseminarium errichtet werden soll, hat zu einer Zeit, da die bürgerliche Freyheit hie und da in Volkswuth ausartet, kein Bedenken getragen, sich blindlings dahin zu geben, und Vollmachten, wozu sie selbst nicht weiß, zu ertheilen.«[318]

Wenn sie den Fortschritt auch nicht verhindern konnten, so schreckten die Rabbiner und Religionslehrer doch nicht davor zurück, die jüdische Bevölkerung gegen die Schulen aufzuhetzen. Wie Homberg suggerierte, spielten sie dabei mit dem Feuer des allgemeinen, sich gegen jedwede Obrigkeit richtenden Aufruhrs. Die Gefahr der in »Volkswuth« ausartenden »bürgerlichen Freyheit« diente ihm hier als griffiges Argument, indem er auf die Revolution in Frankreich anspielte und damit die in Wien grassierende Jakobinerfurcht bediente. »Blindlings« übertragene Vollmachten, die das Volk ausstellte, ohne ihre Tragweite zu begreifen, und die möglicherweise von den auf diese Weise Bevollmächtigten zum Schaden des Ganzen gebraucht wurden: Es scheint, als habe Homberg bei diesen Sätzen die Deputierten der Nationalversammlung in Paris vor Augen gehabt. Die Bevollmächtigten der galizischen Juden hätten ihr Mandat auch dadurch missbraucht, dass sie Gerüchte streuten und falsche Hoffnungen nährten, »um die Nazion mehr an sich zu ziehen«. Dies habe »dem Schulinstitut einen Schaden zugefügt, von dem es sich nach langer Zeit erst erholen wird«.[319]

Das Evozieren der Revolution mag für Homberg in diesem Kontext eher rhetorischen Wert gehabt haben; die Erkenntnis, dass sein Werk bedroht war, und die Enttäuschung über das Verhalten der jüdischen Bevölkerung Galiziens und ihrer Eliten sprechen jedoch deutlich aus dem gesamten Text. Die Stellungnahme lässt erkennen, dass die Nichtakzeptanz des jüdisch-deutschen Unterrichts zu dieser Zeit kein vereinzeltes Phänomen mehr darstellte, sondern in der jüdischen Bevölkerung bereits weit verbreitet war. Die Petition vom 3. August stellte dabei nur den offiziellen, von den *Stadlanim* vor dem Kaiser in ehrerbietiger Form vorgebrachten Ausdruck dieser Nichtakzeptanz dar. Homberg verwies mehrfach auf sein – nicht überliefertes – Schreiben zum Stand des jüdisch-deutschen Schulwesens in Galizien vom 10. Oktober 1790, in dem er unter anderem darüber berichtet habe, dass »die Nazion, anstatt den deutschen Unterricht als eine Landesväterliche Wohlthat anzusehen, [...] ihre bisherige Gleichgiltigkeit gegen denselben in Abneigung, und in einen bitteren Haß übergehen läßt«.[320] Was die Klagen der Bevollmächtigten selbst betraf, so versuchte Homberg die seiner Auffassung nach unbegründeten Be-

---

317 Hier im Sinne von: »nur irgendeine (das heißt gewöhnliche) Lehre« im Gegensatz zur wahren Lehre der Tora (Hervorhebung im Original, dort unterstrichen).
318 Der jüd. Schulenoberaufsicht Äußerung, 4 (Paginierung durch den Verfasser).
319 Ebd., 4 f. (Paginierung durch den Verfasser).
320 Ebd., 19 f. (Paginierung durch den Verfasser).

schwerden im Einzelnen zu widerlegen. Die Beschwerde über die finanzielle Belastung der Gemeinden durch den Unterhalt der deutschen Schulen sei nur vorgeschoben; hinter ihr verberge sich die grundsätzliche Ablehnung des deutschen Unterrichts. Zum Klagepunkt über das angeblich traditionsfeindliche Verhalten der jüdischen Normalschullehrer bemerkte Homberg, dass er seine Untergebenen in den *Verhaltungspunkten für jüdische Schullehrer* zu einem untadeligen religiösen Verhalten ermahnt habe. Wenn es dennoch, wie in Lemberg im Fall einzelner Lehrer geschehen, berechtigten Anlass zur Klage gebe, so würden die Beschwerden gründlich und, wenn erforderlich, im Beisein des Rabbiners untersucht und der die Vorschriften übertretende Lehrer gegebenenfalls hart bestraft.[321]

Entschieden wandte sich Homberg dagegen, das Unterrichtseintrittsalter für jüdische Knaben heraufzusetzen, wie dies die Stadlanim gefordert hatten. Da viele Väter das Alter ihrer Söhne falsch angäben, werde man auf diese Weise bald nur noch 15- und 16-jährige Jungen in den Schulklassen sehen, »bei denen nicht mehr die gehörige Gelenkigkeit zum Schreiben« und die notwendige Aufmerksamkeit vorhanden seien, hingegen »die unordentlichen Neigungen schon so tiefe Wurzeln geschlagen [haben], daß der beßte Vortrag der Sittenlehre nicht im Stande wäre, sie auszurotten«. Im Gegenteil sei es unter pädagogischem Gesichtspunkt notwendig, gerade die jüngsten Kinder zum Unterricht zu schicken:

> »Noch in der ersten Unschuld, noch weich und unverdorben, drückt sich bei diesem und jenem der ausgestreute gute Saamen, prägt sich manche gute Lehre gern ein. Haben sie aber jenes Alter [der von den Bevollmächtigten vorgeschlagenen zehn Jahre] zuchtlos erreicht, hat sich bei ihnen schon die Neigung zum Spiele und Müßiggang festgesetzt; alsdann wäre es zu spät und Schade! um den guten – und kostbaren Saamen; er brächte keine Früchte mehr.«[322]

Hinsichtlich der von den Bevollmächtigten beanstandeten Koedukation nahm Homberg seine einstmals selbst geäußerten Bedenken gegen den gemeinsamen Schulbesuch jüdischer Jungen und Mädchen zurück. Keinesfalls könne die Rede vom »Untergraben der Religion« und vom »Verderben der Jugend« sein, wie dies die Petitionäre dargestellt hatten: »In welcher Verbindung steht

---

321 Ebd., 6 f. (Paginierung durch den Verfasser): »Daher ist der Lehrer Neugröschel von der Hauptschule an eine sehr unbedeutende Trivialschule versetzt, Singer und noch ein anderer Lehrer entlaßen worden. Und als neulich die Hausväter auf der hiesigen haliczer Vorstadt wider ihren Lehrer Seligmann klagten, daß er beim Unterricht wider den Talmud und andere schriftliche Religionsgesetze loszöge, so unterließ man nicht, ihre Angaben nebst andern Anzeigen zu untersuchen, und zwar zu derselben größerer Beruhigung, in Gegenwart des hiesigen Rabbiners, und eines Vorstehers zu untersuchen [...], und da dieser Seligmann sich des Lehramts in mehr als einem Betracht unwürdig gemacht hat, so zweifelt man nicht, daß die hohe Landesstelle zum Besten des Dienstes, zur Besänftigung der Hausväter, zur Beruhigung des hiesigen Lehrpersonals, und endlich zur Sicherheit der Oberaufsicht, denselben des ehestens entlaßen werde.«
322 Ebd., 15 (Paginierung durch den Verfasser).

der Gewissenszwang mit dem gemeinschaftlichen Schulbesuche beider Geschlechter? In christlichen Schulen, wo beide gemeinschaftlich unterrichtet werden, ist weder die Religion, noch die Jugend in Verderben gerathen.« Selbst wenn man die Frage der Koedukation unter dem »Keuschheitspunkt« betrachte, sei ein derartiger Vorwurf geradezu absurd, da in Galizien Mädchen bereits mit zwölf oder 13 Jahren, noch ehe sie »zur Mannbarkeit reifen« könnten, verheiratet würden.[323] Interessanterweise gab Homberg dem Keuschheitsargument eine andere Richtung, als er es mit seiner einstigen Warnung, »es könne manches vorfallen«, wenn sich die »Töchter Jakobs« zu den »Söhnen Israels« gesellten, intendiert hatte. Nicht die Gemeinschaft jüdischer Mädchen und Jungen schien ihm nun bedenkenswert,[324] sondern vielmehr die Gefahr, »es könnte hie und da ein Lehrer in einen üblen Ruf kommen« und dadurch die jüdische Bevölkerung noch mehr gegen die deutschen Schulen aufbringen. Natürlich wäre eine solche Beschuldigung, sollte sie erhoben werden, angesichts des jungen Alters der Schülerinnen »immer grundlos«.[325] Doch schien Homberg in diesem Punkt seinen Lehrern nicht wirklich zu vertrauen, denn er empfahl eine Vorschrift zu erlassen, »daß bei den Gemeinen, wo ehrlose Lehrer angestellt sind, das schulfähige Alter der Mädchen mit dem 10.ten Jahr aufzuhören habe«.[326]

Homberg bat das Gubernium und die Hofbehörden darum, dem nach dem Tod Josephs II. unter den Juden Galiziens verbreiteten Gerücht entschieden entgegenzutreten, »als würde man unter der gegenwärtigen Regierung von dem Vorhaben, die Juden für den Staat zu bilden, gänzlich abgehen und bei der ersten beßten Veranlaßung die deutschen Schulen aufheben«.[327] Hierzu sollten die Kreisämter angewiesen werden, den jeweiligen Kreisrabbiner samt aller ihm unterstellten »Religionsweiser« sowie alle Gemeindevorsteher des Kreises ins Amt zu bestellen und ihnen zu bedeuten,

»daß jenes Gerücht von der Aufhebung der Schulen grundlos und falsch sey, daß ihnen daher im Namen Sr. huldreichsten Majestät auf das strengste verboten werde, diesem Gedichte bei der Gemeine Vorschub zu geben, und dadurch den deutschen Normallehrer, dem sie wegen der Mühe, die er sich mit der Bildung ihrer Jugend gibt, Dank und Achtung schuldig sind, zu beschimpfen und zu kränken, oder dem guten Fortgange des deutschen Unterrichts irgend ein Hinderniß in den Weg zu legen.«[328]

Hombergs Sorge, dass ein Nichthandeln der Behörden eine Verstärkung der gegen die deutschen Schulen gerichteten Stimmung unter den Juden Galiziens

---

323 Ebd., 9 (Paginierung durch den Verfasser).
324 Homberg unterschlug an dieser Stelle, dass infolge des Normalschulzwanges für Heiratskandidaten bisweilen auch 14- bis 18-jährige Jungen und Mädchen in den Schulen anzutreffen waren.
325 Der jüd. Schulenoberaufsicht Äußerung, 10 (Paginierung durch den Verfasser).
326 Ebd., 21 (Paginierung durch den Verfasser).
327 Ebd., 22 (Paginierung durch den Verfasser).
328 Ebd., 23 (Paginierung durch den Verfasser).

nach sich ziehen würde, war nicht aus der Luft gegriffen. Zu Beginn des Jahres 1791 wandten sich die galizischen *Stadlanim*, die bis dahin vergeblich auf eine Antwort der Hofbehörden auf ihre Petition gewartet hatten, erneut an den Kaiser. Diesmal begnügten sie sich nicht damit, eine Abstellung verschiedener, mit den jüdischen deutschen Schulen verbundener »Bedrückungen« zu erbitten, sondern baten rundheraus darum, dass »die Jugend ihres Glaubens von der Ober Aufsicht des Jüdischen Schuhlen Aufsehers Hertz Homburg [!], und überhaupt von allen übrigen jüdischen Schuhllehrern wegen ihren einführenden [!],[329] der jüdischen Religion verderblichen Irr-Lehren, befreyet werden möge«. Stattdessen sollte den jüdischen Kindern gestattet werden, »unter der Oberleitung der Christlichen Schuhl Directorn« die christlichen Normalschulen zu besuchen.[330] Wie bereits gezeigt, hatten schon in den Jahren zuvor einzelne jüdische Gemeinden darum angesucht, ihre Kinder in die christliche deutsche Schule schicken zu dürfen, wenn sie dadurch von der Pflicht befreit würden, eine eigene deutsche Schule errichten zu müssen.[331] Nunmehr im Namen aller jüdischen Gemeinden Galiziens vorgetragen, entbehrte eine solche Bitte nicht einer gewissen Dramatik.

Auch das Lemberger Gubernium und der christliche Schuloberaufseher Hofmann hatten sich in der Vergangenheit mehrfach für ein Moratorium des jüdischen Schulausbaus oder gar für die Auflösung der Schulen zugunsten des christlichen Schulfonds und der Errichtung von »Gemeinschulen« ausgesprochen.[332] Wenige Wochen vor dem erneuten Vorstoß der *Stadlanim* hatte das Gubernium die Stellungnahme Hombergs zur August-Petition mit der Bemerkung nach Wien gesandt, es schließe sich den Vorschlägen des jüdischen Oberaufsehers für den Fall an, dass »auf den von ihr zu wiederholtenmalen gemachten Antrag keine Rücksicht genommen werden wollte, die deutschen jüdischen Schulen ganz zu heben«. Die Landesregierung begründete die von ihr damit erneut angesuchte Auflösung der jüdischen Normalschulen gleich dreifach:

»weil in selben [also in den jüdischen deutschen Schulen] das Judenkind nie eine reine deutsche Aussprache erlernt, weil die jüdischen Deutschlehrer, die wie alle Halbgelehrten sich mit ihren Känntnissen brüsten, und sich über die jüdischen Religionsgebräuche hinwegsetzen, ein Stein des Anstosses in den Augen der Nazion verbleiben, und weil die Judenkinder in den kristlichen deutschen Schulen mit Ab-

---

329 Wahrscheinlich ist »irreführend« oder »aufrührend« gemeint. Es kann sich nur um einen Diktier- oder Abschreibefehler handeln. Das Dokument ist in einer klaren Handschrift verfasst, weist jedoch eine große Zahl von Grammatik-, Syntax- und Orthografiefehlern auf.
330 Bittschrift der Vertreter der jüdischen Gemeinden Galiziens, o. D., AVA, StHK, Kt. 106, 23 Galizien. Die wahrscheinlich im Januar oder Anfang Februar eingereichte Bittschrift war »in Abwesenheit der andern zwey Deputirten« allein von dem Buczaczer Vertreter Mayer Schöner unterzeichnet worden.
331 Siehe in Kap. 1.4.
332 Siehe ebd.

sönderung des in die Kirche gehörigen Religionsunterrichtes zweckmässiger und besser unterrichtet werden könnten.«[333]

Offenbar war diese Haltung des Guberniums den jüdischen Gemeindenotabeln in Lemberg und darüber hinaus bekannt, sodass sich die *Stadlanim* in ihrer neuen Bittschrift darauf berufen konnten: Das Gubernium unterstütze ihr Anliegen einer Auflösung der Schulen, da es »aus der Erfahrung überzeiget ist, das Euer Majestät allerhöchste Absicht nehmlich die Jüdische Jugend in der deutschen Sprache und Schreib Arth zu befähigen, durch diese Schullehrer von darummen nicht erreicht wird, weiln sie selbsten nicht fähig genung sind«.[334] Mit dieser Instrumentalisierung der Meinung einer Landesbehörde zur Unterstützung ihrer Bitte verstießen die *Stadlanim* gegen die gebotene Ehrerbietigkeit gegenüber dem Hof. Dies zeigt, wie sicher sie sich ihrer Sache waren – oder wie aufgebracht angesichts des von Homberg und den jüdischen deutschen Schulen ausgehenden Ärgernisses.

Anfang 1791, nachdem ihr die Stellungnahme Hombergs zugegangen war, beriet die Studienhofkommission über die Petition der galizischen *Stadlanim* vom August 1790. In ihrem Vortrag vor dem Kaiser am 27. Januar 1791 wiesen die Hofräte zunächst den Antrag des Guberniums, die jüdischen deutschen Schulen aufzulösen, als »unbillig« und »unpolitisch« zurück und empfahlen Leopold II., das Gesuch abzulehnen.[335] In den Argumenten, welche die Studienhofkommission gegenüber den Klagen der *Stadlanim* anführte, wurde der josephinische und aufklärerische Geist deutlich, der die in diesem Gremium versammelten hohen Beamten, allen voran ihren Präses, Gottfried van Swieten, noch immer beherrschte. Es handelte sich um eine der letzten ausführlichen Stellungnahmen der Studienhofkommission zum jüdischen deutschen Schulwesen in Galizien, ehe die Behörde durch Leopold II. zum 1. Januar 1792 aufgelöst wurde und die Studienangelegenheiten in die direkte Verantwortung der Böhmisch-Österreichischen Hofkanzlei übergingen.[336] Die Kommission stimmte der Stellungnahme Hombergs vollkommen zu. Genau wie der jüdische Oberaufseher erblickte sie im »Haß der Religionsdiener, und [der] Abneigung des gemeinen Volkes gegen einen wirksamen Unterricht« den wahren Grund der von den Bevollmächtigten angeführten Klagen. Von dieser nur zu bekannten Abneigung gegenüber den Schulen wollte sich die Kommission nicht beirren lassen. Die Vortragenden verglichen den Widerstand der galizischen Juden mit der Oppositionshaltung, die einst die nichtjüdische Bevölkerung des Habsburgerreiches gegenüber den deutschen Schulen an den

---

333 Randbemerkung des Vize-Gouverneurs von Gallenberg vom 14. Dezember 1790 auf der Stellungnahme Hombergs vom 10. Dezember 1790, AVA, StHK, Kt. 106, 23 Galizien.
334 Bittschrift der Vertreter der jüdischen Gemeinden Galiziens, o. D., AVA, ebd.
335 Vortrag der Studienhofkommission vom 27. Januar 1791, AVA, ebd.
336 Zu den Gründen für die Auflösung der Studienhofkommission vgl. Hengl, Das Schul- und Studienwesen Österreichs im aufgeklärten Absolutismus, 225–257, zum Auflösungsdekret Leopolds II. bes. 253 f. Vgl. auch Wangermann, Aufklärung und staatsbürgerliche Erziehung, 111–114.

Tag gelegt hatte, die jedoch durch beharrliche Überzeugungsarbeit und milden Zwang überwunden werden konnte:

»Den Widerwillen, den hier ein verwildertes Volk äussert, hat die grosse Stifterin der heilsamesten Anstalt [d. i. Maria Theresia] selbst von ihren christlichen Unterthanen erfahren, sich aber dadurch eben so wenig, als ihr von der Wichtigkeit des Geschäfts lebhaft überzeugter Nachfolger, der höchstselige Kayser, abhalten lassen die Wohlthat immer mehr zu verbreiten, und den Undankbaren eigentlich aufzudringen. Unwissenheit bei dem gemeinen Manne, und bei denjenigen, zu deren Absichten sie diente, eigennütziges Besorgniß über die Folgen der Bildung waren die Hindernisse, die man zu bekämpfen hatte. Jener wurden langmüthige Beharrlichkeit und sanfte Belehrung, diesem das in seinem Ausbruche meistens üblen Willen zeigte, ernstliche Vorkehrungen entgegen gesetzt. Beide Mittel wirkten, wie sie sollten. Allmählig wich die Unwissenheit dem Unterrichte, und den Aufwand an Geduld und Zeit hat mehr als eine Provinz schon dadurch reichlich vergolten, daß nun Dorfgemeinden aus eigenem Antriebe Schulen verlangen, und einige wohl gar den Lehrer unterhalten.«[337]

Die Studienhofkommission setzte die Petition in einen Zusammenhang mit anderen »ständischen Vorstellungen über das Schulwesen«: Hier wie dort sei es vor allem der »Eigennutz«, also das partikulare Interesse bestimmter Bevölkerungen und Berufsgruppen gewesen, welcher die Schulfeindschaft genährt habe. Doch wie auf die christliche Bevölkerung, so werde der deutsche Unterricht auch auf die jüdischen Untertanen seinen »milden Eindruck [...] nicht verfehlen« und letztlich zum Gelingen der Absicht des verstorbenen Kaisers beitragen, »eine durch langen Druck bis zum Thiere herabgebeugte Nation wieder zu Menschen umzuschaffen«.[338]

Alle Vorschriften und die mit ihnen verbundenen scheinbaren Einschränkungen, über die sich die galizischen *Stadlanim* beschweren, verfolgten der Studienhofkommission zufolge nur diesen Zweck der Bildung und sittlich-moralischen Aufrichtung. Mit diesem Argument sollten die Klagen, die sich »auf das allgemeine System« – die Finanzierung der Schulen, den Schulzwang, das Schulpflichtalter und die Koedukation – bezögen, abgewiesen werden.[339]

Der Vortrag der Beamten fand die uneingeschränkte Zustimmung des Kaisers. Auf dem Rand des letzten Blattes notierte Leopold II.: »Ich genehmige vollkommen das gründliche Einrathen der Studienhofko[mmissi]on«.[340] Ende Februar 1791, über ein halbes Jahr nach Einreichung ihrer ersten Bittschrift, erhielten die galizischen *Stadlanim*, und mit ihnen alle jüdischen Gemeinden Galiziens, per Hofdekret die Antwort des Kaisers auf ihre Klagen:

»Bey den allgemeinen Vorschriften, welche das Schulwesen betreffen, und überall in gleichem Maße bestehen, hat es, indem sie einzig auf die Bildung der Jugend, und

337 Vortrag der Studienhofkommission vom 27. Januar 1791, AVA, StHK, Kt. 106, 23 Galizien.
338 Ebd.
339 Ebd.
340 Ebd.

folglich auf das wahre Beste der Nation gerichtet sind, sein unabweichliches Bewenden, und so wie man sich nun versieht, daß deren genaue Befolgung der galizischen Judenschaft als dankbaren Unterthanen, und sorgfältigen Vätern jederzeit strenge Pflicht seyn werde, so kann dieselbe sich auf vollkommen versichert halten, daß in Rücksicht auf die Religion, und auf die Sittlichkeit der Lehrer stäts die wachsamste Sorgfalt getragen, irgend ein Vergehen dawider immer strenge geahndet, auch nach Maß der Umstände bestrafet, und überhaupt in keinem, nach gehöriger Untersuchung bewährten Falle jemals einer Nachsicht Statt gegeben, sondern jederzeit unverzüglich, und wirksam abgeholfen werden soll.«[341]

Das galizische Gubernium wurde gesondert über die Hofentscheidung informiert. Was die von ihr angesuchte Auflösung der jüdischen deutschen Schulen betraf, wurde die Landesregierung entschieden in ihre Schranken gewiesen und aufgefordert, »den oft verworfenen in Rücksicht auf die Verwendung des [jüdischen Schul-]Funds offenbar unbilligen, und in Beziehung auf die Vortheile des Staates ganz unpolitischen Antrag niemahls mehr zu erneuern«.[342]

Konturen eines angekündigten Konflikts

Die Petition der Bevollmächtigten vom August 1790 hatte gezeigt, dass die deutschen Schulen für die galizischen Juden zu einem veritablen Problem geworden waren, welches sie bei der Gründung der ersten Schulen zwischen 1782 und 1787 nicht hatten voraussehen können. Hatte es sich bei jenen ersten Schulen um Institutionen gehandelt, die auf konsensueller Basis errichtet und von einer aufgeklärt-merkantilen jüdischen Elite als nützliche Einrichtungen betrachtet wurden, so konfrontierten der Ausbau des Schulnetzes und die Einführung des Schulzwangs die gesamte jüdische Bevölkerung mit einem ihr bisher fremden und beargwöhnten, wenn nicht gar verhassten staatlichen Zwangssystem. Für die meisten war bereits der Unterricht in der deutschen Sprache ein Affront, zumal es dabei ausdrücklich um die Zurückdrängung der eigenen Sprache, des Jiddischen, ging, die zwar nicht wie das Hebräische sakral konnotiert, so doch ein Teil der eigenen, lebensweltlichen Identität war. Darüber hinaus, und dies war das zweite Ärgernis, standen weltanschauliche Maximen auf dem Lehrplan, welche die Grenzen der bisherigen Wahrnehmung von Innen und Außen, von jüdischer und nichtjüdischer Welt, von Gemeinde und Herrschaft sowie überkommene Verhaltensnormen infrage stellten. Drittens ging mit der erzwungenen Teilnahme der Knaben am Deutschunterricht eine Konkurrenz um die Erziehungszeit und Prägsamkeit der Kinder einher: Der rituellen Zeit des *Cheder*-Unterrichts stand die edu-

---

341 Hofdekret vom 28. Februar 1791, AVA, StHK, Kt. 106, 23 Galizien, auch: AVA, HKP Galizien 1791, 97 (Februarius, Nr. 91); hier ist der für die Juden relevante Teil des Dekrets mit »an die galizische Judenschaft« gekennzeichnet.
342 Ebd.

kative Zeit gegenüber, die der Knabe in der Normalschule zubringen musste und die die erstere empfindlich beschnitt. Viertens verstieß die 1790 befohlene Koedukation von Jungen und Mädchen gegen traditionelle Keuschheitsvorstellungen, sodass die traditionellen Eliten ein »gänzliches Verderben« der jüdischen Jugend befürchteten. Fünftens bedeutete die Errichtung der Schulen eine nicht unerhebliche finanzielle Mehrbelastung der ohnehin schwer besteuerten galizischen Juden: Nicht nur, dass alle Familienväter den »fünften Gulden« zur Bezahlung der Lehrergehälter zu entrichten hatten; sondern auch alle Juden, die in ihren Häusern oder Privatsynagogen regelmäßige Gottesdienste abhielten, hatten mit der »Toraminjanimtaxe« eine Abgabe zur Finanzierung der jüdischen Präparandenausbildung zu leisten. Darüber hinaus wurden den Gemeinden die Einrichtung und der Unterhalt der Schulen aufgebürdet. Sechstens stellten die Schulen ein in den Gemeindezusammenhang verpflanztes Organ des zentralistischen österreichischen Staates dar, nahmen die Lehrer in staatlichem Auftrag gewisse Funktionen der Bevölkerungserfassung und -kontrolle wahr und betätigten sich, indem sie die Eltern ausgebliebener Schüler anzeigten, als Bindeglied einer von der staatlichen Normsetzung bis zur Bestrafung der Normabweichler reichenden Disziplinierungskette. Wenn sie sich darüber hinaus als »aufgeklärte Köpfe« zeigten und gegen die hergebrachten, durch *Halacha* und *Minhag* definierten Normen der galizisch-jüdischen Lebenswelt verstießen, machte sie das in den Augen der traditionellen Juden nur umso verabscheuenswürdiger. Siebentens schließlich – und dies bedeutete einen besonders starken Affront gegen das Hergebrachte – war selbst das traditionelle Erziehungssystem, dessen Unantastbarkeit durch das Toleranzprinzip gewährleistet sein sollte, nicht vor den Reformversuchen Hombergs sicher. Die *Chadarim* vor dem Zugriff des Oberaufsehers zu schützen, musste zum vordringlichen Anliegen der traditionellen Gemeindeeliten werden.

Jede einzelne der aufgezählten »Bedrückungen« hätte ausgereicht, das josephinische Schulsystem in den Augen der galizischen Juden als eine Last erscheinen zu lassen. In ihrer Gesamtheit konstituierten sie jedoch ein »Verhängnis«, welches neben die *Gzerot* der Abschaffung der Rabbinatsgerichtsbarkeit, der Militärdienstpflicht oder der staatlichen Ehegesetzgebung trat. Die *Gzera* der Schulen abzumildern oder ganz zu beseitigen, war die Hoffnung der Petitionäre vom 3. August 1790 gewesen. Das Hofdekret vom 28. Februar 1791 stellte die Haltung des neuen Kaisers und seiner obersten Verwaltungsbeamten jedoch unmissverständlich heraus: Die jüdischen deutschen Schulen in Galizien würden bestehen bleiben und mit ihnen alle restriktiven Maßnahmen, über die sich die *Stadlanim* so bitter beklagt hatten. Die offenbar durch die Behörden vor Ort genährte Hoffnung, dass Leopold II. die Schulen aufheben würde, erfüllte sich also nicht.

An der in der Bittschrift der *Stadlanim* zu Tage getretenen Oppositionshaltung gegenüber den Schulen, an den explizit aufgeführten Beschwerdepunkten und mehr noch an den in diesem Zusammenhang gerade nicht ausgesprochenen Bedrängnissen einerseits sowie an der kompromisslosen Haltung Hombergs und der Hofbehörden andererseits zeichnete sich ein Konflikt ab, der die Schulwirklichkeit im galizisch-jüdischen Kontext in den folgenden Jahren bestimmen sollte. Das Hofdekret vom 28. Februar wirkte sich für die drei »Hauptakteure« vor Ort – das Lemberger Gubernium, den jüdischen Oberaufseher und die aus den Rabbinern und *Parnasim* bestehenden jüdischen Gemeindeeliten zunächst unterschiedlich aus. Das Gubernium sah für eine gewisse Zeit davon ab, seinen Wunsch nach Auflösung der Schulen und Einziehung des jüdischen Normalschulfonds gegenüber den Wiener Behörden zu wiederholen. Erst nachdem sich Mitte der 1790er Jahre in Wien die politischen Verhältnisse geändert hatten, sollte es erneut Vorstöße in dieser Richtung geben. Herz Homberg seinerseits mochte sich durch die Unterstützung des Hofes zwar bestärkt sehen, doch zeigte der Ton seiner Stellungnahme zur Petition der Bevollmächtigten seine tiefe Enttäuschung an. Dass er im Begriff stand, mit seinem Projekt – welches auch eine Reform der traditionellen Erziehung umfasste – zu scheitern, mag mit dazu beigetragen haben, dass er Lemberg nun immer öfter den Rücken kehrte und sich für Monate oder gar Jahre nach Wien und in die Arbeit an seinem Religions- und Morallehrbuch zurückzog. Für die galizischen Juden schließlich zeigte die vollständige und unmissverständliche Zurückweisung ihrer Klagen, dass sie nicht mehr darauf hoffen durften, auf dem Wege traditioneller Fürsprache eine Zurücknahme der *Gzera* der jüdischen Normalschulen zu erreichen. So blieben die Petition vom 3. August 1790 und die erneuerte Bitte vom Beginn des Jahres 1791 die einzigen Versuche der galizischen Judengemeinden, auf diese Weise gegen die Schulen vorzugehen. Die Wege des passiven Widerstandes und der lebensweltlichen Gegenstrategien sollten in den folgenden Jahren in den Vordergrund des Kampfes gegen die Schulen treten.

3. Disziplin und Lebenswelt: Schulwirklichkeit im galizisch-jüdischen Kontext

3.1 »Stehen noch die Schulen ganz leer«: Zum Schulbesuch und den Ursachen der Schulverweigerung

Ein Diskurs fortgesetzter Devianz

Die jüdischen deutschen Schulen in Galizien waren längst aufgelöst, da übersandte das Lemberger Gubernium seiner Schwesterinstitution, der Königlich Ungarischen Statthalterei in Ofen, auf deren Wunsch ein »vollständiges Verzeichnis« aller in der Gubernialkanzlei auffindbaren Dokumente zu den jüdischen Normalschulen. Die Übersicht vom April 1808, die vor allem Schreiben an die Kreisämter, daneben aber auch Erlasse an den damaligen Schulaufseher Homberg sowie vereinzelt Berichte an die Wiener Hofbehörden auflistet, liest sich wie ein Register fortgesetzter Devianz und ihrer angedrohten Ahndung. Einige der für die Jahre 1791 – 1798 aufgeführten Regesten mögen dies verdeutlichen:

»Wegen Bestrafung armer Eltern welche ihre Kinder vom Schulgehen abhalten [...] Dass den Judenmädchen in solange nicht erlaubt seyn solle, sich zu verehelichen, bis sie über den Schulunterricht das Zeugnis erhalten haben; Vorbeugung dem Unfuge die jüdischen Kinder dem deutschen Unterrichte zu entziehen; Wegen Eintreibung der jüdischen Schulstrafgelder [...] Wegen Verhaltung der jüdischen schulfähigen Mädchen zum Schulbesuch; Dass die Jugend zum Schulbesuch verhalten werden solle. Verhängung und Verschärfung der Strafen gegen Eltern, und Vormünder [...] Den jüdischen Schulbesuch in Lemberg, dann die diesfällige Strafgelder betreffend; Verordnung über das Missfallen der Hofstelle den jüdischen Lehrern, dann der Abneigung des Schulbesuches [...] Wegen Bestrafung der jüd. Eltern, und Talmudlehrer, welche die Kinder vom Besuch der d[eutsch] j[üdischen] Schulen abhalten, nach den bestehenden Vorschriften [...] Besorgung für den richtigen Schulbesuch, dann Bestrafung der nachlässigen Eltern«[1]

Die Heftigkeit, mit der die zeitgenössische Auseinandersetzung um die jüdische Normalschulwirklichkeit in Galizien geführt wurde, verleitet dazu, eine

---

1 Consignation. Der auf die Bildung der Juden Bezug habenden Akten, und Verordnungen, 9. April 1808, Ungarisches Nationalarchiv Budapest, C 55 Normalia 1775 – 1812. 207.cs., fols. 488a–493b. Die zitierten Einträge beziehen sich auf Schreiben vom 16. September 1791, 10. Februar 1792, 13. Februar 1792, 10. Mai 1792, 31. Juli 1793, 16. August 1793, 29. Mai 1795, 7. August 1795, 11. August 1797, 1. April 1798.

durchgängige Anomalität anzunehmen, wenn es um die Frage der Schuldisziplin geht. Nicht nur das nach dem Ende der Schulen für die Statthalterei in Ofen erstellte Verzeichnis, sondern auch die zeitnahen Einträge in den Wiener Hofkanzleiprotokollen für Galizien,[2] die Vorträge der Studienhofkommission und die aus ihnen resultierenden Dekrete und entsprechenden Gubernialerlasse sowie schließlich die Schreiben des Lemberger Kreisamts an den jüdischen Gemeindevorstand enthalten eine Vielzahl von Klagen über den nach Auffassung der Behörden zu geringen Besuch der Schulen sowie Empfehlungen und Anweisungen, welche Maßnahmen zur Vermehrung der Schüler in den Klassen zu ergreifen seien. Auf diese Weise entsteht das Bild einer desolaten Schulwirklichkeit: leere Schulzimmer, zur Untätigkeit verdammte Lehrer, Beamte, die an der Verweigerungshaltung der Bevölkerung zu verzweifeln drohten. Die Interpretation der »osteuropäischen Schule« der jüdischen Historiografie hat zu einer Verfestigung dieses Bildes beigetragen und dabei gar einen gewissen metahistorischen Heroismus der galizischen Juden angesichts der Bedrohungen durch deren »Feinde« – seien es die Obrigkeit in Gestalt des österreichischen Staates, die westliche Aufklärung oder die Herausforderungen der Moderne generell – registrieren wollen. Das unrühmliche Ende der jüdischen deutschen Schulen in Galizien im Jahr 1806 lässt eine solche Lesart zunächst plausibel erscheinen: Der Widerstand der Bevölkerung vereitelte den Beschulungserfolg. Doch ist dieses Bild höchst einseitig, die monokausale Herleitung des Endes der Schulen irreführend. Auch gegenüber den Quellen ist einiges Misstrauen angebracht, sowohl hinsichtlich ihrer Vollständigkeit als auch hinsichtlich ihrer Aussagekraft. So sind einige klärende Anmerkungen angebracht, um den suggerierten Eindruck einer andauernd prekären Schulwirklichkeit zumindest zu relativieren.

Das Schulbesuchsverhalten der jüdischen Kinder in Galizien lässt sich fast ausschließlich anhand qualitativer Aussagen in den Akten rekonstruieren. Serielle Quellen wie vor allem Verzeichnisse schulfähiger Kinder – sofern es diese tatsächlich je für ganz Galizien, oder auch nur durchgehend für die wichtigsten Gemeinden gegeben hat –,[3] Ausweise über den Stand der Schulen,

---

2 Aus Wien wurden Klagen und Vorhaltungen immer wieder im Zusammenhang mit den – in den Akten nicht erhaltenen – halbjährlichen Berichten Hombergs laut, die das Gubernium an die Hofkanzlei weiterleitete und die zum einen über die Gesamtsituation des jüdischen deutschen Schulwesens in Galizien informierten, zum anderen die zum Ende eines jeden Sommer- und Winterkurses an den Lemberger Schulen veranstalteten öffentlichen Prüfungen zum Gegenstand hatten. Die entsprechenden Hofdekrete tadelten die geringe Zahl der Schüler in den Schulen und verlangten vom Gubernium, Maßnahmen gegen den nachlassenden Schulbesuch zu ergreifen und die dafür Verantwortlichen – Eltern, Gemeindevorsteher, Religionslehrer – streng zu bestrafen. So z. B. die Hofdekrete vom 11. Juni 1791, AVA, HKP Galizien 1791, 327 (Junius, Nr. 47), 23. Februar 1795, AVA, HKP Galizien 1795, 74 (Februarius, Nr. 52), 18. Februar 1796, AVA, HKP Galizien 1796, 92 (Februarius, Nr. 71), 21. Januar 1797, AVA, HKP Galizien 1797, 16 (Januarius, Nr. 54).
3 Homberg und die Lehrer wurden durch die Behörden wiederholt auf das Fehlen entsprechender Verzeichnisse aufmerksam gemacht und angewiesen, die Angaben über die Zahl der schulfähigen

Fleißkataloge, Strafverzeichnisse, die der Hofkanzlei zugesandten Prüfungsberichte usw. – sind kaum erhalten; bereits frühere Historiker wie Wolf oder Bałaban scheinen ihre Erkenntnisse vor allem anhand der wenigen vorhandenen Berichte Hombergs, der Gubernialberichte, Hofdekrete und Kreisamtserlasse sowie der erhaltenen Klagen und Petitionen gewonnen zu haben. Wenn in seltenen Fällen Zahlen überliefert sind, handelt es sich entweder um Angaben zu den schulbesuchenden Kindern – dann fehlt die Vergleichsgröße der »schulfähigen« Kinder, also der Kinder im Alter zwischen sechs und zwölf Jahren – oder um Listen ausgebliebener Schüler ohne Nennung der Zahl unterrichtspflichtiger oder im gleichen Zeitraum am Unterricht teilnehmender Kinder. Diese Umstände erschweren es ungemein, Relationen herzustellen und zu einer zuverlässigen Angabe der Schulbesuchsraten zu gelangen. Wenn man sich dennoch auf das Wagnis einlässt, anhand der wenigen überlieferten Zahlen und trotz einer Vielzahl unbekannter Variablen eine Berechnung der Schulbesuchsrate für einen bestimmten Zeitpunkt vorzunehmen, so gelangt man für ganz Galizien zu Beginn der 1790er Jahre auf etwa 38 Prozent aller unterrichtspflichtigen sechs- bis zwölfjährigen jüdischen Jungen und Mädchen. In Lemberg nahmen Mitte der 1790er Jahre etwa fünfzig bis sechzig Prozent der zu den Schulen bestimmten Kinder durchgängig oder zumindest einigermaßen regelmäßig am Unterricht teil.[4] Wenn man sich vor Augen hält, dass zur selben Zeit in den Ländern der Monarchie – die weiterentwickelten Territorien Niederösterreichs und Böhmens ausgenommen – durchschnittlich nicht mehr als fünfzig Prozent der schulfähigen Kinder am Normalschulunterricht teilnahmen,[5] und wenn man zusätzlich das relativ junge Alter des jüdischen Normalschulwesens in Galizien bedenkt, welches im Grunde erst Mitte der achtziger Jahre seinen eigentlichen Anfang genommen hatte, so handelt es sich dabei um einen recht bemerkenswerten Befund.

Wie kommt es also zu diesem Bild eines desolaten jüdischen Normalschulwesens in Galizien? Tatsächlich sind, wie bemerkt, die verfügbaren Quellen voll von Klagen, Rechtfertigungen, Anweisungen und Vorschriften, die sich auf den geringen Zuspruch der Schulen und die dagegen zu ergreifenden Maßnahmen beziehen. Dabei fallen jedoch mehrere Besonderheiten auf, die eine Verzerrung der Perspektive bewirken: So bezieht sich erstens die Mehrzahl jener Klagen und Anweisungen zumeist auf den Zustand der jüdischen deutschen Schulen in der Hauptstadt Lemberg, bisweilen auch auf die der Handelsstadt Brody, der zweitgrößten jüdischen Gemeinde Galiziens. Sehr viel seltener wird der Schulbesuch in den kleineren Städten der galizischen Provinz beanstandet, die Probleme der jüdischen deutschen Schulwirklichkeit

---

Kinder gemeinsam mit den Schulbesuchszahlen einzureichen. Hofdekrete vom 13. Januar 1795, AVA, HKP Galizien 1795, 14 (Januarius, Nr. 36), 23. Februar 1795, AVA, ebd., 74 (Februarius, Nr. 52) und 18. Februar 1796, AVA, HKP Galizien 1796, 92 (Februarius, Nr. 71).
4 Siehe im Folgenden.
5 Vgl. Wangermann, Aufklärung und staatsbürgerliche Erziehung, 59 f.

in Galizien insgesamt werden nur in wenigen Fällen, und dann zudem sehr unscharf, thematisiert. Zweitens lässt sich ein ausgeprägter Konflikt zwischen den Behörden, Homberg und den Lehrern auf der einen Seite und den gemeindlichen Eliten und der Bevölkerung auf der anderen Seite erkennen, dessen Vehemenz die Quellen »imprägniert« und einen unvoreingenommenen Blick auf die Schulwirklichkeit verstellt. Drittens erzeugt der vorherrschende Strafdiskurs, der durch die Fixierung des Behördenhandelns auf die Sanktion des Schulausbleibens entsteht, einen falschen Eindruck. Damit gerät das abweichende Verhalten in den Vordergrund, während die normangepasste Handlung in den Hintergrund gedrängt wird. Viertens tritt ein verblüffender Gegensatz zwischen der Absolutheit der Normsetzung, die alle schulfähigen jüdischen Kinder zwischen sechs und zwölf Jahren und oft auch noch die älteren Kinder und Jugendlichen in die Schulen zwingt, und der Absorptionskapazität der Schuleinrichtungen zutage, dessen Regulierung von den damaligen Akteuren nur in Ansätzen verfolgt und auch von späteren Interpreten wenig beachtet wurde.

Wenn Lemberg in den Akten und Protokollen als Brennpunkt der Probleme der jüdischen deutschen Schulwirklichkeit in Galizien erscheint, so lassen sich hierfür mehrere Ursachen anführen. Lemberg war Hauptstadt und Sitz der Landesregierung; was hier geschah, fand früher und stärker die Aufmerksamkeit des Guberniums und der Wiener Zentralbehörden als das Geschehen in der Provinz. Gerade hier, im Zentrum staatlicher Gewalt und am Normalschulort, war die Missachtung der Normen prekär und peinlich. Dass »in Lemberg unter den Augen des Guberniums die Schulen am nachlässigsten besucht werden« hielt die Hofkanzlei für einen besonders tadelnswerten Umstand.[6] Lemberg war auch Sitz der jüdischen Schuloberaufsicht; Probleme gelangten sofort und unmittelbar zur Kenntnis des Oberaufsehers oder seines Stellvertreters Friedenthal, während diese im Hinblick auf das Geschehen in der Provinz auf die Berichte der jüdischen Kreisschuldirektoren oder der einzelnen Lehrer angewiesen waren, welche nicht immer pünktlich geliefert wurden und auch nicht unbedingt immer wahrheitsgetreu ausfallen mussten.[7]

Bereits im November 1791 beschrieb Homberg die jüdischen Gemeinden Lembergs und Brodys als Brennpunkte der Schulverweigerung und machte unter anderem den »Reichtum« und den daraus resultierenden »Hochmut« beider Gemeinden für dieses Verhalten verantwortlich.[8] Homberg deutete damit auf gewisse strukturelle, ökonomische und soziale Bedingungen, die

---

6 Hofdekret vom 16. August 1798, AVA, StHK, Kt. 861, 23 D Galizien.
7 Erst 1794 wurde die Bereisung der Provinzschulen durch die »jüdischen Kreisschuldirigenten« – die an den jüdischen Schulen in den Kreisstädten angestellten Lehrer – unter dem Vorbehalt der Finanzierbarkeit genehmigt. Ob diese Visitationen tatsächlich stattfanden, lässt sich nicht überprüfen. Vgl. Hofdekret vom 9. Juni 1794, AVA, HKP Galizien 1794, 278 (Junius, Nr. 26).
8 Bericht Herz Hombergs an das galizische Landesgubernium über den »Zustand der jüdischen Schulen Galiziens« im Sommerkurs 1791 vom 13. November 1791, AVA, StHK, Kt. 861, 23 A Galizien.

diese Verweigerungshaltung begünstigten. Stärker als die vermeintliche wirtschaftliche Potenz und der unterstellte Stolz, die nach Hombergs Ansicht viele Lemberger Juden davon abhielten, ihre Kinder in die Normalschule zu schicken, mögen hier die immer noch ausgeprägten gemeindlichen Strukturen der größten jüdischen Gemeinde Galiziens gewirkt haben.[9] Diese Strukturen mit einer starken, funktionierenden Gemeindehierarchie, an deren Spitze anerkannte Führungspersönlichkeiten standen, sowie das umfassende, verzweigte System traditioneller Bildung mit einer Vielzahl von *Chadarim* und *Bate midrasch* (Lehrhäusern) bildeten ein Netz tradierten sozialen Zusammenhalts, welches die Entwicklung und Anwendung von lebensweltlichen Gegenstrategien gegen den disziplinierenden Zugriff des Staates begünstigte. Hinzu kamen die unübersichtlichen Wohnverhältnisse und unterschiedlichen sozialen Substrukturen der Juden mit jeweils eigenen Mechanismen sozialer Kohäsion und Kontrolle. All dies musste die Maßnahmen staatlicher Normdurchsetzung wenn nicht verhindern, so doch wesentlich erschweren. Hingegen mögen die kleineren Gemeinden in der Provinz leichter zu kontrollieren und zu disziplinieren gewesen sein.[10]

Die noch zu schildernden Schwierigkeiten der Erfassung und Kontrolle und die Nichtdurchsetzbarkeit der verhängten Strafen gegen die renitenten Eltern setzten die Schulverweigerung durch einen Teil der jüdischen Bevölkerung gerade in der Hauptstadt fort. Dem Sich-Entziehen bzw. dem allenfalls bedingten Kooperieren der Gemeindeführung – in deren Verantwortung die »Strafexekution«, also das Eintreiben der Strafgelder oder die Arretierung »straffällig« gewordener Eltern, stand – entsprach die laxe Haltung der lokalen Behörden. Die offensichtliche Durchsetzungsschwäche der Exekutivorgane, die dadurch begünstigte Renitenz von Teilen der jüdischen Bevölkerung und die Ohnmacht Hombergs und der Lehrer verstärkten den Diskurs um die Durchsetzung der Schulstrafen. Der Widerstand gegen die Schulen und die Kooperationsunwilligkeit der Gemeindeführung traten so in den Vordergrund. Die Fixierung auf sanktionierende Normdurchsetzung fokussierte den Blick auf die Anomalitäten. Das »Normale«, die Tatsache, dass ein nicht geringer Teil der Kinder die Schulen besuchte, geriet aus dem Blickfeld. Bemerkenswert war nicht, dass fast die Hälfte der unterrichtspflichtigen Kinder die Lemberger Schulen besuchten, und dass es um das jüdische Normalschulwesen in Galizien insgesamt nicht zum Schlechtesten stand; vielmehr war es für Homberg und die Behörden ein Skandalon, dass so viele der Kinder

---

9 Im Jahr 1797 betrug der Umfang der jüdischen Bevölkerung Lembergs 12 730 Menschen – ein Drittel der Einwohnerschaft der Hauptstadt. Vgl. Röskau-Rydel, Kultur an der Peripherie des Habsburger Reiches, 60.
10 Was die jüdische Gemeinde Brodys betrifft, so könnten die Dinge ähnlich wie im Fall Lembergs gelagert gewesen sein, doch taucht diese Gemeinde nur in den frühen 1790er Jahren im Zusammenhang mit nachlässigem Schulbesuch in den Akten auf, um wenig später daraus zu verschwinden und erst um die Jahrhundertwende auf diese Weise noch einmal in Erscheinung zu treten.

gar nicht oder nur unregelmäßig zum Unterricht erschienen und dass es nicht gelingen wollte, diesem Verhalten entgegenzusteuern.

Schulbesuch und Schuldichte im Vergleich

Betrachtet man die wenigen überlieferten Schülerzahlen vom Ende der 1780er und Anfang der 1790er Jahre, so stellt sich der Zustand des jüdischen deutschen Schulwesens in Galizien nicht so schlecht dar, wie die Klagen Hombergs und der Behörden glauben machen. Vom Winterkurs 1788/89 bis zum Winterkurs 1791/92, also innerhalb von drei Jahren, war die Zahl der schulbesuchenden Knaben von 5 900 auf 6 894 gestiegen. In derselben Zeit waren zehn zusätzliche Schulen errichtet worden, die Zahl der jüdischen deutschen Schulen belief sich 1791 auf 93.[11] Nach der 1790 erfolgten Einführung des Schulzwangs auch für jüdische Mädchen besuchten im Winter 1791/92 zudem bereits 2 456 Schülerinnen die Trivialschulen in den kleineren Gemeinden sowie die in Lemberg errichtete Mädchenschule, die Gesamtzahl der Kinder in den jüdischen deutschen Schulen betrug 9 350 (Tab. 2).

Tab. 2: Schulbesuchszahlen der jüdischen deutschen Schulen in Galizien 1788–1792.

	Jungen	Mädchen	Gesamt
Winterkurs 1788/89	5 900	–	5 900
Sommerkurs 1789	6 268	–	6 268
Winterkurs 1789/90	nicht überliefert		
Sommerkurs 1790	?	?	9 664
Winterkurs 1790/91	nicht überliefert		
Sommerkurs 1791	6 677	2 438	9 115
Winterkurs 1791/92	6 894	2 456	9 350

Da für diese Zeit keine Verzeichnisse der »schulfähigen« jüdischen Kinder überliefert sind, ist es schwierig, den prozentualen Anteil der schulbesuchenden Kinder genau zu bestimmen. Doch lässt sich zur Erhebung ungefährer Schulbesuchsraten das zeitgenössische Modell verwenden, das der »Vater« der Schulreform von 1774, Ignaz Felbiger, selbst zugrunde gelegt haben soll, als er 1781 die Schulbesuchsraten in der Monarchie ermittelte. Dieses Modell ging von einem Anteil von etwa einem Achtel sich im schulfä-

---

11 Schematismus für die Königreiche Galizien und Lodomerien. 1791, 159–162.

higen Alter (sechs bis zwölf Jahre) befindender Kinder an der Gesamtbevölkerung aus,[12] und zwar sowohl für die ländliche als auch für die städtische Bevölkerung.[13] Dass diese Formel auch für den jüdischen Normalschulsektor Gültigkeit beanspruchen kann, zeigt ein Dekret der Hofkanzlei von 1795, demzufolge in Lemberg – bei einer damaligen jüdischen Bevölkerung von etwa 13 000 Personen – 1 597 jüdische Jungen und Mädchen, also etwa ein Achtel, als schulfähig eingestuft waren.[14] Überträgt man dieses Verhältnis auf die circa 200 000 Juden, die zu Beginn der neunziger Jahre des 18. Jahrhunderts in Galizien lebten, so gelangt man zu einer Zahl von etwa 25 000 Kindern im schulfähigen Alter. Wenn also die jüdischen deutschen Schulen Galiziens im Winterkurs 1791/92 von 9 350 Kindern besucht wurden, so entsprach dies einer Schulbesuchsrate von 37,4 Prozent. Deutlich über ein Drittel der jüdischen Kinder kam somit zu dieser Zeit der Unterrichtspflicht in den jüdischen deutschen Schulen nach; hinzuzuzählen wären diejenigen Kinder, die der Vorschrift gemäß eine christliche Schule besuchten, wenn sich keine jüdische Schule in ihrer Nähe befand. Gemessen am Zustand des christlichen Schulwesens in Galizien war dies offensichtlich ein Erfolg, denn auch das Gubernium stellte in seiner den Bericht Hombergs begleitenden Stellungnahme vom 7. Mai 1792 fest, »daß die Bestellung von 100 jüdischen deutschen Schulen, und der Unterricht von 6 894 Knaben und 2 456 Mädchen zur hohen Zufriedenheit gereichen dürfte«.[15] Das Zahlenverhältnis von die Schule besuchenden Jungen und Mädchen, das in diesem Fall bei 2,8 : 1 lag, spiegelt dabei durchaus die Situation im allgemeinen Normalschulsektor in der Monarchie wider. Die Eltern schickten ihre Töchter seltener in die Schule als ihre Söhne: In den ländlichen Gegenden lag das Verhältnis von Knaben zu Mädchen in den Klassen im Durchschnitt bei 3 : 1, in den städtischen Zentren bei 3 : 2.[16]

Während zu Beginn der 1790er Jahre die Schulbesuchsraten in anderen Teilen der Monarchie bereits recht hoch lagen,[17] war es um den Schulbesuch in Galizien im Allgemeinen schlecht bestellt. Konkrete Zahlen, die Auskunft über

---

12 Vgl. Tóth, Children in School – Children outside of School, 243.
13 Vgl. Pietsch, Die Theresianische Schulreform in der Steiermark, 47 und 49.
14 Bericht des galizischen Landesguberniums den jüdischen Schulbesuch allhier in Lemberg und die Strafgelder betreffend vom 29. Mai 1795, AVA, StHK, Kt. 861, 23 D Galizien.
15 Stellungnahme des Guberniums vom 7. Mai 1792 zum Bericht Hombergs über den Winterkurs 1791/92. AVA, StHK, Kt. 861, 23 A Galizien.
16 Vgl. Engelbrecht, Geschichte des österreichischen Bildungswesens, Bd. 3, 338, Anm. 136; Melton, Absolutism and the eighteenth-century origins of compulsory schooling in Prussia and Austria, 222.
17 Am höchsten entwickelt war der Zuspruch zum Normalschulunterricht in Böhmen. Hier besuchten um 1790 bereits über 190 000 Kinder die deutschen Schulen, dies entsprach etwa zwei Dritteln der schulfähigen Mädchen und Jungen. Für Niederösterreich mag ein ähnliches Verhältnis gegolten haben. In den anderen Teilen der Monarchie dürfte »der Prozentsatz der schulgehenden Kinder […] aber überall unter 50 geblieben sein«. Vgl. Wangermann, Aufklärung und staatsbürgerliche Erziehung, 59. In der Steiermark z. B. erreichten die Schulbesuchsraten erst 1811 die Vierzigprozentmarke, vgl. Neugebauer, Staatswirksamkeit in Österreich und Preußen im 18. Jahrhundert, 111.

die Situation im christlichen Normalschulsektor Galiziens zu jener Zeit geben könnten, sind jedoch nur sehr spärlich überliefert. Bei der überwiegend polnischsprachigen Bevölkerung der Hauptstadt Lemberg scheint der Zuspruch zu den Schulen auch dank der unablässigen Bemühungen des christlichen Schuloberaufsehers Johann Franz Hofmann im Allgemeinen recht hoch gewesen zu sein.[18] Außerhalb der größeren Städte lagen die Schulbesuchsraten dagegen weit niedriger. Im Jahr 1788 beklagte sich Hofmann in mehreren Visitationsberichten über die Situation der Schulen in der Provinz. So besuchten in Jaworów von hundert schulfähigen Kindern nur zwanzig die dortige Stadtschule, und dies zudem nur »sehr unfleißig«.[19] Ebenso verhielt es sich in Rozdół.[20] In der bei dem Frauenkloster zu Staniątki angelegten Schule nahmen von 63 eingeschriebenen Kindern nur zehn am Unterricht teil, während, wie Hofmann klagte, diese Schule doch gerade zum Nutzen der Dorfkinder angelegt worden sei.[21] Aus Putilow in der Bukowina wandte sich im selben Jahr der Lehrer Basili Andruchowicz an die Schulaufsicht und bat um seine Versetzung nach Czernowitz, da er – weil sich die Eltern weigerten, ihre Kinder in die Schule zu schicken – seit über einem Jahr keine Schüler mehr habe.[22]

Generell muss man jedoch zwischen der Schulfrequenz der einer einzelnen Schule zugeordneten schulfähigen Kinder und der für ein größeres Territorium angenommenen Schulbesuchsrate unterscheiden. Während im spezifischen Fall das Verhältnis zwischen der Zahl der konkret »zur Schule bestimmten« Kinder[23] und der Anzahl der am Unterricht tatsächlich teilnehmenden Schüler entscheidend war, wurde bei der Bestimmung des Schulbesuchsverhaltens in einer Provinz die Zahl der Schüler und Schülerinnen ins Verhältnis zur bekannten oder vermuteten Gesamtzahl der dort lebenden schulfähigen Kinder gesetzt. Es handelte sich um ein hypothetisches Konstrukt; hinter ihm stand die Hoffnung, dass in der Zukunft ausreichend Schulen und Lehrer zur Verfügung stehen würden, um jedem Kind in jedem Dorf und in jeder Stadt die Teilnahme am Unterricht zu ermöglichen. Dies war

---

18 Vgl. zur Situation des Lemberger Normalschulwesens Röskau-Rydel, Kultur an der Peripherie des Habsburger Reiches, 77–96.
19 Bericht des galizischen Schuloberaufsehers Johann Hofmann vom 3. September 1788, TsDIAL 146/85/1900 (CAHJP HM 2/8935.10).
20 Bericht des galizischen Schuloberaufsehers Johann Hofmann vom 3. November 1788, TsDIAL, ebd.
21 Bericht des galizischen Schuloberaufsehers Johann Hofmann vom 27. September 1788, TsDIAL, ebd.
22 Gesuch Andruchowiczs vom 14. Mai 1788, TsDIAL, ebd.
23 Wie zahlreiche Gesuche um Schulbefreiung aus dem Jahr 1793 zeigen, wurden in Galizien auch jüdische Kinder und Jugendliche, die das Schulfähigkeitsalter von zwölf Jahren bereits überschritten hatten, bisweilen zur Teilnahme am Unterricht gezwungen und ihre Eltern im Weigerungsfall mit Geldstrafen belegt. Der Ausdruck »zur Schule bestimmt« bezieht sich also nicht zwangsläufig nur auf die Gruppe der Sechs- bis Zwölfjährigen, ein Umstand, der die Feststellung der Schulbesuchsraten zusätzlich erschwert.

jedoch gegen Ende des 18. Jahrhunderts nirgendwo in der Monarchie der Fall, nicht einmal im in dieser Hinsicht weit fortgeschrittenen Königreich Böhmen. Nicht jede Pfarrgemeinde verfügte über eine eigene, nach Normallehrart eingerichtete Trivialschule. So verweisen die niedrigen »territorialen« Schulbesuchsraten oft viel eher auf eine mangelhafte Infrastruktur und eine beschränkte Absorptionskapazität der Schuleinrichtungen als auf ein den Eltern anzulastendes Schulausbleiben. In Galizien stellte sich die Lage gerade hinsichtlich der Schulbaulichkeiten und der Zahl der verfügbaren Lehrer dramatisch dar. Benachteiligt von dieser desolaten Situation des Schulwesens war vor allem die ländliche Bevölkerung, und unter dieser insbesondere die Ruthenen. Da es kaum ausgebildete Lehrer gab, die der ruthenischen Sprache mächtig waren, wirkte sich hier die Sprachbarriere – in den vorhandenen Schulen wurde zunächst nur auf Polnisch und Deutsch unterrichtet – besonders negativ auf die Schulbesuchsraten der ruthenischen Kinder aus: Noch im Jahr 1812 besuchten in der Erzdiözese Lemberg nur zehn Prozent der Kinder griechisch-katholischer Konfession im schulfähigen Alter die Schulen.[24] Wie es um den Zustand des galizischen Normalschulwesens insgesamt bestellt war, zeigt, dass noch in den dreißiger Jahren des 19. Jahrhunderts nur elf bis 13 Prozent der schulfähigen Kinder eine Schule besuchten, sodass man – auch wenn zuverlässige Zahlen fehlen – getrost davon ausgehen darf, dass die Lage zu Beginn der 1790er Jahre nicht besser war.[25] Vor diesem Hintergrund ist eine Schulbesuchsrate von über einem Drittel der jüdischen Kinder als herausragend zu werten.

Zieht man einen anderen zur Evaluierung der Schulwirklichkeit häufig verwendeten Parameter heran, so fällt das Urteil noch stärker zugunsten der jüdischen deutschen Schulen aus. Die Rede ist von der *Schuldichte*, dem Verhältnis der Anzahl der Schulen zur Bevölkerungszahl eines Territoriums. Als Idealfall wird in der Literatur häufig Böhmen angeführt, das bereits zu Beginn der 1780er Jahre über das dichteste Schulnetz der Monarchie verfügte. Hier kam auf etwa 1 000 Einwohner eine Schule nach der »verbesserten Lehrart«.[26] Im Jahr 1776 betrug das Verhältnis in Oberösterreich 1 507 : 1, in einer weniger entwickelten, stark ländlich geprägten Region wie der Steiermark 3 090 : 1.[27] Der Schematismus für die Königreiche Galizien und Lodomerien weist für das Jahr 1791 insgesamt 233 christliche Haupt- und Trivialschulen aus.[28] Bei einer christlichen Bevölkerung von etwa 3,3 Millionen

---

24 Vgl. Röskau-Rydel, Kultur an der Peripherie des Habsburger Reiches, 70.
25 Vgl. ebd., 73. Laut Röskau-Rydel gibt es »keine Quellen darüber, wie viele schulfähige Kinder es in dem untersuchten Zeitraum [1772–1848] in Lemberg gegeben hat« (ebd.).
26 Vgl. Melton, Absolutism and the eighteenth-century origins of compulsory schooling in Prussia and Austria, 221.
27 Vgl. Pietsch, Die Theresianische Schulreform in der Steiermark, 50.
28 Vgl. Schematismus für die Königreiche Galizien und Lodomerien. 1791, 139–158.

Menschen ergibt sich daraus ein Verhältnis von 14 160 : 1.[29] Die Ursache für die äußerst geringe Schuldichte lag in der chronischen Schwäche des Normalschulfonds für Galizien, deretwegen das Gubernium schon 1786 auf die weitere Errichtung von Trivialschulen auf dem Land verzichtet hatte und sich allein auf die Schuleinrichtung in den Städten, Märkten und Kolonistendörfern konzentrierte.[30] So war man sehr weit entfernt von den ursprünglich geplanten 2 500 Haupt- und Trivialschulen, welche, wären sie je errichtet worden, die Dichte des Schulnetzes derjenigen von Böhmen angenähert hätten. Dagegen stellt sich das Verhältnis der Zahl der jüdischen Bewohner Galiziens zur Anzahl der bestehenden jüdischen deutschen Schulen als sehr viel vorteilhafter dar. Bei zwei Hauptschulen, einer Mädchenschule und neunzig Trivialschulen betrug es 1791 etwa 1 900 : 1. Mit 109 (von ursprünglich geplanten 149) Schulen erreichte die Dichte des jüdischen deutschen Schulnetzes Anfang 1797 ihren Höhepunkt; das Verhältnis betrug nunmehr sogar 1 777 : 1, eine Zahl, die den Vergleich mit dem christlichen Schulwesen in anderen Teilen der Monarchie nicht zu scheuen brauchte.[31]

Schulraumkapazität und Schulbesuch in Lemberg um 1796/97

Wie bemerkt, bezogen sich die meisten der überlieferten Klagen über den nachlässigen Besuch der Schulen auf Lemberg. Während Homberg im November 1791 feststellen konnte, dass es in den jüdischen deutschen Schulen in der Provinz »fast durchgängig nach Wunsch, hie gut, dort besser« gehe und sich das Gubernium darüber erfreut zeigte, dass »die Schulen in allen Orten, wo sie bestehen, fleissig besucht werden«,[32] klagte der Oberaufseher in seinem Bericht über den zurückliegenden Sommerkurs über dramatisch abgenommene Schülerzahlen in den jüdischen deutschen Schulen der Hauptstadt. Noch zum Datum der Berichtstellung – 14 Tage nach Beginn des Winterkurses – waren in Lemberg nach Hombergs Aussage »noch die Schulen ganz leer«. Besonders auffällig sei die geringe Bereitschaft jüdischer Eltern, ihre Töchter – für die seit über einem Jahr die Unterrichtspflicht galt – gemeinsam mit den Knaben in die Trivialschulen zu schicken, habe »doch manchen Tag selbst die eigentliche Mädchenschule in der Stadt keine Schülerinnen.«[33] Das von Homberg im November 1791 beklagte Fehlen von Kindern in den jüdischen deutschen Schulen der Stadt hielt noch über den gesamten Winterkurs an.[34]

---

29 Zur Berechnung des Verhältnisses wurden die bei Mark, *Galizien unter österreichischer Herrschaft* (S. 51–68), angegebenen Bevölkerungszahlen zu Grunde gelegt.
30 Hofdekret vom 20. Juni 1786, AVA, HKP Galizien 1786, 494–496 (Junius, Nr. 102).
31 Vgl. Schematismus für das Königreich Ostgalizien 1797, 188–194.
32 Abschrift einer unterm 17tn Xber 791 an das Kreisamt zu Lemberg und Zloczow ergangenen Gubernialverordnung, AVA, StHK, Kt. 861, 23 A Galizien.
33 Bericht Hombergs an das galizische Landesgubernium vom 13. November 1791, AVA, ebd.
34 So hieß es in dem Anschreiben zu dem entsprechenden Bericht, dass »von den für die hiesigen

Auch im März 1793 musste der inzwischen eingerichtete Galizische Studienkonsess dem Gubernium berichten, dass »der Fortgang in den [jüdischen deutschen] Schulen« Lembergs »sich noch immer in der Mittelmäßigkeit« bewege.[35] Zur Untersuchung des schlechten Schulbesuchs wurde im Spätherbst 1793 eine Kommission unter Leitung des Kreiskommissars von Plessing beim Lemberger Kreisamt eingerichtet. Deren zum Teil deprimierende Ergebnisse wurden erst anderthalb Jahre später, im Mai 1795, der Hofkanzlei mitgeteilt, welche ihrerseits Anweisungen zur Verbesserung des Schulbesuchs nach Lemberg übermittelte.[36] Da sich an den »mittelmäßigen« Befunden zur Lemberger jüdischen Normalschulwirklichkeit auch in den Folgejahren nur wenig änderte, trafen bei der Landesstelle immer wieder Hofdekrete ein, die diesem Umstand durch geeignete Maßnahmen entgegenzusteuern befahlen und eine »bis zur Wirksamkeit wachsende Strenge« bei der Bestrafung der Verursacher des Schulausbleibens forderten.[37] Im August 1798 rügte die Hofkanzlei ausdrücklich die Tatsache, dass die jüdischen Normalschulen gerade »in Lemberg unter den Augen des Guberniums [...] am nachlässigsten besuchet werden, und an der Dornbachischen Mädchenschule im letzten Winterkurse, weil sie ganz ohne Schülerinnen war, nicht einmahl eine Prüfung habe vorgenommen werden können«.[38]

Diese gewiss zutreffenden Schilderungen einer desolaten Lage gestatten nur einen sehr begrenzten Einblick in die jüdische deutsche Schulwirklichkeit der Landeshauptstadt. Aufgrund der spärlichen Quellenlage wird es nicht gelingen, über diese blitzlichtartigen Momentaufnahmen der Situation hinaus zu einer umfassenderen Beurteilung von Gesamtsituation oder gar Entwicklungstendenzen des jüdischen deutschen Schulwesens in Lemberg während der 1790er Jahre zu gelangen. Doch soll zumindest eine quantitative Einschätzung des Schulbesuchsverhaltens jüdischer Kinder in der Hauptstadt versucht werden, um auf dieser Grundlage zu hinterfragen, was von den Behörden als »schlechter« bzw. »mittelmäßiger« Schulbesuch angesehen wurde. Die zentralen Fragen dabei lauten: Wie viele schulfähige jüdische Kinder gab es Mitte der 1790er Jahre in Lemberg? Welchen Schulen waren sie zugeteilt? Wie viele der Kinder besuchten den Unterricht? Und boten die bestehenden

[Lemberger] Schulen angegebenen Schülern und Schülerinnen nur ein sehr geringer Theil die Schule wirklich besuchte«. Der jüdischen Schuloberaufsicht Bemerkungen über den Zustand der jüdischen deutschen Schulen in Galizien vom Winterkurse 792 vom 2. Mai 1792, AVA, ebd.
35 Bericht des Studienkonsesses vom 25. März 1793, AVA, StHK, Kt. 861, 23 D Galizien.
36 Bericht des galizischen Landesguberniums den jüdischen Schulbesuch allhier in Lemberg und die Strafgelder betreffend vom 29. Mai 1795 und Hofdekret vom 10. Juli 1795, AVA, ebd. Der Untersuchungskommission gehörten neben dem Kreiskommissar der Lemberger Gemeindevorsteher Rapoport und der Stellvertreter Hombergs, Aaron Friedenthal, an.
37 So z. B. Hofdekrete vom 29. Juli 1796, HKP Galizien 1796, 415 (Julius, Nr. 141), 24. Juli 1797, HKP Galizien 1797, 264 (Julius, Nr. 56), 1. September 1797, AVA, ebd., 345 (September, Nr. 2), 2. Juli 1798, HKP Galizien 1798, 451 (Julius, Nr. 1) und 16. August 1798, AVA, ebd., 548 (Augustus, Nr. 54); Zitat aus dem Hofdekret vom 29. Juli 1796, ebd.
38 Hofdekret vom 16. August 1798, AVA, StHK, Kt. 861, 23 D Galizien.

Schulen überhaupt ausreichend Platz, um alle Kinder aufzunehmen? Gerade die letzte Frage ist von Bedeutung, war doch der Mangel an geeignetem Schulraum eines der Hauptprobleme, vor die sich die Behörden gestellt sahen, ein Problem, das die Wahrnehmung des Schulbesuchsverhaltens beträchtlich verzerrte.[39] In Ermangelung von durchgängigen Schulverzeichnissen und Listen schulfähiger Kinder kann zur Bestimmung der Schulfrequenz auch hier nur eine Schätzung angestellt werden, die sich auf zwei Hauptquellen stützt: Das *Provisorium* betitelte Protokoll der Untersuchungskommission unter dem Lemberger Kreiskommissar von Plessing vom 27. Dezember 1793[40] sowie die Verzeichnisse ausgebliebener Schüler und Schülerinnen von sechs der sieben Lemberger jüdischen deutschen Schulen, die für die erste Hälfte des Winterkurses 1796/97 überliefert sind.[41]

Die Untersuchungskommission gelangte in ihrem Protokoll vom 27. Dezember 1793 zu dem erstaunlichen Ergebnis, dass die in der Hauptstadt vorhandenen Schulräumlichkeiten allenfalls für die Hälfte der schulfähigen jüdischen Kinder der Stadt ausreichen. So seien für die 1. Klasse der jüdischen Hauptschule 304 Kinder bestimmt, das Schulzimmer könne jedoch »höchstens 153 Kinder fassen«. Die Trivialschule in der Haliczer Vorstadt bot dem Protokoll zufolge Raum für 200 Schüler, während in ihrem Einzugsbereich 414 Kinder schulpflichtig waren. Von den 703 erhobenen Schülern der Krakauer Vorstadt hätten die dortigen beiden Schulen für 347 Kinder keinen Platz. Die Hälfte der als schulpflichtig eingestuften Kinder konnte somit gar nicht am Unterricht teilnehmen, da sie keinen Platz in den Schulzimmern fanden. Im Umkehrschluss heißt dies, dass angesichts der vorhandenen Kapazitäten eine Schulbesuchsrate von fünfzig Prozent bereits das Maximum dessen darstellte, was hinsichtlich der genannten Schulen zu dieser Zeit erreich- bzw. durchsetzbar war. Aus dem zitierten Dokument ist das Erstaunen über den Befund herauszulesen, und vor diesem Hintergrund muten die immer wieder angeführten Klagen über den nachlässigen Schulbesuch und die Forderung nach strenger Bestrafung der Eltern, die ihre Kinder von den Schulen fernhielten, seltsam wirklichkeitsfremd an. Zur Regulierung der Diskrepanz zwischen der

---

39 Dies war kein genuines Problem des jüdischen deutschen Schulwesens in Galizien sondern kennzeichnete die Lage des Normalschulwesens in der gesamten Monarchie gegen Ende des 18. Jahrhunderts. Vgl. Engelbrecht, Geschichte des österreichischen Bildungswesens, Bd. 3, 115; Hengl, Das Schul- und Studienwesen Österreichs im aufgeklärten Absolutismus, 95 f., 101. Für Galizien ist der Bericht des Gubernialrats von Thoren über seine Schulbereisungen im Herbst 1788 symptomatisch: Bemerkungen im allgemeinen über das Schulwesen, o. D. (ca. Ende 1788/Anfang 1789), StHK, AVA, Kt. 79, 17 Galizien in genere.
40 Provisorium – Bericht der Untersuchungskommission in jüdischen deutschen Schulsachen vom 27. Dezember 1793, TsDIAL, 701/4/6 (CAHJP, HM 2/8852.9). Das Protokoll listete die ad hoc getroffenen Maßnahmen zur Verbesserung des Schulbesuchs auf, für die erst noch die Genehmigung aus Wien eingeholt werden musste – daher der Titel.
41 Verzeichnisse ausbleibender Schüler der Lemberger jüdischen deutschen Schulen, November 1796–Januar 1797, TsDIAL, 701/4/10 (CAHJP, HM 2/8193.6); TsDIAL, 701/4/11 (CAHJP, HM 2/8852.10).

Zahl der potenziellen Schüler und der begrenzten Absorptionskapazität der Schuleinrichtungen schlug das Gubernium nun einerseits vor, weitere fünf jüdische Knaben- und zwei Mädchenschulen in Lemberg zu errichten. Andererseits sollte die »ärmste Klasse ganz vom Schulbesuche befreyt« und dadurch die Zahl der schulpflichtigen Kinder verringert werden.[42] Während die Hofkanzlei dem Plan der Errichtung weiterer Schulen zustimmte – von denen jedoch letztlich nur die beiden Mädchenschulen in der Haliczer und in der Krakauer Vorstadt realisiert wurden – lehnte sie den Antrag auf eine generelle Befreiung der Kinder mittelloser Eltern vom Schulbesuch ab.[43]

Neben der Feststellung der mangelnden Absorptionskapazität der jüdischen deutschen Schulen in der Stadt liefert das Untersuchungsprotokoll vom 27. Dezember 1793 einen weiteren wichtigen Hinweis zur Evaluierung der Schulwirklichkeit, indem es die Zahlen der für die jeweiligen Schulen vorgesehenen Schüler nennt. Insgesamt waren für die 1. Klasse der Hauptschule, für die Trivialschule in der Haliczer Vorstadt und für die beiden Trivialschulen in der Krakauer Vorstadt 1 421 Kinder bestimmt. Der Bericht des Guberniums vom 29. Mai 1795 nannte unter Bezug auf die Ergebnisse der Untersuchungskommission eine Anzahl von 1 597 Kindern, für die der Raum in den »bestehenden 7. Schulen« nicht ausreichend sei.[44] Derselbe Bericht deutet auch darauf hin, dass die Zahl der zu den einzelnen Schulen bestimmten Kinder nach unten korrigiert und den tatsächlichen Aufnahmekapazitäten der Schuleinrichtungen angepasst wurde. Damit einher ging auch eine Kritik an der fortgesetzten Strafandrohung selbst der »überzähligen« Kinder. Tatsächlich liefen mehrere der vorgeschlagenen Bestimmungen des *Provisoriums* vom Dezember 1793 auf eine erneute Feststellung der schulfähigen Kinder bzw. deren konkrete Zuordnung zu den einzelnen Schulen hinaus. Die Kommission ordnete unter anderem an, dass »jede der 6 Knaben- und der einen Mädchenschule mit einer proportionierten Anzahl der ältesten Kinder auf der Stell zum Schulbesuch bestimmt werde.«[45] Von Plessing habe »mit Beiziehung der Lehrer provisorio modo [bestimmt], welche Kinder zu jeder Schule gehörten, und welche hievon Armuths oder Entfernung wegen befreyt seyn sollen«, hieß es hierzu im Gubernialbericht

---

42 Bericht des galizischen Landesguberniums den jüdischen Schulbesuch allhier in Lemberg und die Strafgelder betreffend vom 29. Mai 1795, AVA, StHK, Kt. 861, 23 D Galizien.
43 Hofdekret vom 10. Juli 1795, AVA, ebd.
44 Es handelte sich um die von der Untersuchungskommission erhobene Zahl der zum Unterricht in den Schulen ursprünglich bestimmten Kinder, noch vor der anschließend vorgenommenen Regulierung durch die Kommission (siehe im Folgenden). Bericht des galizischen Landesguberniums den jüdischen Schulbesuch allhier in Lemberg und die Strafgelder betreffend vom 29. Mai 1795, AVA, ebd. Mit »Schulen« sind hier auch einzelne Schulklassen gemeint, sofern sie in gesonderten Räumen untergebracht waren. Die »sieben Schulen« Lembergs umfassten zu dieser Zeit also die 1., 2. und 3. Klasse der Hauptschule, die Mädchenschule sowie die drei Trivialschulen in der Haliczer bzw. Krakauer Vorstadt von Lemberg.
45 Provisorium – Bericht der Untersuchungskommission in jüdischen deutschen Schulsachen vom 27. Dezember 1793, TsDIAL, 701/4/6 (CAHJP, HM 2/8852.9).

vom 29. Mai 1795. Der Kreiskommissar habe »die Verzeichniße der zur Schul bestimmten [Kinder] mit hebräischen Buchstaben drucken und in jeder Schule aufhängen« lassen. Nach dieser Neubestimmung der schulpflichtigen Kinder blieb dennoch eine Zahl von 403 Jungen und Mädchen übrig, die »in den darmaligen 7. Schulen [...] keine Unterkunft fänden« und für die das Gubernium die Errichtung zusätzlicher Schulen vorschlug.[46] Die Zahl der prinzipiell schulpflichtigen Kinder in Lemberg lag ab Mitte der 1790er Jahre also mit Sicherheit unterhalb der ursprünglich »erhobenen« 1 597 Kinder, doch noch immer weit oberhalb der Aufnahmekapazität der vorhandenen Schulräumlichkeiten.

Geht man von dem Fassungsvermögen der im *Provisorium* genannten Schulen aus und fügt die vermutliche Kapazität der Mädchenschule sowie der übrigen Klassen der jüdischen Knabenhauptschule hinzu, so gelangt man zu etwa 1 100 Plätzen, die die Schulzimmer insgesamt geboten haben mögen.[47] Von den rund 400 Kindern, die noch 1795 keinen Platz in den Schulräumen fanden, konnten später noch je etwa hundert Schülerinnen von den beiden Mädchenschulen aufgenommen werden, die im Jahr 1796 in der Haliczer und in der Krakauer Vorstadt errichtet worden waren. Während sich somit schließlich für etwa 1 300 Kinder Platz in den Schulen bot, konnten rund 200 Kinder nicht am deutschen Unterricht teilnehmen, galten jedoch wahrscheinlich trotz allem weiterhin als schulpflichtig.

---

46 Bericht des galizischen Landesguberniums den jüdischen Schulbesuch allhier in Lemberg und die Strafgelder betreffend vom 29. Mai 1795, AVA, StHK, Kt. 861, 23 D Galizien.
47 Laut *Provisorium* fanden in der 1. Klasse der jüdischen Hauptschule 153 Schüler Platz, während die Haliczer Vorstadtschule für 200 Kinder Raum bot. Die beiden Trivialschulen in der Krakauer Vorstadt konnten von insgesamt 356 Kindern besucht werden. Zu diesen 709 potenziellen Schülerinnen und Schülern müssen noch die Schülerinnen der Mädchenschule in der Stadt, die 2. und 3. Klasse der Hauptschule sowie deren »Elementarklasse« hinzugerechnet werden. Die Mädchenschule verfügte ab Dezember 1796 über einen »zweiten Lehrer«, somit müssen zu ihr spätestens ab diesem Zeitpunkt 150 Mädchen bestimmt gewesen sein. Bis dahin dürfte die Zahl der potenziellen Schülerinnen um die hundert gelegen haben. Da die Schule im *Provisorium* nicht erwähnt wird, ist davon auszugehen, dass der vorhandene Raum für die Mädchen mehr oder weniger ausreiche. Gleiches gilt für die ebenfalls nicht genannten Klassen der jüdischen Hauptschule. Orientiert man sich an den für Lemberg und Brody aus den Jahren 1789 bzw. 1790 überlieferten Schülerzahlen, so können für die 2. und 3. Klasse der Hauptschule maximal achtzig bzw. dreißig Schüler angesetzt werden. Die im *Provisorium* gleichfalls nicht erwähnte »Elementarklasse« kann nicht mehr als 153 Schüler gefasst haben, da deren Unterricht *vormittags* in denselben Räumlichkeiten stattfand, in denen *nachmittags* die Schüler der 1. Klasse unterrichtet wurden. Bei der »Elementarklasse« handelte es sich um die »untere« Abteilung der 1. Klasse, in der am Vormittag die sogenannten »Buchstabierer« in den Anfangsgründen des Lesens unterrichtet wurden, während die »obere« Abteilung der 1. Klasse, die »Leser und Schreiber«, den für sie bestimmten Unterricht am Nachmittag erhielten. Diese 1785 für die Trivialschulen der Monarchie eingeführte Unterteilung der Schülerschaft in zwei Gruppen galt, wie aus einer Bemerkung Hombergs von 1790 hervorgeht, auch für die jüdischen deutschen Schulen Galiziens, einschließlich der ersten Klassen der Lemberger und der Brodyer Hauptschule (Stellungnahme Hombergs zur Petition der Bevollmächtigten vom 10. Dezember 1790, AVA, StHK, Kt. 106, 23 Galizien).

Für die erste Hälfte des Winterkurses 1796/97, genauer für den Zeitraum von der zweiten Novemberwoche 1796 bis Mitte Januar 1797, sind die Verzeichnisse der ausgebliebenen Schüler und Schülerinnen von sechs der sieben Lemberger Schulen überliefert.[48] Die ebenso wie die Mädchenschule in der Haliczer Vorstadt seit Herbst 1796 bestehende Mädchenschule in der Krakauer Vorstadt, die von der Schwägerin Herz Hombergs, Charlotte Homberg, geleitet wurde, hatte keine Verzeichnisse eingereicht. Unter Auslassung der etwa hundert potenziellen Schülerinnen dieser Schule soll daher bei der folgenden Einschätzung der Schulbesuchsrate in Lemberg von etwa 1 200 schulpflichtigen Kindern ausgegangen werden. Die Listen sind leider für jene sechs Schulen nicht durchgängig vorhanden, nur für die vier Dezemberwochen des Jahres 1796 und die ersten beiden Januarwochen des Jahres 1797 liegen die Tabellen aller Schulen vor. Die Strafverzeichnisse liefern – sozusagen *ex negativo* – eine Momentaufnahme der Schulwirklichkeit in Lemberg in der zweiten Hälfte der 1790er Jahre. Die ausgebliebenen Schüler sind hier mit Namen und Familiennummern verzeichnet – ein Umstand, der es gestattet, das individuelle Schulbesuchsverhalten der Kinder über mehrere Wochen zu verfolgen. Betrachtet man allein die absoluten Zahlen der Schulausbleiber, so gelangt man zu dem Befund, dass die jeweiligen Schulen bzw. einzelnen Klassen – die Mädchenschule in der Stadt ausgenommen – immer mindestens zur Hälfte, wenn nicht gar zu zwei Dritteln gefüllt gewesen sein müssen (Tab. 3). So fehlten zum Beispiel in der Elementarklasse der Hauptschule im Durchschnitt wöchentlich 52 von vermutlich 153 Schülern. In der 1. Klasse hingegen dürfte mit durchschnittlich 71 Schulausbleibern in der Woche fast die Hälfte der Bänke leer geblieben sein. Die 2. Klasse der Hauptschule war ähnlich schlecht besucht wie die 1. Klasse; weniger als die Hälfte der Kinder erschien hier wöchentlich zum Unterricht. In der 3. Klasse, die selten über dreißig ihr zugewiesene Schüler gezählt haben dürfte, besuchten bei wöchentlich etwa zehn Ausbleibern wiederum gut zwei Drittel den Unterricht.

Die Trivialschulen in den Vorstädten scheinen generell besser besucht worden zu sein als die Hauptschule in der Stadt. So fehlten in der Haliczer Knaben-Vorstadtschule des Lehrers Hirsch Seligmann im Dezember 1796 von 200 Schülern wöchentlich nur etwa 35. Weit über drei Viertel der jüdischen Knaben erschienen hier also zum Unterricht. Ein ähnliches Bild boten die

---

48 Verzeichnisse ausbleibender Schüler der Lemberger jüdischen deutschen Schulen, November 1796–Januar 1797, TsDIAL, 701/4/10 (CAHJP, HM 2/8193.6); TsDIAL, 701/4/11 (HM 2/8852.10). Es handelte sich um die wöchentlichen Verzeichnisse der dem Unterricht ferngebliebenen Schüler, die von den Lehrern erstellt und über die »jüdisch-deutsche Lehrerversammlung« dem Kreisamt übergeben wurden. Dieses leitete sie zum Zweck der Bestrafung der Eltern an den *Kahal* weiter. Bei den verzeichneten neun Wochen handelte es sich um weniger als die Hälfte der Zeit des gesamten Winterkurses, der im Allgemeinen am dritten oder vierten Tag »nach vollendetem Laubhüttenfeste« begann und mit der Abschlussprüfung »in der nächsten Woche vor der Osterfeyer« endete (Verhaltungspunkte für jüdische Schullehrer in Galizien und Lodomerien, AVA, StHK, Kt. 106, 23 Galizien, Paragrafen 18 und 19). Diese Termine fielen in diesem Fall auf den 30. Oktober 1796 und die Woche vom 2. bis 8. April 1797; der Kurs umfasste somit einen Zeitraum von 22 Wochen.

Tab. 3: Anzahl der in der ersten Hälfte des Winterkurses 1796/97 ausgebliebenen Schülerinnen und Schüler der Lemberger jüdischen deutschen Schulen.

	2. November-woche	3. November-woche	4. November-woche	1. Dezember-woche	2. Dezember-woche	3. Dezember-woche	4. Dezember-woche	1. Januar-woche	2. Januar-woche	Schulausbleiber über den gesamten Zeitraum
Hauptschule (insgesamt)	185	180	183	172	180	173	181	173	170	121
Elementarklasse	52	48	52	52	53	52	53	52	52	42
1. Klasse	73	75	74	70	74	68	74	70	64	45
2. Klasse	50	48	48	41	43	44	43	41	44	27
3. Klasse	10	9	9	9	10	9	11	10	10	7
Mädchenschule (insgesamt)	72	73	73	73	74	100*	98*	98*	100*	56/79*
Elementarklasse	58	58	59	58	59	68*	67*	67*	68*	46/57*
1. Klasse	7	7	7	7	7	23*	23*	23*	23*	4/26*
2. Klasse	7	8	7	8	8	9	8	8	9	6

Tab. 3 *(Fortsetzung)*

	2. November-woche	3. November-woche	4. November-woche	1. Dezember-woche	2. Dezember-woche	3. Dezember-woche	4. Dezember-woche	1. Januar-woche	2. Januar-woche	Schulausbleiber über den gesamten Zeitraum
Haliczer KVS	66	43	44	33	33	35	37	–	–	28
Haliczer MVS	–	48	48	42	46	41	42	39	37	27
O. Krakauer VS	74	–**	–**	54	53	55	54	59	60	36
U. Krakauer VS (insgesamt)	–**	–**	–**	46	46	53	53	59	57	41
Elementarklasse	–**	–**	–**	20	20	23	24	26	24	17
1. Klasse	–**	–**	–**	20	20	21	20	22	23	18
2. Klasse	–**	–**	–**	6	6	9	9	11	10	6
insgesamt	[397]	[344]	[348]	420	432	457	465	[428]	[424]	309/332*

* Der sprunghafte Anstieg der ausbleibenden Schülerinnen ist vermutlich mit der Tatsache zu erklären, dass ab der 3. Dezemberwoche ein Mann (Moses Dornbach) als Zweiter Lehrer an der Mädchenschule Dienst tat. Dies könnte viele Eltern veranlasst haben, ihre Töchter nicht mehr zur Schule zu schicken.

** Für diese Wochen reichten die Lehrer der oberen und unteren Krakauer Vorstadtschulen keine Ausbleibelisten ein und baten um Strafbefreiung der betroffenen Kinder aufgrund der schlechten Witterungsbedingungen zu dieser Zeit.

beiden Schulen in der Krakauer Vorstadt: In den Trivialschulen der Lehrer Benjamin Grünbaum (obere Krakauer Vorstadt) bzw. Simon Homberg (untere Krakauer Vorstadt), die laut Untersuchungsprotokoll vom Dezember 1793 insgesamt 356 Kindern Platz boten, fehlten im Dezember und in der ersten Januarhälfte durchschnittlich 108 Schüler pro Woche; die Schulen waren also zu über zwei Dritteln gefüllt.[49] Allerdings waren die Schulen in den Vorstädten weit abhängiger von der Witterung als die Schulen im Zentrum; vor allem im Spätherbst und Winter wirkten sich die schlammigen Wege negativ auf das Schulbesuchsverhalten aus. Im November 1796 blieben in der Haliczer Vorstadt bis zu fünfzig Prozent mehr Kinder dem Unterricht fern als in der übrigen Zeit. Die Lehrer der unteren Krakauer Vorstadtschule reichten in den Novemberwochen gar keine Verzeichnisse ein, da offensichtlich die größte Zahl der schulfähigen Kinder »wegen des tiefen morastigen Wetters« nicht in den Schulen erschienen war.[50]

Hinsichtlich des Schulbesuchsverhaltens der jüdischen Mädchen im Winterkurs 1796/97 ergibt sich ein ähnliches Bild wie bei den Knabenschulen. Während die Mädchenschule in der Haliczer Vorstadt durchschnittlich von einem guten Drittel der Schülerinnen gemieden wurde, hat es den Anschein, dass die Schule der Lehrerin Bella Turnau in der Stadt bei bis zu zwei Dritteln der zum Schulbesuch verpflichteten Mädchen bzw. ihren Familien keinen Zuspruch fand. Durchschnittlich 73 Mädchen fehlten hier im November und in den ersten beiden Dezemberwochen. Die abrupte Zunahme der Ausbleiberinnen ab der dritten Dezemberwoche auf etwa hundert hängt mit der Einstellung von Moses Dornbach als Zweitem Lehrer an der Schule zusammen. Offenbar war mit seiner Einstellung eine Neubestimmung der schulpflichtigen Mädchen im Einzugsbereich der Schule einhergegangen – ihre Zahl musste über 150 liegen, um die Zuordnung eines Zweiten Lehrers zu rechtfertigen. Die Bestimmung einer größeren Zahl von Schülerinnen führte naturgemäß auch zu einer höheren Zahl von Ausbleiberinnen.[51]

Es ist wichtig, sich durch die Summen der wöchentlich dem Unterricht fernbleibenden Schüler und Schülerinnen nicht in die Irre führen zu lassen. Die absoluten Zahlen der ausgebliebenen Kinder sind insofern von Interesse, als sich an ihnen ablesen lässt, wie voll bzw. wie leer die jeweiligen Schul-

---

49 Zweieinhalb Jahre später, im Sommerkurs 1799, wurde die obere Krakauer Vorstadtschule Benjamin Grünbaums immer noch von rund zwei Dritteln der Schüler frequentiert (97 Kinder), während die Haliczer Vorstadtschule des Lehrers Moses Dornbach nunmehr nur noch von 62 Kindern, also weit weniger als der Hälfte der potenziellen Schüler, besucht wurde. Bericht des ostgalizischen Landesguberniums vom 17. April 1801, AVA, StHK, Kt. 861, 23 C Galizien.
50 Anschreiben der jüdisch-deutschen Lehrerversammlung an das Lemberger Kreisamt vom 21. November 1796 zu den Verzeichnissen ausgebliebener Kinder der Vorwoche, TsDIAL, 701/4/11 (CAHJP, HM 2/8852.10).
51 Als eine andere mögliche Ursache für den Anstieg der Ausbleiberinnen könnten traditionelle Keuschheitsvorstellungen angeführt werden. Der Dienstantritt eines männlichen Lehrers könnte viele Eltern dazu veranlasst haben, ihre Töchter, insbesondere die älteren Mädchen ab elf Jahren, aus der Schule abzuziehen.

klassen in der ersten Hälfte des Winterkurses 1796/97 gewesen sein müssen. Indem die Strafverzeichnisse die Namen und Familiennummern der ausgebliebenen Schüler und Schülerinnen aufführen, offenbaren sie jedoch mehr als die durchschnittliche Schulfrequenz während des Winterkurses 1796/97. Sie gestatten Rückschlüsse hinsichtlich des individuellen Schulbesuchsverhaltens der Kinder und damit in gewissem Maß auch der Wirksamkeit des Unterrichts. Es handelte sich nicht notwendigerweise jede Woche um dieselben Kinder, die dem Unterricht fernblieben. Zwar fehlte eine große Zahl von ihnen über die gesamte Dauer jener sechs bis neun Wochen. Andere Schüler und Schülerinnen jedoch konnten einige Wochen fehlen, um später wieder zum Unterricht zu erscheinen, während dann wiederum andere Kinder ausblieben. Die Gesamtzahl der Kinder, die über die verzeichnete Dauer nicht oder nur unregelmäßig am Unterricht teilnahmen, konnte also um einiges größer sein, als es die wöchentlichen Fehlzahlen anzeigen. Andererseits war die Zahl der notorischen Schulausbleiber, die ununterbrochen über den gesamten Zeitraum fehlten, geringer als die durchschnittliche wöchentliche Fehlquote.

Ein typisches Bild zeigen die Ausbleibedaten der Schüler der 1. Klasse der Lemberger Hauptschule (Tab. 4). Insgesamt erscheinen in den Strafverzeichnissen der neun Wochen von der zweiten Novemberwoche bis Mitte Januar die Namen von 96 verschiedenen Schülern: Diese besuchten in jenem Zeitraum unregelmäßig oder gar nicht die Schule. Von diesen 96 Kindern blieb jedoch weniger als die Hälfte, nämlich 45 Schüler, über den gesamten erfassten Zeitraum von neun Wochen aus, und man darf vermuten, dass diese Kinder

Tab. 4: Ausbleibeverhalten der Schüler der 1. Klasse der jüdischen Hauptschule.

Ausbleibedauer	Kinder
9 Wochen	45
8 Wochen	8
7 Wochen	12
6 Wochen	2
5 Wochen	4
4 Wochen	5
3 Wochen	3
2 Wochen	9
1 Woche	8
insgesamt	**96**

auch in der zweiten Hälfte des Winterkurses, von Mitte Januar bis Ende März, nicht mehr in der Schule erschienen. Es handelte sich um jene notorischen Ausbleiber, deren Eltern sich auch durch Strafandrohung nicht dazu bewegen ließen, ihre Kinder in die Normalschule zu schicken. Weitere 26 Schüler fehlten über eine Dauer von fünf bis acht Wochen, blieben also mehr als die Hälfte der Zeit dem Unterricht fern. Bei zwölf von ihnen teilte sich darüber hinaus die Gesamtausbleibezeit in zwei oder mehr Intervalle. Die Eltern schickten die Kinder offensichtlich tage- oder wochenweise wieder in die Schule, um einen »Abtrittszettel« – ein Attest des Lehrers über den wieder aufgenommenen Schulbesuch des Jungen oder Mädchens – zu erhalten und der drohenden Bestrafung zu entgehen.[52] Die Lernergebnisse dieser Schüler dürften unbefriedigend bis mangelhaft geblieben sein. Besser dürfte es um die Wirksamkeit des Unterrichts bei denjenigen bestellt gewesen sein, die mehr als die Hälfte der gesamten Zeit in der Schule erschienen. Immerhin 17 der verzeichneten 96 Kinder nahmen sieben oder gar acht Wochen am Unterricht teil, weitere acht besuchten über fünf oder sechs Wochen die Schule. Krankheit oder Wetterunbilden können die Ursachen ihres sporadischen Fernbleibens vom Unterricht gewesen sein. Eindeutig zeigt sich anhand dieser Strafverzeichnisse neben dem wahrscheinlich aus einer chronischen Verweigerungshaltung resultierenden durchgängigen Schulausbleiben (45 Schüler) die mehr oder minder starke Unregelmäßigkeit des Schulbesuchs einer großen Zahl weiterer Kinder (51 Schüler). Bei einer Soll-Stärke von 153 Schülern in der 1. Klasse bedeutete dies, dass, obzwar fast immer die Hälfte aller Plätze im Schulzimmer besetzt war, nur wenig mehr als ein Drittel aller Schüler durchgängig über die gesamte Zeit zum Unterricht erschien. Hinsichtlich der Wirksamkeit des Unterrichts sollte man jedoch die 17 Knaben, die nur eine oder zwei der neun Wochen ausblieben, zu den durchgängig schulbesuchenden Kindern hinzuzählen, sodass sich eine mögliche »Wirksamkeitsquote« von fast fünfzig Prozent ergibt.

Ein ähnlich unregelmäßiges Bild – mit graduellen Unterschieden – bieten auch die übrigen Schulen bzw. Klassen. Insgesamt erfassten die für diese Zeit von sechs der sieben Lemberger Schulen vorgelegten Strafverzeichnisse die Namen von 482 Jungen und 180 Mädchen, die für mindestens eine Woche, oft aber für eine viel längere Zeit, dem Unterricht ferngeblieben waren (Tab. 5 und Diagr. 1). Von diesen insgesamt 662 Kindern können 332 mit gutem Grund als Gesamtausbleiber bezeichnet werden.[53] Von den restlichen 330 Kindern er-

---

52 Ein solcher Befund ist auch bei den anderen Lemberger Schulen festzustellen: Etwa die Hälfte derjenigen Kinder, die zwar nicht über die gesamte Dauer, aber doch mehr als die Hälfte der Zeit dem Unterricht fernblieben, taten dies nicht durchgehend, sondern erschienen zwischendurch wieder wochenweise zum Unterricht.
53 Es handelt sich um die 177 Kinder, die in der Hauptschule und der städtischen Mädchenschule über den gesamten Erfassungszeitraum von neun Wochen fehlten, die 27 Schülerinnen, die in der Halicer Mädchen-Vorstadtschule über die acht verzeichneten Wochen fehlten, die 64 Schüler, die in den Strafverzeichnissen der Halicer Knabenvorstadtschule und der Oberen

Tab. 5: Ausbleibeverhalten der Schüler und Schülerinnen der Lemberger jüdischen deutschen Schulen während des Winterkurses 1796/97 (Erfassungszeitraum sechs bis neun Wochen).

Ausbleibedauer	Kinder (Mädchen)
9 Wochen	177 (56)
8 Wochen	53 (31)*
7 Wochen	99 (13)**
6 Wochen	66 (5)***
5 Wochen	23 (8)
4 Wochen	52 (33)****
3 Wochen	29 (9)
2 Wochen	39 (6)
1 Woche	124 (19)
insgesamt	**662 (180)**

*   Hiervon 27 Gesamtausbleiberinnen der Haliczer Mädchen-Vorstadtschule
**   Hiervon 64 Gesamtausbleiber der Haliczer Knaben-Vorstadtschule und der oberen Krakauer Vorstadtschule
***   Hiervon 41 Gesamtausbleiber der Unteren Krakauer Vorstadtschule
**** Hiervon vermutlich 23 Gesamtausbleiberinnen der Mädchenschule in der Stadt

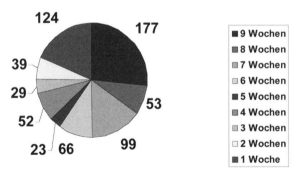

Diagr. 1: Ausbleibedauer der 662 in den Strafverzeichnissen des Winterkurses 1796/97 erfassten Schüler und Schülerinnen der jüdischen deutschen Schulen in Lemberg.

Krakauer Vorstadtschule über sieben Wochen aufgeführt werden, die 41 Kinder, die in der Unteren Krakauer Vorstadtschule über die gesamten sechs verzeichneten Wochen dem Unterricht fernblieben sowie schließlich die 23 Schülerinnen, die nach dem Amtsantritt des zweiten Lehrers Dornbach an der städtischen Mädchenschule ab der dritten Dezemberwoche über die restlichen vier Wochen ausblieben.

schien mit 181 Jungen und Mädchen immer noch mehr als die Hälfte aller unregelmäßig die Schulen besuchenden Schüler über zwei Drittel der verzeichneten Zeit und dürfte – vorausgesetzt, dass sich ihr Schulbesuchsverhalten über die gesamte Dauer des Winterkurses 1796/97 nicht grundsätzlich geändert haben sollte – noch recht gute Lernerfolge erzielt haben. Bei 1 200 schulpflichtigen Kindern, die in diesen sechs Schulen vermutlich Platz fanden, nimmt sich somit das individuelle Schulbesuchsverhalten, wie es anhand der Strafverzeichnisse für die erste Hälfte des Winterkurses 1796/97 nachvollzogen werden kann, nicht einmal schlecht aus: Zwar nahm weniger als die Hälfte der Jungen und Mädchen durchgängig am Unterricht teil; doch lassen sich zu diesen 538 Kindern unter dem Gesichtspunkt der Prägsamkeit guten Gewissens die 181 Kinder addieren, die »fast« regelmäßig die Schulen besuchten.

Es bleibt die Frage, wie ein durchgängiger oder annähernd regelmäßiger Schulbesuch von sechzig Prozent der Kinder vonseiten Hombergs und der österreichischen Behörden bewertet wurde. Noch blieben vierzig Prozent der jüdischen Kinder in der Hauptstadt dem deutschen Unterricht fern oder nahmen nur sehr unregelmäßig daran teil und entzogen sich damit der Erziehungsoffensive des Staates. Es hat den Anschein, dass eine Schulbesuchsquote, die im christlichen Schulsektor Anlass zu großer Zufriedenheit gegeben hätte, im jüdischen deutschen Schulwesen als völlig unzureichend bewertet wurde: Denn wenn auch aus der Mitte der 1790er Jahre keine derart dramatischen Klagen Hombergs wie vom Beginn des Jahrzehnts überliefert sind, so äußerten sich die Wiener Zentralbehörden doch auch in dieser Zeit immer wieder tadelnd über die Situation des Schulwesens in Galizien und insbesondere in Lemberg. Aber ganz abgesehen von der offenbar verzerrten Perspektive der Behörden, auf deren mögliche Ursachen oben eingegangen worden ist, stellt sich die Frage nach den Gründen, aus denen sich ein immerhin nicht unbeträchtlicher Teil der jüdischen Bevölkerung Lembergs und anderer galizischer Städte der »Wohltat« der jüdischen Normalschulen verweigerte und damit den Diskurs der Devianz und der auf sie antwortenden normierenden Sanktion am Laufen hielt. Im Folgenden soll versucht werden, hierauf eine Antwort zu finden.

»Ihr Brod selbsten verdienen« – Armut und Erwerbszwang als Ursachen der Schulverweigerung

Es war kein Spezifikum des jüdischen Normalschulwesens, dass die Durchsetzung der allgemeinen Schulpflicht im letzten Drittel des 18. Jahrhunderts an Grenzen stieß, die durch die sozialen und wirtschaftlichen Lebensumstände der Bevölkerung vorgegeben waren. Armut und Erwerbszwang waren die häufigsten Ursachen für niedrige Schulbesuchsraten im Habsburgerreich, aber beispielsweise auch im friderizianischen Preußen. In Österreich stieß die Einführung des Pflichtunterrichts für Jungen und Mädchen bei großen Teilen der Bevölkerung auf wenig Gegenliebe.⁵⁴ Da die Allgemeine Schulordnung keine konkreten Maßnahmen zur Erzwingung des Schulbesuchs vorgesehen hatte und zunächst auf die Überzeugungskraft der als zweckmäßig erachteten Einrichtung und auf die sanfte Ermahnung der Bevölkerung durch Kirche und Gemeindenotabeln setzte, blieben das Zur-Schule-Schicken der Kinder und die Dauer des Schulbesuchs bis zur Einführung des Schulzwangs unter Joseph II. im Jahr 1781 im Grunde dem Ermessen der Eltern anheim gestellt: »Daher Wir denn gerne saehen, daß Eltern ihre Kinder wenigstens durch 6. oder 7. Jahre in den deutschen Schulen ließen«, hieß es in der Allgemeinen Schulordnung von 1774.⁵⁵ So war es nicht verwunderlich, dass vor allem auf dem Land viele Eltern ihre Kinder von den Schulen fernhielten, weil sie durch den täglichen, mehrstündigen Schulbesuch aus für die Familie überlebenswichtigen Erwerbszusammenhängen herausgerissen wurden. Das Problem stellte sich mit besonderer Dringlichkeit, da die Arbeitskraft des Kindes nicht nur in der eigenen Wirtschaft, sondern vor dem Hintergrund der bäuerlichen Robotleistungen auch auf dem Feld oder im Hause des Grundherrn von entscheidender Bedeutung war.

Vor allem in den arbeitsintensiven Zeiten des Agrarjahres, vom Frühjahr bis zum Spätherbst, benötigte die bäuerliche Wirtschaft jede Arbeitskraft; größere Kinder wurden bei der Feldarbeit und Ernte, die jüngeren beim Hüten des Viehs eingesetzt. Die Allgemeine Schulordnung versuchte diesen reproduktiven Zwängen agrarischer Lebensordnung Rechnung zu tragen, indem sie bestimmte, dass auf dem Land die neun- bis 13-jährigen Kinder vor allem von Anfang Dezember bis Ende März in den Schulen zu unterrichten seien, damit »die meisten von solchen in der übrigen Jahrszeit ihren Eltern bey der Wirthschaft Dienste leisten koennen, weswegen sie außer obigen Monaten [Dezember bis März] zu Besuchung der Schulen nicht anzuhalten sind«. Die jüngeren Kinder in einem Alter von sechs bis acht Jahren sollten dagegen vor allem in der wärmeren Zeit des Jahres (von Ostern bis Michaelis) dem Unterricht beiwohnen, »weil sie im Winter wegen uebler Wege, und rauher Witterung, da sie meistens schlecht gekleidet, und rauhe Witterung zu ertragen, nicht im Stande sind, zum Schulgehen nicht wohl koennen angehalten werden«.⁵⁶ Die verbreitete Armut und die daraus resultierende dürftige, gegen Kälte und Nässe im Winter kaum schützende Kleidung der Kinder waren somit ein weiterer Faktor, der den Schulbesuch beeinflusste. Die genannten Bestimmungen sollten jedoch keinen Freibrief für die Eltern darstellen, der es

---

54 Vgl. die eindrücklichen Schilderungen hinsichtlich der Haltung der Eltern zum »verbesserten«, das heißt nach Normallehrart eingerichteten Schulwesen in der Steiermark zwischen 1776 und 1780 bei Pietsch, Die Theresianische Schulreform in der Steiermark, 50–52, sowie für die josephinische Zeit ebd., 143 f.
55 Allgemeine Schulordnung für die deutschen Normal-, Haupt- und Trivialschulen in sämmtlichen Kaiserl. Königl. Erbländern, 1774, Paragraf 12, in: Engelbrecht, Geschichte des österreichischen Bildungswesens, Bd. 3, 491–501, hier 496.
56 Ebd., 495.

ihnen erlaubte, ihre Kinder zu bestimmten Zeiten generell von den Schulen fernzuhalten. Es blieb ihnen freigestellt, »sowohl kleinere Kinder in die Winterschule, als die groeßeren in die Sommerschule zu schicken«.[57] Dennoch blieben auf dem Land die Schulen häufig bereits zu Beginn des Sommerkurses nach den Osterfeiertagen leer. Der Wechsel von im Prinzip kaum stattfindender *Sommerschule* und zumindest über einige Wochen mehr oder weniger gut besuchter *Winterschule* bildete auf dem Land »ein beherrschendes Phänomen der Schulwirklichkeit, so wie er schon um 1700 mit Deutlichkeit nachgewiesen werden kann und so wie er bis weit in das 19. Jahrhundert als ein grundlegendes Strukturcharakteristikum vormoderner Schulwirklichkeit von langer Dauer wirksam blieb«. Diese von Wolfgang Neugebauer für den brandenburgisch-preußischen Kontext getroffene Feststellung darf sicherlich auch im Hinblick auf die Schulwirklichkeit im Habsburgerreich des ausgehenden 18. Jahrhunderts Gültigkeit beanspruchen.[58]

Der durch die Allgemeine Schulordnung nur notdürftig regulierte Konflikt zwischen dem erzieherisch-disziplinierenden Zugriff des Staates und den Zwängen agrarischen Wirtschaftens lässt sich als ein Wettstreit um Zeit, nämlich um die Dauer der edukativen Zeit, die die Kinder in der Schule verbrachten oder verbringen sollten, gegenüber der Dauer der reproduktiven Zeit, in der die Kinder auf dem Hof, auf der Weide oder auf dem Feld benötigt wurden, beschreiben. Sofern die Kinder überhaupt je die Schule besuchten, verkürzte ihre reproduktiv bedingte Anwesenheit in der elterlichen oder gutsherrlichen Wirtschaft die Gesamtdauer ihres Schulaufenthaltes erheblich – mit den daraus resultierenden Folgen für das Resultat der staatlichen Bildungsbemühungen. Wenn in agrarisch geprägten Territorien die unterrichtspflichtigen Kinder im Grunde nur in den Wintermonaten für einige Wochen die Schulen besuchten, so mussten ihre Lernerfolge zu wünschen übrig lassen. Dass gerade die älteren Kinder »über den Sommer« – also in der langen, agrarisch arbeitsintensiven Zeit zwischen April und Ende November – das während des Winters Gelernte vergäßen und der Lehrer zu Beginn eines jeden Winterkurses mit denselben Schülern den bereits behandelten Lernstoff wieder von vorn beginnen müsse: Diese Klage wurde nachgerade zu einem Topos im Diskurs von absolutistischer Schuldisziplinierung und Schulwirklichkeit.[59]

---

57 Ebd.
58 Neugebauer, Absolutistischer Staat und Schulwirklichkeit in Brandenburg-Preußen, 471. Vgl. ebd., 470–482, auch zahlreiche Beispiele für jahreszeitspezifisches Schulausbleiben und die Problematik von Sommer- und Winterschule im brandenburgisch-preußischen Kontext. Vgl. auch ders., Niedere Schulen und Realschulen, 225 f. Für Österreich vgl. Engelbrecht, Geschichte des österreichischen Bildungswesens, Bd. 3, 117: Es müsse – für die Zeit um 1780 – »bedacht werden, daß in den alpinen Gebieten Österreichs die meisten Trivialschulen bloß im Winterhalbjahr geführt wurden; nur an etwa einem Viertel der Trivialschulen wurde ganzjährig Unterricht geboten. Für die meisten Schüler dauerte daher ein Schuljahr bloß drei bis vier Monate.«
59 Vgl. Neugebauer, ebd., 475, die Klage eines Predigers aus der Altmark vom Beginn des 18.

Der Gegensatz zwischen staatlich erwünschter Schulnützlichkeit und den Zwängen agrarisch-reproduktiver Art bildete sich bis zu einem gewissen Grad auch in der Schulwirklichkeit im österreichisch annektierten Galizien der achtziger Jahre des 18. Jahrhunderts ab. Dass hier zwei Kernvorhaben der josephinischen Politik – die Alphabetisierung und Disziplinierung der Bevölkerung durch die Schulen und die landwirtschaftliche Kolonisation und Produktivierung des annektierten Territoriums – miteinander kollidieren konnten, zeigt ein Visitationsbericht des Oberaufsehers über das deutsche Schulwesen, Johann Franz Hofmann, vom November 1788. Er klagt darin, dass in Dornfeld und anderen deutschen Kolonistendörfern die Eltern ihre Kinder von Ostern bis Ende Oktober nicht in die Schule geschickt und daher die Schüler das im vorherigen Winter mühsam Erlernte wieder vergessen hätten.[60] In der Korrelation von agrarischem Wirtschaften und mangelhaftem Schulbesuch ist jedoch auch der Grund für den erstaunlichen Befund zu suchen, dass sich ansonsten die Klagen der österreichischen Behörden über das Schulbesuchsverhalten der christlichen Kinder in Galizien in Grenzen hielten[61] – während sie gleichzeitig an Lautstärke zunahmen, wenn es um den Schulbesuch der jüdischen Kinder ging: Aufgrund der schlechten Finanzlage, konkret der Minderausstattung des christlichen Schulfonds, konnte nur ein Bruchteil der geplanten 2 500 Trivialschulen auf dem Land errichtet werden. Die meisten der rund 200 deutschen Schulen, die Anfang der 1790er Jahre in Galizien bestanden, befanden sich in kleineren Städten; die Schuldichte auf dem Land war hingegen gering. Wo es keine Dorfschulen gab, konnte sich auch keine Dorfbevölkerung gegen die Schulen wehren und ihre Kinder vom Besuch des Unterrichts abhalten. Es mutet paradox an, doch lässt sich auf diese Weise das Fehlen entsprechender Klagen mit der schlechten Lage des galizischen deutschen Schulwesens erklären.

Die Zwänge agrarischen Wirtschaftens konnten naturgemäß nicht der Grund dafür sein, dass Homberg und die Behörden über den mäßigen Normalschulbesuch jüdischer Kinder in Lemberg und in anderen jüdischen Gemeinden Galiziens klagten.[62] Vielmehr war es die bei der jüdischen Bevölke-

---

Jahrhunderts: »Gegen Weyhnachten, wenn der Schnee die Felder bedeckt, pflegen sich etliche [Kinder] anzufinden, doch so bald der Frost wieder aufhöret, so bleiben sie wieder zurücke, so daß sie kaum ein viertel Jahr lang, wenn's noch viel ist, die Schule besuchen, die übrige Zeit vergessen sie hinter dem Vieh wieder alles, und werden leider! fast ganz viehisch dabey.« Weitere Beispiele ebd., 478–480.

60 Bericht des Normalschuloberaufsehers die Schulen im Brzezaner Kreise betreffend vom 3. November 1788, TsDIAL, 146/85/1900 (CAHJP, HM 2/8935.10). Vor dem Hintergrund dieses den Behörden bekannten, saisonal bedingten Schulausbleibens hatte zuvor das galizische Gubernium die Staatsgüterverwaltung angewiesen, die Kinder der Kolonisten auch im Sommer zum Schulbesuch anzuhalten. Protokoll des Guberniums vom 13. Oktober 1788, TsDIAL, ebd.
61 Bei einer gezielten Durchsicht der Hofkanzleiprotokolle für Galizien für den Zeitraum 1790–1800 ist der Verfasser kaum auf Einträge gestoßen, die das Schulbesuchsverhalten der christlichen Kinder in Galizien zum Thema hatten.
62 Die in den unter Joseph II. errichteten landwirtschaftlichen Kolonien angesiedelten Juden waren

rung verbreitete Armut, die deren Kinder häufig von der Schule fernhielt, sei es durch ihre direkten Folgen – Eltern konnten ihre Söhne und Töchter nicht ausreichend kleiden –, sei es durch ihre indirekten Auswirkungen: Jungen und Mädchen waren gezwungen, den Unterhalt ihrer Familie sichern zu helfen oder sich selbst zu ernähren, und konnten die Zeit für den Schulbesuch nicht erübrigen. Wie im christlichen Schulwesen ging die für Erwerb und Subsistenzerhalt benötigte reproduktive Zeit also auch hier auf Kosten der edukativen Zeit. Den Behörden waren die Zusammenhänge zwischen Armut, Erwerbszwang und Schulbesuchsverhalten bewusst. Während aber im Einzelfall Armut und die Notwendigkeit des Subsistenzerhalts nach strenger Prüfung als Ausnahmegrund anerkannt wurden und in eine Befreiung des Jungen oder des Mädchens von der Unterrichtspflicht (»Schulbefreiung«) münden konnten, galten diese Faktoren doch nie als allgemeine, kollektive Entschuldigung für das Fernbleiben jüdischer Kinder vom Normalschulunterricht. So führten die Lemberger Gemeindevorsteher zwar immer wieder die Armut vieler Familien als Grund dafür an, dass so viele Kinder der Schule fernblieben und dass es unmöglich sei, die Schulstrafen an den Eltern zu vollziehen, die über keine oder nur geringe finanzielle Einkünfte verfügten.[63] Während aber die Behörden vor Ort diese Argumentation wenigstens zeitweise unterstützten und eine generelle Befreiung der Kinder mittelloser jüdischer Eltern vom Schulbesuch vorschlugen, wies der Hof dies unter Verweis auf den erzieherisch-produktivierenden Nutzen des Unterrichts zurück: Der Vorschlag »daß die ärmste Klasse der Kinder von dem Schulbesuche befreyet werde, [könne] nicht Statt finden, indem eben die arme Jugend am meisten den zu ihrem künftigen Fortkommen nöthigen Unterricht bedarf«.[64]

Wie bei der armen ländlichen Bevölkerung im gesamten Habsburgerreich äußerte sich die Armut vieler jüdischer Familien darin, dass sie nicht in der Lage waren, ihre Kinder vor allem in der kalten Jahreszeit ausreichend zu kleiden. Viele Kinder erschienen in Lumpen zum Unterricht, was im Sommer allenfalls den ästhetischen Empfindungen und moralisch-hygienischen Vorstellungen Hombergs, der Lehrer und der Behörden widersprechen mochte, sich in der kalten Jahreszeit jedoch als Gefahr für die Gesundheit der Jungen und Mädchen erwies – mit Ende des 18. Jahrhunderts typischerweise lebensgefährlichen Konsequenzen. Die Beschaffenheit der Schulwege und der Zustand der Schulzimmer ließen in den langen, kalten und nassen Wintern

---

per Dekret von der Pflicht befreit, ihre Kinder in die deutschen Schulen zu schicken. Hofdekret vom 19. November 1789 und Auszug aus einem Gubernialprotokoll vom 20. August 1789, AVA, StHK, Kt. 106, 23 Galizien.

63 Z. B. Bericht des galizischen Landesguberniums uiber die von Hof remittierte Klage der hiesigen jüdischen deutschen Lehrer Turnau, Popper, und Grünbaum wegen des Verfalls der hiesigen jüdischen Schulen vom 11. Juni 1792, Antworten auf die Fragen II und VI, AVA, StHK, Kt. 861, 23 A Galizien; auch Schreiben des *Kahal* an das Lemberger Kreisamt vom 15. Juli 1793, TsDIAL, 701/4/3 (CAHJP, HM 2/8193.2).

64 Hofdekret vom 10. Juli 1795, AVA, StHK, Kt. 861, 23 D Galizien.

Galiziens die Teilnahme am Unterricht für diese Schüler zur Tortur werden.[65] In Lemberg hatten vor allem die Schüler der Vorstadtschulen oft sehr lange Schulwege zurückzulegen, die sich bei Regen in knietiefen Morast verwandeln konnten. Je nach Witterung konnte es also passieren, dass dort ganze Klassen nicht zum Unterricht erschienen. Im Frühsommer 1792 setzte sich der Lemberger *Kahal*[66] gegen Anschuldigungen nachlässig betriebener Strafexekution mit dem Argument zur Wehr, es hätten »unmöglich alle Eltern der angezeigten [von der Schule] ausgebliebenen Kinder bestraft werden können, weil die meisten ihre Kinder aus Armuth nicht einmal kleiden könnten, folglich man auch nicht zu verlangen vermag, daß sie ihre Kinder in Winterzeit zur Schule schicken sollen«. Dem pflichtete das Kreisamt mit der Bemerkung bei, die Beamten hätten

»dem Schuloberaufseher einen Knaben um Ostern in der Schule vorgewiesen […] der nur mit einem Hemde bedeckt war, und auf den blossen Füssen die Schuhe anhatte, über die noch um diese Zeit der Koth weggegangen war; daß jedermann, der den Weg zur Schule in der Vorstadt kenne, leicht einsehen werde, wie dieser Schulbesuch in schlechtem Wetter halb ungekleideten Kindern unmöglich wär.«[67]

Doch nicht nur der lange Schulweg war für die unzureichend gekleideten Kinder vom Herbst bis zum Frühjahr eine Zumutung. Die Schulzimmer, in denen der Unterricht stattfand, waren oft kalt und zugig. Sie konnten häufig nicht beheizt werden, da der Ofen defekt war oder es an Brennholz fehlte und der *Kahal* den Bitten der Lehrer um zusätzliche Holzlieferungen oder die Reparatur der Öfen nicht oder nur mit großem Verzug nachkam. Lehrer wie Kinder erkrankten daher häufig an Erkältungen.[68] Die Unmöglichkeit, den

---

65 Zu den klimatisch-witterungsbedingten Einschränkungen des Schulbesuchs in Galizien vgl. Hengl, Das Schul- und Studienwesen Österreichs im aufgeklärten Absolutismus, 114 f.
66 Hier wie im Folgenden wird diese Bezeichnung für den Vorstand der jüdischen Gemeinde Lembergs gebraucht, wenngleich der *Kahal* im Sinne des gemeindlichen Organs jüdischer Selbstverwaltung mit dem »Judensystem« von 1785 aufgehoben worden war und die von der Gemeinde gewählten Vorsteher der Bestätigung durch das jeweilige Kreisamt bedurften. Der Gebrauch des Begriffes *Kahal* erfolgt hier also *nicht* im Sinne der jüdischen Gemeindeselbstverwaltung; er stützt sich vielmehr auf seine zeitgenössische Verwendung im Schriftverkehr zwischen Gubernium bzw. Kreisamt und Gemeindevorstand. Wie im Folgenden deutlich werden wird, war der Gemeindevorstand auch nach der offiziellen Beseitigung jüdischer Autonomie nicht gänzlich machtlos.
67 Bericht des galizischen Landesguberniums uiber die von Hof remittierte Klage der hiesigen jüdischen deutschen Lehrer Turnau, Popper, und Grünbaum wegen des Verfalls der hiesigen jüdischen Schulen vom 11. Juni 1792, AVA, StHK, Kt. 861, 23 A Galizien.
68 So wandte sich Anfang April 1793 der Lehrer der Haliczer Vorstadtschule in Lemberg, Josue Seligmann, an das Kreisamt und beklagte, dass es seiner Schule an Feuerholz fehle. Der Winter halte noch an und es sei sehr kalt. Lehrer und Schüler litten aufgrund des unbeheizten Schulzimmers an Katarrh. Das Kreisamt solle die Gemeindevorsteher dazu anhalten, mehr Holz an die Schule zu liefern. Schreiben vom 9. April 1793, TsDIAL, 701/4/3 (CAHJP, HM 2/8193.2). Wenige Tage darauf, es war schon Mitte April, zeigte die deutsch-jüdische Lehrerversammlung dem Lemberger Kreisamt an, dass die Gemeindeführung kein Holz für die Öfen der Schulen

dürftig gekleideten Kindern armer Eltern vor allem im Winter den Schulbesuch zuzumuten, ohne dabei die Gefährdung ihrer Gesundheit in Kauf zu nehmen, war den Behörden bewusst. Im Februar 1790 unterbreitete Homberg gemeinsam mit dem christlichen Schuloberaufseher Hofmann den Vorschlag, die auf die Abhaltung privater Gottesdienste (*Minjanim*) erhobenen Steuern »zur Bekleidung der armen Schuljugend zu verwenden«. Das Gubernium unterstützte diesen Vorschlag, konnte aber aufgrund der Begrenztheit der Mittel nur die Ausstattung eines Teils der armen Schüler befürworten. Als Belohnung für fleißigen Schulbesuch sollte ein witterungsbeständiger, warmer Stoff ausgeteilt werden.[69]

Die Mittellosigkeit vieler jüdischer Familien fand ihren Ausdruck darüber hinaus vor allem in Erwerbszwängen, die den Schulbesuch der Kinder erschwerten oder verhinderten. Wie bei der nichtjüdischen Bevölkerung diktierte hier die Not das Primat der reproduktiven über die edukative Zeit. Für arme jüdische Familien bedeutete die Pflicht, ihre Kinder unter Strafandrohung zur Schule schicken zu müssen, nicht selten eine empfindliche Minderung des Einkommens, halfen doch die Kinder ihren Eltern bei der Bestreitung des Lebensunterhalts – sei es bei dem meist dürftigen Tagwerk der Eltern, sei es als Selbstverdiener im Handwerk oder als Dienstboten, bisweilen auch durch Bettelei. Auch kleinere Kinder halfen oft im Haushalt mit oder beaufsichtigten ihre Geschwister und erleichterten ihren Eltern dadurch den täglichen Broterwerb. Oft war eine Familie aufgrund ihrer Armut auch nicht in der Lage, alle Kinder zu ernähren, insbesondere die älteren Jungen, die während ihrer Adoleszenz einen höheren Kalorienbedarf zeigten als die kleinen Kinder. Sofern es der Familie noch nicht gelungen war, einen 13-, 14- oder 15-jährigen Knaben mit einer Tochter aus materiell besser gestelltem Hause zu verheiraten und als Kostgänger bei den Schwiegereltern unterzubringen, musste dieser selbst für seinen Nahrungserwerb sorgen. Der unter Strafandrohung erzwungene, täglich mehrstündige Besuch der Normalschule hätte, da ihn seine Familie nicht wieder aufnehmen und verpflegen konnte, unausweichlich den Wegfall seiner Subsistenzmöglichkeiten bedeutet.

Bittgesuche um Befreiung von der Schulpflicht, die ein Kahalschreiber im Auftrag der betroffenen Eltern oder der zur Schule gezwungenen Jugendlichen verfasste und die den Behörden von der Gemeinde zur Entscheidung zugesandt wurden, sprechen eine deutliche Sprache. Für die Zeit von Mitte Januar bis Mitte Februar 1793 haben sich zwölf solcher Gesuche an das Lemberger Kreisamt erhalten.[70] Die Eltern, die aufgrund der eingereichten Strafver-

---

geliefert hätte und die Witterung so kalt sei, »daß die Unterzeichneten und deren Schüler unmöglich vier oder fünf Stunden des Tages in einem unbeheizten Schulzimmer verbleiben können«. Schreiben vom 18. April 1793, TsDIAL, ebd.

69 Bericht des galizischen Landesguberniums vom 16. Februar 1790, AVA, StHK, Kt. 106.

70 TsDIAL, 701/4/3 (CAHJP, HM 2/8193.2). Das erste dieser Gesuche stammt vom 16. Januar, das letzte vom 13. Februar 1793. Während zehn Gesuche Armut und Erwerbszwang als Grund für

zeichnisse bereits »mit Exekution belegt« waren und um den Erlass der Strafe sowie um die endgültige Befreiung ihrer Kinder vom Normalschulunterricht nachsuchten, gaben zumeist Armut als Grund ihrer Bitte an. Ihre Kinder müssten »ihr Brod selbsten verdienen« und seien daher »in Dienst eingetretten« oder müssten ein Handwerk erlernen. In vielen dieser Gesuche war das Alter des Kindes angegeben, das zumeist jenseits des Schulpflichtalters von sechs bis zwölf Jahren lag. Ob, wie häufig von den Lehrern behauptet, die Eltern ihre Kinder für älter ausgaben, als sie tatsächlich waren, oder ob das angegebene Alter der Wahrheit entsprach: Auf jeden Fall wollten sie hierdurch zeigen, dass ihre Kinder bereits das schulpflichtige Alter überschritten hatten und ihrer Meinung nach gar nicht mehr zur Schule gehen mussten. Da jedoch auch die älteren Jungen und Mädchen, die bisher gar nicht oder nur sporadisch zur Schule gegangen waren, ein vorgeschriebenes Unterrichtspensum zu absolvieren, die deutsche Sprache zu erlernen und sich vor ihrer Heirat durch ein entsprechendes Zeugnis auszuweisen hatten, griff die Unterrichtspflicht in der Praxis über das vollendete zwölfte Lebensjahr hinaus. Daher wurden offensichtlich auch die älteren Kinder, sofern sie kein Zeugnis über den Schulbesuch oder kein Attest über ihre Schulbefreiung vorweisen konnten, in den Verzeichnissen geführt und gerieten, wenn sie dem Unterricht fernblieben, in die Schulstrafverzeichnisse der Lehrer. Manche der Eltern, die daraufhin mit Exekution belegt wurden, brachten zur Bekräftigung ihres Antrags sogar vor, dass ihr Kind bereits über sechs oder sieben Jahre am Normalschulunterricht teilgenommen habe. Doch bezog sich das Kreisamt in seinen Entscheiden nie auf derartige Argumente, sondern entschied allein aufgrund der erwiesenen oder unerwiesenen Armut des Bittstellers.

Doch sollen diese Gesuche für sich selbst sprechen: Malie Bardach, die sich als eine »arme Wittib« bezeichnete, »die von ihrem verstorbenen Mann [...] mit 4 Kinder unterlassen wurde, und solche durch harte Mühe, und Schweiß sich mit ihre Waisen ernähren« müsse, erklärte, dass sie »bei Verpfändung ihres Nahrungs Zweig[s], ihren Buben Namens Itzig Bardach ganz nöthig habe« und dass dieser »als 15 jähriger Bursch der selbe[n] auf aller Arthen, fleissig und behilflich ist«.[71] Sie bat um Befreiung von der bereits auferlegten Geldstrafe, ebenso wie Mordko Metal, der seinen 13-jährigen Sohn Leib angeblich bereits »durch 7 Jahr die Gegenstände der Normalschule beiwohnen hatte lassen«. Der Vater sei nicht imstande, seinen Sohn zu ernähren und habe diesen daher in eine Handwerkslehre gegeben.[72] Samuel Schmelka gab an, seine 13-jährige Tochter sei ihm »zu seinem Handel nötig«;[73] Jona Flon be-

---

die Bitte um Freistellung angaben, argumentierten zwei weitere Bittschriften mit Krankheit und geistiger Zurückgebliebenheit der Kinder bzw. mit Privatunterricht, den die Kinder angeblich erhielten.
71 Gesuch vom 5. Februar 1793, TsDIAL, ebd.
72 Gesuch vom 18. Januar 1793, TsDIAL, ebd.
73 Gesuch vom 30. Januar 1793, TsDIAL, ebd.

gründete sein Gesuch um Befreiung seiner Tochter Chaja von der Schulpflicht damit, dass er ein »elender und armer Mann« sei und das Mädchen seiner im Kindbett liegenden Mutter behilflich sein müsse.[74] Viele der betroffenen Familien waren, wie aus den auf dem Deckblatt der Gesuche notierten Kreisamtsentscheiden hervorgeht, bereits bei der letzten Konskription aufgrund ihrer Mittellosigkeit vom Zwang, ihre Kinder in die Schule zu schicken, befreit worden. Dass sie dennoch bestraft werden sollten, scheint die von den Gemeindevorstehern häufig aufgestellte Behauptung zu bestätigen, dass die Lehrer auch Kinder in ihre Ausbleiberverzeichnisse aufnahmen, die ihnen aufgrund von Armut bereits als freigestellt gemeldet worden waren.

Noch eindringlicher war der Tonfall der Bittgesuche, die von den schulpflichtigen Söhnen armer Eltern selbst eingereicht wurden. So betonte ein 15-Jähriger, dass er als Halbwaise nicht nur »sein Brod durch harte Mühe, und Schweiß« verdienen müsse, sondern auch seinen armen Vater zu verpflegen habe. Durch den erzwungenen Besuch der Normalschule werde »der selbe samt seinem alten Vater verhungern« müssen.[75] Ein Moses Bachstelz gab zur Begründung seines Freistellungsgesuches an, dass er sich aufgrund der Armut seiner Eltern selbst ernähren müsse und sich daher »zur Petschierstecherey Kunst begeben« habe; hierdurch könne er sich und seine Familie »einigermassen« unterhalten.[76] Ein anderer Bittsteller, Löbl Schüller, erklärte, dass ihn seine Eltern »wegen strengster Armuth« nicht mehr verpflegen könnten und er daher in den Dienst eines österreichischen Beamten habe treten müssen. Obwohl er aufgrund dieses Umstandes bei der letzten Konskription von der Schulpflicht befreit worden sei, hätte er nun einen Strafbefehl erhalten, um dessen Widerrufung er nachsuche.[77] In allen hier aufgeführten Fällen erkannte das Kreisamt die vorgebrachten Gründe an. Es bestätigte die aus den revidierten Verzeichnissen schulpflichtiger Kinder hervorgehende Tatsache der Freistellung der Bittsteller und befahl dem *Kahal*, die ausgestellten Strafbefehle zu widerrufen. In einigen Fällen wurden sogar die Geschwister der Supplikanten von der Normalschulpflicht befreit, selbst wenn nicht ausdrücklich darum nachgesucht worden war.

---

74 Gesuch vom 11. Februar 1793, TsDIAL, ebd.
75 Gesuch vom 13. Februar 1793. Ähnlich lautende Gesuche auch vom 22. bzw. 31. Januar 1793, TsDIAL, ebd.
76 Gesuch vom 5. Februar 1793, TsDIAL, ebd.
77 Gesuch vom 21. Januar 1793, TsDIAL, ebd.

Traditionsgeleitete Opposition: Die Rolle der *Melamdim* und der Kampf um Erziehungszeit

Wenn man in der Armut vieler jüdischer Familien sicherlich einen wesentlichen Grund dafür sehen kann, dass viele »schulfähige« Kinder dem Unterricht in den jüdischen deutschen Schulen fernblieben, so vermag sie das Phänomen der Schulverweigerung doch keineswegs vollständig zu erklären. Es war nämlich bei Weitem nicht so, dass nur Kinder mittelloser Eltern aus den Schulen ausblieben. Auch vermögendere Eltern und Teile der gemeindlichen Elite weigerten sich, ihre Kinder zur Schule zu schicken und nahmen dabei die angedrohten, jedoch nur selten durchgesetzten Strafen in Kauf. So beschwerte sich Homberg im Herbst 1791 über einen Gemeindevorsteher, der seinen Sohn bereits seit drei Jahren unter dem Vorwand, dieser sei krank, vom Schulbesuch abhalte.[78] In einem Bericht des Guberniums vom Sommer 1792 hieß es, die Lemberger Gemeindevorsteher hätten ein »Verzeichnis von 212 der reichsten Juden bei[gebracht], welche mit Exekution belegt worden sind«, womit diese den Vorwurf entkräften wollten, sie würden nur von den mittellosen Eltern das Strafgeld einfordern, obwohl sie wüssten, dass jene Familien nicht in der Lage seien, es zu entrichten.[79] Während die Lemberger Normalschullehrer über den geringen Zuspruch zum deutschen Unterricht klagten, konnten die jüdischen Familien in der Hauptstadt Mitte der 1790er Jahre die stattliche Zahl von 85 *Melamdim* und 183 Behelfern für die traditionelle Unterweisung ihrer Söhne entlohnen, wurden die *Chadarim* von 1 574 Schülern besucht.[80] Bereits 1790 hatte Homberg in seiner Stellungnahme zur Petition der *Stadlanim* darauf hingewiesen, dass nicht die Kosten für den Unterhalt der Schulen der Grund für eine Ablehnung sein konnten, wenn die jüdischen Hausväter gleichzeitig in der Lage seien, eine große Zahl von Religionslehrern und Assistenten für ihre Kinder zu unterhalten.

Die Oppositionshaltung gegenüber den deutschen Schulen speiste sich auch aus anderen Ursachen als aus Armut oder Erwerbszwang: Mentalität und Tradition spielten hier eine wichtige Rolle. Die Argumente dieser mentalitäts- und traditionsgeleiteten Opposition wurden bereits an anderer Stelle behandelt;[81] in diesem Kapitel kommen sie noch einmal zur Sprache, nämlich dort, wo sie die galizisch-jüdische Schulwirklichkeit um die Jahrhundertwende prägten und den Konflikt zwischen dem Staat, Homberg und den Lehrern auf der einen Seite und dem traditionellen galizischen Judentum auf der anderen

---

78 Bericht Hombergs über den Sommerkurs 1791 vom 13. November 1791, AVA, StHK, Kt. 861, 23 A Galizien.
79 Bericht des galizischen Landesguberniums uiber die von Hof remittierte Klage der hiesigen jüdischen deutschen Lehrer Turnau, Popper, und Grünbaum wegen des Verfalls der hiesigen jüdischen Schulen vom 11. Juni 1792, AVA, ebd.
80 Vgl. Bałaban, Herz Homberg in Galizien, 205.
81 Siehe in Kap. 2.3.

Seite konkret bestimmten. Die Konturen dieses mit der Petition der *Stadlanim* vom August 1790 und den darauf folgenden staatlichen Reaktionen erstmals zutage getretenen Konflikts verfestigten sich bereits zu Beginn der 1790er Jahre zu veritablen Fronten der Auseinandersetzung um Erziehungszeit, symbolischen Vorrang und soziales Prestige.

Eine mentalitäts- und traditionsgeleitete Opposition gegen die Neuerungen des Pflichtschulwesens gab es durchaus auch unter Nichtjuden. Kirchlich-religiöse oder ständische Motive speisten hier den Widerstand gegen die »Veranstaltungen des Staates«[82] und hielten neben den wirtschaftlichen Zwängen die Bevölkerung davon ab, ihre Kinder in die Schulen zu schicken. In Österreich wurde in den späten siebziger Jahren in klerikal-konservativen, reformabgeneigten Kreisen sowie auf ständischer Seite die Frage diskutiert, ob es gut für den Bestand der hergebrachten Ordnung sei, wenn das einfache Volk lesen lerne. Überliefert ist die Reaktion des Erzbischofs von Wien, Kardinal Migazzis. Dieser fand es 1777 angesichts der von Felbiger vorgeschlagenen Einfügung längerer Bibelabschnitte in den Katechismus verwerflich, dass Kinder und Laien in Zukunft die Heilige Schrift selbständig lesen sollten.[83] Die bäuerliche Bevölkerung selbst zweifelte nicht selten den Sinn des Unterrichts an, indem sie nach dem Nutzen des Lesens und Schreibens für den Alltag in der Landwirtschaft fragte. Widerstand regte sich auch aufgrund der preußischen Herkunft Felbigers und seiner angeblich »protestantischen« Lehrart.[84] Auf dem Land propagierten Pastoren und einzelne Lehrer, dass die neuen Schulen unchristliche Lehren und moralisch anstößige Inhalte verbreiteten. Die Auffassung von der Schädlichkeit der Schulen verbreitete sich in den österreichischen Alpentälern, Normalschullehrer waren Übergriffen der Dorfbevölkerung ausgesetzt.[85] In einzelnen Dörfern in Vorarlberg stürmten Klerus und Bauern gemeinsam die Schulen, zertrümmerten die Bänke und verbrannten die Normallehrbücher.[86] Der Widerstand des Klerus nährte sich auch aus dem Umstand, dass zum einen die Kirche ihren einstigen Einfluss auf das Bildungswesen mehr und mehr verlor, andererseits jedoch ihre Amtsträger gezwungen wurden, sich die Normen und Methoden der neuen Schuleinrichtungen zu eigen zu machen. So war für die Geistlichen, die in den Schulen als Katecheten wirkten, der Besuch eines Kurses in der neuen Lehrart

---

82 So formulierte es das Allgemeine Landrecht für die Preußischen Staaten von 1794, zit. nach Bruning, Das niedere Schulwesen in den brandenburg-preußischen Ländern im 17. und 18. Jahrhundert, 247.
83 Vgl. Melton, Absolutism and the eighteenth-century origins of compulsory schooling in Prussia and Austria, 223 f.
84 Vgl. Bruning, Das niedere Schulwesen in den brandenburg-preußischen Ländern im 17. und 18. Jahrhundert, 261–263; Pietsch, Die Theresianische Schulreform in der Steiermark, 143.
85 Vgl. Melton, Absolutism and the eighteenth-century origins of compulsory schooling in Prussia and Austria, 222.
86 Vgl. Engelbrecht, Geschichte des österreichischen Bildungswesens, Bd. 3, 112 und 337, Anm. 116.

zwingend vorgesehen; ohne ein Zeugnis über dessen Absolvierung war ihnen der Zugang zu Pfründen oder der Eintritt in einen Orden verwehrt.[87]

Wenn auch die Opposition der galizischen Juden gegen die deutschen Schulen nie so weit ging wie der gewalttätige Protest der Vorarlberger Bauern, so lassen sich hinsichtlich der Anlässe, Motive und Strategien des mentalitäts- und traditionsgeleiteten Widerstandes doch Gemeinsamkeiten erkennen. Im Grunde führten beide, indem sie stellvertretend das neue Schulsystem attackierten, einen Kampf gegen die Landgewinne der Moderne: gegen die Abschaffung korporativer Vorrechte und die Auflösung hergebrachter Ordnung, gegen die Vertikalisierung der Herrschaftsstruktur und gegen die Ausrichtung partikularer Kräfte auf den Staat. In beiden Fällen wirkte die Angst der traditionellen »geistlichen« Elite – dort des Klerus, hier der Toragelehrten und Rabbiner – vor einer Beschneidung ihres Einflusses im Erziehungs- und Bildungsbereich. Die Zwänge der Anpassung und Unterordnung, die der Staat der traditionellen Elite auferlegte und die diese Angst nährten, scheinen in beiden Bereichen ähnliche Formen angenommen zu haben: Junge Kleriker, die in einem Präparandenkurs die Normalschulbank drücken mussten, ehe ihnen der Aufstieg in der kirchlichen Hierarchie oder auch nur die materielle Sicherung ihrer Existenz gewährt wurden, fanden ihr Pendant auf jüdischer Seite in den Assistenten der Religionslehrer, den »Behelfern«, für die auf Empfehlung Hombergs 1787 der Schulzwang eingeführt wurde. Die – wohl nie wirklich umgesetzte – Vorschrift, der zufolge ein *Melamed* den traditionellen Unterricht nicht erteilen durfte, wenn er kein Zeugnis des jüdischen Schuloberaufsehers vorweisen konnte, sowie die Pläne Hombergs, die Absolventen des jüdischen Präparandenseminars als Religionslehrer in den *Chadarim* einzusetzen, weisen in die gleiche Richtung. Das Ziel bestand in der Durchdringung auch der sakralen, rituellen Erziehungssphäre mit den Inhalten und Methoden des Normalunterrichts: dort mithilfe eines neuen, rationaleren Katechisierens, hier mithilfe eines aufgeklärten, rationalisierten Religionsunterrichts. Der erwünschte Effekt war eine Zurücksetzung und Unterordnung des traditionellen Bildungssystems und seiner Träger, eine Beschneidung ihrer Kompetenzen. Letztlich lief dies auf eine Verbürgerlichung und Entsakralisierung der traditionellen Erziehung hinaus. Was jedoch bei der christlichen Bevölkerungsmehrheit aus der Perspektive des Staates in eine mehr oder weniger erfolgreiche Zurückdrängung der Kirche aus dem Erziehungsbereich mündete, geriet bei den Juden des Habsburgerreiches ins Stocken, weil sich der Staat aus selbstverordneter Toleranz letztlich Zurückhaltung auferlegte und die Vorhaben Hombergs nicht nachdrücklich unterstützte. Letzten Endes wurde die Vormachtstellung der traditionellen Eliten bei der religiösen Erziehung der jüdischen Kinder nicht gebrochen, blieben die Inhalte und Strukturen des traditionellen jüdischen Erziehungswesens

---

87 Vgl. ebd., 105, 113; Lechner, Pädagogische Lehrveranstaltungen als Veranstaltung des Staates, 53 f.

weitestgehend unangetastet, auch wenn sich dieses nun die Zeit mit einem konkurrierenden Erziehungssystem teilen musste.

Mit der christlichen Bevölkerung teilten die Juden die Furcht, dass der Unterricht in den Schulen gewisse Inhalte transportierte, die der herkömmlichen Lebensart und der religiösen Tradition abträglich waren. Es stimmt zwar, dass maskilische Bildungsinhalte wie beispielsweise die Pentateuchübersetzung Mendelssohns aus den jüdischen Normalschulen verbannt blieben, doch boten sich im Rahmen des vorgeschriebenen Normalschullehrstoffes und darüber hinaus ausreichend Möglichkeiten, auf eine »Verbesserung« der »Sitten« und des »religiösen Gefühls« der Schüler hinzuwirken. Dass über den Lesestoff des Deutschunterrichts nicht nur praktisch-nützliche Kenntnisse, sondern auch aufgeklärt-rationale Maximen der Lebensgestaltung sowie des Welt- und Gottesverständnisses vermittelt wurden, ist bereits ausführlich dargestellt worden.[88] Interessanterweise richtete sich jedoch die Kritik der traditionellen jüdischen Eliten nicht gegen diesen Versuch einer Veränderung des Bewusstseins der Kinder durch Inhalte, die nicht der Tradition entsprangen. Es war, wie gezeigt, vor allem das Verhalten der jüdischen Normalschullehrer, welches beanstandet wurde. Da es einfacher und unverfänglicher war, tatsächliche oder vermeintliche Missstände zu personalisieren als obrigkeitlich bestimmte Strukturen und Inhalte zu kritisieren, bot sich das angeblich nicht religionskonforme Verhalten der jüdischen Normalschullehrer als Vehikel dieser Kritik geradezu an. Trotz oder vielleicht gerade wegen seiner Unbestimmtheit konnte der Vorwurf des Traditionsbruchs durch die Lehrer im galizisch-jüdischen Normalschuldiskurs Wurzeln schlagen und Topoi des Misstrauens bilden, die in den neunziger Jahren des 18. Jahrhunderts immer wieder vernehmbar waren.[89]

Auf der Seite der Tradition standen den Normalschullehrern die *Melamdim* gegenüber, in deren Widerstand Homberg bereits zu Beginn der 1790er Jahre eine der Hauptursachen des Schulausbleibens jüdischer Kinder erkennen

---

88 Siehe in Kap. 2.1.
89 So hieß es wiederholt, Homberg und die Lehrer beachteten nicht die jüdischen Religionsgesetze; sie gäben »in Beobachtung der jüdischen Religionsvorschriften kein gutes, sondern vielmehr ein übles Beispiel« (so im Bericht des galizischen Guberniums vom 29. Mai 1795, AVA, StHK, Kt. 861, 23 D Galizien). Ein Hofdekret konstatierte, dass die jüdischen deutschen Lehrer aufgrund ihres religionsfeindlichen Verhaltens offenbar »größten Theils« selbst Schuld an dem geringen Zuspruch zu den Schulen und an dem Niedergang des jüdischen deutschen Schulwesens seien. Sie seien daher zur »genauesten Erfüllung der ihnen von Seite ihrer Religion und ihres Amtes obliegenden Pflichten« zu ermahnen (Hofdekret an das galizische Gubernium vom 10. Juli 1795, AVA, ebd.). Diese Beschuldigung blieb nicht unwidersprochen. Im Herbst desselben Jahres wandte sich der Oberlehrer an der jüdischen Hauptschule in Lemberg, Gunzenhausen, gegen die vorgebrachten Beschwerden, nach denen die Lehrer »selbst Schuld an der Abneigung der Eltern gegen diese [jüdischen deutschen] Schulen« trügen. Die Hofkanzlei wies darauf das Gubernium an, Gunzenhausen, »wenn er an den Gebrechen, wovon in dem Hofdekrete vom 10. Julius d. J. die Rede ist, keinen Theil hat, darüber eine beruhigende Versicherung zu geben«, Hofdekret vom 5. November 1795, AVA, HKP Galizien 1795, 600 (November, Nr. 19).

wollte.⁹⁰ Auch Hofkanzlei und Gubernium erblickten in den »Religionslehrern« die »heftigsten Gegner des deutschen Unterrichts«, die »den Absichten der öffentlichen Verwaltung Hindernisse in den Weg« legten.⁹¹ Ihren »üblen Willen« gelte es, »durch ernstliche Verfügungen zu steuern«, hieß es in einem Hofdekret vom Juni 1791, das den im Vergleich zum Winterkurs 1789/90 »merklich abgenommenen« Schulbesuch im Winterhalbjahr 1790/91 konstatierte.⁹² Nach Ansicht der Behörden wirkten die *Melamdim* aktiv einer besseren Frequentierung der Normalschulen entgegen, indem sie den von ihnen in den *Chadarim* unterrichteten Knaben verboten, am Deutschunterricht teilzunehmen. So beklagte sich Homberg in seinem Bericht über den Sommerkurs 1791 darüber, dass die Lemberger und Brodyer *Melamdim* »ganze Kurse« vom Besuch der Normalschulen abhielten, und dass fast kein einziger der Behelfer in den Schulen erscheine. Zudem befolgten die Religionslehrer nicht die staatliche Vorschrift, sich jährlich durch die von Homberg anerkannte Approbation auszuweisen.⁹³ Der Oberaufseher forderte, dass das Kreisamt die Gemeindevorsteher zur Bestrafung der widersetzlichen »Religionslehrer« anweise, wie dies laut Paragraf 12 des galizischen Judenpatents von 1789 vorgesehen war. Auch die Hofkanzlei verlangte nach einem konsequenten Vollzug der Strafen an den *Melamdim*, die vom doppelten Elternstrafgeld über ein- bis dreitägigen Arrest bis hin zum Lehrverbot reichen sollten.⁹⁴ Doch auch wenn der für das deutsche Normalschulwesen der Monarchie zuständige Beamte eine »bis zur Wirksamkeit wachsende Strenge« bei der Durchsetzung der Normalschulvorschriften forderte,⁹⁵ wurden diese Strafen in der Praxis nur selten vollzogen und zeitigten daher keine Wirkung. Noch im Sommer 1800 hieß es in einer Protokollnotiz der Studienhofkommission, dass gegen die Religionslehrer »als die Haupturheber des vernachläßigten Schulbesuchs« mit aller Strenge vorzugehen sei.⁹⁶

Wurde dennoch einmal ein Exempel vollzogen, so konnte die Strafe auf Bitten der Gemeindevorsteher wieder ausgesetzt werden, wie ein Fall aus den Akten des Lemberger jüdischen Gemeindearchivs verdeutlicht. Im Januar 1793 zeigte der Lehrer an der Haliczer Vorstadtschule Seligmann dem Kreis-

---

90 Stellungnahme Hombergs zur Petition der Bevollmächtigten, 10. Dezember 1790, AVA, StHK, Kt. 106, 23 Galizien. Siehe oben in Kap. 2.3.
91 Notiz zum Studienprotokoll vom 17. Februar 1790, AVA, ebd. Vgl. auch die Klagen des Schuloberaufsehers Hofmann von 1789 gegen die »Religionslehrer«. Bericht Hofmanns an das galizische Gubernium vom 29. August 1789, TsDIAL, 146/3/2278 (CAHJP, HM 2/9676.7); siehe in Kap. 2.2.
92 Hofdekret vom 11. Juni 1791, AVA, HKP Galizien 1791, 327 (Junius, Nr. 47).
93 Bericht Hombergs über den Sommerkurs 1791 vom 13. November 1791, AVA, StHK, Kt. 861, 23 A Galizien.
94 So u. a. Hofdekret an das galizische Gubernium vom 25. April 1792, AVA, StHK, Kt. 861, 23 D Galizien, und Bericht des ostgalizischen Guberniums vom 11. August 1797, AVA, ebd.
95 Schreiben Joseph Spendous an das Direktorium (Hofkanzlei) vom 23. Juni 1796, AVA, ebd.
96 Protokollnotiz vom 28. August 1800 zum Bericht des galizischen Guberniums vom 8. Juni 1800, AVA, Kt. 861, 23 B Galizien.

amt an, dass der Religionslehrer Elias Goldfarb trotz eines für ihn geltenden individuellen Verbotes weiterhin Knaben in der Bibel und im Talmud unterrichte. Das Kreisamt tadelte daraufhin die Gemeindevorsteher für ihre Nachlässigkeit bei der Durchsetzung des Verbotes und wies sie an, den *Melamed* hart zu bestrafen. Dies sei umso mehr geboten, als es sich nicht um das einzige Beispiel einer solchen Widersetzlichkeit handele und die Gefahr der Nachahmung groß sei:

»Da aber andurch die hohe Befehle ganz außer Wirkung gesetzt werden, der abgesehene Zweck nicht erzielt wird – ja sogar die übrigen Religionslehrer noch mehr zur Halsstärrigkeit Anlaß bekommen könnten, wie sich dieses schon an dem Religionslehrer Pinkas Schön [...] erprobt, dahero die mindere Aufsicht nicht nur dem Kahale schärfstens verhoben, sondern auch derselbe nochmahlen verordnet wird, den ersten Verboth für den Elias Goldfarb neuerdings in der Schule zu verkünden, und ihm den Unterricht ganz zu verbitten, den Pinkas Schön aber wird der Kahal in dem hierortigen Namen so wie alle übrige Religionslehrer öffentlich kund in Gegenwarth der Lehrer ermanen, daß wofern selbe die dem Religionsunterrichte beiwohnenden Kinder ohne Ausnahm in die deutschjüdische Schule nicht absenden sollten, der sich im mindesten dessen durch Abredung schuldig gemacht, und anhero angezeigt werden sollten, selben nicht nur der Unterricht untersaget, aber insbesondere geahndet werden würden, weßwegen auch der Elias Goldfarb zu eintäglichen Polizeyarrest verurtheilt wird.«[97]

Nach zwei Wochen meldeten die Gemeindevorsteher Vollzug: Elias Gelb »alias Goldfarb« sei gemäß Anordnung mit Arrest bestraft worden. Die Vorsteher hätten ihm auch das Schulhalten verboten, »wodurch ihm der Nahrungszweig durch 3 Monath entzogen worden«. Da der Religionsunterricht jedoch die einzige Erwerbsquelle Gelbs sei, baten die Vorsteher das Kreisamt, Gnade walten zu lassen und dem *Melamed* das »Kinderlehren« wieder zu gestatten, da Gelb sonst »mit seiner ganzen Familie zu Grunde gehen« werde.[98] Das Kreisamt lenkte ein und erlaubte Gelb, »in Rücksicht der Armuth und Brodlosigkeit« wieder zu seinem Beruf zurückzukehren. Sollte er sich jedoch künftig nicht an die Normalschulvorschriften halten, habe er sich »die gänzliche Abschaffung [Ausweisung aus Galizien] selbst zuzuschreiben«.[99]

Auf die Konkurrenz zwischen staatlichem und traditionellem Erziehungs-

---

97 Schreiben des Lemberger Kreisamts an den *Kahal* vom 4. Februar 1793, TsDIAL, 701/4/3 (CAHJP, HM 2/8193.2).
98 Schreiben der Gemeindevorsteher Margolies, Schnajer, Bałaban und Menkes an das Lemberger Kreisamt vom 20. Februar 1793, TsDIAL, ebd.
99 Schreiben des Kreisamts an den Lemberger *Kahal* vom 28. Februar 1793, TsDIAL, ebd. Dass Strafen gegen widersetzliche Religionslehrer von Zeit zu Zeit verhängt, wenn auch vielleicht letztlich nicht durchgesetzt wurden, zeigt ein weiteres Schreiben des Lemberger Kreisamts vom 20. März 1793. Hier wurde der *Kahal* angewiesen, den Juden Abel Goldberg, da er seinen Sohn nicht zur Schule schicke, obwohl dieser »schon den Talmud« studiert, sowie auch den Religionslehrer des Kindes mit einer dreitägigen Arreststrafe zu belegen. TsDIAL, ebd.

system um Unterrichtszeit und damit auch um Rang, Bedeutung und Wirksamkeit wurde oben bereits verwiesen.[100] Die edukative, an den Normalschulunterricht gebundene Zeit beschnitt die rituelle Zeit des traditionellen Unterrichts in den *Chadarim*: Je mehr Zeit ein jüdischer Junge in der deutschen Schule verbringen musste, desto weniger Zeit stand ihm zum Studium des Religionsgesetzes zur Verfügung und desto weniger einprägsam war der traditionelle Unterricht für das Kind. Für den *Melamed* bedeutete es eine größere Mühe, Schüler zu unterrichten, die für einige Stunden am Tag den Bibel- oder Talmudunterricht zugunsten des Deutschlernens unterbrechen mussten. Dem höheren Aufwand stand bei verringerter Wirksamkeit des Unterrichts ein geringerer Lehrerfolg im *Cheder* gegenüber. Schlechtere Lernergebnisse des Kindes bedeuteten aber wiederum einen Ansehensverlust bei den Eltern und in der Konsequenz eine geringere Entlohnung. So ging es in diesem Konflikt nicht nur um Zeit und Prägsamkeit des Unterrichts, sondern auch um das tägliche Brot des »Religionslehrers«. Vor diesem Hintergrund ist es nicht verwunderlich, dass die *Melamdim* sich nicht sonderlich bemühten, ihre Schüler zum Normalschulbesuch anzuhalten. Natürlich war es dem *Kahal* nicht möglich, diese Zusammenhänge gegenüber den Behörden als Entschuldigungsgrund für das Ausbleiben der Kinder vorzubringen. Die *Stadlanim* hatten im August 1790 mit ihrer Forderung nach Heraufsetzung des Schuleintrittsalters auf zehn Jahre zwar auf diese Problematik hingewiesen, doch konnten die galizischen Juden nach der Zurückweisung dieses Ansinnens durch die höchsten Behörden nicht mehr auf eine nichtsanktionelle Regulierung hoffen. Während Armut und Erwerbszwang als Motiv des Schulausbleibens unumwunden zugegeben werden konnten und auch im Einzelfall als Befreiungsgründe anerkannt wurden, verschleierte also die aus der Sorge um den Bestand der rituellen Zeit gespeiste Opposition ihre wahren Beweggründe. Sie verwies stattdessen auf die angebliche Immoralität und Gesetzesferne der jüdischen Normalschullehrer und auf ihre eigene Furcht vor der Entfremdung ihrer Söhne. Trotz dieser teilweisen Camouflage erkannten die Behörden intuitiv dennoch die Konkurrenz zwischen edukativer und ritueller Zeit als einen Hauptgrund des geringen Erfolgs der Schulen, wenn sie auf die *Melamdim* als die maßgeblichen Verursacher des Schulausbleibens verwiesen. Der behauptete Religionsbruch der Normalschullehrer auf der einen Seite und die Renitenz der Religionslehrer auf der anderen Seite bildeten somit ein einander entgegengesetztes Argumentationspaar im diskursiven Wettbewerb um Erziehungszeit.

Zur Durchsetzung des Schulbesuchs wurden die *Melamdim* vom Kreisamt über die Gemeindevorsteher wiederholt angewiesen, Verzeichnisse ihrer Assistenten und der von ihnen unterrichteten Kinder einzureichen. Mittels dieser Listen wollte man die schulpflichtigen Jungen im Einzugsbereich einer Normalschule registrieren, eventuelle Wechsel der Kinder von einem *Mela-*

---

100 Siehe in Kap. 2.3.

med zum anderen – und damit möglicherweise auch in den Zuständigkeitsbereich eines anderen Normalschullehrers – erkennen,[101] die ausbleibenden Schüler in den Strafverzeichnissen vermerken und schließlich die Eltern samt der renitenten Religionslehrer zur Verantwortung ziehen. Die *Melamdim* hätten, da sie ihre Schüler nicht in die Schulen schicken wollten oder konnten, also ihrer eigenen Bestrafung und Disziplinierung zuarbeiten sollen. Die entsprechenden Listen sollten direkt bei dem für den jeweiligen *Cheder* zuständigen Normalschullehrer eingereicht werden. Dies kam einer Unterordnung der Religionslehrer unter die Normalschullehrer gleich. Unter diesen Umständen ist es nur zu verständlich, dass sich die *Melamdim* nicht an diese Vorschriften hielten. Nachdem eine im Januar 1793 ergangene Aufforderung an den Lemberger *Kahal*, dass »von nun an die Religions Lehrer verhalten werden müssen, sich bey den deutschen Lehrer[n] ihrer Schüller zu verzeichnen, damit selbe die Anzahl und die Familien Numerum gehörig wissen mögen«, offensichtlich ohne Wirkung geblieben war,[102] wurde den Gemeindevorstehern Anfang November desselben Jahres erneut aufgetragen, die *Melamdim* zur Einreichung der Verzeichnisse ihrer Schüler (»und Schülerinnen«!) sowie ihrer Behelfer bei den jüdischen Normalschullehrern anzuweisen. Die Vorsteher hatten diese Anordnung in den Synagogen und Privatbethäusern der Stadt bekannt zu geben sowie den Tag der Bekanntgabe und die Zahl der dabei anwesenden Juden dem Kreisamt anzuzeigen.[103] Wenige Tage später beschwerte sich die »deutsch-jüdische Lehrerversammlung« darüber, dass die Gemeindevorsteher die kreisamtliche Anordnung nur sehr ungenau wiedergegeben hätten. So habe es in der Bekanntmachung der Vorsteher geheißen, dass die Religionslehrer die Verzeichnisse beim Oberlehrer an der Lemberger jüdischen deutschen Hauptschule (und also nicht bei den nachgeordneten, für die jeweiligen Einzugsbereiche zuständigen Lehrern) einzureichen hätten. Hierin drückte sich eine Oppositionshaltung gegenüber der vorgesehenen Unterordnung der *Melamdim* unter die »einfachen« jüdischen Normalschullehrer aus. Die Vorsteher hielten diese den Religionslehrern gegenüber keinesfalls für kontrollbefugt. Da der ihnen erteilte kreisamtliche Auftrag aber ausgeführt werden musste, waren sie bereit, allein dem »Oberlehrer« diese Funktion in einem gewissen Maße zuzugestehen.[104]

---

101 Durch diese Wechsel war es offenbar schwierig, die Zugehörigkeit eines Schülers zu einer Normalschule exakt zu erfassen. Vgl. Provisorium – Bericht der Untersuchungskommission in jüdischen deutschen Schulsachen vom 27. Dezember 1793, TsDIAL, 701/4/6 (CAHJP, HM 2/8852.9), Punkt 5: »Nach jüdischem Gebrauche wechseln die Kinder sehr oft die Religionslehrer und so auch die deutsch-jüdische Schulen. Hiervon wussten weder die Lehrer noch die Vorsteher.«
102 Schreiben des Lemberger Kreisamts an den *Kahal* vom 5. Januar 1793, TsDIAL, 701/4/3 (CAHJP, HM 2/8193.2).
103 Schreiben des Kreisamts an den *Kahal* vom 8. November 1793, TsDIAL, ebd.
104 Schreiben der deutsch-jüdischen Lehrerversammlung an die Kreiskommission für Schulsachen vom 20. November 1793, TsDIAL, ebd.

In der genannten Beschwerde an das Kreisamt machten die jüdischen deutschen Lehrer auch darauf aufmerksam, dass die Anordnung des Kreisamts offensichtlich nicht wie verlangt in allen Synagogen und Bethäusern publiziert worden sei. So hätten sie von den *Melamdim* eines bestimmten Viertels erfahren,

»daß die Väter ihrer Schüler es nicht erlauben wollen, daß sie Verzeichnisse einreichen sollten, weil in der dortigen Synagoge hievon nichts bekannt gemacht wurde, sondern sie diese Publikazion nur von bloßen Sagen erfahren hätten, daß sie [die *Melamdim*] also Gefahr laufen, entweder brodlos oder unschuldigerweise bestraft zu werden.«[105]

Die Väter der betroffenen Kinder hatten also, obwohl sie von der Verordnung erfahren hatten, die *Melamdim* an der Erstellung und Einreichung der Verzeichnisse gehindert. Dies verweist darauf, dass hinter dem »passiven Widerstand« der Religionslehrer wahrscheinlich in letzter Instanz die Eltern der Schüler und die gemeindlichen Eliten standen. In der Gemeinde waren die »Kinderlehrer« einflusslos, sie waren zumeist arm und hingen finanziell vollständig von den Zuwendungen der Eltern ab. In der Hierarchie traditionell-religiöser Gelehrsamkeit standen sie am unteren Ende und wurden von der rabbinischen Elite geringgeschätzt. Doch bildeten sie eine *werterhaltende* Gruppe des traditionellen Judentums, sie erzogen die Jugend auf bewährte Weise, ohne dass diese durch schlechtes Beispiel oder intellektuelle Verführung vom Weg der Tradition abgebracht wurde. Sie verkörperten das hergebrachte, religiöse Erziehungssystem, ein Residuum einstiger Autonomie, nachdem die korporative Selbstverwaltung offiziell beseitigt war und die josephinische Gesetzgebung massiv selbst in halachisch geregelte Lebensbereiche eingegriffen hatte. Dieser Restbestand an Autonomie und Traditionserhaltung musste bewahrt werden. Der Staat hatte das traditionelle Erziehungssystem aus Gründen der selbst verordneten religiösen Toleranz zwar intakt gelassen, doch dessen nicht nur symbolische Unterordnung unter das jüdische Normalschulwesen, die Beschneidung der rituellen Erziehungszeit und die versuchte Einbindung in ein disziplinierendes Normen- und Kontrollkorsett hatten die traditionellen Eliten herausgefordert.

Wenn man die *Melamdim* in der Gemeinde auch nicht sonderlich wertschätzte, so besaßen die jüdischen Normalschullehrer doch einen noch geringeren Status. Sie durften keinesfalls über den Religionslehrern stehen, denn dies hätte auch einen Vorrang des säkularen, »äußeren«, praktisch-nützlichen, doch in den Augen der traditionellen Juden letztlich unmaßgeblichen Wissens vor dem sakralen, eigentlichen Wissen bedeutet, so unvollkommen Letzteres auch durch die »Kinderlehrer« repräsentiert wurde. Es handelte sich um einen grundsätzlichen Konflikt zweier Erziehungssysteme: In den Augen der galizischen Juden war das eine, das eigene, wohlerprobt, von der Tradition ge-

105 Ebd.

adelt. Es verbürgte ihr Fortbestehen. Das andere, das fremde, erschien als neu, uneinsehbar und darum gefährlich. Es erschien als disziplinierend und strafend. Die Beschneidung der rituellen Erziehungszeit durch die edukative Zeit der Normalschulen, der Versuch der Unterordnung des eigenen, traditionellen Systems unter das fremde, moderne System sowie der vermutete Traditionsbruch durch die Normalschullehrer nährten eine mentalitäts- und traditionsgeleitete Opposition, die sich im Schulausbleiben der Kinder äußerte.

3.2 Nicht durchgesetzte Gesetze: Schulzwang, Sanktionsdiskurs und lebensweltlich-korporativer Widerstand

Die jüdischen deutschen Schulen im Diskurs der Disziplin

In seiner Studie *Menschenfassungen* von 1985 beschreibt der Philosoph und Politikwissenschaftler Walter Seitter mit Blick auf das Pflichtschulwesen der Frühen Neuzeit die konskriptiven und sanktionierenden Funktionen der Institution Schule.[106] Für ihn übernimmt die Schule Aufgaben der Polizey und der Statistik, die über das »klassische« Disziplinierungsziel, die Erziehung der Kinder im Unterricht, hinausreichen. Hinsichtlich der an die Schule geknüpften »statistischen«, also konskriptionellen Erfassungsmethoden unterscheidet Seitter zwischen Mikro- und Makrostatistik. Die Mikrostatistik wird in der Schule selbst praktiziert, ihre »Zimmer und Bänke« sind »Menschen-Sammlungs-Abteilungen«; der »Blick der Schulmeister« und die »Bucheintragungen« dienen dazu, die anwesenden Schüler zu disziplinieren. Die Makrostatistik hingegen erfasst alle schulpflichtigen Kinder und ihre Eltern durch die konskriptionelle Verzeichnung. Sie reicht jedoch über diese beiden Zielgruppen hinaus:

> »Von der Schule geht ein Menschenerfassungs-Strahl in die Bevölkerung hinein. Er schließt an die Tauf- und Kirchenbücher an, die seit der Reformation allgemeiner und genauer [...] geführt werden und die nicht Wappen verzeichnen, sondern Menschen aufschreiben [...] Die nunmehr erreichte Allgemeinheit-Individualität der Menschenerfassung dient aber sofort dazu, neue Typisierungen ins Menschengewimmel hineinzuschlagen. Die Schule interessiert sich für die Altersklassen: sie stellt in zunehmendem Maße die Gleichaltrigen zusammen und trennt sie von den Jüngeren und Älteren.«[107]

In diesem Sinne wird auch in der vorliegenden Studie der Radius des mit den Schulen verbundenen Disziplinargeschehens als über die Schulen hinaus gespannt betrachtet. Im übertragenen Sinne werden hier die Schulen als »Gra-

---

106 Vgl. Seitter, Menschenfassungen, 63–76.
107 Ebd., 74.

vitationszentren« der Disziplinierung angesehen, die die gesamte Bevölkerung in den »Sog« von Normierung, Kontrolle und Sanktion geraten ließen. Das Disziplinargeschehen im Umfeld der jüdischen deutschen Schulen in Galizien betraf neben den Schülern auch die Lehrer, die Eltern der Kinder und die Vertreter der zum Ausgang des 18. Jahrhunderts in ihrer Autonomie schon stark beschnittenen jüdischen Gemeindeverwaltung, des *Kahal*.

Die Disziplin erfasste im buchstäblichen Sinne alle Kinder – unabhängig davon, ob sie am Unterricht teilnahmen oder nicht – durch die Verzeichnung der Jungen und Mädchen im schulfähigen Alter und die Kontrolle ihrer An- oder Abwesenheit. Durch die Erfassung der Kinder waren auch ihre Familien der staatlichen Kontrolle unterworfen; bei Nichterscheinen der Kinder zum Unterricht und Nennung ihrer Namen und Familiennummern in den Strafverzeichnissen drohten den Eltern empfindliche Sanktionen. Die jüdischen »Hausväter« waren es, die die Erziehung ihrer Kinder zu fleißigen, sittlichen und gehorsamen Untertanen vereiteln konnten. An ihnen lag es, ob Sohn oder Tochter die Schule besuchten; durch die Maßnahmen des Schulzwangs sollten auch sie zu normbefolgenden Disziplinarobjekten »erzogen« werden, die ihre Kinder »fleißig« in die Schule schickten. Der *Kahal* schließlich wurde durch seine Einbeziehung in das System des Schulzwangs und die Übertragung von Strafbefugnissen zu einem Teilhaber des staatlichen Disziplinarwillens, agierte gleichzeitig aber auch als dessen Gegenspieler.

Der Diskurs der Normalschuldisziplin umspannte die gesamte jüdische Lebenswelt mit einem Netz von Vorschriften, Regeln und Sanktionen. Doch war das Netz nicht engmaschig genug gewebt. Durch die Zwischenräume hindurch lassen sich die lebensweltlichen Gegenstrategien der zu Disziplinierenden und die Schwachstellen des Disziplinierungsapparats erkennen. Die Aktenquellen sind auch dort, wo das Normative den Ton angibt, mehrstimmig; ebenso wie aus den Bittgesuchen der Eltern und den Schreiben der Gemeindevorsteher hört man die Widerspenstigen häufig aus den Darstellungen des Guberniums und der Kreisämter sprechen. Das Ausnutzen von Leerstellen im Normen- und Kontrollgeflecht, das Gegeneinanderausspielen von Behördeninteressen, klandestine Gegenstrategien und Taktiken der Camouflage ermöglichten häufig ein Ausweichen vor dem kontrollierenden und sanktionierenden Zugriff des Staates. Erleichtert wurde dies durch einen trotz Autonomieverlust weitgehend intakten traditionellen Sozialzusammenhalt und die chronische Durchsetzungsschwäche der Disziplinarorgane vor Ort. Das Ausweichverhalten der Bevölkerung und ihre lebensweltlichen Gegenstrategien prägten wesentlich das Bild der jüdischen deutschen Schulwirklichkeit in Galizien im ausgehenden 18. Jahrhundert.

Es war die vorrangige Absicht des österreichischen Staates, in den Normalschulen des Lesens und Schreibens kundige, fleißige und gehorsame Untertanen heranzubilden. Dies galt für die nichtjüdische Mehrheitsbevölkerung wie für die Juden Galiziens, für Letztere aber auf besondere Weise, denn hier sollte eine unter kameralistischem Gesichtspunkt »schädliche«

Bevölkerung produktiviert und sittlich-moralisch »verbessert« werden. Darüber hinaus hat es den Anschein, dass der reformabsolutistische Staat mit den jüdischen deutschen Schulen insbesondere in Galizien weitere Disziplinierungsintentionen verfolgte. Die Quellen sind in diesem Punkt zurückhaltend, sodass nur aus dem allgemeinen zeitgenössischen, auf die galizischen Juden bezogenen Diskurs auf die weiterreichenden Zwecke der Schuleinrichtungen geschlossen werden kann. So sah der das gesamte 18. Jahrhundert durchziehende Diskurs der Anti-Vagabondage[108] in der Masse mittelloser galizischer Juden ein Migrationspotenzial bedrohlichen Ausmaßes[109] und versuchte, dieser »Bedrohung« mit einer Vielzahl von Patenten und Dekreten entgegenzusteuern.[110] Vor diesem Hintergrund scheint es, dass die jüdischen deutschen Schulen in Galizien neben ihren edukativen Zwecken auch die Funktion der Vagabondage-Kontrolle erfüllten und gegen »die ungewissen Verteilungen, gegen das unkontrollierte Verschwinden von Individuen, gegen ihr diffuses Herumschweifen« wirken sollten.[111] Die Kinder in den Schulen zu halten oder in die Schulen zu zwingen, bedeutete, ihre Eltern zu kontrollieren. Im Fleißkatalog wurden die Familiennummern der schulbesuchenden Kinder verzeichnet: Auf diese Weise versicherten sich der Lehrer und das Kreisamt der Ansässigkeit ihrer Eltern. Die im Strafverzeichnis notierte Familiennummer dem Unterricht ferngebliebener Kinder war dagegen nicht nur Signifikant abweichenden Verhaltens im Hinblick auf den Erziehungszweck der Institution Schule, sondern sie indizierte auch die Gefahr des Umherziehens. War das Kind nicht in der Schule, war möglicherweise auch die Familie nicht mehr am Ort. Zumindest war sie im oben genannten Sinn nicht mehr kontrollierbar.

Verschärft wurde die Problematik durch die Schwierigkeiten bei der konskriptionellen Erfassung der jüdischen Bevölkerung Galiziens. Zu keinem Zeitpunkt war es der österreichischen Verwaltung bekannt, wie viele Juden tatsächlich in Galizien lebten. Ob nun die Methoden der Erfassung unvollkommen waren, ob sich die Juden willentlich aus religiösen Beweggründen oder aus Angst vor hoher Besteuerung oder später vor der Rekrutierung den konskribierenden Beamten entzogen oder ob es an der armuts- und erwerbsbedingten Mobilität der jüdischen Bevölkerung lag: Fakt ist, dass es den

---

108 Vgl. Ammerer, Heimat Straße, 175–186.
109 Vgl. zur allgemeinen Migrations- und Vagabondage-Problematik im Hinblick auf die Juden des Habsburgerreiches Karniel, Die Toleranzpolitik Kaiser Josephs II., 103–112, hier speziell zu den galizischen Juden 105 f.
110 »Fremde im Lande, herumziehende Prediger und Schuljünger sind bei keiner Gemeinde zuzulassen, sondern als Landstreicher anzusehen und zu behandeln«, hieß es in Paragraf 8 der galizischen Judenordnung von 1789: Patent, kraft welchen den Juden alle Begünstigungen und Rechte der übrigen Untertanen gewähret sind vom 7. Mai 1789, zit. nach Karniel, Das Toleranzpatent Kaiser Josephs II. für die Juden Galiziens und Lodomeriens, 76. Siehe zum Komplex der Verminderung der mittellosen jüdischen Bevölkerung auch in Kap. 3.3.
111 Foucault, Überwachen und Strafen, 183.

Behörden nie gelang, der galizischen Juden statistisch habhaft zu werden.[112] Die Verwirrung und Unzulänglichkeit der Erfassungssysteme angesichts des nur schwer Erfassbaren bildete sich in den Zahlen der in den Jahren 1773 bis 1786 durchgeführten Juden-Konskriptionen ab, die zwischen 144 200 und 224 981 gezählten Seelen schwankten.[113] Noch über 25 Jahre nach der österreichischen Inbesitznahme Galiziens und der Durchführung der ersten Konskriptionen äußerte sich die Wiener Hofkanzlei verzweifelt angesichts der Unzählbarkeit der galizischen Juden und verlangte nach neuen Techniken der Erfassung, um »verläßlich, und bestimmt zu wissen, wie viel denn eigentlich Juden Familien in Ostgalizien vorhanden sind«.[114]

Eine große Bevölkerungsgruppe, die sich dem konskribierenden Zugriff des Staates entzog, die in kleinste Subsistenzeinheiten zerfiel, sich trotz des erschwerten Erwerbs- und Nahrungszugangs unablässig reproduzierte und bei der die Gefahr der Vagabondage immer gegeben war, war eine unregulierbare und unkontrollierbare Größe, die jegliche auf Vermehrung der »nützlichen« und Verminderung der »schädlichen« Population gerichtete Bevölkerungspolitik zunichte machte. So ging es nicht nur darum, die Menschen zu erfassen, sondern auch darum, sie »einzufassen«, wenngleich es sich dabei wahrscheinlich nur um einen – wenn auch willkommenen – Nebenzweck des Pflichtunterrichts handelte. Nur wenn die Kinder regelmäßig zur Schule gingen, war die Population berechen- und beherrschbar.

Erfassung und Kontrolle, oder wie man die Kinder der Schule entzieht

Die Technik des Verzeichnens der Kinder im schulfähigen Alter im Einzugsbereich einer Schule ist so alt wie die Geschichte des Pflichtschulwesens. Bereits 1619 legte die Weimarische Schulordnung fest, dass

»hinfüro die Pfarrherren und Schulmeister an einem jeden Ort über alle Knaben und Mägdlein, die vom 6. Jahr an bis ins 12. Jahr bei ihrer christlichen Gemein gefunden werden, fleißige Verzeichnis und Register halten [sollen], auf daß mit denen Eltern, welche ihre Kinder nicht wollen zur Schule halten, könne geredet werden, auch aufn Bedarf durch Zwang der weltlichen Obrigkeit dieselben in diesem Fall ihr schuldige Pflicht in acht zu nehmen angehalten werden mögen.«[115]

---

112 Vgl. Brawer, Galizien, wie es an Österreich kam, 23–29. Zu den Schwierigkeiten der Konskription einer nur teilweise sesshaften Bevölkerung vgl. Tantner, Ordnung der Häuser, Beschreibung der Seelen, 132–137.
113 Die beiden genannten Zahlenwerte beziehen sich auf die Jahre 1776 (Minimum) und 1773 (Maximum). Alle anderen Werte der Jahre 1774 bis 1786 liegen im Zwischenbereich. Vgl. Brawer, Galizien, wie es an Österreich kam, 23–29; Mark, Galizien unter österreichischer Herrschaft, 60–63.
114 Hofdekret vom 22. August 1799, AVA, HKP Galizien, 1799, 827–840, hier 838, (Augustus Nr. 200).
115 Zit. nach Seitter, Menschenfassungen, 74.

Um eine maximale Schulbesuchsquote zu erreichen, mussten die schulfähigen Kinder dem Namen nach bekannt und einem Elternhaus zuordenbar sein, sei es durch traditionelle Orts- und Hausbezeichnungen oder – seit den Reformen des späten Absolutismus – durch Haus- und Familiennummern. Erst durch den Abgleich der die Schule tatsächlich besuchenden Kinder mit den Verzeichnissen der schulfähigen Kinder durch den Lehrer wurden die Ausbleiber benennbar, ließ sich auf ein Haus, auf eine Familie schließen, konnten die Eltern ermahnt und bestraft werden. Die Erfassung bildete das erste Glied einer Kette der Disziplinierung, deren weitere Bestandteile Kontrolle, Anzeige und Bestrafung waren, und die nicht nur eine Verhaltenskorrektur (die bestraften Eltern sollten ihr Kind *wieder* in die Schule schicken) sondern durch das abschreckende Exempel auch eine Prävention weiteren normabweichenden Verhaltens bezweckte: Auch die anderen Eltern sollten die Strafe fürchten und ihre Kinder *von vornherein* »fleißig« in die Schule schicken.[116]

Die Theresianische Schulordnung von 1774 sah mehrere Instrumente der Verzeichnung und Kontrolle der schulfähigen Kinder vor. Sie sollten dazu dienen, zu erkennen »ob alle Schüler, welche sollen unterrichtet werden, die Schule besuchen, und ob die Schuld an dem Lehrer, oder an dem ausbleibenden Schüler liege, wenn dieser nichts gelernet hat«. In den Städten sollten die Verzeichnisse der zum Schulbesuch bestimmten Kinder ab sechs Jahren zweimal im Jahr – zu Ostern und zu Michaelis – durch die Magistrate erstellt und dem jeweiligen Lehrer übergeben werden, »damit er sehe, was für Kinder in seine Schule gehören«. Auf dem Land sollte der Lehrer selbst, »wenn er zugleich den Kirchendienst versieht, durch Hilfe der Taufmatrikeln das Alter eines jeden einheimischgebohrnen leicht finden, und darnach das Verzeichniß verfertigen, welches dazu dient, um die Kinder durch die vorgeschriebene Zeit in der Schule zu erhalten, und den Vorwänden der Eltern zu begegnen, die immer gern ihre Kinder der Schule entziehen«. Zum Zweck dieser Kontrolle des Schulbesuchsverhaltens sollte der Lehrer des Weiteren ein Buch anlegen,

»die Blätter desselben mit den Buchstaben des Alphabethes bezeichnen, jedem Buchstaben eine angemessene Anzahl Blätter widmen, und darauf die Namen der schulfähigen Kinder nach den Anfangsbuchstaben ihres Zunamens aus ersterwähntem Verzeichnisse, oder nach Maßgabe des eigenen Befunds vermerken, er muß das Alter des Schülers, den Tag, da er das erstemal in die Schule gekommen, wenn jeder in eine höhere Klasse gekommen ist, oder etwas neues zu erlernen angefangen hat, aufschreiben.«[117]

---

116 Zur Frage der präventiven Funktion von Strafen im frühneuzeitlichen Disziplinierungsdiskurs vgl. Härter, Soziale Disziplinierung durch Strafe?, 265 f.
117 Allgemeine Schulordnung für die deutschen Normal-, Haupt- und Trivialschulen in sämmtlichen Kaiserl. Königl. Erbländern (1774), Paragraf 16, in; Engelbrecht, Geschichte des österreichischen Bildungswesens, 491–501, hier 497.

In einem zusätzlichen, monatlich neu zu erstellenden Fleißkatalog musste der Lehrer täglich die An- oder Abwesenheit der Schüler verzeichnen. Hierzu hatte er vor- und nachmittags jeweils nach dem Schulgebet die Schüler namentlich aufzurufen, »die Anwesenden mit einem Strichlein, jene aber, die erst nach dem Verlesen [ihrer Namen] kommen, mit einem Punkte zu bezeichnen.« Beim Fehlen eines Schülers wurde das entsprechende Kästchen leer gelassen. Die Fehltage eines Schülers waren in das bereits erwähnte Klassenbuch einzutragen, welches »bey Untersuchung auf mancherley Weise, und besonders dazu dienen [sollte], damit der Unfleiß derjenigen Schüler, welche die Schule so oft versäumen, daraus möge dargethan werden«. Zudem war nach Beendigung eines jeden Kurses bei dem zuständigen Schulaufseher ein Auszug aus dem Fleißkatalog einzureichen. Den Lehrern, die die genannten Verzeichnisse nicht »richtig, getreulich, und ordentlich« führten, wurde Strafe angedroht.[118]

Solange das System allgemeinen Elementarunterrichts auf lediglich moderatem Zwang – der Ermahnung der widerspenstigen Eltern – beruhte, hatten die Fleißkataloge und die aus ihnen zu verfertigenden Auszüge allenfalls statistische Bedeutung. Mit Einführung des Schulzwangs und der Schulstrafen durch Joseph II. im Jahr 1781 wurde ihnen jedoch eine bedeutsame Rolle im Sanktionsgeschehen zuteil: Sie dienten nun nicht mehr nur als bloßer Ausweis normabweichenden Verhaltens, sondern sie markierten zugleich die Familien der ausgebliebenen Kinder für den Vollzug der auf dieses Verhalten ausgesetzten Strafe. Die Auszüge aus den Fleißkatalogen wurden zu Strafverzeichnissen, die in der Regel monatlich, bisweilen auch wöchentlich, bei den Behörden einzureichen waren, welche die ausgemessenen Strafen zu exekutieren hatten.

Die Erfassung der schulfähigen jüdischen Kinder in Galizien und die Kontrolle ihres Schulbesuchsverhaltens bereiteten den österreichischen Behörden wie den jüdischen Normalschullehrern nicht wenige Probleme. Die Schwierigkeiten sind vor dem Hintergrund der allgemeinen Verwirrung der konskriptiv-statistischen Systeme angesichts der Größe und der sozialen Besonderheiten der jüdischen Bevölkerung Galiziens zu sehen. Die sich beim Versuch des Erfassens von »Fluktuationen« ergebenden Ungenauigkeiten schlugen sich auch bei der Verzeichnung der Kinder nieder. Zudem wurde die schulstatistische Erfassung der älteren Knaben und der Behelfer durch deren Angst vor zukünftiger Rekrutierung vereitelt. Waren sie vor Einführung der Militärpflicht 1788 bereits in den Schulregistern verzeichnet worden, zogen sie es nun vor, dem Unterricht fernzubleiben und »unterzutauchen«.[119] Das System der fixierenden Verzeichnung versagte auch dadurch, dass viele Knaben

---

118 Ebd.
119 So berichtete im November 1788 der christliche Schuloberaufseher Johann Franz Hofmann über die jüdische deutsche Schule zu Rohatyn: »Von den, dem angeordneten Unterrichte beigezogenen 8 Assistenten entweichen fünf aus Furcht, zum Soldatenstande genommen zu werden.« In Brzeżany blieben aus dem gleichen Grunde gleich alle acht schulpflichtigen Behelfer dem Unterricht fern. TsDIAL, 146/85/1900 (CAHJP, HM 2/8935.10).

im Rahmen ihrer traditionellen Erziehung von *Melamed* zu *Melamed* wechselten: Das Prinzip der Zuordnung einer Anzahl jüdischer Jungen zu einer bestimmten Schule nach ihrer Zugehörigkeit zu einem bestimmten *Cheder* wurde hierdurch unterlaufen, wie die Behörden zugeben mussten.[120]

Vor dem Hintergrund der 1785 erfolgten Anwendung des Gesetzes zur Verhinderung früher Eheschließungen auf die jüdische Bevölkerung Galiziens und der im Jahr darauf erlassenen Vorschrift, welche die Erteilung der behördlichen Eheerlaubnis vom Nachweis des Normalschulzeugnisses abhängig machte, versuchten viele jüdische Eltern, ihre von Staats wegen »schulfähigen« Kinder vor der Erfassung in den Schulregistern zu bewahren: Einmal darin verzeichnet, bedurfte es zusätzlicher Anstrengungen, die genannten Vorschriften zu umgehen und die Kinder im Rahmen des traditionellen Normensystems ohne Rücksichtnahme auf edukative oder bevölkerungspolitische Konditionen zu verheiraten. Viele Quellen verweisen auf die Strategie jüdischer Eltern, ihre Kinder bei der Konskription für älter auszugeben, um sie den Schulen zu entziehen bzw. ihr familiäres Fortkommen abzusichern.[121] Da die mit dem galizischen Judenpatent von 1789 erneuerte Vorschrift über das Heiratsverbot bei Nichtnachweis des Normalschulzeugnisses nur für diejenigen Juden galt, die im Jahr der erstmaligen Verkündung der Anordnung (1786) das 13. Lebensjahr noch nicht überschritten hatten, konnte es unter Umständen ausreichen, im Jahr 1791 einen 16-jährigen Knaben für 19 Jahre auszugeben, um ihn auch ohne Normalschulzeugnis verheiraten zu können. Da viele behördliche Vorgänge – wie zum Beispiel die Bearbeitung eines Antrags auf Erteilung des staatlichen Ehekonsenses – sich nur auf dem Papier manifestierten und sich die Betroffenen selten persönlich den Beamten vorstellen mussten, konnte es jüdischen Eltern durchaus gelingen, ein noch jüngeres Kind für einen erwachsenen Mann oder eine erwachsene Frau auszugeben. Diese lebensweltliche Taktik der »Überlistung« der Erfassungssysteme wurde erleichtert durch den bei den Behörden bisweilen obwaltenden, sprichwörtlichen »Schlendrian«. So tadelte das Gubernium die Lemberger Kreisbeamten im Juni 1792 dafür, dass trotz dieses bekannten Verhaltens jüdischer Eltern bei der letzten Konskription die Kinder selbst nicht in Augenschein genommen und auf ihr wahrscheinliches Alter hin geprüft worden seien. Das Kreisamt verteidigte sich daraufhin mit dem Argument, dass »in der Verordnung über die Judenkonskripzion diese Besichtigung der Kinder

---

120 So in Punkt 5 des Provisoriums – Bericht der Untersuchungskommission in jüdischen deutschen Schulsachen vom 27. Dezember 1793, TsDIAL, 701/4/6 (CAHJP, HM 2/8852.9), siehe oben.

121 Bericht des galizischen Landesguberniums uiber die von Hof remittierte Klage der hiesigen jüdischen deutschen Lehrer Turnau, Popper, und Grünbaum wegen des Verfalls der hiesigen jüdischen Schulen vom 11. Juni 1792, Frage 7: »Warum, da es bekannt ist, daß die Juden ihre Kinder, um sie von der Schule zu befreien, für älter anzugeben pflegen«, AVA, StHK, Kt. 861, 23 A Galizien; ebenfalls Schreiben des Lemberger Kreisamts an den *Kahal* vom 7. November 1793, TsDIAL, 701/4/3 (CAHJP, HM 2/8193.2).

nicht anbefohlen« worden sei. Das Kreisamt habe aber »bei der letzten Conscription öffentlich bekannt gemacht [...], daß jener Juden Vater, der sein Kind, um entweder es von der Schule zu befreien, oder früher ehelgen zu lassen, für älter angeben wird, als es ist, mit einer Strafe von 1 [Kreuzer] angesehen werde.«[122]

Wenn die Konskriptionen aufgrund der Nachlässigkeit der Beamten und der Nicht-Kooperation der Bevölkerung nur unzuverlässige Daten lieferten – worauf konnten sich die Behörden stützen, wenn sie die schulfähigen jüdischen Kinder im Einzugsbereich einer Schule erfassen bzw. feststellen wollten, ob das von den Eltern zum Zweck der Schulbefreiung angegebene Alter des Knaben oder des Mädchens zutraf? Im christlichen Bevölkerungsteil konnten sich die Lehrer und Aufsichtsbehörden der jeweiligen Pfarrmatrikel und Taufbücher bedienen, um das Alter der Kinder festzustellen und danach ihre Schulfähigkeit zu beurteilen.[123] Entsprechende Verzeichnisse in deutscher Sprache, in die unter anderem Geburten und Beschneidungen einzutragen waren, hatten seit 1787 auch die jüdischen Gemeinden anzulegen.[124] Doch zwei Jahre später musste die Hofkanzlei in Wien feststellen, dass aufgrund der Tatsache, dass »die Matrikelbücher bis nunzu nicht geführt worden sind«, es nicht möglich sei, das Alter eines um den Heiratskonsens nachsuchenden jüdischen Brautpaars zuverlässig bestimmen und danach entscheiden zu können, ob die Pflicht des Zeugnisnachweises für die jungen Leute galt oder nicht.[125] Drei Jahre später scheinen diese »Matrikelbücher« dann in Gebrauch gewesen und – zumindest in der Theorie – zur Bestimmung der schulfähigen Kinder herangezogen worden zu sein: Als 1792 Homberg nach wiederholter Klage endlich ein Verzeichnis der schulfähigen jüdischen Kinder Lembergs erhielt, wurde ihm aufgetragen, dieses Verzeichnis auf aktuellem Stand zu halten. Hierzu sollten die jüdischen Normalschullehrer die »Geburt- und Beschneidungsbücher« der Gemeinde kontrollieren, »deren Einsicht [...] der Rabiner ihnen steths gestatten muß«. Hierdurch solle es auch möglich sein, so das Gubernium an Homberg, Fälle von falscher Altersangabe aufdecken und den Behörden anzeigen zu können.[126]

---

122 Bericht des galizischen Landesguberniums uiber die von Hof remittierte Klage der hiesigen jüdischen deutschen Lehrer Turnau, Popper, und Grünbaum wegen des Verfalls der hiesigen jüdischen Schulen vom 11. Juni 1792, AVA, StHK, Kt. 861, 23 A Galizien. Im Allgemeinen wurden bei den »Seelen-Konskriptionen« in der Habsburgermonarchie die Kinder einer Familie summarisch nach den Angaben des »Hausvaters« verzeichnet. Zu den Erhebungsmodi der Daten vgl. Tantner, Ordnung der Häuser, Beschreibung der Seelen, 116–119.
123 Vgl. Spreitzer, Beiträge zur Geschichte des österreichischen Landschulwesens unter Joseph II., 292 f.
124 Hofdekret vom 23. Juli 1787, in: Klueting (Hg.), Der Josephinismus, 383 f.
125 Notiz zum Schreiben der Vereinigten Hofstelle an die Studienhofkommission vom 7. September 1789, AVA, StHK, Kt. 106, 23 Galizien.
126 Bericht des galizischen Landesguberniums uiber die von Hof remittierte Klage der hiesigen jüdischen deutschen Lehrer Turnau, Popper, und Grünbaum wegen des Verfalls der hiesigen jüdischen Schulen vom 11. Juni 1792, AVA, StHK, Kt. 861, 23 A Galizien.

Gelang es trotz aller Schwierigkeiten, mithilfe konskriptioneller Verfahren eine ungefähre Übersicht über die schulfähigen Kinder im Einzugsbereich der Schulen zu bekommen, so waren diese Verzeichnisse doch recht ungenau und mussten zudem ständig aktualisiert werden. In seinem Bericht über den Sommerkurs 1791 beklagte sich Homberg darüber, dass die jüdischen Lehrer in Lemberg seit Mitte März 1790 kein »genaues Verzeichniß der jüdischen Kinder und ihrer Eltern zur genauen Bestimmung der Schulfähigkeit der ersteren« mehr erhalten hätten.[127] Das Kreisamt wurde darauf hin angewiesen, dem Gubernium und den jüdischen Lehrern einen aktuellen Konskriptionsauszug der schulfähigen jüdischen Kinder zukommen zu lassen,[128] und im Juni 1792 teilte das Gubernium der Hofkanzlei mit, dass Homberg inzwischen das geforderte Verzeichnis erhalten habe.[129] Doch hat es den Anschein, dass kurz darauf das Problem der Erfassung erneut auftrat. Wie die Feststellungen der im Winter 1793/94 eingesetzten Untersuchungskommission zeigten, verfügten die Lehrer auch zu dieser Zeit über keine zuverlässigen, aktualisierten Verzeichnisse ihrer potenziellen Schüler.[130] Die Schwierigkeiten bei der Erfassung der schulfähigen jüdischen Kinder in Galizien waren virulent. Erfolg oder Misserfolg der Schuleinrichtungen ließen sich nur durch die Relation zwischen der Zahl der am Unterricht teilnehmenden Jungen und Mädchen und der Anzahl der Kinder im schulfähigen Alter überhaupt bestimmen. Daher forderte die Hofkanzlei Homberg in Reaktion auf dessen halbjährliche Zustandsberichte auf, er solle neben den Zahlen zum tatsächlichen Schulbesuch zugleich auch Angaben zur Zahl der schulfähigen Kinder machen.[131]

Vor diesem Hintergrund versuchten Homberg und die Behörden zur Bestimmung der schulfähigen jüdischen Kinder bzw. zur Kontrolle ihres Schulbesuchsverhaltens auf Methoden zurückzugreifen, die traditionell-religiöse Alltagsverrichtungen zum Anhaltspunkt nahmen und damit das »erkennungsdienstliche« Potenzial der jüdischen Lebenswelt abschöpften. So hatte Homberg noch vor 1790 auf den Erlass einer Vorschrift gedrungen, derzufolge »jeder Knabe, welcher keine Tephilin hat, in die Schule gehen

---

127 Bericht Hombergs vom 13. November 1791, AVA, StHK, Kt. 861, 23 A Galizien. Im März 1790 war die Schulpflicht für jüdische Mädchen eingeführt worden, sodass nunmehr die Notwendigkeit erweiterter, auch die Mädchen im schulfähigen Alter umfassender Verzeichnisse bestand.
128 Abschrift einer unterm 17tn Xber 791 an das Kreisamt zu Lemberg und Zloczow ergangenen Gubernialverordnung, AVA, ebd.
129 Bericht des galizischen Landesguberniums uiber die von Hof remittierte Klage der hiesigen jüdischen deutschen Lehrer Turnau, Popper, und Grünbaum wegen des Verfalls der hiesigen jüdischen Schulen vom 11. Juni 1792, AVA, ebd.
130 Provisorium – Bericht der Untersuchungskommission in jüdischen deutschen Schulsachen vom 27. Dezember 1793, TsDIAL, 701/4/6 (CAHJP, HM 2/8852.9).
131 Hofdekrete vom 13. Januar 1795, HKP Galizien 1795, 14 (Januarius, Nr. 36), 23. Februar 1795, AVA, ebd., 74 (Februarius, Nr. 52) und 18. Februar 1796, HKP Galizien 1796, 92 (Februarius, Nr. 71).

müsse«.¹³² Da nach der Tradition jeder jüdische Junge ab einem Alter von 13 Jahren zum Morgengebet die Gebetsriemen (*Tefillin*) anlegen musste, konnte diese sichtbare Altersanzeige zur Prüfung dienen, ob ein Knabe bereits das Schulfähigkeitsalter überschritten hatte. Im umgekehrten Fall verwies das durch Lehrer oder Nachbarn beobachtbare allmorgendliche Auftreten eines Jungen ohne *Tefillin* darauf, dass sich dieses Kind noch im schulfähigen Alter befand und also unterrichtspflichtig war. Ausdrücklich bezog sich Homberg auf die Praxis der falschen Altersangabe der Kinder durch die Eltern:

»Die Veranlaßung zur Verordnung vom Umbinden der Thephilin, war die allgemeine Verwunderung der Lehrer über den auffallenden Kontrast zwischen dem wirklichen, und dem in der Konskripzion angegebenen Alter vieler Schüler, indem 8jährige für 16 – 9jährige für 17jährig angegeben sind; und endlich die Anfrage derselben, was hiebei zu thun sey. Berief sich der Lehrer auf das wahrscheinliche Alter, so wiesen die Väter auf das Konskripzionsbuch hin, dem kein Lehrer widersprechen darf. Aus diesem Widerspruche zu kommen, schlug man vor, dem Lehrer die Macht einzuräumen, alle Knaben, und wenn sie im Buche auch schon das 20te Jahr erreicht haben, so lang sie noch nicht die gedachte Zeremonie beobachten, zur Schule zu ziehen, weil sie in diesem Falle das 13te Jahr sicher noch nicht zurück gelegt haben.«¹³³

Grundsätzlich ließ sich auf diese Weise feststellen, ob die Eltern bei der Altersangabe ihrer Söhne die Wahrheit sagten oder nicht: Man konnte ihre Nachbarn und Bekannten fragen, ob der Knabe bereits die Gebetsriemen anlegte. Jüdische Eltern, die um einen staatlichen Heiratskonsens für ihren Sohn nachsuchten, mussten, wenn er über kein Normalschulzeugnis verfügte, nachweisen, dass er schon im Jahr 1786 *Tefillin* angelegt hatte, also damals 13 Jahre alt gewesen war und somit nicht unter die Vorschrift fiel, welche die Vorlage des Schulzeugnisses zur Voraussetzung der Heiratserlaubnis machte.¹³⁴

Allerdings ergaben sich Irritationen und Zweifel hinsichtlich der Anwendbarkeit dieses Erkennungsinstruments, als im Oktober 1789 der Kreisschuldirektor von Przemyśl berichtete, dass in seinem Visitationsbereich jüdische Eltern ihren Jungen bereits mit zehn Jahren, »wenn ihnen das Talmudstudium mehr in den Kopf gehe«, das Anlegen der *Tefillin* gestatteten. Der Kreisschuldirektor hatte beobachtet, dass diese in verstärkter Frömmigkeit wurzelnde Praxis Einzelner von immer mehr Knaben nachgeahmt wurde, da deren Eltern wussten, dass »dieß das einzige Mittel ist die Kinder der Schule zu entziehen«. Er befürchtete, dass nun immer mehr jüdische Jungen dem Unterricht fernbleiben würden und schlug vor, sich nicht auf die Praxis des

---

132 Notiz zum Studienprotokoll vom 3. März 1790, AVA, StHK, Kt. 106, 23 Galizien.
133 Aeusserung des jüdischen Schuloberaufsehers H. Homberg über den Bericht der k. christlichen Schulenoberaufsicht vom 20. Januar 1790, TsDIAL, 148/3/2278 (CAHJP, HM 2/ 9676.7).
134 Schreiben des Lemberger Kreisamts an den Kahal vom 7. November 1793, TsDIAL, 701/4/3 (CAHJP, HM 2/8193.2).

Tefillin-Anlegens zu verlassen, sondern »ein bestimmtes Alter zum Schulbesuche zu bestimmen, und die Talmudschüler ebenfalls noch zum deutschen Unterrichte zu verhalten«.[135] Diesem Vorschlag pflichtete der christliche Schuloberaufseher bei und empfahl zudem, keinem jüdischen Knaben – also auch keinem Jungen, der älter als 13 Jahre sei – das Umbinden der Gebetsriemen zu gestatten, es sei denn er könne mit einem Zeugnis des Normalschullehrers nachweisen, dass er wenigstens seit einem Jahr am deutschen Unterricht teilnehme.[136] Vergleicht man die auf Hombergs Vorschlag hin eingeführte Vorschrift, derzufolge jeder Knabe, der noch keine *Tefillin* anlegte, in die Schule gehöre, mit dem Vorschlag Hofmanns, so ist unschwer eine Steigerung des Disziplinierungsdrucks zu erkennen: Diente Hombergs Bestimmung den Zwecken der Erfassung und Kontrolle mithilfe eines traditionellen Erkennungsmerkmals, so zielte Hofmanns Vorschlag auf eine Instrumentalisierung jener religionsgesetzlich gebotenen Praxis für Strafzwecke.

Homberg, der sich angesichts des *Minhag* der Przemyśler Juden überrascht zeigte – die Beobachtung des Kreisschuldirektors über das *Tefillin*-Anlegen durch Zehnjährige könne nicht zutreffen, da sie der *Halacha* widerspreche – verwies darauf, dass eine Umsetzung von Hofmanns Vorschlag die Einschränkung einer religionsgesetzlich vorgeschriebenen Praxis bedeuten und damit das Toleranzgebot verletzen würde. Sollte zudem »die Nichtausübung der Gesetze zum Strafmittel dienen«, so Homberg sarkastisch, »so wäre man so fruchtbar an Mitteln, als die jüdische Religion reich an Gesetzen ist.«[137] Während das Gubernium die Position Hofmanns unterstützte,[138] schlossen sich die Wiener Behörden wie so oft dem Urteil Hombergs an und weigerten sich, eine religiöse Praxis dem Sanktionsgeschehen zu unterwerfen. Als eine »bloß gottesdienstliche Handlung« dürfe das Umlegen der *Tefillin* »nicht gehemmt werden«, wie die Studienhofkommission votierte. Die Bestimmung aber, dass ein jüdischer Knabe, der keine Gebetsriemen anlegte, zur Schule gehen müsse, solle weiterhin gelten.[139]

Die religionsgesetzliche Praxis des *Tefillin*-Anlegens war im Sinn von Erfassung und Kontrolle natürlich nur signifikant, wenn die Frage der Schulfähigkeit jüdischer Jungen zur Debatte stand; für jüdische Mädchen gab es kein derart offensichtliches Erkennungszeichen, das im Diskurs der Disziplinierung eine Rolle hätte spielen können. Als ebenso fruchtlos erwies sich ein weiteres Instrument der Nutzbarmachung lebensweltlich-ritueller Erkennungsmerkmale, auf das bereits ausführlich eingegangen wurde. Gemeint ist die Pflicht der *Melamdim* zur Angabe ihrer Schüler bei den Normalschul-

---

135 Bericht über die Schulen des Kreises Przemyśl vom 1. Oktober 1789, TsDIAL, 148/3/2278 (CAHJP, HM 2/9676.7).
136 Bericht Hofmanns vom 29. August 1789, TsDIAL, ebd.
137 Aeusserung des jüdischen Schuloberaufsehers H. Homberg über den Bericht der k. christlichen Schulenoberaufsicht vom 20. Januar 1790, TsDIAL, ebd.
138 Bericht des galizischen Guberniums vom 16. Februar 1790, AVA, StHK, Kt. 106, 23 Galizien.
139 Notiz zum Studienprotokoll vom 3. März 1790, AVA, ebd.

lehrern. Wenn auch die Eltern ihre Kinder der konskriptionellen Verzeichnung entzogen bzw. deren Alter falsch angaben, so hofften Homberg und die Behörden doch, viele der schulpflichtigen jüdischen Knaben erfassen zu können, indem sie die Schüler in den traditionellen Lehrstuben registrierten, deckte sich doch das Alter der von den *Melamdim* unterrichteten Kinder weitgehend mit dem Schulfähigkeitsalter gemäß der Theresianischen Schulordnung. Den *Melamdim* war damit sozusagen die Rolle von Sub-Statistikern bei der Verzeichnung der schulfähigen Kinder zugedacht. Gleichzeitig sollte die Erhebung der in den *Chadarim* unterrichteten Schüler der Prüfung dienen, ob trotz Verbots Kinder im Talmud unterrichtet wurden, die dem Unterricht in den deutschen Schulen konsequent fernblieben; sie hätte damit auch den Zweck einer Kenntlichmachung der gesetzwidrig handelnden und zu bestrafenden Religionslehrer erfüllt. Auf die Erfolglosigkeit der entsprechenden Vorschriften wurde bereits verwiesen.[140]

»Schulstrafen« und andere Sanktionen

Neben dem – auf Hombergs Einspruch hin schließlich abgemilderten – Verbot, einen Knaben zum Talmudstudium zuzulassen, ehe er nicht die deutsche Schule besucht hatte, und der noch ausführlich zu behandelnden Praxis der Verweigerung des staatlichen Ehekonsenses für Brautpaare, die kein Normalschulzeugnis vorweisen konnten, existierten weitere, auf die Erschwerung des persönlichen Fortkommens zielende Sanktionsdrohungen gegen potenzielle Schulverweigerer. Im Unterschied zu den allgegenwärtigen Geld-, Arrest- oder Arbeitsstrafen[141] betrafen diese Sanktionen nicht direkt die Eltern, sondern vielmehr die nicht am Unterricht teilnehmenden Kinder selbst. Indem sie deren berufliches Vorankommen oder persönliches Glück beeinträchtigten, schlugen die Strafen jedoch auch auf die Familien der betroffenen Kinder zurück und hätten dadurch – wären sie je mit voller Strenge angewendet worden – den ihnen zugedachten generalpräventiven Zweck erfüllen können. Ein jüdischer »Hausvater«, so die Kalkulation der Behörden, würde es sich zweimal überlegen, seinen Sohn nicht in die Schule zu schicken, wenn

---

140 Siehe im vorherigen Kap.
141 Nach den Bestimmungen des *Provisoriums* vom Dezember 1793 waren die Väter von Kindern, die dem Unterricht eine Woche ohne Grund ferngeblieben waren, mit neun Kreuzern Strafgeld oder zwei Tagen Arrest zu bestrafen. Bei dreimaligem »Straffällig«-Werden (also einem sich über drei Wochen erstreckenden Ausbleiben) drohten bereits 18 Kreuzer Strafgeld bzw. vier Tage Arrest. Die Strafen steigerten sich bis hin zu vier Tagen öffentlicher Arbeit bei 18-maliger »Straffälligkeit«. Geldstrafen sollten nicht mehr wie bisher durch Pfänder abgegolten werden können; wer das Strafgeld nicht zahlen konnte, sollte sofort in Arrest genommen werden. Provisorium – Bericht der Untersuchungskommission in jüdischen deutschen Schulsachen vom 27. Dezember 1793. TsDIAL, 701/4/6 (CAHJP, HM 2/8852.9).

diesem zur Strafe das Eheverbot oder die Untersagung des Talmudstudiums drohte.

Das schulisch konditionierte Heiratsverbot ausgenommen, hatten viele jener auf die Behinderung des persönlichen Fortkommens zielenden Sanktionsdrohungen Parallelen im christlichen Normalschulwesen und seinem Strafdiskurs. So entsprach zum Beispiel der Hinderung am Talmudstudium die 1783 in Galizien eingeführte Vorschrift, der zufolge kein christlicher Knabe zum Besuch der lateinischen Schulen zugelassen werden durfte, ehe er nicht den deutschen Unterricht mit dem vorgeschriebenen Erfolg absolviert hatte.[142] Beide Bestimmungen zielten auf eine Erschwerung des Bildungsfortschritts des betroffenen Kinds und bedingten damit auch eine Minderung von dessen zukünftigem Sozialprestige; beiden lag zudem das kameralistische Motiv der Verringerung einer »müßiggängerischen« Schicht von Studierten zugunsten der produktiven Bevölkerung zugrunde. Während jedoch das Gymnasialverbot keine direkten Auswirkungen im Hinblick auf die christlich-religiöse Sphäre zeitigte, griff das Verbot, ohne Normalschulzeugnis den Talmud zu studieren, unmittelbar in die rituell-religionsgesetzlichen Lebenszusammenhänge der jüdischen Bevölkerung ein.

Für den christlichen Normalschulbereich hatte Joseph II. 1784 angeordnet, dass ältere Knaben und Jugendliche, die ein Handwerk zu erlernen wünschten, einen mindestens zweijährigen Schulbesuch nachweisen mussten.[143] Diese Vorschrift galt analog für jüdische Jugendliche. In der galizischen Landeshauptstadt wurde davon zunächst eine Ausnahme insofern gemacht, als es Handwerkern zwar gestattet war, Knaben ohne Schulzeugnis in die Lehre zu nehmen, sie diese jedoch keinesfalls in den Gesellenstand entlassen durften, wenn die Jugendlichen nicht zuvor wenigstens zwei Jahre lang die deutsche Schule besucht hatten. Die Ausnahmeregelung verfolgte offenbar den Zweck, Söhnen mittelloser jüdischer Familien die Möglichkeit zu geben, sich bei einem Handwerker zu verdingen und dadurch für eine gewisse Zeit Kost und Logis zu erhalten.[144] Vor dem Hintergrund der geringen Schulmoral der jü-

---

142 Hofdekret vom 11. Dezember 1783, AVA, StHK, Kt. 3, 2 k, Studien in gen. Galizien 1784.
143 Vgl. Engelbrecht, Geschichte des österreichischen Bildungswesens, Bd. 3, 120. Zuvor war die Absolvierung der von der Allgemeinen Schulordnung vorgeschriebenen sechs Unterrichtsjahre Bedingung.
144 Bericht des Guberniums vom 16. Februar 1790, Notiz zum Studienprotokoll vom 3. März 1790 und Hofdekret vom 5. März 1790, AVA, StHK, Kt. 106, 23 Galizien. Den im Gubernialbericht referierten Vorschlägen der beiden Oberaufseher zur Verbesserung des jüdischen deutschen Schulwesens zufolge hatte Homberg erklärt, dass es eine von Hofmann geforderte Vorschrift, die den Handwerkern verbiete, »ohne ein solches [Normalschul-]Zeugniß einen Juden aufzudingen«, bereits gebe, »nur würde es wie billig bey den Kindern nicht angewendet, die, um ihren Unterhalt zu haben, zu Handwerkern in die Lehre gehen«. Das Gubernium präzisierte diese Aussage indem es feststellte, »daß zwar ein Judenknabe von einem Handwerker ohne Schulzeugniß in die Lehre genommen, keineswegs aber ohne dasselbe freygesprochen werden darf«. Das Zeugnis musste beweisen, dass der künftige Geselle »eine deutsche Schule durch zwey Jahre und mit Fortgang« besucht hatte.

dischen Bevölkerung Lembergs wurde diese Erleichterung jedoch Anfang 1793 wieder zurückgenommen. Im Januar desselben Jahres ordnete das Lemberger Kreisamt an, dass der *Kahal* in allen Synagogen erneut die Vorschrift zu verkünden habe, »daß kein jüdisches Kind, welches nicht deutsch lesen und schreiben kann, [...] bei einem Handwerk untergebracht werden sollte«. Ein bereits in die Handwerkslehre genommener jüdischer Knabe ohne nachgewiesene Deutschkenntnisse musste wieder in die Schule zurückgeschickt werden; der Meister, der ihn illegal beschäftigt hatte, sollte »mit einer Polizeystraffe unausbleiblich belegt« werden.[145] Welche Folgen dies für die Betroffenen hatte, zeigt ein Beispiel vom Herbst 1793. Im Oktober wiederholte das Kreisamt einen bereits zu Beginn des Jahres an den Lemberger *Kahal* ergangenen Auftrag, »alle bei den hiesigen Schneidermeistern vorschriftswidrig [aufgenommenen] Lehrbuben, welche die Normalschulen nicht frequentirt haben, [...] in ihre Geburtsorter abzusenden, oder bei keinem Handwerk in so lange nicht lernen zu lassen, bis sie sich mit Zäugnissen der Normalschule, daß sie die gehörigen Klassen versehen haben, ausweißen werden«.[146] Die Gemeinde leitete den Befehl an die jüdischen Schneider der Stadt weiter. Diese entgegneten,

»daß bei ihnen mehrstentheils wirkliche fähige Gesellen, und zwar von solchem Alter sich befinden, daß selbe vermög hoher Vorschrift von dem Besuch der Normalschule allerdings entbunden und befreyet sind. Was aber denen etlichen Lehrbuben betrifft, die mehrstens älternlos, und in größter Armuth versetzet sind; mithin dieselbe bei Entlassung, ohnmittelbar den Bettelstab würden ergreifen müssen, schmeicheln sich Gefertigte, das derlei Buben, um so mehr von den Besuch der Normalschule zu befreyen sind, damit dieselbe in Gemäßheit des allerhöchsten Willens, durch Erlernung eines Handwerks, ihr Brod durch Arbeiten, und nicht durch Bettlerey verdienen – und vorzüglichen dem Staat einen Nutzen dadurch verschaffen mögen.«[147]

Die jüdischen Schneider Lembergs verwiesen damit auf das Produktivierungsziel des reformabsolutistischen Staates, welches ihnen durch die Präambeln der in den Gassen und Synagogen kundgemachten Dekrete, Patente und Gesetze bekannt war. Der Nutzen für das Gemeinwohl, der daraus entsprang, dass ihre Lehrlinge als zukünftige Handwerker dem Staat nicht durch Bettelei zur Last fallen würden, rechtfertigte ihrer Meinung nach das Ausbleiben der Lehrjungen aus den jüdischen deutschen Schulen. Ihre Argumentation zeugte von einem gewissen Selbstbewusstsein, aber letztlich wollten und konnten sie der Entscheidung ihrer selbst unter Vollzugszwang stehenden Gemeindevorsteher nicht vorgreifen. Falls diese sich ihrem Anliegen

---

145 Schreiben des Lemberger Kreisamts an den *Kahal* vom 30. Januar 1793, TsDIAL, 701/4/3 (CAHJP, HM 2/8193.2).
146 Schreiben des Kreisamts vom 21. Oktober 1793, TsDIAL, 701/4/1 (CAHJP, HM 2/8193.1).
147 Schreiben der jüdischen Schneidermeister zu Lemberg vom 6. November 1793, TsDIAL, 701/4/2 (CAHJP, HM 2/8852.8). Das Schriftstück ist auf Deutsch und Jiddisch verfasst und von acht Männern unterzeichnet.

nicht anschließen könnten, überließen sie es dem *Kahal*, mit den Lehrlingen
»nach eigenem Gefallen zu verfahren«.[148] Da von diesem Vorgang über die
angeführten Dokumente hinaus nur der fragmentarische Entwurf eines Antwortschreibens des *Kahal* an das Kreisamt erhalten ist, lässt sich das weitere
Schicksal der jüdischen Lehrlinge nicht mehr klären. Aus dem Antwortfrag-
ment geht lediglich hervor, dass die Gemeindevorsteher die von den Schnei-
dern vorgebrachte Bitte um Freistellung der Lehrlinge vom Normalschulunterricht unterstützten und dabei ebenfalls das Argument der Bettelvermei-
dung bemühten: Sie deuteten dem Kreisamt gegenüber an, auf welche Weise
»dergleichen Eltern loßes Gesindel«, wenn es »ohne Verdienst verbliebe«, sich
zu ernähren gezwungen sein werde.[149]

Schulwirklichkeit und Sanktionsdiskurs in Lemberg 1791–1793

Eine der entscheidenden Schwachstellen des Sanktionsgefüges – und damit
des gesamten auf Schulnützlichkeit zielenden Disziplinierungsgeschehens –
bildete die Tatsache, dass die Ausübung (»Exekution«) der behördlich verhängten Strafen den Gemeindeorganen überlassen blieb. Der offiziell seiner
Autonomie beraubte *Kahal*, die Gemeindevorsteher (*Parnasim*) bzw. der
monatlich wechselnde, für die Führung der Kahalgeschäfte zuständige Vorsteher, der sog. »Monatshalter« (*Parnas ha-chodesch*), waren für die Eintreibung der Strafgelder sowie gegebenenfalls auch für die Arrestnahme bzw. die
Zuführung der devianten Eltern zur Strafarbeit verantwortlich. Die jüdischen
deutschen Lehrer hatten anhand der – mehr oder weniger vollständigen –
Verzeichnisse der zu ihren Schulen bestimmten Kinder wöchentlich die Listen
der ausgebliebenen Schüler und Schülerinnen zu erstellen und über das
Kreisamt dem *Kahal* zur »Amtshandlung«, das heißt zur Exekution der
Strafen zuzuleiten. Im Folgenden soll an drei Beispielen – den aus dem Jahre
1791 stammenden Klagen mehrerer Lehrer über den »Verfall« der Lemberger
jüdischen Normalschulen, dem Bericht Hombergs über den Zustand der jüdischen deutschen Schulen im Sommerkurs 1791 sowie dem Schriftwechsel
zwischen dem Lemberger Kreisamt und dem *Kahal* aus dem Jahre 1793 – ein
Ausschnitt jüdischer deutscher Schulwirklichkeit in der galizischen Landeshauptstadt in der ersten Hälfte der 1790er Jahre gezeichnet werden. Im Mittelpunkt der hier behandelten Vorgänge standen die Nicht-Durchsetzung von
Vorschriften zur Einhaltung der Schulpflicht und die ausbleibende »Exekution« verhängter Schulstrafen. Es ging um »Gesetze, die nicht durchgesetzt
werden« (Jürgen Schlumbohm) und damit um das Dilemma des Diskurses der
Disziplinierung und erstrebten Schulnützlichkeit. Damit verbunden waren auf
der einen Seite Fragen der Autorität und Durchsetzungsstärke der staatlichen

---

148 Ebd.
149 Entwurf oder Kopie eines Antwortschreibens (Fragment), o. D., TsDIAL, ebd.

Behörden sowie der Stellung Hombergs und der Lehrer, während andererseits das Beharrungsvermögen und die Widerständigkeit der galizischen Juden deutlich wurden.

Noch aus dem Jahre 1791 rührten die Klagen der Lemberger jüdischen Hauptschullehrer Joel Turnau und Simon Popper sowie des Lehrers an der Schule in der Krakauer Vorstadt Benjamin Grünbaum, die – wie auch eine Beschwerde ähnlichen Inhalts aus der Feder Hombergs – Anfang 1792 dem Galizischen Gubernium zugingen und von diesem einige Monate später, am 11. Juni 1792, in einem umfangreichen Bericht an die Hofkanzlei gewürdigt wurden.[150] Das Gubernium berief sich auf eine Vielzahl von Verordnungen an das Lemberger Kreisamt zur Abstellung der Mängel im jüdischen Normalschulsektor, die jedoch allesamt folgenlos geblieben seien. Wie Homberg und die Lehrer klagten – und die Landesbehörde bestätigen musste – seien die Schulen in den letzten Monaten »ohne Schüler geblieben«; insbesondere die schulpflichtigen jüdischen Mädchen würden dem Unterricht in den Trivialschulen fernbleiben. Die erhobenen Strafgelder seien nicht eingetrieben und es sei kein Hausvorstand mit Arrest oder öffentlicher Arbeit bestraft worden – wodurch das Abschreckungspotenzial der Sanktionen wirkungslos geblieben sei. Auch die *Melamdim*, die ihre Schüler nicht zur Schule schickten, seien straffrei ausgegangen. Wie aus dem Bericht des Guberniums deutlich wurde, hatten die Lehrer ihre Vorwürfe vor allem gegen das Kreisamt erhoben, das die Durchsetzung der erforderlichen Maßnahmen im Bereich der Strafanwendung wenn überhaupt, dann nur sehr nachlässig betrieb. Die Klagen zielten jedoch zugleich gegen die Verschleppungstaktik der Gemeindevorsteher; letztlich offenbarte sich aus den inkriminierten Unterlassungen und Verstößen sowie aus den Reaktionen des Kreisamts wenn nicht eine ausgesprochene Kooperation, so doch eine Haltung des Laissez-faire der lokalen Behörde gegenüber dem widerständigen *Kahal*.

---

150 Bericht des galizischen Landesguberniums uiber die von Hof remittierte Klage der hiesigen jüdischen deutschen Lehrer Turnau, Popper, und Grünbaum wegen des Verfalls der hiesigen jüdischen Schulen vom 11. Juni 1792, AVA, StHK, Kt. 861, 23 A Galizien. Die Beschwerde der Lehrer war direkt an Kaiser Leopold II. gerichtet gewesen. Die Hofkanzlei hatte das Schriftstück am 20. Dezember 1791 an das Galizische Gubernium mit dem Auftrag gesandt, hierüber Bericht zu erstatten: AVA, HKP Galizien 1791, 732, December, Nr. 67. Am 8. Januar 1792 erhielt die Landesstelle von der Hofvisitations-Kommission »eine beinahe gleichlautende Klage« Hombergs. Das Gubernium leitete beide Beschwerden dem Lemberger Kreisamt zur »genauen Beantwortung, und zu seiner Rechtfertigung« zu, da die Schriftstücke offenbar heftige Angriffe gegen das Verhalten des Kreisamts bei der Durchsetzung der Schulstrafen enthielten. Dem Kreisamt wurden zudem 16 Fragen mitgeteilt, welche die Hauptpunkte der vorgebrachten Beschwerden zusammenfassten. Der hier referierte Bericht des Guberniums enthält die Antworten des Kreisamts auf jede einzelne dieser 16 Fragen sowie die Stellungnahme des Guberniums hierzu. Von den 16 Fragen befassten sich zwölf mit Problemen bei der Schulpflicht-Durchsetzung und den notwendigen Sanktionen, vier Punkte behandelten individuelle Beschwerden der Lehrer über ungerechte Behandlung, die Nichterfüllung von Schulbedürfnissen durch den *Kahal* sowie den Vorwurf der Gemeindevorsteher, dass Homberg und die Lehrer selbst Schuld am Niedergang der jüdischen deutschen Schulen seien.

Das Kreisamt setzte sich gegen die vorgebrachten Anschuldigungen zur Wehr, indem es die Argumente der Gemeindevorsteher wiedergab, die es durch eigene Beobachtungen zu bekräftigen suchte. Zumeist wurden die Vorwürfe mit direkten oder indirekten Gegenbeschuldigungen beantwortet. So wurde der Vorwurf leerer Schulzimmer an Homberg und die Lehrer zurückgegeben: Die Schulen könnten, so die Gemeindevorsteher, »nicht ohne Schüler geblieben seyn«, da 320 von den Lehrern unterschriebene »Exekutionsabtrittszettel« bewiesen, dass diese in den Strafverzeichnissen aufgeführten Kinder wieder in der Schule erschienen und die Strafforderungen gegen ihre Eltern daraufhin zurückgenommen worden seien. Entweder würden also Homberg und die Lehrer die Unwahrheit behaupten, oder aber sie hätten die Strafbefreiungszeugnisse wider besseres Wissen ausgestellt[151] und dadurch die Vorsteher nicht nur hinters Licht geführt, sondern auch übervorteilt: Denn wenn tatsächlich keine Schüler in der Schule erschienen seien, warum habe dann der *Kahal* überhaupt für den Unterhalt der Schulen aufkommen müssen? Generell gaben Gemeindevorsteher und Kreisamt dem Oberaufseher und den jüdischen deutschen Lehrern die Schuld am geringen Besuch der Schulen. Wie schon in der Petition der *Stadlanim* vom August 1790 wurde auch in der Replik des Kreisamts das traditionsabträgliche Verhalten Hombergs als Ursache der Opposition der jüdischen Bevölkerung gegen die Schulen ins Feld geführt und darauf verwiesen, dass zu Zeiten der christlichen Oberaufsicht über die jüdischen Schulen diese immer gut besucht waren. Freilich sah das Kreisamt eine Ursache der Abneigung gegen die Schulen auch in der »so geringe[n] Aufklärung der jüdischen Nazion und ihre[n] seltsame[n] Vorurtheile[n]«.[152]

Das Gubernium ließ sich nicht vollständig auf die Argumentation der ihm unterstellten Behörde und der Gemeindevorsteher ein. Es wies die Behauptung zurück, dass die jüdischen deutschen Schulen Lembergs gut besucht worden seien – ein vorgelegter Abtrittszettel beweise nur das Wiedererscheinen eines Schülers zum Unterricht, nicht dessen kontinuierlichen Schulbesuch. Es sei vielmehr anzunehmen, dass die entsprechenden Schüler nach Erhalt eines solchen Befreiungsscheins und Widerrufung der Strafexekution wieder aus der Schule ausgeblieben seien. Um aber jedem Missbrauch vorzubeugen, wies die Landesstelle das Kreisamt und Homberg an, von dieser Praxis in Zukunft abzusehen und keine derartigen Atteste mehr auszustellen. Da aus den monatlichen Verzeichnissen der Lehrer offensichtlich nicht hervorging, ob ein Schüler über den gesamten Zeitraum oder nur über einen Teil

---

151 Die in diesem Zusammenhang erhobene Behauptung, dass »die Unterschrift des Hombergs und der Lehrer falsch sey«, konnte beides bedeuten: sowohl dass die Unterschrift von dritten Personen *gefälscht* worden sei, als auch, dass Homberg und die Lehrer die Abtrittszettel *absichtlich falsch* ausgestellt hatten. Aus dem weiteren Kontext geht hervor, dass hier eher das zweite gemeint war.
152 Bericht des galizischen Landesguberniums uiber die von Hof remittierte Klage der hiesigen jüdischen deutschen Lehrer Turnau, Popper, und Grünbaum wegen des Verfalls der hiesigen jüdischen Schulen vom 11. Juni 1792, AVA, StHK, Kt. 861, 23 A Galizien.

desselben ausgeblieben war und dies eine Quelle ungerechtfertigter Bestrafung darstellen konnte, wurden die Lehrer angewiesen, dem Kreisamt neben den Strafverzeichnissen auch jeden Monat den Fleißkatalog ihrer Schule, aus dem das Erscheinen bzw. Ausbleiben eines Schülers taggenau hervorgehen sollte, einzureichen. Bei der Durchführung der Sanktionen sollte zukünftig mit aller Strenge vorgegangen und »auf das genaueste das einfache, oder doppelte Strafgeld [eingetrieben], im dritten Monat die Arreststrafe, und im vierten die öffentliche Arbeit unnachsichtlich« durchgesetzt werden. Über die verhängten Strafen sollte genau Buch geführt werden, um feststellen zu können, welche Eltern sich trotz der einfachen oder gar doppelten Geldstrafe »nicht besserten, und mit Arrest zu belegen wären« und welche weiterhin renitenten Hausväter zur ultimativen Strafe der Zwangsarbeit heranzuziehen seien.[153]

Aus den Klagen der Lehrer und den Rechtfertigungen des Kreisamts lässt sich ersehen, dass die Lokalbehörde keinesfalls ernsthaft daran interessiert war, mit ganzer Strenge gegenüber dem *Kahal* und der jüdischen Bevölkerung vorzugehen, um eine bessere Schuldisziplin zu erzielen. Offensichtlich unterhielten die Kreisbeamten zum Teil recht gute Beziehungen zur Führungsschicht der jüdischen Gemeinde. So beschwerten sich die Lehrer über das enge persönliche Verhältnis, das einige höhere Kreisbeamte zu einem der Gemeindevorsteher unterhielten.[154] Ausgerechnet an jenen Vorsteher namens Waringer, von dem bekannt sei, dass er »die Kreisamtsaufträge nicht befolge«, habe die Behörde die Lehrer mit ihren Beschwerden über ausbleibende Schüler verwiesen. Das Kreisamt verteidigte sich mit dem Hinweis darauf, »daß eben Waringer als ein deutscher Jude, der den Nutzen des Schulunterrichts kennt, der größte und einzige Schulpatron unter den Vorstehern sey«. Das Gubernium ließ sich auf diese Argumentation nicht ein und verwies das Kreisamt auf seine Pflicht, »sich nicht auf die Vorsteher zu verlassen, sondern auf die Klage der Lehrer selbst sich von der Wahrheit oder Unwahrheit zu überzeugen.«[155]

Die Hofkanzlei in Wien, welcher der Bericht des Guberniums vom 11. Juni 1792 zugegangen war, ergriff die Partei Hombergs und der Lehrer und wies die Schuld an der Misere der jüdischen deutschen Schulen in Lemberg zu großen Teilen dem Kreisamt zu: Dieses stütze sich noch immer auf die jüdischen Gemeindevorsteher und betreibe nicht energisch genug die Einforderung der Strafgelder. Aber auch das Gubernium kam in dem Hofdekret vom 13. August 1792 nicht ungeschoren davon: Da es in Lemberg ansässig sei, müsse es sehr wohl über die Schwierigkeiten der jüdischen deutschen Schulen informiert

---

153 Ebd.
154 Dazu gehörten u. a. die Vorwürfe, dass »der Hr. Kreishauptmann bei Waringer am Lauberfeste supirte, und der (Kreisamts)Sekretär Hausmann eine Zeitlang eine Kuh in des Waringers Hof hatte«. Das Gubernium tat diese Klagen als »Personalbeschuldigungen« ab und widmete ihnen keine weitere Aufmerksamkeit. Ebd.
155 Ebd.

sein und hätte von Anfang an aus eigener Initiative gegen die Missachtung der Unterrichtspflicht vorgehen sollen. Das Gubernium solle nun das Kreisamt »aufs Schärfste« zur Unterstützung Hombergs und des jüdischen deutschen Schulwesens anhalten und die Gemeindevorsteher unter Druck setzen. Alle Bittschriften und Klagen Hombergs und der Lehrer an Gubernium oder Kreisamt seien in Zukunft ernst zu nehmen und schriftlich zu beantworten. Das Kreisamt wurde dafür getadelt, dass es Homberg »schmutzigen Eigennutz, schmutzige Handlungen« vorwerfe, hierfür aber die Beweise schuldig bleibe.[156]

In Wien betrachtete man die Vorgänge in Lemberg offenbar mit großer Sorge. Bereits kurz zuvor hatte der Oberaufseher in seinem regulären Bericht über den Sommerkurs 1791 auf die desolate Lage der jüdischen deutschen Schulen aufmerksam gemacht.[157] Homberg hatte darin auf seine bereits wiederholt vorgebrachten Anzeigen und Klagen über den Niedergang der Schuldisziplin vor allem in den großen Gemeinden Lembergs und Brodys verwiesen und diese Situation direkt auf die Petition der *Stadlanim* vom August 1790 und ihre Wirkung innerhalb der jüdischen Gemeinschaft zurückgeführt: Bevor »die Bevollmächtigten der hiesigen [das heißt der Lemberger] und Broder Judenschaft das ganze Schulinstitut zu erschüttern suchten«, seien die Schulen gut besucht gewesen. Während es nun in den »Landschulen [...] fast durchgängig nach Wunsch« gehe, blieben in Lemberg und Brody, »bei diesen überaus reichen, und daher hochmüthigen Gemeinen [...] alle Uiberredungsmittel ohne Wirkung«. Die Schulen seien zum Zeitpunkt der Berichtlegung – über zwei Wochen nach Beginn des Winterkurses – noch ganz leer. Die jüdischen Mädchen besuchten weder die eigens für sie eingerichtete Schule noch die Trivialschulen in den Vorstädten. Von den Behelfern erscheine »fast kein einziger« zum Unterricht. Als Ursache für die Fortdauer dieser desolaten Lage machte Homberg die ausbleibende Strenge bei der Durchsetzung der Sanktionen verantwortlich. Seine diesbezügliche Klage liest sich wie eine resignative Zusammenfassung des Disziplinierungs- bzw. Strafdiskurses:

»Und die Zwangsmittel? Den Zwangsmitteln würde allerdings die gehörige Wirkung zusagen, wenn sie angewendet; wenn sie aber oft angedroht, und nie gebraucht werden; so müssen die Gesetze ihr Ansehen verlieren, und der darüber hält, kann sich keine Achtung versprechen. Jenes ist das Schicksal der Schuleinrichtungen, dieses der Fall der Oberaufsicht.«[158]

Homberg sah somit in der ausbleibenden Sanktion, in den an den Eltern nicht vollzogenen Strafen die Ursache auch seiner eigenen prekären Situation und der ihm und den Lehrern vonseiten der jüdischen Bevölkerung entgegenge-

---

156 Hofdekret vom 13. August 1792, AVA, StHK, Kt. 861, 23 A Galizien.
157 Bericht Hombergs vom 13. November 1791, AVA, ebd.
158 Ebd.

brachten Missachtung. Die »eifrigen Lehrer« würden »grade ihres Eifers und Lärmens wegen« – Homberg meinte damit die von den Lehrern eingereichten Strafverzeichnisse, ihre Anzeigen renitenter Eltern sowie ihre häufigen Klagen über die Missstände – »angefeindet, verachtet und gekränkt«.[159] Mit dieser Einschätzung stand er nicht allein; auch die Lemberger Lehrer selbst beklagten sich mittlerweile über zunehmende Geringschätzung seitens der Schüler und Eltern und führten den Verlust ihrer Autorität auf das Ausbleiben der Bestrafung zurück. Als im Frühsommer 1793 mehrere Schüler und deren Väter den Lehrern Nathan Gunzenhausen und Simon Homberg Prügel androhten, weil diese einige Jugendliche gemaßregelt hatten, bat die jüdisch-deutsche Lehrerversammlung den Studienkonsess, dieser solle das Kreisamt drängen, endlich »die Eltern, welche von den Monaten Jänner, Febr[uar] und März die Arreststrafe verdienten, damit zu belegen, weil sonst die Lehrer Gefahr laufen, von Vätern und Schülern zugleich in ihren eigenen Schulen mißhandelt zu werden.«[160]

In seinem Bericht über den Sommerkurs 1791 zitierte Homberg aus dem Paragrafen 12 des galizischen Judenpatents von 1789, demzufolge das Kreisamt sowohl die Väter ausbleibender Schüler als auch die Religionslehrer, welche die Kinder ohne Normalschulzeugnis im Talmud unterrichteten, mit einem »dreytägigen Verhaft« bestrafen und für die Zurücksendung der Kinder in die Schule sorgen sollte. Doch hätten alle bisherigen Anzeigen Hombergs und der Lehrer nichts bewirkt, auch auf die eingereichten Strafverzeichnisse sei kein Vater oder *Melamed* je »auch nur mit einem stündigen Verhaft« bestraft worden. Das Gubernium habe zwar schon im Juni 1791 den Kreisämtern in Lemberg und Złoczów[161] aufgetragen, »widersetzliche Eltern« mit Arrest zu bestrafen. Doch seien diese Aufträge nie befolgt worden. Neben der ausbleibenden Sanktion verwies Homberg auch auf die mangelhafte Erfassung der schulfähigen Kinder als eine der Ursachen der desolaten Lage. So fehle den Lehrern ein »genaues Verzeichnis der jüdischen Kinder und ihrer Eltern zur genauen Bestimmung der Schulfähigkeit der ersteren«, welches das Kreisamt zu erstellen hatte. Ohne diese Listen, so lässt sich vermuten, waren die Lehrer nicht selten auf Mutmaßungen angewiesen, konnte es geschehen, dass Familienväter fälschlich angezeigt wurden, was wiederum dem *Kahal* einen Vorwand lieferte, die Lehrer der Willkür zu beschuldigen und die Strafdurchsetzung zu vereiteln.

Homberg sah die Kreisämter als die mittelbar Verantwortlichen für die desolate Situation des jüdischen deutschen Schulwesens in Lemberg und Brody an. Die Ämter überließen, weil »zu beschäftigt mit so viel anderen

---

159 Ebd.
160 Schreiben der deutsch-jüdischen Lehrerversammlung vom 14. Juni 1793, TsDIAL, 701/4/3 (CAHJP, HM 2/8193.2).
161 Das Kreisamt in Złoczów war für die Stadt Brody zuständig.

Gegenständen«, die Durchsetzung der Strafen den Gemeindevorstehern. Dies bedeute jedoch,

»gerade so viel, als einem menschenfreundlichen Christen auftragen – ein Auto da fé zu vollstrecken. Von der Willkühr solcher erklärten Schulfeinde [also der Gemeindevorsteher], ja zuweilen gar von dem Belieben ihres Dieners hängt einzig und allein das Wohl und Weh, der Fortschritt und Rückgang des hiesigen Schulwesens ab! Daher werden nur immer die Akten voll, die Schulen aber bleiben leer; und werden nie, nie gefüllt werden.«[162]

Homberg führte Beispiele an, die die »Schulfeindlichkeit« der Gemeindevorsteher beweisen sollten.[163] Die einzige Möglichkeit, Übertretungen wirksam zu ahnden und den Schulbesuch der Kinder durchzusetzen, sah Homberg darin, dass »die [Straf-]Exekuzion ihren Händen entrissen, und Eiferern für die heilsamen Schulanordnungen anvertrauet« werde. Mit Letzteren meinte er sich selbst und den Oberlehrer an der Hauptschule in Brody, Elias Minden. Homberg und Minden sollten vom Gubernium mit der Durchsetzung der Strafsanktionen und der Ausführung sonstiger »hoher Aufträge« zum Wohle des Schulwesens betraut werden. Der Oberaufseher bezeichnete die Strafexekution als ein »beschwerliches« und »verdrießliches Geschäft«, doch hoffte er, »daß einige wenige Beispiele von angedrohter, und wirklich ausgeübter Strenge hinreichend wären, allen übrigen Bestrafungen zu entbehren.«[164]

Hombergs Vorschlag der Übertragung der Strafbefugnis an ihn und den Brodyer jüdischen Hauptschullehrer Minden ist sehr aufschlussreich. Homberg erkannte sehr wohl eine der wesentlichen Schwachstellen im Prozess der Normdurchsetzung und damit der Herstellung der erwünschten Schulnützlichkeit: die Übertragung von Sanktionsbefugnissen an den *Kahal* in einem

---

162 Bericht Hombergs vom 13. November 1791, AVA, StHK, Kt. 861, 23 A Galizien.
163 Homberg verwies u. a. auf einen der Vorsteher, David Kohn, der seinen schulpflichtigen Sohn seit drei Jahren nicht zur Schule schicke und alle Anzeigen der Lehrer und Hombergs missachte: »Dieß kam vor bei der letzten Prüfung, der er [Kohn] beiwohnte (gezwungen, als Vorsteher); und als er von Sn. Gnaden, dem Herrn Studienreferenten befragt wurde, warum er seinen Sohn nicht zur Schule schicke; so war er frech genug, in Gegenwart so vieler, die seinen gesunden Sohn kennen, zu antworten: *Mein Sohn ist schon drei Jahre krank.* Diese grobe Lüge erregte ein allgemeines Gelächter. Lehrer, Schüler, Gemeineglieder, alles lachte überlaut, ja sogar die übrigen Vorsteher selbst, so sehr sie sich auch zwangen, konnten sich dennoch, der gar zu abgeschmackten [Ausrede] wegen, nicht des Lachens enthalten. – Aber soll auch alles in Gelächter ausgehen? Verdient dieser unverschämte Jude nicht zur Gemeinarbeit, oder weil er reich ist, zum Erleg von 50 # [Dukaten] verdammt, und in jedem Falle seines Vorsteheramts entsetzt, und auf immer unfähig zu werden? Ein offenbarer frecher Verächter der höchsten und heilsamsten Gesetze, hat noch die Tollkühnheit, einer so hohen Person, in Ihrer Amtsverrichtung, vor aller Welt eine so schreyende Lüge aufzubinden; ja, wenn alles in Gelächter ausgehen soll; so wundert man sich nicht, wenn alles lächerlich wird; wenn die Schulen leer bleiben; wenn die eifrigen Lehrer angefeindet, verachtet und gekränkt werden; und wenn Assistenten, Religionslehrer und die ganze Gemeine dem Beispiele ihres Vorstehers folgen, und in eine ungezämte Frechheit ausarten.« Ebd.
164 Ebd.

Bereich, der seinen korporativen Eigeninteressen zuwiderlief. Die ausbleibende Sanktion normabweichenden Verhaltens – der Nichtvollzug von Geld- und Arreststrafen an den der Unterrichtspflicht widerstrebenden Eltern und Religionslehrern – machte das Präventionspotenzial der Strafe zunichte und ermutigte die Bevölkerung, ihren passiven Widerstand gegen die Schulen fortzusetzen. Durch die häufige Androhung der letztlich nicht vollzogenen Strafen gerieten die Bemühungen Hombergs, der Lehrer und der Behörden zur Farce, wurde das Normalschulprojekt der Lächerlichkeit preisgegeben. So war es nur konsequent, wenn Homberg die Sanktionsbefugnis für sich und einen weiteren Vertreter des jüdischen Normalschulsystems forderte. Doch reichte die Tragweite des Vorschlags über die notwendige Regulierung eines aktuellen, sich jedoch mehr und mehr chronifizierenden Problems hinaus. Eine »Entreißung« der Sanktionsbefugnis aus den Händen der Lemberger und Brodyer Gemeindevorsteher und ihre Übertragung an Homberg und Minden – und im Fall der Widerständigkeit weiterer Gemeinden wäre sicherlich auch eine Autorisierung der dortigen jüdischen Lehrer denkbar gewesen – hätte einen Transfer von Disziplinarmacht und darüber hinaus von Einfluss und Ansehen von den gemeindlichen Eliten zu Homberg und den Lehrern bedeutet. Sie wäre einer Deprivation des *Kahal* bei einer gleichzeitigen Aufwertung der vom Staat der Gemeinde »vorgesetzten«, jedoch jenseits des Schulzimmers weitgehend macht- und einflusslosen Lehrer gleichgekommen. Diese hätten sodann nicht nur über eine gewisse, im Unterricht ausgeübte Disziplinarautorität gegenüber ihren Schülern, sondern darüber hinaus auch über eine nicht unbeträchtliche Disziplinarmacht gegenüber deren Eltern und Religionslehrern verfügt.

Wie sich Homberg die von ihm und Minden auszuübende Strafdurchsetzung in der Praxis vorstellte, ließ er freilich offen. Theoretisch hätten die beiden hierfür auf die lokalen Polizeikräfte bzw. das vor Ort garnisonierte Militär zurückgreifen können. Doch verhinderte der »Mangel an Militaris« sicherlich nicht nur einmal die tatsächliche Exekution der Strafen.[165] Eine Erfüllung der Forderung Hombergs wäre zudem einer drastischen Zurücksetzung, wenn nicht gar Demütigung des Kreisamts gleichgekommen. Vize-

---

165 So stellte das Kreisamt dem *Kahal* im November 1796 die Schulstrafverzeichnisse mit dem Beisatz zu, dass »nachdem diese ungehorsamen Eltern, die ihre Kinder nicht zur Schule schicken, wegen Mangel des Militaris dermalen nicht exequiret werden können«, umso schärfer auf die Einhaltung des Heiratsverbots bei Nichtvorlage des Schulzeugnisses zu achten sei. Schreiben des Kreisamts vom 19. November 1796, TsDIAL, 701/4/11 (CAHJP, HM 2/8852.10). Auch die im Kontext der Stellungnahme zu den Klagen der Lemberger Lehrer vom Juni 1792 eigenartig anmutende Anweisung des Guberniums an das Kreisamt, in Zukunft »von [...] der Militärexekution abzukommen« lässt sich nur so verstehen, dass man den örtlichen Dragonern wichtigere Aufgaben zumaß, als renitente jüdische Eltern dazu zu zwingen, ihre Kinder in die Schulen zu schicken. Bericht des galizischen Landesguberniums uiber die von Hof remittierte Klage der hiesigen jüdischen deutschen Lehrer Turnau, Popper, und Grünbaum wegen des Verfalls der hiesigen jüdischen Schulen vom 11. Juni 1792, AVA, StHK, Kt. 861, 23 A Galizien.

gouverneur Gallenberg riet in seiner kurzen Stellungnahme denn auch von einer Übertragung der Strafbefugnis auf die Vertreter des jüdischen Normalschulwesens ab. Doch habe man eine scharfe Zurechtweisung an das Lemberger Kreisamt sowie an das für die Stadt Brody zuständige Kreisamt in Złoczów verfasst, um zu verhindern, »daß die Eintreibung der Strafgelder nicht, wie es leider bisher geschah, auch in Zukunft unbefolgt bleibe«.[166] In diesem Schreiben wurden die Kreisbeamten aufgefordert, geeignete Maßnahmen zur Beförderung des Schulbesuches zu ergreifen; unter anderem sollten sie den Gemeindevorstehern eine Geldstrafe von fünfzig Dukaten androhen, wenn diese ihrer Pflicht zur Strafexekution nicht nachkämen.[167] Die Hofkanzlei billigte die Gubernialverordnung und schloss sich auch der Empfehlung Gallenbergs an, die Strafexekution weiterhin dem *Kahal* zu überlassen. Die Gemeindevorsteher seien allerdings »zur genauesten Erfüllung ihrer Pflichten mit allem Nachdrucke anzuweisen«.[168]

Die Strafexekution verblieb somit in den Händen der Gemeindevorsteher, die sich auch weiterhin kaum bemühten, die ihnen aufgetragene Bestrafung der Eltern oder Religionslehrer vorzunehmen. Zwar wurde in dem einen oder anderen Fall tatsächlich Strafgeld eingetrieben, doch blieb das Sanktionssystem im Ganzen wirkungslos, da die widerständigen Eltern, sollte es sie einmal getroffen haben, sich letztlich doch unbeeindruckt zeigten, da sie wussten, dass die Vorsteher beim nächsten Mal Nachsicht üben würden. Zudem gab es die Möglichkeit, durch ein auf Armut oder Erwerbszwänge des Bittstellers rekurrierendes Gesuch an das Kreisamt die einmal ausgesprochene Bestrafung wieder rückgängig zu machen. Überdies scheinen die Gemeindevorsteher auch das Risiko ihrer eigenen Bestrafung – wie in dem Gubernialerlass vom 17. Dezember 1791 angedroht – in Kauf genommen zu haben: Sie wussten, dass die Kreisämter auf ihre Kooperation angewiesen waren.

Für das Jahr 1793 hat sich der Schriftwechsel zwischen dem Lemberger Kreisamt und den jüdischen Gemeindevorstehern Lembergs erhalten. Er zeigt minutiös, wie schleppend und uneffektiv die Strafdurchsetzung in der Praxis erfolgte und beleuchtet den Hintergrund, vor dem Homberg die Übertragung der Strafbefugnis gefordert hatte. Aus der Korrespondenz und weiteren Quellen wird ersichtlich, dass das Kreisamt nur selten aus eigener Initiative tätig wurde: Den meisten der an die Adresse der Gemeindevorsteher gerichteten Ermahnungen waren Gubernialverordnungen vorausgegangen; in mehreren Fällen hatten scharf formulierte Hofdekrete aus Wien zuvor bei der Landesstelle für den entsprechenden Vollzugsdruck gesorgt, den diese dann

---

166 Bemerkung Gallenbergs vom 17. Dezember 1791 auf dem Bericht Hombergs vom 13. November 1791, AVA, ebd.
167 Abschrift einer unterm 17tn Xber 791 an das Kreisamt zu Lemberg und Zloczow ergangenen Gubernialverordnung, AVA, ebd.
168 Hofdekret vom 25. April 1792, AVA, ebd.

an die untergeordnete Behörde weitergab. Das Kreisamt schien die strengen Ermahnungen des Guberniums und der Hofkanzlei aus den Jahren 1791 und 1792 insofern ernst genommen zu haben, als es einen scharfen, unnachgiebigen Ton gegenüber dem *Kahal* anschlug. Jedoch beschränkte sich das Behördenhandeln weiterhin ausschließlich auf das verbale Vorgehen.

Mehrfach forderte im Frühjahr und Sommer 1793 das Kreisamt den *Kahal* auf, die für die zurückliegenden Monate ausstehenden Strafgelder einzutreiben und an die Kreiskasse abzuführen. Sollte dies nicht geschehen, seien die zu jener Zeit amtierenden »Monatshalter«, das heißt die monatlich wechselnden verantwortlichen Gemeindevorsteher, dem Kreisamt mitzuteilen und persönlich haftbar zu machen. Zugleich wurde den Vorstehern »unter Gewärtigung unangenehmer Folgen eingeschärft, die Schulstrafverzeichnisse, sobald wie sie selbe erhalten ungesäumt in Ausübung zu bringen«.[169] Damit »doch einmal Ernst in Sachen gezeigt, und den saumseligen Eltern die Hoffnung ungestraft davon zu kommen, benommen werden möge«, habe der *Kahal* neben den Geldstrafen auch die Arrest- und Arbeitsstrafen gegenüber den Eltern der bereits über mehrere Monate ausgebliebenen Schüler zu exekutieren.[170] Dass auch die letztgenannte Anordnung vom Mai 1793 nicht ausgeführt wurde, zeigt ein weiteres Schreiben des Kreisamts von Ende Juni desselben Jahres. Das Gubernium hatte nach einer Anzeige der jüdischdeutschen Lehrerversammlung die untergeordnete Behörde dafür gerügt, dass trotz mehrmaliger Aufforderung noch nie ein »straffällig« gewordener Familienvorstand mit öffentlicher Arbeit oder mit Arrest bestraft worden sei. Noch immer, so die darauf folgende Ermahnung des Kreisamts an den *Kahal*, bestehe offensichtlich unter den Juden Lembergs »der Wahn [...], daß man nicht mit Ernst über den Schulbesuch wache«. Erneut drohte die Behörde, die Vorsteher persönlich haftbar zu machen, sollten diese die renitenten Eltern nicht zur Verantwortung ziehen.[171] Die Darstellung des *Kahal*, die Strafverzeichnisse seien fehlerhaft, ja möglicherweise von den Lehrern gefälscht, denn ein Teil der in ihnen aufgeführten Kinder erhalte Privatunterricht, ein anderer Teil könne aufgrund der Armut ihrer Eltern nicht die Schule besuchen,[172] wies das Kreisamt umgehend zurück: Die Vorsteher hätten ihre Argumente »lediglich zu Gunsten der strafwürdigen Eltern, die ihre Kinder geflißentlich vom Schulbesuch abhalten, ganz pflichtwidrig« vorgebracht. Der *Kahal* habe die ausstehenden Strafgelder »um so sicherer ehestens an die Kreis Casse abzu-

---

169 Schreiben des Kreisamts vom 6. März 1793, TsDIAL, 701/4/3 (CAHJP, HM 2/8193.2). Ähnlich lauten auch die Schreiben des Kreisamts an den *Kahal* vom 5. Januar 1793 und vom 23. März 1793, TsDIAL, ebd.
170 Schreiben des Kreisamts vom 9. Mai 1793, TsDIAL, ebd.
171 Schreiben des Kreisamts vom 27. Juni 1793, TsDIAL, ebd.
172 Schreiben des *Kahal* an das Kreisamt vom 15. Juli 1793. Ebd. Der Brief trägt die Unterschriften der Vorsteher Solomon Ballaban, Ch. Margoles, H. Wittlach, L. Schnajer und A. Menkes. TsDIAL, ebd.

führen, als er sonst selbige aus seinem eigenen Beutel wird zahlen müssen«.[173] Eine Bitte der Gemeinde, die bereits seit drei Jahren rückständigen Strafgelder zu erlassen, wurde Ende Juli 1793 unter erneutem Verweis auf die dann ausbleibende präventive Wirkung der Strafen abgelehnt: Ein solcher Schritt würde »die Judenschaft nur in ihrem Wahne [bestätigen], daß auf den fleißigen Schulbesuch nicht mit allem Ernst angedrungen werden wolle«. Wenn der sich inzwischen auf 986 Gulden belaufende Betrag von den Vätern nicht mehr eingetrieben werden könne, so seien die ehemaligen Vorsteher »vermög ihrer Dafürhaftung« zur Entrichtung dieser wahrscheinlich ohnehin zu gering berechneten Summe verpflichtet. Das Kreisamt verwies den *Kahal* jedoch darauf, dass das Gubernium die Einrichtung einer Untersuchungskommission zur Lage des Schulwesens in Lemberg in Aussicht gestellt habe. Diese werde prüfen, welche Kinder aufgrund von Armut oder aus anderen Gründen von der Teilnahme am Unterricht befreit werden sollten.[174]

Das Versprechen der Einrichtung einer Untersuchungskommission konnte der *Kahal* als eine – wenn auch gewiss eingeschränkte – Anerkennung der von ihm vorgebrachten Argumente verstehen. In Erwartung einer möglichen Rechtfertigung ihres Handelns konnten die Vorsteher die an sie herangetragenen Anweisungen und Ermahnungen somit weiterhin dilatorisch behandeln. Doch waren die Klagen über die geringe Schulmoral der Lemberger Juden inzwischen erneut den Wiener Behörden zu Ohr gekommen. Per Hofdekret wurde das Gubernium mit aller Deutlichkeit aufgefordert,

»den nachlässigen Schulbesuch der jüdischen Jugend zu ahnden, gegen die Aeltern, Vormünder welche daran Schuld tragen, die bestimmten Strafen zu verhängen, diese, wenn sie nicht genug wirksam seyn sollten, in erforderlichem Maße mit empfindlichen Geld- und Leibesstraffen zu verschärfen, und überhaupt auf die fleissige Abschickung der jüdischen Kinder beyderley Geschlechts in die Schule mit aller Strenge anzudringen.«[175]

Die Behörden in Lemberg sahen sich nun gezwungen, eine unnachgiebigere Haltung gegenüber dem *Kahal* zu zeigen. Das Gubernium forderte das Kreisamt auf, den Gemeindevorstehern die bereits Ende 1791 angedrohte, jedoch offensichtlich nie vollzogene Geldstrafe von fünfzig Dukaten aufzuerlegen. Ein im Ton verschärftes Schreiben des Kreisamts an den *Kahal* vom 31. August 1793 kündigte weitere Sanktionen an:

»Da [...] die höchste Hofdekrete alle Schärfe der Strafen gegen diejenigen Juden, welche den jüdischen Schulbesuch behindern wiederholtermalen in Ausübung gebracht wissen wollen, und den Juden Aeltesten schon im Jahr [1]791 und wiederholt nach der eingelangten Hofentscheidung über die Beschwerden der hiesigen jüdischen Lehrer gegen die Juden Aeltesten eine Strafe von 50 # [Dukaten] wenn sie die

---

173 Schreiben des Kreisamts vom 20. Juli 1793, TsDIAL, ebd.
174 Schreiben des Kreisamts vom 30. Juli 1793, TsDIAL, ebd.
175 Hofdekret vom 24. Juli 1793, AVA, HKP Galizien 1793, 384 (Julius, Nr. 68).

ihnen angezeigte Strafgelder nicht eintreiben, oder die schon gestraften nicht mit Arrest belegen, bestimmt, sie sämtliche Vorsteher aber von hier aus öftermale und zwar mit jedem monatl. Strafverzeichnisse selbe in Vollzug zu setzen, fruchtloß ermahnt worden sind; so wird ihnen hiemit anbefohlen, 50 # Straf aus ihren eigenen Mitteln zu dem jüdischen Schulfond binnen 14. Tagen ohnfehlbar zu erlegen, und die vorhin gewesenen Juden Vorsteher in so weit es sie angeht und sie sich diesfalls nachlässig und unfolgsam bezeigt haben, zum Beitrage zu dieser Strafe zu verhalten, sodann aber die Kreis Cassa Quittung hierorts vorzuzeigen, wobey denenselben bedeutet wird, daß künftighin die nachlässigen Monathalter ohne weiters ihres Amtes werden entsetzt werden.«[176]

Hierauf antworteten die Gemeindevorsteher im Oktober 1793 mit einem ausführlichen Verteidigungsschreiben. Darin stellten sie die Gründe dar, die sie daran gehindert hätten, die geforderten Strafen an den Eltern der ausbleibenden Schüler zu vollziehen. Sie verwiesen auf »Executionsabtretungszettel«, die die Lehrer jenen Eltern ausgestellt hätten, die ihre Kinder nach einer entsprechenden Mahnung wieder zum Unterricht schickten und die daher nach Auffassung der Gemeindevorsteher straffrei bleiben sollten.[177] Die Vorsteher führten weiterhin zu ihrer Entlastung den umständlichen Dienstweg an, den die Lehrer bei der Einreichung ihrer Strafverzeichnisse beschritten. Diese übersendeten

»nämlich die Verzeichnisse eines ganzen Monats ausbleibender Kinder erst den folgenden Monat an das Studiumkonseß [!], von welchem erst mittelst höherer Behörde [dem Kreisamt], dem Kahal zugemittelt wird, mithin, ehe die Zwangsmittel in Wirklichkeit kommen können, werden 2 öfters auch 3 Monate verstreichen, als der Vorsteher keine mindeste Notits von den ausbleibenden Schülern haben kann.«[178]

Dieser »langwierige Weg« verhindere, so die Vorsteher, dass straffällig gewordene Eltern sofort mit Geldstrafen belegt werden könnten und erzeuge bei den Behörden den Eindruck, dass der *Kahal* seinen Auftrag nur sehr nachlässig erfülle. Die Gemeindevorsteher baten vor dem geschilderten Hintergrund darum, ihnen die Geldstrafe von fünfzig Dukaten zu erlassen und sie von jeder Verantwortung freizusprechen. Den jüdischen Normalschullehrern

---

176 Schreiben des Kreisamts vom 31. August 1793, TsDIAL 701/4/3 (CAHJP, HM 2/8193.2).
177 Dieses Argument hatten die Lemberger Gemeindevorsteher bereits im Frühjahr 1792 in Reaktion auf die Eingaben Hombergs und der drei jüdischen Normalschullehrer Turnau, Popper und Grünbaum benutzt, woraufhin die Praxis der Ausstellung solcher Erlassscheine vonseiten des Guberniums prinzipiell untersagt worden war (siehe oben). Die Strafbefreiungsatteste wurden demnach von den Lehrern weiterhin ausgestellt, da es kein anderes praktikables Instrument gab, die Eltern einmal in den Strafverzeichnissen aufgeführter Kinder, wenn diese wieder zum Unterricht erschienen, von der angedrohten Strafe loszusprechen. Es lässt sich jedoch auch vermuten, dass die »Abtretungszettel« eine zusätzliche – wenn auch illegale – Einnahmequelle der Normalschullehrer darstellten.
178 Kopie eines Schreibens an das Kreisamt vom 18. Oktober 1793, TsDIAL, 701/4/3 (CAHJP, HM 2/8193.2).

sollten die Behörden dagegen auftragen, ihre Verzeichnisse ausgebliebener Schüler täglich oder zumindest wöchentlich auf direktem Wege den Vorstehern auszuhändigen, die sich für diesen Fall verpflichteten, »sogleich die Eltern mit aller Strenge zu verhalten, damit ihre Kinder ununterbrochen die Schule besuchen, umsomehr, als die Endesgefertigte Vorsteher diese heilsame Lehre der Jugend für eine der größten erwiesenen Wohlthaten Sr. Majestat, für die israelitische Nation anerkennen.«[179]

Die ständigen Ermahnungen des Kreisamts und selbst die wiederholte Drohung der persönlichen Haftbarmachung der Vorsteher zeitigten keinen Erfolg. Man wartete auf die Einsetzung der versprochenen Untersuchungskommission. Bevor diese unter Leitung des Kreiskommissars von Plessing im Spätherbst 1793 ihre Tätigkeit aufnahm, wies das Kreisamt den *Kahal* an, die Herkunft der bisher eingezahlten Strafgelder darzulegen. Die Lemberger Kreiskasse hatte für den Zeitraum von der Einführung der Schulstrafverzeichnisse im Jahr 1791 bis September 1793 einen einzuzahlenden Betrag von 1 149 Gulden und vier Kreuzern errechnet. Von diesem Betrag war jedoch bisher nur die verschwindend geringe Summe von 74 Gulden und 51 Kreuzern eingezahlt worden, nämlich im Februar 1792 exakt 18 Gulden und 33 Kreuzer, im Mai 1792 sechs Gulden und 18 Kreuzer und schließlich im März 1793 noch einmal fünfzig Gulden.[180] Das Kreisamt drang nicht einmal mehr auf eine Stellungnahme der Gemeindevorsteher angesichts des krassen Missverhältnisses zwischen dem Soll der einzutreibenden Strafgelder und der tatsächlich eingezahlten Summe. Der *Kahal* wurde lediglich angewiesen, der demnächst einzurichtenden Untersuchungskommission »einen genauen Ausweiß einzureichen [...]; in diesem Ausweiß ist jeder Hauß Vater mit seiner Fam. No. und wie viel er an Schulstrafgeldern durch vorbesagte 3 Jahre gezahlt haben mag dergestalten auszuweisen, womit sich am Ende die ganze Summa von 74 fr 51 kr zu zeigen hat.«[181]

---

179 Ebd.
180 Bei den im Februar und Mai 1792 eingezahlten 24 Gulden und 51 Kreuzern handelte es sich um Strafgelder, die für die Monate Oktober bis Dezember 1791 erhoben worden waren, wie das Gubernium in seinem Bericht vom 11. Juni 1792 dargelegt hatte (Bericht des galizischen Landesguberniums uiber die von Hof remittierte Klage der hiesigen jüdischen deutschen Lehrer Turnau, Popper, und Grünbaum wegen des Verfalls der hiesigen jüdischen Schulen vom 11. Juni 1792, AVA, StHK, Kt. 861, 23 A Galizien) – siehe oben. Die für die Jahre 1791 bis 1793 erhobenen Strafgelder standen zu der letztlich eingezahlten Summe in einem Verhältnis von ca. 15 : 1. Dies bedeutet hinsichtlich der in dieser Zeit verhängten pekuniären Strafen eine Vollzugsquote von ganzen sechs bis sieben Prozent.
181 Schreiben vom 20. November 1793, TsDIAL, 701/4/3 (CAHJP, HM 2/8193.2).

Korporative Widerständigkeit und Durchsetzungsschwäche des Staates

Die drei angeführten Beispiele vom Beginn der 1790er Jahre – die Beschwerden der Lehrer Ende 1791, die Klagen Hombergs im Bericht über den Sommerkurs 1791 sowie der Schriftwechsel von 1793 zwischen dem Lemberger Kreisamt und dem *Kahal* zur Frage der Strafgelder – wurden hier deshalb so ausführlich dargestellt, weil sie sehr anschaulich die Schwierigkeiten bei der Durchsetzung der erwünschten Schulnützlichkeit durch die normierende Sanktion illustrieren. Die Endlosschleife der Rhetorik staatlich-behördlicher Durchsetzungsschwäche auf der einen und die Zeugnisse der korporativen Widerständigkeit des *Kahal* auf der anderen Seite offenbaren die Hilf- und Wirkungslosigkeit des Bemühens der jüdischen Lehrer und der österreichischen Beamten, die Mehrzahl der jüdischen Kinder in Lemberg in die deutschen Schulen zu bringen. An dem geschilderten Zustand sollte sich auch in den Folgejahren wenig ändern: Die Lehrer klagten über den Verfall der Schulen, die Behörden drohten der Bevölkerung und dem *Kahal* mit Strafen – doch die Strafen wurden nicht durchgesetzt. Nachdem es immer offensichtlicher wurde, dass eine effektive Durchsetzung der Geld-, Arrest- oder Arbeitsstrafen gegen die Eltern ausbleibender Schüler oder ihre Religionslehrer unmöglich war und der Präventionseffekt der Sanktionen ausblieb, verlegten sich die Behörden immer mehr auf die Androhung von Strafen, die das individuelle Fortkommen der Kinder behinderten und dadurch den empfindlichsten Nerv der Eltern trafen, wie vor allem das Heiratsverbot bei Nichtnachweis des Schulunterrichts.

In seinem Bericht vom November 1791 hatte Homberg eines der Hauptprobleme des Sanktionsgefüges und damit der Schulpflichtdurchsetzung klar erkannt: die Überlassung der Strafbefugnis in den Händen der Gemeindevorsteher und die weitgehende Tatenlosigkeit des Kreisamts, das sich mit der wiederholten Androhung von Strafmaßnahmen begnügte und den *Kahal* gewähren ließ. In der Allianz von widerständigen Gemeindevorstehern und überlastet-unwilligen Kreisbeamten sah er das Blockadepotenzial, welches die Verwirklichung des erstrebten Schulideals verhinderte. In Wahrheit handelte es sich um eine komplexe und prekäre Interaktion zwischen Kreisamt und *Kahal*, zwischen der lokalen Instanz der Zentralgewalt und der korporativen, jedoch in ihrer Autonomie bereits eingeschränkten Vertretung der jüdischen Gemeinde Lembergs. Dabei war diese Interaktion, das aus den Quellen deutlich werdende Kooperieren der Behörde mit dem *Kahal* oder zumindest die Praxis des Laisser-faire, nicht kontingent und nicht nur auf eine besondere Beziehung zwischen einzelnen Personen zurückzuführen, sondern vielmehr strukturell bedingt. Homberg selbst offenbarte eine gewisse Einsicht in diese Zusammenhänge, wenn er nicht ohne Sarkasmus feststellte, dass das Kreisamt

»zu beschäftiget mit so viel anderen Gegenständen« sei und aus diesem Grunde den Gemeindevorstehern die Strafexekution überlasse.[182]

Vor dem Hintergrund der noch schwachen Durchdringung des Territoriums mit staatlichen Instanzen und der oft noch unzureichenden Kenntnis der lokalen Verhältnisse bei den Beamten machte die Vielzahl der staatlich zu regulierenden Bereiche im annektierten Galizien den Rückgriff auf die – zwar teilweise entmachteten, aber doch noch immer mit Einfluss und gewissen Befugnissen ausgestatteten – korporativen Institutionen notwendig. Generell gilt für den frühmodernen Staat, dass er auf die Korporationen angewiesen war, die seinen Interessen eigentlich entgegenarbeiteten. Wie Wolfgang Hardtwig festgestellt hat, konnte

»der auf Rationalisierung aller Lebensverhältnisse drängende und seine alleinige Souveränität betonende absolutistische Staat ohne die traditionellen Teilverbände im Staat nicht auskommen, die Handel und Gewerbe, städtische und ländliche Arbeit, Armenunterstützung und Fürsorgewesen auf der Basis ursprünglich autonomer Entscheidungen der betroffenen ›Genossen‹ regulierten. Die landesherrliche Polizei bediente sich ihrer, drängte aber darauf, die ursprünglich selbständigen Personenverbände in obrigkeitliche Verwaltungsorgane zu transformieren [...] Die Korporation blieb so lange unverzichtbar, als sich die ständisch gestufte und gegliederte societas civilis nicht endgültig in die moderne bürgerliche Gesellschaft als die Summe der Privatrechtssubjekte verwandelte.«[183]

Auch der immer stärker zentralisierte, reformabsolutistische Staat theresianisch-josephinischer Prägung kam an den korporativen Instanzen nicht vorbei, wenn es um die Regulierung der verschiedensten Lebensbereiche ging. Dies gilt umso mehr für die von außen oft schwer zu durchschauenden jüdischen Lebenswelten Galiziens. Der *Kahal* – die nunmehr staatlich autorisierte Führungsebene der jüdischen Gemeinde, die sich wie zuvor aus den einflussreichsten, sich durch ihren Reichtum, ihre Gelehrsamkeit oder ihre familiären Verbindungen besonders auszeichnenden Angehörigen der *Kehilla* rekrutierte – besaß noch immer den umfassendsten Überblick über die Strukturen innerhalb der jüdischen Gemeinschaft und über die sozialen und finanziellen Verhältnisse der Familien; er überwachte die traditionellen Systeme der Wohlfahrt und der traditionellen Erziehung und sorgte für die grundlegende Absicherung religiöser Bedürfnisse. Wenn dem *Kahal* auch die wesentlichen Instrumente einstiger Disziplinarmacht – Rabbinatsgerichte, Bannrecht und eigene »Polizeikräfte«[184] – genommen worden waren, so blieb doch ein nicht zu unterschätzender Teil dieser Macht in seinen Händen: Das

---

182 Bericht Hombergs vom 13. November 1791, AVA, StHK, Kt. 861, 23 A Galizien.
183 Hardtwig, Genossenschaft, Sekte, Verein in Deutschland, 366.
184 Vgl. Hundert, Jews in Poland-Lithuania in the Eighteenth Century, 83–86; Bartal, Geschichte der Juden im östlichen Europa 1772–1881, 27; allgemein zur aschkenasisch-polnischen *Kehilla* der Frühen Neuzeit und ihren Disziplinarinstitutionen und -mechanismen vgl. Katz, Tradition und Krise, 87–95, 100–108.

Wort der Vorsteher hatte Gewicht, und eine Zuwiderhandlung konnte mindestens die soziale Ächtung nach sich ziehen oder wirtschaftliche Folgen für die Betroffenen haben.[185] Der Gemeindevorstand blieb also weiterhin unverzichtbar für die staatlichen Behörden.

Dass die staatliche Lokalverwaltung auf die Kooperation des *Kahal* angewiesen war, verstanden jedoch auch die übergeordneten Behörden – die Hofkanzlei in Wien und das in Lemberg ansässige galizische Landesgubernium. Die Ambivalenz ihrer Direktiven hinsichtlich der unterbleibenden Strafexekution ist in diesem Sinne aufschlussreich: Einerseits tadelten sie das Kreisamt dafür, dass es sich in Schulangelegenheiten zu sehr auf den *Kahal* stütze, andererseits ordneten sie an, die Strafbefugnis weiterhin bei den Gemeindevorstehern zu belassen. Sie beschuldigten den *Kahal*, »nachlässig und unfolgsam« zu sein und die Durchsetzung der Schulstrafen zu sabotieren, forderten aber Homberg zugleich auf, ein gutes Verhältnis zu den Gemeindevorstehern zu pflegen. Doch nicht nur das Gedeihen der Schulen war an die Kooperationsbereitschaft des *Kahal* gebunden. Man darf sogar vermuten, dass das jüdische deutsche Schulwesen von den obersten Regierungsbehörden je nach Lage als ein nachrangiger Bereich zentralstaatlicher Administrierung angesehen wurde. Im Zentrum des staatlichen Interesses stand – bei aller Rhetorik der Toleranz und sittlich-moralischen Verbesserung – weiterhin die Steuerabschöpfung der jüdischen Bevölkerung. Dies zeigt schon ein oberflächlicher Blick in die Register der Hofkanzleiprotokolle für Galizien der 1790er Jahre: Die Anzahl der Einträge zur Besteuerung der Juden, zu den verschiedenen Steuerarten und den im Hinblick auf das Steuerwesen relevanten Gemeindeschulden übersteigt die der Hinweise auf das jüdische deutsche Schulwesen um ein Vielfaches.[186] Gerade in diesem Bereich waren die Behörden auf eine gedeihliche Zusammenarbeit mit den Gemeindevorstehern angewiesen.

Von großer Wichtigkeit waren zudem bevölkerungspolitische Aspekte: Unter dem Aspekt der Polizey waren die Kontrolle des jüdischen Heiratsverhaltens und die Verhinderung des Umherziehens mittelloser Juden sowie auch die Gestaltung der innergemeindlichen Wohlfahrt entscheidende Bereiche der Interaktion zwischen Kreisamt und *Kahal*. Schließlich waren Kreisämter und Gubernium auf die Vorsteher und ihren Einfluss angewiesen, wenn es um die Gestaltung des sozialen und ökonomischen Zusammenlebens von Juden und Nichtjuden ging. Vor dem Hintergrund dieser Abhängigkeit, die sich in Bereichen von unterschiedlicher, oft wechselnder Wichtigkeit für das tägliche Administrativhandeln manifestierte, konnte das jüdische deutsche Schulwe-

---

185 Eine anonyme Anzeige aus dem Jahr 1785 beschuldigte den *Kahal* einer bestimmten Gemeinde, dass er die Trauung jüdischer Paare ohne staatlichen Heiratskonsens decke und diejenigen Juden, die diese Praxis bei den Behörden anzeigen wollten, bestraft und sogar einige von ihnen nach Polen vertrieben habe. Notiz über Aktenablage vom 18. August 1785, HKP Galizien 1785, 770 (Augustus, Nr. 10).
186 Vgl. die entsprechenden Register der Hofkanzleiprotokolle für Galizien, 1790–1799, AVA.

sen bisweilen ins Hintertreffen geraten. Der Durchsetzungswille vor Ort stand dann in keinem Verhältnis zur Durchsetzungsrhetorik der Hofkanzlei oder des Guberniums. Den jüdischen Gemeindevorstehern scheint diese Mechanik des Sanktionsdiskurses bewusst gewesen zu sein: Sie hatten wenig zu befürchten.

Aus der Perspektive des *Kahal* war die Überlassung der Schulstrafexekution prekär. Wie bereits festgestellt, bildete die Belassung gewisser Anteile von Disziplinarmacht in den Händen korporativer Institutionen ein Charakteristikum staatlicher Disziplinierungsversuche in der Frühen Neuzeit. Vor allem im Bereich der Polizeynormen versuchte der absolutistische Staat zunächst, »traditionelle und genossenschaftliche Organe informeller Sozialkontrolle« in den Prozess der Normkontrolle und -durchsetzung einzubinden. Da jedoch die Korporationen »ein beachtliches traditionelles Beharren entwickelten und an älteren Normen und Strafzwecken festhielten«, konnten sie nur bedingt im Rahmen der Durchsetzung staatlicher Normen bzw. zur Ahndung von Normverstößen eingesetzt werden.[187] Diese für das 17. und frühe 18. Jahrhundert getroffenen Feststellungen Karl Härters dürfen sicherlich auch für das Bemühen des österreichischen Staates gelten, die in Galizien angetroffenen, in manchem Sinne als »alteuropäisch« zu charakterisierenden Verhältnisse in seinem Interesse zu regulieren.[188] »Traditionelles Beharren« und das »Festhalten an älteren Normen« kennzeichneten das Verhalten des *Kahal* gegenüber den staatlichen Disziplinierungsversuchen im Schulbereich. Während die Vorsteher von Fall zu Fall bereit waren, auf anderen Gebieten mit dem Staat zu kooperieren, widersetzten sie sich hier der Durchsetzung staatlicher Normvorgaben, lief die Vollstreckung der Schulstrafen doch den gemeindlichen Interessen zuwider. Zum einen lag die Aufrechterhaltung der deutschen Schulen unter Hombergs Aufsicht nicht im Interesse der Gemeinde; wie gezeigt, versuchte diese vielmehr, ihr eigenes, auf traditionellen Normen beruhendes Erziehungssystem gegen die edukativen Zumutungen des Normalschulsystems und den Inkorporierungsanspruch Hombergs zu verteidigen. Zum anderen waren aus Sicht der Vorsteher wichtigere Ziele »horizontaler Sozialkontrolle« zu verfolgen: Im lebensweltlich-rituellen Kontext der galizischen Juden betraf dies vor allem Wohlfahrt, Familien- und Erbangelegenheiten, die Ahndung schwerwiegender Verstöße gegen die Gemeindedisziplin und generell die Sicherstellung des einvernehmlichen Zusammenlebens und -wirtschaftens innerhalb der jüdischen Gemeinschaft. Das interne Nor-

---

187 Härter, Soziale Disziplinierung durch Strafe?, 372.
188 Vgl. die Charakterisierung der österreichischen Perspektive auf die in Galizien angetroffenen Verhältnisse bei Szabó, Austrian First Impressions of Ethnic Relations in Galicia, 58 f.: »What Habsburg officials thought they encountered in Galicia was nothing short of a vision of their own recent past, of a backward, pre-modern society. In consequence they sought, as they had already done in Austria and Bohemia and to a lesser extent in Hungary, to rationalize social structures by imposing a *Sozialdisziplinierung* (›social discipline‹) on inchoate traditionalist populations, with the intention of increasing both control and productivity.«

mensystem der Gemeinde orientierte sich an *Halacha* und *Minhag*; für die
Zusammenarbeit mit der Obrigkeit war der Grundsatz *Dina de-malchuta dina*
(Das Gesetz des Königreiches ist [geltendes] Recht) ausschlaggebend, wenngleich dessen Gültigkeit unter den Bedingungen des forcierten zentralstaatlichen Disziplinierungsanspruches immer stärker herausgefordert wurde.

Wenn man in der Vollstreckung der Schulstrafen eine Art staatlich übertragenes Substitut für die inzwischen erheblich beschnittene traditionelle Disziplinarmacht des *Kahal* sehen wollte, so handelte es sich dabei um einen prekären Ersatz. Eine tatsächliche Durchsetzung der Strafen hätte die Vorsteher in den Augen der Gemeinde zu Kollaborateuren der staatlichen Behörden und Hombergs gemacht und den Minimalkonsens gefährdet, auf dem der gemeindliche Zusammenhalt beruhte. Die Gemeindevorsteher konnten daher die immer wieder an sie herangetragenen Forderungen nach Durchsetzung der Strafen nur dilatorisch behandeln bzw. durch Taktiken der Vereitelung zunichte machen. Diese waren, wie gezeigt, zuallererst argumentativ. Die Vorsteher verwiesen auf die Armut der Eltern, auf die ungerechtfertigte Verzeichnung von deren Kindern in den Strafregistern, auf die Unzuverlässigkeit der Verzeichnisse generell sowie auf die von den Lehrern ausgefertigten »Abtrittszettel«. Sie beschuldigten die Lehrer der Bestechlichkeit oder gar der willentlichen Vereitelung der Strafdurchsetzung, um die Vorsteher bei den Behörden in Misskredit zu bringen. Schließlich diente die Behauptung, dass Homberg und die Lehrer durch ihr traditionsabträgliches Verhalten selbst an dem geringen Zuspruch zu den Schulen schuld seien, als das gebräuchlichste Argument gegen das System.

Wären Hofkanzlei und Gubernium der von Homberg im November 1791 so nachdrücklich geäußerten Bitte um Übertragung der Strafbefugnis gefolgt, so hätte dies – ganz abgesehen von der Frage ihrer Ausführbarkeit – bedeutet, dass der Staat sich von einem bisher befolgten Prinzip hätte trennen müssen: Nicht mehr die Korporation – also der *Kahal* – hätte dann für den Staat die Bestrafung normabweichenden Verhaltens im Bereich des Schulwesens wahrgenommen, sondern eine neue Elite quasi-staatlicher Schulbeamter. Das hätte der Logik reformabsolutistischer Zentralisierung und Disziplinierung entsprochen, wie Homberg sie wohl verstand. Angesichts der galizischen Verhältnisse griff eine solche Interpretation jedoch zu weit, sie war zu modern.

3.3 Grammatik und privates Glück: Der Normalschulzwang für jüdische Brautpaare

Bevölkerungspolitik im galizisch-jüdischen Kontext

Eine Sonderstellung bei der Erzwingung des Normalschulbesuchs jüdischer Kinder nahm das Gesetz ein, welches die Erteilung der Heiratserlaubnis für jüdische Brautpaare vom Nachweis des erhaltenen Normalschulunterrichts bzw. ausreichender Deutschkenntnisse abhängig machte. Erstmals am 15. April 1786 als Hofentschließung für alle Länder (mit Ausnahme Galiziens) erlassen, fand diese Vorschrift ab August 1786 auch in Galizien Anwendung und wurde 1789 als Paragraf 13 in das galizische Toleranzpatent übernommen. Die sanktionierend-disziplinierende, auf Schulnützlichkeit zielende Behinderung der individuellen Entwicklung fand in der Verknüpfung von staatlichem Heiratskonsens und Normalschulbesuch ihren Höhepunkt: Wie das (letztlich nicht durchgesetzte) Verbot, einen Knaben zum Talmudstudium anzunehmen, ehe er nicht die Normalschule besucht hatte, oder wie das Dekret, das die Aufnahme einer Handwerkslehre ohne deutsches Schulzeugnis untersagte, hatte diese Vorschrift im Übertretungsfall eine Erschwerung des persönlichen Fortkommens zur Folge. Unter dem Gesichtspunkt individueller Lebensplanung und persönlichen Glücksstrebens war das staatliche Verbot, zu heiraten und eine Familie zu gründen, sicherlich die härteste denkbare Strafe. Vor dem Hintergrund der hohen, religiös verankerten Bedeutung, die das traditionelle Judentum der Familiengründung und der familiären Reproduktion beimaß, stellte dieses Verbot einen drastischen Eingriff in traditional-lebensweltliche Zusammenhänge dar. Anders als für die Verbote, ohne Normalschulzeugnis den Talmud zu studieren bzw. ein Handwerk zu erlernen, gab es für das edukativ begründete Heiratsverbot jedoch keine Parallele in der nichtjüdischen Normalschulpraxis. Christliche Eltern, die ihre Kinder nicht zur Schule schickten, mussten – neben Geld- und Leibesstrafen – zwar gewärtigen, dass ihre Kinder nicht auf das Gymnasium gelangen oder kein Handwerk erlernen durften. Die Kinder konnten jedoch, selbst wenn sie nie eine Normalschule besucht hatten, heiraten oder verheiratet werden, ohne dass der Staat sanktionierend eingegriffen hätte. Der Umstand, dass die Verknüpfung von Normalschulunterricht und Eheerlaubnis sich allein auf den jüdischen Bevölkerungsteil erstreckte, deutet darauf, dass der entsprechenden Praxis neben der Erzielung maximaler Schulnützlichkeit noch andere Motive zugrunde lagen. Tatsächlich vermengten sich hier zwei Diskurse: Neben den Normalschuldiskurs und seine edukativ-disziplinierenden Motive trat der kameralistisch-bevölkerungspolitische Diskurs, der auf die Verringerung »unproduktiver« Bevölkerungsgruppen zielte.

Dass Juden »schädlich« für die Wirtschaft und das soziale Gefüge eines Landes seien und ihre Zahl beschränkt werden müsse, gehörte zu den Grundüberzeugungen kameralistischer Theorien, insbesondere dort, wo nicht einzelne, exzeptionelle, für die Wirtschaft »nützliche« Juden (zum Beispiel Hofjuden) in den Blick gerieten, sondern größere Bevölkerungsgruppen. Populationistische Konzepte, die eine größtmögliche Bevölkerungszahl als Garanten des Wohlstandes eines Territoriums oder ganzen Landes betrachteten, griffen nicht im Fall der Juden, die aufgrund ihrer Erwerbsstruktur bestenfalls als »Verzehrer« des von anderen Erzeugten, schlimmstenfalls als Gefahr für das wirtschaftliche Gedeihen und damit für den Wohlstand der Gesamtbevölkerung betrachtet wurden. Wenn Christian Wilhelm Dohm sich 1781 erstaunt darüber äußerte, dass der kameralistische Diskurs und die daraus resultierende Politik einzig die Juden von dem Prinzip der Bevölkerungsvergrößerung ausnahm und ihre Vermehrung zu beschränken trachtete, wenn Dohm dabei die inhumanen Aspekte dieser Praxis anklagte und gleichzeitig den Staat in die Pflicht nahm, durch Gesetze die Produktivierung und »bürgerliche Verbesserung« der Juden zu bewerkstelligen, so zeigte sich darin bereits eine von der Aufklärung interpolierte Auffassung jener bevölkerungspolitischen Grundsätze.[189]

Ein Merkmal der österreichischen Spielart des Kameralismus war ihr ausgeprägter Pragmatismus. Im Habsburgerreich bestand, wie Birgit Leuchtenmüller-Bolognese schreibt, »nur an einer Vermehrung jener Bevölkerungsschichten Interesse, die dem Staat bereits nützlich sind, bzw. ihm eventuell noch nützlich gemacht werden könnten, das Hauptinteresse bestand somit darin, unproduktive Bevölkerungsgruppen in produktive überzuführen, da die Versorgung des nichterwerbstätigen Teils der Bevölkerung […] eine gewaltige gesellschaftliche Belastung darstellte, eine Vermehrung der proletarischen Schichten trachtete man dagegen tunlichst hintanzuhalten.«[190] Die durch die Toleranzgesetzgebung forcierte Produktivierung der Juden unter Joseph II. entsprach somit ganz den Maximen der zeitgenössischen österreichischen Staatswissenschaft. Wo Juden bereits aktiv zur Vermehrung des allgemeinen Wohlstandes beitrugen, beispielsweise Manufakturen unterhielten, waren sie zu dulden und zu fördern; wo sie noch in ihren alten, als schädlich befundenen Erwerbsstrukturen vorgefunden wurden, waren sie produktiven Wirtschaftszweigen – insbesondere der Landwirtschaft und dem Handwerk – zuzuführen. Als komplementäres Mittel kam jedoch daneben die zwangsweise Beschränkung bzw. Verringerung ihrer Zahl infrage, besonders dort, wo sie aufgrund ihrer regionalen Erwerbsstruktur, ihrer großen Zahl und ihrer Armut als »schädlich« für das Gemeinwohl galten, wie in Galizien. Viele der Maßnahmen zur Verringerung »proletarischer«, das heißt pauperisierter Bevölkerungsteile im österreichischen Reformabsolutismus trafen dabei je-

---

189 Vgl. Dohm, Über die bürgerliche Verbesserung der Juden, 7 f.
190 Leuchtenmüller-Bolognese, Bevölkerungspolitik zwischen Humanität, Realismus und Härte, 179.

doch nicht nur die mittellosen Juden: Auch Bettler, »Zigeuner« und andere Vagierende waren hiervon betroffen. Die »Abschaffung« oder der »Schub«, also die Abschiebung größerer Gruppen verarmter oder als deviant erachteter Menschen in eine andere Provinz oder gar in andere Länder – wie im Fall der galizischen »Betteljuden« nach Polen – war ein charakteristisches Merkmal der Bevölkerungsregulierung im Habsburgerreich des ausgehenden 18. Jahrhunderts.[191]

Im Fall Galiziens war der Diskurs der behaupteten »Schädlichkeit« der Juden besonders ausgeprägt. Während man einerseits die Betätigung von Juden in bestimmten Erwerbszweigen wie Hausierhandel, Geldverleih, Pacht- und Schankwesen kurzerhand verbot und versuchte, eine Anzahl von ihnen »produktiven« Wirtschaftszweigen, insbesondere der Landwirtschaft, zuzuführen, stellte sich für die Behörden die große Zahl pauperisierter, so genannter »Betteljuden« als besonders problematisch dar.[192] Eine erste Konskription hatte 1772 eine Anzahl von über 23 000 Juden ergeben, die keinen regelmäßigen Beruf ausübten und aufgrund ihrer Armut nicht in der Lage waren, die vom österreichischen Staat erhobene Toleranzsteuer zu zahlen.[193] Als Joseph II. 1773 Brody besuchte, äußerte er sich angesichts der dortigen Agglomeration armer Juden erschrocken: »Von was leben und erhalten sich die so elend [...] dennoch überhäuften Menge Menschen?«[194] Genährt wurden die Irritationen des Kaisers und der Wiener Behörden durch die vorurteilsbehafteten und mit zahllosen Invektiven versehenen Schilderungen des ersten Gouverneurs Johann Anton Graf von Pergen (1725 – 1814), der den galizischen Juden die Hauptschuld an der desolaten wirtschaftlichen Lage des Landes und an der miserablen, durch Verschuldung, Armut und Trunksucht gekennzeichneten Situation der bäuerlichen Bevölkerung gab.[195] Vor allem die große Zahl armer Juden, die keine Toleranzsteuer zahlen konnten und deren Versorgung die hochverschuldeten Gemeinden zusätzlich belastete, war nach Pergens Auffassung ein Hindernis für das Emporkommen des Landes. Der Gouverneur glaubte auch beobachtet zu haben, woher die hohe Zahl mittelloser Juden rührte: Die galizischen Juden vermehrten sich nach seinem Eindruck schneller als die christliche Bevölkerung. Sie heirateten oft schon in sehr jungem Alter, mit zwölf, 13 oder 14 Jahren, und versuchten mit oft geringen Mitteln einen Hausstand zu gründen und ihre Familie zu versorgen. Ohne eigenes Einkommen oder Vermögen mussten diese jungen Familien

---

191 Zum »Schub« vgl. Wendelin, Schub und Heimatrecht; zur Praxis des »Schubs« gegenüber Vagierenden vgl. Ammerer, Heimat Straße, 209 – 220.
192 Zur Frage der sogenannten »Betteljuden« und ihrer Behandlung durch die theresianische Gesetzgebung vgl. Glassl, Das österreichische Einrichtungswerk in Galizien, 208 – 210.
193 Vgl. Lewin, Geschichte der Juden in Galizien unter Kaiser Joseph II., 44 f.; Karniel, Die Toleranzpolitik Kaiser Josephs II., 283.
194 Zit. nach ebd., 289.
195 Zu den Berichten Pergens von 1773 vgl. ebd., 285 – 289; Glassl, Das österreichische Einrichtungswerk in Galizien, 188 – 196.

dann zwangsläufig völlig verarmen und waren auf die Wohltätigkeit der Gemeinde angewiesen.[196] Noch gegen Ende des 18. Jahrhunderts herrschte unter den österreichischen Beamten die Auffassung, dass die Pauperisierung weiter Teile der jüdischen Bevölkerung in Galizien durch die große Zahl juveniler Eheschließungen verursacht werde.[197]

Heiratsbeschränkungen als bevölkerungspolitisches Instrument gegenüber den Juden

Wie in Preußen und in einigen süddeutschen Staaten wurden auch im reformabsolutistisch geprägten Habsburgerreich Heiratsbeschränkungen als ein probates Mittel zur Verringerung oder zumindest Begrenzung mittelloser, »unproduktiver« Bevölkerungsgruppen erachtet. Die obrigkeitliche bzw. staatlich-behördliche Erlaubnis zur Eheschließung (»politischer Ehekonsens«) wurde oftmals nur jenen Heiratswilligen erteilt, die nachweislich in der Lage waren, sich und ihre zukünftige Familie zu ernähren. Allerdings gab es bei dieser Praxis bedeutsame Unterschiede zwischen den einzelnen Kronländern und Territorien des Reiches. Und auch zeitlich lässt sich nicht von einer durchgängigen Praxis der Anwendung des politischen Ehekonsenses sprechen.[198] Während unter Maria Theresia die »freye Zusammenheirathung der gewerb- und mittellosen Leute« durch entsprechende Dekrete (von 1746 und 1752) beschränkt war,[199] legte Joseph II. mit den Patenten zur Aufhebung der Leibeigenschaft von 1781 und 1782 zugleich die Grundlage zur Abschaffung der obrigkeitlichen Kontrolle des Heiratsverhaltens. In einigen Kronländern wie in Galizien und der Bukowina, sowie auch in den Ländern der ungarischen Krone, hielt sich der josephinische Staat hinsichtlich der sozioökonomisch determinierten Ehebeschränkungen weitgehend zurück. Hier konnte der politische Ehekonsens als aufgehoben gelten, sodass die (christliche) Bevölkerung dieser Länder »weitestgefasste gesetzliche Eheschließungsfreiheit« genoss.[200] Doch bereits in den 1790er Jahren kam es unter Franz II. wieder zu Ehebeschränkungen für mittellose Bevölkerungsschichten,

---

196 Vgl. ebd., 195.
197 So verweist noch 1799 ein Hofdekret auf die »frühen, und vervielfaltigten jüdischen Heurathen als die erste Ursache so vieler Bettejuden« in Galizien. Hofdekret vom 14. März 1799, AVA, HKP Galizien 1799, 210–212 (Martius, Nr. 30), hier 211 f.
198 Vgl. Ehmer, Heiratsverhalten, Sozialstruktur, ökonomischer Wandel, 55–61, zur Geschichte des obrigkeitlichen bzw. staatlichen Ehekonsenses allgemein und zu seiner Anwendung in Preußen und Süddeutschland ebd., 45–55. Vgl. zu Heiratsbeschränkungen in der Frühen Neuzeit allgemein auch Pfister, Bevölkerungsgeschichte und historische Demographie, 25–27.
199 Vgl. Ehmer, Heiratsverhalten, Sozialstruktur, ökonomischer Wandel, 49 und 55. Die für alle geltende Pflicht zum Nachsuchen um die obrigkeitliche Heiratserlaubnis wurde allerdings bereits 1765 wieder aufgehoben. Vgl. Leuchtenmüller-Bolognese, Bevölkerungspolitik zwischen Humanität, Realismus und Härte, 202.
200 Ehmer, Heiratsverhalten, Sozialstruktur, ökonomischer Wandel, 56 f.

vor allem in der Haupt- und Residenzstadt Wien, später verstärkt auch in der Steiermark sowie in Tirol und Vorarlberg.[201] Grundsätzlich kann jedoch keine Rede davon sein, dass die christliche Bevölkerung des Habsburgerreiches generell und zu allen Zeiten von der Politik staatlicher Heiratsbeschränkungen betroffen gewesen wäre: Es traf »nur« die pauperisierten Schichten, und auch diese nicht in allen Territorien und zu allen Zeiten. Im Gegensatz dazu – und dies ist auch in historisch-demografischen Studien wie den hier zitierten aus dem Blick geraten – war die jüdische Bevölkerung des Habsburgerreiches, mit Ausnahme der Triester Gemeinde,[202] überall und permanent den genannten Ehebeschränkungen unterworfen. Unabhängig von ihrem Vermögen mussten jüdische Eltern für ihre Kinder bzw. heiratswillige Erwachsene für sich selbst bei den Behörden um die staatliche Heiratserlaubnis nachsuchen. Und dies galt auch und gerade in josephinischer Zeit.

Unter dem Einfluss der Berichte Pergens sah Joseph II. in der großen Anzahl mittelloser Juden eines der Haupthindernisse für den erhofften Aufschwung Galiziens; ein Eindruck, den eigene Beobachtungen – wie die bereits zitierte Konfrontation des Kaisers mit der Enge und Armut der Brodyer Judenstadt – zu bestätigen schienen. Entsprechend gehörte die Verringerung dieses Teils der jüdischen Bevölkerung von Anfang an zur Politik der österreichischen Behörden in Galizien. Dieses Ziel sollte durch die »Abschaffung« armer Juden über die Landesgrenzen hinweg,[203] vor allem aber durch die Erschwerung jüdischer Eheschließungen erreicht werden. Durch entsprechende Dekrete vom März und Juni 1773 wurde das bereits in anderen Ländern des Habsburgerreiches geltende Verbot eingeführt, das es Juden untersagte, ohne staatliche Erlaubnis zu heiraten. Illegal geschlossene Ehen wurden mit der Abschiebung der gesamten Familie, der Konfiszierung des Vermögens sowie mit Leibesstrafen geahndet. Die behördliche Heiratsbewilligung wurde jedoch nur dann erteilt, wenn eine Erlaubnis des jeweiligen Grundherrn vorlag und der *Kahal* für die Steuerfähigkeit des Bräutigams in den auf die Hochzeit folgenden drei Jahren bürgte. Durch die Auferlegung einer zusätzlichen, von den Eltern zu entrichtenden hohen Heiratstaxe wurde heiratswilligen Juden ein weiteres fiskalisches Hindernis in den Weg gelegt.[204] Diese Bestimmungen fanden Eingang in die Theresianische Judenordnung für Galizien von 1776,

---

201 Vgl. ebd., 57–60. In Tirol und Vorarlberg blieb der politische Ehekonsens noch bis in das erste Viertel des 20. Jahrhunderts hinein in Kraft. Vgl. Mantl, Heirat als Privileg.
202 Vgl. Dubin, The Port Jews of Habsburg Trieste, 176 und 281, Anm. 8.
203 Eine drastische, aus eigener Anschauung rührende Beschreibung derartiger Abschiebungen liefert Kratter, Briefe über den itzigen Zustand von Galizien, Bd. 2, 46 f.
204 Die Höhe der Heiratssteuer konnte, je nach Vermögen der Eltern, zwischen vierzig und 300 Dukaten betragen und wurde offenbar von den Beamten recht willkürlich festgesetzt. Vgl. Brawer, Die Geschichte der Juden in Galizien nach der Ersten Teilung Polens, 59 f.; Buzek, Wpływ polityki żydowskiej rządu austryackiego, 114; Lewin, Geschichte der Juden in Galizien unter Kaiser Joseph II., 50; Glassl, Das österreichische Einrichtungswerk in Galizien, 207; Mark, Galizien unter österreichischer Herrschaft, 61.

deren Präambel den großen Zuwachs der galizischen Juden als ein zu unterbindendes Übel deklarierte.[205]

Ende Mai 1785 erfolgte mit dem neuen »Judensystem für Galizien« eine Festlegung der Heiratstaxen nach einem abgestuften, sich nach dem Einkommen der Eltern des Bräutigams richtenden System, womit gleichzeitig eine beträchtliche Absenkung der Höhe der Heiratssteuer vor allem für die unteren Einkommensklassen einher ging. Dem produktivierenden Ansatz der josephinischen Politik entsprechend wurden die Landwirtschaft treibenden Juden gänzlich von der Heiratssteuer befreit.[206] Möglicherweise hatten aufgeklärt-humanitäre Gründe den Hof bewogen, die bisher sehr hohen Ehetaxen zu senken; eine plausiblere Ursache für diesen Schritt mag aber die Erkenntnis der Wiener Behörden gewesen sein, dass die Höhe der Heiratssteuer viele Juden davon abhielt, um einen staatlichen Konsens für die Eheschließung ihrer Kinder nachzusuchen und somit das Heiratsverhalten der galizischen Juden unkontrollierbar blieb. Die Quellen enthalten zahlreiche Hinweise darauf, dass jüdische Eltern die Gefahr der Bestrafung in Kauf nahmen und ihre Kinder »heimlich«, also ohne Heiratskonsens trauen ließen. Die Hofkanzlei erteilte dem galizischen Gubernium Anweisungen zur Verhinderung und Aufdeckung »heimlicher Judenheiraten«; Übertreter des Gesetzes wurden bei Entdeckung hart bestraft und Denunzianten konnten mit hohen Belohnungen rechnen.[207] Im November 1785 ließ die Hofkanzlei über die Landesstelle den galizischen Kreisämtern gegenüber die »höchste Zufriedenheit« darüber zum Ausdruck bringen, dass anlässlich einer Konskription der jüdischen Bevölkerung 464 illegal geschlossene Ehen aufgedeckt worden seien.[208]

Vor diesem Hintergrund drängte das galizische Gubernium den Hof wiederholt, härtere Vorschriften zur Verringerung der jüdischen Bevölkerung zu erlassen. 1784 trat es mit dem Vorschlag an die Hofkanzlei heran, die in Böhmen, Mähren und Schlesien geltenden Vorschriften zur Beschränkung der Zahl der dort ansässigen jüdischen Familien auch auf die galizischen Juden auszudehnen: Das sogenannte »Familiantengesetz« gestattete nur dem ältesten Sohn einer jüdischen Familie die Heirat; auf diese Weise sollte die Zahl der ansässigen Judenfamilien konstant gehalten werden.[209] Die Hofkanzlei be-

---

205 Vgl. Glassl, ebd., 197 und 207; Karniel, Die Toleranzpolitik Kaiser Josephs II., 293.
206 Vgl. Kropatschek, Handbuch aller unter der Regierung des Kaisers Joseph des II. für die K. K. Erbländer ergangener Verordnungen und Gesetze, Bd. 9, 321–323.
207 Vgl. Hofdekrete vom 9. Oktober 1783, AVA, HKP Galizien 1783, 663 (October, Nr. 32), 18. Dezember 1783, AVA, ebd., 816 (December, Nr. 51), 23. August 1785, HKP Galizien 1785, 785 f. (Augustus, Nr. 131), 16. März 1786, HKP Galizien 1786, 218 (Martius, Nr. 81), 27. Juli 1786, AVA, ebd., 578 (Julius, Nr. 118).
208 Hofdekret vom 2. November 1785, AVA, HKP Galizien 1785, 1033–1036 (November, Nr. 1). Vgl. auch Lewin, Geschichte der Juden in Galizien unter Kaiser Joseph II., 51 f.
209 Das »Familiantengesetz« von 1726 setzte die Zahl der zugelassenen jüdischen Familien für Böhmen und Mähren auf eine Zahl von 8 541 bzw. 5 160 fest. Die Obergrenze wurde durch die Toleranzpatente und Verordnungen der josephinischen und nachjosephinischen Zeit nur ge-

schied dieses Ansuchen des Guberniums jedoch abschlägig.[210] Dagegen wurde in einem das »Judensystem« vom Mai 1785 ergänzenden Hofdekret bestimmt, dass die bereits ein Jahr zuvor für die christliche Bevölkerung Galiziens erlassene Vorschrift zur Beschränkung früher Heiraten nunmehr auch auf die jüdischen Einwohner des Landes anzuwenden sei.[211] Diese Maßnahme schien dem Gubernium jedoch nicht zu genügen. Vor dem Hintergrund der offensichtlichen Unzufriedenheit in Lemberg über die angeordnete Senkung der Heiratstaxen und die Abweisung des Vorschlags, die Zahl der jüdischen Familien in Galizien nach dem Beispiel Böhmens und Mährens zu beschränken, erfolgte Ende 1785 ein erneuter, jedoch wiederum fruchtloser Vorstoß, Wien zum Erlass strengerer Bestimmungen zur Einschränkung jüdischer Heiraten zu bewegen.[212]

Die Initiativen zur Verringerung der jüdischen Bevölkerung in Galizien gingen somit zumeist vom Gubernium aus, das generell den Diskurs der »Schädlichkeit« der Juden anführte und auch bei anderen Maßnahmen, wie der Einschränkung jüdischer Wirtschaftstätigkeit oder der Vertreibung der Juden aus den Stadtzentren, den Ton angab.[213] Doch auch die Zentralbehörden in Wien übernahmen allmählich die Argumentationslinien der Landesregierung, wie ein Gutachten der Hofkanzlei von 1787 verdeutlicht. Hierin hieß es, dass die galizischen Juden dem Aufschwung des Landes hinderlich seien und ihre Zunahme die Vermehrung der übrigen Bevölkerung weit übersteige. Die Hofkanzlei empfahl, dass,

---

ringfügig erhöht und lag zum Ausgang des 18. Jahrhunderts für Böhmen bei 8 600 und für Mähren bei 5 400 Familien. Im österreichischen Teil Schlesiens durften 119 Familien siedeln. Diese Beschränkungen hatten bis 1848 Bestand, offiziell aufgehoben wurden sie erst im Jahr 1859. Vgl. Kestenberg-Gladstein, Neuere Geschichte der Juden, 1 f., 80, 353–357; Adler, Das Judenpatent von 1797, 199–229, bes. 202 f., 212–216, 224 f.; Hecht/Lichtblau/Miller, Österreich, Böhmen und Mähren 1648–1918, 103 f. (für Böhmen) und 114 f. (für Mähren).

210 Hofdekret vom 16. November 1784, AVA, HKP Galiziens 1784, 1182–1185 (November, Nr. 65), hier 1183: »5.to Daß der Vorschlag: die Juden-Famillen auf ganz gleiche Art, wie in allen übrigen Böhmisch- und Oesterreichischen Erbländern auf eine bestimmte Anzahl zu beschränken, folglich in der Regel immer nur einem Sohn von der Familie das Heurathen zu gestatten, nicht genehmiget wird.«

211 Hofdekret vom 27. Mai 1785, AVA, HKP Galiziens 1785, 503–514 (Majus Nr. 194). Der Vorschrift zufolge durften Minderjährige – das heißt unter 24 Jahre alte Personen – nur mit Einwilligung ihres Vormundes heiraten; jedoch durften keinesfalls Mädchen unter 15 Jahren und Jungen unter 19 Jahren getraut werden. Das Gesetz vom 5. Mai 1784 zielte ursprünglich darauf, dass Eheschließungen christlicher Untertanen in Zukunft nicht mehr von den Ortsobrigkeiten erschwert werden sollten, um »die Ehen zur verhältnismäßigen Volksmenge in den Erbreichen Gallizien und Lodomerien zu befördern«. Die Festlegung des Mindestalters für Eheschließungen wurde damit begründet, dass »in unreifem Alter [...] eingegangene Ehen, [...] anstatt die Bevölkerung zu befördern, derselben vielmehr zum Nachtheile gereichen.« Vgl. Kropatschek, Handbuch aller unter der Regierung des Kaisers Joseph des II. für die K. K. Erbländer ergangener Verordnungen und Gesetze, Bd. 6, 20–22.

212 Hofdekret vom 12. Januar 1786, HKP Galiziens 1786, 28 f. (Januarius, Nr. 53).
213 Vgl. Glassl, Das österreichische Einrichtungswerk in Galizien, 215.

»wenn die Wohlfahrt des Ganzen dem unbeträchtlichen Teil desselben nicht aufgeopfert werden soll, die Vermehrung des jüdischen Volkes entweder unschädlich gemacht, oder verhindert werden muss, und zwar in der Art, dass nach Maß als bei dem Vorhaben, die Juden unschädlich zu machen, unübersteigliche Hindernisse eintreten, mit desto grösserer Tätigkeit nach dem Ziele ihre Vermehrung zu verhindern gestrebt werden [muss], dieses vorausgesetzt beruhet alles auf der einzigen Frage: kann man sich von allen bisher getroffenen und noch zu treffenden möglichen Anstalten um die übergrosse Zahl der galizischen Juden dem Staate unschädlich zu machen, die abgesehene Wirkung versprechen? Lässt sich diese Frage mit Gründen verneinen, so ist auch schon erwiesen, dass die Verhinderung ihrer Vermehrung das Hauptaugenmerk der öffentlichen Verwaltung bleiben muss.«[214]

Als Mittel zur Erreichung dieses Zieles nannte das Gutachten die weitere Einschränkung der jüdischen Ehen und die Abschiebung der »zu nichts taugenden Juden« über die Landesgrenzen.[215] Schließlich schwenkten die Hofstellen gänzlich auf die Position des Guberniums ein und empfahlen Joseph II., die Zahl der in Galizien zuzulassenden Judenfamilien gemäß dem Antrag der Landesstelle von 1784 auf eine bestimmte Anzahl zu limitieren. Der Kaiser lehnte das Ansuchen jedoch ab, der Antrag wurde nicht genehmigt und endgültig zu den Akten gelegt. Ein anderer Vorschlag aus Lemberg hatte mittlerweile das Interesse Josephs II. und der Hofbehörden geweckt.

»Ein nach derselben Denkungsart zweckmässiges Zwangsmittel« – das Normalschulzeugnis als Ehevoraussetzung

Ende Februar 1786 übermittelte die Studienhofkommission der Hofkanzlei per Protokollauszug einen Bericht des galizischen Guberniums vom 26. Januar desselben Jahres und bat um eine Äußerung der Behörde zum Gubernialantrag, »denjenigen Juden, welche die Schulen nicht besucht haben, und folglich sich nicht mit einem Schulzeugniß, daß sie sich dem deutschen Unterrichte gewidmet haben, ausweisen würden, seiner Zeit keinen Heuraths-Consens zu ertheilen«.[216] Diese neuerliche Initiative der Lemberger Landesstelle stieß bald auf die Zustimmung der höchsten Hofbehörden – und dabei dachte man hier keineswegs nur an die galizischen Juden. Am 15. April 1786 erging ein Dekret an alle Länderstellen, jedoch mit Ausnahme des galizischen Guberniums,

»daß alle unter dem 16. Jahr sich befindende Juden zu Besuchung des Normalschul Unterrichts zu verhalten, und keinem Juden der Heuraths Konsens zu verleihen sey, der sich nicht mit dem erhaltenen Normal Unterricht ausgewiesen haben wird.«

---

214 Zit. nach Lewin, Geschichte der Juden in Galizien unter Kaiser Joseph II., 48 f.
215 Zit. nach ebd., 49.
216 Eintrag vom 27. Februar 1786, AVA, HKP Galizien 1786, 144 (Februarius, Nr. 5).

Die Verordnung sei »durch alle Kreisämter zu publiciren und ins besondere den Juden Vorstehern zu intimiren«.[217] Die Bestimmung »mit Ausnahme Galizien« bei der Empfängerangabe des Dekrets erscheint merkwürdig. Da es im Text heißt, dass »Seine Majestät leztlin festzusetzen geruhet [haben], daß in Galizien jene Juden, welche den vorgeschriebenen Normalunterricht erhalten zu haben, sich nicht ausweisen würden, die Heurathsbewilligung nicht ertheilet werden soll«, und weiter: »da nun die Ursach, aus welchen dieses für Galizien verordnet worden, aller Orten, wo sich Juden befinden, die nämliche ist«, so sollte man vermuten, dass diese Vorschrift für Galizien im April 1786 bereits gegolten haben muss.[218] Dem aber ist nicht so. In den Hofkanzleiprotokollen für Galizien ist für die Zeit vor dem 15. April 1786 kein Dekret verzeichnet, welches eine solche Vorschrift für Galizien angeordnet hätte. Tatsächlich findet sich hier nur der verkürzte Text des an alle Länderstellen ergangenen Zirkulars, wiederum mit dem Beisatz »mit Ausnahme Galizien«. Immerhin hatte Wien also das Gubernium über die Inkraftsetzung der Vorschrift in den anderen Territorien des Habsburgerreiches informiert.[219] Die Irritation über die genannte Auslassung klärt sich angesichts eines Eintrags vom Sommer desselben Jahres. Am 25. Juli 1786 informierte die Hofkanzlei den Hofkriegsrat über die »von hier aus den Länderstellen ertheilte Vorschrift in Ansehung des von den sich verehelligen wollenden Juden beyzubringenden Zeugnißes über den erhaltenen Normal-Schul-Unterricht« mit der Anmerkung, dass »diese Verordnung dem galiz. Gubernio deßwegen noch nicht bekannt gemacht worden, weil sie dem demnächstens kundzumachenden galiz[ischen] Judensystem eingeschaltet werden wird«.[220] Der Befund ist eindeutig: Die im April für alle anderen Länder erlassene Vorschrift galt noch Ende Juli 1786 nicht für die galizischen Juden. In Wien hoffte man zu dieser Zeit, in Kürze ein erneuertes, umfassendes und an den Toleranzgesetzen für die Juden der anderen Länder orientiertes Patent für die galizischen Juden vorlegen zu können, in welches die Bestimmungen vom April Eingang finden sollten. Für einen gesonderten Erlass sah man keine Notwendigkeit. Als am 5. August der Hofkriegsrat erneut wegen der »Einschränkung der Judenheurathen« bei der Hofkanzlei vorstellig wurde, versprach diese ihm die baldige Zusendung des »galiz[ischen] Judensistems, sobald selbes berichtiget

---

217 Hofdekret vom 15. April 1786, AVA, StHK, Kt. 106. Das Dekret ist auch abgedruckt bei Pribram, Urkunden und Akten zur Geschichte der Juden in Wien, Bd. 1, 576 f.
218 So war etwa Simon Dubnow der Ansicht, dass Joseph II. in Galizien bereits »im Jahre 1785 jungen Leuten, die nicht in der Lage sein würden, ein Zeugnis über die Absolvierung einer deutschen ›Normalschule‹ vorzulegen, [untersagte,] die Ehelizenz zu erteilen (ein Jahr später wurde dieses Gesetz auch für Böhmen und andere Provinzen in Kraft gesetzt).« Dubnow, Weltgeschichte des jüdischen Volkes, Bd. 8, 32.
219 AVA, HKP Galizien, 1786, 302 (Aprilis, Nr. 43).
220 Note an den Hofkriegsrat vom 25. Juli 1786, AVA, ebd., 571 (Julius, Nr. 103).

seyn wird«.²²¹ Jedoch wurde die neue Judenordnung für Galizien nach sich über mehrere Jahre erstreckenden Beratungen erst im Mai 1789 erlassen.²²²

Die vom galizischen Gubernium initiierte Vorschrift, die das Normalschulzeugnis zur Voraussetzung für die Erteilung der Eheerlaubnis für jüdische Paare machte und die seit April für alle anderen Provinzen des Habsburgerreiches – mit Ausnahme Triests –²²³ galt, erhielt in Galizien erst knappe vier Monate später und eher beiläufig Gesetzeskraft. Der Text des Dekrets vom 15. April 1786 hatte offensichtlich für Irritationen bei den Länderbehörden gesorgt, da es hier geheißen hatte, dass »alle unter dem 16. Jahr sich befindende Juden« die Normalschulen zu besuchen hätten. Die Theresianische Allgemeine Schulordnung von 1774 hatte jedoch das vollendete zwölfte Lebensjahr als obere Grenze für den Pflichtunterricht vorgeschrieben, die kein Schüler überschreiten musste, wenn er bis zu diesem Alter die vorgeschriebenen Kenntnisse erworben hatte. Möglicherweise war durch die Festlegung eines höheren Schulpflichtalters von 16 Jahren für jüdische Knaben beabsichtigt worden, Eheschließungen im Kindesalter zu verhindern, doch lassen sich die tatsächlichen Intentionen hierfür nicht feststellen. Den Behörden muss jedenfalls bald die Undurchführbarkeit dieser Vorschrift aufgefallen sein: In keinem der habsburgischen Länder hätte die vorhandene schulische Infrastruktur ausgereicht, die durch die angehobene Altersgrenze stark erhöhte Zahl schulpflichtiger jüdischer Kinder zu absorbieren. In einem zweiten, am 8. August 1786 erlassenen Zirkular an alle Länderstellen – also einschließlich des galizischen Guberniums – hieß es daher:

»Um alle Zweydeutigkeiten, und Anfragen zu vermeiden, die bey Vollziehung der Vorschrift vom 15ten April d. J. entstehen dörften, nach welcher jeder Jud, der sich vereheligen will, das Zeugniß des erhaltenen Normal Unterrichts beyzubringen hat, wird hiemit weiter erklärt, daß diese Vorschrift sich nur auf diejenigen Juden erstrecke, welche das für den Normal Unterricht, der bekanntermassen vom 6ten bis zum vollendeten 12ten Jahre dauert, vorgeschriebene Alter, mithin das 13te Jahr gegenwärtig nicht überschritten haben.«²²⁴

Am 19. August 1786 wurde diese Verordnung durch das galizische Gubernium allen Kreisämtern kundgetan.²²⁵ Zukünftig musste nun auch in Galizien jeder

---

221 Note an den Hofkriegsrat vom 10. August 1786, AVA, ebd., 620 (Augustus, Nr. 44).
222 Vgl. Karniel, Die Toleranzpolitik Kaiser Josephs II., 444–446.
223 Die Juden von Triest waren generell von der Pflicht befreit, vor der Heirat um einen Ehekonsens nachzusuchen. Auch die Dekrete von 1786 wurden in Triest letztlich nicht angewandt. Dagegen wurde nach 1812 die Prüfung aus Hombergs Katechismus *Bne Zion* wie in allen anderen Provinzen des Habsburgerreiches auch in Triest obligatorisch für die Erteilung der Heiratsgenehmigung an jüdische Paare. Vgl. Dubin, The Port Jews of Habsburg Trieste, 176 und 281, Anm. 8.
224 Hofdekret vom 8. August 1786, AVA, StHK, Kt. 106. Das Dekret ist auch abgedruckt bei Pribram, Urkunden und Akten zur Geschichte der Juden in Wien, Bd. 1, 577.
225 Consignation. Der auf die Bildung der Juden Bezug habenden Akten, und Verordnungen,

heiratswilliger jüdische Mann, sofern er zum Zeitpunkt der Verkündung der Vorschrift im August 1786 jünger als zwölf Jahre, also im Sinne der Allgemeinen Schulordnung unterrichtspflichtig gewesen war, zur Erlangung der behördlichen Heiratserlaubnis ein Zeugnis über den erhaltenen Normalschulunterricht vorweisen. Diese Vorschrift verschärfte den Schulzwang für jüdische Knaben, sie ergänzte die bereits erlassenen, in der Praxis jedoch wohl kaum beachteten Verbote. Von allen möglichen Sanktionen verkörperte die Eheversagung das allgemeingültigste und einschneidendste Zwangsmittel, indem sie vor das wohl von jeder jüdischen Familie für den Sohn erstrebte Eheglück dessen Schulbesuch stellte. In Wien versprach man sich für die Beförderung des jüdischen Normalschulbesuchs daher auch sehr viel von diesem Instrument.[226]

Die mit den Dekreten vom 15. April bzw. 8. August 1786 erlassenen Vorschriften betrafen zwei Aspekte: Zum einen sollten sie unter den Juden des Habsburgerreiches für einen regeren Zuspruch zu den deutschen Schulen sorgen, zum anderen die Heirat von Juden erschweren und damit das Wachstum der jüdischen Bevölkerung begrenzen helfen. Welcher der beiden Aspekte jeweils im Vordergrund stand und wie sie bewertet wurden, hing ganz vom Standort und dem Blickwinkel des Betrachters ab. In Böhmen mag vor dem Hintergrund der strengen Bestimmungen des Familiantengesetzes der edukative Aspekt überwogen haben, in Galizien richtete sich die Vorschrift dagegen wohl vor allem auf den vermeintlichen bevölkerungspolitischen Nutzen.[227] Da die Strategie fiskalischer Heiratserschwerung in der Praxis gescheitert war und offensichtlich schon lange nicht mehr den Rückhalt Josephs II. fand, wählte man einen anderen Weg, von dem man sich größeren Erfolg in Wien versprach. Dem Kaiser und der Hofkanzlei muss der Lemberger Vorschlag geradezu genial erschienen sein: Einerseits bewegte er sich ganz auf der von Joseph 1781 eingeschlagenen Linie der Nutzbarmachung der Juden durch Bildung und bot ein vielversprechendes Zwangsmittel zur Erzielung von deren maximaler Schulnützlichkeit, andererseits lieferte er ein probates, nicht-fiskalisches und zudem zeitgemäßes Instrument zur Einschränkung jüdischer Heiraten und damit der auch bei Hofe als notwendig erachteten Verringerung

---

9. April 1808, Ungarisches Nationalarchiv Budapest, C 55 Normalia 1775–1812. 207.cs., fols. 488a–493b, Eintrag zur Gub. Nr. 21.600.

226 Noch vor der Inkraftsetzung der Vorschrift in Galizien beuhigte man das über die mangelhafte Schulmoral der Juden klagende Gubernium im Juni 1786 mit der Versicherung, dass »der Nachläßigkeit der jüdischen Aeltern in Abschickung ihrer Kinder zur Schule bereits durch die jüngsthin ergangene Verordnung [vom 15. April 1786] gesteuret sey«. Hofdekret vom 20. Juni 1786, AVA, HKP Galizien 1786, 494–496 (Junius, Nr. 102).

227 Dies lässt sich auch aus der Formulierung des Antrages vom 26. Januar 1786 schließen, sofern dieser von der Hofkanzlei richtig überliefert ist – es ist hier keine Rede von einer Verbesserung des Schulwesens oder der Erzwingung umfassenden Schulbesuchs (wie im Hofdekret vom 15. April 1786), sondern allein von einer Heiratsversagung bei Nichtvorlage des Schulzeugnisses. Wenn das erstere auch implizit gewesen sein mag, so stand es doch nicht im Vordergrund. Vgl. Eintrag vom 27. Februar 1786, AVA, HKP Galizien 1786, 144 (Februarius, Nr. 5).

der jüdischen Bevölkerung insbesondere im galizischen Kontext. Er entsprach damit traditionellen kameralistischen Erfordernissen, bediente aber gleichzeitig auch eher aufgeklärte Befindlichkeiten, indem er den *Erwerb von Bildung* im edukativen System des Normalschulunterrichts als Voraussetzung für das privat-familiäre Glück der Juden begründete. Für die Wiener Studienhofkommission stand naturgemäß die Beförderung des jüdischen Normalschulwesens, die Erzielung einer hohen Schulbesuchsrate im Vordergrund. Um die hohe Bedeutung wissend, die der Ehe und Fortpflanzung im Judentum beigemessen wurde, erkannten die Beamten im Heiratsverbot bei Nichtnachweis des Normalschulunterrichts denn auch ein »Gesetz, welches die Juden zur Besuchung der deutschen Schulen durch ein nach derselben Denkungsart zweckmässiges Zwangsmittel verhält«.[228]

Die Vorschrift von 1786 verkörperte das Ineinandergreifen zweier Diskurse: zum einen des sich gerade verfestigenden edukativ-disziplinierenden Diskurses, der auf die (Schul-)Nützlichkeit der galizischen Juden zielte, und zum anderen des kameralistisch-bevölkerungspolitischen Diskurses, der die postulierte Schädlichkeit der galizischen Juden durch die Verringerung ihrer Zahl abzuschwächen gedachte, andererseits aber die Möglichkeit ihrer Produktivierung explizit mit einschloss. Als das Heiratsverbot bei Nichtnachweis des Schulzeugnisses 1789 Eingang in die neue galizische Judenordnung fand und gleichzeitig die bisher erhobenen Heiratstaxen abgeschafft wurden, bedeutete dies im bevölkerungspolitischen Kontext Galiziens die endgültige Ablösung des fiskalischen Zwangsmittels durch die edukative Sanktion.[229] Selbst die wenig realistische Option, dass unter der Drohung des Eheverbots alle Juden die Schulen besucht hätten und somit allen Bewerbern die Heirat hätte gestattet werden müssen, widersprach nicht den kameralistisch-bevölkerungspolitischen Grundsätzen der Zeit. Denn durch die Teilnahme am Unterricht hätten sie alle ein Maß an nützlichen Kenntnissen und Tugenden erworben und damit die Grundvoraussetzung für ihre zukünftige Produktivierung geschaffen. Man erwartete auch, dass »besonders das Sittliche ihres Karakters, mittelst der Schul Einrichtung verbeßert werde«, so ein Hofdekret vom 22. März 1786, welches die Verknüpfung edukativer und produktivierender Elemente in der josephinischen Politik gegenüber den Juden idealtypisch widerspiegelt.[230] Die Juden wären im Ergebnis nicht mehr »schädlich«

---

228 Votum der Studienhofkommission in der Anlage zum Studienprotokoll vom 23. September 1789, AVA, StHK, Kt. 106, 23 Galizien.

229 Im Paragrafen 24 des Patents vom 7. Mai 1789 hieß es: »Es steht daher den Juden frey in allen Fällen, wo es christlichen Unterthanen durch die Gesetze gestattet ist, und insofern das gegenwärtige Patent für die Juden keine Einschränkung enthält, sich ohne Entrichtung einer Ehebewilligungstaxe zu verehelingen«: Patent, kraft welchen den Juden alle Begünstigungen und Rechte der übrigen Untertanen gewähret sind, Paragraf 24, in: Karniel, Das Toleranzpatent Kaiser Josephs II. für die Juden Galiziens und Lodomeriens, 80.

230 Hofdekret an »gesammte Länderstellen« vom 22. März 1786, AVA, StHK, Kt. 106: »Seine k. königl. Majestät haben bey Gelegenheit, da allerhöchst demselben von einigen Betrachtungen

für die Gemeinschaft gewesen, sondern hätten wie alle anderen Untertanen zur Mehrung des allgemeinen Wohls beigetragen. Niemand außer überzeugten Judenfeinden hätte dann mehr eine Verringerung ihrer Zahl durch Vertreibung, Abschiebung oder Heiratsbeschränkungen verlangen müssen. Natürlich wussten oder ahnten die Behörden, dass vor die Annahme jenes scheinbar großzügigen Angebots mancherlei Hindernisse gesetzt waren und dass viele der galizischen Juden keinen Gebrauch hiervon machen und ihre Kinder weiterhin vom Unterricht fernhalten würden. Da man ihnen in diesem Fall die Erteilung des Heiratskonsenses verweigerte, hätte die Bestimmung theoretisch den anderen ihr zugewiesenen Zweck, nämlich die Verminderung der jüdischen Bevölkerung, erfüllt.

Als im Mai 1789 das umfangreiche Toleranzpatent für die Juden Galiziens erlassen wurde, fand die Bestimmung über das Heiratsverbot bei Nichtvorlage des Normalschulzeugnisses als Paragraf 13 Aufnahme in den Abschnitt »Unterricht«, der die wesentlichen, im Prinzip bereits geltenden Vorschriften zum Normalschulunterricht versammelte:

»Auch soll kein Jud' getrauet werden, wenn er sich nicht über den in einer öffentlichen Schule oder zu Hause in der deutschen Sprache empfangenen Unterricht mit dem im § 12 vorgeschriebenen Zeugnisse [des Normalschullehrers] ausweisen kann. Hiervon sind jedoch diejenigen ausgenommen, die im Jahre 1786, da diese Anordnung zuerst erlassen worden ist, das 13. Jahr ihres Alters schon erreicht haben.«

Den Übertretern dieser »auf die Bildung der Juden abzielenden Anordnung« wurden harte Strafen angekündigt; den Rabbinern drohte, falls sie eine solche illegale Trauung vornehmen sollten, der Amtsentzug.[231]

Das Heiratsverbot bei Nichtnachweis des erhaltenen Normalschulunterrichts galt zunächst nur für jüdische Jungen, womit es der einen der ihm zugedachten Aufgaben – der Einschränkung jüdischer Heiraten – vollauf genügte. Edukative Aspekte gaben dagegen den Ausschlag, als Anfang der 1790er Jahre das Heiratsverbot – und damit der Schulzwang – auch auf die Mädchen ausgedehnt wurde. Sowohl in Lemberg als auch in Wien hatte man zuvor die Bedeutung erkannt, die der staatlichen Erziehung auch der jüdischen Mädchen eignete. Im März 1790 wurde deren Schulbesuch per Hofdekret angeordnet: In Orten, in denen keine gesonderten Mädchenschulen bestanden –

über die äußerst verdorbene Moralität der Juden allerunterthänigst erwähnt wurde, anzubefehlen geruhet, daß bey den bereits getroffenen Vorbereitungsanstalten überhaupt den Länderbehörden und durch diese den Kreisämtern und Dominien auf das nachdrücklichste eingebunden, und die pflichtmässige Sorge getragen werden soll, womit die tolerirte Judenschaft zu den für sie erweiterten Nahrungszweigen nach und nach wirklich eingeleitet, dem Staate dadurch nüzlich gemacht, und besonders das Sittliche ihres Karakters, mittelst der Schul Einrichtung verbeßert werde«.

231 Patent, kraft welchen den Juden alle Begünstigungen und Rechte der übrigen Untertanen gewährt sind, Paragraf 13, in: Karniel, Das Toleranzpatent Kaiser Josephs II. für die Juden Galiziens und Lodomeriens, 77.

diese gab es später nur in den beiden großen Gemeinden von Lemberg und Brody – wurden die jüdischen Eltern angehalten, ihre Töchter gemeinsam mit den Knaben in die jüdischen Trivialschulen zu schicken. Hatte sich Homberg zunächst noch gegen die Ausweitung des Heiratsverbots auf die jüdischen Mädchen gewandt, so beantragte er angesichts des offenbar geringen Zuspruchs der Mädchen zu den Normalschulen Anfang 1792 selbst, dass allen Schulausbleiberinnen »das Eheligen in so lang verweigert werde, bis sie über den in der Schule vorschriftsmäßig empfangenen Unterricht das Zeugniß erhalten haben«.[232]

Die Fallstricke der Praxis: Zeugnisausstellung und kreisamtliche Prüfung

In welchem Umfang der Zwang zum Zeugnisnachweis vor der Heirat in der Praxis beachtet worden ist, lässt sich nicht genau feststellen. Es deutet jedoch alles darauf hin, dass der edukative Zweck des Verbots – die Erzielung einer höheren Schulbesuchsrate – nicht erreicht wurde und dass viele jüdische Familien Wege und Mittel fanden, ihre Söhne und Töchter auch ohne ein Normalschulzeugnis bzw. ohne behördliche Genehmigung zu verheiraten. Sie taten dies offensichtlich ganz unbeeindruckt von der Tatsache, dass diese Ehen staatlicherseits als »null und nichtig« betrachtet wurden und entsprechende Strafen hierauf ausgesetzt waren.[233] Die – auf die relative Wirkungslosigkeit des Verbots verweisenden – Wiederholungen der entsprechenden Vorschriften, die Mahnungen und Drohungen der Behörden ziehen sich wie ein roter Faden durch den Sanktionsdiskurs der 1790er Jahre und der ersten Dekade des 19. Jahrhunderts. Wie im Fall der anderen mit dem Schulzwang verbundenen Maßnahmen lässt sich auch in diesem Bereich eine deutliche Diskrepanz zwischen der immensen Lautstärke sowie dem harschen Tonfall der Strafdrohung und der Schwäche bei der Durchsetzung der Strafe feststellen. Als das Gubernium die Hofkanzlei im Mai 1795 darum bat, die kaum je ihren Zweck erreichende Praxis der Schulstrafgelderhebung aussetzen zu dürfen, schlug es als Kompensation vor, die Kreisämter zu einer desto strikteren Durchsetzung der Vorschriften zu verhalten, welche die Aufnahme einer Handwerkslehre und die Erteilung der Eheerlaubnis von der Vorlage des Normalschulzeugnisses abhängig machten.[234] In schroffem Ton teilte das Lemberger Kreisamt im Dezember 1796 dem *Kahal* bei Übersendung der Schulstrafverzeichnisse mit, dass, nachdem »auch die in den vorhergehenden Jahren angewendete Execution [der Geld- und Arreststrafen], wie die Erfah-

---

232 Hofdekret vom 31. Januar 1792, AVA, HKP Galizien 1792, 51 (Januarius, Nr. 134).
233 Schreiben des Lemberger Kreisamts an den *Kahal* vom 30. Januar 1793, TsDIAL, 701/4/3 (CAHJP, HM 2/8193.2); Bericht des galizischen Guberniums vom 27. April 1791, AVA, StHK, Kt. 861, 23 D Galizien.
234 Bericht des galizischen Guberniums vom 29. Mai 1795, AVA, ebd.

rung gelehrt hat, immer fruchtlos gewesen ist«, die Gemeindeführung nunmehr

»in allen Schulen dreymal zu publiciren habe, daß von allen diesen Schulkindern, die in gegenwärtiger Consignation erscheinen, sich niemals ein einziges weder Hoffnung machen könne, zur Heurath zugelassen zu werden und daß dieses Gesetz ohne alle Abänderung von nun an auf das genaueste beobachtet werde.«[235]

Doch scheinen Gubernium und Kreisamt selbst die Vorschriften in der Praxis zeitweise eher generös gehandhabt und einer Vielzahl von jüdischen Ehekandidaten auch ohne ausreichende Schulkenntnisse die Heirat gestattet zu haben.[236] Bereits Anfang der 1790er Jahre war festgelegt worden, dass heiratswillige Lemberger Juden sich nicht nur durch ein Zeugnis des Normalschullehrers über den erhaltenen Deutschunterricht ausweisen mussten, sondern zusätzlich eine Prüfung auf dem Kreisamt abzulegen hatten. Die Kreisbeamten wurden angewiesen, den um einen Ehekonsens nachsuchenden Juden ein beliebiges deutsches Buch vorzulegen und sich eine Stelle daraus vorlesen zu lassen. Daran schloss sich in der Regel noch ein kurzes Diktat an. Hierdurch glaubten die Behörden, »sich über den Schulbesuch, und den daraus geschöpften Nutzen am Besten überzeugen« zu können – ein Hinweis darauf, dass sie den vorgelegten Zeugnissen nicht selten misstrauten. Der spezifische Fall, der Anlass zu dieser Verschärfung der Vorschriften gab, betraf einen jüdischen Jungen, der trotz angeblichen fünfjährigen »fleißigen« Schulbesuches weder Schreiben noch Lesen gelernt hatte. Kein Talent, so betonte das Gubernium, könne so schwach sein, dass ein Kind nicht in mehreren Jahren das Lesen und Schreiben erlerne.[237] Die kreisamtliche Deutschprüfung sollte somit einer offenbar verbreiteten Praxis einen Riegel vorschieben: Häufig konnten sich jüdische Brautpaare ein Normalschul-

---

235 Anweisung des Kreisamtes an den Lemberger *Kahal*, 3. Dezember 1796, TsDIAL, 701/4/11 (CAHJP, HM 2/8852.10). Für die wiederholte Forderung nach Durchsetzung des Eheverbots vgl. auch die Hofdekrete vom 16. August 1798, AVA, StHK, Kt. 861, 23 D Galizien, 22. August 1799, AVA, HKP Galizien 1799, 731 f. (Augustus, Nr. 99) und 3. August 1801, AVA, StHK, Kt. 861, 23 D Galizien.
236 In einem Hofdekret wies die Hofkanzlei im Sommer 1801 das Gubernium an, diejenigen Kreisämter zu belobigen, die streng auf die Einhaltung des Eheverbots achteten. Keinesfalls sollte man sie hierfür tadeln, wie dies offenbar gegenüber dem Lemberger Kreisamt geschehen war, nachdem der *Kahal* beim Gubernium eine Beschwerde eingebracht hatte, wonach »das lemberger Kreisamt mit Ertheilung der Heurathskonsesse nicht mehr so freygebig sey, als es unter der Amtsführung des [Kreiskommissars] v. Mihlbacher, und [des Gouverneurs von 1795–1801] Grafen v. Gaisruck war.« Hofdekret vom 3. August 1801, AVA, StHK, Kt. 861, 23 D Galizien.
237 Bericht des galizischen Guberniums vom 11. Juni 1792 uiber die von Hof remittierte Klage der hiesigen jüdischen deutschen Lehrer Turnau, Popper, und Grünbaum wegen des Verfalls der hiesigen jüdischen Schulen, AVA, StHK, Kt. 861, 23 A Galizien. Die Vorschrift über die kreisamtliche Prüfung scheint erst im Januar 1793 dem Lemberger *Kahal* mitgeteilt worden zu sein, vgl. Schreiben des Lemberger Kreisamts an den *Kahal* vom 30. Januar 1793, TsDIAL, 701/4/3 (CAHJP, HM 2/8193.2).

zeugnis durch Bestechung des Normalschullehrers verschaffen und unter Vorlage dieses Zeugnisses einen Heiratskonsens erhalten, ohne dass sie zuvor regelmäßig, wenn überhaupt, am Normalschulunterricht teilgenommen hatten. Doch musste auch die Vorschrift über die kreisamtliche Prüfung, da sie oft missachtet wurde, mehrfach wiederholt werden.[238] Sie galt zunächst nur für Lemberg. Erst viel später, vor dem Hintergrund des »so sehr über Hand genommenen Missbrauche[s] in Ausstellung der Schulzeugnisse« und nach einer Ende 1804 erfolgten Intervention des Hofes wurde das galizische Gubernium im Mai 1805 tätig und schlug vor, dass zukünftig in allen Kreisen Galiziens die Kinder vor Erteilung eines Heiratskonsenses auf dem Kreisamt daraufhin geprüft werden sollten, »ob sie sich die deutschen Lehrgegenstände, über deren Kenntniß sie Schulzeugnisse beybringen, auch in der That eigen gemacht haben«. Damit, so das Gubernium, werde »der Pflichtvergessenheit, der d[eutsch] j[üdischen] Lehrer selbst, womit sie nicht verdiente Schulzeugnisse den Heurathskandiaten ausfertigen, am gewissensten Schranken gesetzt werden«. Ein Lehrer, dessen Zeugnis mit den Kenntnissen des Prüflings nicht übereinstimmte und »mithin falsch, und erschlichen« sei, sollte sofort bestraft werden.[239] Das Dekret, das die Hofkanzlei daraufhin im Juni 1805 erließ, und das allen Kreisämtern, »um sich des mit der Forderung des deutschen Schulunterrichtes für jüdische Ehestandswerber verbundenen Zweckes der Staatsverwaltung möglichst zu versichern«, die Prüfung aller jüdischen Heiratskandidaten auf dem Amt zwingend vorschrieb, legte den formellen Rahmen und den Ablauf des Examens fest:

»Es wird daher von nun an ohne Rücksicht auf die Schulzeugniße mit welchen die jüdischen Heurathsgesuche ferners hin jederzeit belegt werden müssen, mit jedem jüdischen Braut Paare bei dem Kreisamt selbst in Gegenwart des Kreisvorstehers, und noch eines Kreiskommissärs oder des Kreissekretärs von dem in dem Standorte des Kreisamts befindlichen Vorsteher der christlichen sowohl als der jüdischen deutschen Schule, die strengste Prüfung durch alle Fächer des vorgeschriebenen Unterrichts unter schwerster Verantwortung des Kreisvorstehers abgehalten, ein förmliches Protokoll darüber aufzunehmen und aufzubewahren, und nur nach dem Resultate dieser Prüfung, wenn beide Bittwerber vollkommen bestehen, die Heurath zu bewilligen, oder ohne weiterem abzuschlagen seyn.«[240]

---

238 Schreiben des Lemberger Kreisamts an den *Kahal* vom 7. November 1793, TsDIAL, ebd., und vom 4. Dezember 1794, TsDIAL, 701/4/6 (CAHJP, HM 2/8852.9).
239 Bericht des galizischen Guberniums vom 17. Mai 1805, AVA, StHK, Kt. 861, 23 B-D in genere.
240 Hofdekret vom 24. Juni 1805, AVA, ebd. Der hier nicht näher bezeichnete, mit dem Heiratsverbot verknüpfte »Zweck der Staatsverwaltung« scheint zu Beginn des 19. Jahrhunderts wieder verstärkt durch bevölkerungspolitische Erwägungen, weniger durch das edukative Ziel bestimmt gewesen zu sein. Dies zeigt eine Bemerkung der Hofkanzlei von 1801: Die mit dem Heiratsverbot verbundene »Absicht der Gesetzgebung« sei »nicht auf die Vermehrung sondern auf die Verminderung der jüdischen Familien gerichtet«, ließ sie das Gubernium wissen, als sie von diesem die strikte Durchsetzung des Verbots forderte. Hofdekret vom 3. August 1801, AVA, StHK, Kt. 861, 23 D Galizien.

Die hier geforderten umständlichen Regularien der Prüfung, die die Anwesenheit gleich mehrerer Amtspersonen und die Aufnahme eines »förmlichen Protokolls« beinhalteten, bedeuteten jedoch einen erheblichen Aufwand, und es ist fraglich, ob sie jemals auf diese Weise befolgt worden sind.

Sossie Silberstein darf heiraten

Am 7. Oktober 1794 ließ die Jüdin Marie Scharenzel durch den Kahalschreiber ein Gesuch an das Lemberger Kreisamt aufsetzen, in dem sie darum bat, ihrem Sohn Moses Scharenzel die Heirat mit der Tochter des Kaufmanns Isaak Silberstein zu gestatten. Moses Scharenzel hatte nie eine Normalschule besucht. Wie seine Mutter in dem Schreiben beklagte, hatte sie ihn aufgrund ihrer großen Armut nicht verpflegen und für seinen fleißigen Schulbesuch sorgen können. Sie musste »diesen Knab sich selbst überlassen [...], damit er allein bei fremden Leuten sein Unterkommen versorge«. Nachdem nun der Kaufmann Silberstein »ein Wohlgefallen an gedachtem Knaben findet, und mit demselben seine Tochter Sossie, 15 Jahr alt, No. famil. 345 vermählen, wie auch ihn als dessen Eidam gänzlich versorgen will«, schien sich für den Sohn ein Ende seiner Mittellosigkeit abzuzeichnen. Im semantischen Spannungsbogen zwischen den Wörtern »Armut« und »Kaufmann« steckte die ganze Hoffnung der Mutter auf eine Besserung der Lage ihres Sohnes und dessen sozialen Aufstieg durch die Heirat. Doch würde das Kreisamt ihre Armut als Ausnahmegrund anerkennen und Moses die Heirat auch ohne Normalschulzeugnis gestatten? Welchen Vorteil hätten die Behörden davon gehabt, ihrem Sohn das private Glück zu verweigern? Seinen Schulbesuch konnten sie dadurch nicht erzwingen, da er ja selbst für sein Auskommen sorgen musste und keine Zeit für den Unterricht erübrigte. So bat Marie Scharenzel inständig darum, das Kreisamt möge ihrem Sohn

»zur Beförderung seines Glückes gnädig verhilflich seyn, und ihm diese Heurath gnädig gestatten, indem dieser Knab im widrigen Falle, von der einen Seite in seinem Glücke gestört, von der andern aber, dennoch vom fleißigen Schulbesuche abgehalten wird; weil ihn Gefertig[t]e nicht verpflegen kann, und er daher genöthiget ist, sich selbst zu versorgen.«[241]

Dem Gesuch waren vier Atteste beigelegt. Das in derartigen Fällen behördlicherseits geforderte Armutszeugnis war von den Lemberger Gemeindevorstehern Sender Szmelka und Jacob Bodek ausgestellt worden. Diesem Attest zufolge war die »unter der hiesigen Judenschaft Sub Famil. 1780 richtig conscribirte, und schon seit 3 Jahren von ihrem Mann verlassene Frau Marie Szerenzlin, so arm [...], daß dieselbe ausser ihr unentbehrliches Lebensbe-

---

241 Schreiben an das Kreisamt vom 7. Oktober 1794, TsDIAL, 701/4/6 (CAHJP, HM 2/8852.9).

dürfnis, sonst kein ander Vermögen mehr besitze.«²⁴² Zwei Zeugnisse betrafen das Alter der Brautleute. Die beiden Lemberger Juden Issac Hos und Elchonen Kohen Kober bezeugten

»dem Ledigen Moses Schrenzel Sohn des Joseph Schrenzel, daß er uns genau bekannt ist, und wir mit eigenen Augen sahen, daß dieser Moses im halbeten Monat Ellul 5550. (oder 7br [September; 1]790) die gewöhnliche Tefilum [das heißt *Tefillin*], oder 10 Geboth zu legen anfing, vermög Gesätz unßer Religion ein 13 jähriger Bursche zu legen schuldig ist; welches schon mehr als 4 Jahr ist, daß er diese Tefilum legt. Daher betragt die Jahrs Zahl des benannten Moses 17 Jahre in Alter.«²⁴³

Für die Braut zeugten in Jiddisch und Deutsch die Nachbarn des Kaufmanns Silberstein, Berl Weber und Eisik Feldstein, dass »Sohse [!] Etel Tochter des Isaac Silberstein im hebraischen Jahr 539 gebohren und itzt solche der hebräischen Jahrrechnung nach 16 Jahr alt« sei.²⁴⁴ Zumindest das Mädchen hatte somit das für die Heirat vorgeschriebene Mindestalter, die vom Bittgesuch Marie Scharenzels leicht abweichende Altersangabe fiel offensichtlich nicht ins Gewicht. Das Alter des Bräutigams lag zwei Jahre unter dem zugelassenen Heiratsalter; aber da die Vorschrift zur Verhinderung früher Heiraten dahin zielte, die Verarmung junger Familien zu vermeiden, und in diesem Fall durch den Vater der Braut die materielle Absicherung des Paares garantiert schien, konnten die Eltern hoffen, dass das Kreisamt eine Ausnahme gestatten würde. Beide Jugendliche waren zwar inzwischen über das schulfähige Alter hinaus, hätten aber bei der Einreichung des Heiratsgesuchs theoretisch ein Zeugnis über den erhaltenen Unterricht nachweisen müssen. Der Sohn, so hoffte die Mutter, würde armutshalber von dieser Pflicht befreit werden. Diese Hoffnung wurde durch ein viertes Zeugnis bestärkt, das von Aaron Friedenthal als Stellvertreter des in Wien weilenden Oberaufsehers über die Schulen ausgestellt worden war. Er bescheinigte angesichts des ihm vorgelegten Armutsnachweises für Marie Scharenzel, dass diese tatsächlich nicht in der Lage sei, ihren Sohn zur Teilnahme am Normalschulunterricht anzuhalten.²⁴⁵ Alles in allem schienen dies gute Voraussetzungen für eine baldige Hochzeit zwischen Moses Scharenzel und Sossie Silberstein zu sein: Der Sohn war arm (aber vielleicht ein guter Kenner des Talmud), sein wohlhabender Schwiegervater würde das junge Paar versorgen. Die Gemeinde schien der angebahnten Ehe keine Hindernisse in den Weg zu legen, der Stellvertreter des Oberaufsehers hatte der Schulbefreiung des jungen Mannes zugestimmt. Jetzt kam alles auf das Kreisamt an. Würde es Moses und Sossie den Heiratskonsens erteilen?

---

242 Attest vom 29. September 1794, TsDIAL, ebd.
243 Attest vom 12. Oktober 1794, TsDIAL, ebd. Das Attest war auf Deutsch und auf Hebräisch ausgefertigt.
244 Attest vom 12. Oktober 1794, TsDIAL, ebd. Die Datumsangabe »12 Aug[ust]« auf dem Zeugnis ist offensichtlich falsch, da das Schreiben gleichzeitig auf den 18. *Tischre* datiert ist, der 1794 auf den 12. Oktober fiel.
245 Attest vom 7. Oktober 1794, TsDIAL, ebd.

Am 15. Oktober teilte das Kreisamt dem *Kahal* mit, dass angesichts der vorgebrachten Umstände und der beigefügten Zeugnisse Moses Scharenzel »von dem fernern Schulbesuch [...] freygesprochen« werde. Die beantragte Heirat mit Sossie Silberstein könne aber dennoch nicht stattfinden. Denn wie sich herausgestellt hatte, hatte auch die Braut noch nie eine Schule besucht und konnte somit kein Zeugnis vorweisen. Sie sei, so das Kreisamt, »zum Schulbesuche bey der letzten Conscription vorgemerkt worden« und solle »mithin nicht heurathen, sondern die Schule fleißig besuchen«. Dies bedeutete eine herbe Enttäuschung für die Familien, doch ließ die Behörde eine letzte Möglichkeit offen, die Kinder doch noch unter den Traubaldachin zu führen. Wenn Sossie sich auf dem Kreisamt »ausweisen könne, daß sie im Deutschlesen und Schreiben fertige Kenntnisse sich eigen gemacht habe« so würde ihr »die Heurath in Rücksicht des Moses Schränzel [!], den ihre Eltern versorgen wollen, gestattet werden«.[246]

Aus den Dokumenten geht nicht hervor, ob der Kaufmann Isaak Silberstein möglicherweise einen Privatlehrer engagiert hatte, bei dem Sossie im Hause ihres Vaters einige Stunden Unterricht im Lesen und Schreiben der deutschen Sprache erhielt. Es hat den Anschein, dass sie zumindest über rudimentäre Kenntnisse verfügte, denn am 29. Oktober notierte ein Beamter, dass Sossie Silberstein inzwischen auf dem Kreisamt im Lesen und Schreiben geprüft worden sei und dabei »so ziemlich bestanden« habe. Die Heirat mit Moses Scharenzel werde ihr daher unter der Auflage gestattet, »daß sie noch ein halb Jahr die Schule besuche«. Der *Kahal* solle nunmehr das formelle Heiratsgesuch an das Kreisamt senden.[247] Die Deutschprüfung scheint am 25. Oktober stattgefunden zu haben, denn dem Vorgang lag ein Affidavit gleichen Datums bei, in dem Isaak Silberstein sich »unter der Strafe von 12 # [Dukaten]« verpflichtete, seine Tochter nach der Eheschließung für ein halbes Jahr auf die Normalschule zu schicken. Für den Fall, dass dies nicht geschehe, werde er das von ihm selbst festgelegte Strafgeld entrichten.[248] Aus der Tatsache, dass das Kreisamt sich kulant zeigte und die Heirat der beiden Jugendlichen unter dieser nicht allzu strengen Auflage gestattete, während das Gubernium eine solche Praxis bereits zwei Jahre zuvor untersagt hatte,[249] lässt sich schließen, dass der Kaufmann Silberstein ein gewisses Ansehen bei der Kreisbehörde

---

246 Mitteilung des Lemberger Kreisamts an den *Kahal* vom 15. Oktober 1794, Zusatz auf dem Deckblatt des Antrags von Marie Scharenzel vom 7. Oktober 1794, TsDIAL, ebd.
247 Mitteilung des Lemberger Kreisamts an den *Kahal* vom 29. Oktober 1794, Zusatz auf dem Deckblatt des Antrags von Marie Scharenzel vom 7. Oktober 1794, TsDIAL, ebd.
248 »Revers« Isaac Silbersteins vom 25. Oktober 1794, TsDIAL, ebd.
249 Bericht des galizischen Landesguberniums uiber die von Hof remittierte Klage der hiesigen jüdischen deutschen Lehrer Turnau, Popper, und Grünbaum wegen des Verfalls der hiesigen jüdischen Schulen vom 11. Juni 1792, AVA, StHK, Kt. 861, 23 A Galizien. Die Schuloberaufsicht wurde angewiesen, keine Normalschulzeugnisse zur Erlangung des Heiratskonsenses »gegen das Versprechen auch [als] verheurateter noch die Einholung des Unterrichts fortzusetzen« auszustellen, »da man sich von der Erfüllung eines solchen Verheissens nach der Verehligung noch in der deutschen Sprache sich weiter unterrichten zu lassen, nicht versichern kann«.

besessen haben muss. Man kann nur spekulieren, ob die Höhe des Strafgeldes abschreckend genug war und Isaak Silberstein seine Tochter auch nach der Heirat noch zur Schule schickte, oder ob er lieber die zwölf Dukaten – eine doch eher geringe Summe für einen vermutlich wohlhabenden Kaufmann – gern bezahlte und Sossie sich zukünftig allein ihren neuen, häuslichen Pflichten widmete. Entscheidend war jedoch, dass Moses Scharenzel und Sossie Silberstein legal getraut werden konnten und die Eheanbahnung zu einem guten Ende geführt hatte, trotz der Hindernisse, die der josephinische Staat dem jungen Glück in den Weg gelegt hatte.

Das Heiratsverbot im Kontext der josephinischen Ehegesetzgebung

Der gut dokumentierte Fall Sossie Silbersteins und Moses Scharenzels sollte hier als ein Beispiel für die Konsequenzen stehen, die sich aus der Verknüpfung der Forderung nach Normalschulbesuch mit der staatlichen Heiratserlaubnis ergaben. Wie viele junge jüdische Paare den »legalen« Weg beschritten und sich unter Vorlage rechtmäßig erworbener oder durch Bestechung erhaltener Normalschulzeugnisse, mittels vom Schulbesuch befreiender Armutsatteste oder einfach nur in der Hoffnung auf behördliche Kulanz um die staatliche Heiratserlaubnis bemühten, und wie viele junge Leute andererseits versuchten, sich jenseits des staatlich vorgegebenen Normenrahmens und ohne behördlichen Konsens zu vermählen, lässt sich nicht feststellen. Hier schließt sich aber eine generelle Frage an: Warum sollten sich jüdische Eltern überhaupt veranlasst gesehen haben, für ihre Kinder um den Heiratskonsens nachzusuchen, um sie mit Einwilligung des Staates verheiraten zu können? Ein starker gesellschaftlicher, innerjüdischer Anpassungsdruck, der die Einhaltung der Norm erzwungen hätte, war ausgeschlossen. Da Fragen der Ehe und Fortpflanzung, der Familie und der interfamiliären Beziehungen allein im binnenjüdischen Kontext von Belang waren und durch die *Halacha* in allen zwischenmenschlichen und rechtlichen Aspekten geregelt wurden, konnte ein Paar, solange es tief im Inneren der jüdischen Gemeinschaft verblieb, im Prinzip auf einen staatlichen Heiratskonsens verzichten. Es reichte vollkommen aus, wenn die halachischen Bestimmungen für eine Heirat eingehalten wurden und das Paar die Hochzeitszeremonie nach traditionellem Brauch vollzog. Niemand innerhalb der jüdischen Gemeinschaft hätte die Rechtmäßigkeit der Ehe angezweifelt, sofern die Einhaltung der religionsgesetzlichen Kriterien bei der Eheschließung außer Zweifel stand. Im Konfliktfall hätte man sich an einen Rabbiner wenden können. Auch über eine eventuelle Scheidung wäre nach Maßgabe der *Halacha* entschieden worden.

In vielen Fällen mag die Angst vor Bestrafung ein Motiv gewesen sein, sich dennoch den außerjüdischen Normen zu unterwerfen und einen staatlichen Konsens für die Heirat einzuholen. Der staatliche Druck erzeugte ein gewisses Konformitätsverhalten; man wusste, dass es Probleme geben würde, wenn man gegen die Gesetze verstieß, und Denunzianten lauerten auch innerhalb der eigenen Gemeinde. Doch wurden die Strafen selten vollzogen; auch die brutale Praxis der »Abschaffung« als Strafe für »heimliche Judenheiraten« wurde in den 1790er Jahren kaum noch geübt. Das Abschreckungspotenzial der Strafen war insgesamt also eher gering.

Die zentrale Ursache dafür, dass viele Paare bzw. ihre Eltern dennoch um die staatliche Erlaubnis zur Eheschließung nachsuchten, ist in der vom josephinischen Staat unternommenen Herauslösung der Ehestandsfragen aus der exklusiven Zuständigkeit des jüdischen Religionsgesetzes zu sehen. Da Angelegenheiten der Familie und der Fortpflanzung samt ihrer erbrechtlichen Aspekte im kameralistischen Zeitalter immer auch Angelegenheiten des Staates waren und die Justiz immer mehr in innerjüdische Angelegenheiten eingriff, versuchten die österreichischen Behörden bereits in den frühen 1780er Jahren, das Geflecht halachischer Bestimmungen zu Ehe, Familie und Erbangelegenheiten für den Amtsgebrauch zu vereinfachen, zu regulieren und ihren zivil- und eherechtlichen Ordnungsvorstellungen zu unterwerfen. Die Bemühungen, Moses Mendelssohns in königlich-preußischem Auftrag erstelltes Kompendium *Ritualgesetze der Juden* (Berlin 1778) als staatlich vorgeschriebenes Gesetzbuch für die galizischen Juden einzuführen, gehören in diesen Kontext.[250] Die 1785 erfolgte Auflösung der jüdischen Gemeindeautonomie und die Abschaffung der Rabbinatsgerichtsbarkeit gingen einher mit einem dramatischen Eingriff in den Bereich des bisher exklusiv halachisch bestimmten Eherechts. Am 18. April 1785 verfügte ein Hofdekret die alleinige Anwendung des Ehepatents von 1783 auf die jüdischen Eheangelegenheiten. Die Juden des Habsburgerreiches seien

»in den Ehen, so viel es die Giltigkeit des Zivilkontrakts betrifft, durchgehends nach dem Ehepatente zu beurtheilen, und zu behandeln; wo übrigens in das weitere Band der Religion die Landesregierung nicht einzugehen hat. Wornach denn also die zwischen Juden vorfallenden Ehestreitigkeiten, so weit sie in dem Ehepatente dem Richter zugewiesen sind, vor das allgemeine Ortsgericht, in den übrigen Fällen aber vor die politische Behörde gehörig sind.«[251]

Das im Januar 1783 erlassene Ehepatent hatte die Ehe zu einer bürgerlichen Institution erklärt, die zuallererst unter dem Aspekt weltlichen Rechts zu betrachten und zu regulieren sei. Durch die Ehe ging ein Paar einen bürgerlichen Kontrakt ein, »wie auch die aus diesem Vertrage herfließenden, und den Vertragerrichtenden gegeneinander zustehenden bürgerlichen Gerechtsame, und Verbindlichkeiten erhalten ihre Wesenheit, Kraft und Bestimmung ganz,

---

250 So z. B. Hofdekrete vom 16. September 1784, AVA, HKP Galizien 1784, 985–988 (September, Nr. 71), hier 988, sowie vom 16. November 1784, AVA, ebd., 1182–1185 (November, Nr. 65), hier 1185. Zur Verwendung des Werkes im preußischen Kontext vgl. Gotzmann, Jüdisches Recht im kulturellen Prozess, 56–62.
251 Kropatschek, Handbuch aller unter der Regierung des Kaisers Joseph des II. für die K. K. Erbländer ergangener Verordnungen und Gesetze, Bd. 9, 325 f.

und allein von unsern landesfürstlichen Gesetzen«.[252] Diese Entkanonisierung des Eherechts traf insbesondere die katholische Kirche, wenngleich die Möglichkeit der Scheidung einer Ehe allein auf die nichtkatholischen Konfessionen begrenzt blieb. Gleichzeitig versäumte es der Staat jedoch, zivile Zeremonien und Institutionen für die Eheschließung zu schaffen. Die Trauung fand weiterhin in der Kirche vor einem Geistlichen und in Anwesenheit von Zeugen statt, neben der zeremoniellen Funktion erfüllte der Pfarrer dabei die Rolle eines Notars, indem er die zivilrechtliche Willenserklärung des eheschließenden Paares urkundlich registrierte. Alle mit der Ehe in Verbindung stehenden rechtlichen Fragen waren nun ausschließlich vor staatlichen Gerichten zu klären.

Nach dem Dekret vom 18. April 1785, welches allgemein die Gültigkeit des Ehepatents für jüdische Ehen verfügt hatte, sowie dem Versuch, die Zustimmung führender Rabbiner hierzu zu gewinnen,[253] folgten am 3. Mai 1786 ausführliche Bestimmungen zur Anwendung des Patents. In vier Paragrafen wurden die Frage der Verwandtschaftsehen, die Rolle des Rabbiners bei der Trauungszeremonie, die zur Auflösung von Ehen notwendigen Regularien (unter anderem die Einwilligung beider Ehepartner in die Trennung) sowie weitere Punkte behandelt.[254] Wenngleich die hier festgelegten *äußeren* Formen der Eheschließung – etwa der Vollzug des Hochzeitsrituals und die Registrierung der Heirat durch einen Rabbiner – auch über die Bestimmungen der *Halacha* hinausgingen, so standen sie doch auch nicht im Widerspruch zu ihr. Es handelte sich jedoch, wie Lois Dubin festgestellt hat, um eine »hybride Rechtslage«[255] – eine Kombination aus weltlichen und religiösen Elementen, die Konflikte hinaufbeschwören musste. Die jüdische Heirat war nun eine Angelegenheit des Staates, jedoch zeremoniell und urkundlich durch jüdische religiöse Instanzen abzusichern; im Konfliktfall galt für die österreichischen Behörden das Recht des Staates vor dem jüdischen Recht.

Der österreichische Staat sah keinen Zusammenprall der Interessen, da er die religiöse Sphäre – unter der er im Wesentlichen das gottesdienstliche

---

252 Der Text des Ehepatents findet sich in: Klueting (Hg.), Der Josephinismus, 321–323, hier zit. 321.
253 Zahlreiche Einträge in den Hofkanzleiprotokollen für Galizien der Jahre 1784 und 1785 zeigen das Bemühen, die geplante Anwendung der Ehegesetzgebung auf die Juden von führenden Rabbinern gewissermaßen sanktionieren zu lassen. Zunächst wurde versucht, die rabbinische Zustimmung zur Einführung von Mendelssohns *Ritualgesetzen der Juden* (1778) als »ordentliches Gesetzbuch« für die galizischen Juden zu erlangen – dieses Werk enthielt u. a. eine Darstellung halachischer Ehe- und Erbschaftsvorschriften. Nachdem dieses Vorhaben als unzweckmäßig verworfen worden war, sollten neben Ezechiel Landau auch führende galizische Rabbiner zur Frage der Anwendbarkeit des josephinischen Ehepatents auf die jüdische Bevölkerung vernommen werden (z. B. Hofdekrete vom 27. Mai 1785, AVA, HKP Galizien 1785, 503–514 [Majus, Nr. 194] und vom 23. August 1785, AVA, ebd., 785 f. [Augustus, Nr. 131]).
254 Kropatschek, Handbuch aller unter der Regierung des Kaisers Joseph des II. für die K. K. Erbländer ergangener Verordnungen und Gesetze, Bd. 10, 789 f.
255 Dubin, The Port Jews of Habsburg Trieste, 175.

Ritual verstand – nicht berührt fand und die traditionelle Regulierung aller jüdischen Lebensbereiche, vor allem auch von Ehe und Familie, durch die *Halacha* ignorierte. »[W]o übrigens in das weitere Band der Religion die Landesregierung nicht einzugehen hat« – in diesem Halbsatz des Dekretes vom 18. April 1785 drückt sich das ganze Missverständnis aus: Die Anwendung des josephinischen Patents auf jüdische Ehen *war* ein folgenschwerer Eingriff in das »Band der Religion«. Mögliche Konflikte zwischen jüdischer und staatlicher Rechtssphäre konnten sich nun unter anderem im Fall halachisch verbotener Verbindungen, wie etwa der Heirat zwischen einer geschiedenen Frau und einem *Kohen*, ergeben. Verwandtenehen, die unter bestimmten Voraussetzungen halachisch zulässig waren, waren wiederum durch das staatliche Eherecht verboten. Insbesondere die staatliche Außerkraftsetzung der rabbinischen Rechtsprechung bei ehelichen bzw. familiären Konflikten – zum Beispiel bei Fragen der Gültigkeit oder Anfechtbarkeit einer vollzogenen Ehe, bei Scheidung und Erbstreitigkeiten – sowie die Feststellung der alleinigen Zuständigkeit der staatlichen Gerichte und Behörden in diesen Fragen wurde von den Juden als *Gzera*, als herrscherliche Willkür und Heimsuchung, empfunden. Die josephinische Ehegesetzgebung konnte nicht durch den halachischen Grundsatz *dina de-malchuta dina* – »Das Gesetz des Königreichs ist geltendes Recht« – sanktioniert werden, da sie die Übertretung religionsgesetzlicher Verbote implizierte. Die *Halacha* stand in einem solchem Fall über dem staatlichen Gesetz, wie dies der Prager Oberrabbiner Ezechiel Landau in einem für die Regierung angefertigten Gutachten höflich klarstellte.[256] Um jedoch keinen Juden in Konflikt mit dem landesherrlichen Gesetz bringen zu müssen, unternahmen führende Rabbiner in ihren Responsen alle Anstrengungen, die *Halacha* so auszulegen, dass sie mit den Bestimmungen des Ehepatents in Übereinstimmung gebracht werden konnte.[257] Dennoch ließen sich Kontroversen nicht vermeiden. In manchen umstrittenen Fällen – so wenn die Gemeinde eine Ehe sanktionierte, die nach jüdischem Recht geschlossen war, aber die Bestimmungen des Ehepatents hinsichtlich der vorgeschriebenen Zeremonie, beispielsweise was die Anwesenheit eines Rabbiners und mehrerer zuverlässiger Zeugen betraf, nicht erfüllte – konnte sich ein diese Ehe anfechtender Jude nun auch auf das staatliche Recht berufen und verlangen, dass die Verbindung annulliert werde, wodurch er unweigerlich in Konflikt mit der Gemeinde geraten musste.[258]

Nur vor dem Hintergrund der josephinischen Ehegesetzgebung und ihrer Anwendung auf die Juden wird es vollends verständlich, warum jüdische Eltern sich um einen staatlichen Heiratskonsens für ihre Kinder bemühten, sei es mit einem echten oder einem falschen Normalschulzeugnis, sei es unter Rückgriff auf andere, im Folgenden noch zu erörternde Strategien. Sicherlich,

---

256 Vgl. Graff, Separation of Church and State, 46 f.
257 Vgl. ebd., 48–52.
258 Vgl. Dubin, The Port Jews of Habsburg Trieste, 177–197.

ein jüdisches Paar konnte sich auch weiterhin ohne Heiratserlaubnis gemäß der *Halacha*, heimlich und unter Umgehung der staatlich vorgeschriebenen Regularien trauen lassen. Innerhalb der jüdischen Gemeinschaft nahm daran im Regelfall niemand Anstoß, und solange nicht ein verschmähter Liebhaber, zürnender Vater oder neidischer Geschäftskonkurrent die Rechtmäßigkeit der Ehe in Zweifel zog und sich an die staatlichen Stellen wandte, musste das Paar auch nicht mit einer Bestrafung und Annullierung der Ehe rechnen. Doch was geschah, wenn es zu Ehestreitigkeiten oder gar zu einer Scheidung kam, wenn strittige Erb- oder Unterhaltsfragen zu lösen waren und hierfür das Ortsgericht oder das Kreisamt bemüht werden mussten? Bei den Behörden und Gerichten galt diese Ehe als illegal, sie wurde als nie geschlossen betrachtet, und keiner der Partner konnte dort irgendwelche Rechte für sich beanspruchen. Auf diese Weise lag die sanktionierende Macht beim Staat, nicht mehr bei der Gemeinde und ihrem Rabbiner. Die Probleme waren nicht mehr innerhalb des alten Normenrahmens regulierbar, die Schwierigkeiten unvorhersehbar. Neben der Aufsprengung des autonomen korporativen Rahmens durch den Staat bedeutete die Herauslösung der Ehestandsfragen aus dem Bereich exklusiver halachischer Zuständigkeit einen weiteren Schritt bei der Auflösung des geschlossenen lebensweltlichen Sinnzusammenhangs des vormodernen Judentums.

Lebensweltliche Gegenstrategien

Wenn sich jüdische Eltern dem Zwang, den das Normengerüst des Staates erzeugte, nicht gänzlich in die Illegalität entziehen und ihre Kinder heimlich verheiraten wollten, so standen ihnen auch andere Strategien zur Verfügung, mit deren Hilfe sie zumindest den Schein der Legalität wahren konnten, ohne dem edukativen Anspruch des Staates zu willfahren. Sie konnten, wenn sie ihr Kind nicht oder nur sehr unregelmäßig in die Schule geschickt hatten, den Normalschullehrer zu überreden versuchen oder ihn mit kleinen Gefälligkeiten und Geldgeschenken dahin bringen, dass er dem Sohn oder der Tochter trotz deren geringer oder gar nicht vorhandener Deutschkenntnisse ein Zeugnis ausstellte. Mit etwas Glück, wenn die Kreisbeamten sich nicht selbst von den Fähigkeiten des Kindes überzeugen wollten, erhielten die Eltern daraufhin den Heiratskonsens für ihr Kind und konnten es legal trauen. Doch reichte es nicht immer aus, nur den Normalschullehrer zu bestechen, um das Zeugnis zu erhalten.

Über die zum Teil sehr aufwendigen Strategien und Maßnahmen, die ein jüdischer Vater ergreifen musste, um seinen Sohn nicht in die Schule senden zu müssen, aber ihn schließlich doch verheiraten zu können, gibt der Fall des Juda Fränkel Auskunft. Im August 1804 zeigte ein gewisser Aaron Gesezwy aus Lemberg der Hofkanzlei in Wien an, dass der »hiesige vermögende Jude« Hirsch Fränkel seinen Sohn Juda im Jahr zuvor hatte trauen lassen, obwohl dieser nie in seinem Leben eine deutsche Schule besucht hatte. Der Vater hatte seinen Sohn zuerst ohne Grund von der Schule ferngehalten und später durch ein ärztliches Attest die völlige Schulbefreiung seines Sohnes erwirken können. Aufgrund dieser Befreiung schienen Vater und Sohn gehofft zu haben, dass das Gubernium, bei dem sie das Heiratsgesuch einreichten, die Erlaubnis zur Verehelichung ohne Weiteres erteilen würde und Juda Fränkel ganz legal getraut werden könnte. Die Behörde lehnte das Gesuch jedoch unter Verweis auf den nicht erfolgten Schulbesuch des Bräutigams ab. In dieser für die Eltern wie den Sohn gleichermaßen prekären Situation baten sie den Lehrer an der Lemberger Hauptschule David Schorr um Hilfe, der versprach, gegen ein Entgelt von fünfzig Gulden – dies entsprach einem Viertel seines Jahreslohns als Lehrer – die Familie aus ihrer misslichen Lage zu befreien. Die Lösung, die er fand, war recht ausgeklügelt, wie der Bericht des Denunzianten zeigt:

»Nach erfolgtem beyderseitigen Verständniß, beredete dieser Lehrer einen armen, in den Gegenständen der dritten Klasse gut unterrichteten Schüler Nahmens Abraham Sens, sich gegen eine Belohnung von 5 f. [Gulden] und unter einiger Verheimlichung seiner Kenntnisse, von dem christlichen Schulenoberaufseher Hr. Hilferding – der dafür 10 f. erhalten – statt des besagten Knaben Juda Fränkel, in den Schulgegenständen prüfen zu lassen.«

Die Camouflage, bei der der falsche Juda Fränkel sich so dumm stellen musste, dass die Vertauschung mit dem noch wenige Wochen zuvor als Schulverweigerer notorisch gewordenen echten Juda Fränkel nicht offenbar wurde, hatte den gewünschten Erfolg. Mit dem Zeugnis des christlichen Oberaufsehers wandte sich der Vater erneut an das Gubernium, welches offensichtlich keinen Argwohn schöpfte – oder schöpfen wollte – und dem Sohn einen Heiratskonsens ausstellte. Kurz darauf konnte die Hochzeit stattfinden. Der Denunziant, der nach eigener Aussage »die Aufklärung seiner Religionsgenossen herzlich wünsch[e]« und der sich darüber besorgt zeigte, »daß dieser Fall bereits mehrere Nachtheile fürs deutschjüdische Schulwesen nach sich gezogen hat« forderte eine »strenge Untersuchung« des Falls und »für die Verbrecher eine exemplarische Ahndung«. Von der Untersuchung solle, so seine Empfehlung, jedoch der jüdische Schuloberaufseher ausgeschlossen bleiben,[259] da Schorr bei diesem neben seinem Lehrerberuf als Hausfaktor angestellt sei. Auch warnte Gesezwy die Behörden davor, dass die einzurichtende Untersuchungskommission »nicht etwa gleichfalls durch Erscheinung eines andern unter dem Nahmen Juda Fränkel hintergangen werde«.[260]

---

[259] Zu dieser Zeit nahm Aaron Friedenthal als Stellvertreter des schon seit langem abwesenden Homberg die Funktion des Oberaufsehers wahr.
[260] Aaron Gesezwy zeigt unterhänigst einen zum jüdischen Schulwesen verübten nachtheiligen Vorfall von jüdischen Lehrer Schorr an, 27. August 1804, AVA, StHK, Kt. 861, 23 Galizien – Lemberg.

Bei einer vom Gubernium angeordneten Untersuchung des Falls gestanden Schorr und die anderen Beteiligten den Betrug, den die Landesstelle als »schwere Polizey-Uibertretung« einstufte. Während der Lehrer David Schorr auf Anweisung der Hofkanzlei sofort entlassen werden sollte,[261] stellte Wien dem Gubernium frei, über die strafrechtliche Ahndung der Tat nach den bestehenden Gesetzen selbst zu entscheiden. Auch hinsichtlich der möglichen Annullierung der Ehe Juda Fränkels ließ die Hofkanzlei dem Gubernium freie Hand; dieses hatte jedoch zuvor für eine milde Behandlung der Familie plädiert: Da »es einem daran liegt, einmal geschlossene Ehen zu erhalten, und weil die beiden Verehlichten nach der vorliegenden Untersuchung an dem verübten Betrug keine Schuld tragen«, sollte die Heirat nicht aufgelöst werden. Über eine mögliche Bestrafung des christlichen Schuloberaufsehers Hilferding schwiegen sich sowohl Gubernium als auch Hofkanzlei aus.[262]

Es mag sich bei der beschriebenen Begebenheit um einen herausgehobenen, aufgrund der ausgeklügelten Strategie der Täuschung und der Stellung der handelnden Personen besonders beachteten Fall gehandelt haben. Sicherlich führte nicht jede Denunziation zu einer derart ausführlichen Korrespondenz zwischen Gubernium und Hofkanzlei. Wahrscheinlich waren es die maßgebliche Beteiligung eines Lehrers der jüdischen Hauptschule – und offensichtlich auch des christlichen Schuloberaufsehers – sowie die Dreistigkeit der gezielten Camouflage, die die besondere Aufmerksamkeit der hohen Behörden erregten. Oft werden – wie die oben bereits zitierten Verordnungen belegen – Heiratskonsense gegen Vorlage eines durch Bestechung des Lehrers erkauften Normalschulzeugnisses ausgestellt worden sein, ohne dass die Kreis- bzw. Gubernialbeamten große Lust verspürten, sich von den dadurch beglaubigten Lese- und Schreibkenntnissen des Heiratskandidaten aus eigener Anschauung zu überzeugen. Auch zog nicht jede bei einer eventuell doch durchgeführten Kreisamtsprüfung jüdischer Jugendlicher zu Tage tretende Ignoranz in den Normalschulfächern eine Bestrafung des jüdischen Lehrers nach sich, der das entsprechende Zeugnis ausgestellt hatte. Meist wurde den Brautleuten schlicht der Heiratskonsens verweigert oder ihnen – wie im Fall Sossie Silbersteins – vielleicht schließlich doch mit der Auflage erteilt, den Deutschunterricht nach der Hochzeit noch eine Weile fortzusetzen. In manchen Fällen mögen auch die Kreisämter entgegen der Vorschrift die Heiratserlaubnis erteilt haben, ohne dass die Heiratskandidaten ein Normalschulzeugnis vorweisen konnten.[263] Und schließlich werden viele der illegalen jü-

---

261 Im Schematismus von 1805 ist er jedoch noch als Lehrer der 1. Klasse an der jüdischen Hauptschule aufgeführt. Vgl. Schematismus für die Königreiche Galizien und Lodomerien […] für das Jahr 1805, 234.
262 Bericht des galizischen Gouverneurs von Armenyi an den Obersten Hofkanzler Ugarte, 31. Dezember 1804, und Schreiben der Hofkanzlei an von Armenyi, 24. Januar 1805, AVA, StHK, Kt. 861, 23 Galizien – Lemberg.
263 Bericht des galizischen Guberniums vom 31. Oktober 1806, AVA, StHK, Kt. 861, 23 Galizien – M-Z. Das Gubernium versprach zu klären, ob das Przemyśler Kreisamt »bei Ertheilung der

dischen Trauungen, die ohne Zeugnisnachweis und ohne Heiratskonsens vorgenommen wurden, unentdeckt geblieben sein.

Eine der von den galizischen Juden häufig angewandten Strategien, das Verbot zu umgehen und Söhne und Töchter auch ohne Schulbesuch, Zeugnis und Kreisamtsprüfung mit behördlicher Erlaubnis zu verheiraten, bestand darin, die Kinder für älter auszugeben als sie tatsächlich waren.[264] Dieses Vorgehen besaß zusätzliche Relevanz vor dem Hintergrund des 1785 auf die galizischen Juden ausgedehnten Gesetzes zur Vermeidung früher Heiraten, das die Verehelichung von jungen Männern unter 19 und Mädchen unter 15 Jahren verbot. Entscheidend war jedoch die in der Vorschrift vom 8. August 1786 enthaltene und 1789 in den Paragraf 13 der galizischen Judenordnung aufgenommene Klausel, der zufolge kein männlicher Jude ohne Nachweis des Normalschulzeugnisses heiraten durfte, es sei denn, dass er zur Zeit der erstmaligen Verkündung der Vorschrift sein 13. Lebensjahr bereits erreicht hatte. Somit taten die Eltern alles, damit es den Anschein hatte, ihr Sohn sei im Jahr 1786 bereits über zwölf Jahre alt gewesen. In der Vorschrift verbarg sich eine Problematik mit Zeitverzögerung; wirkliche Virulenz scheint sie erst seit den frühen 1790er Jahren besessen zu haben. Bereits 1793 mussten alle unter 19 Jahre alten Männer, um den Heiratskonsens zu erhalten, ein Normalschulzeugnis vorlegen, 1794 alle, die nun jünger als zwanzig Jahre waren. Die Nachweispflicht umfasste immer mehr Jugendliche, immer mehr Altersgruppen, und erreichte schließlich auch die heiratsfreudigen Männer von Anfang zwanzig. Wenn im Jahr 1803 ein reifer jüdischer Mann von 28 Jahren heiraten wollte, musste er ein Normalschulzeugnis vorweisen können; ihm wie allen jüngeren Männern wurde der staatliche Heiratskonsens verweigert, wenn er nie oder nur sehr unregelmäßig die deutsche Schule besucht hatte. Eine jüdische Familie, die ihren schulpflichtigen zehnjährigen Sohn im Jahr 1790 in der Hoffnung von der Schule fernhielt, dass die *Gzerot* des Normalschulunterrichts und des Schulzwangs in wenigen Jahren aufgehoben würden, konnte sich 1799, als sie für den nunmehr 19-Jährigen endlich eine passende Braut gefunden hatte, bitter getäuscht sehen. Ihr Verlass auf die vormoderne kollektive Erfahrung, dass mit dem Tod der Herrscher auch deren Erlasse erloschen und es sich lohnen konnte, auf das Ableben eines Fürsten zu warten, war vergeblich: Trotz des seitherigen Todes zweier Kaiser bestanden die verhassten Normalschulen noch immer, galt das Heiratsverbot bei Nichtnachweis ausreichender Kenntnisse im deutschen Lesen und Schreiben weiterhin. Nun half nur noch, für kurze Zeit einen Privatlehrer zu engagieren, den Normalschullehrer zu bestechen oder den Jungen für 25 oder besser 26 Jahre auszugeben, in der Hoffnung, dass der Betrug nicht durch einen Denunzianten aufgedeckt würde. Wenn dagegen dieselbe Familie im Jahr 1790 das Alter ihres

---

Heirathslizenzen an die 6 Judenmädchen und 2 jüdischen Jünglinge, von welchen noch nicht klar ist, daß sie ein Schulzeugniß erhalten haben [...] vorschriftsmäßig vorgegangen [...] ist«.
264 Siehe hierzu auch in Kap. 3.2.

zehnjährigen Sohnes mit 16 oder 17 Jahren angegeben hatte, und diese Angaben nicht überprüft worden waren, so war er in den Konskriptionslisten als schulbefreit verzeichnet.

Um die häufig von den Eltern angewandte Strategie der falschen Altersangabe zu vereiteln, befahl das Gubernium im Frühsommer 1792 dem Lemberger Kreisamt, es solle

»sich für die Hinkunft zur Richtschnur [nehmen], kein Alter befreie von der Schule, wenn nicht ein Zeugnis vorgezeigt würde, daß der Vorweiser entweder die Schule mit Nutzen, oder bei Ermanglung der Talente wenigstens durch einige Jahre mit Fleiß besucht habe; und ohne einem solchen Zeugnisse können kein Judensohn und nun auch keine Judentochter heurathen«[265]

Noch im Januar 1793 scheint das Kreisamt diese Anordnung nicht in allen Fällen befolgt zu haben.[266] Doch im November 1793 sahen sich die Beamten veranlasst, die Vorschrift gegenüber dem Lemberger *Kahal* zu wiederholen, da noch immer viele Eltern ihre Kinder für älter ausgaben, um sie vom Schulbesuch zu befreien. Der *Kahal* habe jedes heiratswillige jüdische Mädchen und jeden heiratswilligen jüdischen Jungen »ohne Rücksicht auf den Fall, ob ein Knabe im Jahr 1786 schulfähig oder nicht schulfähig gewesen«, dazu anzuhalten, persönlich mit einem Schulzeugnis auf dem Kreisamt zu erscheinen. Dort wolle man das Alter des Kindes aus eigener Anschauung beurteilen und die vorgeschriebene Prüfung im Lesen und Schreiben vornehmen. Kein Junge und kein Mädchen dürfe vom *Kahal* eigeninitiativ hiervon befreit werden.[267]

Schwierig war es für die Kreisbeamten, das Alter eines Heiratskandidaten oder einer Heiratskandidatin zu überprüfen, wenn diese aus einem anderen, entfernteren Ort stammten und sich zum Zweck der Heirat bei der hiesigen Gemeinde aufhielten. Dabei musste der zukünftige Ehepartner nicht einmal hier ansässig sein; bisweilen kamen beide Brautleute aus anderen Gemeinden. Den Beamten und auch den jüdischen Normalschullehrern waren sie unbekannt, in den Konskriptionslisten, Familienbüchern oder den Aufstellungen der schulfähigen Kinder waren sie nicht verzeichnet. So fiel es leichter, die Beamten zu täuschen. Im Juli 1793 wurde die jüdische Mädchenschullehrerin Bella Turnau beim Lemberger Kreisamt vorstellig und bat darum, die Über-

---

265 Ebd.
266 Schreiben des Lemberger Kreisamts an den *Kahal* vom 9. Januar 1793, TsDIAL, 701/4/3 (CAHJP, HM 2/8193.2). Das Kreisamt wies die Gemeindevorsteher an, die geplante Heirat des Isaac Landau aus Brody mit Kaila, Tochter des Lemberger Kaumanns Eisig Joles, nicht zu behindern, da der Bräutigam bereits 21 Jahre alt sei und kein Normalschulzeugnis nachweisen müsse. Der *Kahal* selbst hatte versucht, die Heirat unter Hinweis auf das fehlende Normalschulzeugnis des Bräutigams zu vereiteln. Über die Gründe hierfür kann nur spekuliert werden; das Beispiel zeigt jedoch, dass auch die Gemeinde sich auf die staatlich vorgeschriebenen Normen berufen konnte, wenn es ihren Interessen diente.
267 Schreiben des Lemberger Kreisamts an den *Kahal* vom 7. November 1793, TsDIAL, 701/4/3 (CAHJP, HM 2/8193.2).

siedlung einer Schülerin in eine andere Gemeinde zu untersagen. Das Mädchen habe die Schule nur sehr nachlässig besucht, seit geraumer Zeit hielten ihre Eltern sie ganz von der Schule fern. Diese wollten sie nun an einen anderen Ort schicken, um sie dort ohne Vorlage des Normalschulzeugnisses verheiraten zu können. Die Lehrerin bat die Beamten auch darum, sich nicht von der körperlichen Reife des Mädchens täuschen zu lassen und es für älter zu halten, als es tatsächlich sei.[268] Besonders verbreitet war die Strategie, zeugnislose Jugendliche zur Eheschließung in Gemeinden zu schicken, in denen es keine deutschen Schulen gab, da dort der Normalschulnachweis schlechterdings zur Voraussetzung für die Erteilung des Ehekonsenses gemacht werden konnte. Mit etwas Glück oder Geld und bei oberflächlicher Prüfung durch das zuständige Kreisamt konnten ein Junge oder ein Mädchen dann in den Genuss einer staatlichen Heiratserlaubnis gelangen, ohne dass sie je die Normalschule besucht hatten.[269]

Als die jüdischen deutschen Schulen in Galizien im Jahr 1806 aufgelöst wurden, stellten die Behörden es den Juden frei, ihre Kinder in die christlichen Schulen zu schicken. Dem damit statuierten Prinzip der Freiwilligkeit des Schulbesuchs widersprach die gleichzeitig erlassene Vorschrift, der zufolge jüdische Jugendliche weiterhin den Nachweis des erhaltenen Deutschunterrichts zu erbringen hatten, wenn sie sich verheiraten wollten.[270] Die Zahl der Kinder, die von der Möglichkeit des Besuchs der allgemeinen Volksschulen Gebrauch machten, hielt sich jedoch in Grenzen.[271] Bis 1812 bestimmte allein der nachzuweisende Spracherwerb darüber, ob einem Juden oder einer Jüdin erlaubt wurde, eine Familie zu gründen und sich fortzupflanzen. Nach dem Dekret, welches die bestandene Prüfung aus Hombergs »religiös-moralischem Lehrbuch für die Jugend israelitischer Nation« *Bne-Zion* (1812) in allen Erbstaaten zur Voraussetzung für die Erteilung des staatlichen Ehekonsenses machte,[272] war nicht mehr allein die Kenntnis der deutschen Sprache ausschlaggebend. Vielmehr war nun zusätzlich der Nachweis von Moral, Sitte und staatsbürgerlicher Gesinnung Voraussetzung für privates Glück und familiäre Vermehrung. Bei gleichzeitig abnehmender Kenntnis der deutschen Sprache war es den galizischen Juden jedoch kaum noch möglich, sich die Inhalte von

---

268 Schreiben Bella Turnaus an das Lemberger Kreisamt vom 24. Juli 1793, TsDIAL, 701/4/15 (CAHJP, HM 2/8852.12).
269 Kreisschreiben vom 7. Oktober 1803 zwecks »Steuerung des Unfugs, dass die Heurathswerber, um von Beibringung der Schulzeugnisse befreyt zu seyn, sich an Orte übersiedeln, wo keine Schulen sind«. Consignation. Der auf die Bildung der Juden Bezug habenden Akten, und Verordnungen, 9. April 1808, Ungarisches Nationalarchiv Budapest, C 55 Normalia 1775– 1812. 207.cs., fols. 488a–493b, Eintrag zu Gubernial-Nr. 27027.
270 Vgl. Röskau-Rydel, Kultur an der Peripherie des Habsburger Reiches, 71.
271 Vgl. ebd., 118.
272 [Herz Homberg,] Bne-Zion. Das Dekret ist – ebenso wie die Approbation des mährischen Landesrabbiners Markus Benedikt – dem Text Hombergs vorangestellt. Das Dekret wurde bereits am 14. Dezember 1810 erlassen; es trat jedoch – natürlich – erst mit dem Erscheinen von Hombergs Werk im Jahr 1812 in Kraft.

Hombergs Tugendkatechismus in einer Form anzueignen, die für ein passables Prüfungsergebnis hinreichen mochte. Die meisten zogen es daher vor, sich illegal und allein nach jüdischem Recht trauen zu lassen. Für die Behörden lebten diese Paare in »wilder Ehe« zusammen und sie wurden, sofern eine Denunziation das »Vergehen« aktenkundig machte, einer polizeylichen Untersuchung unterzogen und in nicht wenigen Fällen mit Strafen bis hin zu mehrwöchigem Arrest belegt.[273] Doch schien diese Strafpraxis die galizischen Juden nicht davon abzuhalten, auch ohne behördliche Erlaubnis zu heiraten. So wurden laut Majer Bałaban im Jahr 1826 in Galizien über 2 100 jüdische Ehen geschlossen – nur 137 davon waren behördlich sanktioniert.[274] Verzeichnisse der Kreisämter über die jährlich erteilten Ehebewilligungen, die sich aus jener Zeit erhalten haben, stützen diese Feststellung: Das Bochnier Kreisamt reichte Anfang 1824 eine Liste beim galizischen Gubernium ein, derzufolge es im gesamten vorangegangenen Jahr nur zehn Paaren die Heiratsbewilligung erteilt hatte.[275] Im Kreis Lemberg waren im gleichen Jahr – bei einer ungleich größeren jüdischen Bevölkerung – immerhin 43 Ehekonsense ausgestellt worden, nachdem die Brautleute bei der vorangegangenen Prüfung »Kenntniße des Lesens und Schreibens in deutscher Sprache, dann des Inhalts des religiös moralischen Lehrbuches *Bne Zion* an Tag gelegt« hatten.[276] Das Tarnower Kreisamt berichtete Ende des »Militärjahres« 1824 nur über drei offiziell geschlossene Ehen.[277] Diese Zahl wurde noch vom Kreisamt in Żołkiew unterboten: Hier waren im Jahr 1822 nur zwei Heiratslizenzen ausgestellt worden.[278] Majer Bałaban berichtete in seinem deutschen Aufsatz über Herz Homberg darüber, dass jene »Ritualehen« genannten und aus staatlicher Sicht illegalen Verbindungen »bis heute« – also noch 1916 – in Galizien bestünden – »und zirka 70 Proz[ent] der jüdischen Schulkinder führen dadurch den Familiennamen ihrer Mutter und gelten bei den Lehrern als Uneheliche«.[279]

---

273 Über eine Vielzahl solcher Fälle geben die Akten des Lemberger Guberniums aus den Jahren 1823 bis 1825 Auskunft: TsDIAL, 146/85/2330 (CAHJP, HM 2/8344.3) und TsDIAL, 146/85/2331 (CAHJP, HM 2/8344.4).
274 Vgl. Bałaban, Herz Homberg in Galizien, 216 f.
275 Bericht des Bochnier Kreisamts vom 8. Januar 1824, TsDIAL, 146/85/2331 (CAHJP, HM 2/8344.4).
276 Bericht des Lemberger Kreisamts vom 11. März 1824, TsDIAL, ebd. Witwer und Witwen waren von den Prüfungen befreit.
277 Bericht des Tarnower Kreisamts vom 14. November 1824, TsDIAL, ebd.
278 Bericht des Żołkiewer Kreisamts vom 25. Januar 1823, TsDIAL, 146/85/2330 (CAHJP, HM 2/8344.3).
279 Bałaban, Herz Homberg in Galizien, 217.

3.4 Die Auflösung der jüdischen deutschen Schulen und ihre Ursachen

Am Ende war Napoleon

Die jüdischen deutschen Schulen in Galizien wurden am 26. Juni 1806 per kaiserlichem Dekret aufgelöst. Im letzten Jahr ihres Bestehens wurden die Lemberger jüdischen Normalschulen von 389 Kindern besucht; im Tarnower Kreis waren es 705, im Brzeżaner Kreis 533, im Przemyśler Kreis 1 200, im Kreis Stryj 623 und im Kreis Żołkiew hundert jüdische Schüler, die zuletzt in den Genuss des deutschen Unterrichts gekommen waren. Der jüdische Schulfonds wurde zugunsten des christlichen Fonds eingezogen; die Papiere, Schülerverzeichnisse und das Inventar der aufgelösten Schulen wurden der christlichen Schuloberaufsicht überstellt.[280] Die jüdischen Normalschullehrer erhielten eine geringe Abfindung und mussten sich neue Tätigkeiten suchen.[281] Sofern sie sich nicht als Steuereintreiber im Rahmen des berüchtigten »Lichterzündungsgefälls« verdingten,[282] bot sich ihnen oft nur die Möglichkeit, als Privatlehrer ihre Dienste anzubieten. Mittellose jüdische Eltern, die keinen Hauslehrer finanzieren konnten, waren nun gehalten, ihre Kinder in die christlichen Schulen zu schicken, wenn sie ihren Söhnen und Töchtern den staatlichen Ehekonsens sichern wollten. Weiterer Zwang, wie zuvor in Form der Androhung von Geld- oder Arreststrafen, wurde jedoch nicht mehr angewandt.[283]

Genau genommen hatte das kaiserliche Dekret vom 26. Juni die »Vereinigung« der jüdischen deutschen Schulen in Galizien mit den »allgemeinen Volksschulen« beschlossen, wie die niederen Schulen nun auch genannt wurden. Hintergrund war das Inkrafttreten einer neuen Schulordnung für die Länder der Monarchie am 1. April 1806. Dies führt zur Frage nach den all-

---

280 Vgl. Bałaban, Herz Homberg i Szkoły Józefińskie dla Żydow w Galicyi, 39 f.
281 Hofdekret an das galizische Gubernium vom 8. Januar 1807, betr. den Fall des Lehrers Taubes, AVA, StHK, Kt. 861, 23 Galizien M–Z.
282 Das sogenannte Lichterzündungsgefälle (auch »Kerzensteuer«), eine Steuer auf die rituell zum Schabbatbeginn und an Festtagen entzündeten Kerzen, war im Herbst 1797 nach einem im Prinzip befürwortenden Gutachten Herz Hombergs eingeführt worden. Als Verbrauchssteuer ersetzte sie die bisherigen direkten Abgaben der Toleranzgebühr und des »fünften Guldens«. Aus den Einnahmen wurde auch der jüdische Schulfonds gespeist. Die mit der Steuererhebung verbundenen Ungerechtigkeiten und die Härte, mit der die Pächter die Steuer auch von solchen Juden einzutreiben versuchten, die zu arm waren, um an jedem Schabbat Kerzen entzünden zu können, führten zu unzähligen Beschwerden und nährten den Hass der galizischen Juden auf die Protagonisten dieses Steuersystems, zu denen von Anfang an auch viele der jüdischen deutschen Lehrer als Unterpächter zählten. Vgl. Wolf, Die Lichtanzündesteuer in Galizien, in: ders., Kleine historische Schriften, 193–225, hier 196–215; Bałaban, Herz Homberg in Galizien, 210–212.
283 Vgl. Röskau-Rydel, Kultur an der Peripherie des Habsburger Reiches, 118.

gemeinen politischen, schulpolitischen und strukturellen Ursachen für die Auflösung der jüdischen deutschen Schulen. Der Zeitpunkt ihres Endes – ein halbes Jahr nach dem für Österreich mit bedeutenden Territorialverlusten einhergehenden Friedensvertrag von Pressburg (25. Dezember 1805) und nur wenig mehr als einen Monat, bevor Franz II. die deutsche Kaiserkrone niederlegte und das Heilige Römische Reich deutscher Nation für erloschen erklärte (6. August 1806) – war alles andere als zufällig. Die epochalen Ereignisse der europäischen Geschichte, die die vorangegangenen 17 Jahre bestimmt hatten und die für Österreich und Deutschland im Geschehen des Jahres 1806 kulminierten, wirkten auch in die »kleine« Geschichte der galizischen Lebenswelten hinein. Napoleon und »die große Politik zuerst also bestimmte[n] das Schicksal«[284] – auch das der jüdischen deutschen Schulen in Galizien.

Ursächlich für das Ende der Schulen waren zwei Faktoren, die aus der »großen Politik« abgeleitet werden können. Die Jahre nach dem Regierungsantritt von Franz II. hatten ganz im Zeichen der Reaktion auf die Ereignisse in Frankreich gestanden, die seit 1792 auch massiv auf Österreich wirkten, und zwar einerseits in Gestalt der Koalitionskriege und ihrer Folgen sowie andererseits durch die Nachwehen der Französischen Revolution von 1789 bei Teilen der Bevölkerung. Die den Kaiser und seine Regierung beherrschende Jakobinerfurcht führte zu einer Reihe staatlicher Unterdrückungsmaßnahmen, um die Anhänger der Revolution und damit die vermeintliche Gefahr auszuschalten. Ein ausgedehnter Polizei- und Spitzelapparat entstand.[285] Die demokratischen Bestrebungen und später die Sympathien für Napoleon schienen auch die Einheit des Habsburgerreiches zu bedrohen. In Ungarn wurde 1794 eine »Jakobinerverschwörung« aufgedeckt und in Tirol vermischten sich demokratische Aspirationen mit der nationalen Frage.[286] Im Jahr 1806 schien der Bestand des Königreichs Galizien auf dem Spiel zu stehen. Für Österreich galt es, keine Experimente zu wagen, Traditionen zu achten und die einheimische Bevölkerung ruhigzustellen.[287]

Vor dem Hintergrund der beschriebenen innen- und außenpolitischen Turbulenzen fiel auch und gerade dem Schulwesen die Aufgabe zu, bewahrend zu wirken und möglichen liberalen und revolutionären Tendenzen entgegenzuarbeiten. Das Gedankengut der Aufklärung, das für den Zerfall des Ancien Régime verantwortlich gemacht wurde, sollte aus den Schulen verbannt werden. Unter diesem Gesichtspunkt standen Lehrpläne, Unterrichts-

---

284 Nipperdey, Deutsche Geschichte 1800–1866, 12.
285 Vgl. Reinalter, Die Französische Revolution und Mitteleuropa, 101–114; Vocelka, Glanz und Untergang der höfischen Welt, 275–277.
286 Vgl. Reinalter, Die Französische Revolution und Mitteleuropa, 104 f., 108–110.
287 Vgl. Bałaban, Herz Homberg in Galizien, 213. Tatsächlich verlor Österreich im Oktober 1809 mit dem Friedensvertrag von Schönbrunn Westgalizien an das Großherzogtum Warschau und das Gebiet um Tarnopol an Russland. Im Frühjahr 1809 wurde Lemberg kurzzeitig von polnischen Truppen besetzt. Vgl. Röskau-Rydel, Kultur an der Peripherie des Habsburger Reiches, 44 f.

inhalte und die gesamte Organisation des Schulwesens auf dem Prüfstand. Der Wert der Religion als gesellschaftlich stabilisierender Faktor wurde wieder erkannt – und damit stieg die Bedeutung des Religionsunterrichts und der Rolle der Kirche im gesamten Bildungsbereich, vor allem aber im niederen Schulwesen.[288] Der Unterricht in den im josephinischen Geist errichteten deutschen Schulen, der bei aller Normiertheit und pädagogischen Armut doch immer auch ein Element der Volksaufklärung enthalten hatte, erschien unter den gewandelten politischen Verhältnissen plötzlich als staatsgefährdend, weil zu aufgeklärt und freigeistig. Es wurde beanstandet, dass die Kinder zu viele Dinge lernten, derer sie nicht bedürfften.[289] Man treffe auf geistliche Lehrer, »die nach ihrem Eigendünkel eine eigene Religion predigten« und so die Sittlichkeit und Zufriedenheit des Volkes untergrüben. Die weltlichen Lehrer ihrerseits würden »dem einfältigen Landvolk allerlei Unsinn über politische Verhältnisse vorschwatzen, sie zur Unzufriedenheit mit ihrem Zustand reizen und nicht selten sich dabei als starke Geister gebärden«.[290]

1795 wurde die Studien-Revisions-Hofkommission eingerichtet, die jedoch erst im Jahr 1797 ihre Tätigkeit aufnahm. Sie arbeitete – wie schon ihr Name besagte – auf eine Überprüfung und Korrektur des gesamten Bildungs- und Erziehungswesens hin.[291] Der konservative Vorsitzende der Kommission und Mitglied des Staatsrates Heinrich Franz Graf von Rottenhan (1737–1809) glaubte, dass »in einem wohlgeordneten Staate über die kluge Ausspendung der Reichthümer des Geistes eben so, wie über jeden andern Genuß des gesellschaftlichen Lebens, eine Art von Staatspolizey walten müsse« und verlangte für das Bildungswesen eine »Mittelstraße zwischen Verfinsterung und falscher Aufklärung«.[292] Bildung sollte Rottenhans Auffassung zufolge jedoch jedem Stand unterschiedlich zuteil werden; für die unteren Volksschichten empfahl er einen Unterricht, der ihnen beibringe, moralisch zu handeln, ihre Pflichten zu erfüllen und der sie nicht in ihrer Arbeit störe und mit ihrem Zustand unzufrieden mache.[293] Zudem plädierte Rottenhan vehement für eine Wiedereinführung der kirchlichen Schulaufsicht.[294]

Im Jahr 1802 wurden die unter Leopold II. eingerichteten Lehrerversammlungen und Studienkonsesse, die den Lehrern ein gewisses Mitspracherecht bei der Gestaltung des Unterrichts und der Schulorganisation ein-

---

288 Vgl. Engelbrecht, Geschichte des österreichischen Bildungswesens, Bd. 3, 204.
289 Vgl. ebd., 223; Pietsch, Die franzeische Schulreform in der Perspektive des Kirchenhistorikers Anton Weiß, 175.
290 So Heinrich Franz Graf von Rottenhan, Vorsitzender der Studien-Revisions-Hofkommission in einem Gutachten, zit. nach Pietsch, ebd.
291 Vgl. Engelbrecht, Geschichte des österreichischen Bildungswesens, Bd. 3, 218–220; Hengl, Das Schul- und Studienwesen Österreichs im aufgeklärten Absolutismus, 257–267.
292 Zit. nach Engelbrecht, ebd., 219.
293 Vgl. ebd.
294 Vgl. Hengl, Das Schul- und Studienwesen Österreichs im aufgeklärten Absolutismus, 265–267.

geräumt hatten, aufgelöst.[295] Die Studien-Revisions-Hofkommission musste zwar ebenfalls 1802 ihre Tätigkeit einstellen, da sie zu schwerfällig und ineffektiv gearbeitet hatte.[296] Doch hatte sie einer neuen Schulordnung den Boden bereitet, die am 1. April 1806 als »Politische Verfassung der deutschen Schulen in den k. auch k. k. deutschen Erbstaaten« in Kraft trat. Deren entscheidende Neuerung war, dass die Aufsicht über das niedere Schulwesen der katholischen Kirche übertragen wurde, ohne jedoch deren vor-theresianisches Schulmonopol wiederherzustellen. Die allgemeinen Ziele des Unterrichts bestimmte nach wie vor der Staat.[297] Doch erhielt der Klerus weitgehende Kontrolle über die Schulen. Die Funktion des lokalen Schulaufsehers nahm nun der Ortsseelsorger wahr; der für einen Distrikt verantwortliche Dechant trat an die Stelle des josephinischen Kreisschulkommissars. Wichtigstes Fach im Primarschulbereich war von nun an der Religionsunterricht. Bildung war ganz auf die jeweilige Bevölkerungsschicht zugeschnitten, die Vermittlung von Wissen an das einfache Volk auf ein Minimum reduziert.[298]

Der gegenaufklärerische Impuls des beschriebenen Wandels traf – Ironie der Geschichte – auch die jüdischen deutschen Schulen in Galizien. Man glaubte in Wien offenbar, dass in ihnen der Geist der Aufklärung und der natürlichen Religion wirke und Aufruhr stifte, wenngleich Homberg bereits 1799 das Land verlassen hatte und die Schulen seitdem in Agonie lagen. Wie oben dargestellt, hatte das Lemberger Gubernium schon 1796 der in »itzigen Zeiten gar nicht annehmbare[n], dem Staate doch immer unbekannt seyn müssende[n] Glaubensaufklärung« einen Riegel vorgeschoben, indem es die Vorschläge eines gewissen Chaim (Joachim) Menschel zur Verbesserung des Religionsunterrichts ad acta legte und im gleichen Atemzug die Auflösung der »hierländigen so schädlichen [deutschen] Judenschulen« forderte.[299] Nun, nach der Jahrhundertwende, gerieten die jüdischen deutschen Lehrer ins Visier der österreichischen Polizei, die sie pronapoleonischer Sympathien verdächtigte.[300] Während die jüdischen Staatsangestellten und einstigen Helfer bei dem Unternehmen, die galizischen Juden »weniger schädlich« zu machen, immer suspekter erschienen – Schuld war ihre vermeintliche Aufgeklärtheit und Liberalität –, entdeckte man in der traditionellen und politisch indifferenten jüdischen Bevölkerung Galiziens die neuen Verbündeten. Vor dem

---

295 Vgl. Engelbrecht, Geschichte des österreichischen Bildungswesens, Bd. 3, 221 f.
296 Vgl. ebd., 220.
297 Vgl. ebd., 226–229, 521. Trotz der Reklerikalisierung des Schulwesens wurden die wesentlichen Parameter der theresianischen Schulreformen gewahrt. Vgl. ebd., 226, und Neugebauer, Niedere Schulen und Realschulen, 240 f.: »Die ›Politische Verfassung der deutschen Schulen […]‹ kodifizierte die Schulreform auf dem Stand des spättheresianischen Niveaus.«
298 Vgl. Hengl, Das Schul- und Studienwesen Österreichs im aufgeklärten Absolutismus, 270.
299 Protokollnotiz des Studiendepartements zur Sitzung vom 23. Juni 1796 (Bezugnahme auf Berichte des Guberniums vom 31. Mai und 16. Juni 1796 über die Vorschläge des »dortigen jüdischen Handelsmanns Chaim Menschel zur Verbesserung zweckmässigerer Errichtung, u. Leitung der jüdischen Religionsschulen«, AVA, StHK, Kt. 861, 23 A Galizien. Siehe in Kap. 2.2.
300 Vgl. Bałaban, Herz Homberg in Galizien, 213.

Hintergrund der politischen Gärung im Angesicht der Französischen Revolution und Napoleons galt es, sie nicht herauszufordern und ihre Sorgen und Einwände ernst zu nehmen. Wie Israel Bartal festgestellt hat, fuhr die österreichische Verwaltung zwar fort, die jüdische Bevölkerung mit Vorschriften und Dekreten zu plagen,

»zeigte aber kein wirkliches Interesse mehr, die jüdische Gemeinschaft zu verändern oder die Anhänger des mosaischen Glaubens zu ›verbessern‹. Im Gegenteil begann man nun, die traditionale Bevölkerung – die unberührt geblieben war von dem geistigen und politischen Gären, das von Frankreich und Deutschland ausging – als eine Art politischen Verbündeten zu betrachten. Den Talmudschülern, den Chassidim und der breiten Bevölkerung in den galizischen Städten lagen politische Bestrebungen offensichtlich fern; weder wollte man die bestehende staatliche Ordnung reformieren, noch war man an gesellschaftlicher Veränderung interessiert. Während der Französischen Revolution begann sich eine ›konservative Allianz‹ zwischen der traditionellen jüdischen Gemeinschaft und der österreichischen Regierung herauszubilden [...] Die beiden Seiten hatten gemeinsame Interessen, die sich auf die Übereinkunft gründeten, dass die Juden nicht das bestehende Herrschaftssystem gefährden oder zu verändern suchen würden. Die Regierung mäßigte ihrerseits ihre Forderungen nach kulturellem Wandel innerhalb der jüdischen Gemeinschaft und verhielt sich gegenüber innerjüdischen Konflikten neutral.«[301]

Somit neigten der Kaiser und die hohen Staatsbeamten in Wien eher dazu, den traditionellen jüdischen Eliten Gehör zu schenken, die sich nie mit den deutschen Schulen und dem damit verbundenen Schulzwang für die jüdischen Kinder angefreundet und in den jüdischen Normalschullehrern ein in der *Kehilla* unerwünschtes Element erblickt hatten. Auch die jüdische religiöse Tradition, so sehr sie zuvor auch als »schädlich« eingestuft worden war, galt nunmehr als ein Faktor der politischen Stabilisierung, der durch die aufklärerischen Bestrebungen eines Homberg und seiner Lehrer nicht infrage gestellt werden durfte. Und wenn die Juden durch die deutschen Schulen – wie sie dies 1790 bekundet hatten – ein »gänzliches Verderben ihrer Religion« befürchteten, so war man auf staatlicher Seite eher bereit, auf die Schulen zu verzichten, als die jüdische Bevölkerung weiter zu verunsichern und ihre traditionellen Eliten herauszufordern. So wie im allgemeinen Volksschulsektor dem Klerus die Aufsicht und Kontrolle über die Schulen, wurde den traditionellen Eliten der Juden wieder die Oberhoheit über die Erziehung der jüdischen Kinder übertragen.

Maskilim wie Homberg und vielleicht auch einige der Lehrer, die geglaubt hatten, sie seien die treuesten Verbündeten des Staates, sahen sich nun getäuscht. Der Staat legte keinen Wert mehr auf ihre Vorschläge zur »Verbesserung« des Schulwesens, des Religionsunterrichts oder der Juden insge-

---

301 Bartal, Geschichte der Juden im östlichen Europa 1772–1881, 86 f.

samt.³⁰² Im Gegenteil: Die Beamten sahen in den jüdischen Aufklärern ein gefährliches politisches Ferment.³⁰³ Sie durch Institutionen, in denen ihre Ideen gedeihen konnten, zu fördern, kam den Behörden nicht in den Sinn. Ein möglicher Hinweis für die frühe Tendenz, das Ende der jüdischen deutschen Schulen zu befördern, liegt schon für die Mitte der 1790er Jahre vor: neben der beschriebenen Ablehnung von Menschels Projekt war das der Umstand, dass nach der dritten Teilung Polens und der Annexion »Westgaliziens« durch Österreich im Jahr 1795 in der neu gewonnenen Provinz schon keine jüdischen Normalschulen mehr errichtet wurden. Doch mögen auch finanzielle Gründe eine Rolle gespielt haben, wenn der Kaiser und die Hofbehörden in Wien eine Entscheidung hierüber lange Zeit zurückstellten. Immer wieder suchten Juden aus allen Teilen der Monarchie, darunter bedeutende *Maskilim*, darum an, in Westgalizien als Schuloberaufseher oder wenigstens als Lehrer eingesetzt zu werden, doch wurden sie vonseiten der Behörden hingehalten oder abgewiesen.³⁰⁴

Die *Ursachen* für die Auflösung der jüdischen deutschen Schulen in Galizien sind also in den allgemeinen politischen und schulpolitischen Entwicklungen zwischen 1795 und 1806 zu suchen. Der *Anlass* für das Ende der Schulen war jedoch struktureller, genauer gesagt finanzieller Natur. Es wurde oben bereits ausführlich auf die Gegnerschaft des christlichen Schuloberauf-

---

302 So finden sich auf vielen Vorschlägen von *Maskilim* aus dieser Zeit Notizen der Hofstellen und der Polizeibehörden, die besagen, dass man die jüdische Bevölkerung nicht beunruhigen und gegen die Regierung aufbringen dürfe und dass daher die Vorschläge abzulehnen seien. Vgl. ebd., 78.
303 Vgl. ebd.
304 Im April 1796 wurde der Arzt und Aufklärer Simon Höchheimer (1757–1828) für den möglichen Posten eines Oberaufsehers über das jüdische Schulwesen in Westgalizien ins Spiel gebracht. Höchheimer gehörte zum Kreis der Berliner *Maskilim* und war als Autor der Schrift *Ueber Moses Mendelssohns Tod* (1786) neben Isaak Euchel einer der ersten Biografen des jüdischen Philosophen. Höchheimer verfasste auch Theaterstücke und pädagogische Schriften. Vgl. die biografischen Angaben bei U. Lohmann/I. Lohmann (Hgg.), »Lerne Vernunft!«, 535. Wie es in dem entsprechenden Protokolleintrag (Schreiben an den westgalizischen Einrichtungskommissar von Margelick vom 9. April 1796) hieß, habe sich Höchheimer »vorzüglich in dem medizinischen Fach verwendet« und bereits einen Antrag auf »Verleihung eines Kreisphysikats« in Westgalizien gestellt. Er werde sich wahrscheinlich demnächst um den Posten des Oberaufsehers bewerben. HKP Westgalizien 1796, 106 (Aprilis, Nr. 15). Auch Aaron Friedenthal, Stellvertreter Hombergs und Direktor des Lemberger Präparandenseminars, bewarb sich im Juni 1797 um die – nicht existierende – Stelle des Oberaufsehers über die jüdischen deutschen Schulen in Westgalizien: Eintrag über Aktenablage vom 27. Juni 1797, HKP Westgalizien 1797, 253 (Junius, Nr. 49). Zu Hombergs Gesuch, nach Krakau versetzt zu werden, siehe unten. Zu den bereits an anderen jüdischen deutschen Schulen der Monarchie wirkenden Lehrern, die um Übertragung einer höher dotierten Lehrerstelle in Westgalizien baten, gehörten Joseph Kinderfreund, der »an der deutschen Israeliten Schule im Dorfe Lieben bei Prag« wirkte: Eintrag über Aktenablage vom 15. Dezember 1796, HKP Westgalizien 1796, 472 (December, Nr. 58) sowie Abraham Beer, »deutscher Lehrer der jüdischen Jugend zu Großmeseritsch in Mähren«: Eintrag über Aktenablage vom 8. August 1797, HKP Westgalizien 1797, 317 (Augustus, Nr. 18).

sehers Hofmann und der führenden Gubernialbeamten gegenüber Homberg und den jüdischen deutschen Schulen eingegangen, die die galizische Landesregierung in der Vergangenheit mehrfach dazu bewegt hatte, in Wien um die Auflösung der jüdischen Normalschulen nachzusuchen. Vor dem Hintergrund einer chronischen Minderausstattung des christlichen Schulfonds waren die gute Ausstattung des jüdischen Schulfonds und die mehr oder minder gedeihenden jüdischen deutschen Schulen Hofmann und dem Gubernium immer ein Dorn im Auge gewesen. Nachdem jedoch die Hofkanzlei im Winter 1791 einen erneuten Antrag der Lemberger Landesregierung in bestimmtem Ton zurückgewiesen und den Gouverneur aufgefordert hatte, das Gesuch um Auflösung der jüdischen Normalschulen nie mehr zu wiederholen,[305] war es zumindest an dieser Front für eine Weile ruhig gewesen. Erst im Frühjahr 1802 – Homberg war bereits seit drei Jahren in Wien und auch Hofmann hatte sein Amt im Jahr 1800 niedergelegt –[306] fand das Gubernium Gelegenheit, seiner mehrfach zurückgewiesenen Forderung doch noch zum Durchbruch zu verhelfen. Zudem hatten der permanente Kriegszustand und die damit verbundene Sparpolitik die für das christliche Schulwesen zur Verfügung stehenden Finanzen weiter geschmälert und dringendes Handeln notwendig gemacht. Am 20. Mai 1802 schlug die Lemberger Regierung über die galizische Hofkanzlei in Wien vor, »die deutsch-jüdische Lehranstalt gänzlich aufzuheben und dafür eine Volksschule in's Leben zu rufen, die gemeinschaftlich von christlichen und jüdischen Kindern besucht werden solle. Zu diesem Zwecke sollte der jüdische Schulfond, der ein jährliches Einkommen von fl. 31 339 hatte und einen Ueberschuss von fl. 7 189 erzielte, mit dem christlichen vereinigt werden«.[307]

Die hierüber beratschlagenden Hofräte konnten sich nicht sofort mit diesem Vorschlag anfreunden, da sie in dem gemeinsamen Schulbesuch von Christen und Juden eine unzulässige Vermischung sahen. Sofern auch jüdische Kinder die Volksschulen besuchen dürften, stelle dies eine Gefahr für die Religion und Moralität der christlichen Kinder dar, glaubte etwa der Hofrat Johann Melchior von Birkenstock. Die Beamten der Hofkanzlei einigten sich schließlich darauf, dass der Unterricht – mit Ausnahme der weiterhin geltenden Zeugnispflicht für jüdische Heiratskandidaten – freiwillig sein solle und die jüdischen Kinder abgesondert von den christlichen Kindern zu sitzen hätten.[308] Die Beratungen in der Hofkanzlei und im Staatsrat zogen sich jedoch noch über mehrere Jahre hin, ehe der Kaiser dem Vorschlag schließlich am 19. Juni 1806 zustimmte.[309] Mit dem jüdischen Schulfonds floss dem Volksschulwesen in Galizien ein erhebliches Kapital zu: Zum Zeitpunkt der Auf-

---

305 Siehe in Kap. 2.3.
306 Vgl. Röskau-Rydel, Kultur an der Peripherie des Habsburger Reiches, 67 f. mit Anm.17.
307 Wolf, Kleine historische Schriften, 217.
308 Vgl. ebd., 217 f.
309 Vgl. ebd., 218.

lösung der jüdischen deutschen Schulen umfasste er 132 460 Gulden in Banknoten und 126 628 Gulden in verzinslichen Sparpapieren.[310]

Natürlich sind unter die Ursachen für das Ende der jüdischen deutschen Schulen in Galizien auch der Widerstand der galizischen Juden und ihrer traditionellen Eliten sowie die allgemeine Nachsicht der lokalen staatlichen Beamten zu zählen, wie sie oben beschrieben wurden. Die unvermindert starke Gegnerschaft der jüdischen Bevölkerung gegenüber den Schulen, die durch die Staatsschwäche vor Ort begünstigt wurde, korrelierte mit der wachsenden, aus Jakobinerfurcht und antiaufklärerischen Tendenzen gespeisten Skepsis des Hofes. Gegen den Willen der Bevölkerung war in Galizien keine – inzwischen auch fragwürdig gewordene – »bürgerliche Verbesserung« durch Schulanstalten zu erreichen. Vermutlich liegt in der Kombination von korporativem Widerstand und Staatsschwäche auch die Antwort auf die Frage begründet, warum die jüdischen deutschen Schulen in Galizien untergingen, während sie zum Beispiel in Böhmen und Mähren noch bis in das letzte Drittel des 19. Jahrhunderts hinein Bestand hatten.[311] Die jüdische Bevölkerung Galiziens war zahlenmäßig sehr stark und stellte in vielen Städten einen nicht zu unterschätzenden demografischen Faktor dar. Gestützt auch auf den lokalen polnischen Adel und dessen weiterhin starke rechtliche und ökonomische Stellung, konnte sie ihre korporativen Strukturen noch über eine gewisse Zeit ansatzweise bewahren, auch wenn Gemeindeautonomie und Rabbinatsgerichtsbarkeit unter josephinischer Herrschaft offiziell abgeschafft worden waren.[312] Die unvollständige Durchdringung des Territoriums durch Organe der Zentralgewalt und der »allgemeine Schlendrian« der Behörden erleichterten es den Juden, ihren Widerstand gegen die Schulen aufrechtzuerhalten.

Vor allem in Böhmen und teilweise auch in Mähren gestatteten hingegen die hohe staatliche Präsenz in territorialer und institutioneller Hinsicht gewissermaßen ein »Durchregieren« und die stärkere Kontrolle der zahlenmäßig geringeren und auch aufgrund ihrer Siedlungsformen weniger bedeutsamen jüdischen Bevölkerung. Von Prag abgesehen, waren die jüdischen Gemeinden

---

310 Vgl. Bałaban, Herz Homberg i Szkoły Józefińskie dla Żydow w Galicyi, 39.
311 Vgl. Hecht, »Gib dem Knaben Unterricht nach seiner Weise«, 128 mit Anm. 44.
312 Vgl. Bartal, From Corporation to Nation, 23 f., hier im Hinblick auf die jüdische Bevölkerung Ost- und Ostmitteleuropas nach den Teilungen Polens: »The size of the Jewish population and its demographic distribution were undoubtedly a decisive factor in the survival of elements of Jewish corporate identity well into the nineteenth century. [...] Because the web of economic relations between the nobility and the Jews survived to the mid-nineteenth century, the corporate system was preserved in the local manorial context. [...] After the partition of Poland, the Jews in the eastern part of the Ashkenazi diaspora found themselves wedged between an imperial administration that wanted to introduce reforms in the spirit of enlightened absolutism and a Polish nobility whose legal status had not been touched and whose political and economic power held back the disintegration of the autonomous community. In Austrian Galicia and the Russian Pale of Settlement, the state's increasing intervention in the administrative affairs of the communities and the abolition of the powers of the *kahal* ultimately led to the abolition of the corporate system. But this process took decades.«

in den Ländern der böhmischen Krone zu schwach und zu zerstreut, um wirksame Gegenwehr leisten zu können. Insbesondere in der böhmischen Provinz dürften angesichts der geringen Anzahl Schulen nur wenige jüdische Kinder und Jugendliche in Deutsch unterrichtet worden sein. Der Affront, den die Schulen für eine traditional verfasste Gemeinschaft darstellten, hatte daher hier nie das Ausmaß angenommen wie in Galizien. Und schließlich war die Zugehörigkeit Böhmens zum Habsburgerreich durch die »große Politik« weitaus weniger infrage gestellt als diejenige Galiziens, sodass sich Wien nicht unbedingt veranlasst sehen musste, in den Schulen Herde verderblicher und staatsgefährdender Tendenzen zu sehen, die es, wie in Galizien, einzudämmen galt. Eine Verifizierung dieser Thesen würde jedoch eine gründliche Einsicht in die überlieferten Akten zu den jüdischen deutschen Schulen in Böhmen und Mähren voraussetzen, die im Rahmen dieser Arbeit nicht geleistet werden konnte.

Hombergs »Flucht« aus Galizien 1799 – Chaotische Zustände in Lemberg

Neben politischen und strukturellen Ursachen waren es auch ganz spezifische, individuelle Faktoren, die das Ende der jüdischen Normalschulen in Galizien zumindest beschleunigten. Der wichtigste dieser Gründe hatte mit der Person Hombergs zu tun. Der Oberaufseher über die jüdischen deutschen Schulen in Galizien hatte sich im Frühjahr 1799 aus Lemberg abgesetzt. Offiziell hatte er um einen zweimonatigen Aufenthalt in Wien gebeten, um Familienangelegenheiten regeln zu können.[313] Dieser Urlaub wurde ihm Ende März 1799 mit der Auflage genehmigt, dass er in Wien »den Hof nicht behellige, und dessen Stelle ohne aeraral Beköstigung indessen suppliret werde«.[314] Der eigentliche Grund für Hombergs Abreise lag jedoch in einem tiefen Zerwürfnis mit den ihm unterstellten Lehrern, das einen immer größeren Schatten auf das jüdische deutsche Schulwesen in Lemberg warf und Hombergs ohnehin prekäre Position gegenüber der jüdischen Gemeinde und dem Gubernium weiter verschlechterte. Sein bereits 1798 eingereichtes und von der Hofkanzlei abgelehntes Gesuch, »nicht da wo die übrigen Juden wohnen zu müssen«, verweist auf das Ausmaß dieses Zerwürfnisses, das ihn buchstäblich das Weite suchen ließ.[315] Mit seiner Abreise aus Lemberg entzog sich Homberg einer bereits angeordneten Untersuchung aufgrund mehrerer Klagen, die vonseiten »seiner« Lehrer gegen ihn vorgebracht worden waren. Die Untersuchung sollte, so lautete die Bedingung der Urlaubsgenehmigung, sofort nach Hom-

---

313 Hofdekret vom 28. Februar 1799, AVA, HKP Galizien 1799, 180 (Februarius, Nr. 123); Vortrag der galizischen Hofkanzlei vom 24. August 1800, AVA, StHK, Kt. 861, 23 B Galizien.
314 Hofdekret vom 28. März 1799, AVA, HKP Galizien 1799, 248 f. (Martius, Nr. 96).
315 Hofdekret vom 26. Juli 1798, AVA, HKP Galizien 1798, 502 (Julius, Nr. 121).

bergs Rückkehr in die galizische Hauptstadt eingeleitet werden.[316] Doch Hombergs Abreise war endgültig. Er kehrte nicht mehr nach Galizien zurück.

Unter den Klageführern gab der Lehrer an der Lemberger jüdischen Hauptschule Joel Turnau den Ton an. Turnau fühlte sich von Homberg um den Lohn geprellt, den er glaubte für Schreiberdienste bei der Oberaufsicht erhalten zu müssen. Bereits im Sommer 1798 hatte Turnau eine entsprechende Beschwerdeschrift bei der galizischen Hofkanzlei in Wien eingereicht und dabei eine Reihe weiterer Klagen gegen seinen Vorgesetzten erhoben. Die Beschwerden lauteten auf Immoralität, Bestechlichkeit und Begünstigung von Verwandten bei der Vergabe von Lehrerstellen: So beanstandete Turnau die von Homberg einst geplante Versetzung des Lehrers Josue Seligmann in die galizische Provinz, um dessen Stelle seinem Bruder Simon überlassen zu können, und die Vergabe des Postens einer Mädchenlehrerin an der – nach Turnau eigens zu diesem Zweck gegründeten – Mädchenschule in der Krakauer Vorstadt an die Schwägerin des Oberaufsehers, Charlotte Homberg.[317]

Im Frühjahr 1801 – Homberg hatte seinen »Urlaub« in Wien bereits um fast zwei Jahre überzogen – wurde das galizische Gubernium angewiesen, einen ausführlichen Bericht zu den gegen den Oberaufseher erhobenen Vorwürfen zu erstatten. Dieser Bericht ging Anfang Januar 1802 (!) bei der Hofkanzlei ein. In die Klagen Turnaus stimmten nun auch der ehemalige jüdische Normalschullehrer Josue Seligmann – er hatte bereits 1798 seinen Lehrerposten zugunsten der Kerzensteuer-Unterpacht aufgegeben – sowie Moses Dornbach ein, der inzwischen eine Stelle an der Haliczer Vorstadtschule erhalten hatte. Der seinerzeit von Homberg disziplinarisch gemaßregelte Seligmann erhob gegen seinen einstigen Vorgesetzten den globalen Vorwurf, dass »von ihm sogleich als ihm die Oberaufsicht über das d[eutsch] j[üdische] Schulwesen übertragen worden, alle bösen Meinungen, und Leidenschaften ausgegangen seyen, welche das in seinem Ursprunge so vortrefliche, in seiner Blüthe so hofnungsvolle Institut zerstören, und vernichten« mussten.[318] Auch Seligmann unterstellte Homberg Bestechlichkeit: So habe Turnau zehn Dukaten bezahlen müssen, um eine Lehrerstelle an der Hauptschule zu bekommen. Den Vorwurf Seligmanns, Homberg habe der Lehrerin Eleonore Dornbach den Posten an der Mädchenschule in der Haliczer Vorstadt aus privatem Interesse zugespielt, bestätigte der Ehemann derselben: Moses Dornbach erklärte, der Oberaufseher habe »gegen seine Ehegattin verabscheuungswürdige Absichten geäussert«, und zudem ihn selbst, Dornbach, durch Abberufung des Zweiten Lehrers von seiner Schule und dessen Zuteilung zur Krakauer Vorstadtschule Benjamin Grünbaums tief gekränkt.[319]

---

316 Hofdekret vom 28. März 1799, AVA, HKP Galizien 1799, 248 f. (Martius, Nr. 96).
317 Hofdekret vom 22. Juni 1798, AVA, HKP Galizien 1798, 486 (Julius, Nr. 81); Vortrag der galizischen Hofkanzlei vom 24. August 1800, AVA, StHK, Kt 861, 23 B Galizien.
318 Bericht des ostgalizischen Guberniums »über die dem d. j. Oberschulaufseher Herz Homberg zur Last gelegten Gebrechen« vom 28. Dezember 1801, AVA, ebd.
319 Ebd.

Am schwersten wog wohl der Vorwurf Turnaus, Homberg habe sich »unter den Nahmen ihm untergeordneter Lehrer in Pachtungen der jüdischen Lichtzündungsgefälle eingelassen«.[320] Der galizische Studienkonsess sowie eine weitere Kommission bestätigten diesen Vorwurf und beschuldigten Herz Homberg und seinen Bruder Simon, als Unterpächter »und Manipulanten« im Kerzensteuergeschäft tätig gewesen zu sein. Doch wurden keine weiteren Belege für die Wahrheit dieser Behauptung geliefert.[321] Die Frage der Verwicklung Hombergs in das bei den Juden Galiziens besonders verhasste »Lichterzündungsgefäll« ist in der Forschung umstritten. Homberg hatte, wie Gerson Wolf in seinen *Kleinen historischen Schriften* berichtete, Ende 1796 in einem ihm abgeforderten Gutachten erklärt, dass es keine religiösen Bedenken gegen die Einführung der Steuer auf Schabbat- und Festlichter gebe, da den Juden ja nicht untersagt werde, die halachisch gebotenen Lichter anzuzünden und es letztlich unter dem Gesichtspunkt der Religion gleichgültig sei, ob die Kerzen einen oder drei Kreuzer kosteten.[322] Damit hatte Homberg nur das geforderte Sachurteil abgegeben; er hatte nicht erklärt, ob er die Steuer als sinnvoll erachtete oder ob er sie gar begrüßte. Hombergs Gutachten und die gleichfalls von Gerson Wolf überlieferten zweifelhaften Hinweise auf eine Verwicklung des Oberaufsehers in das einträgliche Steuerpachtgeschäft führten jedoch dazu, dass Majer Bałaban und in der Folge weitere Vertreter der »osteuropäischen Schule« die Beteiligung Hombergs an den Einnahmen aus der Kerzensteuer und damit die korrupte Natur des Aufklärers für erwiesen ansahen, und das, obwohl die oben angeführten vagen Vorwürfe Turnaus und der Lemberger Untersuchungskommission bzw. des Studienkonsesses die einzigen Indizien in dieser Richtung darstellen.[323]

Rachel Manekin hat auf die Dürftigkeit der Indizien verwiesen, die eine Verwicklung Hombergs in die Kerzensteuerpacht nahelegen.[324] Vor dem Hintergrund der von den galizischen Juden als besonders bedrückend empfundenen Steuer und angesichts der Beteiligung von Lehrern am Pachtgeschäft hat es den Anschein, dass sich Turnau ein derartiger Vorwurf geradezu anbot, wenn er seiner eher banalen persönlichen Klage gegen Homberg das rechte Gewicht verleihen wollte. Die Behauptung, Homberg habe sich »unter den Nahmen« der ihm unterstellten Lehrer in das Pachtgeschäft eingelassen, deutet in diese Richtung. Der selbst von der Steuerpacht profitierende Seligmann brachte keine derartige Klage gegen Homberg vor, ebenso wenig wie der

---

320 Vortrag der galizischen Hofkanzlei vom 24. August 1800, AVA, StHK, Kt 861, 23 B Galizien.
321 Notiz zur Sitzung der Studien-Revisions-Hofkommission vom 28. August 1800, AVA, ebd.
322 Vgl. Wolf, Kleine historische Schriften, 197–199.
323 Vgl. Bałaban, Herz Homberg in Galizien, 212: »Groß war die Aufregung der Juden in Galizien, als die Steuer im Jahre 1797 eingeführt wurde, größer, als die Gemeindeordnung von 1810 die gesamte Judenschaft den Pächtern auslieferte, aber gar unbeschreiblich, als es ruchbar wurde, daß Homberg am ganzen Geschäfte mit circa 2 % mitbeteiligt war.«
324 Vgl. Manekin, Naftali Herz Homberg, 193–198; hier auch zu dem Einfluss dieser Unterstellung auf das Bild Hombergs in der jüdischen Geschichtsschreibung.

dritte Beschwerdeführer Dornbach. Von allen Einwänden unberührt bleibt natürlich die Tatsache, dass Turnaus Vorwurf und seine scheinbare Bestätigung durch die Lemberger Beamten das Gerücht unter den galizischen Juden freisetzen oder zumindest verstärken mussten, dass Homberg, nachdem er mit seiner Stellungnahme sozusagen »grünes Licht« für die verhasste Steuer gegeben hatte, nunmehr auch von ihr profitierte.

Die Vorwürfe gegen Homberg, die nie geklärt werden konnten, da er sich einer Rückkehr nach Lemberg zum Zwecke ihrer Untersuchung konsequent verweigerte,[325] stellten jedoch nicht das einzige Problem dar, mit dem das jüdische deutsche Schulwesen in Galizien während der letzten Jahre seines Bestehens zu kämpfen hatte. Die zur Untersuchung der »bey dem deutschjüdischen Schulwesen allgemein obwaltenden Gebrechen«[326] eingesetzte Kommission und der Studienkonsess zeichneten im Sommer 1800 ein insgesamt trauriges Bild der Lage. Zwar sahen auch sie im »Betragen des bereits über 1 Jahr, in Familienangelegenheiten abwesenden Oberaufsehers Herz Homberg« die Hauptursache für den zunehmenden Verfall der Schulen. Doch ebenso verantwortlich seien die Lehrer selbst, insbesondere »derselben Handlungsgeist zu Mäklereyen u. Gelderpressungen von den Gemeinden, wie nicht minder für Schulbefreyungs u. Fortgangszeugnüsse«. Die Liste der zur Behebung der Mängel vorgeschlagenen Mittel liest sich wie eine Zusammenfassung des Erziehungs- und Strafdiskurses, der sich um die jüdischen deutschen Schulen seit Beginn der 1790er Jahre gerankt hatte. Neben der Ernennung eines neuen, »fleissigen, und unpartheyischen« Oberaufsehers, der Wiederaufnahme der Visitationen der jüdischen Schulen durch die christlichen Kreisschuldirektoren und – immerhin – einer »bessere[n] Besoldung der Schullehrer« führte das Verzeichnis die folgenden Punkte auf: »Nothwendige Vorkehrungen gegen die jüd[ischen] Religions Lehrer als die Haupt Urheber des vernachläßigten Schulbesuches«, »Maßregeln gegen die Eltern insoferne sie den Schulen Hindernüße in den Weg legen«, »Verantwortlichmachung der Gemeindevorsteher für die genaue Befolgung u. Handhabung der Gesetze in Schulsachen« sowie schließlich die »Verant-

---

[325] So bat denn auch der galizische Studienkonsess 1801 darum, die Ermittlungen gegen Homberg einzustellen, da sie ohne die Möglichkeit, Homberg selbst zu vernehmen, keinen Sinn machten. Zudem seien die Klagen gegen Homberg veraltet, »die Personen, die mit ihm zu confrontiren wären, seyen im Lande zerstreut, es lasse sich also bei einer längeren Fortsetzung kein Nutzen, und kein Ende absehen«. Die Akten der eingesetzten Untersuchungskommission seien mittlerweile so sehr angewachsen, »daß sie die Kräften eines Mannes erfordern, um hin und her getragen zu werden«. Homberg sei zwar durch die von den Lehrern vorgebrachten Klagen »in manchen Punkten sehr gravirt«, doch lasse sich angesichts der Natur der Klagen kaum erwarten, »daß ein strenger, und rechtsbeständiger Beweis gegen ihn werde hergestellt werden«. Bericht des ostgalizischen Guberniums »über die dem d. j. Oberschulaufseher Herz Homberg zur Last gelegten Gebrechen« vom 28. Dezember 1801, AVA, StHK, Kt. 861, 23 B Galizien.

[326] Vortrag der galizischen Hofkanzlei vom 24. August 1800, AVA, ebd.

wortlichkeit der Kreisämter wegen verzögerter o. verweigerter Exekuzion bei angezeigten Schulgebrechen«.[327]

Nach Hombergs »Flucht« aus Galizien war der Direktor des Lemberger Präparandenseminars Aaron Friedenthal mit der stellvertretenden Wahrnehmung der Geschäfte des Oberaufsehers betraut worden, wofür er zusätzlich zu seinem regulären Gehalt 400 Gulden im Jahr erhielt. Zwischen dem von der galizischen Hofkanzlei als »zwar gutmüthig, aber diesem Geschäfte nicht gewachsen«[328] beschriebenen Friedenthal und Homberg war es in den Jahren zuvor des Öfteren zu Streitigkeiten gekommen, welche »schließlich in offene Feindseligkeiten ausarteten«, die vor dem Studienkonsess ausgetragen wurden.[329] Auch unter den Lehrern der Lemberger Schulen brachen sich Ende der 1790er Jahre latente Spannungen Bahn. Der nunmehr offene Zwist sorgte für ein chaotisches Erscheinungsbild der Lehrerschaft und des jüdischen deutschen Schulwesens überhaupt. Wenn es je eine Art von Binnensolidarität unter den jüdischen Normalschullehrern der Landeshauptstadt gegeben hatte, so zerbrach sie um die Jahrhundertwende vollends. Wahrscheinlich waren hierfür, wie Bałaban vermutet hat, Neid und Missgunst verantwortlich.[330] Der Oberlehrer an der jüdischen Hauptschule Nathan Gunzenhausen reichte im Herbst 1799 eine Beschwerdeschrift gegen die Lehrer Popper, Grünbaum, Lewinski und Simon Homberg ein.[331] Der Ehefrau von Simon Homberg, Charlotte, wurde zudem »Unfähigkeit zu ihrem Lehramt« vorgeworfen. Nur wenig später erhob Simon Homberg seinerseits Vorwürfe, jedoch nicht etwa gegen Gunzenhausen, sondern vielmehr gegen den zweiten Lehrer an der Hauptschule Schorr und die Mädchenlehrerin Bella Turnau. Auch in diesem Fall wurde die Einsetzung einer Untersuchungskommission befohlen und den angeklagten Lehrern verboten, während der Tätigkeit dieser Kommission Rekurse bei den Hofstellen in Wien einzureichen.[332] Das Gubernium entschied zudem, ihre Gehälter zu stornieren. Der Zwist unter den Lemberger jüdischen Lehrern riss auch in den folgenden Monaten nicht ab und drohte das ohnehin geringe Ansehen des jüdischen deutschen Schulwesens bei der Bevölkerung vollends zu ruinieren. Die Hofkanzlei wies daher im Mai 1800 die galizische Landesregierung an, »der unter den d[eutsch] j[üdischen] Lehrern und Lehrerinnen in Lemberg seit einiger Zeit herrschenden Uneinigkeit, Zwietracht,

---

327 Notiz zur Sitzung der Studien-Revisions-Hofkommission vom 28. August 1800, AVA, ebd.
328 Vortrag der galizischen Hofkanzlei vom 24. August 1800, AVA, ebd.
329 Bałaban, Herz Homberg in Galizien, 201.
330 Vgl. ebd., 202–204. Die tatsächlichen Gründe für den Zwist und der genaue Inhalt der gegeneinander geführten Klagen können aus den knappen Einträgen in den Hofkanzleiprotokollen nicht erschlossen werden.
331 Hofdekret vom 4. Oktober 1799, AVA, HKP Galizien, 1799, 934 (October, Nr. 14). Die Inhalte dieser Beschwerde werden nicht mitgeteilt. In einem weiteren Hofdekret vom 3. Januar 1800, AVA, HKP Galizien 1800, 1 f. (Januarius, Nr. 1) heißt es lediglich, dass die von Gunzenhausen vorgebrachten Klagen in keiner Verbindung mit den von verschiedenen Lehrern gegen Homberg erhobenen Vorwürfen stünden.
332 Ebd.

und Unfolgsamkeit zu steuern [und] dieselben zur Ruhe, und Einigkeit, und zur genauesten Erfüllung der ihnen zukommenden Verordnungen mit allem Ernste [...] anzuweisen«. Für den Fall, dass sich ein Lehrer weiterhin aufsässig gebärde, sollte er sogleich entlassen werden.[333]

Die »Duldung« Hombergs in Wien

Während das jüdische deutsche Schulwesen in Lemberg im Chaos versank, blieb Homberg in Wien. Zwar erreichten ihn immer wieder Befehle, sofort die Rückreise anzutreten und sich der gegen ihn ermittelnden Untersuchungskommission zu stellen. Gleichzeitig überhäufte er jedoch seinerseits die Hofstellen und den Kaiser mit Gesuchen um die Verlängerung seines »Urlaubs«, die er abwechselnd mit gesundheitlichen Gebrechen oder mit Arbeiten in der Hofbibliothek zum Wohle des jüdischen deutschen Schulwesens begründete.[334] Solange die Gesuche und die daran geknüpften Behördenberichte im Instanzenweg zwischen Gubernium und Hofkanzlei hin- und hergingen – es konnten dabei Monate, bisweilen auch ein ganzes Jahr vergehen – hatte dies aufschiebende Wirkung und Homberg konnte während dieser Zeit in Wien verbleiben. Bereits am 13. August 1799 hatte er darum gebeten, ihn vorläufig in der Hauptstadt zu belassen, mittelfristig aber eine Versetzung nach Krakau angesucht, »weil er in Ostgalizien bey seinen Amtsverrichtungen gar nicht unterstützt wird, und dort nicht mehr dienen kann«. Im gleichen Atemzug bat er um eine Gehaltszulage. Die Hofkanzlei verwies in ihrem Hombergs Gesuch referierenden Vortrag vor dem Kaiser darauf, dass noch nicht ent-

---

333 Hofdekret vom 7. Mai 1800, AVA, ebd., 305 (Majus, Nr. 1).
334 Vgl. Wolf, Kleine historische Schriften, 198, Anm. Schon am 22. März 1800 erging ein kaiserliches Handbillet an den Präsidenten der galizischen Hofkanzlei, Graf Mailath, welches auf Hombergs Tätigkeit im Auftrag der Studien-Revisions-Hofkommission verwies: »Da der Oberaufseher der deutsch-jüdischen Schulen in Ostgalizien, Herz Homberg, während der Zeit seines hierortigen Aufenthaltes bey der Studien-Revisions-Hofkoon. in Absicht auf den jüdischen Schulunterricht verwendet wird, so habe ich demselben die Erlaubniß ertheilet, bis auf weitere Anordnung hier verbleiben zu dürfen; welches ich Ihnen zur Wissenschaft und weiterer nöthigen Verfügung hiermit bekannt mache.« HHStA, StRHK, Kt. 11. Ebd., Kt. 12, findet sich auch ein Bittgesuch Hombergs vom 8. März 1801 an den Kaiser, die erneut befohlene Rückreise nach Lemberg nicht antreten zu müssen. Homberg führte hier als Hinderungsgrund u. a. seine »Schularbeiten«, das heißt die Arbeit am Religionslehrbuch sowie an weiteren Vorschlägen zur Verbesserung des jüdischen Schulwesens an, die durch die Reise und den Aufenthalt in Lemberg eine empfindliche Unterbrechung erleiden würden: »und es ist bekannt, welche unsägliche Mühe es kostet, den Faden der Idee, wenn er einmahl durchschnitten ist, wieder aufzufinden, und anzuknüpfen«. Die Kosten der weiten Reise – er bezifferte sie auf 300 Gulden – seien für ihn nicht tragbar und außerdem »würde es seinem Vaterherz überaus wehe thun, seine 5 unerzogenen Kinder, wer weiß wie lange, beraubt der natürlichen Erziehung und Obsorge verlassen zu müssen«. Schließlich verwies Homberg darauf, dass die gegen ihn vonseiten der Lemberger Lehrer vorgebrachten Klagen »nicht die Natur (Gott behüte!) eines Criminal-Verbrechens haben, so Confrontation fordert«.

schieden sei, auf welche Weise das jüdische Schulwesen in Westgalizien organisiert werden solle und daher von einer Versetzung Hombergs nach Krakau nicht die Rede sein könne. Da Homberg aber erklärt hatte, »den *wohlüberlegten* und *unerschütterlichen* Entschluß gefaßt zu haben, in Ostgalizien *nimmermehr* weder am deutschen Normalschulengeschäfte, noch am künftigen jüdischen Religionsunterrichte Antheil nehmen zu wollen«, wurde von ihm eine verbindliche Erklärung verlangt, »ob er das Amt des Oberaufsehers über die deutsch-jüdischen Schulen in Ostgalizien noch ferner beybehalten, oder dasselbe niederlegen wolle«. Diese Erklärung blieb Homberg allerdings schuldig – und bezog weiterhin das ihm als Oberaufseher zustehende Jahresgehalt von 1 000 Gulden.[335]

Im Januar 1802 resümierte die galizische Hofkanzlei in einem Vortrag vor dem Kaiser die chaotischen Zustände in Lemberg. Sie stellte fest,

»[d]aß der Verfall des deutsch jüdischen Schulwesens in Ostgalizien immer sichtbarer, und nach mehrfältigen Gubernialberichten beynahe schon gänzlich unheilbar geworden ist; wovon die Ursache theils in langer Entfernung und im Mangel einer genaueren, von Eigennutz entfernter, befriedrigender Amtsführung, eines ordentlich aufgestellten Oberaufsehers, theils darin liegt, daß dieser schon bey seiner Anwesenheit Ansehen und Zutrauen um so mehr verlieren musste, als wenig er sich bisher von den manigfältigen ihm angeschuldigten Gebrechen, ungebührlichen Anmassungen und Vergehungen, in den Augen seiner Nation, vor der Landesstelle und vor dem Publikum gereinigt hat.«[336]

Franz II. befahl, Homberg die Rückreise nach Lemberg aufzutragen, damit er sich dort der Untersuchung der gegen ihn erhobenen Vorwürfe stelle. Falls er sich weigere, sollte Homberg »durch die Polizey von hier abgeschafft, und seine Amtes ohne weiters entsetzet werden«.[337] Doch auch zwei Jahre später, im März 1804, befand sich Homberg, mehr oder weniger geduldet, in Wien.[338] Franz II. bekräftigte seinen Ausweisungsbefehl gegen den Oberaufseher,[339] der jedoch nach weiteren zwei Jahren, im Sommer 1806, immer noch in der Hauptstadt ansässig war: Die Durchreichung des allerhöchsten Befehls an die unteren Instanzen war so lange verschleppt worden.[340] Im August 1806 – die jüdischen deutschen Schulen in Galizien waren inzwischen aufgehoben worden – wandte sich Homberg mit der Bitte an den Kaiser, ihm noch weitere

---

335 Vortrag der galizischen Hofkanzlei vom 24. August 1800, AVA, StHK, Kt. 861, 23 B Galizien (Hervorhebungen im Original, dort unterstrichen). Homberg bezog sein Gehalt bis zur Auflösung der jüdischen deutschen Schulen in Galizien im Jahr 1806.
336 Vortrag der galizischen Hofkanzlei vom 21. Januar 1802, AVA, ebd.
337 Resolution Franz II. auf dem Vortrag der galizischen Hofkanzlei vom 21. Januar 1802, ebd.
338 Allerunterthänigster Vortrag der Treugehorsamsten vereinigten Hofkanzley wegen Zurückberufung des lemberger deutsch-jüdischen Schulenoberaufseher [!] Herz Homberg vom 1. März 1804, AVA, StHK, Kt. 861, 23 B Galizien.
339 Hinzufügung Franz II. auf dem Vortrag der Hofkanzlei vom 1. März 1804, ebd.
340 Notiz zur Sitzung der Hofkanzlei vom 17. Juli 1806, AVA, StHK, Kt. 861, 23 B Galizien.

Die Auflösung der jüdischen deutschen Schulen

sechs Monate Gelegenheit zu geben, in der Hofbibliothek an seinem Entwurf für ein jüdisches Religions- und Sittenlehrbuch zu arbeiten, und ihn nicht nach Galizien zurückzuschicken, da es ihm in der Lemberger Bibliothek an dem für seine Arbeit nötigen »Vorrath hebräischer und chaldäischer Bücher« mangele.[341] Die Hofkanzlei empfahl Franz I., das Gesuch abzulehnen und Homberg die Rückreise zu befehlen. Seine vorgebliche Beschäftigung in Wien sei umso zweifelhafter, als bei der Untersuchung in Lemberg »Gebrechen gegen ihn vorkommen [könnten], die es vielleicht nicht einmahl räthlich machen dürften, ihm die Ausarbeitung eines derley Religions-Unterrichts-Buches für die jüdische Nazion noch ferners anzuvertrauen.«[342] Hierauf ordnete der Kaiser im schärfsten Ton an, dass Homberg sogleich auf eigene Kosten durch die Polizei nach Lemberg zurückgeführt werden solle, wenn er sich nicht freiwillig auf den Weg begäbe.[343] Doch drei Monate später – Homberg war noch immer in Wien – sandte Franz ein Handbillet an den Grafen von Ugarte, mit dem er den zuvor erteilten Befehl revidierte und seinen Obersten Hofkanzler anwies, nicht weiter auf die Abschiebung Hombergs nach Galizien zu dringen.[344]

Die Gründe für diese erstaunliche Wankelmütigkeit des Kaisers förderte Majer Bałaban zutage, der seinerzeit die geheimen Polizeiakten des Lemberger Gubernialarchivs einsehen konnte. Für die »Duldung« Hombergs in Wien war derselbe Beweggrund ausschlaggebend, der es den Wiener Hofbehörden zuvor hatte angeraten scheinen lassen, die galizischen Schulen aufzulösen: die im Österreich des Jahres 1806 ubiquitäre Sorge vor revolutionären Bestrebungen, pronapoleonischen Sympathien und französischen Spitzeln. Wie der Kaiser dem galizischen Vizegouverneur am 18. November 1806 mitteilte, fürchtete er, dass Homberg »als ein schlauer, gewandter und unternehmender Jude von Lemberg aus, besonders bei der gegenwärtigen Lage der Dinge, weit sicherer und nachteiliger gegen den Staat wirken könnte als zu Wien, wo er ohne Einfluß ist und ununterbrochen beobachtet werden kann«.[345] Am 1. Dezember antwortete der Vizegouverneur, Graf Wurmser, dass er den Ratschluss des Kaisers teile und Homberg in Wien verbleiben solle, da er andernfalls in Galizien Verbündete vorfinden werde, »die teils seine Kreaturen sind, Werkzeuge zur Ausführung seiner Unternehmungen«.[346] Offensichtlich waren damit die ehemaligen und nach der Auflösung der Schulen brotlosen

---

341 Gesuch Hombergs vom 25. August 1806 an Franz I.: »Herz Homberg bittet unterthänigst, demselben den Aufenthalt in Wien über 6 Monathe zu gestatten, um in dieser Zeit die nöthigen Materialien zur Verfertigung des ihm aufgetragenen Werkes zur Verbesserung des jüdischen Schul- und Religions Unterrichts in der hiesigen Kais. Königl. Hof-Bibliothek sammeln zu können«, AVA, ebd.
342 Vortrag der Hofkanzlei vom 5. September 1806, AVA, ebd.
343 Zusatz Franz I. auf dem Vortrag der Hofkanzlei vom 5. September 1806, ebd.
344 Handbillet vom 13. Dezember 1806, AVA, StHK, Kt. 861, 23 B Galizien.
345 Zit. nach Bałaban, Herz Homberg in Galizien, 214.
346 Zit. nach ebd.

jüdischen Normalschullehrer gemeint, die nun als politisch unzuverlässig erachtet wurden.

Der Grund für den Verdacht, dass Homberg pronapoleonische Sympathien hegte und damit die herrschende Ordnung gefährdete, ist in einer Broschüre zu sehen, die Homberg im Herbst 1806 unter dem Titel *Zwölf Fragen vom Minister des Innern in Frankreich, der Israelitischen Deputation in Paris vorgelegt und von ihr beantwortet* veröffentlicht hatte. Im Juli desselben Jahres war in Paris die Versammlung jüdischer Notabeln zusammengetreten, um sich gegenüber der Regierung hinsichtlich der in Zweifel gezogenen Loyalität der Juden zum französischen Vaterland zu äußern. Hombergs Interesse an den Vorgängen in Paris war den österreichischen Behörden bekannt. Seine Arbeit wurde überwacht, und das Manuskript der Broschüre musste vor dem Druck die Zensur durchlaufen. Homberg hatte die Antworten der Notabeln auf die ihnen vom französischen Innenminister gestellten zwölf Fragen aus dem Französischen übersetzt und dort mit zusätzlichen Kommentaren versehen, wo er aus »Liebe zur Wahrheit [...] in den Antworten eine Berichtigung nöthig erachtete«.[347] Schon allein der Umstand, dass Homberg den Befehl Napoleons zur Einberufung der Notabelnversammlung »zu den wichtigen Ereignissen unserer Zeit« zählte,[348] musste ihn in Wien verdächtig machen. Homberg übertrug die Emphase, mit der die Notabeln ihre Zugehörigkeit zum französischen Vaterland betonten (»Oui! La France est notre patrie, les Français sont nos frères, et ce titre glorieux, en nous honorant à nos propres yeux, est le garant, que nous ne cesseront jamais de le mériter«)[349] ins Deutsche: »Allerdings ist Frankreich unser Vaterland; ja, die Franzosen sind unsere Brüder. Dieser ruhmvolle Titel, der uns in unsern eigenen Augen erhebt, leistet die Gewähr, daß wir nie aufhören werden, ihn zu verdienen«.[350] Die Wiener Zensur- und Polizeibehörden lasen darin die Begeisterung Hombergs für Frankreich und die Franzosen und übersahen dabei die wirklichen Gründe für das Interesse des Aufklärers an den Antworten der Notabeln.

Homberg fand es offensichtlich faszinierend, dass Vertreter der traditionellen jüdischen Eliten – unter den Notabeln befanden sich Rabbiner und Gemeindevorsteher – das Ende der Juden als »Nation« deklarierten: »[D]a nun die Juden dermahlen keine besondere Nation ausmachen, sondern den Vortheil haben, der *großen Nation* einverleibt zu seyn, welches wir als eine *politische Erlösung* betrachten.«[351] Diese Juden wollten Patrioten und nützliche Staatsbürger sein, auf jegliche autonomen Rechte sowie auf die distinkten Elemente vormoderner jüdischer Zugehörigkeit verzichten und sich vollständig in die bürgerliche Gesellschaft einordnen! Vor dem Hintergrund

---

347 Homberg, Zwölf Fragen vom Minister des Innern in Frankreich, 4 f.
348 Ebd., 3.
349 Ebd., 32.
350 Ebd., 33.
351 Ebd., 35 (Hervorhebung im Original).

seiner Erfahrungen in Galizien mussten derartige Deklarationen auf Homberg selbst wie eine »Erlösung« wirken. Dabei übersah er jedoch den Umstand, dass diese Deklarationen das Produkt ihrer politisch-sozialen Erwünschtheit waren. Hombergs Kommentare zu den Antworten der Notabeln sprechen für sich, so vor allem seine Auslegung des Grundsatzes *Dina de-malchuta dina*, die den Rahmen der traditionellen rabbinischen Interpretation dieser *Halacha* sprengte: »Das heißt: alle bürgerlichen und politischen Anordnungen, die der Landesfürst vorschreibt, müssen, in Collisionsfällen, als das höchste Gesetz befolgt werden«.[352] An anderer Stelle begründete Homberg das dem Wucher-Vorwurf zur Legitimation dienende biblische Zinsgebot gegenüber Fremden mit der Furcht der Hebräer vor Übervorteilung durch die im Handeltreiben erfahrenen Angehörigen fremder Völker. Er schloss seine diesbezüglichen Betrachtungen mit einer Bejahung der diasporischen Existenz der Juden und ihres politischen Universalismus:

»Als die Juden, aus ihrem Staate vertrieben, ihrer Verfassung entrissen, unter andern Völkern lebten, mithin jene Besorgnisse nicht mehr statt gefunden haben, so kann dermahlen gar wohl, was einst verbothen gewesen, unter veränderten Umständen [...] zur moralischen Vollkommenheit gehören, nämlich, auch einem Heiden Geld ohne Zinsen zu leihen. Die Nation, deren politische Existenz schon verschwunden ist, hat nichts mehr zu befürchten.«[353]

Der Kaiser hatte Ende 1806 eine Verbesserung der politischen »Umstände [...] in Beziehung auf Galizien«, das heißt eine Abnahme der französisch-polnischen Bedrohung, zur Voraussetzung für die Rückkehr Hombergs nach Lemberg gemacht.[354] Doch sollten sich diese »Umstände« nicht so bald ändern. Als schließlich 1815 Ruhe eintrat, waren die mehr als 15 Jahre zuvor von dem Lehrer Turnau gegen Homberg erhobenen Vorwürfe bei den Behörden vergessen. Der einstige Oberaufseher saß noch immer in Wien; mittlerweile war im Jahr 1812 – ohne Verfasserangabe – sein »religiös-moralisches Lehrbuch für die Jugend israelitischer Nation« *Bne Zion* erschienen und per kaiserlichem Dekret zur Pflichtlektüre für alle jüdischen Heiratskandidaten bestimmt worden. Die moralische Erziehung der Juden, sofern sie nicht im Gewand der »bürgerlichen Verbesserung« daherkam, stand erneut auf der Tagesordnung der mit Erziehungsangelegenheiten befassten österreichischen Behörden, und Homberg galt wieder etwas bei Hofe. Sein Wunsch, sich endgültig in Wien niederzulassen und eine Stelle als Lehrer an der dort geplanten jüdischen Religionsschule zu erhalten, ging zwar aufgrund des Widerstandes der Wiener Juden nicht in Erfüllung,[355] doch konnte der schon fast siebzig Jahre alte Homberg im September 1818 das außerordentliche »Lehramt für

---

352 Ebd., 76.
353 Ebd., 92.
354 Zit. nach Bałaban, Herz Homberg in Galizien, 214
355 Vgl. Hecht, An Intellectual Biography of the Maskil Peter Beer, 95 f.

religiöse Moral für Erwachsene und Lehramtskandidaten« an der Prager jüdischen Schulanstalt antreten.[356] In dieser Funktion und mit dem Titel eines »k. k. Schulrats« wirkte Homberg noch zwei Jahrzehnte, ehe er 1838 pensioniert wurde.[357] Der ehemalige Schüler Mendelssohns und ehemalige Oberaufseher über die jüdischen deutschen Schulen in Galizien starb am 23. August 1841 im hohen Alter von 92 Jahren.[358]

---

356 Vgl. zur Vorgeschichte von Hombergs Berufung an die Prager Schule und seiner Konkurrenz zu dem dort als Morallehrer wirkenden Peter Beer: Hecht, The Clash of Maskilim in Prague in the Early 19th Century.
357 Vgl. zur gesamten Prager Zeit von Homberg ausführlich bisher nur Walk, Herz Homberg, 87–109.
358 Vgl. den Nachruf auf Homberg in der *Allgemeinen Wiener Zeitung* vom 25. August 1841 und den Bericht über Hombergs Begräbnis in der Zeitschrift *Orient* vom 11. September 1841, 246.

Zusammenfassung

Unter der Überschrift *Jüdische Schulanstalten in Galizien* erschien 1820 in der Prager Haskalazeitschrift *Bikkure ha-ittim* (Erstlingsfrüchte der Zeiten) ein Artikel, in dem der anonyme Autor die Israelitische Freischule pries, die sieben Jahre zuvor von dem *Maskil* Joseph Perl (1773–1839) in Tarnopol gegründet worden war.[1] Der Verfasser leitete seinen Beitrag folgendermaßen ein:

»Es ist eine schwere Aufgabe, den polnischen Jehudim, welche ganz andere Begriffe von Welt, Menschen, Religion und Bestimmung, folglich ganz eigene Ideen von Erziehung haben, die Ersprießlichkeit und Nothwendigkeit der Schulen und Erziehungsanstalten, wie sie der Geist der Zeit erfordert, einleuchtend zu machen. Die von Kaiser Joseph verordneten und viele Jahre im Gange gewesenen jüdischen Normal-Schulen in Galizien sind daher von den dasigen Juden wenig unterstützt und besucht, ja vielmehr von dem verblendeten Fanatismus angefeindet und auf alle mögliche Weise verkürzet worden. Was Wunder, daß diese Schulen sich in den letzten Kriegsunruhen gänzlich auflösten? Des ungeachtet haben sie während ihrer Existenz so manche schöne Früchte hervorgebracht, und es ist nicht zu leugnen, daß Galizien eine ziemliche Anzahl wohlgebildeter und geschickter Männer diesen Schulen zu verdanken hat.«[2]

Der Autor – es ist vermutet worden, dass es sich um Herz Homberg selbst handelte –[3] blickte mit einer gewissen Verbitterung zurück auf ein Kapitel, welches 14 Jahre zuvor abgeschlossen worden war; ein Kapitel aus der Geschichte der Begegnung der galizischen Juden mit dem österreichischen Staat, ein Kapitel, von dem am Ende alle Seiten glaubten, dass es schon viel früher hätte beendet werden sollen und das schließlich offenbar mit großer Erleichterung zu den Akten gelegt worden war. Dies konnte der Autor freilich nicht zugeben. Für ihn kam das Ende der Schulen einem Scheitern gleich. Er sah den Schuldigen hierfür klar vor sich: es waren die polnischen Juden, vielmehr ihr »verblendeter Fanatismus«, ihre »blinde Bigotterie«, wie es an anderer Stelle hieß,[4] die sie die große Wohltat der Normalschulen nicht als solche erkennen ließen, sodass sie alles taten, um ihr Ende herbeizuführen. Bei allem Scheitern blieb dem Autor jedoch der Trost, dass Galizien dank der Schulen um eine ganze Reihe »wohlgebildeter« und »geschickter Männer«

---

1 Zu Joseph Perl vgl. Sinkoff, Ben historija le-halacha.
2 Jüdische Schulanstalten in Galizien, 141 f. (Deutsch mit hebr. Buchstaben).
3 Vgl. Bałaban, Herz Homberg in Galizien, 218.
4 Jüdische Schulanstalten in Galizien, 142.

bereichert worden sei – ganz so, als habe es sich bei diesen Einrichtungen um jüdische Lyzeen gehandelt und nicht um Trivialschulen, in denen die Schüler ein wenig Lesen, Schreiben und Rechnen lernten.

Die jüdischen deutschen Schulen in Galizien und in der Bukowina – 109 waren es auf dem Höhepunkt der Entwicklung – existierten ein knappes Vierteljahrhundert, von 1782 bis 1806. Das Netz der Schulen erstreckte sich von Tarnów im Westen bis Brody im Osten, von Zamość an der russischen Grenze bis Czernowitz in der Bukowina. So schnell es geknüpft worden war, so schnell zerfiel es wieder. Im Hinblick auf die kurze Dauer und offensichtlich geringe Wirksamkeit der Schulen könnte man versucht sein, in ihnen eine Fußnote in der Geschichte der polnischen Juden zu sehen, wenn sie nicht hartnäckig durch die Geschichtsschreibung irrlichterten. So stellt sich die Frage nach dem Geheimnis dieser Fortdauer. Für das von großen Gegensätzen geprägte Geschichtsbild der Historiker der »osteuropäischen Schule« repräsentierten die Schulen und die in ihnen manifestierten Absichten zweifelsohne das ideale Gegenbild zu ihrem auf Begriffen wie »Volk«, »Nation« und »Tradition« gründenden Konzept. Sie sahen in ihnen eine Gefahr verkörpert, die die »westliche«, »von oben« verordnete Aufklärung für den »nationalen« Zusammenhalt der polnischen Juden bedeutete. Für die zeitgenössische Historiografie hingegen stehen eher die strukturellen Aspekte des Geschehens im Vordergrund, lassen sich an ihnen doch Prozesse der Modernisierung der osteuropäischen Judenheit studieren – samt ihrer retardierenden Momente.

Die jüdischen Normalschulen in Galizien waren Teil des ersten massiven Versuchs eines modernen, zentralistischen Staates, die Produktivität seiner jüdischen Bevölkerung zu verbessern, sie zu disziplinieren und auf diese Weise für das »gemeine Wohl« nützlich zu machen. Generell geboten die zeitgenössischen Staatswissenschaften, Bevölkerungen so zuzurichten, dass sie in das utilitaristische Gesamtkonzept des reformabsolutistischen Staates passten. Was für die sonstigen ländlichen und städtischen Bevölkerungsgruppen galt, wurde für die unter kameralistischer Perspektive als »schädlich« geltenden Juden als umso nötiger erachtet. Galizien bildete mit seinem im Habsburger Maßstab gewaltigen jüdischen Bevölkerungsanteil Herausforderung und Versuchsfeld der Behörden zugleich. Die jüdischen Normalschulen waren dabei nur Teil einer Reihe von praktischen Maßnahmen zur »Verbesserung« der Juden, die zwischen 1780 und 1790 unternommen wurden. Zu diesen Maßnahmen zählten die Auflösung der jüdischen Selbstverwaltung und die Abschaffung der Rabbinatsgerichtsbarkeit (1785), die Anwendung der josephinischen Ehegesetzgebung auf die Juden (1785/86), die Einführung des Militärdienstes (1788) sowie Produktivierungsversuche in Form der Anlage landwirtschaftlicher jüdischer Siedlungen bei gleichzeitiger Beschränkung traditioneller Erwerbszweige. Die maximale Steuerabschöpfung – an sich ein vormoderner Aspekt – spielte daneben weiterhin eine große Rolle. Die Toleranz war sozusagen der Bonus, der diese restriktiven, von den Juden als

»Heimsuchungen« in Gestalt obrigkeitlicher Befehle empfundenen Maßnahmen lindern sollte.

Trotz dieser notwendigen Einbeziehung der jüdischen deutschen Schulen Galiziens in das Gesamtbild des josephinischen Reformabsolutismus kann ihre Geschichte doch nicht von der Person Herz Hombergs getrennt gesehen werden. Ein großer Teil der Faszination, den die Schulen auch auf gegenwärtige Historiker ausüben, rührt aus der Beteiligung des jüdischen Aufklärers an diesem Unternehmen. Der Aufseher über die jüdischen deutschen Schulen in Galizien war kein bloßer Vollstrecker staatlich-edukativer Maximen. Er hatte sein Amt vielmehr mit einer Vielzahl eigener Vorstellungen über die Erziehung der jüdischen Jugend angetreten, die teilweise aus der Kenntnis des allgemeinen pädagogischen Diskurses seiner Zeit, teilweise aus dem von den *Maskilim* entworfenen Programm einer Reform der traditionellen jüdischen Erziehung rührten. Hombergs genuine Leistung bestand in der Adaption des maskilischen Erziehungsprogramms an die Nützlichkeitsvorstellungen des von den zeitgenössischen Polizeywissenschaften beherrschten staatswissenschaftlichen Diskurses, wie sie auch in der Debatte um die »bürgerliche Verbesserung« der Juden zum Tragen kamen. Er hatte bereits zu Beginn der 1780er Jahre die unter anderem von Joseph von Sonnenfels propagierte Anschauung, wonach ein wohlgeordneter Staat gegen das Heer studierter, beschäftigungsloser Müßiggänger vorzugehen habe, aufgegriffen und zum Ausgangspunkt seiner Kritik am traditionellen Ideal des *Talmid chacham* gemacht: Einer gesunden sozialen und ökonomischen Stratifikation der jüdischen Gemeinschaft, so verkündete Homberg, sei das Heer an Talmudgelehrten unzuträglich, welches aus den Institutionen der traditionellen Erziehung hervorgehe. Die politischen und rechtlichen Bedingungen für eine Korrektur dieses Missverhältnisses seien durch die josephinische Toleranz gegeben: Indem den Juden nun die meisten Berufswege offenstünden, müssten sie sich nicht mehr zwangsläufig während ihrer gesamten Jugend mit dem Studium der *Halacha* beschäftigen. Nun kam es darauf an, auch die Prämissen der traditionellen Erziehung selbst zu ändern: Nur noch ausgewählten, hierzu besonders befähigten Knaben sollte das Studium des Religionsgesetzes in seiner ganzen Breite und Tiefe gestattet werden, um sie für ihren zukünftigen Beruf als Rabbiner vorzubereiten. Alle anderen – Jungen und Mädchen – sollten einen grundlegenden, aufgeklärten Religionsunterricht erhalten: denn einen Glauben, der moralisch erzieht und sittlich verbessert, hatten alle Juden nötig.

Mit dieser theoretischen Zurichtung des maskilischen Erziehungsideals im Geist der Nützlichkeit hatte sich Homberg teilweise von den Prämissen der jüdischen Aufklärungspädagogik entfernt, wie sie von einem moderaten *Maskil* wie Naftali Herz Wessely vertreten worden war. In Anlehnung an David Sorkins Konzept einer »politicization of Haskalah« war hier von einer »Polizierung der Haskala« bzw. ihres pädagogischen Programms die Rede. – Doch um Homberg nicht gänzlich Unrecht widerfahren zu lassen, muss hinzugefügt werden, dass sein Konzept auch einen emanzipativen Gehalt hatte: Die religiöse und sittliche Erziehung, die Homberg vorschwebte, sollte Juden beiderlei Geschlechts den Weg in die entstehende bürgerliche Gesellschaft ebnen.

Die Schulen, die im Rahmen der Erziehungsoffensive Josephs II. für die Juden des Habsburgerreiches entstanden, schienen sich Homberg als das ideale Versuchsfeld für die Praktizierung seiner polizierten Haskala anzubieten. Die Erfolge, die er als vom Kaiser ernannter Aufseher über die jüdischen deutschen Schulen in Galizien zunächst erzielte – so konnte er in knapp zwei Jahren fast sechzig neue Schulen errichten und mit zumeist auswärtigen jüdischen Normalschullehrern besetzen – waren bemerkenswert. Sie stachen umso mehr hervor, als der Zustand des christlichen Normalschulwesens in Galizien sehr zu wünschen übrig ließ. Die Konkurrenz zwischen den beiden Schulsektoren, verkörpert in Homberg auf der einen Seite und dem Lemberger Gubernium sowie dem christlichen Schuloberaufseher Johann Franz Hofmann auf der anderen Seite, wurde zu einem bestimmenden strukturellen Merkmal in der Geschichte der Schulen. Der Konflikt drehte sich vor allem um die Verwendung der Mittel des gut ausgestatteten jüdischen Schulfonds und kleidete sich in die Frage, ob jüdische Kinder besser in jüdischen oder christlichen Normalschulen zu unterrichten seien. Gestützt von den Hofbehörden in Wien, behielt Homberg in diesem Konflikt die Oberhand.

Die sittlich-moralische Erziehung der jüdischen Kinder und Jugendlichen sowie die Einführung eines aufgeklärten Religionsunterrichts standen von Anfang an im Vordergrund von Hombergs Bemühungen. Die jüdischen deutschen Schulen in Galizien boten jedoch letztlich nicht das Laboratorium, das sich Homberg für seine Versuche erhofft hatte. Zwar transportierte der deutsche Unterricht auch aufgeklärte Moralvorstellungen, bemühten sich die Lehrer, die jiddische Sprache aus dem Alltag der Schüler zu verdrängen und versuchten Lehrbücher und Schulrituale, den jüdischen Kindern Disziplin und ein neues Untertanenverständnis einzuimpfen. Doch neben diesen Inhalten und Zielen, die der *Maskil* Homberg genau wie die aufgeklärten josephinischen Beamten begrüßte, waren die Schulen ganz auf die elementare Ausbildung der jüdischen Kinder im Lesen, Schreiben und Rechnen ausgerichtet. Das Prinzip von Toleranz und Religionsfreiheit und das administrative Gebot der Gleichförmigkeit des gesamten Normalschulwesens verboten jedoch ein stärkeres religionspädagogisches Engagement Hombergs im Rahmen des Normalschulcurriculums. Der Autor des Beitrags in den *Bikkure ha-ittim* sah hierin einen Hauptgrund für das Scheitern der Schulen:

»So wichtig ein guter Religions- und Moral Unterricht für die menschliche Gesellschaft auch ist, und so wenig bei dem gewöhnlichen jüdischen Unterricht darauf Rücksicht genommen wird: so schien man doch, bei Errichtung mehrerer Bildungsanstalten für die jüdische Jugend, gänzlich zu vergessen, dass, erstens, keine wahre Bildung ohne gute Religions-Grundsätze möglich sei, und dass, zweitens, bei dieser Nation, die so sehr gewöhnt ist, alles auch die geringste Handlung, mit religiöser Andacht zu begleiten, dass bei dieser Nation kein Unternehmen, am wenigsten eine Lehranstalt, aufkommen kann, ohne die Religion zum Grundpfeiler zu haben.«[5]

Homberg musste also in den ersten Jahren seiner Tätigkeit als Schulaufseher versuchen, seine Reformagenda auf indirektem Weg umzusetzen. Sein Versuch, durch eine Ausweitung des Normalschulzwangs auf die »Behelfer« – die Assistenten der jüdischen »Kinderlehrer« (Melamdim) – Einfluss auf das Geschehen in den traditionellen Lehrstuben zu nehmen, scheiterte jedoch am Widerstand der jüdischen Gemeinden und ihrer traditionellen Eliten. Unbeantwortet verhallte sein im Frühjahr 1788 an die galizischen Rabbiner und Gemeindevorsteher gerichteter Aufruf, die Erneuerung des traditionellen Curriculums und der Lehrweise selbst in die Hand zu nehmen – freilich unter seiner Aufsicht und notfalls auch mit behördlichem Nachdruck. So musste Homberg die Idee einer schnellen Umsetzung seines Reformplans aufgeben. Er verlegte sich auf das Verfassen von Entwürfen für ein umfassendes Religions- und Morallehrbuch und zog sich zu diesem Zweck immer öfter und für immer längere Zeiträume aus Galizien in die Wiener Hofbibliothek zurück. Bereits um die Mitte der 1790er Jahre begannen sich im Gefolge der allgemeinen politischen Entwicklungen auch die erziehungspolitischen Prämissen des Staates gegenüber den Juden zu ändern; die Zeit für eine umfassende »Glaubensaufklärung«, wie sie Homberg vorgeschwebt haben mochte, war vorbei.

Einen zentralen Aspekt des staatlichen Erziehungssystems hatte der Autor des Beitrags in den *Bikkure ha-ittim* unerwähnt gelassen: den Schulzwang, dem alle jüdischen Kinder vom sechsten bis zum vollendeten zwölften Lebensjahr unterworfen waren. Auf den Nichtbesuch der Schulen stand eine Reihe von Strafen, die an den Eltern der Kinder vollzogen wurden: Geldstrafen, Arreststrafen, Zwangsarbeit. Ohne ein Normalschulzeugnis war zudem das berufliche Fortkommen wie auch das private Glück eines Juden infrage gestellt: Er durfte keine Handwerkslehre beenden, sich als Erwachsener nicht zum Rabbiner oder Gemeindevorsteher wählen lassen, zeitweise nicht einmal den Talmud studieren, ohne zuvor die deutsche Schule besucht zu haben. Jungen und Mädchen, Männer und Frauen, die heiraten wollten, mussten ihre Deutschkenntnisse auf dem Kreisamt nachweisen, ehe sie den behördlichen Ehekonsens erhielten. Mit der Strafdrohung verbunden war der erfassende und kontrollierende Blick des Staates in Gestalt des jüdischen Normalschullehrers: War das Kind ordnungsgemäß verzeichnet? Sah es nicht jünger oder älter aus als von den Eltern angegeben? Legte der Knabe noch keine Gebetsriemen an und konnte daher das Schulpflichtalter noch nicht überschritten haben? Und natürlich: Erschien er fleißig zum Unterricht?

Dies war die andere, repressive Seite der Aufklärung des Homberg'schen Projekts. Die jüdischen Normalschulen erfüllten Funktionen, die über die

---

5 Jüdische Schulanstalten in Galizien, 143.

Vermittlung von Lese- und Schreibkenntnissen und die moralische Prägung der Kinder im Unterricht hinausgingen: Erfassung, Kontrolle und Bestrafung – das gesamte Repertoire der Disziplin. Es wirkte über das Klassenzimmer hinaus in die Bevölkerung und in die offiziell aufgelösten und doch persistenten korporativen Strukturen hinein. Diese disziplinierenden Funktionen – man könnte auch von einer *Erziehungspolizey* sprechen – waren kein spezifisches Merkmal der jüdischen deutschen Schulen; auch gegenüber der christlichen Bevölkerung wirkten die josephinischen Schulen in ähnlicher Weise. Vor dem Hintergrund eines ubiquitären demografischen und soziopolitischen Diskurses, der die große, konskriptionell kaum zu erfassende jüdische Bevölkerung Galiziens als Bedrohung empfand und die »Schädlichkeit« der zahllosen unbemittelten Juden betonte, kam jedoch den jüdischen Schulen unausgesprochen eine besondere Funktion zu: Im Sinne der Bevölkerungskontrolle und als Instrument der Anti-Vagabondage sollten sie arme Familien an ihren Wohnort binden oder, wenn dies nicht gelang, über die Verzeichnisse der ausgebliebenen Schüler zumindest die Abwanderung der Eltern und Kinder feststellen lassen. Im Sinne der Einschränkung der »schädlichen« jüdischen Bevölkerung sollte auch das edukativ begründete Heiratsverbot wirken: die Versagung des behördlichen Ehekonsenses für jüdische Brautpaare, die keine Zeugnisse über den Erhalt des deutschen Unterrichts vorlegen bzw. ihre Kenntnisse nicht bei einer Prüfung auf dem Kreisamt nachweisen konnten. Hier waren beide Aspekte der Aufklärung – bürgerliche Emanzipation durch Bildungserwerb und die Negation individueller Freiheit durch die Disziplin – in besonderem Maße ineinander verschränkt.

Landesherrliche Eingriffe in die Lebenswelt riefen in der Frühen Neuzeit zumeist den Widerstand der betroffenen Bevölkerungen hervor. Jedes Milieu reagierte auf seine Weise und entwickelte seine eigenen Gegenstrategien, um sich dem disziplinierenden Zugriff des Staates zu entziehen. So reichte im Bereich des Pflichtschulwesens der Widerstand vom passiven Verweigern der Zusammenarbeit über das In-Verruf-Bringen des Lehrpersonals bis hin zum Verbrennen von Schulbüchern und Schulbänken. Die Disziplinierungsabsichten des Staates konkurrierten mit horizontalen, das heißt gemeindlichen oder ständischen Institutionen und Mechanismen der Sozialkontrolle. Sie liefen zum Teil ins Leere, wurden vereitelt, oder es fehlte an den notwendigen Instrumenten der Normdurchsetzung. Sinnfälligstes Bild für das daraus resultierende Dilemma war die Rede von den Kleiderordnungen, die nur vom Nagel gehalten würden, mit dem sie an die Kirchentür geheftet waren. Die Frage nach der Stärke oder Schwäche des frühneuzeitlichen Staates auf der lokalen Ebene und nach dem Sinn von Gesetzeswiederholung und Strafrhetorik ist umstritten.[6] Doch müssen die Vehemenz und Systematik in Rechnung gestellt werden, mit denen der reformabsolutistische Staat josephinischer

---

6 Vgl. Schlumbohm, Gesetze, die nicht durchgesetzt werden; Härter, Soziale Disziplinierung durch Strafe.

Prägung die Abrichtung der Untertanen gerade auch im Schulbereich anging. Wenn man mit Karl Härter soziale Kontrolle und Disziplinierung vor allem »als Intention und Prozess charakterisiert und nicht mit einer kontrollierten und disziplinierten Gesellschaft – schon gar nicht im Sinne eines positiven Ergebnisses« gleichsetzt,[7] dürfte der Begriff der *Sozialdisziplinierung* hier seine Berechtigung haben.

Die wichtigste Voraussetzung für die Anwendung des Sozialdisziplinierungskonzepts im Kontext einer Mikrostudie wie der hier vorgelegten besteht in der genauen Betrachtung lebensweltlicher Strukturen und Prozesse als Korrektiv obrigkeitlich-staatlicher Disziplinierungsversuche. Schulen als staatliche Erziehungsanstalten und Disziplinarinstitutionen griffen tief in lebensweltliche Zusammenhänge ein und forderten das Hergebrachte heraus. Dies gilt nicht nur für die Juden, sondern allgemein auch für andere Bevölkerungen, die der Normalschulpflicht unterworfen waren. Parallelen lassen sich etwa zwischen der jüdischen und der christlichen Bevölkerung dahingehend feststellen, dass sich die Zwänge des Subsistenzerhalts hier wie dort negativ auf das Schulbesuchsverhalten der Kinder auswirkten.

Zu den lebensweltlichen Strukturen im galizisch-jüdischen Kontext gehörten die Gemeinde (*Kehilla*), die autonome Gemeindeverwaltung (*Kahal*) und die besonders schützenswerte Lehrstube (*Cheder*): In Letzterer lernte der jüdische Knabe nicht nur das Lesen und Schreiben »seiner« Sprachen, sondern vor allem die Grundlagen des religiösen Gesetzes, welches sein ganzes Leben als Jude bestimmen würde. Das entscheidende Strukturmerkmal der jüdischen Lebenswelt in Galizien, das sie von anderen soziokulturellen Milieus unterschied, bestand in ihrer Durchdringung nicht nur mit religiöser Symbolik, sondern mit der elementaren Macht des Religionsgesetzes und seiner 613 Ge- und Verbote. Vor dem Hintergrund dieser engen Verflechtung profaner und sakraler Anteile in der jüdischen Lebenswelt musste jede staatlich-disziplinierende Regung immer auch den sakralen Bereich berühren und herausfordern. Dies zeigte sich vor allem im Fall der jüdischen deutschen Schulen. Die Konkurrenz um die Zeit der jüdischen Kinder und Jugendlichen – die *edukative Zeit* des Normalschulunterrichts gegenüber der *rituellen Zeit* des *Cheder*-Unterrichts – begründete einen der Kernkonflikte zwischen Staat und Normalschullehrern auf der einen und den Eltern, *Melamdim*, Rabbinern und Gemeindevorstehern auf der anderen Seite. Das Verbot des Talmudunterrichts bei Nichtbesuch der Schulen griff direkt in die rituelle Praxis ein, während die Versagung der Heiratserlaubnis den auch religionsgesetzlich verankerten Wert der familiären Reproduktion infrage stellte, deren halachische Regulierung bereits durch die josephinische Ehegesetzgebung weitgehenden Restriktionen unterworfen worden war. Bereits die Inhalte des Normalschulunterrichts, die auf eine Verdrängung der eigenen Sprache, des Jiddischen, sowie auf eine moralische Erziehung der Kinder jenseits und

---

7 Härter, Soziale Disziplinierung durch Strafe, 371.

entgegen der Tradition, mithin auf eine diskursive Neuordnung der bekannten Welt hinausliefen, mussten den galizischen Juden als Affront erscheinen. Der brüchige Konsens zwischen Staat und traditionellen jüdischen Eliten, auf dem die Errichtung der ersten Schulen beruht hatte, zerbrach vollends mit der Einführung des Schulzwangs sowie angesichts der Versuche Hombergs, auch das traditionelle jüdische Erziehungssystem in das Normenkorsett der Nützlichkeit zu zwingen.

Die lebensweltlichen Strategien, die die galizischen Juden einer durch Zwang bewehrten Schulpflicht entgegensetzten, waren vielfältig. Sie umfassten das Ausnutzen von »Leerstellen« im Normen- und Kontrollgeflecht, das Gegeneinanderausspielen verschiedener Interessen auf Behördenebene, klandestine Gegenstrategien und Taktiken der Camouflage, dies alles vor dem Hintergrund eines noch weitgehend intakten traditionellen Sozialzusammenhalts und einer oft chronischen Durchsetzungsschwäche staatlicher Organe. Jüdische Eltern konnten mit der Bestechlichkeit der Lehrer und Beamten rechnen, sie konnten Schulzeugnisse kaufen und ihre Kinder zur Heirat in andere Gemeinden schicken. Sie konnten ihre Söhne und Töchter für älter oder jünger ausgeben und andere statt der eigenen Kinder zur Prüfung auf das Kreisamt schicken. Sie konnten ganz einfach immer wieder hartnäckig um Schulbefreiung ihrer Kinder bitten, bis die enervierten Beamten schließlich nachgaben. Die lebensweltlichen Gegenstrategien der galizischen Juden waren offensichtlich effektiv: Sie gaben den Ton des Diskurses um Disziplin und Widerständigkeit vor, in den neben den Gemeinden die Kreisämter, das Gubernium, die Hofkanzlei und nicht zuletzt Homberg mit einstimmten. In der Hartnäckigkeit des korporativ-lebensweltlichen Widerstandes der galizischen Juden, der mit einer eklatanten Durchsetzungsschwäche der staatlichen Behörden vor Ort einherging, ist sicherlich eine wichtige Ursache für das Scheitern der Schulen zu suchen.

Letztlich aber waren es die »große Politik«, konkret die Schatten der Französischen Revolution und Napoleons sowie der daraus resultierende Wandel in den allgemeinen innen- und erziehungspolitischen Maximen, die zum Ende der Schulen führten. Der Reklerikalisierung des allgemeinen Primarschulsektors entsprach im Bereich des Verhältnisses zwischen Staat und galizischen Juden ein Eingehen der obersten Behörden auf die Erwartungen und Forderungen der traditionellen jüdischen Eliten oder doch zumindest die Rücksichtnahme auf ihre Empfindlichkeiten, zu denen spätestens seit 1790 die unerwünschte Existenz der jüdischen deutschen Schulen gehört hatte. Der finanzielle Faktor, nämlich die von Wien lange unterdrückten Begehrlichkeiten des Guberniums und der christlichen Schulaufsicht hinsichtlich des gut ausgestatteten jüdischen Schulfonds, arbeitete den genannten Tendenzen von der strukturellen Seite her zu und lieferte letztlich den Anlass für das Ende des jüdischen deutschen Schulwesens in Galizien. Dieses war, zumindest was die besonders »sichtbaren« Schulen in Lemberg anbetrifft, für den österreichischen Staat inzwischen zu einer Peinlichkeit geworden. Ein abwesender, der

Korruption beschuldigter Oberaufseher, das von Chaos und Zwist bestimmte Verhältnis der Lehrer untereinander, und so manche Schule, die nun »ganz ohne Schüler[innen]« blieb, waren für den Staat nicht länger hinnehmbar.

Es ist ein letzter Blick auf diejenigen zu werfen, denen diese »Veranstaltungen des Staates« – um eine Formulierung des »Allgemeinen Landrechts für die Preußischen Staaten« von 1794 zu gebrauchen – zuallererst galten und die für den Forscher dennoch »unsichtbar« bleiben, nämlich die Kinder, die durch die jüdischen deutschen Schulen gingen. »Unsichtbar«, da von ihnen als Individuen die Akten kaum je Kenntnis nahmen. Auch wenn die Daten äußerst lückenhaft sind, so lässt sich doch vermuten, dass es einige Zehntausend jüdische Jungen und Mädchen gewesen sein müssen, die zwischen 1782 und 1806 die Schulbank in einer der über hundert galizischen Schulen drückten. Was aus ihnen wurde, lässt sich aus den Quellen nicht ersehen. Die Zahl der »wohlgebildeten und geschickten Männer«, die aus den jüdischen Normalschulen hervorgegangen seien, wie dies der anonyme Verfasser des eingangs zitierten Aufsatzes behauptet hatte, dürfte gering geblieben sein. Bis 1848 waren die Chancen, die in den Schulen empfangene elementare Bildung als soziales Kapital verwerten zu können, für einen jüdischen Jungen eher gering, sofern er nicht die Taufe in Erwägung zog. Nur ein geringer Teil der Schüler wird die Möglichkeit genutzt haben, durch den seit 1781 auch Juden gestatteten Eintritt ins Gymnasium im Anschluss an die Normalschule eine höhere Bildung zu erwerben und vielleicht sogar schließlich die Universität zu besuchen. Von diesen Ausnahmen abgesehen, wird es zumeist so gewesen sein, dass die erworbenen Kenntnisse im deutschen Lesen und Schreiben schnell wieder verlernt waren, sofern sie nicht im Rahmen einer kaufmännischen Tätigkeit Verwendung fanden. Man darf auch nicht vergessen, dass die Prägsamkeit vieler Schüler durch den allenfalls sporadischen, von langen Absenzen durchzogenen Schulbesuch eher gering war.

In den meisten Fällen dürfte das Ergebnis ihres Schulbesuchs so bescheiden ausgesehen haben, wie es der galizische *Maskil* Joseph Perl beschrieb. In seiner 1819 anonym erschienenen anti-chassidischen Satire *Megale Tmirin* (Entdecker von Geheimnissen) erzählt Perl die Geschichte eines chassidischen Rebbe, der ein geheimnisvolles Buch an sich bringt, von dem er glaubt, dass es auf Deutsch verfasst sei. Doch kann er die Schrift, in der es gedruckt ist, nicht entziffern. Um sich zu vergewissern, dass es sich um das gewünschte Werk handelt, bittet der Rebbe einen gebildeteren Verwandten, einen Blick auf das Buch zu werfen:

»Ich nahm das Buch und zeigte es meinem Schwiegersohn, er soll leben, der aus Galizien stammt und dort in den deutschen Schulen gelernt hat *[we-lamad scham be-ha-schkolim deitscherische]*. Und obwohl er das, was er [dort] lernte, mit Gottes Hilfe wieder vergessen hat, so kann er doch noch die deutschen Buchstaben erkennen und den Unterschied zwischen Deutsch und anderen Schriften feststellen.«[8]

---

8 Perl, Megale tmirin, 3b (Hebräisch, Übersetzung durch den Verfasser).

Zur Schreib- und Zitierweise

In den zeitgenössischen deutschsprachigen Quellen herrscht keine Einheitlichkeit in der Schreibung der galizischen Ortsnamen. Zumeist werden die polnischen Namen gebraucht, dabei werden sie jedoch mehr oder weniger eingedeutscht, indem auf die Schreibung diakritischer Zeichen und auf Konsonantenhäufungen verzichtet wird. Oft tauchen in Quellen gleicher Provenienz, bisweilen auch in ein und derselben Quelle, mehrere Varianten eines Ortsnamens auf. In dieser Arbeit wird bei der Zitierung aus Quellen die dort angetroffene Schreibweise übernommen. Ansonsten werden die polnischen Ortsnamen entsprechend dem *Orts-Repertorium des Königreiches Galizien und Lodomerien mit dem Grossherzogthume Krakau. Auf Grundlage der Volkszählung vom Jahre 1869, bearbeitet von der k. k. statistischen Central-Commission*, Wien 1874 (Reprint Berlin 1989) verwendet. Nur im Fall lange eingebürgerter deutscher Ortsbezeichnungen (wie Krakau, Lemberg, Sandez, Stanislau) werden die deutschen Namen verwendet.

Da es keine verbindlichen Richtlinien zur deutschen Transkription der hebräischen Sprache gibt, passt sich die Schreibung hebräischer Wörter, Aufsatz- und Buchtitel in dieser Arbeit im Wesentlichen der deutschen Phonetik an. Die Buchstaben ח (*chet*) und כ bzw. ך (*chaf, chaf-sofit*) werden als »ch« transkribiert; כ (*kaf*) und ק (*kuf*) erscheinen als »k«. Für das stimmhafte ז (*sajin*) erscheint zumeist »z«, für die stimmlosen ס (*samech*) und שׂ (*sin*) hingegen der deutsche Buchstabe »s«. שׁ (*schin*) wird durch »sch« wiedergegeben. Die Buchstaben ו (*waw*, als Konsonant) und ב (*bet*, ohne Dagesch = *wet*) werden, je nach Aussprache, als »v« oder »w« wiedergegeben. ב (*bet*, mit Dagesch) erscheint als »b«; פ (*pe*, mit Dagesch) als »p«; פ bzw. ף (*pe*, ohne Dagesch = *fe*, bzw. *fe-sofit*) als »f«. צ bzw. ץ (*tsade, tsade-sofit*) ist als »ts« wiedergegeben. Auf die gesonderte Kennzeichnung von א (*alef*) durch ' und ע (*ajin*) durch ' wurde verzichtet; hingegen wurde, wenn einer der beiden Buchstaben im Wort einen neuen Stimmansatz erfordert, ein ' gesetzt (zum Beispiel bei *Bi'ur*). Die Namen bekannter jüdischer Persönlichkeiten werden zumeist in der Form wiedergegeben, wie sie sich in der deutschsprachigen Literatur eingebürgert haben. Grundsätzlich wurde bei der Transkription – mit Ausnahme von Zitaten aus dem Jiddischen – die »sephardische«, heute in Israel gebräuchliche Aussprache des Hebräischen zugrunde gelegt.

Bei den Quellenzitaten wurden orthografische Fehler im Original nur dort angemerkt, wo sie den Sinn der Aussage grob entstellen. Ansonsten wurden gewisse »Fehler« in den Quellenzitaten belassen und zum Zweck eines besseren Leseflusses *nicht* durch [!] gekennzeichnet. Das trifft vor allem dann zu, wenn es sich um Fehler handelt, die von Zeitgenossen als lässlich betrachtet wurden, weil die Normung der Rechtschreibung noch nicht so weit vorangeschritten war. Nur im Fall von offensichtlichen Grammatikfehlern wurde ein [!] gesetzt.

Übersetzungen von Versen aus dem *Tanach* – der hebräischen Bibel –, der Mischna und dem babylonischen Talmud stammen zumeist vom Verfasser selbst; sie wurden unter Zuhilfenahme einschlägiger Wörterbücher und Konkordanzen (siehe Literatur) vorgenommen. Im Zweifel wurde bei *Tanach*-Zitaten die Übersetzung von Leopold Zunz, *Die vierundzwanzig Bücher der Heiligen Schrift. Nach dem Masoretischen Text*, Tel Aviv 1997, herangezogen.

Quellen und Literatur

Archivquellen

Österreichisches Staatsarchiv – Allgemeines Verwaltungsarchiv (AVA), Wien

Alter Kultus (AK): Karton 5; Hofkanzlei (HK): Karton 1544; Studienhofkommission (StHK): Kartons 1, 3, 74, 79, 92, 103, 106, 133, 738, 860, 861, 868, 890; Hofkanzleiprotokolle Galizien [ab 1796: »Ostgalizien«] (HKP Galizien): Bde. 1782–1801; Hofkanzleiprotokolle Westgalizien (HKP Westgalizien): Bde. 1796–1799

Österreichisches Staatsarchiv – Haus-, Hof- und Staatsarchiv (HHStA), Wien

Studien-Revisions-Hofkommission (StRHK): Kartons 11, 12, 13, 15

Central Archives for the History of the Jewish People (CAHJP), Jerusalem

Mikrofilme mit Dokumenten aus dem Zentralen Staatlichen Historischen Archiv der Ukraine, Lviv (TsDIAL) – Bestände Galizisches Gubernium (Fond 146) und Jüdische Gemeinde Lemberg (Fond 701):
HM 2/8193.1 (TsDIAL, 701/4/1); HM 2/8193.2 (TsDIAL, 701/4/3); HM 2/8193.3 (TsDIAL, 701/4/4); HM 2/8193.4 (TsDIAL, 701/4/5); HM 2/8193.5 (TsDIAL, 701/4/7); HM 2/8193.6 (TsDIAL, 701/4/10); HM 2/8344.2 (TsDIAL, 146/85/2329); HM 2/8344.3 (TsDIAL, 146/85/2330); HM 2/8344.4 (TsDIAL, 146/85/2331); HM 2/8852.8 (TsDIAL, 701/4/2); HM 2/8852.9 (TsDIAL, 701/4/6); HM 2/8852.10 (TsDIAL, 701/4/11); HM 2/8852.11 (TsDIAL, 701/4/14); HM 2/8894.1 (TsDIAL, 146/1/208); HM 2/8935.10 (TsDIAL, 146/85/1900); HM 2/8936.1 (TsDIAL, 146/85/1903); HM 2/9676.7 (TsDIAL, 146/3/2278); HM 2/9570.3 (TsDIAL, 146/66/1905)

Ungarisches Staatsarchiv, Budapest

C 55 Normalia 1775–1812, 207.cs., fols. 488a–493b.

Gedruckte Quellen und Nachschlagewerke

ABC oder Namenbüchlein, zum Gebrauche der Schulen in den kaiserlich-königlichen Staaten, Prag 1779.

ABC und Buchstabirbüchlein nebst der Leseübungen für die jüdische Jugend der deutschen Schulen im Königreiche Böheim, Prag 1801.

Assaf, Simcha (Hg.): Mekorot le-toldot ha-chinuch be-jisra'el [Quellen zur jüdischen

Bildungsgeschichte], neu hg. und mit Anmerkungen und Ergänzungen versehen von Shmuel Glick, Bd. 1, New York/Jerusalem 2002.

Batscha, Zwi (Hg.): Salomon Maimons Lebensgeschichte. Von ihm selbst geschrieben und herausgegeben von Karl Philipp Moritz, Frankfurt a. M. 1995.

Beer, Peter: Ueber die Nothwendigkeit einer Sammlung von Lebensbeschreibungen gelehrter und sonst rühmlich sich auszeichnender Männer in Israel, in: Sulamith 3 (1810), Bd. 1, 234–245.

Ders.: Biographische Skizzen einiger gelehrten Israeliten in den österr[eichischen] Staaten, in: Sulamith 3 (1810), Bd. 1, 245–266.

Bredetzky, Samuel: Reisebemerkungen über Ungern und Galizien, 2 Bde., Wien 1809 (Nachdruck Berlin 1990).

Brocke, Michael/Carlebach, Julius (Hgg.): Biographisches Handbuch der Rabbiner, Teil 1: Die Rabbiner der Emanzipationszeit in den deutschen, böhmischen und großpolnischen Ländern 1781–1871, München 2004.

Dohm, Christian Konrad Wilhelm von: Über die bürgerliche Verbesserung der Juden, Teile 1 und 2, Berlin/Stettin 1781 und 1783 (Nachdruck: 2 Teile in einem Bd., Hildesheim/New York 1973).

Edicta et mandata universalia in regnis Galiciae et Lodomeriae a die 11 Septembr. 1772 initae possessionis promulgata, Leopoli 1772–1818.

Encyclopaedia Judaica, 16 Bde., Jerusalem 1971.

Euchel, Isaac Abraham: Gebete der hochdeutschen und polnischen Juden, Königsberg 1786.

Ders.: Toldot rabenu Mosche ben Menachem [Die Geschichte unseres Meisters Mosche ben Menachem (= Moses Mendelssohn)], in: Ha-me'assef 4 (1787/88) 113–144, 177–208, 337–368; 5 (1788/89) 33–64.

Forderungen an Schulmeister und Lehrer der Trivialschulen, auf deren Erfüllung die bestellten Visitatoren zu sehen, und danach sie die Geschicklichkeit derer, welche die Jugend unterweisen, zu beurtheilen haben, Wien 1778.

Fürst, Julius: Bibliotheca Judaica. Bibliographisches Handbuch der gesammten jüdischen Literatur, 1. Teil: A–H, Leipzig 1849.

Geseze für die Schüler der deutschen besonders der Normal- und Hauptschulen in den k. k. Staaten, Wien 1776.

Gräffer, Franz/Deutsch, Simon (Hgg.): Jüdischer Plutarch oder biographisches Lexikon der markantesten Männer und Frauen jüdischer Abkunft, Wien 1848.

Güdemann, Moritz: Quellenschriften zur Geschichte des Unterrichts und der Erziehung bei den deutschen Juden. Von den ältesten Zeiten bis auf Mendelssohn, Berlin 1891 (Nachdruck Amsterdam 1968).

Höchheimer, Simon: Über Moses Mendelssohns Tod, Wien/Leipzig 1786 (Moses Mendelssohn: Gesammelte Schriften. Jubiläumsausgabe [JubA], Bd. 23).

Homberg, Herz: Herz Hombergs Beurtheilung des Aufsatzes: Uiber die Verfassung der Juden und ihre Toleranz in den Oesterreichischen Staaten, Görz 1783.

Ders.: Iggeret el roe se psura jisra'el hema ha-rabanim we-more tzedek we-tora [...] we-elechem ha-negidim ha-omdim be-rosch kol kahal wa-eda ascher ba-malkut galitzia we-lodomiria [Sendschreiben an die Hirten des verirrten Lammes Israel, das sind die Rabbiner und Lehrer der Gerechtigkeit und Tora, sowie an euch, die Vornehmen, die an der Spitze einer jeden Gemeinde im Königreich Galizien und Lodomerien stehen], in: Ha-me'assef 4 (1787/88), 227–235.

Ders.: Zwölf Fragen, vom Minister des Innern in Frankreich der Israelitischen Deputation in Paris vorgelegt und von ihr beantwortet, Wien 1806.

Ders.: Imre Schefer. Ein religiöses und moralisches Lehrbuch. Hebräisch und deutsch. Der israelitischen Jugend gewidmet, Wien ²1816 (Erstausgabe Wien 1808).

Ders.: Bne-Zion. Ein religiös-moralisches Lehrbuch für die Jugend israelitischer Nation, Wien 1812.

Ders.: Ben Jakir. Über Glaubenswahrheiten und Sittenlehren für die israelitische Jugend, in Fragen und Antworten eingerichtet. Nebst einem Anhange, Wien 1814.

Ders.: Hakdamat ha-korem [Einleitung des Weingärtners], in: Sefer netiwot schalom, Wien 1837, unpaginiert (Erstausgabe Wien 1817/18).

Hoppe, Jakob August: Ältere und neuere Geschichte der Königreiche Galizien und Lodomerien, Wien 1791.

Jastrow, Marcus: A Dictionary of the Targumim, the Talmud Babli and Yerushalmi, and the Midrashic Literature, London/New York 1903 (Nachdruck Jerusalem, o. J.).

Jüdische Schulanstalten in Galizien [anonym], in: Bikkure ha-ittim 1 (1820), 141–147.

Jüdisches Lexikon, 5 Bde., Berlin 1927–1930.

Kern des Methodenbuches, besonders für die Landschulmeister in den kaiserlich-königlichen Staaten, Wien 1777 (Nachdruck Wien 1981).

Kitve kodesch, nidpasim me-chadasch u-mehudarim be-tosafot rabot. Sefer Ijov, [Heilige Schriften, neu aufgelegt und mit vielen Zusätzen versehen. Buch Hiob], Wien 1818.

Klueting, Harm (Hg.): Der Josephinismus. Ausgewählte Quellen zur Geschichte der theresianisch-josephinischen Reformen, Darmstadt 1995.

Kratter, Franz: Briefe über den itzigen Zustand von Galizien: ein Beitrag zur Staatistik und Menschenkenntnis, 2 Bde., Leipzig [= Wien] 1786 (Nachdruck Berlin 1990).

Kropatschek, Joseph (Hg.): Handbuch aller unter der Regierung des Kaisers Joseph des II. für die K. K. Erbländer ergangener Verordnungen und Gesetze in einer Sistematischen Verbindung, Bde. 6–10, Wien 1786–1788.

Landau, Jakovke: Divrei jedidut [Worte der Freundschaft], Einführung zu: Sche'elot we-teschuvot noda bi-jehuda ha-schalem orach chajim […] mi-et […] rabenu Jecheskel Segal Halevi Landau, raba schel Prag [Fragen und Antworten (unter dem Titel) *Das in Juda Bekannte*, vollständige Ausgabe, (Teil) Orach Chajim (…) von (…) unserem Meister Jecheskel Segal Halevi Landau, Rabbiner von Prag], Ashkelon/Netanya 1994, 31–36.

Landau, Jecheskel: Noda bi-jehuda. Sche'elot we-teschuvot be-arba'a chalke schulchan aruch [Es ist bekannt in Juda. Fragen und Antworten zu den vier Teilen des Schulchan Aruch], Jerusalem 1998 (Erstdruck Prag 1776).

Landau, Moses: Rabbinisch aramäisch-deutsches Wörterbuch zur Kenntnis des Talmuds, der Targumim und Midraschim, 5 Bde., Prag 1819–1824.

Lesebuch für die jüdische Jugend der deutschen Schulen im Königreiche Böheim, bestehend in der Anleitung zur Rechtschaffenheit, Prag 1781.

Lesebuch für Schüler der deutschen Schulen in den K. K. Staaten. Erster Theil. Gegenstände, welche die Religion betreffen, Wien 1774.

Lesebuch für Schüler der deutschen Schulen in den K. K. Staaten. Zweyter Theil, bestehend in der Anleitung zur Rechtschaffenheit, Prag 1778.

Lesebuch für Schüler der deutschen Schulen in den Städten und grösseren Märkten der kaiserl. königl. Staaten. Zweyter Theil, bestehend in der Anleitung zur Rechtschaffenheit, Wien 1785.

Lohmann, Ingrid (Hg.): Chevrat Chinuch Nearim. Die jüdische Freischule in Berlin (1778–1825) im Umfeld preußischer Bildungspolitik und jüdischer Kultusreform. Eine Quellensammlung, 2 Teile, Münster/New York u. a. 2001.

Lohmann, Uta/Lohmann, Ingrid (Hgg.): »Lerne Vernunft!« Jüdische Erziehungsprogramme zwischen Tradition und Modernisierung. Quellentexte aus der Zeit der Haskala, 1760–1811, Münster/New York u. a. 2005.

Maaß, Ferdinand (Hg.): Der Josephinismus. Quellen zu seiner Geschichte in Österreich 1760–1790, 5 Bde., Wien 1951–1961 (Fontes rerum Austriacarum, 2. Abteilung, Bde. 71–75).

Mendelssohn, Moses: Hebräische Schriften I, bearb. von Haim Borodianski (Bar-Dayan), Stuttgart/Bad Cannstatt 1972 (Moses Mendelssohn: Gesammelte Schriften. Jubiläumsausgabe [JubA], Bd. 14).

Ders.: Briefwechsel II, 2, bearb. von Alexander Altmann, Stuttgart/Bad Cannstatt 1976 (Moses Mendelssohn: Gesammelte Schriften. Jubiläumsausgabe [JubA], Bd. 12, 2).

Ders.: Briefwechsel III, bearb. von Alexander Altmann, Stuttgart/Bad Cannstatt 1977 (Moses Mendelssohn: Gesammelte Schriften. Jubiläumsausgabe [JubA], Bd. 13).

Ders.: Schriften zum Judentum II, bearb. von Alexander Altmann, Stuttgart/Bad Cannstatt 1983 (Moses Mendelssohn: Gesammelte Schriften. Jubiläumsausgabe [JubA], Bd. 8).

Methodenbuch für Lehrer der deutschen Schulen in den kaiserlich-königlichen Erbländern, Wien 1776.

Morpurgo, Elia: Nachricht an die Liebhaber der hebräischen Literatur, Görz 1783.

Oesterreichische National-Enzyklopaedie, 6 Bde., Wien 1835–1838.

Pelli, Moshe: The Gate to Haskalah. An Annotated Index to Hame'asef, the First Hebrew Journal, Jerusalem 2000.

Perl, Joseph: Megale tmirin [Entdecker von Geheimnissen], Wien 1819.

Pflichten der Unterthanen gegen ihre Monarchen. Zum Gebrauche der deutschen Schulen, Wien 1782.

Pribram, Alfred Francis (Hg.): Urkunden und Akten zur Geschichte der Juden in Wien, 2 Bde., Wien/Leipzig 1918.

Reinhold, Karl Leonhard: Schriften zur Religionskritik und Aufklärung 1782–1784, hg. von Zwi Batscha, Bremen/Wolfenbüttel 1977.

Richarz, Monika (Hg.): Jüdisches Leben in Deutschland. Selbstzeugnisse zur Sozialgeschichte 1780–1871, Stuttgart 1976.

Rohrer, Joseph: Bemerkungen auf einer Reise von der Türkischen Gränze über die Bukowina durch Ost- und Westgalizien, Schlesien und Mähren nach Wien, Wien 1804 (Nachdruck Berlin 1989).

Rosenstrauch-Königsberg, Edith (Hg.), Literatur der Aufklärung 1765–1800, Wien/Berlin 1988.

Rousseau, Jean-Jaques: Aemil, oder Von der Erziehung. Aus dem Französischen übersetzt und mit einigen Anmerkungen versehen, Berlin 1762.

Ders.: Emile oder Über die Erziehung, hg. von Martin Rang, übers. von Eleonore Sckommodau, Stuttgart 2004.

Schematismus für die Königreiche Galizien und Lodomerien. 1790, Lemberg 1790.

Schematismus für die Königreiche Galizien und Lodomerien. 1791, Lemberg 1791.

Schematismus für die Königreiche Galizien und Lodomerien. 1793, Lemberg 1793.

Schematismus für die Königreiche Galizien und Lodomerien. 1796, Lemberg 1796.

Schematismus für das Königreich Ostgalizien 1797, Lemberg 1797.

Schematismus für das Königreich Ostgalizien. 1798, Lemberg 1798.

Schematismus für das Königreich Ostgalizien. 1799, Lemberg 1799.

Schematismus für die Königreiche Ostgalizien und Lodomerien, samt einem Schreibkalender und Namen-Register für das Jahr 1800, Lemberg 1800.

Schematismus für die Königreiche Ostgalizien und Lodomerien, samt einem Schreibkalender und Namen-Register für das Jahr 1802, Lemberg 1802.

Schematismus für die Königreiche Ostgalizien und Lodomerien, samt einem Namen-Register für das Jahr 1805, Lemberg 1805.

Shavit, Zohar/Ewers, Hans-Heino: Deutsch-jüdische Kinder- und Jugendliteratur von der Haskala bis 1945. Die deutsch- und hebräischsprachigen Schriften des deutschsprachigen Raums. Ein bibliographisches Handbuch, Stuttgart/Weimar 1996.

Sonnenfels, Joseph von: Grundsätze der Polizey, hg. von Werner Ogris, München 2003.

Speicher, Anja (Hg.): Isaak Alexander. Schriften. Ein Beitrag zur Frühaufklärung im deutschen Judentum, Frankfurt a. M. u. a. 1998.

Stoeger, Michael: Notizen über die Lemberger Judenschaft, in: Neues Archiv für Geschichte, Staatenkunde, Literatur und Kunst 2/21 (1830), 341–345.

Ders.: Darstellung der gesetzlichen Verfassung der galizischen Judenschaft, 2 Bde., Lemberg 1833.

Traunpaur, Alphons Heinrich: Dreyßig Briefe über Galizien oder Beobachtungen eines unpartheyischen Mannes, der sich mehr als nur ein paar Monate in diesem Königreiche umgesehen hat, Wien/Leipzig 1787 (Nachdruck Berlin 1990).

Wachstein, Bernhard: Bibliographie der Schriften Gerson Wolfs, in: Zeitschrift für die Geschichte der Juden in der Tschechoslowakei 1 (1930/31), 17–36.

Wanniczek, Johann: Geschichte der Prager Haupt-, Trivial- und Mädchenschule der Israeliten, deren Verfassung und merkwürdigen Vorfälle von ihrer Gründung bis auf gegenwärtige Zeiten, Prag 1832.

Weisel, Naftali Hirz [Naftali Herz Wessely]: Divre schalom we-emet le-kahal edat jisra'el, ha-garim be-aratsot memschelet ha-kesar ha-gadol ha-ohev et bnei ha-adam ve mesameach et ha-brijot, josefus ha-scheni [Worte des Friedens und der Wahrheit an die Gemeinschaft Israels, die in den Ländern der Herrschaft des großen Kaisers Josephs des Zweiten lebt, welcher die Menschen liebt und die Geschöpfe erfreut], o. O., o. J. [Berlin 1782].

Wurzbach, Constant von (Hg.): Biographisches Lexikon des Kaiserthums Österreich, 60 Bde., Wien 1856–1891.

Forschungsliteratur

Adler, Simon: Das Judenpatent von 1797, in: Jahrbuch der Gesellschaft für Geschichte der Juden in der Čechoslovakischen Republik 5 (1933), 199–229.

Altmann, Alexander: »Moses Mendelssohn's Gesammelte Schriften«. Neuerschlossene Briefe. Zur Geschichte ihrer Herausgabe, in: Bulletin des Leo Baeck Instituts 11 (1968), 73–115.

Ders.: Moses Mendelssohn. A Biographical Study, London 1973.

Ammerer, Gerhard/Haas, Hanns (Hgg.): Ambivalenzen der Aufklärung. Festschrift für Ernst Wangermann, Wien/München 1997.

Ammerer, Gerhard: Heimat Straße. Vaganten im Österreich des Ancien Régime, Wien/München 2003.

Aretin, Karl Otmar Freiherr von: Der Josephinismus und das Problem des katholischen aufgeklärten Absolutismus, in: Plaschka (Red.), Österreich im Europa der Aufklärung, Bd. 1, 509–523.

Augustynowicz, Christoph/Kappeler, Andreas (Hgg.): Die galizische Grenze 1772–1867. Kommunikation oder Isolation, Wien/Berlin 2007.

Augustynowicz, Christoph: Lebenswelten, Topographien und Funktionen an der galizischen Grenze. Der Fall Sandomierz 1772–1844, in: ders./Kappeler (Hgg.), Die galizische Grenze 1772–1867, 83–99.

Bendlage, Andrea: Rezension von: Anja Johann, Kontrolle mit Konsens. Sozialdisziplinierung in der Reichsstadt Frankfurt am Main im 16. Jahrhundert (Studien zur Frankfurter Geschichte 46), Frankfurt a. M. 2001, in: sehepunkte 2 (2002), Nr. 5 vom 15. Mai 2002, <http://www.sehepunkte.historicum.net/2002/05/3782905210.html> (15. Februar 2010).

Bałaban, Majer: Herz Homberg i Szkoły Józefińskie dla Żydów w Galicyi (1787–1806) [Herz Homberg und die josephinischen Schulen für Juden in Galizien (1787–1806)], Lwów 1906.

Ders.: Dzieje Żydów w Galicyi i w Rzeczypospolitej Krakowskiej 1772–1868 [Geschichte der Juden in Galizien und in der Krakauer Republik 1772–1868], Lwów 1914.

Ders.: Herz Homberg in Galizien, in: Jahrbuch für jüdische Geschichte und Literatur 19 (1916), 189–221.

Bartal, Israel: The »Porets« and the »Arendar«. Polish-Jewish Relations as Portrayed in Modern Jewish Literature, 1800–1914, in: Micgiel, John/Scott, Robert/Segel,

Harold B. (Hgg.): Poles and Jews. Myth and Reality in the Historical Context, New York 1986, 399–421.

Ders.: »The Heavenly City of Germany« and Absolutism à la Mode d'Autriche. The Rise of the Haskalah in Galicia, in: Katz (Hg.), Toward Modernity, 1987, 33–42.

Ders.: Mi-du-leschonijut mesoratit le-chad-leschonijut le'umit [Von der traditionellen Bilingualität zur nationalen Monolingualität], in: Shvut 15 (1992), 183–193.

Ders./Polonsky, Antony (Hgg.): Polin. Studies in Polish Jewry 12 (1999), Focusing on Galicia. Jews, Poles, and Ukrainians, 1772–1918.

Ders. (Hg.): Kehal jisra'el. Ha-schilton ha-atsmi ha-jehudi le-dorotav. Kerech 3: Ha-et ha-chadascha [Der jüdische Kahal. Die jüdische Selbstverwaltung in ihrer Entwicklung, Bd. 3: Die Neuzeit], Jerusalem 2004.

Ders.: Ha-autonomia ha-jehudit ba-et ha-chadascha: Ma nimchak? Ma notar? Ma nosaf? [Die jüdische Autonomie in der Neuzeit: Was wurde beseitigt? Was blieb? Was kam hinzu?], in: ders. (Hg.), Kehal jisra'el, 9–16.

Ders.: The Jews of Eastern Europe, 1772–1881, Philadelphia, Pa., 2005.

Ders.: From Corporation to Nation. Jewish Autonomy in Eastern Europe, 1772–1881, in: Jahrbuch des Simon-Dubnow-Instituts/Simon Dubnow Institute Yearbook 5 (2006), 17–31.

Ders.: Geschichte der Juden im östlichen Europa 1772–1881, Göttingen 2010.

Barton, Peter F.: Jesuiten, Jansenisten, Josephiner. Eine Fallstudie zur frühen Toleranzzeit: Der Fall Innocentius Feßler, 1. Teil, Wien/Köln/Graz 1978.

Becker-Cantarino, Barbara: Joseph von Sonnenfels and the development of secular education in eighteenth-century Austria, in: Leith, James A. (Hg.): Facets of education in the eighteenth century Oxford 1977, 29–47.

Beales, Derek: Joseph II., Bd. 1: In the Shadow of Maria Theresia, 1747–1780, Cambridge 1987.

Ders.: Joseph II. und der Josephinismus, in: Reinalter/Klueting, Der aufgeklärte Absolutismus im europäischen Vergleich, 35–54.

Behm, Britta L.: Moses Mendelssohn und die Transformation der jüdischen Erziehung in Berlin. Eine bildungsgeschichtliche Analyse zur jüdischen Aufklärung im 18. Jahrhundert, Münster/New York u. a. 2002.

Dies./Lohmann, Uta/Lohmann, Ingrid (Hgg.): Jüdische Erziehung und aufklärerische Schulreform. Analysen zum späten 18. und frühen 19. Jahrhundert, Münster/New York u. a. 2002.

Dies.: Moses Mendelssohn und die Frage der »bürgerlichen Verbesserung« der Juden. Ansätze zur jüdischen Integration zwischen »Gleichheit« und »Mannigfaltigkeit«, in: Behm/Lohmann, U./Lohmann, I. (Hgg.): Jüdische Erziehung und aufklärerische Schulreform, 269–289.

Behrens, Ulrich: »Sozialdisziplinierung« als Konzeption der Frühneuzeitforschung: Genese, Weiterwirkung und Kritik. Eine Zwischenbilanz, in: Historische Mitteilungen der Ranke-Gesellschaft 12 (1999), 35–67.

Ben-Sasson, Haim Hillel (Hg.): Geschichte des jüdischen Volkes. Von den Anfängen bis zur Gegenwart, München 1992.

Berg, Meike: Jüdische Reformschule im Herzogtum Braunschweig. Die Jacobson-Schule in Seesen von der Spätaufklärung bis zur Reichsgründung, in: Behm/Lohmann, U./Lohmann, I. (Hgg.): Jüdische Erziehung und aufklärerische Schulreform, 253–266.

Berger, Ruth: Sexualität, Ehe und Familienleben in der jüdischen Moralliteratur (900–1900), Wiesbaden 2003.

Bernfeld, Schim'on: Dor tahapuchot. Monografija mi-jemei reschit haskalat ha-jehudim be-germanija be-schnot ha-me'a ha-18 [Generation des Wandels. Eine Monografie aus den Anfangstagen der jüdischen Aufklärung in Deutschland im 18. Jahrhundert], Warschau 1914.

Best, Otto F.: Mameloschen. Jiddisch. Eine Sprache und ihre Literatur, 2., durchges. Aufl., Frankfurt a. M. 1988.

Bin-Nun, Jechiel: Jiddisch und die deutschen Mundarten, unter besonderer Berücksichtigung des ostgalizischen Jiddisch, Studienausgabe, Tübingen 1973.

Bodi, Leslie: Tauwetter in Wien. Zur Prosa der österreichischen Aufklärung 1781–1795, 2., erw. Aufl., Wien/Köln/Weimar 1995.

Bogner, Georg/Müller, Christa: Arbeiten zur Sozialdisziplinierung in der frühen Neuzeit. Ein Forschungsbericht für die Jahre 1980–1994, in: Frühneuzeit-Info 7 (1996), 127–142, 224–252.

Bornholdt, Andreas: Modernisierung und Integration in den östlichen Randgebieten (Provinzen) Österreichs und Preußens (1772–1809), unveröff. Diss., Bochum 1986.

Borst, Arno: Der Turmbau von Babel. Geschichte der Meinungen über Ursprung und Vielfalt der Sprachen und Völker, Bd. 3: Umbau, Teil 2, München 1995 (unveränderter Nachdruck der Originalausgabe Stuttgart 1961).

Bradler-Rottmann, Elisabeth: Die Reformen Kaiser Josephs II., Göppingen 1973.

Brawer, Abraham: Galizien, wie es an Österreich kam. Eine historisch-statistische Studie über die inneren Verhältnisse des Landes im Jahre 1772, Leipzig/Wien 1910.

Brawer, Friment: Die Geschichte der Juden in Galizien nach der Ersten Teilung Polens, unveröff. Diss., Wien 1916.

Brenner, Michael (Hg.): Jüdische Sprachen in deutscher Umwelt. Hebräisch und Jiddisch von der Aufklärung bis ins 20. Jahrhundert, Göttingen 2002.

Breuer, Edward: The Limits of Enlightenment. Jews, Germans, and the Eighteenth-Century Study of Scripture, Cambridge, Mass./London 1996.

Ders.: Naphtali Herz Wessely and the Cultural Dislocations of an Eighteenth-Century Maskil, in: Feiner/Sorkin (Hgg.), New Perspectives on the Haskalah, 27–47.

Breuer, Mordechai/Graetz, Michael: Tradition und Aufklärung 1600–1780, München 1996 (Deutsch-Jüdische Geschichte in der Neuzeit, Bd 1).

Breuer, Stefan: Sozialdisziplinierung. Probleme und Problemverlagerungen eines Konzepts bei Max Weber, Gerhard Oestreich und Michel Foucault, in: Sachße, Christoph/Tennstedt, Florian (Hgg.): Soziale Sicherheit und soziale Disziplinierung. Beiträge zu einer historischen Theorie der Sozialpolitik, Frankfurt a. M. 1986, 45–69.

Bruning, Jens: Das pädagogische Jahrhundert in der Praxis. Schulwandel in Stadt und Land in den preußischen Westprovinzen Minden und Ravensberg 1648–1816, Berlin 1998.

Ders.: Das niedere Schulwesen in den brandenburg-preußischen Ländern im 17. und 18. Jahrhundert. Ein zwischenterritorialer Vergleich, in: Schilling/Gross (Hgg.), Im Spannungsfeld von Staat und Kirche, 247–270.

Buzek, Józef: Wpływ polityki żydowskiej rządu austryackiego w latach 1772 do 1788 na wzrost zaludnienia żydowskiego Galicyi, Kraków 1903.

Dauber, Jeremy: Antonio's Devils. Writers of the Jewish Enlightenment and the Birth of Modern Hebrew and Yiddish Literature, Stanford, Calif., 2004.

Deutscher, Isaac: Der nichtjüdische Jude. Essays, Berlin 1988.

Dietrich, Peter: Die Rolle des preußischen Staates bei der Reform des jüdischen Schulwesens. Handlungsstrategien der preußischen Verwaltung gegenüber der jüdischen Freischule in Berlin (1778–1825) und der Königlichen Wilhelmsschule in Breslau (1791–1848), in: Behm, B./Lohmann, U./Lohmann, I. (Hgg.): Jüdische Erziehung und aufklärerische Schulreform, 167–212.

Diner, Dan: Geschichte der Juden. Paradigma einer europäischen Geschichtsschreibung, in: ders., Gedächtniszeiten. Über jüdische und andere Geschichten, München 2003, 246–262, Anm. 284–287.

Ders.: Editorial, in: Jahrbuch des Simon-Dubnow-Instituts/Simon Dubnow Institute Yearbook 3 (2004), 9–13.

Ders. (Hg.), Synchrone Welten. Zeiträume jüdischer Geschichte, Göttingen 2005 (toldot. Essays zur jüdischen Geschichte und Kultur, 1).

Ders.: Ubiquitär in Zeit und Raum. Annotationen zum jüdischen Geschichtsbewusstsein, in: ders. (Hg.), Synchrone Welten, 13–34.

Ders.: Versiegelte Zeit. Über den Stillstand in der islamischen Welt, Berlin 2005.

Dinges, Martin: Frühneuzeitliche Armenfürsorge als Sozialdisziplinierung? Probleme mit einem Konzept, in: Geschichte und Gesellschaft 17 (1991), 5–29.

Drabek, Anna M.: Die Juden in den böhmischen Ländern zur Zeit des landesfürstlichen Absolutismus. Von der Schlacht am Weißen Berg bis zum Ausgang der Regierungszeit Maria Theresias, in: Seibt, F. (Hg.), Die Juden in den böhmischen Ländern, 123–143.

Dubin, Lois C.: Trieste and Berlin. The Italian role in the Cultural Politics of the Haskalah, in: Katz, J. (Hg.), Toward Modernity, 189–224.

Dies.: The Port Jews of Habsburg Trieste. Absolutist Politics and Enlightenment Culture, Stanford, Calif., 1999.

Dies.: Between Toleration and »Equalities«. Jewish Status and Community in Pre-Revolutionary Europe, in: Jahrbuch des Simon-Dubnow-Instituts/Simon Dubnow Institute Yearbook 1 (2002), 219–234.

Dubnow, Simon: Die Geschichte des jüdischen Volkes in der Neuzeit. Die zweite Hälfte des XVII. und das XVIII. Jahrhundert, Berlin 1928 (Weltgeschichte des jüdischen Volkes. Von seinen Uranfängen bis zur Gegenwart, Bd. 7).

Ders.: Die neueste Geschichte des jüdischen Volkes. Das Zeitalter der ersten Emanzipation, Berlin 1928 (Weltgeschichte des jüdischen Volkes. Von seinen Uranfängen bis zur Gegenwart, Bd. 8).

Eco, Umberto: Die Suche nach der vollkommenen Sprache, 3., durchges. Aufl., München 1995.

Ehmer, Josef: Heiratsverhalten, Sozialstruktur, ökonomischer Wandel. England und Mitteleuropa in der Formationsperiode des Kapitalismus, Göttingen 1991.

Ehrenpreis, Stefan: Sozialdisziplinierung durch Schulzucht? Bildungsnachfrage, konkurrierende Bildungssysteme und der »deutsche Schulstaat« des siebzehnten Jahrhunderts, in: Schilling (Hg.), Institutionen, Instrumente und Akteure sozialer Kontrolle und Disziplinierung im frühneuzeitlichen Europa, 167–185.

Ders.: Erziehung- und Schulwesen zwischen Konfessionalisierung und Säkularisierung. Forschungsprobleme und methodische Innovationen, in: Schilling/Ehrenpreis (Hgg.): Erziehung und Schulwesen zwischen Konfessionalisierung und Säkularisierung, 19–33.

Eliav, Mordechai: Jüdische Erziehung in Deutschland im Zeitalter der Aufklärung und der Emanzipation, Münster/New York u. a. 2001 (hebr. Originalausgabe Jerusalem 1960).

Elon, Menachem (Hg.): The Principles of Jewish Law, Jerusalem 1975.

Engelbrecht, Helmut: J. I. Felbiger und die Vereinheitlichung des Primärschulwesens in Österreich. Bemerkungen zur pädagogischen Schrift »Kern des Methodenbuches, besonders für die Landschulmeister in den kaiserlich-königlichen Staaten«, 1777 (Anhang zum Reprint von: Kern des Methodenbuches), Wien 1981.

Ders.: Geschichte des österreichischen Bildungswesens. Erziehung und Unterricht auf dem Boden Österreichs, Bd. 3: Von der frühen Aufklärung bis zum Vormärz, Wien 1984.

Ders.: Bemerkungen zur Periodisierung der österreichischen Bildungsgeschichte, in: Lechner/Rumpler/Zdarzil (Hgg.), Zur Geschichte des österreichischen Bildungswesens, 11–34.

Etkes, Immanuel (Hg.): Ha-dat we-ha-chajim. Tnu'at ha-haskala ha-jehudit be-Mizrach-Eropa [Die Religion und das Leben. Die Haskala-Bewegung in Osteuropa], Jerusalem 1993.

Fahn, Reuven: Tkufat ha-haskala be-vina. Tsijur toldati-tarbuti schel nos'eha bachajim u-wa-sifrut be-levijat hithavuta u-divre jemeha [Die Epoche der Haskala in Wien. Ein Kultur- und Geschichtsbild ihrer Erscheinungen im Leben und in der Literatur, einschließlich ihres Entstehens und ihrer Geschichte] Wien 1919.

Feiner, Shmuel: Jizchak Eichel. Ha-jasam schel tnu'at ha-haskala be-Germanija (Isaak Euchel. Der Unternehmer der Haskala-Bewegung in Deutschland), in: Zion 52 (1987), 427–469.

Ders.: Mendelssohn and »Mendelssohn's Disciples«. A Re-examination. In: Leo Baeck Institute Year Book 40 (1995), 133–167.

Ders.: Ha-haskala ha-mukdemet be-jahadut ha-me'a ha-schmone-esre (Die frühe Haskala im Judentum des 18. Jahrhunderts), in: Tarbiz 67 (1998), 189–240.

Ders.: Haskalah and History. The Emergence of a Modern Jewish Historical Cons-

ciousness, London 2001 (hebr. Originalausgabe Jerusalem 1995 unter dem Titel Haskala we-historija [Haskala und Geschichte]).
Ders./Sorkin, David (Hgg.): New Perspectives on the Haskalah, London/Portland, Oreg., 2001.
Feiner, Shmuel: Towards a Historical Definition of the Haskalah, in: Feiner, Sh./Sorkin, D. (Hgg.), New Perspectives on the Haskalah, 2001, 184–219.
Ders.: The Freischule on the Crossroads of the Secularization Crisis in Jewish Society, in: Lohmann, I. (Hg.), Chevrat Chinuch Nearim, Teil 1, 6–12.
Ders.: Erziehungsprogramme und gesellschaftliche Ideale im Wandel. Die Freischule in Berlin, 1778–1825, in: Behm/Lohmann, U./Lohmann, I. (Hgg.), Jüdische Erziehung und aufklärerische Schulreform, 69–105.
Ders.: The Jewish Enlightenment, Philadelphia, Pa., 2003 (hebr. Originalausgabe Jerusalem 2002 u. d. T. Mahapechat ha-ne'orut. Tnu'at ha-haskala ha-jehudit ba-me'a ha-schmone-esre [Revolution der Aufklärung. Die jüdische Aufklärungsbewegung im 18. Jahrhundert]).
Ders.: Mosche Mendelssohn, Jerusalem 2005.
Ders./Bartal, Israel (Hgg.): Ha-haskala li-gvaneha. Ijunim chadaschim be-toldot ha-haskala u-we-sifruta [Spielarten der Haskala. Neue Studien zur Geschichte der Haskala und ihrer Literatur], Jerusalem 2005.
Ders.: »Wohl euch, die ihr eurer Gedanken wegen verfolgt seid!« – Die gegenwärtige Erforschung der Haskala. Kultur der jüdischen Aufklärung in historischer Perspektive, in: Trumah 16 (2006 [2007]), 1–15.
Ders.: Haskala – Jüdische Aufklärung. Geschichte einer kulturellen Revolution, Hildesheim/Zürich/New York 2007 (hebr. Originalausgabe Jerusalem 2002 u. d. T. Mahapechat ha-ne'orut. Tnu'at ha-haskala ha-jehudit ba-me'a ha-schmone-esre [Revolution der Aufklärung. Die jüdische Aufklärungsbewegung im 18. Jahrhundert]).
Ders.: Moses Mendelssohn. Ein jüdischer Denker in der Zeit der Aufklärung, Göttingen 2009.
Fejtö, François: Joseph II. Porträt eines aufgeklärten Despoten, München 1987.
Fellerer, Jan: Mehrsprachigkeit im galizischen Verwaltungswesen (1772–1914). Eine historisch-soziolinguistische Studie zum Polnischen und Ruthenischen (Ukrainischen), Köln/Weimar/Wien 2005.
Ficker, Adolf: Geschichte, Organisation und Statistik des österreichischen Unterrichtswesens, Wien 1873 (Bericht über österreichisches Unterrichtswesen. Aus Anlass der Weltausstellung 1873 herausgegeben von der Commission für die Collectiv-Ausstellung des österreichischen Unterrichts-Ministeriums, I. Theil).
Fishman, Isidore: The History of Jewish Education in Central Europe. From the End of the Sixteenth to the End of the Eighteenth Century, London 1944.
Foucault, Michel: Überwachen und Strafen. Die Geburt des Gefängnisses, Frankfurt a. M. 1994.
Ders.: Das Leben der infamen Menschen, Berlin 2001.
Ders.: Geschichte der Gouvernementalität I. Sicherheit, Territorium, Bevölkerung. Vorlesung am Collège de France 1977–1978, Frankfurt a. M. 2004.

Frankel, Jonathan: Assimilation and the Jews in Nineteenth-century Europe. Towards a New Historiography?, in: Ders./Zipperstein, Steven J. (Hgg.): Assimilation and Community. The Jews in Nineteenth-century Europe, Cambridge/New York 1992, 1–37.

Freitag, Winfried: Missverständnis eines »Konzeptes«. Zu Gerhard Oestreichs »Fundamentalprozess« der Sozialdisziplinierung, in: Zeitschrift für Historische Forschung 28 (2001), 513–538.

Gelber, Nachum M.: Toldot jehude Brodi, 5'344–703 [Geschichte der Juden Brodys, 1584–1943], Jerusalem 1955.

Gilman, Sander: Jewish Self-Hatred. Anti-Semitism and the Hidden Language of the Jews, Baltimore, Md./London 1986.

Glasenapp, Gabriele von/Nagel, Michael: Das jüdische Jugendbuch. Von der Aufklärung bis zum Dritten Reich, Stuttgart/Weimar 1996.

Glassl, Horst: Das österreichische Einrichtungswerk in Galizien (1772–1792), Wiesbaden 1975.

Gönner, Rudolf: Die österreichische Lehrerbildung von der Normalschule bis zur Pädagogischen Akademie, Wien 1967.

Goldberg, Jacob: Jewish Marriage in Eighteenth-Century Poland, in: Polin. Studies in Polish Jewry 10 (1997), Focusing on Jews in Early Modern Poland, 3–39.

Gotzmann, Andreas: Jüdisches Recht im kulturellen Prozess. Die Wahrnehmung der Halacha im Deutschland des 19. Jahrhunderts, Tübingen 1997.

Ders.: The Dissociation of Religion and Law in Nineteenth Century German-Jewish Education, in: Leo Baeck Institute Year Book 43 (1998), 103–126.

Ders.: Jüdische Autonomie in der Frühen Neuzeit. Recht und Gemeinschaft im deutschen Judentum, Göttingen 2008.

Graff, Gil: Separation of Church and State. Dina de-Malkhuta Dina in Jewish Law, 1750–1848, Tuscaloosa, Ala., 1985.

Grimm, Gerald: Stabilisierung versus Mobilisierung. Zum sozio-politischen Funktionswandel höherer Bildung in Österreich im 18. Jahrhundert, in: Jeismann (Hg.), Bildung, Staat, Gesellschaft im 19. Jahrhundert, 82–102.

Ders.: Expansion, Uniformisierung, Disziplinierung. Zur Sozialgeschichte der Schulerziehung in Österreich im Zeitalter des aufgeklärten Absolutismus, in: Schmale, Wolfgang/Dodde, Nan L. (Hgg.): Revolution des Wissens? Europa und seine Schulen im Zeitalter der Aufklärung (1750–1825). Ein Handbuch zur europäischen Schulgeschichte, Bochum 1991, 225–254.

Ders.: Die Staats- und Bildungskonzeption Joseph von Sonnenfels' und deren Einfluss auf die österreichische Schul- und Bildungspolitik im Zeitalter des aufgeklärten Absolutismus, in: Hager, Fritz-Peter/Jedan, Dieter (Hgg.): Staat und Erziehung in Aufklärungsphilosophie und Aufklärungszeit, Bochum 1993, 53–66.

Grodziski, Stanisław: Der Josephinismus und die polnische Gesellschaft am Ende des 18. Jahrhunderts. Absichten und Errungenschaften, in: Conze, Werner/Schramm, Gottfried/Zernack, Klaus (Hgg.): Modernisierung und nationale Gesellschaft im ausgehenden 18. und im 19. Jahrhundert. Referate einer deutsch-polnischen Historikerkonferenz, Berlin 1979, 34–47.

Ders.: The Jewish Question in Galicia. The Reforms of Maria Theresa and Joseph II., 1772–1790, in: Bartal/Polonsky (Hgg.), Polin. Studies in Polish Jewry 12 (1999), Focusing on Galicia, 61–72.

Groß-Hoffinger, Anton Johann. Die Theilung Polens und die Geschichte der österreichischen Herrschaft in Galizien, Dresden/Leipzig 1847.

Grossman, Jeffrey A.: The Discourse on Yiddish in Germany. From the Enlightenment to the Second Empire, Rochester, N. Y./Woodbridge 2000.

Guesnet, François: Politik der Vormoderne. Shtadlanut am Vorabend der polnischen Teilungen, in: Jahrbuch des Simon-Dubnow-Instituts/Simon Dubnow Institute Yearbook 1 (2002), 235–255.

Ders.: Die Politik der Fürsprache. Vormoderne jüdische Interessenvertretung, in: Diner (Hg.), Synchrone Welten, 67–92.

Ders.: Textures of Intercession. Rescue Efforts for the Jews of Prague, 1744/1748, in: Jahrbuch des Simon-Dubnow-Instituts/Simon Dubnow Institute Yearbook 4 (2005), 355–375.

Habermas, Jürgen: Theorie des kommunikativen Handelns, Frankfurt a. M. 1981.

Hammerstein, Notker/Herrmann, Ulrich (Hg.): Handbuch der deutschen Bildungsgeschichte, Band II: 18. Jahrhundert. Vom späten 17. Jahrhundert bis zur Neuordnung Deutschlands um 1800, München 2005.

Härter, Karl: Soziale Disziplinierung durch Strafe? Intentionen frühneuzeitlicher Policeyordnungen und staatliche Sanktionspraxis, in: Zeitschrift für Historische Forschung 26 (1999), 365–379.

Hardtwig, Wolfgang: Genossenschaft, Sekte, Verein in Deutschland, Bd. 1: Vom Spätmittelalter bis zur Französischen Revolution, München 1997.

Hassenpflug-Elzholz, Eila: Toleranzedikt und Emanzipation, in: Seibt (Hg.), Die Juden in den böhmischen Ländern, 145–159.

Hassler, Gerda: Sprachtheorien der Aufklärung zur Rolle der Sprache im Erkenntnisprozess, Berlin 1984.

Dies.: Universalien und Relativität als anthropologisches Problem in Sprachtheorien der Aufklärung, Technische Universität Berlin, Frankreich-Zentrum, 2002, <http://www.tu-berlin.de/fak1/frankreich-zentrum/F-Zdownloads/F-ZOnline_Publikationen/Hassler_Universalien_und_Relativitaet.pdf> (16. April 2006).

Häusler, Wolfgang: Die josephinische Publizistik zur Frage der Toleranz für das österreichische Judentum, in: Bericht über den vierzehnten österreichischen Historikertag in Wien, veranstaltet vom Verband österreichischer Geschichtsvereine in der Zeit vom 3.–7. April 1978, Wien 1979, 59–73.

Ders.: Das galizische Judentum in der Habsburgermonarchie. Im Lichte der zeitgenössischen Publizistik und Reiseliteratur von 1772–1848, Wien 1979.

Haumann, Heiko: Lebensweltlich orientierte Geschichtsschreibung in den Jüdischen Studien. Das Basler Beispiel, in: Hödl, Klaus (Hg.): Jüdische Studien. Reflexionen zu Theorie und Praxis eines wissenschaftlichen Feldes, Innsbruck/Wien u. a. 2003, 105–122.

Hecht, Louise: The Clash of Maskilim in Prague in the Early 19th Century. Herz

Homberg Versus Peter Beer, in: Proceedings of the 12th World Congress of Jewish Studies, Division B (History of the Jewish People), Jerusalem 2000, 165*–174*.

Dies./Lichtblau, Albert/Miller, Michael L.: Österreich, Böhmen und Mähren 1648–1918, in: Kotowski, Elke-Vera/Schoeps, Julius H./Wallenborn, Hiltrud (Hgg.), Handbuch zur Geschichte der Juden in Europa, Bd. 1: Länder und Regionen, Darmstadt 2001, 101–134.

Dies.: An Intellectual Biography of the Maskil Peter Beer (1758–1838). His Role in the Formation of Modern Jewish Historiography and Education in Bohemia, Diss. Manuskr., Jerusalem 2002.

Dies.: Die Prager deutsch-jüdische Schulanstalt 1782–1848, in: Behm/Lohmann, U./Lohmann, I. (Hgg.): Jüdische Erziehung und aufklärerische Schulreform, 213–252.

Dies.: »How the power of thought can develop within a human mind«: Salomon Maimon, Peter Beer, Lazarus Bendavid: Autobiographies of Maskilim Written in German, in: Leo Baeck Institute Year Book 47 (2002), 21–38.

Dies.: »Gib dem Knaben Unterricht nach seiner Weise« (Spr. 22,6). Theorie und Praxis des modernen jüdischen Schulsystems in der Habsburger Monarchie, in: Scheutz/Schmale/Štefanová (Hgg.), Orte des Wissens, 117–134.

Dies.: Ein jüdischer Aufklärer in Böhmen. Der Pädagoge und Reformer Peter Beer (1758–1838), Köln/Weimar 2008.

Heindl, Waltraud/Saurer, Edith (Hgg.): Grenze und Staat. Passwesen, Staatsbürgerschaft, Heimatrecht und Fremdengesetzgebung in der österreichischen Monarchie 1750–1867, Wien/Köln/Weimar 2000.

Heinrich, Gerda: Haskala und Emanzipation. Paradigmen der Debatte zwischen 1781 und 1812, in: Das Achtzehnte Jahrhundert 23,2 (1999). Haskala. Die jüdische Aufklärung in Deutschland 1769–1812, 152–175.

Helfert, Joseph Alexander von: Die Gründung der österreichischen Volksschule durch Maria Theresia, Prag 1860.

Hengl, Martina: Das Schul- und Studienwesen Österreichs im aufgeklärten Absolutismus. Studienhofkommission – Schulwirklichkeit – Schulbauten, Diss. Manuskr., Universität Wien, 2001.

Hersche, Peter: Der Spätjansenismus in Österreich, Wien 1977.

Herrmann, Ulrich: Pädagogisches Denken, in: Hammerstein/Herrmann (Hgg.), Handbuch der deutschen Bildungsgeschichte, Band II, 97–133.

Hess, Jonathan M.: Germans, Jews, and the Claims of Modernity, New Haven/London 2002.

Hilfrich, Carola: »Lebendige Schrift«. Repräsentation und Idolatrie in Mendelssohns Philosophie und Exegese des Judentums, München 1998.

Hinrichs, Ernst/Winnige, Norbert: Schulwesen, Alphabetisierung und Konfession in der Frühen Neuzeit: Thesen und empirische Befunde, in: Schilling/Gross (Hgg.), Im Spannungsfeld von Staat und Kirche, 215–231.

Hundert, Gershon David: Jewish Children and Childhood in Early Modern East Central Europe, in: Kraemer, David (Hg.): The Jewish Family. Metaphor and Memory, New York/Oxford 1989, 81–94.

Ders.: Jews in Poland-Lithuania in the Eighteenth Century. A Genealogy of Modernity, Berkeley/Los Angeles, Calif., 2004.
Ders.: Ha-kehila be-polin ba-me'a ha-18. Aspektim schonim [Die Gemeinde in Polen im 18. Jahrhundert. Verschiedene Aspekte], in: Bartal (Hg.), Kehal jisra'el, 43–52.
Jeismann, Karl-Ernst (Hg.): Bildung, Staat, Gesellschaft im 19. Jahrhundert. Mobilisierung und Disziplinierung, Wiesbaden/Stuttgart 1989.
Ders.: Bildungsbewegungen und Bildungspolitik seit der Mitte des 18. Jahrhunderts im Reich und im Deutschen Bund. Wechselwirkungen, Übereinstimmungen und Abweichungen zwischen den deutschen Staaten, in: Lechner/Rumpler/Zdarzil (Hgg.), Zur Geschichte des österreichischen Bildungswesens, 401–426.
Joskowicz, Alexander: The Toleration of a Resource: Johann Heinrich Gottlob von Justi's Proposal to Make Jews Useful, unveröff. Seminararbeit, University of Chicago, 2004.
Jütte, Robert: Obrigkeitliche Armenfürsorge in deutschen Reichsstädten der frühen Neuzeit. Städtisches Armenwesen in Frankfurt am Main und Köln, Köln/Wien 1984.
Ders.: Disziplinierungsmechanismen in der städtischen Armenfürsorge der Frühneuzeit, in: Sachße, Christoph/Tennstedt, Florian (Hgg.): Soziale Sicherheit und soziale Disziplinierung. Beiträge zu einer historischen Theorie der Sozialpolitik, Frankfurt a. M. 1986, 101–118.
Ders.: »Disziplin zu predigen ist eine Sache, sich ihr zu unterwerfen eine andere« (Cervantes). Prolegomena zu einer Sozialgeschichte der Armenfürsorge diesseits und jenseits des Forschritts, in: Geschichte und Gesellschaft 17 (1991), 92–101.
Karniel, Joseph: Joseph von Sonnenfels. Das Welt und Gesellschaftsbild eines Kämpfers für ein ›glückliches Österreich‹, in: Jahrbuch des Instituts für deutsche Geschichte der Universität Tel Aviv 7 (1978), 111–158.
Ders.: Das Toleranzpatent Kaiser Josephs II. für die Juden Galiziens und Lodomeriens, in: Jahrbuch des Instituts für Deutsche Geschichte der Universität Tel Aviv 11 (1982), 55–89.
Ders.: Die Toleranzpolitik Kaiser Josephs II., Gerlingen 1986.
Katz, Jacob: Exclusiveness and Tolerance. Studies in Jewish-Gentile Relations in Medieval and Modern Times, New York [4]1975.
Ders.: Aus dem Ghetto in die bürgerliche Gesellschaft. Jüdische Emanzipation 1770–1870, Frankfurt a. M. 1986.
Ders. (Hg.): Toward Modernity. The European Jewish Model, New Brunswick, N. J./Oxford 1987.
Ders.: Tradition und Krise. Der Weg der jüdischen Gesellschaft in die Moderne, München 2002 [hebr. Originalausgabe Jerusalem 1958].
Kayserling, Meyer: Moses Mendelssohn. Sein Leben und seine Werke, Leipzig 1862.
Kempf, Thomas: Aufklärung als Disziplinierung. Studien zum Diskurs des Wissens in Intelligenzblättern und gelehrten Beilagen der zweiten Hälfte des 18. Jahrhunderts, München 1991.
Kennecke, Andreas: »HaMeassef«. Die erste moderne Zeitschrift der Juden in

Deutschland, in: Das Achtzehnte Jahrhundert 23 (1999), H. 2: Haskala. Die jüdische Aufklärung in Deutschland 1769–1812, 176–199.
Ders.: Der »HaMe'assef« und sein erster Herausgeber Isaac Euchel, in: Nagel, Michael (Hg.): Zwischen Selbstbehauptung und Verfolgung. Deutsch-jüdische Zeitungen und Zeitschriften von der Aufklärung bis zum Nationalsozialismus, Hildesheim 2002, 67–82.
Ders.: Isaac Euchel. Architekt der Haskala, Göttingen 2007.
Kestenberg-Gladstein, Ruth: Neuere Geschichte der Juden in den böhmischen Ländern. Erster Teil: Das Zeitalter der Aufklärung 1780–1830, Tübingen 1969.
Kieval, Hillel J.: Caution's Progress. The Modernization of Jewish Life in Prague, 1780–1830, in: Katz (Hg.), Toward Modernity, 71–105.
Ders.: Languages of Community. The Jewish Experience in the Czech Lands, Berkeley, Calif., 2000.
Klausner, Joseph: Historija schel ha-sifrut ha-iwrit ha-chadascha [Geschichte der neuen hebräischen Literatur], Bd. 1: Mawo klali; dor ha-me'asfim [Allgemeine Einführung; Die Generation der Me'asfim], Jerusalem 1960.
Klueting, Harm: Einleitung, in: ders. (Hg.), Der Josephinismus. Ausgewählte Quellen zur Geschichte der theresianisch-josephinischen Reformen, Darmstadt 1995, 1–16.
Kopitzsch, Franklin: Grundzüge einer Sozialgeschichte der Aufklärung in Hamburg und Altona, 2., ergänzte Auflage, Hamburg 1990.
Kovács, Elisabeth (Hg.): Katholische Aufklärung und Josephinismus, Wien/München 1979.
Dies.: Was ist Josephinismus?, in: Österreich zur Zeit Kaiser Josephs II. Mitregent Kaiserin Maria Theresias, Kaiser und Landesfürst. Niederösterreichische Landesausstellung Stift Melk 1980, Wien 1980, 24–30.
Kowalská, Eva: Das Elementarschulwesen des 18. Jahrhunderts. Ein Modellfall gesamtstaatlicher Ausbildung in der Habsburgermonarchie, in: Südostdeutsches Archiv XL/XLI (1997/1998), 12–31.
Krochmalnik, Daniel: Das Zeremoniell als Zeichensprache. Moses Mendelssohns Apologie des Judentums im Rahmen der aufklärerischen Semiotik, in: Simon, Josef/ Stegmaier, Werner (Hgg.): Fremde Vernunft. Zeichen und Interpretation IV, Frankfurt a. M. 1998, 238–285.
Krömer, Ulrich: Johann Ignatz von Felbiger. Leben und Werk, Freiburg 1966.
Kuzmany, Börries: Die Grenze an der Grenze. Die Entstehung des Freihandelsprivilegs der Stadt Brody, in: Augustynowicz/Kappeler (Hgg.), Die galizische Grenze 1772–1867, 115–125.
Lambrecht, Karen: Tabelle und Toleranz. Johann Ignaz von Felbigers Reform der Volksschulbildung in Ostmitteleuropa, in: Scheutz/Schmale/Štefanová (Hgg.), Orte des Wissens, 153–167.
Lässig, Simone: Jüdische Wege ins Bürgertum. Kulturelles Kapital und sozialer Aufstieg im 19. Jahrhundert, Göttingen 2004.
Lechner, Elmar: Pädagogische Lehrveranstaltungen als Veranstaltung des Staates. Die Verwissenschaftlichung und Verfachlichung der Pädagogik als Symptom und

Instrument der Modernisierung des Bildungssystems in Österreich in den Jahrzehnten um 1800, in: Jeismann (Hg.), Bildung, Staat, Gesellschaft im 19. Jahrhundert, 44–81.

Ders./Rumpler, Helmut/Zdarzil, Herbert (Hgg.): Zur Geschichte des österreichischen Bildungswesens. Probleme und Perspektiven der Forschung, Wien 1992.

Lesizza, Chiara: Scuola e cultura ebraiche a Gorizia nel XVIII secolo. Istanze tradizionali e fermenti di rinnovamento, in: Studi Goriziani 63 (1988), 51–73.

Leuchtenmüller-Bolognese, Birgit: Bevölkerungspolitik zwischen Humanität, Realismus und Härte, in: Matis, Herbert (Hg.): Von der Glückseligkeit des Staates. Staat, Wirtschaft und Gesellschaft in Österreich im Zeitalter des aufgeklärten Absolutismus, Berlin 1981, 177–208.

Lewin, Mauricy: Geschichte der Juden in Galizien unter Kaiser Joseph II. Ein Beitrag zur Geschichte der Juden in Österreich, unveröff. Diss., Wien 1933.

Lind, Christoph: Juden in den habsburgischen Ländern 1670–1848, in: Brugger, Eveline u. a. (Hgg.): Geschichte der Juden in Österreich, Wien 2006, 339–446.

Lindner, Dolf: Der Mann ohne Vorurteil. Joseph von Sonnenfels 1733–1817, Wien 1983.

Lohmann, Ingrid: Die jüdische Freischule in Berlin – eine bildungstheoretische und schulhistorische Analyse. Zur Einführung in die Quellensammlung, in: Lohmann, I. (Hg.), Chevrat Chinuch Nearim, 2001, Teil 1, 13–84.

Lohmann, Uta: »Auf den Namen einer Bürgerschule Ansprüche machen«. Religionsunterricht und staatliche Klassifizierung der Berliner Freischule, in: Behm/Lohmann, U./Lohmann, I. (Hgg.): Jüdische Erziehung und aufklärerische Schulreform, 137–165.

Lottes, Günther: Disziplin und Emanzipation. Das Sozialdisziplinierungskonzept und die Interpretation der frühneuzeitlichen Geschichte, in: Westfälische Forschungen 42 (1992), 63–74.

Lowenstein, Steven M.: The Berlin Jewish Community. Enlightenment, Family and Crisis, 1770–1830, New York/Oxford 1994.

Mahler, Raphael: Divre jeme jisra'el – dorot acharonim. Mi-schilhei ha-me'a ha-18 ad jamenu [Geschichte des jüdischen Volkes in der jüngsten Zeit. Vom Ende des 18. Jahrhunderts bis zur Gegenwart]. Bd. I.2: Tkufat ha-absolutism ha-na'or, ha-mahapecha ha-tzarfatit we-milchamot Napoleon, 1780–1815. Eropa ha-tichonit; Polin be-tkufat ha-chalukot [Die Epoche des aufgeklärten Absolutismus, der Französischen Revolution und der napoleonischen Kriege, 1780–1815. Mitteleuropa; Polen zur Zeit der Teilungen], Merchavija 1954; Bd. I.3: Tkufat ha-absolutism ha-na'or [...] Eropa ha-mizrachit [Die Epoche des aufgeklärten Absolutismus (...) Östliches Europa], Merchavija 1954.

Ders.: Hasidism and the Jewish Enlightenment. Their Confrontation in Galicia and Poland in the First Half of the Nineteenth Century, Philadelphia, Pa., 1985.

Mandl, Bernhard: Das jüdische Schulwesen in Ungarn unter Kaiser Josef II. (1780–1790), Frankfurt a. M. 1903.

Manekin, Rachel: »Klalei hitnahagut la-morim ha-jehudim be-watei ha-sefer be-galitzija u-we-lodomerija«. Te'uda mi-tkufato schel ha-kesar josef ha-scheni [Die

Verhaltungspunkte für jüdische Schullehrer in Galizien und Lodomerien. Ein Dokument aus der Zeit Kaiser Josephs II.], in: Gal'ed 20 (2006), 113–124.

Dies.: Naftali Herz Homberg. Ha-dmut we-ha-dimui [Naphtali Herz Homberg. Gestalt und Vorstellung], in: Zion 71 (2006), 153–202.

Mantl, Elisabeth: Heirat als Privileg. Obrigkeitliche Heiratsbeschränkungen in Tirol und Vorarlberg 1820–1920. München 1997.

Mark, Rudolf A.: Galizien unter österreichischer Herrschaft. Verwaltung – Kirche – Bevölkerung, Marburg 1994.

Meisl, Josef: Haskala. Geschichte der Aufklärungsbewegung unter den Juden in Russland, Berlin 1919.

Melton, James van Horn: Absolutism and the eighteenth-century origins of compulsory schooling in Prussia and Austria, Cambridge/New York 1988.

Middell, Katharina: Brody, Leipzig, Lyon. Europäische Handelsbeziehungen und ihre Träger (1770–1820), in: Zwahr, Hartmut (Hg.), Leipzig, Mitteldeutschland und Europa, Beucha 2000, 531–544.

Miron, Dan: A Traveler Disguised. The Rise of Modern Yiddish Fiction in the Nineteenth Century, Syracuse, N. Y., 1996.

Nagel, Michael: Deutsch-jüdische Bildung vom Ausgang des 17. bis zum Beginn des 19. Jahrhunderts, in: Hammerstein/Herrmann (Hgg.), Handbuch der deutschen Bildungsgeschichte, Band II, 169–187.

Neugebauer, Wolfgang: Absolutistischer Staat und Schulwirklichkeit in Brandenburg-Preußen, Berlin/New York 1985.

Ders.: Bildung, Erziehung und Schule im alten Preußen. Ein Beitrag zum Thema: »Nichtabsolutistisches im Absolutismus«, in: Jeismann (Hg.), Bildung, Staat, Gesellschaft im 19. Jahrhundert, 25–43.

Ders.: Staatswirksamkeit in Österreich und Preußen im 18. Jahrhundert, in: Jeismann (Hg.), Bildung, Staat, Gesellschaft im 19. Jahrhundert, 103–115.

Ders.: Niedere Schulen und Realschulen, in: Hammerstein/Herrmann (Hgg.), Handbuch der deutschen Bildungsgeschichte, Band II, 213–261.

Nipperdey, Thomas: Deutsche Geschichte 1800–1866. Bürgerwelt und starker Staat, München 1983.

Oestreich, Gerhard: Strukturprobleme des europäischen Absolutismus, in: Vierteljahrschrift für Sozial- und Wirtschaftsgeschichte 55 (1968), 329–347.

Osterloh, Karl-Heinz: Joseph von Sonnenfels und die österreichische Reformbewegung im Zeitalter des aufgeklärten Absolutismus. Eine Studie zum Zusammenhang von Kameralwissenschaft und Verwaltungspraxis, Lübeck/Hamburg 1970.

Pacholkiv, Svjatoslav: Das Werden einer Grenze. Galizien 1772–1867, in: Heindl/Saurer (Hgg.), Grenze und Staat, 517–618.

Paldus, Joseph: Die Einverleibung Galiziens und der Bukowina in die österreichische Monarchie im Jahre 1772 und die Landesaufnahme durch den k. k. Generalquartiermeisterstab 1775–1783, Wien 1916.

Pelli, Moshe: The Age of Haskalah. Studies in Hebrew Literature of the Enlightenment in Germany, Leiden 1979.

Petuchowski, Jacob J.: Manuals and Catechisms of the Jewish Religion in the Early

Period of Emancipation, in: Altmann, Alexander (Hg.): Studies in Nineteenth-Century Jewish Intellectual History, Cambridge, Mass., 1964, 47–64.
Pfister, Christian: Bevölkerungsgeschichte und historische Demographie, München ²2007.
Pietsch, Walter: Die Theresianische Schulreform in der Steiermark (1775–1805), Graz 1977.
Ders.: Die Franziszeische Schulreform in der Perspektive des Kirchenhistorikers Anton Weiss, in: Lechner/Rumpler/Zdarzil (Hgg.), Zur Geschichte des österreichischen Bildungswesens, 173–236.
Plaschka, Richard Georg (Red.): Österreich im Europa der Aufklärung. Kontinuität und Zäsur in Europa zur Zeit Maria Theresias und Josephs II., hg. vom Österreichischen Bundesministerium für Wissenschaft und Forschung und der Österreichischen Akademie der Wissenschaften, 2 Bde., Wien 1985.
Prinz, Michael: Sozialdisziplinierung und Konfessionalisierung. Neuere Fragestellungen in der Sozialgeschichte der frühen Neuzeit, in: Westfälische Forschungen 42 (1992), 1–25.
Reinalter, Helmut: Die Französische Revolution und Mitteleuropa. Erscheinungsformen und Wirkungen des Jakobinismus, seine Gesellschaftstheorien und politischen Vorstellungen, Frankfurt a. M. 1988.
Ders. (Hg.): Joseph von Sonnenfels, Wien 1988.
Ders. (Hg.): Der Josephinismus. Bedeutung, Einflüsse und Wirkungen, Frankfurt a. M. 1993.
Ders./Klueting, Harm (Hgg.): Der aufgeklärte Absolutismus im europäischen Vergleich, Wien/Köln/Weimar 2002.
Reinhard, Wolfgang: Zwang zur Konfessionalisierung? Prolegomena zu einer Theorie des konfessionellen Zeitalters, in: Zeitschrift für Historische Forschung 10 (1983), 257–277.
Reuß, Franz: Christian Wilhelm Dohms Schrift »Über die bürgerliche Verbesserung der Juden« und deren Einwirkung auf die gebildeten Stände Deutschlands. Eine kultur- und literaturgeschichtliche Studie, Kaiserslautern 1891 (Nachdruck 1973 als Anhang von: Dohm, Christian Konrad Wilhelm von: Über die bürgerliche Verbesserung der Juden, Teile 1 und 2, Berlin/Stettin 1781 und 1783 (Nachdruck: 2 Teile in einem Band, Hildesheim/New York 1973).
Ricken, Ulrich: Mendelssohn und die Sprachtheorien der Aufklärung, in: Albrecht, Michael/Engel, Eva J. (Hgg.): Moses Mendelssohn im Spannungsfeld der Aufklärung, Stuttgart/Bad Cannstatt 2000, 195–241.
Roemer, Nils: Tradition und Akkulturation. Zum Sprachwandel der Juden in Deutschland zur Zeit der Haskalah, Münster/New York 1995.
Ders.: Sprachverhältnisse und Identität der Juden in Deutschland im 18. Jahrhundert, in: Brenner (Hg.), Jüdische Sprachen in deutscher Umwelt, 11–18.
Röskau-Rydel, Isabel: Kultur an der Peripherie des Habsburger Reiches. Die Geschichte des Bildungswesens und der kulturellen Einrichtungen in Lemberg von 1772 bis 1848, Wiesbaden 1993.

Dies.: Die Entwicklung des Volksschulwesens in Lemberg zwischen den Jahren 1772 und 1848, in: Studia Austro Polonica 5 (1996), 417–437.
Dies. (Hg.): Deutsche Geschichte im Osten Europas. Galizien, Bukowina, Moldau, Berlin 1999.
Rosdolsky, Roman: Untertan und Staat in Galizien. Die Reformen unter Maria Theresia und Joseph II., Mainz 1992.
Rosman, Moshe: Tiw ha-autonomia schel jahadut polin [Das Wesen der Autonomie des polnischen Judentums], in: Bartal (Hg.), Kehal jisra'el, 27–42.
Roubík, František: Drei Beiträge zur Entwicklung der Judenemanzipation in Böhmen, in: Jahrbuch der Gesellschaft für Geschichte der Juden in der Čechoslovakischen Republik 5 (1933), 313–428.
Ruderman, David: Jewish Thought and Scientific Discovery in Early Modern Europe, Detroit, Mich., 2001.
Rumpel, Hubert: Die Reisen Kaiser Josephs II. nach Galizien. Unveröff. Diss., Erlangen 1946.
Sadowski, Dirk: Maskilisches Bildungsideal und josephinische Erziehungspolitik. Herz Homberg und die jüdisch-deutschen Schulen in Galizien, 1787–1806, in: Leipziger Beiträge zur jüdischen Geschichte und Kultur 1 (2003), 145–168.
Ders.: »Aus der Schule gehet schon der künftige Heuchler hervor« – Herz Homberg zwischen Berlin und Lemberg und die Reform der jüdischen Erziehung im Geiste der Nützlichkeit (1782–1787), in: Trumah 16 (2006 [2007]), S. 73–103.
Schatz, Andrea: Entfernte Wörter. Reinheit und Vermischung in den Sprachen der Berliner Maskilim, in: Brocke, Michael u. a. (Hgg.): Neuer Anbruch. Zur deutsch-jüdischen Geschichte und Kultur, Berlin 2001, 243–261.
Dies.: Vorgeschrieben und umgeschrieben: die »neue heilige Sprache« der jüdischen Aufklärer, in: Brenner (Hg.), Jüdische Sprachen in deutscher Umwelt, 19–27.
Dies.: Ivrit, germanit, jidisch we-schonut tarbutit. »Sipure bawel« be-haskalat berlin [Hebräisch, Deutsch, Jiddisch und kulturelle Differenz: »Babylon-Erzählungen« in der Berliner Haskala], in: Feiner/Bartal (Hgg.), Ha-haskala li-gvaneha, 13–28.
Dies.: Sprache in der Zerstreuung. Die Säkularisierung des Hebräischen im 18. Jahrhundert, Göttingen 2009.
Scheutz, Martin/Schmale, Wolfgang/Štefanová, Dana (Hgg.): Orte des Wissens, Bochum 2004.
Schilling, Heinz: Sündenzucht und frühneuzeitliche Sozialdisziplinierung. Die calvinistische presbyteriale Kirchenzucht in Emden vom 16. bis 19. Jahrhundert, in: Georg Schmidt (Hg.): Stände und Gesellschaft im Alten Reich, Stuttgart 1989, 265–302.
Ders. (Hg.): Kirchenzucht und Sozialdisziplinierung im frühneuzeitlichen Europa, Berlin 1994 (Zeitschrift für Historische Forschung, Beih. 16).
Ders.: Disziplinierung oder »Selbstregulierung der Untertanen«? Ein Plädoyer für die Doppelperspektive von Makro- und Mikrohistorie bei der Erforschung der frühmodernen Kirchenzucht, in: Historische Zeitschrift 264 (1997), 675–691.
Ders. (Hg.): Institutionen, Instrumente und Akteure sozialer Kontrolle und Disziplinierung im frühneuzeitlichen Europa, Frankfurt a. M. 1999.

Ders.: Profil und Perspektiven einer interdisziplinären und komparatistischen Disziplinierungsforschung jenseits einer Dichotomie von Gesellschafts- und Kulturgeschichte, in: ders. (Hg.): Institutionen, Instrumente und Akteure sozialer Kontrolle und Disziplinierung im frühneuzeitlichen Europa, 1999, 3–36.

Ders./Gross, Marie-Antoinette (Hgg.): Im Spannungsfeld von Staat und Kirche. »Minderheiten« und »Erziehung« im deutsch-französischen Gesellschaftsvergleich, 16.–18. Jahrhundert, Berlin 2003.

Ders./Ehrenpreis, Stefan (Hgg.): Erziehung und Schulwesen zwischen Konfessionalisierung und Säkularisierung. Forschungsperspektiven, europäische Fallbeispiele und Hilfsmittel, Münster/New York/Berlin 2003.

Ders.: Bildung- und Erziehungsgeschichte der Frühen Neuzeit in europa- und konfessionengeschichtlich vergleichender Perspektive. Ein Forschungsprogramm, in: ders./Ehrenpreis, St. (Hgg.): Erziehung und Schulwesen zwischen Konfessionalisierung und Säkularisierung, 9–16.

Schlumbohm, Jürgen: Gesetze, die nicht durchgesetzt werden – ein Strukturmerkmal des frühneuzeitlichen Staates?, in: Geschichte und Gesellschaft 23 (1997), 647–663.

Schmale, Wolfgang: Die europäische Entwicklung des Schul- und Bildungswesens im Verhältnis zu Kirche und Staat im 17. und 18. Jahrhundert, in: Schilling/Gross (Hgg.), Im Spannungsfeld von Staat und Kirche, 175–189.

Schmidt, Heinrich Richard: Sozialdisziplinierung? Ein Plädoyer für das Ende des Etatismus in der Konfessionalisierungsforschung, in: Historische Zeitschrift 265 (1997), 639–682.

Schorch, Grit: »Irdische« und »himmlische« Sprachpolitik bei Moses Mendelssohn, Diss. Manuskr., Halle (Saale) 2010.

Schulte, Christoph: Die jüdische Aufklärung. Philosophie, Religion, Geschichte, München 2002.

Ders.: Mendelssohns Verteidigung der Halacha gegen protestantische Bibelverständnisse seiner Zeit, in: ders. (Hg.): Hebräische Poesie und jüdischer Volksgeist. Die Wirkungsgeschichte von Johann Gottfried Herder im Judentum Mittel- und Osteuropas, Hildesheim u. a. 2003, 93–106.

Schulze, Winfried: Gerhard Oestreichs Begriff »Sozialdisziplinierung in der frühen Neuzeit«, in: Zeitschrift für Historische Forschung 14 (1987), 265–302.

Šedinová, Jiřina. The Hebrew Historiography in Moravia at the 18th. Century. Abraham Trebitsch (around 1760–1840), in: Judaica Bohemiae 10 (1974), 51–61.

Seibt, Ferdinand (Hg.): Die Juden in den böhmischen Ländern, München/Wien 1983.

Seitter, Walter: Menschenfassungen. Studien zur Erkenntnispolitikwissenschaft, München 1985.

Silber, Michael: The Historical Experience of German Jewry and Its Impact on Haskalah and Reform in Hungary, in: Katz (Hg.), Toward Modernity, 107–157.

Ders.: The Enlightened Absolutist State and the Transformation of Jewish Society: Tradition in Crisis? State Schools, Military Conscription, and the Emergence of a Neutral Polity in the Reign of Joseph II. Paper presented at the Conference Tradition and Crisis Revisited: Jewish Society and Thought on the Threshold of

Modernity. Harvard University, Cambridge, Mass., 11–12 October 1988 (unveröff. Vortrag).
Simon, Bettina: Jiddische Sprachgeschichte. Versuch einer neuen Grundlegung, Frankfurt a. M. 1993.
Simon, Ernst A.: Der pädagogische Philanthropinismus und die jüdische Erziehung, in: Behm/Lohmann, U./Lohmann, I. (Hgg.), Jüdische Erziehung und aufklärerische Schulreform, 13–65 (hebr. Originalausgabe 1953).
Simon, Heinrich/Simon, Marie: Geschichte der jüdischen Philosophie, Berlin (Ost) ²1990.
Singer, Ludwig: Zur Geschichte der Toleranzpatente in den Sudentenländern, in: Jahrbuch der Gesellschaft für Geschichte der Juden in der Čechoslovakischen Republik 5 (1933), 231–311.
Ders.: Zur Geschichte der Juden in Böhmen in den letzten Jahren Josefs II. und unter Leopold II., in: Jahrbuch der Gesellschaft für Geschichte der Juden in der Čechoslovakischen Republik 6 (1934), 193–284.
Ders.: Die Entstehung des Juden-Systemalpatentes von 1797, in: Jahrbuch der Gesellschaft für Geschichte der Juden in der Čechoslovakischen Republik 7 (1935), 199–263.
Sinkoff, Nancy: Ben historija le-halacha. Ha-mikre schel Josef Perl be-galitsija ha-austrit [Zwischen Geschichte und Halacha. Der Fall Joseph Perls im österreichischen Galizien], in: Feiner/Bartal (Hgg.), Ha-haskala li-gvaneha, 123–136.
Skoczeik, Alojz: Rys historyczno-statystyczny szkół ludowych w Galicyi od roku 1772 po 1867 [Historisch-statistischer Überblick über die Volksschulen in Galizien, 1772–1867], Kraków 1869.
Sorkin, David: The Transformation of German Jewry 1780–1840, Oxford 1987.
Ders.: Moses Mendelssohn and the Religious Enlightenment, London 1996.
Ders.: The Berlin Haskalah and German Religious Thought. Orphans of Knowledge, London/Portland, Oreg., 2000.
Ders.: The Early Haskalah, in: Feiner/Sorkin (Hgg.), New Perspectives on the Haskalah, 10–26.
Ders.: Ha-haskala be-berlin. Perspektiva haschva'atit [Die Haskala in Berlin. Eine vergleichende Perspektive], in: Feiner/Bartal (Hgg.), Ha-haskala li-gvaneha, 3–11.
Spreitzer, Hans: Beiträge zur Geschichte des österreichischen Landschulwesens unter Joseph II., in: Erziehung und Unterricht 1960, 390–399.
Stampfer, Shaul: Heder Study, Knowledge of Torah, and the Maintenance of Social Stratification in Traditional East European Jewish Society, in: Studies in Jewish Education 3 (1988), 271–289.
Ders.: The 1764 Census of Polish Jewry, in: Bar Ilan. Annual of Bar-Ilan University. Studies in Judaica and the Humanities 24/25 (1989), 41–147.
Ders.: Gender Differentiation and Education of the Jewish Woman in Nineteenth-Century Eastern Europe, in: Polin. Studies in Polish Jewry 7 (1992), 63–87.
Stoklásková, Zdenka: Fremdsein in Böhmen und Mähren, in: Heindl/Saurer (Hgg.), Grenze und Staat, 619–718.

Stern, Selma: Der preußische Staat und die Juden. Teil III/1: Die Zeit Friedrichs des Großen. Darstellung, Tübingen 1971.
Strakosch-Graßmann, Gustav: Geschichte des österreichischen Unterrichtswesens, Wien 1905.
Świeboda, Józef: Edukacja Żydów w Galicji, 1772–1918 [Erziehung der Juden in Galizien, 1772–1918], in: Prace Historyczno-Archiwalne 2 (1994), 85–131.
Szábo, Franz A. J.: Kaunitz and Enlightened Absolutism, 1753–1780, Cambridge 1994.
Ders..: Ambivalenzen der Aufklärungspolitik in der Habsburgermonarchie unter Joseph II. und Leopold II., in: Ammerer/Haas (Hgg.), Ambivalenzen der Aufklärung, 21–32.
Ders.: Austrian First Impressions of Ethnic Relations in Galicia: The Case of Governor Anton von Pergen, in: Bartal/Polonsky (Hgg.), Polin. Studies in Polish Jewry 12 (1999), Focusing on Galicia, 49–60.
Tantner, Anton: Durchkreuzte Staatstafeln. Vermischung und Hausnummerierung in der Habsburgermonarchie, in: sinn-haft 12 (2005), 27–31.
Ders.: Ordnung der Häuser, Beschreibung der Seelen. Hausnummerierung und Seelenkonskription in der Habsburgermonarchie, Innsbruck/Wien/Bozen 2007.
Ta-Shma, Israel M.: Minhag aschkenas ha-kadmon [Der alte aschkenasische Brauch], Jerusalem 1992.
Teufel, Helmut: Ein Schüler Mendelssohns. Herz Homberg als jüdischer Propagandist der josephinischen Aufklärung, in: Ammerer/Haas (Hgg.), Ambivalenzen der Aufklärung, 187–204.
Tóth, István: Children in School – Children outside of School. Reflexions on Elementary Schooling in the Age of Enlightenment from an Eastern European Perspective, in: Schilling/Gross (Hgg.), Im Spannungsfeld von Staat und Kirche, 233–245.
Tsamarijon, Tsemach: Ha-me'assef. Ktav ha-et ha-moderni ha-rischon be-ivrit. [Der Ha-me'assef. Die erste moderne hebräische Zeitschrift in Deutschland], Tel Aviv 1988.
Ury, Scott: The Shtadlan of the Polish-Lithuanian Commonwealth. Noble Advocate or Unbridled Opportunist?, in: Polin. Studies in Polish Jewry 15 (2002), Focusing on Jewish Religious Life 1500–1900, 267–299.
Valjavec, Fritz: Der Josephinismus. Zur geistigen Entwicklung Österreichs im 18. und 19. Jahrhundert, München/Wien ²1945.
Van Luit, Tehila: The Teaching of »Good Citizenship« in the German Jewish Schools in Galicia. Free of Religious Values or Based on Religious Values? Vortrag, gehalten auf der internationalen Konferenz »Haskalah in Transition«, Wrocław, 8.–9. Mai 2006 (unveröff. Vortrag).
Vielmetti, Nikolaus: Elia Morpurgo di Gradisca, protagonista dell'illuminismo ebraico, in: Ioly Zorattini/Pier Cesare (Hgg.): Gli Ebrei a Gorizia e a Trieste tra »Ancien Régime« ed Emancipazione. Atti del Convegno Gorizia, 13 giugno 1983, Udine 1984, 41–46.
Vierhaus, Rudolf: Die Rekonstruktion historischer Lebenswelten. Probleme mo-

derner Kulturgeschichtsschreibung, in: Lehmann, Hartmut (Hg.): Wege zu einer neuen Kulturgeschichte, Göttingen 1995, 7 – 28.

Vocelka, Karl: Der Josephinismus. Neue Forschungen und Problemstellungen, in: Jahrbuch der Gesellschaft für die Geschichte des Protestantismus in Österreich 95 (1979), 53 – 68.

Ders.: Glanz und Untergang der höfischen Welt. Repräsentation, Reform und Reaktion im habsburgischen Vielvölkerstaat, Wien 2001 (Österreichische Geschichte 1699 – 1815).

Walk, Josef: Herz Homberg. Perek be-toldot ha-chinuch ha-jehudi be-tkufat ha-haskala [Herz Homberg. Ein Kapitel jüdischer Bildungsgeschichte in der Epoche der Aufklärung], unveröff. Magisterarbeit, Jerusalem 1964.

Ders.: Bnei Zion le-Herz Homberg, in: ders., Ke-jom etmol. Massot, ma'amarim we-sichronot [Als ob es gestern war. Essays, Aufsätze und Erinnerungen], Jerusalem 1997, 47 – 64.

Walter, Friedrich: Die Geschichte der österreichischen Zentralverwaltung in der Zeit Maria Theresias (1740 – 1780), Wien 1938.

Ders.: Die Zeit Josephs II. und Leopolds II. (1780 – 1792), Wien 1950.

Ders.: Die Theresianische Staatsreform von 1749, Wien 1958.

Wangermann, Ernst: Aufklärung und staatsbürgerliche Erziehung. Gottfried van Swieten als Reformator des österreichischen Unterrichtswesens 1781 – 1791, Wien/München 1978.

Ders.: Zur Frage der Kontinuität zwischen den theresianischen und josephinischen Reformen, in: Plaschka (Red.), Österreich im Europa der Aufklärung, Bd. 2, 943 – 954.

Ders.: Die Waffen der Publizität. Zum Funktionswandel der politischen Literatur unter Joseph II., Wien/München 2004.

Weinberg, Werner: Language Questions Relating to Moses Mendelssohn's Pentateuch Translation (In Commemoration of the 200th Anniversary of the Biur), in: Hebrew Union College Annual 55 (1984), 197 – 242.

Weiß, Anton: Geschichte der Österreichischen Volksschule unter Franz I. und Ferdinand I., 1792 – 1848, Graz 1904.

Weißberg, Max: Die neuhebräische Aufklärungsliteratur in Galizien, in: Monatsschrift für Geschichte und Wissenschaft des Judentums 57 (1913), 513 – 526, 735 – 749.

Ders.: Die neuhebräische Aufklärungsliteratur in Galizien (Fortsetzung), in: Monatsschrift für Geschichte und Wissenschaft des Judentums 71 (1927), 100 – 109, 371 – 387.

Ders.: Die neuhebräische Aufklärungsliteratur in Galizien. II. Teil. Die Menschen und ihr Werk, in: Monatsschrift für Geschichte und Wissenschaft des Judentums 71 (1927), 54 – 62; 72 (1928), 71 – 88, 184 – 201.

Weitensfelder, Hubert: Studium und Staat. Heinrich Graf Rottenhan und Johann Melchior von Birkenstock als Repräsentanten der österreichischen Bildungspolitik um 1800, Wien 1996.

Wendelin, Harald: Schub und Heimatrecht, in: Heindl/Saurer (Hgg.), Grenze und Staat, 173–343.

Wenzel, Rainer: Den Samen der Tugend streut aus. Der unverdrossene Pädagoge und Aufklärer Herz Homberg, in: Kalonymos 2 (1999), H. 3, 4–6.

Ders.: Judentum und »bürgerliche Religion«. Geschichte, Politik und Pädagogik in Herz Hombergs Lehrbüchern, in: Behm/Lohmann, U./Lohmann, I. (Hgg.): Jüdische Erziehung und aufklärerische Schulreform, 335–357.

Werses, Shmuel: Portrait of the Maskil as a Young Man, in: Feiner/Sorkin (Hgg.), New Perspectives on the Haskalah, 128–143.

Winter, Eduard: Ferdinand Kindermann, Ritter von Schulstein (1740/1801), der Organisator der Volksschule und Volkswohlfahrt Böhmens. Ein Lebensbild nach archivalischen Quellen, Augsburg 1926.

Ders.: Der Josefinismus. Die Geschichte des österreichischen Reformkatholizismus 1740–1848, überarb. Fassung, Berlin 1962 (Erstausgabe Brünn 1943).

Wischnitzer, Mark: Die Stellung der Brodyer Juden im internationalen Handel in der zweiten Hälfte des 18. Jahrhunderts, in: ders./Elbogen, Ismar (Hgg.), Festschrift zu Simon Dubnows 70. Geburtstag, Berlin 1930, 113–123.

Wolf, Gerson: Historische Notizen, in: Allgemeine Zeitung des Judentums, 4. Juni 1861 (23), 324 f.

Ders.: Studien zur Jubelfeier der Wiener Universität im Jahre 1865, Wien 1865.

Ders.: Das Unterrichtswesen in Oesterreich unter Kaiser Josef II., Wien 1880.

Ders.: Zur Geschichte des jüdischen Schulwesens in Galizien, in: Allgemeine Zeitung des Judentums, 14. April 1887 (15), 231–233.

Ders.: Die Versuche zur Errichtung einer Rabbinerschule in Oesterreich, in: Zeitschrift für die Geschichte der Juden in Deutschland 5 (1892), 27–53.

Ders.: Lehrerseminare in Galizien. Tumult gegen die Juden in Prag, in: Zeitschrift für die Geschichte der Juden in Deutschland 5 (1892), 146–153.

Ders.: Kleine historische Schriften, Wien 1892.

Bildnachweis

Soweit nicht anders angegeben, stammen die Karten, Tabellen und Grafiken vom Verfasser.

Abb. 1	Kupferstich mit dem Porträt von Herz Homberg. Vorsatzblatt aus dem Buch Hiob, übersetzt und kommentiert von Aaron Wolfssohn-Halle: Kitve kodesch nidpasim mechadasch u-mehudarim be-tosafot rabot. Sefer ijov im targum aschkenasi u-ve'ur […] nilwe min ha-korem [Heilige Schriften, neu aufgelegt und mit vielen Zusätzen versehen. Buch Hiob mit deutscher Übersetzung und mit Kommentar (…) begleitet von (dem Kommentar Hombergs) *Der Winzer*], Wien 1818. © Mit freundlicher Genehmigung des Haskala-Bildarchivs im Steinheim-Institut, Duisburg.	44
Karte 1	Jüdische deutsche Schulen in Galizien 1788.	129
Karte 2	Jüdische deutsche Schulen in Galizien und der Bukowina 1797.	135
Tab. 1	Curriculum der jüdischen Normalhauptschule zu Lemberg 1794. (Quelle: Bałaban, Herz Homberg i Szkoły Józefińskie dla Żydow w Galicyi, 30 f.)	172
Tab. 2	Schulbesuchszahlen der jüdischen deutschen Schulen in Galizien 1788–1792.	278
Tab. 3	Anzahl der in der ersten Hälfte des Winterkurses 1796/97 ausgebliebenen Schülerinnen und Schüler der Lemberger jüdischen deutschen Schulen.	288 f.
Tab. 4	Ausbleibeverhalten der Schüler der 1. Klasse der jüdischen Hauptschule.	291
Tab. 5	Ausbleibeverhalten der Schüler und Schülerinnen der Lemberger jüdischen deutschen Schulen während des Winterkurses 1796/97.	293
Diagr. 1	Ausbleibedauer der 662 in den Strafverzeichnissen des Winterkurses 1796/97 erfassten Schüler und Schülerinnen der jüdischen deutschen Schulen in Lemberg.	293

Register

Personenregister

Andruchowicz, Basili 280
Ascher, Saul 182

Bachstelz, Moses 302
Bałaban, Majer 22 f., 37–43, 150, 275, 373, 384, 386, 389
Barby, Meyer 49
Bardach, Itzig 301
Bardach, Malie 301
Bardach, Osias 141
Basedow, Johann Bernhard 53, 64
Beer, Abraham 379
Beer, Leibl 106
Beer, Peter 19, 24, 46–50, 52–54, 58–60, 76, 230 f.
Ben-Seew, Jehuda Leib 47
Birckenstock, Johann Melchior von 164
Bodek, Jacob 360
Bojakowski, Ignaz 113

Calimani, Simone (Simcha ben Abraham) 92–98, 203, 205, 207
Campe, Johann Heinrich 53 f.
Condillac, Étienne Bonnot de 177

Dessauer, Nachman 108
Dinur, Ben-Zion 39
Dohm, Christian Konrad Wilhelm von 71, 85, 93, 115, 178, 187, 208, 345
Dornbach, Eleonore 163, 283, 383
Dornbach, Moses 289 f., 293, 383, 385
Dubno, Salomon 55–58
Dubnow, Simon 23, 38–42, 352

Eger, Akiva 237
Eisenmenger, Johann Andreas 177
Ensheim, Moses 56
Epstein, Meyer 138
Ettinger, Shmuel 39
Euchel, Isaak 19, 59

Felbiger, Johann Ignaz von 64–66, 72, 123, 174 f., 186, 201, 278, 304
Fessler, Ignaz 209 f.
Flon, Jona 301
Fränkel, Hirsch 367
Fränkel, Joseph Jona 179
Fränkel, Juda 367–369
Franz II. (I.) 228, 347, 375, 388 f.
Franzos, Karl Emil 37
Friedenthal, Aaron 55, 108, 142, 163, 165, 170, 228 f., 276, 283, 361, 368, 379, 386
Friedländer, David 19 f., 40, 77, 181 f., 206

Gaisruck, Johann Jakob Graf von 234, 358
Gall, Joseph Anton 97 f., 126, 169 f., 200, 214 f.
Gallenberg, Sigismund Graf von 101, 106, 334
Gesezwy, Aaron 367 f.
Goldfarb (Gelb), Elias 308
Greiner, Franz Salesius von 90, 212–214, 216
Grünbaum, Benjamin 163, 290, 327, 337, 383, 386
Gründich, Johann 144, 201

Gunzenhausen, Nathan (Jonas) 108, 163, 306, 331, 386

Hähn, Johann Friedrich 64
Herz, Marcus 58
Hilferding 368
Hirsch, Moses 109
Höchheimer, Simon 379
Hofmann, Johann Nepomuk Franz 102, 106–108, 118, 120, 122, 124 f., 130, 133, 138–140, 148, 153–160, 162, 164, 176, 192, 217–220, 253 f., 266, 280, 297, 300, 317, 322, 324, 380
Homberg, Charlotte 163, 287, 383
Homberg, Simon 290, 331, 386
Hoppe, Jakob August 217
Hos, Issac 361

Jeitteles, Ignaz 47
Jeremias, Hirschel 109
Jolles, Salomon 141
Joseph II. 13, 38, 60, 63, 68, 71, 77, 93, 101 f., 105 f., 113, 116, 127, 147, 159 f., 192, 208, 236, 240–243, 317, 324, 345–348, 352

Kant, Immanuel 54
Kinderfreund, Joseph 379
Kindermann von Schulstein, Ferdinand 101, 123, 187–190, 192–194
Klein, Ernst Ferdinand 179
Kober, Elchonen Kohen 361
Köfil 230
Kohn, David 332
Kollin, Philipp (Pincas) 76, 200
Koranda, Johann Christoph von 101
Kortum, von 210, 213
Kreuz 152

Landau, Ezechiel 48 f., 112, 114, 189, 237 f., 247–249, 365 f.
Landau, Ja'akov (Jakovke) 114–117, 146, 238, 241, 260
Landauer 144, 146

Landesmann 133
Leibel (Ben Leib), Ephraim 113, 117, 238, 241
Leibniz, Gottfried Wilhelm 52, 177
Leopold II. 163 f., 203, 239 f., 267 f., 270, 376
Levi, Avigdor 59
Lewinski, Benedikt 386
Lobes 138
Locke, John 52, 177
Löwel, Jacob 109

Mahler, Raphael 23, 39, 41 f.
Maimon, Salomon 43, 50, 52, 54, 58, 256
Maimonides (Moses Ben Maimon) 52, 193
Margelick, Johann Wenzel von 98, 105, 153
Maria Theresia 60 f., 63 f., 68, 100, 134, 246, 268, 347
Maupertuis, Pierre Louis Moreau de 177
Mendelssohn, Bella 139, 254 f.
Mendelssohn, Joseph 56, 58
Mendelssohn, Moses 16, 19 f., 24, 37–41, 47, 52 f., 55–62, 77, 80–82, 88–90, 95–97, 108, 112, 115, 120, 150, 178 f., 180, 187–189, 192 f., 209, 237, 306, 364 f., 392
Menschel, Chaim (Joachim) 232, 234, 377, 379
Metal, Mordko 301
Michaelis, Johann David 178
Migazzi, Christoph Anton von 304
Minden, Israel (Iser, Elias) 108, 133, 143, 332 f.
Minden, Jehuda Leib 180
Morgenthau 133
Morpurgo, Elia 82 f.

Napoleon 374 f., 378, 390, 400
Nicolai, Friedrich 82, 89, 175
Nikolaus I. 40

Oesterreicher, Isaak 138

Pergen, Anton Johann Graf von 100, 346, 348
Perl, Joseph 393, 401
Piller, Thomas 191
Plessing, von 283–285, 338
Popper, Joachim 239
Popper, Simon 163, 327, 386

Riegger, Josef Anton von 210–213
Rochnowe, Josel 56
Rothenberg, Löbel 141
Rottenhan, Heinrich Franz Graf von 229, 376
Rousseau, Jean Jaques 52 f., 64, 262
Rozanes, Hirsch 240 f.

Samoscz, Israel 112
Satanow, Isaak 58, 181
Scharenzel, Marie 360 f.
Scharenzel, Moses 360–363
Schmelka, Samuel 301
Schnaber, Mordechai Gumpel 180
Schöner, Mayer 241, 266
Schorr, David 368 f., 386
Schüller, Löbl 302
Segre, Raffael Baruch 91
Seligmann, Hirsch (Josue) 108, 138, 163 f., 287, 299, 307, 383 f.
Silberstein, Isaak 360–363
Silberstein, Sossie 360–363, 369
Singer, Jacob 138
Sonnenfels, Joseph von 60–62, 85 f., 89 f., 197, 395
Spendou, Joseph 170, 229

Swa, Joseph 52
Swieten, Gottfried van 60, 66, 267
Szmelka, Sender 360

Teller, Wilhelm Abraham 40
Thoren, von 102 f., 151, 154, 284
Tommasini, Giacomo 81 f.
Torres, Emanuel Graf 68
Trebitsch, Abraham 235–238
Turgot, Anne-Robert 177
Türk, Samuel Hirsch 132
Turnau, Bella 163, 290, 371, 386
Turnau, Joel 163, 170, 200, 204, 327, 383–385, 391

Ugarte, Alois Graf von 389

Voltaire 262

Wagenseil, Johann Christoph 177
Waringer 121, 141, 146, 329
Wehli, Ephraim Bar Wolf 48
Weißberg, Max 42
Wessely, Moses 53 f.
Wessely, Naftali Herz 20, 43, 49, 52 f., 57 f., 76–78, 80, 84, 87 f., 91 f., 96, 115–117, 182, 205, 222 f., 225, 249 f., 395
Wiener, Moses 76, 213
Wolf, Gerson 22 f., 46, 216, 275, 384
Wolff, Christian 52
Wrbna, Eugen Graf von 100

Zeisel, Andreas 145

Ortsregister

Altofen 75, 252
Altona 53 f.

Baranów 149
Bełz 128, 134
Berlin 12, 15 f., 40, 52, 54 f., 57–60, 75, 77 f., 82, 108, 178, 182, 304
Bessarabien 111
Bochnia 128, 183 f., 217
Böhmen 9, 16, 42 f., 46, 59 f., 67, 73–76, 90, 101, 105, 122 f., 147, 153, 157, 161, 176, 189, 191, 210, 228, 231, 236, 275, 279, 281 f., 349 f., 352, 354, 381 f.
Bohorodczany 145
Breslau 52, 57, 75, 108, 179, 208
Brody 12 f., 108, 110–114, 116 f., 127 f., 130, 133, 136–139, 142–144, 146, 169, 190, 205, 217, 237, 240 f., 252, 260 f., 275–277, 286, 307, 330–334, 346, 348, 357, 371, 394
Brzeżany 124, 128, 114 f., 145, 148, 217, 297, 317, 374
Buczacz 12, 128, 241, 266
Budzanów 128
Bukowina 13, 100, 104, 109, 131, 135 f., 280, 347, 394

Czernowitz 13, 109, 280, 394
Czortków 128, 146, 152

Dąbrowa 136, 145
Dessau 52 f., 75
Dornfeld 297
Drohobycz 145
Dukla 109, 128, 144, 191, 201

Frankfurt am Main 75
Frankfurt an der Oder 111

Gliniany 149
Glogau 49 f., 52

Görz (Gorizia) 53, 68, 81 f., 89–94, 98, 126
Gradiska 82
Großmeseritsch 379

Haliczer Vorstadt (von Lemberg) 138 f., 141 f., 284–287, 290
Hamburg 52–54, 57
Horodenka 149 f.

Jaroslau 108, 128, 140

Kiew 111
Kolomea 128
Krakau 99, 379, 383, 387 f.
Krakauer Vorstadt (von Lemberg) 108, 127, 129, 138–141, 146, 284–287, 290, 327
Krystynopol 134
Kulików 128, 134

Leipzig 51, 111 f.
Lemberg (Lviv) 117 f., 121, 124 f., 127–134, 136–144, 146, 151, 154 f., 158–160, 163–165, 169–172, 183, 190–192, 200, 202, 204 f., 209 f., 215, 217, 220, 222, 228–230, 234, 237, 241, 251, 253 f., 258, 261, 264, 267, 271, 273–294, 297–300, 303, 306 f., 310, 318 f., 320, 325–331, 333–339, 341, 350 f., 356–361, 367 f., 371, 373–375, 379, 382–389, 391, 400
Lieben 48
London 59

Mähren 16, 43, 73–76, 90, 102, 105, 122, 132, 153, 157, 161, 176, 191, 210, 231, 236, 349 f., 381 f.
Mattersdorf 76
Myślenice 128, 134

Nadwórna 128
Neu-Sandez 128
Niederösterreich 60, 239, 275, 279

Oberösterreich 281
Ofen 106, 273 f.
Oświęcim 128, 134

Paris 53, 59, 233, 263, 390
Polen 33, 35, 99, 111, 156, 182, 255, 341, 346, 379, 381
Prag 23–25, 48–50, 59 f., 68, 74–76, 80 f., 89, 106, 112, 114, 123, 129–132, 169, 187–192, 200, 204, 209–213, 237, 239, 243, 246–248, 252, 366, 379, 381, 392 f.
Pressburg 49 f., 75, 209, 375
Preußen 22, 67, 294, 347
Proßnitz 246
Przemyśl 128, 133, 321 f., 369, 374
Przeworsk 152
Putilow 280

Radomyśl 149
Rawa 134
Rohatyn 128, 145 f., 217, 317
Rotterdam 50
Rozdół 148–150, 280
Rozwadów 128
Rzeszów 108, 127 f., 146

Sadagura 136
Sambor 145
Sandez 128
Sandomir 99
Sanok 128, 132
Seesen 75
Sieniawa 146
Sokal 128, 134
Staniątki 280
Stanislau 127–129, 141, 145, 184

Steiermark 251, 279, 281, 295, 348
Stryj 108, 127 f., 146, 374
Stryszów 144
Suczawa 109

Tarnopol 108, 127 f., 375, 393
Tarnów 13, 128, 145, 147, 149, 373 f., 394
Tirol 348, 375
Trembowla 128
Triest 14, 20, 25, 53, 68, 74 f., 80–83, 89–92, 94, 98 f., 106, 121, 126, 207, 209, 213, 222, 225, 348, 353
Tyśmienica 108, 127, 141

Ungarn 16, 24, 74–76, 90, 105, 122, 130, 161, 176, 191, 236, 214, 252, 375

Vorarlberg 304 f., 348

Wien 47, 58–62, 64, 81 f., 89–93, 97, 99 f., 101 f., 133, 140, 156, 159 f., 164 f., 183, 191, 215, 228–230, 233, 251, 261, 263, 266, 271, 304, 319, 329 f., 334, 341, 348, 350, 352, 354, 356, 361, 367, 377–380, 382 f., 386–391, 396
Wisnicz 128, 146, 183, 217
Wolfenbüttel 75

Żabno 149
Zaleszczyki 128
Zamość 13, 108, 127 f., 146, 152, 394
Zator 134
Zbaraż 108, 127
Złoczów 108, 127 f., 134 f., 149, 320, 331, 334
Żmigrod 144, 146
Zołkiew 108, 127 f., 134 f., 146, 373 f.
Żydaczów 128

Schriften des Simon-Dubnow-Instituts V&R

Band 11: Yotam Hotam
Moderne Gnosis und Zionismus
Kulturkrise, Lebensphilosophie
und nationaljüdisches Denken

Aus dem Hebräischen von Dafna Mach.
2010. 277 Seiten mit 3 Abb., gebunden
ISBN 978-3-525-36989-0

Band 10: Philipp Graf
Die Bernheim-Petition 1933
Jüdische Politik in der Zwischenkriegszeit

2008. 342 Seiten mit 10 Abb., gebunden
ISBN 978-3-525-36988-3

Band 9: Olaf Terpitz
Die Rückkehr des Štetl
Russisch-jüdische Literatur der späten
Sowjetzeit

2008. 307 Seiten mit 5 Abb., gebunden
ISBN 978-3-525-36987-6

Band 8: Alexis Hofmeister
**Selbstorganisation
und Bürgerlichkeit**
Jüdisches Vereinswesen in Odessa um 1900

2007. 285 Seiten mit 14 Abb. und 23 Tab.,
gebunden
ISBN 978-3-525-36986-9

Band 7: Anke Hilbrenner
Diaspora-Nationalismus
Zur Geschichtskonstruktion Simon Dubnows

2006. 315 Seiten, gebunden
ISBN 978-3-525-36985-2

Band 6: Yvonne Kleinmann
Neue Orte – neue Menschen
Jüdische Lebensformen in St. Petersburg und
Moskau im 19. Jahrhundert

2006. 459 Seiten mit 21 Abb. und 15 Tab.,
gebunden
ISBN 978-3-525-36984-5

Band 5: Markus Kirchhoff
Text zu Land
Palästina im wissenschaftlichen Diskurs
1865–1920

2005. 425 Seiten mit 13 Abb., gebunden
ISBN 978-3-525-36983-8

Band 4: Kai Struve
Bauern und Nation in Galizien
Über Zugehörigkeit und soziale Emanzipation
im 19. Jahrhundert

2005. 485 Seiten mit 6 Abb. und 16 Tab.,
gebunden. ISBN 978-3-525-36982-1

Band 3: Katrin Steffen
Jüdische Polonität
Ethnizität und Nation im Spiegel der polnisch-
sprachigen jüdischen Presse 1918–1939

2004. 422 Seiten, gebunden
ISBN 978-3-525-36981-4

Band 2: Gabriele Freitag
Nächstes Jahr in Moskau!
Die Zuwanderung von Juden in die sowjetische
Metropole 1917–1932

2004. 348 Seiten mit 2 Abb. und 18 Tab.,
gebunden. ISBN 978-3-525-36980-7

Vandenhoeck & Ruprecht

toldot. Essays zur jüdischen Geschichte und Kultur

V&R

Die Reihe toldot thematisiert jüdische Geschichte im Kontext der allgemeinen Geschichte, als Erfahrungen einer nichtterritorialen Bevölkerungsgruppe im Zeitalter von Nationalstaat und Nationalismus.

Band 9: Yfaat Weiss
Lea Goldberg
Lehrjahre in Deutschland 1930–1933

Aus dem Hebräischen von Liliane Meilinger.
2010. Ca. 208 Seiten mit 1 Abb., kartoniert
ISBN 978-3-525-35099-7
Erscheint im August 2010

Band 8: Doron Mendels / Arye Edrei
Zweierlei Diaspora
Zur Spaltung der antiken jüdischen Welt

Mit einem Vorwort von Dan Diner. Aus dem Englischen von Michael Dewey. 2009. 159 Seiten mit 1 Karte, kartoniert
ISBN 978-3-525-35098-0

Band 7: Dan Diner
Gegenläufige Gedächtnisse
Über Geltung und Wirkung des Holocaust

2007. 128 Seiten, kartoniert
ISBN 978-3-525-35096-6

Band 6: Thomas Meyer
Vom Ende der Emanzipation
Jüdische Philosophie und Theologie nach 1933

Mit einem Vorwort von Dan Diner.
2008. 208 Seiten, kartoniert
ISBN 978-3-525-35094-2

Band 5: Dan Miron
Verschränkungen
Über jüdische Literaturen

Aus dem Hebräischen von Liliane Granierer.
2007. 239 Seiten, kartoniert
ISBN 978-3-525-35095-9

Band 4: Susanne Zepp / Natasha Gordinsky
Kanon und Diskurs
Über Literarisierung jüdischer Erfahrungswelten

2009. 120 Seiten, kartoniert
ISBN 978-3-525-35093-5

Band 3: Nicolas Berg
Luftmenschen
Zur Geschichte einer Metapher

2008. 245 Seiten, kartoniert
ISBN 978-3-525-35092-8

Band 2: Yuri Slezkine
Paradoxe Moderne
Jüdische Alternativen zum Fin de Siècle

Aus dem Englischen von Michael Adrian und Bettina Engels.
2005. 127 Seiten, kartoniert
ISBN 978-3-525-35091-1

Band 1: Dan Diner (Hg.)
Synchrone Welten
Zeiträume jüdischer Geschichte

2005. 318 Seiten, kartoniert
ISBN 978-3-525-35090-4

Vandenhoeck & Ruprecht